行政法各論講義

— 행정법각론 강의 —

이영무 저

전남대학교출판문화원

머리말

행정법은 통일된 형식의 법전이 제정되어 있지 않다. 행정법은 행정에 관한 수많은 단행 법률의 집합체라고 할 수 있다. 행정법각론은 위 수많은 행정법령 중 중요하다고 여겨지는 몇몇 법률을 중심으로 그 해석·적용 및 그에 관련된 법적 쟁점을 연구하는 과목이다. 행정법각론에서 연구의 대상으로 삼는 법으로는 '정부조직법', '지방자치법', '국가공무원법', '경찰관직무집행법', '국유재산법', '공익사업을 위한 토지 등의 취득 및 보상에 관한 법률', '도시 및 주거환경정비법', '국토의 계획 및 이용에 관한 법률' 등을 드는 것이 일반적이다. 이 책은 위 개별 법령을 중심으로 관련된 여러 법적 쟁점을 검토하는 것을 주된 내용으로 하고 있다.

필자는 이미 행정법총론과 행정구제법이라는 교재를 저술한 바 있다. '행정법각론 강의'를 끝으로 행정법이란 과목에 대한 이론서의 집필은 일단락을 짓게 된다. 이 교재를 저술하면서 중점을 둔 부분은 기존의 행정법총론 및 행정구제법의 경우와 다르지 않다. 그러한 내용을 다시 부기해 보면 다음과 같다.

첫째, 개별행정법과 관련된 중요 쟁점을 빠트리지 않고 설명하려고 노력하였다. 개별행정법과 관련된 법적 쟁점은 실로 다양하다. 필자는 위 쟁점들 중 비교적 중요하다고 판단되는 쟁점은 여러 저작들의 내용을 비교·검토하면서 심도있게 설명하려고 노력하였다.

둘째, 개별행정법과 관련된 기본이론을 되도록이면 평이하게 서술하려고 노력하였다. 학생들이 가장 어렵게 생각하는 행정법이론을 어떻게 하면 보다 쉽게 전달할 수 있는지에 대한 고민은 오래전부터 있었으나, 결국 저자가 가지는 이해의 폭과 깊이에 비례하여 그 전달력도 강화될 수 있다는 지극히 평범한 사실을 이 책의 저술과정에서 다시금 확인할 수 있을 뿐이었다.

셋째, 개별행정법 이론과 관련된 중요 판례를 되도록이면 풍부하게 제시하려고 노력하였다. 추상적인 이론만으로는 행정법학에 대한 입체적이고 체계적인 이해를 도모하기 어렵다. 판례를 통하여 행정법의 이론들이 실제 생활에서 어떻게 적용되고, 응용되는지를 이해하는데 도움을 받을 수 있을 것이다.

넷째, 학생들의 이해를 돕고, 아울러 사례형 시험문제에 대한 감각을 키워주기 위하여 각종 국가시험의 사례형 문제를 이론의 해당 부분에 적시하였다. 현재 5급 공무원 공개채용시험, 변호사시험 등에서 모두 사례형 문제가 출제되고 있는바, 이는 시험대비뿐만이 아니라 해당 이론을 더 깊이 있게 이해하는 데에도 도움을 줄 것이라고 생각한다.

이 책은 원래 학생들에 대한 강의안으로 사용되던 것을 출간한 것이다. 대부분의 내용은 선배 학자들의 주장과 학설·판례를 정리한 것에 불과하고 아직까지 필자의 독자적인 견해는 미미하다. 부족한 부분은 차후 더욱 연구에 정진하여 보완할 생각이다. 독자들 및 선배 제현들의 기탄없는 조언과 비판을 기대한다.

2020년 10월

이영무 씀

목 차

제1편 행정조직법

제1장 개 설

제2장 행정주체와 행정기관

제3장 행정청의 권한

제4장 행정기관 상호 간의 관계

제2편 지방자치법

제1장 일반론

제2장 지방자치단체의 구성요소

제3장 지방자치단체의 기관

제4장 지방자치단체의 사무

제5장 지방자치단체 상호 간의 관계

제6장 지방자치단체에 대한 국가의 관여(지도·감독)

제3편 공무원법

제1장 일반론

제2장 공무원관계의 변동

제3장 공무원의 권리와 의무

제4장 공무원의 책임

제4편 경찰행정법

제1장 개설

제2장 (행정)경찰권의 근거

제3장 경찰권 행사의 한계

제4장 경찰책임의 원칙

제5편 공적시설법

제1장 공물법

제6편 공용부담법

제1장 총설

제2장 인적 공용부담

제3장 물적 공용부담

제1편 행정조직법

제1장 개 설

Ⅰ. 행정조직법의 의의

1. 개념

일반적으로 행정조직법이란 행정주체의 조직에 관한 법을 총칭하는 개념으로 이해된다. 이러한 개념방식에 따르면 ① 행정주체를 위해 행정권을 행사하는 행정기관의 설치·변경·폐지, 행정기관의 권한 및 행정기관 상호간의 관계를 정한 법(행정기관법), ② 행정기관의 인적 구성요소로서 현실적으로 행정활동을 담당하는 공무원에 관한 법(공무원법), ③ 행정기관의 물적 구성요소로서 직접적으로 행정목적에 제공되는 물건에 관한 법(공물법), ④ 행정목적에 제공되는 인적·물적 종합체에 관한 법(영조물법) 내지 공적 기업에 관한 법(공기업법) 등이 행정조직법의 문제로서 검토의 대상이 된다[1].

통상 ①·②·③·④모두를 합하여 광의의 행정조직법, ①만을 협의의 행정조직법이라고 한다. 그런데 ②의 경우 그 중요성에 비추어 그 자체 별개의 독립된 법분야를 이룰 만큼의 체계를 형성하고 있고, ③·④의 경우 그 중심적 과제는 공물·영조물의 설치 및 이용관계인 것이므로 그것은 동태적인 측면에서는 행정작용으로서의 성질을 가진다. 따라서 ②·③·④의 경우 별도의 부문에서 따로 논의하기로 하고, 이하에서는 협의의 행정조직법을 중심으로 논의를 전개하기로 한다.

2. 행정작용법과의 구별 및 관계

행정조직법은 행정의 내부조직을 규율하는 법으로서, 행정의 외부관계를 규율하는 행정작용법과는 구별된다. 다시 말하자면 행정작용법은 행정주체와 국민간의 법률관계(행정의 외부관계)를 규율하는 법이다. 이에 반하여 행정조직법은 행정주체의 내부조직과 내부관계를 규율하는 법으로서 행정조직의 기본원리를 규명하는 것을 내용으로 한다는 점에서 양자는 차이가 있다.

그렇지만 행정조직에 관한 사항 중 행정기관의 권한 및 행정규칙 등은 국민의 권리의무에 법상 또는 사실상 일정한 영향을 미치므로 그 한도 내에서는 행정작용법상의 통제

---

1) 홍정선, 행정법원론(하), 제25판, 2017, 5면.

의 대상이 될 수 있다. 또한, 행정내부에서의 의사결정과정도 종래에는 행정조직의 내부 문제만으로 파악하고 행정작용법적 고찰의 대상으로 보지 않았지만, 오늘날에는 행정절차법적 통제 및 다단계 행정행위론에 의한 행정작용법적 고찰의 대상이 되고 있다. 그리하여 오늘날 내부법인 행정조직법과 외부법인 행정작용법의 구별이 애매한 경우 및 양자 사이에 상호 교착하는 부분이 늘어나고 있다[2].

Ⅱ. 행정조직법의 성질

1. 형식적 법치국가적 관점

19세기의 외견적 입헌군주국가에서는 시민의 자유와 재산권을 침해할 수 있는 규범을 법규로 이해하였기 때문에, 국가의 내부관계에 해당하는 행정조직에 관한 사항은 법규의 규율대상이 되는 것으로 보지 않았다. 그 결과 직접적으로 개인의 자유와 재산권에 관계되지 않은 행정권의 내부적 조직에 관한 사항은 행정권이 가지는 조직권의 대상에 지나지 않는 것으로 보았다.

위와 같이 형식적 법치국가에서는 행정조직법의 법규적 성질이 부인되고 일종의 행정규칙으로 파악되면서, 그것은 오랫동안 법치주의의 테두리 밖에 놓여 있었다[3].

2. 실질적 법치국가적 관점

오늘날 실질적 법치국가에서는 행정조직법의 법규적 성질이 원칙적으로 인정되고 있으며, 아울러 행정조직에 관한 사항은 법치주의의 적용대상이 되어야 한다는 데에 견해가 일치하고 있다.

즉 오늘날에는 ① 법규라고 하는 것이 비단 개인의 자유와 재산권에 관한 사항뿐만 아니라 그 밖의 사항도 보통 규율하는 일반적·추상적 규범으로 이해되고 있는 점, ② 행정조직은 비록 그 자체가 국민의 권리·의무와 직접적 관계는 없지만, 행정조직의 목적은 행정권의 행사에 있으며, 어떤 행정기관이 설치되어 어떤 행정권한을 행사하는가는 국민생활에 중대한 영향을 미친다는 점, ③ 법률유보의 원칙 중 중요사항유보설을 취하는 경우 행정조직에 관한 기본적인 사항은 공동체 및 국민에게 중요한(본질적인) 사항이므로 법률의 근거가 있어야 한다는 점, ④ 행정의 민주적 통제의 요청은 행정작용뿐만 아니라

2) 박균성, 행정법론(하), 제15판, 2017, 4면.
3) 석종현·송동수, 일반행정법(하), 제13판, 2013, 5면.

행정조직에 대하여도 타당하여야하기 때문에, 행정의 민주적 통제를 위해서도 행정조직법정주의가 인정되어야 한다는 점 등의 이유로 행정조직에 관한 사항은 법치주의의 적용대상이 되어야 한다고 보는 것이 일반적이다.

Ⅲ. 행정조직법정주의

우리 헌법은 여러 조문에서 행정조직을 법률로서 정하도록 하여 행정조직에 관하여 원칙적으로 법정주의를 취하고 있으며, 예외적으로 행정입법의 형식에 의한 경우를 인정하고 있다.

즉 헌법은 행정각부의 설치·조직과 직무범위(제96조), 감사원의 조직·직무범위(제100조), 지방자치단체의 조직(제118조 제2항) 등에 관하여 법정주의를 명시하고 있으며, 정부조직법도 중앙행정기관의 설치와 직무범위는 법률로 정하도록 규정하고 있다(제2조 제1항).

한편 행정조직법정주의 하에서도 정부조직에 관한 세부적인 사항에 관하여는 법률에서 구체적 범위를 정하여 명령에 위임할 수 있다(헌법 제75조, 제95조). 그리하여 정부조직법은 특별지방행정기관·보조기관·시험연구기관·교육훈련기관·문화기관·의료기관·제조기관 및 자문기관 등을 대통령령으로 설치할 수 있도록 하고 있으며(정부조직법 제2조, 제3조, 제4조). 아울러 과의 설치와 사무분장 및 과에 상당하는 보좌기관은 총리령 또는 부령으로 정할 수 있도록 하고 있다(제2조 제4항 단서, 제2조 제5항 단서). 다만, 법규명령에 의하여 설치되는 행정기관의 경우에도 예산상의 조치가 병행되어야 하기 때문에 국회의 예산심의권에 의한 제약을 받는다.

법령에서 정한 범위 내에서 법령에서 정한 행정조직보다 세부적인 행정조직에 관한 사항은 행정규칙에 의해 정하여질 수도 있다. 행정조직에 관한 사항을 정하는 행정규칙을 '조직규칙'이라 한다.

제2장 행정주체와 행정기관

Ⅰ. 개설

행정주체라 함은 행정상 권리·의무의 귀속주체를 말한다. 이러한 행정주체로는 국가, 공공단체(지방자치단체, 협의의 공공단체), 공무수탁사인이 있다.

공무수탁사인과 같은 예외적인 경우를 제외한다면, 행정주체는 공법인이다. 행정주체는 법인이기에 그 자체로 권리능력을 갖지만 현실적으로 행위를 할 수 있는 것은 아니다. 이 때문에 행정주체는 일정한 행정기구를 두어 이로 하여금 자신의 임무를 수행하도록 한다. 이때 그 행정기구의 작용은 바로 행정주체의 고권적 작용으로 귀속되며, 여기서 그 행정기구가 바로 행정주체의 기관인 것이다[1]. 즉 행정주체의 기관은 행정주체를 위하여 일정한 권한을 행사하되, 그 행위의 법적 효과는 기관이 아니라 법인격체인 행정주체에게 귀속하게 된다.

국가와 지방자치단체 이외의 행정주체도 기관을 통하여 행정작용을 하지만 그 기관은 행정기관이 아니고, 국가와 지방자치단체의 기관만을 행정기관이라고 한다.

Ⅱ. 행정주체의 종류

1. 국가

가. 시원적인 행정주체

근대국가에 있어서 행정권은 국가통치권의 한 요소로 생각되어 왔기 때문에, 국가는 시원적인 행정주체이다. 국가를 법적으로 파악하기 위하여 법인이라는 개념이 도출·활용되고 있다. 국민·영토·주권으로 구성되는 국가가 법인으로서 공법상 사단으로 이해됨에는 별 다툼이 없다[2].

국가를 법인으로 한다는 명문의 법률규정은 없다. 그러나 국가가 권리·의무의 주체임을 전제로 하는 법률의 규정은 다수 존재한다. 국가배상법에서 국가가 일정한 경우 손해배상책임을 진다고 규정하고 있는 점(제2조 제1항), 국가를 당사자로 하는 소송에 관한

1) 홍정선, 행정법원론(하), 제16판, 2008, 10면.
2) 홍정선, 전게서, 4면.

법률에서 국가가 소송의 당사자 또는 참가인이 될 수 있음을 규정하고 있는 점(제1조, 제2조), 국가를 당사자로 하는 계약에 관한 법률에서 국가가 계약의 당사자가 될 수 있음을 규정하고 있는 점(제1조, 제2조) 등이 그러한 예이다.

국가의 행정작용은 일반적으로 대통령을 정점으로 하는 국가의 행정조직(행정기관)을 통하여 행하여진다(직접행정). 국가행정기관에는 중앙행정기관과 특별지방행정기관(예: 지방국토관리청, 지방경찰청 등)이 있다.

나. 간접행정·위임행정

① 국가는 모든 행정을 스스로 행사하지 않고, 국가로부터 독립된 행정주체를 설치하여 그로 하여금 일정범위의 행정을 자주적으로 행하게 하기도 한다(간접행정). 지방자치단체·공공조합·영조물법인·공법상 재단은 일정한 공행정을 행할 목적으로 국가로부터 그 존립의 기초가 주어졌다.

② 국가행정권의 일부가 공공단체 또는 그 기관이나 사인에게 위임되어 이들에 의하여 행사되는 경우가 있다(위임행정). 이는 직접행정에 속하는 사항이 위임되는 것으로서 간접행정과 구별된다. 예컨대 지방자치단체의 고유사무는 간접행정인데, 그 장이 행하는 국가의 기관위임사무는 국가의 직접행정에 속한다[3].

2. 공공단체

가. 지방자치단체

지방자치단체는 국가의 영토 내에서 일정한 지역 및 그 지역의 주민으로 구성되며 그 지역 내에서 일정한 통치권을 행사하는 공공단체를 말하는바, 이 또한 공법인으로서 독립된 행정주체이다. 지방자치법은 지방자치단체는 법인으로 한다고 규정하고 있다(지방자치법 제3조 제1항)[4].

지방자치단체도 넓은 의미에서는 공공단체에 포함되나 협의의 공공단체와 달리 일정한 지역과 주민을 구성요소로 한다는 점과 일반적인 행정을 담당한다는 점에서 국가와 유사하며 타 공공단체와 구별된다. 타 공공단체(협의의 공공단체)는 특정한 사업수행만을 담당한다.

지방자치단체에는 보통지방자치단체와 특별지방자치단체(예: 지방자치단체조합 등)가 있다. 보통지방자치단체는 다시 광역자치단체(특별시·광역시·특별자치시, 도·특별자

3) 박윤흔·정형근, 최신 행정법강의(상), 개정30판, 2009, 102면.
4) 지방자치법 제3조 ① 지방자치단체는 법인으로 한다.

치도)와 기초자치단체(자치구, 시·군)로 구별된다(지방자치법 제2조).

지방자치단체는 지방자치단체에 고유한 자치사무와 국가로부터 위임 받은 단체위임사무를 수행한다. 자치사무와 단체위임사무는 지방자치단체의 사무가 되므로 지방자치단체의 행정기관이 위 사무에 관하여 행한 활동의 법적 효과는 지방자치단체에 귀속된다. 반면에 기관위임사무는 지방자치단체 자체가 아니라 지방자치단체의 행정기관(특히 지방자치단체의 장)에게 위임되는 사무로, 그 사무는 지방자치단체의 사무가 아니라 국가사무 또는 위임기관이 속한 지방자치단체의 사무이다. 따라서 그 기관위임사무의 수행의 법적 효과는 국가 또는 위임기관이 속한 지방자치단체에 귀속된다[5].

나. 협의의 공공단체

협의의 공공단체라 함은 특정한 국가목적을 위하여 설립된 법인격이 부여된 단체를 말한다. 협의의 공공단체에는 공공조합, 영조물법인, 공법상 재단이 있다. 협의의 공공단체는 특정한 행정목적을 수행함에 있어서 필요한 한도 내에서 행정주체의 지위에 서게 되며 그 자체가 행정청이 된다.

협의의 공공단체도 실제에 있어서는 그 기관을 통하여 행정작용을 하지만 공공단체의 기관은 행정기관이 아니며 그 기관구성은 행정조직의 문제가 아니다. 협의의 공공단체는 독립된 공법인이며 대외적인 행정작용을 할 때 공공단체 자체가 행정청이 된다.

(1) 공공조합

공공조합이라 함은 특정한 행정목적을 달성하기 위하여 일정한 법정의 자격을 가진 사람(조합원)을 구성요소로 하여 설립된 공법상의 사단법인을 말한다. 공공조합은 일정한 지역을 기초로 한 단체가 아니고, 또한 특수한 한정된 사업을 수행하기 위하여 설립된 단체라는 점에서, 일정한 지역에서 포괄적 행정권을 가진 지방자치단체와는 구별된다.

공공조합이 설립되는 사정은 다양한바, 현재의 공공조합을 보면 지역적인 토목사업의 수행을 목적으로 하는 것(재개발조합, 재건축조합, 토지구획정리조합 등), 동업자의 공통된 이익의 증진을 목적으로 하는 것(상공회의소 등), 사회보험·공제사업을 목적으로 하는 것(건설공제조합 등) 등이 있다.

5) 박균성, 전게서, 92-93면.

[1] 도시 및 주거환경정비법상의 주택재건축정비사업조합을 상대로 관리처분계획안 또는 사업시행계획안에 대한 조합 총회결의의 효력 등을 다투는 소송의 법적 성질(=행정소송법상 당사자소송): 도시 및 주거환경정비법에 따른 주택재건축정비사업조합은 관할 행정청의 감독 아래 위 법상의 주택재건축사업을 시행하는 공법인(위 법 제18조)으로서, 그 목적 범위 내에서 법령이 정하는 바에 따라 일정한 행정작용을 행하는 행정주체의 지위를 갖는다. 따라서 행정주체인 재건축조합을 상대로 관리처분계획안에 대한 조합 총회결의의 효력 등을 다투는 소송은 행정처분에 이르는 절차적 요건의 존부나 효력 유무에 관한 소송으로서 그 소송결과에 따라 행정처분의 위법 여부에 직접 영향을 미치는 공법상 법률관계에 관한 것이므로, 이는 행정소송법상의 당사자소송에 해당하고, 재건축조합을 상대로 사업시행계획안에 대한 조합 총회결의의 효력 등을 다투는 소송 또한 행정소송법상의 당사자소송에 해당한다 : 【해설】 조합원이 공공조합을 상대로 조합 총회결의의 효력 등을 다투는 소송은 당사자소송에 해당된다. 공공조합의 총회결의는 공법상 합동행위에 해당되므로 그에 대한 분쟁은 공법상의 법률관계에 관한 것이기 때문이다. 한편 당사자소송의 피고는 행정주체가 되어야 하므로, 이 경우 조합 총회가 아니라 행정주체인 공공조합이 피고가 되는 것이다.

[2] 도시 및 주거환경정비법상의 주택재건축정비사업조합을 상대로 관리처분계획안과 사업시행계획안에 대한 총회결의의 무효확인을 구하는 소를 민사소송으로 제기한 사안에서, 그 소는 행정소송법상 당사자소송에 해당하므로 행정법원에 전속관할이 있다고 한 사례(대법원 2009. 10. 15. 선고 2008다93001 판결).

(2) 영조물법인

영조물이라 함은 특정한 국가목적에 제공된 인적·물적 종합시설을 말한다. 이 점에서 보통 물적 시설만을 의미하는 공공시설과는 구별된다. 그리고 이러한 영조물에 독립된 법인격이 부여된 것을 영조물법인이라고 한다. 교육부 산하의 기관으로서 독립된 법인격을 가지지 아니한 국립대학이나 국립도서관 등은 영조물이지만 영조물법인은 아니다.

영조물은 공익사업을 수행한다는 점에서 공기업과 유사하지만, 공기업이 사법상의 경영방식에 의해 수행하는 수익적 사업인 반면에 영조물은 강한 공공성과 윤리성을 갖는 정신적·문화적·행정적 사업인 점에서 공기업과 구별된다. 다만 현실적으로 영조물과 공기업의 구분이 쉬운 것은 아니다.

영조물에는 국립도서관, 국공립학교, 한국은행 등이 있다. 그런데 이 중에서 한국은행은 독립된 법인격이 부여되어 있으므로 영조물법인이며 행정주체이다[6].

영조물법인을 설립·운영하는 이유는 국가가 직접 공행정을 수행하는 경우에 적용되

6) 박균성, 전게서, 93면.

는 인사·예산회계 등에 관한 공법상의 엄격한 제약에서 벗어나 사기업과 유사한 합리적·능률적 경영을 보장하기 위한 것이다[7].

(3) 공법상 재단

공법상 재단이라 함은 국가나 지방자치단체가 공공 목적을 위하여 출연한 재산을 관리하기 위하여 설립된 공법상의 재단법인을 말한다. 그 예로는 한국연구재단이 있다.

공법상 재단에도 그 운영자 내지 직원 및 수혜자는 있으나 구성원은 없다. 공법상 재단의 중심적 요소는 일정한 행정목적을 위하여 출연된 재산의 결합체이다. 이 점에서 인적·물적 수단의 결합체인 영조물법인과는 다르다.

3. 공무수탁사인

사인은 행정법관계에 있어서 통상 행정주체의 상대방인 행정객체로서의 지위를 가짐이 보통이다. 그러나 때로는 사인도 일정한 경우에는 자신의 이름으로 공행정사무를 처리할 수 있는 권한을 부여받는 경우가 있는데, 이러한 사인을 공무수탁사인이라고 한다. 즉 공무수탁사인이란 행정주체로부터 공행정사무를 위탁받아 자신의 이름으로 처리하는 권한을 가지고 있는 사인을 말한다.

공무수탁사인은 일정한 범위에서 자기의 이름으로 독자적으로 공권력을 행사할 수 있으므로 그러한 한도에서 행정주체로서의 지위를 가진다는 것이 통설이다. 이에 대하여 공무수탁사인의 법적 지위에 관하여 행정주체가 아니라 행정기관에 불과하다고 보는 소수설도 있다. 통설에 의할 경우 공무수탁사인의 공무수행의 법적 효과는 공무수탁사인에게 귀속되고 공무수탁사인이 책임을 진다[8].

공무수탁사인은 자연인일 수도 있고 법인 또는 법인격 없는 단체일 수도 있다(공무위탁사인에 대한 자세한 내용은 제1편 제3장 '제4절 권한의 위탁' 부분을 참조하기 바람).

Ⅲ. 행정기관

1. 의의

행정기관이라 함은 행정권한을 행사하는 행정조직의 구성단위를 말한다. 행정기관은 행정주체(국가·지방자치단체)의 기관으로서 법령에 의하여 부여받은 권한을 행정주체를

7) 석종현·송동수, 전게서, 85면.
8) 박균성, 전게서, 95면.

위하여 행사하는 행정주체의 내부조직을 의미한다.

행정주체 중 국가와 지방자치단체는 스스로 행정작용을 하는 것이 아니라, 행정주체를 구성하는 개개의 법적 단위인 행정기관(예: 대통령, 국무총리, 장관, 차관, 국장, 과장 등)을 통하여 행정작용을 행한다. 즉 국가와 지방자치단체의 경우 국민과의 관계에서 행위를 하는 것은 행정기관이며, 행정기관은 법인격을 갖지 않으므로 그가 행한 행위의 효과는 직접 행정주체에게 귀속되는 것이지 당해 행위자인 행정기관에게 귀속되는 것이 아니다.

행정기관은 행정기관의 구성자인 공무원과는 구별된다. 행정기관은 그를 구성하는 공무원의 변경과 관계없이 통일적인 일체로서 존속한다.

2. 행정작용법적 행정기관의 개념

행정기관의 개념은 크게 나누어 행정작용법적 관점과 행정조직법상 사무배분의 관점에서 파악된다. 행정작용법적 관점에서 행정기관의 종류를 구분하면 다음과 같다.

가. 행정청

(1) 의의

행정관청이라 함은 국가의사를 결정하여 이를 자기의 이름으로 외부에 표시하는 권한을 가진 행정기관을 말한다. 행정청이라 함은 국가뿐만 아니라 지방자치단체의 의사를 결정하여 자신의 이름으로 외부에 표시할 수 있는 권한을 가진 행정기관을 말한다. 나아가 행정관청과 행정청을 통들어 행정청이라고도 한다(행정소송법 제2조 제2항, 제3조, 제13조 참조). 그러나 이러한 용어의 구분이 엄격히 지켜지는 것은 아니고 혼용하여 사용되기도 한다. 실정법상으로는 '행정기관의 장'이라고 표현되기도 한다(정부조직법 제7조 제1항).

통상 국가에 있어서는 장관·청장·특별지방행정기관의 장이 행정청이 되고, 지방자치단체에 있어서는 지방자치단체의 장이 행정청이 된다.

(2) 법적 지위 및 기능

행정청은 그 자체가 고유한 권리능력자(행정주체)는 아니고 행정주체를 위하여 고권을 갖는 행정기관일 뿐이다. 그렇지만 행정청은 행정주체를 위하여 자신의 이름으로 주어진 권한을 독자적으로 행사하고 그 임무를 수행한다. 행정행위의 발령은 행정청의 기능 중 가장 중요하고 대표적인 것이다. 또한 행정청은 행정쟁송에서 피청구인 내지 피고가 된다.

(3) 단독관청과 합의제 관청

행정관청은 그 구성원의 수에 따라 단독관청(예: 장관·국세청장·경찰청장·지방자치단체의 장 등)과 합의제 관청(행정심판위원회·토지수용위원회·선거관리위원회·감사원·노동위원회·금융통화위원회 등)으로 분류할 수 있다. 행정은 신속한 사무처리와 책임의 명확성을 기하기 위하여 단독관청을 원칙으로 한다. 그러나 판단에 있어서 절차적 신중성이나 공정성이 특히 요구되는 경우에는 합의제형을 취하기도 한다.

(4) 위원회인 행정청

위원회 중 의사를 결정하여 그 결정된 의사를 자기의 이름으로 대외적으로 표시할 수 있는 권한을 가진 위원회만이 행정청이다(예: 행정심판위원회). 대외적인 표시권이 없이 심리권이나 의결권만 갖고 있는 위원회는 행정청이 아니다(예: 징계위원회).

위와 같이 행정청이 아닌 다른 행정기관에 의결권이 귀속될 수 있는 점에 비추어 보건대, 종래의 행정청 개념에 대하여는 재고가 필요하다고 생각된다. 즉 행정의사를 자기의 이름으로 외부에 표시하는 권한의 존재는 행정청 개념의 필수적인 요소이지만, 행정의사를 결정할 수 있는 권한유무는 통상적으로 요구되는 요소일 뿐 행정청이 성립하기 위한 필수요소는 아니라고 보는 것이 타당하다.

(5) 권한의 위임·위탁을 받은 행정청

행정작용법상 행정청은 위와 같은 국가와 지방자치단체의 행정청뿐만 아니라 공공단체(이들을 본래의 행정청이라 한다) 그리고 이들 본래의 행정청으로부터 행정권한의 위임 또는 위탁을 받은 행정기관·공공단체 및 그 기관 또는 사인을 포함한다.

행정소송법 제2조 제2항은 "이 법을 적용함에 있어서 행정청에는 법령에 의하여 행정권한의 위임 또는 위탁을 받은 행정기관, 공공단체 및 그 기관 또는 사인이 포함된다"라고 규정하고 있는데, 행정소송법에서 정의하는 위와 같은 행정청은 행정작용법상의 행정청의 개념을 말하고 있는 것이다(행정소송법 제2조 제2항).

나. 보조기관

보조기관이라 함은 행정청에 소속되어 행정청의 권한행사를 보조하는 것을 임무로 하는 기관을 말한다(예: 행정 각부의 차관·실장·국장·과장·팀장·계장, 지방자치단체의 부지사·부시장·국장·과장 등).

보조기관은 독자적으로 의사를 결정하고 외부에 대하여 표시하는 권한을 갖지 못한다. 다만, 예외적으로 보조기관이 다음과 같이 대외적으로 행정작용을 행하는 경우가 있다.

① 보조기관이 행정청으로부터 권한의 위임을 받아 대외적으로 행정권한을 행사하는 경우에는 행정청이 된다.

② 그리고, 보조기관은 보조기관의 지위에서 대외적으로 국민에 대하여 일정한 행정권한을 행사하는 경우가 있다. i) 국민에 대하여 행정지도를 행하는 권한을 갖는다. ii) 행정청이 아닌 보조기관이 한 언동도 신뢰보호원칙의 적용대상이 될 수 있다[9].

다. 보좌기관

보좌기관이라 함은 행정청 또는 그 보조기관을 보좌하여 참모적 기능을 담당하는 기관을 말한다(예: 대통령실·국무총리실·행정 각부의 차관보·담당관 등).

보조기관은 행정청을 보조하면서 행정업무에 직접 참여하지만, 보좌기관은 정책의 기획·연구·조사를 통하여 행정청 또는 보조기관을 내부적으로 지원함으로써 행정업무에 간접적으로 참여한다는 점에서 차이가 있다. 그러나 실제에 있어서는 양자의 구별이 엄격하지 않다.

라. 의결기관

행정주체의 의사를 결정하는 권한을 가지고는 있으나, 이를 외부에 표시할 권한은 가지지 못하는 기관을 말한다. 의결기관은 행정에 관한 의사를 외부에 표시할 권한이 없다는 점에서 그러한 권한이 있는 합의체 행정청과 구별된다.

의결기관은 행정의사의 공정·신중한 결정을 기할 필요가 있는 경우에 설치되는 것으로서, 의결기관의 의결이 없으면 행정주체의 유효한 의사결정이 이루어질 수 없다. 각종 징계위원회·교육위원회 등이 의결기관의 예에 해당된다.

의결기관의 결정은 행정청을 구속한다. 행정청은 의결기관의 결정에 구속되며 그 결정에 따라 처분을 행한다. 의결기관의 의결을 거치지 않은 처분은 무권한의 처분으로 당연무효이고, 의결기관의 의결에 반하는 처분도 원칙상 무효이다[10].

마. 자문기관

행정청에 의견(자문)을 제시하는 것을 임무로 하는 기관을 말한다. 자문기관은 합의제인 것이 보통이나 독임제인 것도 있다.

행정청은 자문기관의 의견에 구속되지 않는다. 그러나, 적어도 자문절차가 법령에 의해 규정되어 있는 경우에 자문절차를 거치지 않고 한 처분은 절차가 하자가 있는 위법한 행위이며 원칙적으로 취소할 수 있는 행위이다.

---

9) 박균성, 행정법론(하), 제15판, 2017, 9면.
10) 박균성, 전게서, 10면.

바. 집행기관

행정청의 명을 받아 실력을 행사하여 행정청의 의사를 집행하는 기관을 말한다. 경찰공무원, 소방공무원, 세무공무원 등이 이에 해당한다.

사. 공기업기관 및 영조물기관

공기업의 경영을 담당하는 기관을 공기업기관이라 하고(예: 철도관서·체신관서 등), 영조물의 관리를 담당하는 기관을 영조물기관이라 한다(예: 국립대학·국립병원·국립도서관 등). 공기업기관은 법률의 근거를 필요로 하는데, 영조물기관은 대통령령이 정하는 바에 의하여 설치할 수 있다(정부조직법 제4조). 영조물기관은 법인격을 갖고 있지 못한 점에서 영조물법인과 구별된다.

공기업기관과 영조물기관은 그 권한의 범위 내에서 행정에 관한 국가의사를 결정하고 표시할 수 있으므로, 그 한도에서는 행정청의 지위에 선다.

아. 감사기관

행정기관의 회계처리 및 사무집행을 감시·검사하는 권한을 가진 행정기관을 말한다. 감사원과 각 부처의 감사관 등이 이에 해당한다.

자. 부속기관

행정기관에 부속하여 그 기관을 지원하는 기관을 부속기간이라고 한다. 행정기관에는 그 소관사무의 범위에서 필요한 때에는 대통령령으로 정하는 바에 따라 시험연구기관·교육훈련기관·문화기관·의료기관·제조기관 및 자문기관 등의 부속기관을 둘 수 있다(정부조직법 제4조).

3. 독임제 행정기관과 합의제 행정기관

가. 독임제 행정기관

독임제 행정기관이라 함은 그 구성원이 1명인 행정기관을 말한다. 독임제 행정기관은 행정사무를 신속히 처리하고 책임소재를 분명히 할 수 있다는 장점을 가지고 있다. 이러한 점 때문에 행정기관은 독임제가 원칙이다.

나. 합의제 행정기관

(1) 의의

합의제 행정기관이라 함은 그 구성권이 2명 이상이며 행정기관의 의사결정이 복수인

구성원의 합의에 의해 이루어지는 행정기관을 말한다.

(2) 필요성

합의제 행정기관은 행정기관의 독립성과 행정기관의 결정의 신중·공정성이 요구되는 경우 또는 대립되는 이해의 공평한 조정이 요구되는 경우 등에 설치된다.

(3) 종류

(가) 보유권한의 내용에 따른 구분

합의제 행정기관에는 ⅰ) 의결권과 함께 대외적인 표시권을 갖는 행정청인 경우(예: 중앙선거관리위원회, 공정거래위원회, 노동위원회, 금융위원회, 행정심판위원회 등), ⅱ) 의결권만을 갖는 의결기관인 경우(예: 징계위원회 등), ⅲ) 동의기관인 경우(예: 인사위원회 등), ⅳ) 심의권만을 갖는 심의기관인 경우(예: 정보공개심의회, 법학교육위원회 등), ⅴ) 자문권만을 갖는 자문기관인 경우가 있다.

(나) 근거법률에 따른 구분

합의제 행정기관은 설치의 근거법률에 따라 다음과 같이 구분될 수 있다. ⅰ) 헌법에 따라 설치된 위원회(예: 중앙선거관리위원회). ⅱ) 정부조직법 제2조 제2항에 따라 설치된 중앙행정기관인 위원회(예: 공정거래위원회, 국민권익위원회, 국가인권위원회 등). ⅲ) 정부조직법 제5조[11] 및 행정기관 소속 위원회의 설치·운영에 관한 법률(이하 '행정기관위원회법'이라 한다)에 따라 행정기관 소관사무의 일부를 독립하여 수행할 필요가 있는 때에 행정기관위원회법 등 법률로 정하는 바에 따라 설치된 합의제 행정기관인 위원회. 의결기관, 동의기관, 심의기관인 위원회가 이에 해당된다. ⅳ) 정부조직법 제4조[12] 및 행정기관위원회법에 따라 자문기관으로 설치된 위원회. 이러한 자문기관의 성질을 가지는 합의제 행정기관은 대통령령에 근거하여 설치할 수 있다.

(4) 결정의 구속력

의결기관의 결정은 구속력을 갖는다. 행정청이 의결기관의 결정과 다른 결정을 내리면 그 결정은 원칙상 무권한의 하자로 무효이다. 동의기관의 동의없이 한 결정도 같다.

---

11) 정부조직법 제5조(합의제행정기관의 설치) 행정기관에는 그 소관사무의 일부를 독립하여 수행할 필요가 있는 때에는 법률로 정하는 바에 따라 행정위원회 등 합의제행정기관을 둘 수 있다.

12) 정부조직법 제4조(부속기관의 설치) 행정기관에는 그 소관사무의 범위에서 필요한 때에는 대통령령으로 정하는 바에 따라 시험연구기관·교육훈련기관·문화기관·의료기관·제조기관 및 자문기관 등을 둘 수 있다.

재량처분이 의결기관의 결정에 따른 것이라고 할지라도 사회통념상 현저히 타당성을 잃었다고 볼 만한 특별한 사정이 있는 경우에는 재량권의 일탈·남용이 인정될 수 있다. 동의기관의 경우에도 그러하다.

대학교수 임용권자의 교수임용행위의 법적 성질 및 대학의 장이 대학 인사위원회에서 임용동의안이 부결되었음을 이유로 교수의 임용 또는 임용제청을 거부하는 행위가 재량권을 일탈·남용한 것인지 여부(한정소극): 대학교수의 임용 여부는 임용권자가 교육법상 대학교수 등에게 요구되는 고도의 전문적인 학식과 교수능력 및 인격 등을 고려하여 합목적적으로 판단할 자유재량에 속하고, 특히 교육공무원법 제25조에서 대학의 장이 교수를 임용 또는 임용 제청함에 있어 대학 인사위원회의 동의를 얻도록 한 것은 교수 임용권자 또는 임용제청권자의 자의를 억제하고 객관적인 기준에 따른 인사질서를 확립함으로써 우수한 교원을 확보함과 동시에 대학의 자치 및 자율권과 교원의 신분보장을 도모하고자 하는 데 있으므로, 대학의 장이 대학 인사위원회에서 임용동의안이 부결되었음을 이유로 하여 교수의 임용 또는 임용제청을 거부하는 행위는 그것이 사회통념상 현저히 타당성을 잃었다고 볼 만한 특별한 사정이 없는 이상 재량권을 일탈·남용하였다고 볼 수 없다(대법원 2006. 9. 28. 선고 2004두7818 판결).

심의기관과 자문기관의 결정은 법적 구속력이 없다. 심의기관과 자문기관의 결정은 비록 구속력은 없지만 행정청에 의해 존중되어야 한다.

(5) 결정절차의 하자

① 임의절차와 의무절차: 의결기관의 의결 및 동의기관의 동의는 의무적 절차이다. 심의기관의 심의는 통상 의무적인 절차인 반면에 자문기관의 자문은 의무적 절차인 경우도 있지만, 임의절차인 경우도 있다.

② 임의절차를 거치지 아니한 경우: 임의절차를 거치지 않은 경우 그 하자는 행정행위의 효력에 영향을 미치지 아니한다.

구 소득세법시행령(1991.12.31.대통령령 제13540호로 개정되기 전의 것) 제170조 제9항, 같은법시행규칙(1992.2.29.재무부령 제1875호로 개정되기 전의 것) 제82조의2에 의하면 소재지 관할 세무서장은 양도소득금액의 결정에 있어 필요하다고 인정되는 경우 일정한 자에게 자문하게 할 수 있다고 규정되어 있으나 이러한 규정은 과세처분절차상의 효력규정이라 할 수 없으므로 위와 같은 자문절차를 거치지 아니하였다 하여 양도소득세 부과처분이 위법하다 할 수 없다(대법원 1993. 12. 21. 선고 92누4710 판결)

③ 의무적 절차를 거치지 아니한 경우: 의결기관 또는 동의기관의 의결을 거치지 않은 행정청의 결정은 무효이다.

심의기관의 심의가 의무적 절차인 경우 이를 거치지 않은 행정청의 결정도 원칙상 무효라고 보아야 한다는 견해가 있다[13]. 그러나 심의기관의 심의에 있어 그 결정은 법적 구속력이 없으므로, 그 심의를 거치지 않은 하자는 중대성을 결여한 것으로서 취소사유로 보는 것이 타당하다. 판례도 심의기관의 심의를 거치지 않은 하자를 원칙상 취소사유로 본다(대법원 2007. 3. 15. 선고 2006두15806 판결).

자문절차가 의무적인 절차인 경우 이를 거치지 않은 행위는 원칙상 취소할 수 있는 행위로 보는 것이 타당하다.

구 학교보건법상 학교환경위생정화구역에서의 금지행위 및 시설의 해제 여부에 관한 행정처분을 함에 있어 학교환경위생정화위원회의 심의를 거치도록 한 취지 및 그 심의절차를 누락한 행정처분이 위법한지 여부(적극): 행정청이 구 학교보건법(2005. 12. 7. 법률 제7700호로 개정되기 전의 것) 소정의 학교환경위생정화구역 내에서 금지행위 및 시설의 해제 여부에 관한 행정처분을 함에 있어 학교환경위생정화위원회의 심의를 거치도록 한 취지는 그에 관한 전문가 내지 이해관계인의 의견과 주민의 의사를 행정청의 의사결정에 반영함으로써 공익에 가장 부합하는 민주적 의사를 도출하고 행정처분의 공정성과 투명성을 확보하려는 데 있고, 나아가 그 심의의 요구가 법률에 근거하고 있을 뿐 아니라 심의에 따른 의결내용도 단순히 절차의 형식에 관련된 사항에 그치지 않고 금지행위 및 시설의 해제 여부에 관한 행정처분에 영향을 미칠 수 있는 사항에 관한 것임을 종합해 보면, 금지행위 및 시설의 해제 여부에 관한 행정처분을 하면서 절차상 위와 같은 심의를 누락한 흠이 있다면 그와 같은 흠을 가리켜 위 행정처분의 효력에 아무런 영향을 주지 않는다거나 경미한 정도에 불과하다고 볼 수는 없으므로, 특별한 사정이 없는 한 이는 행정처분을 위법하게 하는 취소사유가 된다(대법원 2007. 3. 15. 선고 2006두15806 판결).

4. 국가행정기관과 지방행정기관

가. 국가행정기관

국가행정기관이란 국가에 속하여 국가사무를 수행하는 행정기관을 말한다. 국가행정기관은 전국을 관할하는 중앙행정기관(예: 각부 장관)과 지방에 설치되어 일정한 지역에 한하여 관할이 미치는 국가지방행정기관(예: 지방노동청장)으로 구분된다.

---

13) 박균성, 전게서, 15면.

나. 지방행정기관

지방행정기관이라 함은 지방자치단체에 속하여 지방자치단체의 사무를 수행하는 행정기관을 말한다. 지방자치단체의 집행기관(예: 특별시장·광역시장·도지사, 시장·군수, 구청장 등)이 이에 해당한다.

Ⅳ. 소송의 당사자

행정주체는 공법상 권리·의무의 귀속주체이므로, 법률상 분쟁이 발생하였을 경우에는 행정주체가 소송의 당사자가 된다. 그리하여 국가배상청구, 부당이득반환청구 등과 같은 민사소송의 경우에는 행정주체가 소송의 당사자적격을 가지게 된다.

행정상 쟁송의 경우에도 원칙상으로는 권리·의무의 귀속주체인 행정주체가 당사자로서 피청구인 내지 피고적격을 가지게 된다고 보아야 한다. 하지만 직접 행정행위를 한 것은 행정청이고 따라서 처분을 하게 된 정황 및 실태에 대해서는 처분청이 보다 정통하다고 할 것이므로, 행정심판법 및 행정소송법은 소송수행상의 편의를 위하여 항고쟁송의 경우에 한하여 행정청에게 피청구인 내지 피고적격을 부여하고 있다(행정심판법 제17조 제1항 및 행정소송법 제13조 제1항).

제3장 행정청의 권한

제1절 개설

Ⅰ. 권한의 의의

행정청의 권한이라 함은 행정청이 행정주체를 대표하여 의사를 결정하고 표시할 수 있는 범위를 말한다. 직무범위(정부조직법 제2조 제1항 참조)라고도 한다.

권한과 권리는 모두가 법에 의하여 인정되는 힘이라는 점에서는 동일하다. 그러나 권한과 권리는 다음과 같은 점에서 구분된다. 즉 권리는 자기의 이익을 위한 것으로 인격주체만이 가질 수 있는 것이다. 반면에 권한은 인격주체가 아닌 행정기관(행정청)에 부여된 것이고, 권한행사의 효과는 인격주체인 행정주체에게 귀속되므로 행정청 자신의 이익을 위한 것이라고 볼 수 없다. 따라서 행정청은 일반적으로 권한은 가지지만 권리는 가지고 있지 않다.

Ⅱ. 권한의 종류

행정청의 권한에는 행정조직법상의 권한과 행정작용법상의 권한이 있다.

행정조직법상의 권한이란 행정청이 사항적·지역적·대인적으로 가지는 일반적인 권한을 말한다. 행정작용법상의 권한이라 함은 행정청이 국민에 대하여 행사할 수 있는 개별적인 권한을 의미한다.

권한의 설정(범위)은 헌법·법률 또는 이에 근거한 명령(법규명령)·조례 등에 의하여 행하여진다. 행정청은 소관사무의 범위 내에서 일반적인 권한(조직법상의 권한)을 가지는데, 소관사무의 범위는 국가에 있어서는 '정부조직법'에서 정하고, 지방자치단체의 경우에는 '지방자치법'에서 정하고 있다. 한편 행정작용법상의 권한은 각 개별법에서 정해진다. 예를 들면, 외국인의 국내체류기간 연장은 법무부장관의 권한이라고 할 때, 출입국관리에 관한 소관사무(정부조직법 제32조 제1항[1])는 조직법상의 권한이고, 외국인의 체류기간 연장허가(출입국관리법 제25조[2])는 작용법상의 권한이다[3].

1) 정부조직법 제32조(법무부) ① 법무부장관은 검찰·행형·인권옹호·출입국관리 그 밖에 법무에 관한 사무를 관장한다.

Ⅲ. 권한의 한계

1. 사항적 한계

행정권은 사무의 내용에 따라 각 행정청에게 분배되며, 행정청은 법령에 의해 정해진 소관사무의 범위 내에서만 권한을 갖는다.

사항적 한계는 행정관청 사이의 횡적관계 뿐만 아니라 종적 관계에서도 적용된다. 행정청은 소관사무에 관해서만 권한을 가지므로, 행정청 사이의 횡적 관계에 있어서 행정청은 다른 행정관청의 권한사항을 처리할 수 없다. 예컨대, 기획재정부장관의 권한(정부조직법 제27조 제1항), 법무부장관의 권한(정부조직법 제32조 제1항)은 각 사항적 한계를 갖는다. 또한 종적 관계에 있어서도 상급관청은 하급관청의 권한행사를 지휘·감독할 수는 있으나, 행정관청의 권한에는 사항적 한계가 있으므로 법령에 특별한 규정이 없으면 하급관청의 권한을 대신 행사할 수 없다.

2. 지역적 한계

행정청의 권한은 지역적으로 미치는 범위가 한정되어 있다. 국가의 중앙행정관청의 권한은 전국적으로 미치지만, 국가의 지방행정관청 및 지방자치단체의 행정청의 권한은 일정한 지역에 한정된다. 다만, 행정청에 의한 처분의 효과가 처분행정청의 관할구역을 넘어 미치는 경우도 있다. 예를 들면, A지방결찰청장이 부여한 운전면허는 전국적으로 효력을 갖는다.

3. 대인적 한계

행정청의 권한이 미치는 인적 범위가 한정되는 경우가 있다. 지방자치단체의 장의 권한은 원칙상 지방자치단체의 주민에 한정되고, 국·공립대학교 총장의 권한은 그 소속직원과 학생에게만 행사될 수 있다.

4. 형식적 한계

권한행사의 형식에 한계가 있는 경우도 있다. 예를 들면, 국무총리와 행정 각부 장관

2) 출입국관리법 제25조(체류기간 연장허가) 외국인이 체류기간을 초과하여 계속 체류하려면 대통령령으로 정하는 바에 따라 체류기간이 끝나기 전에 법무부장관의 체류기간 연장허가를 받아야 한다.

3) 이철환, 개별행정법, 제2판, 2015, 26면.

만이 법규명령(총리령·부령)제정권이 있기 때문에, 행정각부 장관이 아닌 청장이나 처장이 소관사무에 관한 법규명령을 제정하고자 하는 경우에는 소속 총리나 장관의 법규명령(총리령·부령)의 형식으로 제정할 수밖에 없다.

Ⅳ. 권한의 효과

1. 외부적 효과

행정관청이 그 권한의 범위 내에서 행정에 관한 국가의사를 결정·표시하는 경우에 그 행정관청의 의사는 행정주체인 국가의 의사가 되며, 그 행위는 행정주체의 행위로서의 효력을 가진다. 일단 행정주체의 행위로서의 효과를 발생한 경우에는, 그 후에 행정관청의 폐쇄·변경이나 구성원인 자연인의 변경이 있을지라도 그 효과에는 영향이 없다.

행정관청의 행위는 반드시 의사표시를 요소로 하는 법적 행위만이 국가적 행위로서의 효과를 발생하는 것이 아니고 사실행위도 국가적 행위로서의 효과를 발생한다.

행정관청의 권한 외의 행위는 주체의 하자(무권한의 하자)가 있는 위법한 행위가 되며, 무권한의 하자는 원칙상 무효사유가 된다.

2. 내부적 효과

행정청의 권한은 행정청 상호간에 있어서 활동범위의 한계를 정하는 효과를 가진다. 즉, 행정청은 권한의 범위 내에서만 활동할 수 있고, 다른 행정청의 권한에 속하는 행위를 할 수 없다. 그러므로 법령에 특별한 규정이 없으면 상급관청이라 하더라도 하급관청의 권한에 속하는 행위를 직접 행할 수 없다.

Ⅴ. 권한의 행사

권한의 행사는 그 권한이 부여된 행정청의 의무이기도 하다. 주어진 권한이 재량적인 것이라고 하여도 재량행사 자체는 필요하므로, 재량권의 행사도 의무적이다.

행정청의 권한은 스스로 법이 정하는 바에 따라 행사하는 것이 원칙이지만, 경우에 따라서는 다른 행정기관이 그 권한을 대리하여 또는 위임받아 행사할 수도 있다.

제2절 권한의 대리

Ⅰ. 의의

1. 개념

권한의 대리라 함은 행정관청의 권한의 전부 또는 일부를 다른 행정기관(보조기관 또는 하급행정관청)이 대신 행사하는 경우로서, 이때 대리기관은 피대리관청을 위한 것임을 표시하면서 대리기관 자신의 이름으로 행위하되 그 효과는 직접 피대리관청에게 귀속하게 하는 제도를 말한다. 이는 권한대행(헌법 제71조) 또는 직무대행(정부조직법 제7조 제2항, 제22조)이라고 불리기도 한다.

2. 구별개념

가. 권한의 위임과 구별

권한의 대리와 권한의 위임은 양자 모두 행정청의 행위를 다른 행정기관이 대신하여 행사한다는 점에서 공통점을 가지지만, 다음과 같이 구별된다. i) 권한의 위임에 있어서는 위임청의 권한이 수임 행정기관에 이전되는데 반하여 권한의 대리는 행정청이 그의 권한을 일시적으로 대리기관으로 하여금 대리하여 행사하게 하는 것에 지나지 않으며 권한 자체가 이전되는 것은 아니다. ii) 권한의 위임은 법령상 정해진 권한분배를 변경하는 것이므로 법적 근거를 요하지만, 권한의 대리 중 수권대리는 통설에 의하면 법적 근거를 요하지 않는다. iii) 권한의 위임에 있어서 수임자는 보통 하급 행정기관(특히 하급행정청)이지만 권한의 대리에 있어서 대리자는 보통 보조기관이다[4].

나. 대표와의 구별

대표의 경우 대표자(예: 대통령·지방자치단체의 장)의 행위는 대표되는 기관(국가 또는 지방자치단체)의 행위로 된다. 반면에 대리는 피대리기관과 구별되는 별개의 기관의 행위로서 그 행위의 효과가 피대리기관에 귀속될 뿐이다. 대통령이 국가를 대표하는 경우, 대통령의 행위는 바로 국가의 행위가 된다. 국가를 당사자로 하는 소송에 관한 법률 제2조[5]에 근거하여 법무부장관이 국가를 대표하는 경우도 대표에 해당된다.

---

4) 박균성, 전게서, 21면.

5) 국가를 당사자로 하는 소송에 관한 법률 제2조 (국가의 대표자) 국가를 당사자 또는 참가인으로

Ⅱ. 종류

권한의 대리는 대리권의 발생원인에 따라 수권대리(임의대리)와 법정대리로 구분된다.

1. 수권대리(임의대리)

가. 의의

수권대리라 함은 피대리관청이 스스로의 의사에 기해 다른 행정기관에게 대리권을 부여함으로써, 즉 피대리관청의 수권에 의해 대리관계가 발생하는 경우를 말한다. 임의대리라고도 한다.

나. 근거

수권대리를 인정하는 명문의 근거가 있는 경우는 문제가 없다. 그런데 수권대리를 인정하는 법적 근거가 없는 경우에도 수권대리가 허용될 것인지에 대하여는 학설의 대립이 있다.

(1) 적극설

적극설의 논거는 다음과 같다.

ⅰ) 권한의 대리는 권한의 이전을 가져오는 것은 아니므로 권한의 위임과는 달리 반드시 법적 근거를 요하는 것은 아니다.

ⅱ) 법령에서 개별적으로 지정되어 있는 권한(예: 헌법 제95조의 부령제정권)은 당해 관청 자신이 행할 것이 요구되고 있다고 해석하여야 할 것이므로 이를 임의로 수권할 수 없으나, 일반적이며 포괄적으로 부여된 권한(예: 정부조직법 제27조 내지 제43조)은 그에 관한 모든 행위를 반드시 당해 관청이 스스로 행사할 것을 법이 요구하는 것은 아니라고 해석하는 것이 타당하므로 수권이 가능하다고 보아야 한다.

ⅲ) 권한의 대리는 행정청의 권한행사의 한 방법이라고 할 수 있으며, 대리권을 행사함에 있어 대리관계가 표시되므로 수권대리를 인정해도 문제될 것이 없다[6].

(2) 소극설

ⅰ) 행정관청의 권한은 본래 당해 행정관청 스스로 행사하여야 하며, 권한의 대리도 법령에 의해 정해진 행정기관 상호간의 권한분배에 변경을 가져온다는 점에서는 권한의

하는 소송(이하 "국가소송"이라 한다)에서는 법무부장관이 국가를 대표한다.

6) 박균성, 전게서, 22면.

위임과 다를 바 없다.

ii) 정부의 관례상으로도 법령의 근거없이 수권대리가 행하여지는 경우는 없다[7].

다. 수권의 범위 및 한계

대리권의 수권은 권한분배를 정한 법령의 취지에 반해서는 아니 되므로, 다음과 같은 한계 내에서만 인정된다.

① 수권은 일반적·포괄적 권한에 한하여서만 인정된다. 행정청의 권한이 법령에서 개별적으로 특정되어 부여된 경우(예: 부령을 발하는 권한)에는 당해 행정청이 스스로 행할 것이 요구되고 있다고 해석되므로 그 수권은 허용되지 않는다.

② 수건은 권한의 일부에 한하여 인정되며 권한의 전부를 대리시킬 수는 없다. 권한의 전부에 대하여 대리를 허용하는 것은 그 권한을 당해 행정청에 부여한 입법취지에 반하는 것이 되며, 수권한 행정청의 권한이 전혀 없게 되어 수권 행정청의 존재이유가 없어지기 때문이다.

라. 수권행정청(피대리행정청)과 대리기관과의 관계

대리기관은 수권받은 권한을 수권행정청에 대신하여 행사하되 대리관계를 표시하여야 하며, 대리행위의 법적 효과는 피대리행정청에 귀속된다.

수권행정청은 대리기관을 지휘·감독하는 권한을 가지며 대리기관의 권한행사에 대하여 책임을 진다.

2. 법정대리

가. 의의

법정대리는 일정한 법정사실이 발생한 경우에 수권행위 없이 법령의 규정에 의하여 대리관계가 발생하는 경우를 말한다.

나. 종류

(1) 지정대리(指定代理)

지정대리라 함은 일정한 법정사실이 발생한 경우(예: 피대리행정청에 사고가 발생하여 피대리 행정청이 그 권한을 행사할 수 없는 경우)에 일정한 자가 대리자를 지정함으로써 법상 정해진 대리관계가 발생하는 경우를 말한다.

7) 박윤흔·정형근, 최신 행정법강의(하), 개정28판, 2009, 22면.

예를 들면, 국무총리와 부총리가 모두 사고로 직무를 수행할 수 없는 경우에 대통령의 지명이 있으면 그 지명을 받은 국무위원이 국무총리의 직무를 대행하는 것이 이에 해당된다(정부조직법 제22조).

(2) 서리(署理)

(가) 서리의 의의

지정대리는 원래 행정청의 구성자가 존재하고 다만 그에게 사고가 있는 경우에 행하여지는 것이다. 그런데, 행정청의 구성자가 사망·면직 등 사유로 궐위된 경우 즉 재직하고 있지 아니한 경우에 정식으로 후임자를 임명하기 전에 임시로 대리자를 임명하여 그로 하여금 당해 행정청의 권한을 행사하게 하는 경우가 있다. 이를 서리라 한다.

(나) 서리와 지정대리의 비교

서리와 본래의 지정대리는 법정사실이 발생하여 행정청이 그 권한을 행사할 수 없게 된 경우에 법령의 규정에 따라 대리자가 지정되고, 대리자는 피대리행정청의 권한 전부를 행사한다는 점에서는 동일하나, 피대리행정청의 지위에있는 자가 본래의 지정대리에 있어서는 존재하고, 서리에 있어서는 존재하지 않는다는 점에서는 차이가 있다.

(다) 서리의 법적성질

서리의 법적 성질 달리 말하면, 서리가 지정대리의 일종인가에 관하여는 다음과 같이 견해가 대립하고 있다.

① 부정설: 부정설의 논거는 다음과 같다. ⅰ) 권한의 대리의 본질을 인격의 대리로 보아야 하며 그러하다면 피대리행정청의 지위에 있는 자가 궐위되어 존재하지 아니하는 경우에는 대리관계가 성립되지 아니한다. ⅱ) 공무원의 임명권 속에 피임명자의 대리인을 지정할 권한이 포함되어 있다고 볼 수 없다.

② 긍정설: 행정청의 대리는 일반적으로 인격의 대리가 아니라 직무(권한)의 대리이며 따라서 행정청 구성자인 자연인의 존부는 대리관계의 성립에 아무런 영향이 없다. 그러므로 서리도 일종의 법정대리(지정대리)로 보아야 한다는 견해이다[8]. 긍정설이 통설이다.

(라) 서리의 법적 지위

서리는 서리라는 지위를 표시하여 자기의 이름과 책임하에 당해 행정청에 부여된 모든 권한을 행사한다. 해당 기관의 구성자가 정식으로 임명되거나, 서리의 지정행위가 철

8) 홍정선, 전게서, 23면.

회되면 그 때부터 서리관계는 종료한다.

(마) 국무총리서리제도의 합헌성

국무총리서리제도가 헌법에 합치되는지에 관하여는 ① 합헌설(헌법상 국무총리제도는 대통령제와 부합하지 아니함을 전제로 국무총리서리제도는 이런 모순에서 생겨난 헌법관례라는 견해), ② 위헌설(국무총리의 임명에는 국회의 사전동의가 필요하다는 점, 정부조직법 제22조는 일정한 경우에 국무총리의 직무대행에 관해 규정하고 있어 서리의 임용이 불필요하는 점 등을 논거로 한다), ③ 예외적 합헌설(원칙적으로 국무총리서리제도는 위헌이지만, 예외적으로 교전상황 등과 같이 국회구성이나 국회소집이 불가능하여 국회의 사전동의가 곤란한 경우에는 합헌이라는 견해)이 대립하고 있다.

(3) 협의(狹義)의 법정대리

협의의 법정대리라 함은 법정사실이 발생하면 법상 당연히 특정한 자에게 대리권이 부여되어 대리관계가 성립되는 경우를 말한다. 대리자가 법령에 의해 정해져 있어 지정행위가 따로 요구되지 않는다.

예를 들면 ① 대통령이 궐위되거나 사고로 인하여 직무를 수행할 수 없을 때에 국무총리, 법률이 정한 국무위원의 순서로 그 권한을 대행하는 것(헌법 제71조), ② 국무총리가 사고로 직무를 수행할 수 없는 경우에는 기획재정부장관이 겸임하는 부총리, 교육부장관이 겸임하는 부총리의 순으로 직무를 대행하고, 국무총리와 부총리가 모두 사고로 직무를 수행할 수 없는 경우임에도 대통령의 지명이 없으면 제26조제1항에 규정된 순서에 따른 국무위원이 국무총리의 직무를 대행하는 것(정부조직법 제22조), 행정기관의 장(장관)이 사고로 직무를 수행할 수 없을 때에 차관 또는 차장이 그 직무를 대행하는 것(정부조직법 제7조 제2항) 등이 협의의 법정대리에 해당된다.

다. 근거

법정대리는 본질상 당연히 법령에 근거가 명시되어 있다. 법정대리의 일반법으로는 직무대리규정(대통령령)이 있다. 그리고 각 개별법에서 법정대리를 규정하고 있는 경우가 있다(헌법 제71조, 정부조직법 제7조 제2항 등).

라. 대리권의 범위

법정대리는 특별한 규정이 없는 한 피대리행정청의 권한 전부에 미친다.

마. 피대리관청과 대리기관의 관계

대리관청은 피대리관청의 권한을 자기의 책임 하에 행사한다. 피대리관청은 대리관청을 지휘·감독할 수 없고, 아울러 대리관청의 권한행사에 대하여 책임을 지지 아니한다.

Ⅲ. 권한의 복대리

1. 의의

복대리라 함은 권한의 대리에 있어 대리자가 그 대리권의 행사를 다른 자로 하여금 대리하게 하는 것을 말한다.

2. 복대리의 가능성

행정권한의 복대리가 가능한가 하는 것이 문제된다. 법령에 명문의 규정이 있는 경우에는 그에 따를 것이나, 규정이 없는 경우에는 수권대리와 법정대리를 나누어 다르게 보아야 할 것이다.

가. 수권대리의 경우

수권대리에 있어서는 권한의 일부에 한하여 대리가 행하여지며, 대리인의 구체적 사정을 고려한 신임에 기초하여 수권이 행하여지는 점 등에 비추어 볼 때 원칙적으로 복대리는 인정되지 않는다고 보아야 한다.

나. 법정대리의 경우

법정대리의 경우에는 ⅰ) 대리인의 구체적 사정을 고려한 신임과는 관계없이 일정한 법정사실의 발생에 따라 당연히 대리관계가 성립된다는 점, ⅱ) 대리권이 피대리행정청의 권한 전부에 미치므로 그중 일부권한에 대하여 다시 복대리를 허용할 현실적 필요성이 있다는 점, ⅲ) 대리인은 자기의 책임으로 대리행위를 하는 것이라는 점 등에 비추어 볼 때, 대리인은 그 대리권의 일부에 대하여 복대리인을 선임할 수 있다고 보아야 할 것이다[9].

Ⅳ. 대리권의 행사방식

민법 제114조의 현명주의[10] 및 제125조 및 제126조의 표현대리에 관한 규정이 유추적

---

9) 박윤흔·정형근, 전게서, 24-25면; 박균성, 전게서, 26면.

용된다고 보아야 할 것이다.

① 현명주의(顯名主義): 대리자는 피대리관청과의 대리관계를 표시하여 대리권을 행사하여야 한다. 즉 자신의 행위가 '본인을 위한 것임을 표시'하여야 한다. 실무상으로는 대체로 '○○장관 직무대리 ○○차관'이라고 현명한다. 이와 같은 현명을 하지 않고 대리인이 자신의 이름으로 행정권을 행사한 경우의 효력에 대하여는 다음과 같이 학설의 대립이 있다.

i) 무효설: 대리인이 자신의 이름으로 행정권을 행사한 경우, 이러한 대리인의 행위는 대리인 자신의 무권한의 행위가 되어 무효라고 보는 견해이다(민법 제115조[11] 본문 참조).

ii) 취소설: 위와 같은 경우는 대리권 자체는 존재하되, 다만 대리권 행사방식의 하자가 있는 행위로서 형식의 하자가 있는 행위로 보는 것이 타당하므로, 취소할 수 있는 행위로 보아야 한다는 견해이다[12].

② 표현대리(表見代理): 대리인이 자신의 이름으로 행정권을 행사한 경우에도 이해관계인이 대리인으로서 한 것임을 알았거나 알 수 있었을 때에는 민법상 표현대리에 관한 규정을 유추적용하여 적법한 대리행위로 볼 수 있을 것이다(민법 제115조 단서; 대법원 2006. 2. 23. 자 2005부4 결정).

③ 대리자가 피대리행정청의 이름으로 그 대리권을 행사한 경우에도 적법한 대리행위라고 보아야 할 것이다.

Ⅴ. 대리권 행사의 효과

법상 권한은 여전히 수권행정청이 가지며 대리권 행사의 법적 효과는 피대리행정청에 귀속된다. 따라서, 처분청은 피대리관청이며 대리행위에 대한 항고소송은 피대리관청을 피고로 하여 제기하여야 한다.

---

10) 민법 제114조(대리행위의 효력) ① 대리인이 그 권한 내에서 본인을 위한 것임을 표시한 의사표시는 직접 본인에게 대하여 효력이 생긴다.

11) 민법 제115조(본인을 위한 것임을 표시하지 아니한 행위) 대리인이 본인을 위한 것임을 표시하지 아니한 때에는 그 의사표시는 자기를 위한 것으로 본다. 그러나 상대방이 대리인으로서 한 것임을 알았거나 알 수 있었을 때에는 전조 제1항의 규정을 준용한다.

12) 박균성, 전게서, 26면.

Ⅵ. 대리권의 소멸

수권대리의 경우에 대리권은 피대리행정청에 의한 대리권부여의 철회에 의하여 소멸하고, 법정대리의 경우에 대리권은 대리권을 발생하게 한 법정사실의 소멸에 따라 소멸한다.

Ⅶ. 대리기관의 처분에 대한 권익구제방식

대리자는 피대리관청과의 대리관계를 표시하여 대리권을 행사하여야 한다. 위와 같이 대리기관이 대리관계를 밝히고 처분을 한 경우에는 피대리관청이 처분청으로서 피고가 된다.

그런데 대리권을 수여받은 행정기관이 대리관계를 밝힘이 없이 자신의 명의로 행정처분을 한 경우, 위 행위는 대리자 자신이 행한 무권한의 행위로서 처분명의자인 당해 행정기관(대리기관)이 항고소송의 피고가 되는 것이 원칙이다.

다만 비록 대리관계를 명시적으로 밝히지는 아니하였다고 할지라도 실제로 대리권한을 수여받고 피대리행정청을 대리한다는 의사로 행정처분을 하였고, 처분의 상대방도 그 행정처분이 피대리행정청을 대리하여 한 것임을 알았거나 알 수 있었을 때에는 민법 제115조 단서의 취지에 따라 적법한 대리행위로 볼 수 있을 것이고 이 경우에는 피대리행정청이 피고가 되어야 한다.

[2] 대리권을 수여받은 데 불과하여 그 자신의 명의로는 행정처분을 할 권한이 없는 행정청의 경우 대리관계를 밝힘이 없이 그 자신의 명의로 행정처분을 하였다면 그에 대하여는 처분명의자인 당해 행정청이 항고소송의 피고가 되어야 하는 것이 원칙이지만, 비록 대리관계를 명시적으로 밝히지는 아니하였다 하더라도 처분명의자가 피대리 행정청 산하의 행정기관으로서 실제로 피대리 행정청으로부터 대리권한을 수여받아 피대리 행정청을 대리한다는 의사로 행정처분을 하였고 처분명의자는 물론 그 상대방도 그 행정처분이 피대리 행정청을 대리하여 한 것임을 알고서 이를 받아들인 예외적인 경우에는 피대리 행정청이 피고가 되어야 한다.

[3] 근로복지공단의 이사장으로부터 보험료의 부과 등에 관한 대리권을 수여받은 지역본부장이 대리의 취지를 명시적으로 표시하지 않고서 산재보험료 부과처분을 한 경우, 그러한 관행이 약 10년간 계속되어 왔고, 실무상 근로복지공단을 상대로 산재보험료 부과처분에 대한 항고소송을 제기하여 온 점 등에 비추어 지역본부장은 물론 그 상대방 등도 근로복지공단과 지역본부장의 대리관계를 알고 받아들였다는 이유로, 위 부과처분에 대한 항고소송의 피고적격이 근로복지공단에 있다고 한 사례(대법원 2006. 2. 23. 자 2005부4 결정).

【제6회 변호사시험 문제】「석유 및 석유대체연료 사업법」상 석유정제업에 대한 등록 및 등록취소 등의 권한은 산업통상자원부장관의 권한이나, 산업통상자원부장관은 같은 법 제43조 및 같은 법 시행령 제45조에 의해 위 권한을 시·도지사에게 위임하였다. 석유정제업 등록 및 등록취소 등의 권한을 위임받은 A도지사는 위임받은 권한 중 석유정제업의 사업정지에 관한 권한을 A도 조례에 의하여 군수에게 위임하였다.

사업정지권한을 위임받은 B군수는, A도 내 B군에서 석유정제업에 종사하는 甲이 같은 법 제27조를 위반하였다는 이유로 같은 법 제13조 제1항 제11호에 따라 6개월의 사업정지처분을 하였다.

甲은 위 사업정지처분에 대해 따로 불복하지 않은 채, 사업정지처분서를 송달받은 후 4개월이 넘도록 위 정지기간 중 석유정제업을 계속하였다. 이에 A도지사는 같은 법 제13조 제5항에 따라 甲의 석유정제업 등록을 취소하였다.

1. B군수에 대한 A도지사의 권한 재위임은 적법한가? (30점)
2. B군수가 甲에 대하여 한 사업정지처분의 효력에 대하여 검토하시오. (30점)
3. 사업정지처분에 대하여 다투지 않은 甲은, A도지사가 한 석유정제업 등록취소처분에 대하여 항고소송을 통해 권리구제를 받을 수 있는가? (20점)

【제49회 사법시험 문제】 甲은 A시 청사의 지하층 일부에 대한 사용허가를 받아 식당을 운영하고 있다. A시의 시장은 청사의 사용허가에 관한 권한을 B국장에게 내부적으로 위임(위임전결)하였고, 이에 따라 B국장은 자신의 명의로 甲에 대한 청사의 사용허가를 취소하였다. 甲은 이러한 사용허가의 취소가 위법하다고 생각하여 이를 다투려고 한다. 甲은 어떠한 소송유형을 선택하여 이를 다툴 수 있는가? (20점)

제3절 권한의 위임

Ⅰ. 의의

권한의 위임이란 행정청이 그의 권한의 일부를 다른 행정기관에 이전하여 수임기관의 권한으로 행사하게 하는 것을 말한다. 행정권한의 위임이 행하여지면 위임청은 위임된 사무를 처리할 권한을 잃고, 수임기관이 그 권한을 자신의 이름과 책임 하에 행사하게 된다.

예컨대 운전면허의 취소·정지 권한은 지방경찰청장의 권한이지만(도로교통법 제93조 제1항)[13], 이러한 권한은 대통령령으로 정하는 바에 따라 관할 경찰서장에게 위임할 수

13) 도로교통법 제93조(운전면허의 취소·정지) ① 지방경찰청장은 운전면허(연습운전면허는 제외한

있고(도로교통법 제147조 제3항)[14], 그중 운전면허정지 처분권한은 대통령령에 의하여 관할 경찰서장장에게 위임되었다(도로교통법 시행령 제86조 제3항 제4호)[15]. 위와 같이 현행 법령상 운전면허정지 처분권한은 지방경찰청장으로부터 관할 경찰서장에게 위임되었으므로, 운전면허의 정지 처분권한은 수임기관인 관할 경찰서장의 권한이 되었고 위임관청인 지방경찰찰청장은 운전면허정지 처분권한을 잃게 된다.

한편 광의의 권한의 위임 중 지휘·감독하에 있는 행정기관에 대한 위임을 협의의 권한의 위임이라고 하고, 지휘·감독하에 있지 않는 행정기관이나 단체에 대한 위임을 권한의 위탁이라고 한다. 하지만 양자 간에 성질상의 차이는 없고, 경우에 따라서는 양자가 혼용되어 사용되기도 한다.

Ⅱ. 유사개념과의 구별

1. 권한의 이양(移讓)과의 구별

권한의 위임이나 권한의 이양이나 대외적으로 권한의 이전이 있는 점에서는 같다.

하지만 권한의 위임의 경우에는 권한을 정하는 모법(수권규범)의 규정은 그대로 둔 채 별도의 위임규정에 근거하여 권한이 수임기관에게 이전된다는 점에서 권한이전이 잠정적이고 언제든지 권한의 회수가 가능하다. 반면에 권한의 이양이란 권한을 정하는 모법(수권규범) 자체를 개정하여 권한을 다른 행정기관의 고유한 권한으로 이관시키는 것을 말한다. 예를 들어, 정부조직법을 개정하여 종래 해양수산부의 권한에 속하던 해양경찰사무를 국민안전처의 권한으로 이전시킨다면 이는 권한의 위임이 아니라 권한의 이양에 해당된다[16].

따라서 권한의 위임의 경우에 위임기관은 수임기관의 권한행사를 지휘·감독할 수 있

다)를 받은 사람이 다음 각 호의 어느 하나에 해당하면 행정안전부령으로 정하는 기준에 따라 운전면허를 취소하거나 1년 이내의 범위에서 운전면허의 효력을 정지시킬 수 있다. 다만, 제2호, 제3호, 제7호부터 제9호까지(정기 적성검사 기간이 지난 경우는 제외한다), 제12호, 제14호, 제16호부터 제18호까지, 제20호의 규정에 해당하는 경우에는 운전면허를 취소하여야 한다.

14) 도로교통법 제147조(위임 및 위탁 등) ③ 지방경찰청장은 이 법에 따른 권한 또는 사무의 일부를 대통령령으로 정하는 바에 따라 관할 경찰서장에게 위임하거나 교통 관련 전문교육기관 또는 전문연구기관 등에 위탁할 수 있다.

15) 도로교통법 시행령 제86조(위임 및 위탁) ③ 지방경찰청장은 법 제147조제3항에 따라 다음 각 호의 권한을 관할 경찰서장에게 위임한다.
3. 법 제93조에 따른 운전면허효력 정지처분

16) 모법인 도로교통법을 개정하여 종래 지방경찰청장의 권한에 속하던 운전면허의 정지사무를 관할 경찰서장의 고유권한으로 이관한다면 이 또한 권한의 이양에 해당하게 될 것이다.

으나, 권한의 이양의 경우에는 지휘·감독관계가 성립하지 않는다.

2. 권한의 대리와의 구별

권한의 대리는 제3자가 행정청의 권한을 대행할 뿐, 권한의 이전을 초래하지는 않는다. 반면에 권한의 위임은 행정청의 권한을 실질적으로 수임기관에게 이전한다는 점에서 차이가 있다.

3. 내부위임(위임전결)과의 구별

가. 내부위임의 의의

내부위임이란 행정청이 보조기관 또는 하급행정기관에게 내부적으로 일정한 사항의 결정권을 위임하여 수임기관이 위임청의 이름으로 그의 권한을 사실상 행사하도록 하는 것을 말한다. 한편 내부위임과 위임전결을 구별하는 견해도 있지만[17], 이를 동일하게 보는 견해가 다수설로 보여진다[18].

내부위임에서는 대외적으로 권한의 이전이 없는 점에서 권한의 위임과 구별되는바, 그 구체적인 차이점을 살펴보면 다음과 같다.

나. 권한의 위임과 내부위임의 차이점

(1) 법률의 근거

권한의 위임은 법정권한의 실질적 변경을 의미하므로 법률의 근거를 요하나, 권한의 내부위임은 권한의 대외적 변경이 없으므로 법률의 근거를 요하지 아니한다. 내부위임에 관한 사항은 행정규칙으로도 정할 수 있다. 행정 효율과 협업 촉진에 관한 규정(대통령령 제0000호)은 위임전결 사항은 해당 기관의 장이 훈령이나 지방자치단체의 규칙으로 정한다고 규정하고 있다(제10조 제2항)[19].

> 전결과 같은 행정권한의 내부위임은 법령상 처분권자인 행정관청이 내부적인 사무처리의 편의를 도모하기 위하여 그의 보조기관 또는 하급 행정관청으로 하여금 그의 권한을 사실상 행사하게 하는 것으로서 법률이 위임을 허용하지 않는 경우에도 인정되는 것이므로, 설사 행

17) 박균성, 행정법론(하), 제15판, 2017, 29-30면.

18) 홍정선, 행정법원론(하), 제25판, 2017, 24면; 류지태·박종수, 행정법신론, 제15판, 2011, 756면.

19) 행정 효율과 협업 촉진에 관한 규정 제10조(문서의 결재) ② 행정기관의 장은 업무의 내용에 따라 보조기관 또는 보좌기관이나 해당 업무를 담당하는 공무원으로 하여금 위임전결하게 할 수 있으며, 그 위임전결 사항은 해당 기관의 장이 훈령이나 지방자치단체의 규칙으로 정한다.

정관청 내부의 사무처리규정에 불과한 전결규정에 위반하여 원래의 전결권자 아닌 보조기관 등이 처분권자인 행정관청의 이름으로 행정처분을 하였다고 하더라도 그 처분이 권한 없는 자에 의하여 행하여진 무효의 처분이라고는 할 수 없다(대법원 1998. 2. 27. 선고 97누1105 판결): 【해설】 위와 같은 법리뿐만 아니라, 이 사건에 있어서 태안군사무전결처리규칙상 공유재산의 사용허가는 원래 부군수의 전결사항으로 규정되어 있으나 이 사건 거부처분 당시 부군수에게 직무를 담당할 수 없는 사정이 발생하여 재무과장이 태안군직무대리규칙에 의하여 직무대행자로 지정되어 이에 따라 보조기관인 재무과장이 전결권자로서 처분권자인 피고 이름으로 이 사건 거부처분을 한 것임이 명백하므로, 처분을 한 재무과장은 정당한 전결권자이기까지 하다라고 판시한 사례이다.

국유재산의 사용허가에 관한 군수의 권한이 부군수에게 내부위임 되었고, 이어 내부위임된 부군수의 권한을 재무과장이 직무대리규칙에 근거하여 대리하여 행사한 경우이다.

(2) 권한행사방식

권한행사 방식에 있어서 권한의 위임은 수임기관이 자신의 이름으로 권한을 행사한다. 반면에 내부위임의 경우 수임기관은 위임기관의 이름으로만 그 권한을 행사할 수 있을 뿐, 자신의 이름으로는 그 권한을 행사할 수 없다. 즉 내부위임의 경우에는 권한이 대내적으로 이전될 뿐이며 대외적으로는 이전되지 않으므로, 수임기관은 수임사무의 처리를 위해 처분을 할 때에는 위임청의 이름으로 권한행사를 하거나 내부위임관계를 명시하여야 한다.

행정권한이 내부위임된 경우 권한행사의 방법: 행정권한의 위임은 행정관청이 법률에 따라 특정한 권한을 다른 행정관청에 이전하여 수임관청의 권한으로 행사하도록 하는 것이어서 권한의 법적인 귀속을 변경하는 것이므로 법률이 위임을 허용하고 있는 경우에 한하여 인정된다 할 것이고, 이에 반하여 행정권한의 내부위임은 행정관청의 내부적인 사무처리의 편의를 도모하기 위하여 그의 보조기관 또는 하급행정관청으로 하여금 그의 권한을 사실상 행사하게 하는 것이므로, 권한위임의 경우에는 수임관청이 자기의 이름으로 그 권한행사를 할 수 있지만 내부위임의 경우에는 수임관청은 위임관청의 이름으로만 그 권한을 행사할 수 있을 뿐 자기의 이름으로는 그 권한을 행사할 수 없다(대법원 1995. 11. 28. 선고 94누6475 판결).

가. 행정관청이 특정한 권한을 법률에 따라 다른 행정관청에 이관한 경우와 달리 내부적인 사무처리의 편의를 도모하기 위하여 그의 보조기관 또는 하급행정관청으로 하여금 그의 권한을 사실상 행하도록 하는 내부위임의 경우에는 수임관청이 그 위임된 바에 따라 위임관청의 이름으로 권한을 행사하였다면 그 처분청은 위임관청이므로 그 처분의 취소나 무효확인을 구하는 소송의 피고는 위임관청으로 삼아야 한다.

나. 구청장이 서울특별시장의 이름으로 한 직위해제 및 파면의 처분청은 서울특별시장이

므로 구청장을 피고로 한 소를 각하한 원심의 판단이 정당하다고 한 사례(대법원 1991. 10. 8. 선고 91누520 판결).

(3) 항고소송의 피고

행정소송과 관련하여서 권한의 위임의 경우에는 수임기관이 항고소송의 피고가 되나, 내부위임의 경우에는 위임자가 항고소송의 피고가 되는 것이 원칙이다.

그런데 항고소송에 있어서는 처분을 함에 있어 실제로 처분청으로 표시된 자가 피고적격을 가진다. 따라서 내부위임의 경우에도 수임기관이 자신의 명의로 처분을 하였다면 처분명의자인 수임기관이 피고가 되고(대법원 1994. 6. 14. 선고 94누1197 판결), 수임기관이 위임청의 이름으로 처분을 한 경우에는 위임청이 항고소송의 피고가 된다(대법원 1991. 10. 8. 선고 91누520).

항고소송의 피고적격: 항고소송은 원칙적으로 소송의 대상인 행정처분 등을 외부적으로 그의 명의로 행한 행정청을 피고로 하여야 하는 것으로서, 그 행정처분을 하게 된 연유가 상급행정청이나 타행정청의 지시나 통보에 의한 것이라 하여 다르지 않으며, 권한의 위임이나 위탁을 받아 수임행정청이 정당한 권한에 기하여 수임행정청 명의로 한 처분에 대하여는 말할 것도 없고, 내부위임이나 대리권을 수여받은 데 불과하여 원행정청 명의나 대리관계를 밝히지 아니하고는 그의 명의로 처분 등을 할 권한이 없는 행정청이 권한 없이 그의 명의로 한 처분에 대하여도 처분명의자인 행정청이 피고가 되어야 한다(대법원 1994. 6. 14. 선고 94누1197 판결).

다. 권한행사방식 위반의 효과

만일 내부위임의 경우 수임기관이 자신의 이름으로 처분을 한 경우 당해 처분은 위법하다. 이러한 위법이 무효사유인지 아니면 취소사유에 불과한 것인지가 문제된다.

① 무효설: 내부위임의 경우 수임기관은 대외적으로는 처분권을 갖고 있지 못하므로, 수임기관이 자신의 이름으로 처분을 하였다면 이는 무권한의 행위에 해당하고, 따라서 해당 처분은 무효인 행위가 된다고 보는 견해이다. 판례는 무효설의 입장을 취하고 있다(대법원 1986. 12. 9. 선고 86누569 판결; 대법원 1995. 11. 28. 선고 94누6475 판결 등).

시장으로부터 체납취득세에 대한 압류처분권한을 내부위임받은 구청장이 자신의 이름으로 한 압류처분의 효력 유무(무효): 체납취득세에 대한 압류처분권한은 도지사로부터 시장에게 권한위임된 것이고 시장으로부터 압류처분권한을 내부위임받은 데 불과한 구청장으로서는 시장 명의로 압류처분을 대행처리할 수 있을 뿐이고 자신의 명의로 이를 할 수 없다 할 것이므로 구청장이 자신의 명의로 한 압류처분은 권한 없는 자에 의하여 행하여진 위법무효의 처분이다(대법원 1993. 5. 27. 선고 93누6621 판결).

② 취소설: 수임기관은 처분권한을 내부적으로는 위임받고 있으므로 무권한은 아니고 권한행사의 형식에 하자가 있는 것에 불과한 것으로 보아야 할 것이며, 따라서 당해 처분은 중대하고 명백한 위법이 있는 행위로 볼 수 없고 취소할 수 있는 행위에 불과하다고 보는 견해이다. 권한행사 방식의 하자가 있고 그로 인한 하자의 명백성을 인정할 수는 있으나, 처분권한을 내부적으로는 위임받고 있으므로 하자의 중대성을 인정할 수는 없다는 논거에서 주장되는 학설이다.

③ 예외적 취소설: 내부위임을 받은 수임기관이 보조기관인 경우 보조기관의 이름으로 처분을 하였다면 그 위법이 중대하고 명백하므로 무효이지만, 행정청의 지위를 갖는 기관(예: 지방자치단체의 장)인 경우에는 수임행정기관의 이름으로 처분을 하였다면 그 위법이 중대하기는 하지만 하자가 명백한 것이라고는 볼 수 없으므로 취소할 수 있는 행위라고 보아야 한다는 견해이다. 이 견해가 타당하다고 생각된다.

4. 대결(代決)과의 구별

대결이라 함은 결재권자가 휴가·출장 그 밖의 사유로 결재할 수 없을 때에 그 직무를 대리하는 사람이 결재권자를 대신하여 외부에 표시함이 없이 사실상 권한을 대리하여 결재하는 것을 말한다. 내용이 중요한 문서에 대하여는 결재권자에게 사후에 보고하여야 한다(행정 효율과 협업 촉진에 관한 규정 제10조 제3항)[20].

대결은 내부적으로도 권한의 이전이 없고 일시적으로만 행하여진다는 점에서, 내부적으로 권한이 이전되며 계속적으로 행하여지는 내부위임과 구별된다.

5. 권한의 위탁(촉탁)과의 구별

권한의 위임이란 상하관계(지휘·감독관계)에 있는 행정기관에의 권한의 이전을 말하고, 권한의 위탁은 대등관계에 있는 (또는 지휘·감독관계에 있지 않는) 행정기관이나 단체에 대한 권한의 이전을 의미하는 것으로 보는 것이 일반적이다. 촉탁이란 권한의 위탁

20) 행정 효율과 협업 촉진에 관한 규정 제10조(문서의 결재) ③ 제1항이나 제2항에 따라 결재할 수 있는 사람이 휴가, 출장, 그 밖의 사유로 결재할 수 없을 때에는 그 직무를 대리하는 사람이 대결하고 내용이 중요한 문서는 사후에 보고하여야 한다.

중에서 등기·소송에 관한 사무의 처리를 위탁하는 것을 말한다.

이론적으로는 권한의 위탁의 경우에 위탁기관은 하급기관이 아닌 수탁기관에 대한 지휘감독권이 없다고 보아야 할 것이지만, '행정권한의 위임 및 위탁에 관한 규정' 제6조는 권한의 위탁의 경우에도 권한의 위임에서와 같이 위탁기관이 수탁기관을 지휘·감독할 수 있다고 규정하고 있다.

6. 권한의 대행과의 구별

실정법상 권한의 대행이라는 용어는 다양하게 사용되고 있다. 실정법에서 사용되는 대행의 의미를 살펴보면 다음과 같다.

가. 법정대리로서의 대행

헌법 제71조[21]에서 말하는 국무총리의 대통령 권한대행은 법정대리의 일종이다. 권한의 대행자가 자기의 명의로 권한을 행사하지만(예: 대통령 권한대행 국무총리 ○○○) 그 법적 효과는 본래의 권한자인 피대행자가 행한 것과 동일한 것으로 간주된다[22].

나. 위임·위탁으로서의 대행

판례는 국세징수법 제61조 제5항[23]에 근거하여 한국자산관리공사(과거의 성업공사)가 행하는 공매의 대행을, 세무서장의 공매권한의 위임에 의한 것으로 보고 있다. 따라서 한국자산관리공사가 공매를 한 경우에 그 공매처분에 대한 취소 등의 항고소송을 제기함에 있어서는 수임청으로서 실제로 공매를 행한 한국자산관리공사를 피고로 하여야 하고, 위임청인 세무서장은 피고적격이 없다(대법원 1996. 9. 6. 선고 95누12026 판결; 대법원 1997. 2. 28. 선고 96누1757 판결). 이때의 대행자는 협의의 공무수탁사인에 해당된다. 협의의 공무수탁사인은 위탁받은 사무를 수행함에 있어서는 행정주체이면서, 동시에 행정청으로서의 지위를 가진다.

---

21) 헌법 제71조 대통령이 궐위되거나 사고로 인하여 직무를 수행할 수 없을 때에는 국무총리, 법률이 정한 국무위원의 순서로 그 권한을 대행한다.

22) 홍정선, 행정법원론(하), 제25판, 2017, 26면.

23) 국세징수법 제61조(공매) ⑤ 세무서장은 압류한 재산의 공매에 전문 지식이 필요하거나 그 밖에 특수한 사정이 있어 직접 공매하기에 적당하지 아니하다고 인정할 때에는 대통령령으로 정하는 바에 따라 한국자산관리공사로 하여금 공매를 대행하게 할 수 있으며 이 경우의 공매는 세무서장이 한 것으로 본다.

다. 행정사무지원으로서의 대행

(1) 의의

행정기관이 법령상의 권한을 그의 명의와 책임 하에 행사하되, 권한행사에 따른 실무를 대행기관으로 하여금 행하게 하는 것을 말한다. 이러한 권한의 대행은 행정사무의 지원을 위한 것으로 이해될 수 있다[24]. 여권법 제21조 제1항[25] 및 자동차관리법 제20조 제1항[26]에 의한 대행이 이러한 경우의 예라고 할 수 있다. 이때의 대행자는 행정보조인·행정대행자에 해당된다.

(2) 대행기관과 피대행기관의 지위

권한을 대행하는 자는 대행을 맡긴 기관의 집행기관으로서의 성질을 가진다. 따라서 대행기관의 직무집행에 있어서의 위법은 피대행기관의 위법이 되고, 따라서 이 경우 피대행기관이 소속하는 행정주체가 국가배상책임을 진다. 항고소송에 있어서는 행정청인 피대행기관이 피고가 된다.

Ⅲ. 위임의 근거

1. 법적 근거와 그 내용

권한의 위임은 법률이 정한 권한분배를 대외적으로 변경하는 것이므로 반드시 법률의 명시적 근거를 필요로 한다.

> 행정권한의 위임이 권한에 대한 법적귀속의 변경인 이상 그것은 법률이 그 위임을 허용하고 있는 경우에 한하여 인정된다(대법원 1986. 12. 9. 선고 86누569 판결).

위임의 근거는 당해 권한을 부여하는 개별법률 자체에서 정하는 것이 원칙이다. 식품위생법 제91조[27], 도로교통법 제147조[28] 등이 그러한 경우의 예이다.

---

24) 홍정선, 행정법원론(하), 제25판, 2017, 26면.

25) 여권법 제21조(사무의 대행 등) ① 외교부장관은 여권 등의 발급, 재발급과 기재사항변경에 관한 사무의 일부를 대통령령으로 정하는 바에 따라 영사(領事)나 지방자치단체의 장에게 대행(代行)하게 할 수 있다.

26) 자동차관리법 제20조(등록번호판발급대행자의 지정 등) ① 시·도지사는 필요하다고 인정하면 국토교통부령으로 정하는 바에 따라 제19조에 따른 등록번호판의 제작·발급 및 봉인 업무를 대행하는 자(이하 "등록번호판발급대행자"라 한다)를 지정할 수 있다. 이 경우 그 지정방법 및 대행기간은 해당 지방자치단체의 조례로 정할 수 있다.

한편 권한을 부여하는 개별 법률이 아닌, 다른 특별 법률로 권한의 위임에 관한 사항을 정하는 것도 가능하다. 권한의 위임에 관한 일반적인 근거법령으로서 정부조직법 제6조[29]와 이에 근거를 둔 '행정권한의 위임 및 위탁에 관한 규정(대통령령 제0000호)' 제3조[30] 또는 제4조[31]가 있다. 그 밖에도 국가사무의 지방자치단체의 장에게의 위임을 규정하고 있는 지방자치법 제102조[32]와 지방자치단체의 장의 권한위임의 근거규정인 지방자치법 제104조[33] 등이 있다.

2. 개별법령에 근거규정이 없는 경우의 위임 가능성

개별 법령에 권한의 위임에 관한 근거규정이 없는 경우에, 정부조직법 제6조와 행정권한의 위임 및 위탁에 관한 규정 제3조·제4조, 지방자치법 제104조 등이 위임 또는 재위임

27) 식품위생법 제91조(권한의 위임) 이 법에 따른 식품의약품안전처장의 권한은 대통령령으로 정하는 바에 따라 그 일부를 시·도지사 또는 지방식품의약품안전청장에게, 시·도지사의 권한은 그 일부를 시장·군수·구청장 또는 보건소장에게 각각 위임할 수 있다.

28) 도로교통법 제147조(위임 및 위탁 등)
① 시장 등은 이 법에 따른 권한 또는 사무의 일부를 대통령령으로 정하는 바에 따라 지방경찰청장이나 경찰서장에게 위임 또는 위탁할 수 있다.
③ 지방경찰청장은 이 법에 따른 권한 또는 사무의 일부를 대통령령으로 정하는 바에 따라 관할 경찰서장에게 위임하거나 교통 관련 전문교육기관 또는 전문연구기관 등에 위탁할 수 있다.

29) 정부조직법 제6조(권한의 위임 또는 위탁) ① 행정기관은 법령으로 정하는 바에 따라 그 소관사무의 일부를 보조기관 또는 하급행정기관에 위임하거나 다른 행정기관·지방자치단체 또는 그 기관에 위탁 또는 위임할 수 있다. 이 경우 위임 또는 위탁을 받은 기관은 특히 필요한 경우에는 법령으로 정하는 바에 따라 위임 또는 위탁을 받은 사무의 일부를 보조기관 또는 하급행정기관에 재위임할 수 있다.

30) 행정권한의 위임 및 위탁에 관한 규정 제3조(위임 및 위탁의 기준 등) ① 행정기관의 장은 허가·인가·등록 등 민원에 관한 사무, 정책의 구체화에 따른 집행사무 및 일상적으로 반복되는 사무로서 그가 직접 시행하여야 할 사무를 제외한 일부 권한(이하 "행정권한"이라 한다)을 그 보조기관 또는 하급행정기관의 장, 다른 행정기관의 장, 지방자치단체의 장에게 위임 및 위탁한다.

31) 행정권한의 위임 및 위탁에 관한 규정 제4조(재위임) 특별시장·광역시장·특별자치시장·도지사 또는 특별자치도지사(특별시·광역시·특별자치시·도 또는 특별자치도의 교육감을 포함한다. 이하 같다)나 시장·군수 또는 구청장(자치구의 구청장을 말한다. 이하 같다)은 행정의 능률향상과 주민의 편의를 위하여 필요하다고 인정될 때에는 수임사무의 일부를 그 위임기관의 장의 승인을 받아 규칙으로 정하는 바에 따라 시장·군수·구청장(교육장을 포함한다) 또는 읍·면·동장, 그 밖의 소속기관의 장에게 다시 위임할 수 있다.

32) 지방자치법 제102조(국가사무의 위임) 시·도와 시·군 및 자치구에서 시행하는 국가사무는 법령에 다른 규정이 없으면 시·도지사와 시장·군수 및 자치구의 구청장에게 위임하여 행한다.

33) 지방자치법 제104조(사무의 위임 등) ① 지방자치단체의 장은 조례나 규칙으로 정하는 바에 따라 그 권한에 속하는 사무의 일부를 보조기관, 소속 행정기관 또는 하부행정기관에 위임할 수 있다.

의 일반적 근거가 될 수 있는지에 대하여는 긍정설과 부정설이 대립하고 있다.

가. 긍정설

긍정설의 논거는 다음과 같다.

i) 국민의 권리 또는 의무에 직접적으로는 관계없는 행정조직에 있어서는 어느 정도 포괄적인 위임도 가능하다.

ii) 정부조직법 제6조 제1항 및 권한위임규정의 입법배경을 고려하여야 한다 즉, 1981. 4. 8. 정부조직법 제5조 제1항 및 권한위임규정을 제정하게 된 배경은 1970년대 초부터 중앙행정기관에 집중된 권한을 지방에 이전할 필요가 있었는데, 종래와 같은 개별법령에 의한 위임만으로는 이러한 수요에 응할 수 없어 정부조직법에 일반적 근거조항을 두고 이에 근거한 권한위임규정에 의하여 여러 법령에 의해 부여된 중앙행정기관의 권한을 일괄하여 지방에 이관하고자 하는 것이었다. 이러한 입법배경이 고려되어야 한다.

나. 부정설

부정설의 논거는 다음과 같다.

i) 정부조직법 제6조 제1항은 권한의 위임 및 재위임의 기준을 정함이 없이 권한의 위임 및 재위임이 가능하다는 원칙만을 선언하고 있는데 불과하므로 이 규정이 권한의 위임의 근거가 되는 법률이라고 볼 수 없다.

ii) 만일 정부조직법 제6조 제1항이 대통령령인 행정권한의 위임 및 위탁에 관한규정에 대한 위임규정이라고 한다면 행정권한법정주의에 반하는 포괄적 수권을 한 것이므로 위헌·위법인 법률규정이라고 보아야 한다.

다. 판례

판례는 긍정설의 입장을 취하고 있다.

정부조직법 제5조 제1항(*현행법 제6조 제1항)을 근거로 하여 도지사가 군수에게 한 권한재위임의 적부: 정부조직법 제5조 제1항은 법문상 권한의 위임 및 재위임의 근거규정임이 명백하고 같은 법이 국가행정기관의 설치, 조직, 직무범위의 대상을 정하는데 그 목적이 있다는 이유만으로 권한위임, 재위임에 관한 위 규정마저 권한위임 등에 관한 대강을 정한 것에 불과할 뿐 권한위임의 근거규정이 아니라고 할 수는 없으므로 충청남도지사가 자기의 수임권한을 위임기관인 동력자원부장관의 승인을 얻은 후 충청남도의 사무 시, 군위임규칙에 따라 군수에게 재위임하였다면 이는 위 조항 후문 및 행정권한의위임및위탁에관한규정 제4조에 근거를 둔 것으로서 적법한 권한의 재위임에 해당하는 것이다(대법원 1990. 2. 27. 선고 89누5287 판결).

구 건설업법 제50조 제2항 제3호 소정의 영업정지 등 처분권한을 위임받은 시·도지사가 이를 구청장 등에게 재위임할 수 있는지 여부: 구 건설업법(1994. 1. 7. 법률 제4724호로 개정되기 전의 것) 제57조 제1항, 같은법시행령 제53조 제1항 제1호에 의하면 건설부장관의 권한에 속하는 같은 법 제50조 제2항 제3호 소정의 영업정지 등 처분권한은 서울특별시장·직할시장 또는 도지사에게 위임되었을 뿐 시·도지사가 이를 구청장·시장·군수에게 재위임할 수 있는 근거규정은 없으나, 정부조직법 제5조 제1항과 이에 기한 행정권한의위임및위탁에관한규정 제4조에 재위임에 관한 일반적인 근거규정이 있으므로 시·도지사는 그 재위임에 관한 일반적인 규정에 따라 위임받은 위 처분권한을 구청장 등에게 재위임할 수 있다(대법원 1995. 7. 11. 선고 94누4615 전원합의체판결).

Ⅳ. 위임의 방식

권한의 위임은 법률상의 권한을 다른 행정기관에게 이전하는 것이므로, 그러한 사항을 국민에게 주지시킬 수 있는 방식에 의하여 행해져야 한다. 권한의 위임은 수임행정기관과 위임사항을 직접 법령 자체에서 정하거나, 법령에 근거한 위임관청의 의사결정으로 행하여진다. 법령으로 위임하는 경우에는 법령이 관보에 게재되어 국민에게 공시된다. 권한의 위임이 법형식으로 되지 않고 위임기관의 의사결정에 의하는 경우에는 고시의 형식으로 국민에게 위임을 공시하여야 할 것이다. 그런데 우리나라의 입법례는 모두 '대통령령이 정하는 바에 의하여' 또는 '규칙이 정하는 바에 의하여' (재)위임할 수 있다고 규정하고 있어서 위임사항 등이 관보·공보 등에 게재되어 공포되므로, 후자의 방식에 의한 권한의 위임은 생각할 수 없다[34]

한편 기관위임사무의 경우 지방자치단체의 장은 위임받은 권한을 당해 지방자단체의 조례에 의하여 다른 행정기관에게 재위임할 수는 없고, 위임기관의 장의 승인을 얻은 후 지방자치단체의 장이 제정한 규칙에 따라서만 재위임을 할 수 있다(행정권한의 위임 및 위탁에 관한 규정 제4조).

이른바 기관위임사무를 지방자치단체의 조례에 의하여 재위임할 수 있는지 여부: '가'항의 영업정지 등 처분에 관한 사무는 국가사무로서 지방자치단체의 장에게 위임된 이른바 기관위임사무에 해당하므로 시·도지사가 지방자치단체의 조례에 의하여 이를 구청장 등에게 재위임할 수는 없고 행정권한의위임및위탁에관한규정 제4조에 의하여 위임기관의 장의 승인을 얻은 후 지

34) 김철용, 전게서, 24면.

방자치단체의 장이 제정한 규칙이 정하는 바에 따라 재위임하는 것만이 가능하다(대법원 1995. 7. 11. 선고 94누4615 전원합의체판결).

법령에 정하여진 위임방식을 위반한 위임은 위법하다. 이때 위법한 위임방식에 따라 위임이 행하여지고 그 권한에 근거하여 수임기관이 행정처분을 행하였을 경우 위 처분에 존재하는 하자가 무효사유인지 아니면 취소사유인지가 문제된다. 판례는 위와 같이 위임의 방식을 위반한 경우, 즉 법령상 규칙으로 위임하여야 함에도 불구하고 이를 조례로 위임한 경우 이를 위법하다고 하면서도, 위 무효인 조례에 근거한 행정처분은 중대·명백설에 의할 경우 당연무효가 되는 것은 아니라고 보고 있다.

처분권한의 근거 조례가 무효인 경우, 그 근거 규정에 기하여 한 행정처분이 당연무효인지 여부: 조례 제정권의 범위를 벗어나 국가사무를 대상으로 한 무효인 서울특별시행정권한위임조례의 규정에 근거하여 구청장이 건설업영업정지처분을 한 경우, 그 처분은 결과적으로 적법한 위임 없이 권한 없는 자에 의하여 행하여진 것과 마찬가지가 되어 그 하자가 중대하나, 지방자치단체의 사무에 관한 조례와 규칙은 조례가 보다 상위규범이라고 할 수 있고, 또한 헌법 제107조 제2항의 "규칙"에는 지방자치단체의 조례와 규칙이 모두 포함되는 등 이른바 규칙의 개념이 경우에 따라 상이하게 해석되는 점 등에 비추어 보면 위 처분의 위임 과정의 하자가 객관적으로 명백한 것이라고 할 수 없으므로 이로 인한 하자는 결국 당연무효사유는 아니라고 봄이 상당하다(대법원 1995. 7. 11. 선고 94누4615 전원합의체판결).

V. 위임의 한계

1. 일부위임

권한의 위임은 위임청의 권한의 일부에 한하여 인정되며 권한 전부의 위임은 허용되지 않는다. 권한 전부의 위임은 사실상 위임행정청의 권한 자체의 폐지를 뜻하는 것이 되기 때문이다. 따라서 규정의 유무를 불문하고 권한의 위임은 권한의 일부의 위임으로 새겨야 한다.

또한 위임청의 존립근거를 위태롭게 하는 주요부분의 위임도 인정되지 않는다고 보아야 한다.

2. 재위임

권한의 위임을 받은 자는 특히 필요한 경우에는 법령으로 정하는 바에 따라 위임 받은 사무의 일부를 보조기관 또는 하급행정기관 등에 재위임할 수 있다는 것이 실정법의 태도이고(정부조직법 제6조 제1항 후단), 판례의 입장이다(대법원 1995. 7. 11. 선고 94누4615 판결; 대법원 1990. 2. 27. 선고 89누5287 판결 등).

한편 지방자치법은 "지방자치단체의 장이 위임받거나 위탁받은 사무의 일부를 제1항부터 제3항까지의 규정에 따라 다시 위임하거나 위탁하려면 미리 그 사무를 위임하거나 위탁한 기관의 장의 승인을 받아야 한다"고 하여 재위임에 제한을 가하고 있다(지방자치법 제104조 제4항). 따라서 기관위임사무의 경우 수임자는 위임자의 승인을 얻어 규칙으로 재위임을 하여야 한다[35].

Ⅵ. 위임의 형태

1. 보조기관 및 하급행정청에 대한 위임

보조기관(예: 법무부장관이 법무부차관에게)이나 하급행정청(예: 국세청장이 세무서장에게)에 대한 위임은 법령에 따라 이루어지는 것이므로, 수임기관의 동의를 요하지 않는다. 이 경우 수임기관은 위임의 범위 안에서 행정청의 지위에 선다(정부조직법 제6조 제2항).

위임청은 이들 수임기관에 대한 상급기관이므로 상급기관으로서 이들 수임기관에 대하여 지휘감독권을 가진다.

2. 대등행정청 또는 기타 행정기관에 대한 위임

위임은 위임기관과 대등한 위치에 있거나(예: 법무부장관이 국방부장관에게), 지휘계통을 달리하는 하급 행정기관에게도(예: 국방부장관이 세무서장에게) 할 수 있는바, 이러한 경우를 특별히 권한의 위탁이라고 한다. 오늘날은 이러한 위임도 수임청의 동의없이 법령에 의하여 행하여지고 있다(정부조직법 제6조 제1항).

3. 지방자치단체 또는 그 기관에 대한 위임

중앙행정기관은 그 권한의 일부를 지방자치단체 또는 그 기관에게 위임할 수 있다(정부조직법 제6조 제1항). 국가가 국민과 보다 가까이에서 국가행정을 수행하기 위하여는 지방에 국가행정기관을 설치하는 방법도 있지만, 재정 등 사정을 고려하여 지방자치단체의 행정조직을 차용하는 방법도 있다. 우리나라의 경우 후자의 방법을 취하고 있다. 즉 국가의 일반 지방행정기관을 두지 않고, 국가사무를 지방자치단체 또는 그 기관에게 위임하

---

35) 홍정선, 행정법원론(하), 제25판, 2017, 28면.

고 있다. 여기서 지방자치단체 자체에게 위임하는 것(예: 산업통상자원부장관이 그 권한의 일부를 경기도에 위임하는 것)을 단체위임이라 하고, 지방자치단체의 기관에게 위임하는 것(예: 산업통상자원부장관이 그 권한의 일부를 경기도지사에게 위임하는 것)을 기관위임이라 한다.

지방자치법은 지방자치단체의 관할구역 내에서 시행하는 국가행정사무는 법령에 다른 규정이 없으면 당해 자치단체의 장에게 위임하여 행하도록 하고 있다(지방자치법 제102조)[36]. 현재 행하여지고 있는 위임의 대부분은 이러한 기관위임이다.

기관위임된 사무를 기관위임사무라고 한다. 지방자치단체의 기관은 기관위임사무를 수행함에 있어서는 국가기관의 지위에 서고 위임청의 지휘감독을 받는 하급행정기관이 된다고 보는 것이 일반적 견해이다. 따라서 위임청은 기관위임사무의 수행에 대하여 지방자치단체의 기관을 지휘·감독할 수 있다.

4. 사인(私人)에 대한 위임

행정권한을 사인에게 위탁하는 경우가 늘고 있다. 이를 '민간위탁'이라고도 한다. '행정권한의 위임 및 위탁에 관한 규정'은 '민간위탁'이란 법률에 규정된 행정기관의 사무 중 일부를 지방자치단체가 아닌 법인·단체 또는 그 기관이나 개인에게 맡겨 그의 명의로 그의 책임 아래 행사하도록 하는 것을 말한다고 규정하고 있다(제2조 제3호). 위와 같이 사인에게 일정한 행정권한이 위임된 경우 그러한 자를 공무수탁사인이라고 하는데, 이 경우 사인은 수임권한의 한도 내에서는 행정청의 지위에서 공권력을 행사하게 된다.

행정권한을 사인에게 위탁하기 위해서는 형식적 의미의 법률 또는 그에 근거한 법규명령의 근거를 요하고, 아울러 사인의 신청 또는 동의가 있어야 한다. ① 먼저 국민의 권리·의무와 관계없는 사무를 공무수탁사인에게 위탁할 수 있는 일반적인 법적 근거로는 정부조직법 제6조 제3항[37], 지방자치법 제104조 제3항[38] 및 행정권한의 위임 및 위탁에 관한 규정 제11조 제1항[39] 등이 있다. 위 법령들은 국민(주민)의 권리·의무와 직접 관계되지 아

36) 지방자치법 제102조(국가사무의 위임) 시·도와 시·군 및 자치구에서 시행하는 국가사무는 법령에 다른 규정이 없으면 시·도지사와 시장·군수 및 자치구의 구청장에게 위임하여 행한다.

37) 정부조직법 제6조(권한의 위임 또는 위탁) ③ 행정기관은 법령으로 정하는 바에 따라 그 소관사무 중 조사·검사·검정·관리 업무 등 국민의 권리·의무와 직접 관계되지 아니하는 사무를 지방자치단체가 아닌 법인·단체 또는 그 기관이나 개인에게 위탁할 수 있다.

38) 지방자치법 제104조(사무의 위임 등) ③ 지방자치단체의 장은 조례나 규칙으로 정하는 바에 따라 그 권한에 속하는 사무 중 조사·검사·검정·관리 업무 등 주민의 권리·의무와 직접 관련되지 아니하는 사무를 법인·단체 또는 그 기관이나 개인에게 위탁할 수 있다.

니한 '조사·검사·검정·관리 업무 등'의 기술적·전문적인 사무를 위탁의 대상으로 하고 있다. ② 다음으로 국민의 권리·의무와 관계있는 사무의 위탁의 근거가 되고 있는 개별 법률은 대단히 많다. 공무위탁의 일반적 근거규정인 정부조직법·지방자치법과는 달리, 개별 법률에서의 근거규정은 대부분 국민의 권리·의무와 관련되는 사무이므로 엄격한 관리·감독이 요청된다.

Ⅶ. 위임의 효과

1. 권한의 이전

권한이 위임되면 그 권한은 수임기관에게 이전되어 수임기관의 권한이 된다. 위임기관은 그 사무를 처리할 권한을 잃고 수임기관은 자기의 이름과 책임 아래 그 권한을 행사한다.

항고쟁송의 경우 처분을 함에 있어 실제로 처분청으로 표시된 자가 피청구인적격 또는 피고적격을 지니게 되므로, 권한의 위임이 행하여진 경우 수임기관이 피청구인 또는 피고가 된다.

2. 위임기관의 지휘·감독

위임청이 위임된 사무의 처리에 관하여 수임기관을 지휘·감독할 수 있는지가 문제된다.

가. 이론

종래 이를 긍정하는 견해도 있었지만 권한이 위임되면 위임청은 권한을 잃고 그 권한이 수임기관에 이전되므로 위임기관은 위임기관의 지위에서는 수임기관의 위임된 사무의 처리에 관하여 지휘·감독할 수 없다는 부정설이 오늘날의 일반적 견해이다.

다만, 수임기관이 위임기관의 보조기관이나 지휘감독하에 있는 하급행정기관인 경우에는 위임의 효과에 근거해서가 아니라 이러한 행정조직법상의 지휘감독권에 의해 수임기관의 위임된 사무의 처리에 관하여 지휘·감독할 수 있다. 따라서, 수임기관이 행정조직

---

39) 행정권한의 위임 및 위탁에 관한 규정 제11조(민간위탁의 기준) ① 행정기관은 법령으로 정하는 바에 따라 그 소관 사무 중 조사·검사·검정·관리 사무 등 국민의 권리·의무와 직접 관계되지 아니하는 다음 각 호의 사무를 민간위탁할 수 있다.

1. 단순 사실행위인 행정작용,
2. 공익성보다 능률성이 현저히 요청되는 사무,
3. 특수한 전문지식 및 기술이 필요한 사무,
4. 그 밖에 국민 생활과 직결된 단순 행정사무

법상 위임기관의 지휘·감독하에 있지 않는 기관인 경우에는 이론상 위임기관에게 수임기관을 지휘·감독할 권한이 없다.

나. 실정법규정

그러나 '행정권한의 위임 및 위탁에 관한 규정(대통령령 제28266호)'은 이러한 두 경우를 구분하지 않고 모든 경우에 있어서 "위임 및 위탁기관은 수임 및 수탁기관의 수임 및 수탁사무 처리에 대하여 지휘·감독하고, 그 처리가 위법하거나 부당하다고 인정될 때에는 이를 취소하거나 정지시킬 수 있다(제6조)"라고 규정하고 있다.

그렇지만 "수임 및 수탁사무의 처리에 관하여 위임기관 또는 위탁기관은 수임기관 또는 수탁기관에 대하여 사전승인을 받거나 협의를 할 것을 요구할 수 없다(제7조)".

3. 수임사무처리비용의 부담

수임사무의 처리에 드는 비용은 위임기관이 부담하는 것이 원칙이다.

'행정권한의 위임 및 위탁에 관한 규정'은 "행정기관의 장은 행정권한을 위임 및 위탁할 때에는 위임 및 위탁하기 전에 수임기관의 수임능력 여부를 점검하고, 필요한 인력 및 예산을 이관하여야 한다(제3조 제2항)"고 규정하고 있다.

지방재정법은 "국가가 스스로 하여야 할 사무를 지방자치단체나 그 기관에 위임하여 수행하는 경우 그 경비는 국가가 전부를 그 지방자치단체에 교부하여야 한다(제21조 제2항)"라고 규정하고 있고, 지방자치법은 "국가사무나 지방자치단체사무를 위임할 때에는 이를 위임한 국가나 지방자치단체에서 그 경비를 부담하여야 한다(제141조 단서)"라고 규정하고 있다.

Ⅷ. 위임의 종료

위임은 위임의 해제, 조건의 성취, 기한의 도래, 근거법령의 소멸 등에 의하여 종료되고, 위임이 종료되면 위임된 권한은 위임청의 권한으로 환원된다.

제4절 권한의 위탁

Ⅰ. 의의

권한의 위탁이란 국가 또는 지방자치단체가 행정권한을 독립적 지위에 있는 자(공공단체, 사인)에게 이전하는 것을 말한다. 오늘날 행정의 효율성을 위하여 행정권한을 민간에 위탁하는 경우가 늘고 있다.

Ⅱ. 법적 근거

행정권한을 사인에게 위탁하는 것은 법률의 근거를 필요로 한다. 행정권한의 행사는 일반국민에게 직접적으로 외부적 효력을 미치기 때문에, 그 위탁을 위해서는 형식적 의미의 법률 또는 그에 근거한 법규명령의 근거를 요한다.

1. 국민의 권리·의무와 직접 관계없는 사무의 위탁

국민의 권리·의무와 관계없는 사무를 공무수탁사인에게 위탁할 수 있는 일반적인 법적 근거로는 정부조직법 제6조 제3항[40], 지방자치법 제104조 제3항[41] 및 행정권한의 위임 및 위탁에 관한 규정 제11조 제1항[42] 등이 있다. 위 법령들은 국민(주민)의 권리·의무와 직접 관계되지 아니한 '조사·검사·검정·관리 업무 등'의 기술적·전문적인 사무를 위탁의 대상으로 하고 있다.

그런데 위 법령에서 규정한 '국민(주민)의 권리·의무와 직접 관계되지 아니하는 사무'

40) 정부조직법 제6조(권한의 위임 또는 위탁) ③ 행정기관은 법령으로 정하는 바에 따라 그 소관사무 중 조사·검사·검정·관리 업무 등 국민의 권리·의무와 직접 관계되지 아니하는 사무를 지방자치단체가 아닌 법인·단체 또는 그 기관이나 개인에게 위탁할 수 있다.

41) 지방자치법 제104조(사무의 위임 등) ③ 지방자치단체의 장은 조례나 규칙으로 정하는 바에 따라 그 권한에 속하는 사무 중 조사·검사·검정·관리 업무 등 주민의 권리·의무와 직접 관련되지 아니하는 사무를 법인·단체 또는 그 기관이나 개인에게 위탁할 수 있다.

42) 행정권한의 위임 및 위탁에 관한 규정 제11조(민간위탁의 기준) ① 행정기관은 법령으로 정하는 바에 따라 그 소관 사무 중 조사·검사·검정·관리 사무 등 국민의 권리·의무와 직접 관계되지 아니하는 다음 각 호의 사무를 민간위탁할 수 있다.
1. 단순 사실행위인 행정작용,
2. 공익성보다 능률성이 현저히 요청되는 사무,
3. 특수한 전문지식 및 기술이 필요한 사무,
4. 그 밖에 국민 생활과 직결된 단순 행정사무

의 민간위탁은 공무수탁사인에 대한 위탁인 경우도 있겠지만, 주로 행정보조자 및 행정대행자에 대한 위탁인 경우가 많을 것이다[43].

2. 국민의 권리·의무와 관계있는 사무의 위탁

공무위탁의 근거가 되고 있는 개별 법률은 대단히 많다. 공무위탁의 일반적 근거규정인 정부조직법·지방자치법과는 달리, 개별 법률에서의 근거규정은 대부분 국민의 권리·의무와 관련되는 사무이므로 엄격한 관리·감독이 요청된다.

먼저 행정객체와 밀접한 관계를 유지하고 있고, 당해업무를 능률적·효과적으로 처리할 수 있는 지위에 있는 사인에게 공무수행을 위탁하는 경우가 있다. 사선의 선장이 항해중에 출생이 있을 때 출생신고사항을 기재하는 가족관계의 등록사무(가족관계의 등록 등에 관한 법률 제49조), 항공기의 안전을 해치는 행위 등을 저지하기 위한 기장의 행위(항공보안법 제22조 제1항), 사인이 별정우체국의 지정을 받아 체신업무를 경영하는 경우(별정우체국법 제3조), 사인이 공익사업의 시행자로서 다른 사인의 토지를 수용하는 경우(공익사업을 위한 토지 등의 취득 및 보상에 관한 법률 제4조) 등이 그러한 예이다. 변호사협회와 의사협회와 같은 직업별 협회가 등록업무를 수행하거나 위법한 영업활동을 한 회원에 대한 제재처분을 내리는 등 공무를 수행하는 경우도 그러한 예라고 보는 견해도 있다[44].

다음으로 공무수탁사인의 전문성을 이용하여 시민의 편의와 직무의 효율성 및 행정기관의 업무경감을 도모할 목적으로 허용하는 경우가 있다. 자동차운전 전문학원의 학감에게 자동차운전면허 기능검정을 위탁하거나(도로교통법 제108조), 공증인이 공증 업무를 수행하는 경우(공증인법 제2조), 사립대학의 장이 학위를 수여하는 경우(고등교육법 제35조), 건축사가 건축공사에 대한 현장조사·검사 및 확인업무를 행하는 경우(건축법 제27조) 등이 그러한 예이다[45].

Ⅲ. 구별개념

1. 행정보조인·행정대행자

사인이 아르바이트로 우편업무를 수행하는 경우, 사인이 생활폐기물의 수집·운반·처

43) 박균성, 전게서, 96면.
44) 박균성, 전게서, 95면.
45) 정형근, 전게논문, 158면.

리를 대행하는 경우(폐기물관리법 제14조 제2항), 사인이 불법주차 자동차의 견인을 대행하는 경우(도로교통법 제36조 제1항), 감정평가사가 표준지의 적정가격의 조사 내지 평가 또는 개별공시지가의 타당성 여부를 검증하는 경우(부동산가격공시 및 감정평가에 관한 법률 제5조, 제11조) 등과 같이 행정청에 종속되어 보조적·기술적인 집행업무를 수행하는 사인을 행정보조인이라고 한다.

자동차검사·차량등록의 대행 등과 같이 행정청의 지시를 받아 특정 행정업무를 대행하는 사인을 행정대행자라고 한다. 행정보조인은 행정기관에 종속되어 있지만 행정대행자는 담당 행정기관의 감독은 받지만 행정기관에는 종속되지는 않는다는 차이가 있다. 행정대행자의 경우 이는 공무수탁사인이 아니라는 견해와[46], 공무수탁사인으로 보아야 한다는 견해[47]의 대립이 있다.

공무수탁사인은 공무를 위탁받아 처리하는 행정주체이고, 행정보조인·행정대행자는 행정청의 지시를 받아 보조적인 임무를 수행하는데 그친다고 할 수 있지만, 구체적인 경우에 양자의 구별이 쉬운 것은 아니다.

2. 공의무부담사인

국가가 특정한 행정업무를 처리하기 위하여 법률로 사인에게 특정한 행정상 업무를 수행할 의무를 부과하는 경우가 있는데, 이때 위 행정상 의무를 부담하는 사인을 공의무부담사인이라고 한다. 여기에서 '공의무부담'이란 법률에 의하여 특정 사인에게 처리하도록 강제된 공법상 의무를 의미한다. 특정 사인은 자신의 의사와 관계없이 법률이 부과하는 행위를 수행할 의무를 부담한다.

부과된 의무는 공행정 업무에 관한 것이라는 점에서 원칙적으로는 국가의 공무원이 처리해야 할 업무이다. 그럼에도 불구하고 사인에게 그 의무를 부과하는 것은 당해 사인이 가장 신속하고도 능률적으로 당해 업무를 처리할 수 있는 지위에 있기 때문이다. 사인이 조세를 원천징수하여 납부하는 경우(소득세법 제127조, 제128조), 사인이 건강보험료을 원천징수하여 납부하는 경우(국민건강보험법 제77조), 사인이 석유비축의무를 지는 경우(석유 및 석유대체연료 사업법 제17조) 등이 그러한 예이다.

46) 박균성, 전게서, 94면.

47) 정형근, "공행정을 수행하는 사인의 법적 지위", 경희법학 제45권 제2호, 2010, 159면; 정하중, 행정법개론, 2007, 73면.

3. 구분의 실익

행정보조인·행정대행자 및 공의무부담사인은 독립적인 행위주체로 임무를 행하는 것이 아니므로, 공무수행의 법적 효과는 공무를 위탁한 행정주체에게 귀속되고, 그 행정주체가 책임을 지게 된다.

원천징수의무자인 행정청의 원천징수행위가 행정처분인지 여부(소극): 원천징수하는 소득세에 있어서는 납세의무자의 신고나 과세관청의 부과결정이 없이 법령이 정하는 바에 따라 그 세액이 자동적으로 확정되고, 원천징수의무자는 소득세법 제142조 및 제143조의 규정에 의하여 이와 같이 자동적으로 확정되는 세액을 수급자로부터 징수하여 과세관청에 납부하여야 할 의무를 부담하고 있으므로, 원천징수의무자가 비록 과세관청과 같은 행정청이더라도 그의 원천징수행위는 법령에서 규정된 징수 및 납부의무를 이행하기 위한 것에 불과한 것이지, 공권력의 행사로서의 행정처분을 한 경우에 해당되지 아니한다(대법원 1990. 3. 23. 선고 89누4789 판결).

Ⅳ. 권한의 위탁으로 인한 법률관계

1. 위탁자(행정주체)와 공무수탁사인과의 법률관계

가. 위탁의 방식

사인에 대한 공무위탁은 법률에서 직접 행하여지기도 하나(예: 선장·기장에 대한 경찰사무의 위탁), 보통은 행정행위의 형식으로 이루어지며(예: 공증인의 임명), 공법상의 계약에 의하여 행할 수도 있다.

나. 법률관계의 내용

행정주체와 공무수탁사인 사이에는 공법상의 위탁관계가 발생한다. 이러한 위탁관계의 내용은 그 근거가 되고 있는 법률이나 구체적인 위탁행위에 의하여 결정된다.

공무위탁자는 공무수탁사인에 대하여 감독권을 갖는다. 공무수탁사인이 위탁관계에서 정하여진 의무를 이행하지 않을 때에는 위탁자에 의해 제재가 가해질 수 있고, 또한 위탁의 취소 또는 해지가 행하여 질 수 있다.

다. 공무수탁관계의 종료

공무수탁관계는 법령 또는 계약이 정하는 소멸사유의 발생으로 종료된다. 또한 공무수탁사인이 공무수탁을 허용하는 법률요건을 충족시킬 수 없거나, 공무수탁의 목적을 달성하기 어려운 경우에는 공무수행의 권한이 제한되거나 취소·박탈될 수 있다.

라. 공무수탁사인의 권리구제

위탁행위가 어떠한 행위형식에 의하여 행하여 성립되었는지에 따라 권리구제방식도 달라지게 된다. 수탁행위가 행정행위에 의하여 이루어진 경우에는 수탁행위의 위법한 직권취소나 철회 및 감독권행사에 대하여는 항고쟁송을 제기할 수 있을 것이다. 공법상 계약에 의하여 행정권한이 위탁된 경우에는, 수탁관계에서 발생되는 법적 분쟁은 공법상 당사자소송에 의하여 처리될 것이다.

2. 공무수탁사인과 제3자와의 법률관계

가. 행정청으로서의 지위

공무수탁사인은 위탁된 공무를 수행함에 있어서 행정주체이면서, 동시에 행정청으로서의 지위를 가진다.

나. 공무원으로서의 지위

공무수탁사인이 위탁받은 공무를 수행하는 때에 그 신분은 공무원으로 바뀐다(다른 견해도 있음). 공무수탁사인이 공무원이라면 국가배상법의 법리에 따라 당해 공무를 위탁한 국가나 지방자치단체가 배상책임을 져야 하고, 공무원 신분이 아니라면 공무수탁사인이 민법상 불법행위자로서 손해배상책임을 지게 된다.

다. 수탁자의 권리·의무

공무수탁사인은 자신에게 위탁된 업무를 수행할 권리와 의무가 있다. 공무수탁사인은 불가항력의 경우를 제외하고는 공무수행을 중단하여서는 아니된다. 공무수탁사인에게 공권적 특권이 부여되는 경우가 있다. 예를 들면 수탁자에게 강제징수권, 수용권 등을 부여하는 것이 그러한 예이다. 수탁자는 제공한 공무 또는 재화에 비례하여 수수료 또는 사용료를 받을 권리가 있다. 다만 그러한 청구권을 인정하기 위하여는 법적 근거가 있어야 한다. 수탁자는 공무수행에 있어서 평등의 원칙을 준수하여야 한다.

라. 제3자의 권리구제

(1) 항고소송

공무수탁자가 행정행위라는 법형식에 의해 일방적 처분을 할 수 있는 경우가 있다. 공무수탁사인은 처분을 함에 있어서는 행정주체이면서 동시에 행정청의 지위를 가지므로[48]), 이 경우 그 처분의 위법을 다투는 항고소송의 제기는 공무수탁자를 상대방으로 제기하여야 한다(행정소송법 제2조 제2항).

(2) 손해배상의 청구

(가) 배상책임자

공무수탁사인의 공무수행상 행위로 손해가 발행한 경우 누가 배상책임을 지는지에 관하여는 다음과 같이 견해가 갈린다.

① 공무수탁자라는 견해: 공무수탁사인을 행정주체로 보는 견해에 의하면, 공행정작용의 법적 효과는 행정주체에게 귀속되므로 공무수탁사인의 공행정작용으로 인한 손해에 대해서는 행정주체인 공무수탁사인이 배상책임을 진다고 보는 것이 논리적이다.

다만 공무수탁사인이 아닌 행정보조인·행정대행자의 경우에는 행정주체성을 인정할 수 없으므로 그 공행정수행으로 인한 손해에 대하여는 위탁자인 국가나 지방자치단체가 배상책임을 지게 된다. 이것이 판례의 태도이기도 하다(대법원 2010. 1. 28. 선고 2007다82950,82967 판결).

② 국가나 지방자치단체라는 견해: 공무수탁사인을 행정기관에 불과한 것으로 보는 견해에 의하면, 공무수탁사인은 행정주체가 아니므로 공무수탁사인의 공행정작용으로 인한 손해에 대해서는 위탁자인 국가나 지방자치단체가 배상책임을 진다고 보는 것이 논리적이다.

한편 공무수탁사인을 행정주체로 보는 견해에 의하더라도, 위탁기관인 국가·지방자치단체의 감독상 과실이 인정되는 경우에는 국가·지방자치단체가 배상책임을 지는 것으로 보는 것이 타당하다[49]).

③ 절충설: 이 학설은 먼저 공무수탁사인이 자연인에 해당하는 경우에는 피해자를 두텁게 보호한다는 측면에서 국가나 지방자치단체가 배상책임을 진다고 본다. 다음으로 독자적인 법인격을 가지고 활동하는 법인은 스스로의 행위에 대하여 자기책임을 져야 하는 것이 원칙이므로 공무수탁사인이 법인인 경우에까지 국가 또는 지방자치단체가 배상책임을 지는 것은 부당하고 이 경우에는 공무수탁사인이 배상책임을 져야 한다는 견해이다[50]).

④ 평가: 국가배상법은 2009. 10. 21. 법률 제9803호로 개정되면서 공무원 외에 '공무를

48) 행정소송법 제2조(정의) ② 이 법을 적용함에 있어서 행정청에는 법령에 의하여 행정권한의 위임 또는 위탁을 받은 행정기관, 공공단체 및 그 기관 또는 사인이 포함된다.

49) 박균성, 전게서, 99면.

50) 정형근, 전게논문, 165면.

위탁받은 사인'의 행위로 인한 손해에 대해서도 국가배상책임을 인정하고 있다. 법문의 구조 및 문리해석상 '공무를 위탁받은 사인'은 공무수탁사인을 의미하는 것으로 파악할 수밖에 없다고 보여진다[51]. 따라서 공무수탁사인이 행정주체성을 가지는지의 여부와는 상관없이, 실정법의 해석론으로서는 공무수탁사인의 공행정작용으로 인한 손해에 대해서는 위탁자인 국가 또는 지방자치단체의 배상책임을 진다고 보는 것이 타당하다.

(나) 손해배상의 성질

공무수탁사인의 공무수행상 행위로 손해가 발행한 경우 민법상 손해배상청구를 하여야 하는지 아니면 국가배상청구를 하여야 하는지가 문제된다. 이는 현행 국가배상법 제2조가 국가와 지방자치단체의 배상책임만을 규정하고 있는 것에서 기인한다.

① 민법상 손해배상청구설: 이 설은 행정주체설의 입장에 따라 공무수탁사인의 공행정작용으로 인한 손해에 대해서는 공무수탁사인이 배상책임자라고 보면서, 이론상 국가배상책임을 지도록 하는 것이 타당하지만, 현행 국가배상법이 국가와 지방자치단체의 배상책임만을 규율하고 있으므로 민법에 근거하여 손해배상을 청구하여야 한다고 본다.

② 국가배상청구설

i) 국가배상법적용설: 공무수탁사인을 행정기관에 불과한 것으로 보는 견해에 의하면 공무수탁사인은 국가배상법상 공무원이고, 배상책임자는 국가나 지방자치단체이므로 국가배상을 청구하여야 한다고 본다.

ii) 국가배상법유추적용설: 공무수탁사인을 행정주체로 보는 견해에 의하면 공무수탁사인의 공행정작용으로 인한 손해에 대해서는 행정주체인 공무수탁사인이 배상책임을 지게 된다. 그런데 공무수탁사인은 공행정작용을 수행하고, 국가배상법상 공무원으로 취급되므로, 비록 국가배상법이 국가와 지방자치단체의 배상책임만을 정하고 있지만, 국가배상법을 유추적용하여 국가배상을 청구하여야 한다고 보는 견해이다[52].

---

51) 이상천, "국가배상법 제2조 제1항의 입법론상 문제점", 행정법연구 제26호, 2010.4, 238-239면.
52) 박균성, 전게서, 99면.

제4장 행정기관 상호 간의 관계

Ⅰ. 상하행정관청간의 관계

1. 개설

행정조직은 행정업무의 통일적인 수행을 위해 계층제를 주된 특징으로 하여 조직된 여러 기관의 집합체이다. 행정업무의 합법성·합목적성을 확보하기 위하여 상급관청이 하급관청 또는 보조기관(이하 '하급기관'이라 한다)에 대하여 행하는 여러 종류의 지도적 내지 통제적 작용을 권한의 감독이라고 한다.

일반적으로 말해 하급기관의 개개 행정작용마다, 법적 근거가 있어야만 상급 관청이 감독권을 가지는 것은 아니다. 그러한 요구는 현실적으로 곤란한 할 뿐만 아니라, 계층적 조직체로서의 행정조직의 원리에도 합당하지 않기 때문이다[1]. 그러나 상급관청이 하급기관에 대하여 일반적으로 지휘감독권을 갖는다는 감독권 자체에 대한 근거조항은 필요하고, 현행법상 그러한 근거로는 정부조직법 제11조, 제18조, 제26조, 지방자치법 제167조 등이 있다

이하에서는 상급관청의 이러한 지휘·감독권의 내용을 살펴보기로 한다.

2. 감시권

감시권이란 하급기관이 행하는 권한행사의 상황을 파악하기 위하여 상급관청이 하급기관의 사무를 감사하거나, 하급기관으로 하여금 사무처리의 내용을 정기적으로 또는 수시로 보고하게 하는 권한을 말한다. 감시권의 행사는 사전예방적인 것이 일반적이나, 사후교정적인 경우도 있다.

감시권의 발동에는 개별적인 법적 근거를 요하지 않으나, 관계법령(예컨대 보고는 사무관리규정, 사무감사는 행정감사규정)에 그에 관한 규정이 있는 경우 그에 따른 구속을 받는다.

1) 홍정선, 행정법원론(하), 제25판, 2017, 32면.

3. 훈령권

가. 의의

훈령이라 함은 상급관청이 하급기관의 권한행사를 지휘하기 위하여 발하는 명령을 말한다. 훈령은 개별적·구체적 처분에 대하여 발령되기도 하고, 동종의 처분에 대하여 일반적·추상적 규범의 형식으로 발령되기도 한다.

훈령은 다음과 같은 점에서 직무명령과 구별된다. i) 훈령은 상급관청이 하급기관에 대하여 그 소관사무에 관하여 발하는 명령인 반면에 직무명령은 상관이 부하인 공무원 개인에 대하여 그 직무에 관하여 발하는 명령이다. ii) 훈령은 하급 행정기관에 대하여 발령된 것이기 때문에, 행정기관을 구성하는 공무원이 변경된 경우에도 실효되지 않고 계속 효력을 갖는다. 직무명령은 직무명령을 받은 공무원 개인에 대하여서만 효력을 갖기 때문에 공무원이 그 지위에서 물러나면 효력을 상실한다. iii) 훈령은 소속 하급기관뿐만 아니라 하급기관을 구성하는 공무원도 구속하므로, 동시에 직무명령으로서의 성질도 갖는다. 하지만 상관의 명령이라도 당해 상관이 항상 관청의 지위에서 발하는 것은 아니고, 또한 관청의 지위에 있지 아니한 상관도 있으므로 직무명령이 항상 훈령의 성질을 가지는 것은 아니다.

훈령은 하급기관의 권한 행사를 지휘·감독할 수 있음에 그치며, 법령에 특별한 규정이 없는 한 하급기관이 훈령에 위반하더라도 상급관청이 권한을 대행할 수는 없다.

나. 근거

훈령권이 법령상 명문으로 규정되어 있는 경우도 있으나, 그렇다고 하여 명문의 근거가 있어야만 훈령권이 인정되는 것은 아니다. 훈령권은 일반적 지휘·감독권의 당연한 결과로서 인정된다.

다. 법적 성질(법규성 여부)

훈령 중 개별적·구체적 처분에 대하여 발령되는 것은 행정규칙이라 할 수 없고, 동종의 처분에 대하여 일반적·추상적 규범의 형식으로 발령되는 것은 행정규칙이라고 할 수 있다. 그런데 훈령이 일반적·추상적 법조의 형식으로 되어 있다고 할지라도, 그것은 행정조직 내부에서 발하여지는 행정규칙에 불과하므로 원칙적으로 법규성이 인정되지는 않는다.

다만 훈령이 법령의 수권에 근거한 법령보충적 행정규칙에 해당하는 경우에는 그 법규성을 인정할 수 있다. 또한 훈령이 재량준칙이나 법률대위적 행정규칙에 해당하는 경우에는 자기구속의 법리나 평등원칙을 매개로 그 대외적 구속력이 인정될 수 있다.

라. 훈령의 종류

행정 효율과 협업 촉진에 관한 규정(대통령령 제29305호) 제4조 제2호는 행정기관이 그 하급기관이나 소속 공무원에 대하여 일정한 사항을 지시하는 문서를 지시문서(광의의 훈령)로 정의하고, 그 형식으로 협의의 훈령·지시·예규·일일명령의 네 가지를 예시하고 있다. 다만 이들 상호간에 있어서 그 효력상의 차이는 없다.

그 구체적 내용을 살펴보면 다음과 같다. ⅰ) 좁은 의미의 훈령: 상급 행정청이 하급기관에 대하여 장기간에 걸쳐 그 권한의 행사를 일반적으로 지시하기 위하여 발하는 명령이다. 재량준칙 등 이른바 행위지도규칙이 이에 해당한다. ⅱ) 지시: 상급기관이 직권 또는 문의에 따라 하급기관에게 개별적·구체적으로 발하는 명령을 말한다. 위와 같은 지시는 일반성(다수에게 적용됨)과 추상성(되풀이 적용됨)을 결하므로 이론상으로는 행정규칙의 일종으로서의 훈령으로 보기 어렵다[2]. ⅲ) 예규: 행정사무의 통일을 기하기 위하여 반복적 행정사무의 처리기준을 제시하기 위하여 발하는 명령이다. ⅳ) 일일명령: 당직·출장·시간외 근무·휴가 등 일일업무에 관한 명령이다. 이러한 일일명령 역시 일반성과 추상성을 결하므로, 이론상으로는 행정규칙으로 보기 어렵다.

마. 훈령의 요건

훈령은 다음과 같은 형식적·실질적 요건을 갖추어야 한다.

형식적 요건으로는 ⅰ) 지휘·감독권(훈령권)이 있는 상급관청이 발령하여야 한다. ⅱ) 하급기관의 권한에 속하는 사항에 대하여 발령하여야 한다. ⅲ) 하급기관의 권한에 속하는 사항일지라도 권한행사의 독립성이 보장되어 있는 사항에 관한 것이 아니어야 한다(예: 감사원). 즉 직무상 하급관청의 독립적인 권한에 속하는 사항이 아닐 것을 요한다. 실질적 요건으로는 ⅰ) 적법·타당하고 공익에 적합한 것이어야 한다. ⅱ) 가능하고 명백한 것이어야 한다.

형식적·실질적 요건을 구비하지 않은 훈령은 '하자있는 훈령'이 된다.

바. 훈령의 구속력

(1) 대내적 구속력

훈령은 하급기관에 대한 지시 내지 명령의 성질을 가지며 하급기관은 훈령에 구속된다. 훈령에 위반한 경우에는 공무원법상의 복종의무 위반이 되므로 징계의 대상이 된다.

---

2) 김남진·김연태, 행정법Ⅱ, 제21판, 2017, 36면.

(2) 훈령에 대한 하급기관의 심사권

그런데 하자 있는 훈령에도 하급기관은 구속되는가. 달리 말하면 하급기관이 훈령의 위법여부를 심사하여 훈령이 위법한 경우 이에 따르지 않을 수 있는지가 문제된다.

먼저 하급기관이라 할지라도 훈령의 형식적 요건에 대해서는 심사권을 가지고 있으며, 형식적 요건을 갖추지 못한 훈령에 대해서는 그 복종을 거부할 수 있다고 보는 것이 일반적이다.

다음으로 하급기관이 훈령의 실질적 요건에 대하여도 심사권을 가지는가에 관하여는 다음과 같이 견해가 대립되고 있다.

① 부정설: 하급 행정기관은 훈령의 실질적 요건에 대한 심사권을 가지지 않으며 훈령이 실질적 요건을 충족하지 못하여 위법하더라도 그에 복종하여야 한다는 견해이다.

② 중대·명백설: 훈령에 존재하는 하자가 중대하고 명백한 경우 당해 훈령은 무효이고, 이 경우에 하급기관은 그 복종을 거부하여야 한다는 견해이다.[3)]

③ 명백설: 훈령의 위법이 명백한 경우에는 복종하여서는 아니 된다는 견해이다[4)]. 그 논거는 다음과 같다. 훈령의 위법이 명백하지 않은 경우에는 복종의무를 우선시킬 수밖에 없으나, 훈령의 위법이 명백한 경우에는 법치주의의 관점에서 법령준수의무를 복종의무에 우선시키는 것이 타당하다.

판례는 명백설의 입장을 취하고 있다(대법원 1988. 2. 23. 선고 87도2358 판결; 대법원 1999. 4. 23. 선고 99도636 판결).

상관의 위법 내지 불법한 명령과 하관의 복종의무: 공무원이 그 직무를 수행함에 있어 상관은 하관에 대하여 범죄행위 등 위법한 행위를 하도록 명령할 직권이 없는 것이고, 하관은 소속상관의 적법한 명령에 복종할 의무는 있으나 그 명령이 참고인으로 소환된 사람에게 가혹행위를 가하라는 등과 같이 명백한 위법 내지 불법한 명령인 때에는 이는 벌써 직무상의 지시명령이라 할 수 없으므로 이에 따라야 할 의무는 없다(대법원 1988. 2. 23. 선고 87도2358 판결).

공무원이 그 직무를 수행함에 즈음하여 상관은 하관에 대하여 범죄행위 등 위법한 행위를 하도록 명령할 직권이 없는 것이며, 또한 하관은 소속상관의 적법한 명령에 복종할 의무는 있으나 그 명령이 대통령 선거를 앞두고 특정후보에 대하여 반대하는 여론을 조성할 목적으로 확인되지도 않은 허위의 사실을 담은 책자를 발간·배포하거나 기사를 게재하도록 하라

3) 석종현·송동수, 일반행정법(하), 제13판, 2013, 35면.
4) 박균성, 전게서 52면; 김남진·김연태, 전게서, 37면; 김동희, 행정법Ⅱ, 제24판, 2018, 28면.

는 것과 같이 명백히 위법 내지 불법한 명령인 때에는 이는 벌써 직무상의 지시명령이라 할 수 없으므로 이에 따라야 할 의무가 없다(대법원 1999. 4. 23. 선고 99도636 판결).

(3) 훈령의 대외적 구속력

훈령은 행정기관 내부에서의 구속력은 있으나, 원칙상 대외적 구속력은 없다. 따라서 훈령에 위반하여 행한 행위가 훈령에 위반하였다는 사실만으로 위법하게 되지는 않으며(대법원 1994. 8. 9. 선고 94누3414 판결 등), 그러한 행위의 위법성은 성문법 및 불문법 등 법규위반여부를 기준으로 판단하여야 한다[5].

다만 훈령 중 일반적·추상적인 규범의 형식을 취하는 것은 행정규칙의 성질을 가지며, 이 경우 행정규칙의 유형에 따른 대외적 구속력이 인정될 수 있다. 즉 훈령이 법령의 수권에 근거한 법령보충적 행정규칙에 해당하는 경우, 훈령을 근거로 다수의 행정관행이 형성되어 평등원칙을 매개로 그 대외적 구속력이 인정되는 경우에 당해 훈령에 위반한 행위는 위법한 행위가 된다.

훈령이란 행정조직 내부에 있어서 그 권한의 행사를 지휘감독하기 위하여 발하는 행정명령으로서 훈령, 예규, 통첩, 지시, 고시, 각서 등 그 사용명칭 여하에 불구하고 공법상의 법률관계 내부에 관한 준칙 등을 정하는데 그치고 대외적으로는 아무런 구속력도 가지는 것이 아니다(대법원 1983. 2. 22. 선고 82누324 판결).

사. 훈령의 형식·절차

훈령은 원래 특별한 형식·절차를 요하지 않고 문서·구술 등 어느 형식으로 하여도 무방하나, '행정 효율과 협업 촉진에 관한 규정' 및 그 시행규칙은 그에 대하여 일정한 형식을 정하고 있다. 예를 들어 좁은 의미의 훈령 및 예규는 조문 형식 또는 시행문 형식에 의하여 작성하고, 누년 일련번호를 부여하는 것 등이 이에 해당한다(규칙 제8조 제2호). 하지만 이러한 형식에 관한 규정은 훈시적 규정에 불과하므로, 그에 위반한 경우에도 그 효력에는 영향이 없다.

한편 관보에의 게재나 공표는 훈령의 효력요건은 아니다. 다만 처분의 기준이 되는 훈령은 공표하여야 한다(행정절차법 제20조).

아. 훈령의 경합

둘 이상의 상급관청의 훈령이 상호 모순되는 경우에 하급기관은 어떻게 하여야 하는가?

5) 홍정선, 전게서, 34면 등.

첫째, 훈령행정청 중에 주관상급관청이 있으면 주관상급관청의 훈령에 따라야 한다. 둘째, 훈령행정청이 모두 주관 상급관청이라면 행정조직의 계층적 질서를 보장하기 위하여 직근 상급관청의 훈령에 따라야 한다. 셋째, 주관상급관청이 불명확하거나 훈령행정청이 모두 주관상급관청이 아니라면 주관쟁의결정의 방법으로 해결하여야 한다[6].

4. 인가권(승인권)

가. 의의

행정청이 일정한 권한행사를 하는 경우에 상급관청 또는 감독관청의 인가 또는 승인(이하 '승인'이라 한다)을 받도록 하고 있는 경우가 있다. 이때 상급관청 또는 감독관청이 갖는 권한이 승인권이다.

승인은 하급관청의 권한행사를 사전에 내부적으로 규제하기 위한 조직법상의 행위이다. 따라서 이러한 승인권(인가권)은 행정행위의 일종인 개인에 대한 인가와는 그 성질을 달리한다.

나. 근거

승인권은 법령에서 명시적으로 규정하고 있을 때가 있다(예: 국토의 계획 및 이용에 관한 법률 제8조 제2항[7]). 아울러 법령상의 근거가 없는 경우에도 상급관청은 감독권의 당연한 결과로 하급관청의 일정한 권한 행사에 대하여 미리 승인을 받게 할 수 있다[8].

다. 효력

하급관청이 어떠한 행위를 하기 전에 승인을 받도록 법령에 규정되어 있는 경우에 승인을 받지 않고 행위를 하면 당해 행위는 위법·무효가 된다. 그러나, 승인이 법령에 근거한 것이 아닌 경우 승인은 행정주체 내부관계에 있어서 행하여지는 행위에 불과하므로 승인이 없다 하더라도 당해 행위는 위법·무효가 되지 않는다.

승인을 받아 행한 행위라도, 그 행위에 하자가 있는 경우에는 이후 승인이 있다 하더라도 그 하자가 치유되는 것이 아니며 그 행위는 무효가 되거나 취소될 수 있다.

---

6) 홍정선, 행정법원론(하), 제25판, 2017, 35면.

7) 국토의 계획 및 이용에 관한 법률 제8조(다른 법률에 따른 토지 이용에 관한 구역 등의 지정 제한 등) ② 중앙행정기관의 장이나 지방자치단체의 장은 다른 법률에 따라 지정되는 구역 등 중 대통령령으로 정하는 면적 이상의 구역 등을 지정하거나 변경하려면 중앙행정기관의 장은 국토교통부장관과 협의하여야 하며 지방자치단체의 장은 국토교통부장관의 승인을 받아야 한다.

8) 박윤흔·정형근, 최신 행정법강의(하), 개정28판, 2009, 41면.

라. 불복방법

상급관청에 의하여 승인이 거부되었다고 하더라도 이는 행정조직상의 내부적 행위에 불과하므로 행정처분이 되지 못한다. 따라서 승인의 거부에 대해 항고소송을 제기할 수는 없다.

아울러 기관소송은 법률이 정한 경우에 법률에 정한 자에 한하여 제기할 수 있으므로(행정소송법 제45조), 위 승인거부는 기관소송의 대상이 되지도 않는다.

[1] 항고소송의 대상이 되는 행정처분은 행정청의 공법상의 행위로서 특정 사항에 대하여 법규에 의한 권리의 설정 또는 의무의 부담을 명하거나 기타 법률상의 효과를 직접 발생케 하는 등 국민의 구체적인 권리 의무에 직접 관계가 있는 행위를 말하는바, 상급행정기관의 하급행정기관에 대한 승인·동의·지시 등은 행정기관 상호간의 내부행위로서 국민의 권리 의무에 직접 영향을 미치는 것이 아니므로 항고소송의 대상이 되는 행정처분에 해당한다고 볼 수 없다.

[2] 지방자치단체장이 도시계획법상의 개발제한구역 안에서의 일정한 행위를 허가함에 있어 개발제한구역 지정의 취지에 어긋나지 않도록 지도·감독하기 위하여 제정된 건설부훈령인 "개발제한구역관리규정"에 따라 건설교통부장관에게 폐기물처리시설 설치허가에 대한 사전승인신청을 하였고, 건설교통부장관이 위 신청을 승인한 경우, 건설교통부장관의 위 승인행위는 지방자치단체장이 도시계획법령에 의하여 행할 수 있는 개발제한구역 안에서의 폐기물처리시설 설치허가와 관련하여 건설교통부장관이 위 "개발제한구역관리규정"에 따라 허가권자인 지방자치단체장에 대한 지도·감독작용으로서 행한 것으로서 행정기관 내부의 행위에 불과하여 국민의 구체적인 권리·의무에 직접적인 변동을 초래하는 것이 아닐 뿐 아니라, 건설교통부장관의 승인행위에 의하여 직접적으로 도시계획이 변경되는 효력이 발생하는 것이 아니므로 결국 건설교통부장관의 위 승인행위는 항고소송의 대상이 되는 행정처분에 해당한다고 볼 수 없다(대법원 1997. 9. 26. 선고 97누8540 판결【개발제한구역내행위허가승인처분취소등】).

5. 주관쟁의결정권

상급행정청은 그 소속 하급행정청 상호간에 권한(관할)에 관하여 다툼이 있을 때에 권한(관할)있는 기관을 결정하는 권한을 갖는다. 이를 주관쟁의결정권이라 한다.

행정청 간에 권한에 관한 다툼이 있는 경우에는 당해 행정청을 공통으로 감독하는 상급행정청이 그 관할을 결정하며, 공통으로 감독하는 상급행정청이 없는 경우에는 각 상급행정청의 협의로 그 관할을 결정한다(행정절차법 제6조)[9]. 각 상급관청 사이에 협의가 이

---

9) 행정절차법 제6조(관할) ② 행정청의 관할이 분명하지 아니한 경우에는 해당 행정청을 공통으로 감독하는 상급 행정청이 그 관할을 결정하며, 공통으로 감독하는 상급 행정청이 없는 경우에는 각 상급 행정청이 협의하여 그 관할을 결정한다.

루어지지 않을 때에는 최종적으로는 행정 각부간의 주관쟁의가 되어 국무회의의 심의를 거쳐 대통령이 결정한다(헌법 제89조 제10호).

행정청 사이의 권한쟁의는 행정조직 내부의 문제이지 권리에 관한 다툼으로서의 법률상 쟁송이 아니다. 따라서 이는 행정권 내부적으로 해결되어야 할 문제이지, 법원에 제소할 수 있는 것이 아니다.

6. 취소·정지권

가. 의의

상급 행정청이 하급 행정청의 위법·부당한 행위를 취소하거나 정지할 수 있는 권한을 말한다. 훈령이 원칙적으로 사전적인 예방적 감독수단인데 반하여, 취소·정지는 원칙적으로 사후적인 교정적 감독수단이다.

나. 법적 근거

상급 행정청의 취소·정지권이 법령상 명문으로 규정되어 있는 경우에는 별다른 문제가 없다. 문제는 아무런 법적 근거가 없는 경우에도 상급 행정청이 지휘·감독권에 근거하여 하급행정청의 위법·부당한 행위를 취소 또는 정지할 수 있는지이다. 이에 대해서는 적극설과 소극설이 대립하고 있다.

① 적극설: 하급 행정청의 행위가 위법·부당한 경우에 당해 행위를 취소하거나 정지시키는 것은 상급 행정청의 지휘감독 목적을 달성하기 위하여 필요불가결한 것이며, 따라서 취소·정지권은 상급 행정청의 지휘감독권에 당연히 포함된다는 견해이다[10].

② 소극설: 상급 행정청에 의한 취소·정지는 실질적으로 하급 행정청의 권한을 대행하는 것이므로, 상급 행정청이 아무런 법적 근거 없이 하급 행정청의 행위를 취소·정지시키는 것은 인정될 수 없으며, 상급 행정청은 단지 취소 또는 정지를 명령할 수 있을 뿐이라고 보는 견해이다[11].

③ 평가: 행정권한법정주의의 원칙상 소극설이 타당하다. 그런데 국가행정의 경우 정부조직법 제11조 제2항[12], 제18조 제2항[13], 제26조 제3항[14], 행정권한의 위임 및 위탁에 관한

10) 홍정선, 전게서, 35면

11) 박윤흔·정형근, 전게서, 43면.

12) 정부조직법 제11조(대통령의 행정감독권) ② 대통령은 국무총리와 중앙행정기관의 장의 명령이나 처분이 위법 또는 부당하다고 인정하면 이를 중지 또는 취소할 수 있다.

13) 정부조직법 제18조(국무총리의 행정감독권) ② 국무총리는 중앙행정기관의 장의 명령이나 처분

규정 제6조[15]가, 지방자치행정의 경우에는 지방자치법 제169조 제1항[16]이 감독청의 취소권을 일반적·명시적으로 규정하고 있다. 따라서 위의 논의의 실익은 별로 없다고 할 수 있다.

다. 불복방법

상급 행정청에 의한 취소·정지는 대외적인 효력을 가지므로, 위 취소·정지로 인하여 법률상 이익을 침해당한 개인은 항고소송을 제기할 수 있다.

행정권한의 위임 및 위탁에 관한 규정 제6조에 따라 위임 및 위탁기관이 수임 및 수탁사무의 처리가 부당하다는 이유로 그 사무처리를 취소하는 경우 광범위한 재량이 허용되는지 여부(적극) 및 이때 사무처리로 인하여 이해관계 있는 제3자나 이미 형성된 법률관계가 있는 경우, 상대적으로 엄격한 재량통제의 필요성이 인정되는지 여부(적극) / 위임 및 위탁기관이 수임 및 수탁기관 사무처리의 취소 여부를 결정할 때 고려해야 할 사항 및 재량의 한계: 정부조직법 제6조 등에 따른 행정권한의 위임 및 위탁에 관한 규정 제6조는 "위임 및 위탁기관은 수임 및 수탁기관의 수임 및 수탁사무 처리에 대하여 지휘·감독하고, 그 처리가 위법하거나 부당하다고 인정될 때에는 이를 취소하거나 정지시킬 수 있다."라고 규정하고 있다.

수임 및 수탁사무의 처리가 부당한지 여부의 판단은 위법성 판단과 달리 합목적적·정책적 고려도 포함되므로, 위임 및 위탁기관이 그 사무처리에 관하여 일반적인 지휘·감독을 하는 경우는 물론이고 나아가 수임 및 수탁사무의 처리가 부당하다는 이유로 그 사무처리를 취소하는 경우에도 광범위한 재량이 허용된다고 보아야 한다. 다만 그 사무처리로 인하여 이해관계 있는 제3자나 이미 형성된 법률관계가 존재하는 경우에는 위임 및 위탁기관이 일반적인 지휘·감독을 하는 경우와 비교하여 그 사무처리가 부당하다는 이유로 이를 취소할 때 상대적으로 엄격한 재량통제의 필요성이 인정된다. 따라서 위임 및 위탁기관이 이러한 취소 여부를 결정할 때에는 위임 및 위탁의 취지, 수임 및 수탁기관 사무처리의 부당한 정도, 취소되는 사무의 성격과 내용, 취소로 이익이 제한·침해되는 제3자의 존재 여부 및 제한·침해의 정도 등을 종합적으로 고려하여야 하고, 이러한 취소에 재량권 일탈·남용이 인정된다면 취소처분은 위법하다고 판단할 수 있다(대법원 2017. 9. 21. 선고 2016두55629 판결【임용취소처분취소】).

이 위법 또는 부당하다고 인정될 경우에는 대통령의 승인을 받아 이를 중지 또는 취소할 수 있다.

14) 정부조직법 제26조(행정각부) ③ 장관은 소관사무에 관하여 지방행정의 장을 지휘·감독한다.

15) 행정권한의 위임 및 위탁에 관한 규정 제6조(지휘·감독) 위임 및 위탁기관은 수임 및 수탁기관의 수임 및 수탁사무 처리에 대하여 지휘·감독하고, 그 처리가 위법하거나 부당하다고 인정될 때에는 이를 취소하거나 정지시킬 수 있다.

16) 지방자치법 제169조(위법·부당한 명령·처분의 시정) ① 지방자치단체의 사무에 관한 그 장의 명령이나 처분이 법령에 위반되거나 현저히 부당하여 공익을 해친다고 인정되면 시·도에 대하여는 주무부장관이, 시·군 및 자치구에 대하여는 시·도지사가 기간을 정하여 서면으로 시정할 것을 명하고, 그 기간에 이행하지 아니하면 이를 취소하거나 정지할 수 있다. 이 경우 자치사무에 관한 명령이나 처분에 대하여는 법령을 위반하는 것에 한한다.

7. 대집행권

상급 행정청에게 하급 행정청의 권한을 대집행할 권한은 없다. 상급 행정청이 하급 행정청의 권한을 대집행하는 것은 하급 행정청의 권한을 박탈하는 것이 되므로, 하급 행정청의 권한을 대집행하기 위해서는 법률의 명시적인 근거가 있어야 한다.

지방자치법 제170조 제2항[17]은 일정한 요건 하에 감독청(주무부장관 또는 시·도지사)에 의한 지방자치단체의 장의 기관위임사무의 대집행을 인정하고 있다.

Ⅱ. 대등행정관청간의 관계

1. 권한의 상호존중

대등 행정청 상호간에는 서로 그 권한을 존중하여야 하며, 다른 행정청의 권한을 침범해서는 아니된다. 또한 다른 행정청이 그 권한 범위 내에서 한 행정행위는 비록 흠이 있다고 할지라도 그것이 중대·명백하여 무효가 되지 않는 이상, 공정력(구성요건적 효력)이 있기 때문에 다른 행정청도 이에 구속된다.

2. 상호협력관계

가. 협의

(1) 의의

행정업무가 둘 이상의 행정청의 권한과 관련되어 있을 때, 그중 하나의 행정청이 주된 지위에 있고 다른 행정청은 부차적인 지위에 서는 경우가 있다. 이때 주무 행정청은 업무처리에 관한 결정권을 가지되, 관련 행정청과의 협의를 거치도록 하는 것이 일반적이다.

(2) 협의의견의 구속력

협의란 법규정의 문언상 관계 행정기관으로부터 의견을 청취한다는 의미의 '자문'이

---

17) 지방자치법 제170조(지방자치단체의 장에 대한 직무이행명령)

① 지방자치단체의 장이 법령의 규정에 따라 그 의무에 속하는 국가위임사무나 시·도위임사무의 관리와 집행을 명백히 게을리하고 있다고 인정되면 시·도에 대하여는 주무부장관이, 시·군 및 자치구에 대하여는 시·도지사가 기간을 정하여 서면으로 이행할 사항을 명령할 수 있다.

② 주무부장관이나 시·도지사는 해당 지방자치단체의 장이 제1항의 기간에 이행명령을 이행하지 아니하면 그 지방자치단체의 비용부담으로 대집행하거나 행정상·재정상 필요한 조치를 할 수 있다. 이 경우 행정대집행에 관하여는 「행정대집행법」을 준용한다.

라고 보아야 할 것이므로(대법원 2006. 6. 30. 선고 2005두14363 판결), 관계 행정기관의 협의의견은 원칙상 주무 행정청을 구속하지 않는다.

다만 법령상 '협의'로 규정되어 있다고 할지라도 해석상 동의라고 보아야 하는 경우가 있는바, 그 때의 협의의견은 실질적으로 동의의견으로서의 법적 구속력을 갖는다(대법원 1995. 3. 10. 선고 94누12739 판결; 대법원 2018. 7. 12. 선고 2014추33 판결 등).

구 군사시설보호법(1993. 12. 27. 법률 제4617호로 전문 개정되기 전의 것) 제7조 제3호, 제6호, 제7호 등에 의하면, 관계 행정청이 군사시설보호구역 안에서 가옥 기타 축조물의 신축 또는 증축, 입목의 벌채 등을 허가하고자 할 때에는 미리 관할 부대장과 협의를 하도록 규정하고 있고, 구 군사시설보호법시행령(1994.7.20. 대통령령 제14329호로 전문 개정되기 전의 것) 제10조 제2항에 비추어 보면, 여기서 협의는 동의를 뜻한다 할 것이며, 같은 조 제3항에 의하면, 관계 행정청이 이러한 협의를 거치지 않거나 협의를 한 경우에도 협의조건을 이행하지 아니하고 건축허가 등을 한 경우에는 당해 행정청에 대하여 그 허가의 취소 등을 요구할 수 있고, 그 요구를 받은 행정청은 이에 응하여야 한다고 규정하고 있으므로, 군사시설보호구역으로 지정된 토지는 군 당국의 동의가 없는 한 건축 또는 사용이 금지된다 할 것이다(대법원 1995. 3. 10. 선고 94누12739 판결).

구 초·중등교육법 시행령 제91조의3 제5항에서 말하는 교육부장관과의 사전 협의가 교육부장관의 적법한 사전 동의를 의미하는지 여부(원칙적 적극): 아래에서 보는 바와 같은 자율형 사립고등학교(이하 '자사고'라 한다) 제도의 성격, 자사고 지정을 취소하는 과정에서 교육감의 재량을 절차적으로 통제할 필요가 있는 점, 구 초·중등교육법 시행령(2014. 12. 9. 대통령령 제25819호로 개정되기 전의 것, 이하 같다) 제91조의3의 개정이유 등에 비추어 볼 때, 구 초·중등교육법 시행령 제91조의3 제5항에서 말하는 교육부장관과의 사전 협의는 특별한 사정이 없는 한 교육부장관의 적법한 사전 동의를 의미한다.

① 구 초·중등교육법 시행령 제91조의3 제5항에 따르면 교육감이 자사고 지정을 취소하는 경우에는 미리 교육부장관과 협의하여야 한다.

② 자사고는 헌법 제31조 제6항에 따라 법률로 정하고 있는 학교교육제도에 관한 사항 중 일부가 적용되지 않는 학교이고, 자사고 제도의 운영은 국가의 교육정책과도 긴밀하게 관련되며, 자사고의 지정 및 취소는 해당 학교에 재학 중인 학생들과 그 학교에 입학하고자 하는 학생들에게 미치는 영향도 크다. 따라서 자사고의 지정 및 취소는 국가의 교육정책과 해당 지역의 실정 등을 고려하여 신중하게 이루어져야 할 필요가 있다.

③ 초·중등교육법 시행령 제91조의3은 2010. 6. 29. 신설 당시 제4항으로 '자사고는 5년 이내로 지정·운영하되, 시·도 교육규칙으로 정하는 바에 따라 연장할 수 있다'고만 규정하였다가, 2011. 6. 7. 대통령령 제22955호로 개정되면서 제5항으로 '교육감이 자사고 지정을 취소하

는 경우에는 미리 교육과학기술부장관과 협의하여야 한다'고 규정하게 되었다. 이는 종전의 지정기간 연장에 행사되는 재량을 절차적으로 통제할 수 있는 장치를 마련함으로써 자사고를 보다 안정적으로 운영하게 하려는 취지에서 비롯된 것이다(대법원 2018. 7. 12. 선고 2014추33 판결 [자율형사립고등학교행정처분직권취소처분취소청구])

(3) 협의절차의 하자

법령상 명시적으로 규정된 협의절차를 이행하지 아니하고 처분을 한 경우, 판례는 이를 취소할 수 있는 행위로 본다(대법원 2006. 6. 30. 선고 2005두14363 판결).

다만 협의가 그 해석상 동의절차로 보아야 하는 경우에 이를 거치지 않고 행한 처분의 효력은 후술하는 동의없는 처분의 효력과 같다.

국방·군사시설 사업에 관한 법률 및 구 산림법에서 보전임지를 다른 용도로 이용하기 위한 사업에 대하여 승인 등 처분을 하기 전에 미리 산림청장과 협의를 하라고 규정한 의미 및 이러한 협의를 거치지 아니한 승인처분이 당연무효인지 여부(소극): 국방·군사시설 사업에 관한 법률 및 구 산림법(2002. 12. 30. 법률 제6841호로 개정되기 전의 것)에서 보전임지를 다른 용도로 이용하기 위한 사업에 대하여 승인 등 처분을 하기 전에 미리 산림청장과 협의를 하라고 규정한 의미는 그의 자문을 구하라는 것이지 그 의견을 따라 처분을 하라는 의미는 아니라 할 것이므로, 이러한 협의를 거치지 아니하였다고 하더라도 이는 당해 승인처분을 취소할 수 있는 원인이 되는 하자 정도에 불과하고 그 승인처분이 당연무효가 되는 하자에 해당하는 것은 아니라고 봄이 상당하다(대법원 2006. 6. 30. 선고 2005두14363 판결).

협의절차가 법령에 의해 정해진 것이 아닌 경우에는 협의절차를 이행하지 아니하고 처분을 하여도 그것만으로 당해 처분이 위법하다고는 할 수 없다.

나. 동의

(1) 의의

행정업무가 둘 이상의 행정청의 권한과 관련되어 있고 관련 행정청 모두가 주된 지위에 있는 경우, 업무처리의 편의를 위하여 해당 업무와 보다 깊은 관계에 있는 행정청을 주무 행정청으로 하는 경우가 있다. 이때 주무 행정청은 업무처리에 관한 결정을 함에 있어 다른 행정청의 동의를 받아야 하다.

(2) 동의의견의 구속력

처분청은 동의기관의 동의 또는 부동의 의견에 구속된다.

(3) 동의없는 처분의 효력

동의를 받아야 함에도 불구하고 동의없이 한 처분은 취소할 수 있는 행위에 불과하다는 견해도 있다. 하지만 동의없이 한 행정행위는 권한없는 행위로서 원칙상 무효로 보는 것이 타당하다[18]. 판례도 무효설의 입장을 취하고 있는 것으로 보여진다(대법원 1996. 3. 8. 선고 95다51847 판결).

(4) 부동의에 대한 권리구제

관계 기관의 부동의는 내부행위에 불과하고 처분이 아니므로 개인은 그에 대하여 항소소송을 제기할 수 없고, 처분청이 동의기관의 부동의를 이유로 거부처분을 한 경우에 그 거부처분의 취소를 구하면서 거부사유가 된 부동의를 다투어야 한다(대법원 2004. 10. 15. 선고 2003두6573 판결).

> 건축허가권자가 건축불허가처분을 하면서 그 처분사유로 건축불허가 사유뿐만 아니라 구 소방법 제8조 제1항에 따른 소방서장의 건축부동의 사유를 들고 있다고 하여 그 건축불허가 처분 외에 별개로 건축부동의처분이 존재하는 것이 아니므로, 그 건축불허가처분을 받은 사람은 그 건축불허가처분에 관한 쟁송에서 건축법상의 건축불허가 사유뿐만 아니라 소방서장의 부동의 사유에 관하여도 다툴 수 있다(대법원 2004. 10. 15. 선고 2003두6573 판결).

다. 사무위탁(촉탁)

행정청이 그의 지휘·감독 하에 있지 아니한 대등한 다른 행정청에 자신의 권한의 일부를 위탁하여 처리하는 것을 말한다.

라. 행정응원

(1) 의의

행정응원이란 주로 대등한 행정청 상호간에 있어서 한 행정청이 자신의 직무수행상 필요한 행위 또는 필요한 공무원의 파견근무 등 일반적 협력을 다른 행정청에 요청하고, 다른 행정청은 이 요청에 응하여 협력을 제공하는 것을 말한다.

(2) 법적 근거

행정응원은 법적 근거가 없이도 행하여질 수 있다.

다만 명문으로 행정응원을 규정하고 있는 경우도 적지 않다. 행정절차법은 행정응원

18) 박균성, 전게서, 57면.

에 관하여 일반법적인 근거를 규정하고 있고(제8조), 개별법에 규정된 행정응원으로는 경찰응원(경찰직무 응원법 제1조), 소방응원(소방기본법 제11조), 군사응원(위수령 제7, 8, 12, 18조) 등이 있다.

(3) 행정절차법상의 행정응원

(가) 응원요청: 행정청은 i) 법령 등의 이유로 독자적인 직무 수행이 어려운 경우, ii) 인원·장비의 부족 등 사실상의 이유로 독자적인 직무 수행이 어려운 경우, iii) 다른 행정청에 소속되어 있는 전문기관의 협조가 필요한 경우, iv) 다른 행정청이 관리하고 있는 문서·통계 등 행정자료가 직무 수행을 위하여 필요한 경우, v) 다른 행정청의 응원을 받아 처리하는 것이 보다 능률적이고 경제적인 경우에는 다른 행정청에 행정응원을 요청할 수 있다(행정절차법 제8조 제1항).

행정응원은 해당 직무를 직접 응원할 수 있는 행정청에 요청하여야 한다(행정절차법 제8조 제3항).

(나) 응원의 거부: 제1항에 따라 행정응원을 요청받은 행정청은 i) 다른 행정청이 보다 능률적이거나 경제적으로 응원할 수 있는 명백한 이유가 있는 경우, ii) 행정응원으로 인하여 고유의 직무 수행이 현저히 지장받을 것으로 인정되는 명백한 이유가 있는 경우에는 응원을 거부할 수 있다(행정절차법 제8조 제2항).

행정응원을 요청받은 행정청은 응원을 거부하는 경우 그 사유를 응원을 요청한 행정청에 통지하여야 한다(행정절차법 제8조 제4항).

(다) 지휘감독: 행정응원을 위하여 파견된 직원은 응원을 요청한 행정청의 지휘·감독을 받는다. 다만, 해당 직원의 복무에 관하여 다른 법령 등에 특별한 규정이 있는 경우에는 그에 따른다(행정절차법 제8조 제5항).

(라) 비용부담: 행정응원에 드는 비용은 응원을 요청한 행정청이 부담하며, 그 부담금액 및 부담방법은 응원을 요청한 행정청과 응원을 하는 행정청이 협의하여 결정한다(행정절차법 제8조 제6항).

제2편 지방자치법

제1장 일반론

Ⅰ. 개설

1. 자치행정의 의의

자치행정이란 국가 내의 일정한 법인이 국가로부터 독립된 지위에서 자주적으로 행하는 행정을 말한다. 국가는 모든 행정을 직접 스스로의 기관에 의하여 행하는 것이 아니라, 국가로부터 독립된 법인을 설립하고 그에게 일정한 사항에 관한 행정권을 부여하여 스스로 행정을 하게 하는 경우가 있다. 이러한 단체를 공공단체라고 하며, 공공단체가 행하는 행정을 자치행정이라고 한다. 이러한 공공단체 중에서 일정한 지역을 기초로 하는 지역단체가 행하는 행정을 특히 지방자치라고 한다.

일정한 지역을 기초로 하는 지방자치는 자치행정의 전형적인 예이며, 그밖에 공공행정의 일부를 수행하기 위한 공공조합·영조물법인·공법상 재단법인에 의한 자주적인 사무처리도 자치행정이라고 할 수 있다.

2. 지방자치제의 요소(주민자치와 단체자치)

세계의 입법례를 보면 지방자치의 관념에는 주민자치와 단체자치라는 두 가지 흐름이 있다.

주민자치는 일정한 지역사회에 고유한 공적 사무는 그 지역사회의 주민이 참가하여 자율적으로 처리하여야 한다는 관념을 말한다. 즉 주민자치는 민주주의 원리에 입각하여 직업공무원이 아닌 지역주민의 의사에 의하여 행정업무가 자율적으로 수행되는 것이며, 주민참여를 기본으로 하는 것이다. 주민자치의 관념은 영국에서 형성되어 미국에서도 수용되었다.

단체자치는 국가로부터 독립되고 지역공동체에 기반을 둔 단체를 인정하고, 이 단체에 의해 지역공동체에 고유한 공적 사무가 자율적으로 처리되도록 하는 것을 말한다. 단체자치의 관념은 프랑스, 독일 등 대륙법계 국가에서 형성되고 수용되었다.

우리나라의 지방자치의 관념에는 주민자치와 단체자치가 혼합되어 있다. 지방자치단체가 존재하고 지방자치단체가 자치권을 향유하는 점 등은 단체자치의 관념에 근거한 것이다. 하지만 주민이 지방의원 및 지방자치단체의 장을 선출하고, 주민투표·주민소환, 조례의 제정·개폐의 청구 등을 통하여 자치행정에 직접 참여하는 점 등은 주민자치의 관념에 근거한 것이다.

3. 자치권의 성격

지방자치단체의 자치권이 국가로부터 전래된 것인가 아니면 국가 이전에 존재하는 지방자치단체에 고유한 것인가에 관하여 견해가 대립하고 있다.

가. 고유권설(固有權說)

지역단체는 자연적으로 발생하는 단체이며, 자치권은 지역단체의 고유권에 속한다는 견해이다. 그 논거는 역사적으로 지방자치단체는 국가 이전부터 지역공동체의 이익을 위하여 형성되어 지역공동체에 고유한 문제를 자율적으로 처리하여 왔다는 사실에 둔다.

나. 전래권설(傳來權說)

국가만이 통치권을 갖는다는 전제하에, 자치권은 국가의 통치권으로부터 전래·승인된 것이라는 입장이다. 그 논거는 연방제가 아닌 중앙집권국가에서는 국가의 통치권으로부터 독립된 자치조직을 인정할 수 없으며, 모든 권력은 국가권력으로부터 나올 수밖에 없다는 데 있다.

다. 검토

우리나라의 경우에는 오랜 중앙집권의 전통을 가지고 있어 고유권설이 성립할 기반이 거의 존재하지 않으며, 국가의 통일성을 보장하기 위하여는 지방자치단체의 자치권은 국가에 의해 부여된 것으로 보는 것이 타당하다[1].

Ⅱ. 지방자치의 법원(法源)

1. 지방자치의 헌법적 보장

헌법은 제117조[2], 제118조[3]에서 지방자치를 보장하고 있다. 헌법에 의한 이러한 지방

---

1) 박균성, 행정법론(하), 제15판, 2017, 64면.

2) 헌법 제117조
① 지방자치단체는 주민의 복리에 관한 사무를 처리하고 재산을 관리하며, 법령의 범위 안에서 자치에 관한 규정을 제정할 수 있다.
② 지방자치단체의 종류는 법률로 정한다.

3) 헌법 제118조
① 지방자치단체에 의회를 둔다.
② 지방의회의 조직·권한·의원선거와 지방자치단체의 장의 선임방법 기타 지방자치단체의 조직과 운영에 관한 사항은 법률로 정한다.

자치의 보장을 제도적 보장으로 이해하는 것이 일반적 견해이다.

헌법에 의한 지방자치의 제도적 보장은 '지방자치의 본질적 내용'의 보장을 의미한다. 따라서, 입법권은 지방자치제도의 형성에 있어 재량을 갖지만 헌법이 보장한 지방자치의 본질적인 내용을 침해하여서는 아니 된다.

헌법 제117조 및 제118조가 보장하고 있는 지방자치의 본질적 내용은 자치단체의 존재의 보장, 자치기능의 보장 및 자치사무의 보장을 말한다(헌법재판소 2001. 6. 28. 선고 2000헌마735 전원재판부).

지방자치법 제13조의2 제1항에서 규정한 주민투표권이 헌법이 보장하는 지방자치제도에 포함되는지 여부(소극): 헌법 제117조 및 제118조가 보장하고 있는 본질적인 내용은 자치단체의 보장, 자치기능의 보장 및 자치사무의 보장으로 어디까지나 지방자치단체의 자치권으로 헌법은 지역 주민들이 자신들이 선출한 자치단체의 장과 지방의회를 통하여 자치사무를 처리할 수 있는 대의제 또는 대표제 지방자치를 보장하고 있을 뿐이지 주민투표에 대하여는 어떠한 규정도 두고 있지 않다. 따라서 우리의 지방자치법이 비록 주민에게 주민투표권(제13조의2)과 조례의 제정 및 개폐청구권(제13조의3) 및 감사청구권(제13조의4)를 부여함으로써 주민이 지방자치사무에 직접 참여할 수 있는 길을 열어 놓고 있다 하더라도 이러한 제도는 어디까지나 입법자의 결단에 의하여 채택된 것일 뿐, 헌법이 이러한 제도의 도입을 보장하고 있는 것은 아니다(헌법재판소 2001. 6. 28. 선고 2000헌마735 전원재판부).

2. 실정법적 보장

지방자치에 관한 법률로는 지방자치에 관한 기본법인 지방자치법이 있고, 그 외에 개별법(지방공무원법·지방교육자치에관한법률·주민투표법·지방재정법·지방공기업법·지방세법·지방교부세법 등)이 있다.

그 밖에 지방자치에 관한 법규명령(지방자치법 시행령, 지방재정법 시행령 등)과 자치법규(조례와 규칙)가 있다.

Ⅲ. 지방자치단체의 법적 지위

1. 지방자치단체의 의의

지방자치단체는 국가로부터 독립하여 자치권을 행사하는 법인격이 부여된 지역적 단체를 말한다. 지방자치단체는 구역, 주민, 자치권 및 법인격을 본질적 구성요소로 한다. 지방자치단체는 법인으로서 권리의무의 주체가 된다는 점에서, 법인격이 없는 행정기관과 구별된다.

2. 지방자치단체의 법적 지위

가. 자치행정조직

지방자치단체는 넓게 보면 국가의 행정조직의 하나이다. 다만 지방자치단체는 국가 영토의 일부를 자기의 구역으로 하는 지역단체라는 점이 다른 행정조직과는 다르다.

나. 법인

지방자치단체는 법인으로서(법 제3조 제1항), 권리와 의무의 주체가 된다. 지방자치단체의 권리능력은 공법상의 법률관계뿐만 아니라 사법상의 법률관계에도 미친다. 지방자치단체는 법인으로서 국가로부터 조직적으로 독립되어 있다.

또한 지방자치단체는 자신의 권한 범위 내에서 자신의 기관을 통하여 법적 행위를 할 수 있는 행위능력도 갖는다[4].

다. 소송당사자

지방자치단체는 독립된 법주체이므로 소송의 당사자가 될 수 있다. 지방자치단체가 아닌 읍·면은 지방자치단체의 하부행정구역에 불과하여 민사소송에 있어 당사자능력을 인정할 수 없다(대법원 2002. 3. 29. 선고 2001다83258 판결).

민사소송에 있어 읍·면의 당사자능력: 1949. 7. 4. 법률 제32호로 지방자치법이 제정되면서 읍·면은 지방자치단체로서 법인격을 가지고 있었지만 1961. 9. 1. 법률 제707호로 지방자치에관한임시조치법이 제정됨에 따라 군에 편입되어 독립적인 법인격을 갖는 지방자치단체로서의 지위를 상실함과 아울러 읍·면의 일체의 재산은 소속군에 귀속되었으므로, 그 이후부터는 읍·면은 지방자치단체의 하부 행정구역에 불과하여 민사소송에 있어 당사자능력을 인정할 수 없다(대법원 2002. 3. 29. 선고 2001다83258 판결).

라. 기본권의 주체성

지방자치단체가 행정주체로서 공적 사무를 수행하는 한, 이들 단체에는 기본권주체성이 부인된다는 것이 통설이자[5] 판례의 입장이다(헌법재판소 2006. 2. 23. 선고 2004헌바50 전원재판부). 지방자치단체는 행정주체로서 기본권실현의 의무를 지는 지위에 있고,

4) 홍정선, 행정법원론(하), 제25판, 2017, 80면.
5) 홍정선, 전게서, 82면.

따라서 기본권에 구속되는 존재라는 것이 그 논거이다.

> 기본권 보장규정인 헌법 제2장의 제목이 "국민의 권리와 의무"이고 그 제10조 내지 제39조에서 "모든 국민은 …… 권리를 가진다"고 규정하고 있으므로 이러한 기본권의 보장에 관한 각 헌법규정의 해석상 국민만이 기본권의 주체라 할 것이고, 공권력의 행사자인 국가, 지방자치단체나 그 기관 또는 국가조직의 일부나 공법인은 기본권의 "수범자"이지 기본권의 주체가 아니고 오히려 국민의 기본권을 보호 내지 실현해야 할 '책임'과 '의무'를 지니고 있을 뿐이다. 그렇다면 이 사건에서 지방자치단체인 청구인은 기본권의 주체가 될 수 없고 따라서 청구인의 재산권 침해 여부는 더 나아가 살펴볼 필요가 없다(헌법재판소 2006. 2. 23. 선고 2004헌바50 전원재판부).

> 기본권의 보장에 관한 각 헌법규정의 해석상 국민(또는 국민과 유사한 지위에 있는 외국인과 사법인)만이 기본권의 주체라 할 것이고, 국가나 국가기관 또는 국가조직의 일부나 공법인은 기본권의 '수범자'이지 기본권의 주체로서 그 '소지자'가 아니고 오히려 국민의 기본권을 보호 내지 실현해야 할 책임과 의무를 지니고 있는 지위에 있을 뿐이므로, 공법인인 지방자치단체의 의결기관인 청구인 의회는 기본권의 주체가 될 수 없고 따라서 헌법소원을 제기할 수 있는 적격이 없다(헌법재판소 1998. 3. 26. 선고 96헌마345 전원재판부).

마. 자치권과 원고적격

이에 관하여는 다음과 같이 2가지 견해가 있다.

긍정설은 지방자치단체는 헌법 및 법률상 자치권을 부여받고 있으므로, 국가 등의 공권력 행사에 의해 이 자치권이 침해된 경우에는 당해 공권력 행사를 다투는 항고소송을 제기할 원고적격을 갖는다고 본다.

부정설은 지방자치단체의 자치권을 행정소송법상의 법률상의 이익으로 보지 않으며, 따라서 자치권 침해를 이유로 항고소송을 제기할 수는 없다고 본다.

Ⅳ. 지방자치단체의 종류

지방자치단체는 그 조직 및 권한의 일반성 또는 특수성에 따라 보통지방자치단체와 특별지방자치단체로 나누어진다.

1. 보통지방자치단체

가. 종류

보통지방자치단체로는 광역자치단체인 특별시, 광역시, 특별자치시, 도, 특별자치도와 기초자치단체인 시, 군, 자치구가 있다(법 제2조 제1항).

광역자치단체인 특별시, 광역시, 특별자치시, 도, 특별자치도는 정부의 직할(直轄)로 두고, 기초자치단체인 시는 도의 관할 구역 안에, 군은 광역시, 특별자치시나 도의 관할 구역 안에 두며, 자치구는 특별시와 광역시, 특별자치시의 관할 구역 안에 둔다(법 제3조 제2항).

여기서 기초자치단체인 시·군을 도의 관할구역 안에 둔다는 것은 시·군의 관할구역이 도의 관할구역 안에 위치한다는 것이지, 도가 이들 단체를 일반적으로 통할한다는 의미는 아니다[6].

나. 기초자치단체와 광역자치단체의 관계

(1) 원칙(상호독립)

기초자치단체와 광역자치단체는 모두 독립된 법인이므로(법 제3조 제1항), 법적으로는 대등한 지위를 갖는다. 따라서 이들 사이에는 법령에서 정함이 없는 한 상하관계·감독관계가 존재하지 아니한다[7].

기초자치단체는 주민과 보다 근접한 업무를 처리하고, 광역자치단체는 광역적이고 보완적·조정적 업무를 처리하게 된다(법 제10조 제1항 참고). 따라서 양자의 사무는 서로 경합하지 아니하도록 조정할 필요가 있으며, 그 사무가 서로 경합되는 경우에는 시·군 및 자치구에서 먼저 처리하게 된다(법 제10조 제3항).

(2) 예외(지휘·감독)

그러나 현행 지방자치법은 다음과 같은 제도를 규정함으로써 광역자치단체가 사실상 부분적으로 기초자치단체의 상급기관의 지위를 갖는 결과를 가져오고 있다[8].

① 지방자치법은 광역자치단체의 장에게 기초자치단체의 사무에 대하여 지휘·감독할 수 있는 권한을 부여하고 있다(법 제169조 제1항, 제170조, 제171조 등). 이 경우 광역자치단체의 장은 국가기관의 지위에서 기초자치단체를 감독하는 것이지만 이를 통하여 광역

---

6) 김동희, 행정법Ⅱ, 제24판, 2018, 55면.

7) 홍정선, 전게서, 85면.

8) 박균성, 전게서, 69면.

자치단체의 장이 기초자치단체의 상급기관인 것으로 잘못 인식될 수 있다.

② 지방자치법은 광역자치단체의 조례와 규칙은 기초자치단체의 조례와 규칙보다 우월한 효력을 갖는 것으로 규정하고 있다(법 제24조[9]). 이 규정이 두어진 것은 국가법질서의 통일성을 보장하기 위한 것인데, 그 결과 광역자치단체의 조례와 규칙을 통하여 기초자치단체를 통제할 수 있는 여지가 있다.

③ 지방자치법은 광역자치단체의 장의 업무를 기초자치단체의 장에게 기관위임할 수 있는 것으로 규정하고 있다(법 104조 제2항[10]). 기초자치단체의 장이 광역자치단체의 사무를 기관위임받아 처리하는 경우에는 광역자치단체의 장의 일반적 지휘·감독을 받는다(법 제167조[11]).

④ 지방자치법상 광역자치단체의 장은 기초자치단체 상호간 또는 기초자치단체의 장 상호간의 분쟁을 조정하는 권한을 가진다(법 제148조, 제149조).

2. 특별지방자치단체

특별지방자치단체는 특정한 목적을 수행하기 위하여 설립되며(법 제2조 제3항), 하나 또는 그 이상의 일정한 분야에 한정된 권한만을 갖는다. 이러한 특별지방자치단체는 상하수도·소방·도시개발·도시교통 등의 업무를 광역적으로 수행하기 위하여 설치되는 것이 보통이다.

특별지방자치단체의 예로는 지방자치법 제159조 이하의 지방자치단체조합을 들 수 있다. 지방자치단체조합은 2개 이상의 지방자치단체가 그 사무를 공동으로 처리하기 위하여 규약을 정하여 당해 지방의회의 의결을 거쳐 설립하는 독립법인이다(법 제159조 제1항, 제2항). 예컨대, 김포쓰레기매립지를 공동으로 운영하기 위하여 1991년에 서울특별시·인천광역시·경기도가 공동으로 설립한 '수도권매립지운영관리조합'을 들 수 있다.

---

9) 지방자치법 제24조(조례와 규칙의 입법한계) 시·군 및 자치구의 조례나 규칙은 시·도의 조례나 규칙을 위반하여서는 아니 된다.

10) 제104조(사무의 위임 등) ② 지방자치단체의 장은 조례나 규칙으로 정하는 바에 따라 그 권한에 속하는 사무의 일부를 관할 지방자치단체나 공공단체 또는 그 기관(사업소·출장소를 포함한다)에 위임하거나 위탁할 수 있다.

11) 지방자치법 제167조(국가사무나 시·도사무 처리의 지도·감독)
① 지방자치단체나 그 장이 위임받아 처리하는 국가사무에 관하여 시·도에서는 주무부장관의, 시·군 및 자치구에서는 1차로 시·도지사의, 2차로 주무부장관의 지도·감독을 받는다.
② 시·군 및 자치구나 그 장이 위임받아 처리하는 시·도의 사무에 관하여는 시·도지사의 지도·감독을 받는다.

제2장 지방자치단체의 구성요소

제1절 구역

Ⅰ. 의의

지방자치단체의 구역이라 함은 지방자치단체의 자치권 내지는 권한이 미치는 공간적 범위를 말한다. 지방자치단체는 구역을 갖고 있는 점에서, 구역을 갖지 않는 다른 공공단체와 구별된다.

Ⅱ. 구역의 획정

지방자치단체의 구역은 그 획정이 어려우므로, 종전의 구역을 그대로 받아들이는 것으로 하였다(법 제4조 제1항). 여기서 '종전'이라 함은 종전의 법령 내용만을 의미하는 것이 아니고, 지적공부상의 기재 등까지를 포괄하는 의미로 해석되어야 하며, '지방자치단체의 관할구역은 종전에 의한다'는 것은 동법 시행시 존재한 구역을 그대로 답습한다는 것을 의미한다(헌법재판소 2004. 9. 23. 선고 2000헌라2 결정). 결국 지방자치단체의 관할구역 관련 규정의 입법연혁을 살펴볼 때, 지방자치법 제4조 제1항을 비롯한 관할구역에 관한 규정들은 대한민국 법률이 제정되기 이전부터 존재하였던 지방자치단체의 관할구역 경계에 대하여 법적 효력을 부여하는 것이라고 할 수 있다.

현행 지방자치법 제4조 제1항은 지방자치단체의 관할구역 경계를 결정함에 있어서 '종전'에 의하도록 하고 있고, 지방자치법 제4조 제1항의 개정 연혁에 비추어 보면 위 '종전'이라는 기준은 최초로 제정된 법률조항까지 순차 거슬러 올라가게 되므로 1948. 8. 15. 당시 존재하던 관할구역의 경계가 원천적인 기준이 된다. 그런데 이 사건 기록을 살펴볼 때, 이 사건 매립지에서 '종전'에 해당하는 관할구역 경계에 대하여는 조선총독부 임시토지조사국 훈령인 일반도측량실시규정(1914년)에 의거하여 1918년에 제작된 지형도상의 해상경계선이 그 기준이 된다(헌법재판소 2006. 8. 31. 선고 2003헌라1 전원재판부).

지방자치단체의 구역은 육지와 그 지하 및 상공을 포함한다. 해면도 지방자치단체의 구역에 포함되는지 여부가 문제된다. 지방자치단체가 영해에서도 수산업법상 보호수면의 지정 등 행정권한 및 과세권을 행사하고 있으므로, 영해에도 지방자치단체의 구역이 정해지는 것으로 보는 것이 타당하다(긍정설). 판례도 긍정설의 입장을 취하고 있다.

지방자치법 제4조 제1항에 규정된 지방자치단체의 구역은 주민·자치권과 함께 지방자치단체의 구성요소로서 자치권을 행사할 수 있는 장소적 범위를 말하며, 자치권이 미치는 관할구역의 범위에는 육지는 물론 바다도 포함되므로, 공유수면에 대한 지방자치단체의 자치권한이 존재한다(헌법재판소 2006. 8. 31. 선고 2003헌라1 전원재판부).

Ⅲ. 구역의 변경(폐치·분합 및 경계변경)

1. 개설

가. 의의

지방자치단체의 (광의의) 구역변경에는 폐치·분합(廢置·分合)과 경계변경이 있다. 이 중에서 '폐치·분합'은 지방자치단체의 신설·폐지를 초래하는 것이므로, 엄격한 의미에서는 구역의 변경에 그치지 아니하고 새로운 인격의 발생 또는 소멸을 가져오는 인격의 변경으로 볼 수 있다. 반면에 '경계변경(이를 협의의 구역변경이라고 한다)'은 지방자치단체의 존폐와는 관련없이 다만 경계에 변경을 가져 온다는 점에서 전자와는 구별된다[1].

나. 원인

지방자치단체의 구역변경은 첫째, 주민의 실제적 생활관계가 행정적인 구역단위와 일치하지 못하여 이를 조정할 필요가 있을 때 행하여진다. 기존 하천의 정비로 지형이 변화하여 주민의 생활관계와 행정구역이 일치하지 못하는 경우, 불량주택의 재개발사업으로 인해 들어선 아파트단지가 두 지방자치단체의 구역으로 분할되어 있는 경우, 간척사업으로 인하여 새로이 공유수면매립지가 형성된 경우 등이 이러한 예에 해당된다. 둘째, 지방자치단체 규모의 적정화를 기하기 위해서도 행하여진다. 자치단체의 인구가 지나치게 증가하거나 감소하면 행정의 효율을 저해하는 등의 문제가 발생하므로, 이때 지방자치단체를 나누거나 합하는 경우가 이러한 예에 해당된다.

1) 김남진·김연태, 행정법Ⅱ, 제21판, 2017, 82면.

2. 절차

지방자치단체의 구역변경은 관련 지방자치단체 및 주민의 이해와 밀접하게 관련되어 있기 때문에, 법이 정한 절차에 따라 신중하게 행하여져야 한다.

가. 결정형식

지방자치단체의 명칭과 구역을 바꾸거나 지방자치단체를 폐지하거나 설치하거나 나누거나 합칠 때에는 법률로 정한다[2]. 다만, 지방자치단체의 관할구역 경계변경과 한자 명칭의 변경은 대통령령으로 정한다(법 제4조 제1항).

구역변경 행위는 행정기관에 의한 집행행위에 불과한 것이 아니고 실질적으로 국가의 조직고권의 발동에 의한 조직행위로서의 의미를 갖는 것이므로, 이를 위하여 법률이나 대통령령과 같은 입법행위를 요구하게 되는 것이다[3].

나. 지방의회의 의견청취

제1항에 따라 지방자치단체를 폐지하거나 설치하거나 나누거나 합칠 때 또는 그 명칭이나 구역을 변경할 때에는 관계 지방자치단체의 의회(이하 "지방의회"라 한다)의 의견을 들어야 한다. 다만, 주민투표법 제8조에 따라 주민투표를 한 경우에는 그러하지 아니하다(법 제4조 제2항). 구역변경에는 관련 지방자치단체 및 주민의 이해관계가 반영되어야 하기 때문에 지방의회의 의견청취나 주민투표를 요구하고 있는 것이다. 따라서 지방의회의 의견청취 절차를 거치지 않은 구역변경이나 폐치·분합은 위법이며 무효로 보는 것이 타당하다[4].

구역변경의 절차적 사항으로서 청취한 지방의회의 의견내용은 ⅰ) 법문의 규정형식이 의견을 듣도록만 하고 있으며, 다른 나라의 경우처럼 동의를 얻어야 한다라고 규정되어 있지 않은 점, ⅱ) 구역변경은 국가의 조직권한에 해당하는 사항인 점 등에 비추어 구속력을 가지지 않는다고 보는 것이 학설과 판례의 일반적 입장이다(헌법재판소 1995. 3. 23. 선고 94헌마175 전원재판부).

---

2) 여기서 '법률로 정한다'의 의미에 관하여는, 법률로 정하는 바에 의한다는 것인지 아니면 법률 자체로 그 변경을 결정한다는 것인지 명확하지 않으나 후자 즉, 법률 자체로 그 변경을 결정한다는 의미로 해석하는 것이 타당하다고 보여진다. 박균성, 행정법론(하), 제15판, 2017, 82면.

3) 류지태·박종수, 행정법신론, 제15판, 2011, 870면.

4) 류지태·박종수, 전게서, 871면.

1. 지방자치단체의 폐치·분합은 지방자치단체의 자치권의 침해문제와 더불어 그 주민의 헌법상 보장된 기본권의 침해문제도 발생시킬 수 있다.

2. 지방자치단체의 폐치·분합에 관련한 지방자치법 제4조 제2항 및 제13조의2 제1항 소정 절차는 이른바 청문절차로서 자치단체와 그 주민은 그 자신의 이해관계와 관련하여 의견을 표명할 기회를 주어야 한다는 것이다. 그러나 그러한 의견개진의 기회부여는 지방자치단체간 통합의 본질적 내용에 관한 사항과 그 근거에 관하여 이해관계인에게 고지하고 그에 관한 의견의 진술기회를 부여하는 것으로 족하고 그 진술된 의견은 국회에 입법자료를 제공하여 주는 기능은 하되, 입법자가 그 의견에 반드시 구속되는 것은 아니다. 또한 지방자치단체의 폐치·분합을 규정한 법률의 제정과정에서 주민투표를 실시하지 아니하였다 하여 적법절차원칙을 위반하였다고 할 수 없다(헌법재판소 1995. 3. 23. 선고 94헌마175 전원재판부).

다. 주민투표

지방자치법 제14조 소정의 주민투표절차는 구역변경을 위한 필수적인 절차는 아니다. 그러나 지방자치단체의 장에 의하여 주민투표가 실시되는 경우에는 그 결과가 고려되어야 한다. 그러나 이러한 주민투표의 결과도 국가의 구역변경 행위에 대하여 법적 구속력을 갖는다고 볼 수는 없다. 이는 주민투표절차가 갖는 임의적인 절차로서의 성격과, 구역변경이 갖는 국가의 조직권한의 행사로서의 성질에서 기인하는 것이다[5].

3. 법적 효과

지방자치단체의 구역을 변경하거나 지방자치단체를 폐지하거나 설치하거나 나누거나 합칠 때에는 새로 그 지역을 관할하게 된 지방자치단체가 그 사무와 재산을 승계한다(법 제5조 제1항). 제1항의 경우에 지역에 의하여 지방자치단체의 사무와 재산을 구분하기 곤란하면 시·도에서는 행정안전부장관이, 시·군 및 자치구에서는 시·도지사가 그 사무와 재산의 한계 및 승계할 지방자치단체를 지정한다(법 제5조 제2항).

승계하게 되는 '사무와 재산'은 당해 지방자치단체 고유의 재산이나 사무를 지칭하는 것이라 할 것이고, 국가로부터 관할 지방자치단체의 장에게 기관위임된 국가사무까지 관할구역의 변경에 따라 당연히 이전된다고 볼 수는 없다(대법원 1991. 10. 22. 선고 91다5594 판결).

승계되는 재산에는 현금 외의 모든 재산적 가치가 있는 물건 및 권리만을 의미하고, 채무는 이에 포함되지 않는다(대법원 2008. 2. 1. 선고 2007다8914 판결). 다만 채무를 승

5) 류지태·박종수, 전게서, 871면.

계하지 않는다는 이러한 원칙은 기존의 지방자치단체가 그대로 존치되는 경우에 기존의 지방자치단체에 발생되어 있던 채무를 기존의 지방자치단체가 부담하고, 새로이 그 관할구역의 일부를 맡거나 그 일부를 관할구역으로 한 지방자치단체가 이를 승계하지 아니한다는 취지인 것이다. 따라서 기존의 지방자치단체가 완전히 폐지되고 그 지방자치단체들이 관할하는 전 구역을 그 관할구역으로 하여 새로운 지방자치단체가 설치되는 흡수합병 내지 합체의 경우에는 그 채무를 부담할 주체인 기존의 지방자치단체는 소멸되었으므로 그 기존의 지방자치단체가 부담하고 있던 채무는 새로운 지방자치단체가 이를 승계하게 된다(대법원 1995. 12. 8.선고 95다36053 판결).

지방자치법 제5조 제1항 소정의 '구역변경으로 새로 그 지역을 관할하게 된 지방자치단체가 승계하게 되는 사무와 재산'은 당해 지방자치단체 고유의 재산이나 사무를 지칭하는 것이라 할 것이고, 하천부속물 관리사무와 같이 하천법 등 별개의 법률규정에 의하여 국가로부터 관할 지방자치단체의 장에게 기관위임된 국가사무까지 관할구역의 변경에 따라 당연히 이전된다고 볼 수 없다(대법원 1991. 10. 22. 선고 91다5594 판결).

구 지방자치법(2007. 5. 11. 법률 제8423호로 전문 개정되기 전의 것) 제5조 제1항은 지방자치단체의 구역변경이나 폐치·분합이 있는 때에는 새로 그 지역을 관할하게 된 지방자치단체가 그 사무와 재산을 승계하도록 규정하고 있는바, 같은 법 제133조 제1항 및 제3항의 규정 내용에 비추어 볼 때 위 법률조항에 규정된 '재산'이라 함은 현금 외의 모든 재산적 가치가 있는 물건 및 권리만을 의미하고, 채무는 이에 포함되지 않는다(대법원 2008. 2. 1. 선고 2007다8914 판결).

경기도남양주시등33개도농복합형태의시설치등에관한법률(1994. 8. 3. 법률 제4774호)에 따라 '거제군'과 '장승포시'가 폐지되고 위 '거제군'과 '장승포시'의 전 관할구역을 그 관할구역으로 하는 '거제시'가 새로이 설치된 경우와 같이, 종전의 두 지방자치단체가 완전히 폐지되고 그 지방자치단체들이 관할하는 전 구역을 그 관할구역으로 하여 새로운 지방자치단체가 설치되는 흡수합병 내지 합체의 경우에는, 그 채무를 부담할 주체인 기존의 지방자치단체는 소멸되었으므로 그 기존의 지방자치단체가 부담하고 있던 채무는 새로운 지방자치단체가 이를 승계한다(대법원 1995. 12. 8.선고 95다36053 판결).

취득시효 완성 후 등기 전에 지방자치법 제5조 제1항 소정의 승계를 원인으로 소유권이전등기를 마친 지방자치단체가 취득시효기간 만료 후에 새로운 이해관계를 가지게 된 제3자에 해당하여 그에 대하여 취득시효의 완성을 주장할 수 없는지 여부(소극): 부동산 소유권의 취득시효기간이 만료된 후 등기를 하지 아니하고 있는 사이에 당해 부동산을 취득하여 등기를 마치거나 법률의 규정에 의하여 당해 부동산을 취득하여, 점유자가 그에 대하여 취득시효 완성을 주장할 수 없는 제3자는, 취득시효기간 만료 후에 새로운 이해관계를 가지게 된 제3자로서, 부동산에 관한 거래의 안전과, 등기제도의 기능을 해하지 아니하기 위하여 보호하여야 할 가치가 있는 자에 국한되어야 할 것인바, 어느 부동산에 관하여 취득시효가 완성된 이후에 지방자치단체의 구역변경이나 폐치·분합으로 인하여 지방자치법 제5조 제1항의 규정에 의하여 새로운 지방자치단체가 종전 지방자치단체의 사무와 재산을 승계함으로 인하여 당해 부동산을 취득하게 된 경우에 그 부동산의 취득은 부동산에 관한 거래의 안전이나 등기제도의 기능과는 무관한 것이라 하겠으므로, 그 새로운 지방자치단체를 취득시효기간 만료 후에 새로운 이해관계를 가지게 된 제3자로서, 위에서 본 법익을 해하지 아니하기 위하여 보호하여야 할 가치가 있는 자에 해당한다고 보기는 어렵다(대법원 2002. 3. 15. 선고 2000다23341 판결【소유권이전등기】).

4. 구역변경에 대한 불복

가. 지방자치단체의 구제수단

대통령령의 형식에 의하여 행하여진 경계변경 행위에 대하여 하자가 존재하는 경우, 당해 대통령령은 처분적 법령에 해당할 것이므로 처분성을 인정할 수 있고, 따라서 지방자치단체는 자치권의 침해를 이유로 당해 대통령령에 대하여 취소소송 등을 제기할 수 있다.

법률의 형식으로 구역변경 행위가 이루어진 경우, 당해 법률은 처분적 법률에 해당하는 것이지만 법률의 형식을 갖추고 있는 이상 당해 법률을 대상으로 한 항고소송은 불가능하다고 보는 견해가 있다[6]. 하지만 처분성을 갖추고 있는 이상, 법률이라고 하더라도 항고소송의 대상에서 제외할 이유는 없다는 점에서 위 견해는 타당하다고 볼 수 없다.

나. 지방자치단체의 경계에 관한 분쟁

지방자치단체의 경계에 관한 분쟁은 지역적 권한쟁의로서의 성질을 가진다.

지방자치단체의 경계에 관하여 분쟁이 있는 경우에는 원칙적으로 당해 지방자치단체 사이의 협의에 의하여 해결되어야 할 것이다.

경계에 관한 분쟁도 지방자치단체 상호간의 분쟁의 하나이므로, 협의가 이루어지지 않는 경우에는 시·도가 분쟁당사자가 되는 경우에는 행정자치부장관이, 시·군 및 자치구가 분쟁당사자가 되는 경우에는 시·도지사가 당사자의 신청에 의하여 이를 조정한다(법 제148조 제1항). 행정안전부장관이나 시·도지사가 제1항의 분쟁을 조정하고자 할 때에는 관계 중앙행정기관의 장과의 협의를 거쳐 제149조에 따른 지방자치단체중앙분쟁조정위원회나 지방자치단체지방분쟁조정위원회의 의결에 따라 조정하여야 한다(법 제148조 제3항).

6) 류지태·박종수, 전게서, 874면.

경계에 관한 분쟁은 일종의 지방자치단체 상호간의 권한쟁의라고 할 수도 있으므로, 조정에 의해 경계에 관한 분쟁이 해결되지 못하는 경우에는 헌법재판소의 권한쟁의심판(헌법 제111조 제1항 제4호, 헌법재판소법 제2조 제4호)을 통하여 해결할 수밖에 없을 것이다.

다. 주민의 헌법소원

지방자치단체의 폐치·분합이나 경계변경은 주민의 기본권과도 관련이 있으므로, 당해 지역주민은 이에 대하여 헌법소원을 제기할 수 있다는 것이 판례의 입장이다(헌법재판소 1994. 12. 29. 선고 94헌마201 전원재판부).

가. 지방자치단체의 폐치·분합에 관한 사항이 헌법소원의 대상이 되는지 여부: 지방자치단체의 폐치·분합에 관한 것은 지방자치단체의 자치행정권 중 지역고권의 보장문제이나, 대상지역 주민들은 그로 인하여 인간다운 생활공간에서 살 권리, 평등권, 정당한 청문권, 거주이전의 자유, 선거권, 공무담임권, 인간다운 생활을 할 권리, 사회보장·사회복지수급권 및 환경권 등을 침해받게 될 수도 있다는 점에서 기본권과도 관련이 있어 헌법소원의 대상이 될 수 있다.

나. 경기도 남양주시 등 33개 도농복합형태의 시 설치 등에 관한 법률 제4조의 위헌 여부: 국회는 중원군과 충주시의 지리적 위치, 역사, 생활권의 동일 여부 등을 고려하여 중원군을 충주시에 편입시키기로 하는 이 사건 법률을 제정하면서, 중원군 주민들이 기존에 누리고 있던 각종 혜택을 그대로 유지시키고 그로 인한 기본권제한의 여지를 필요 최소한도로 그치도록 하고 있으므로, 국회가 위 법률을 제정함에 있어서 공공복리적합성 판단과 비례원칙 적용에 있어서 명백히 잘못되었거나 헌법상의 가치질서를 침해하였다고 볼 수 없다.

그리고 지방자치법 제4조 제2항은 지방자치단체를 폐치·분합할 때 관계 지방자치단체의 의회의 의견을 들어야 한다고 규정하고 있고 국회는 위 법률을 제정함에 있어서 중원군 의회의 의견을 들었으므로 위 규정에 의한 절차는 준수된 것이고 그 결과는 국회가 입법할 때 판단의 자료로 기능하는 데 불과하며, 주민투표 실시에 관한 지방자치법 제13조의2는 규정문언상 임의규정으로 되어 있고 아직 주민투표법이 제정되지도 아니하였으며 주민투표절차는 청문절차의 일환이고 그 결과에 구속적 효력이 없으므로, 이 사건 법률의 제정과정에서 주민투표를 실시하지 아니하였다 하여 적법절차원칙을 위반하였다고 할 수 없다(헌법재판소 1994. 12. 29. 선고 94헌마201 전원재판부).

Ⅳ. 공유수면매립지 등의 구역결정

1. 공유수면매립지의 구역결정기준

종래 공유수면의 매립으로 조성된 지역을 어느 지방자치단체의 구역에 포함시킬 것인가 하는 문제가 제기된다. 이에 관하여는 다음과 같이 견해가 대립하고 있다.

가. 바다의 구역설정 기준에 따른다는 견해(1설)

이 견해는 바다에 지방자치단체의 구역이 설정되어 있는 경우에는 바다의 구역에 따라 공유수면매립지의 관할구역을 결정하고, 바다의 구역설정이 명확하지 않은 경우 바다의 구역설정기준에 따라 바다의 구역을 결정한 다음 그 바다의 구역에 따라 공유수면매립지의 관할구역을 결정하는 것이 타당하다고 보는 견해이다.

이 견해의 문제점은 i) 지도상의 해상경계선은 매립지의 구역결정에 있어서 절대적 기준은 될 수 없으며 하나의 고려요소가 될 뿐이다. ii) 바다와 육지의 성질상 차이에 따라 바다의 구역결정과 육지의 결정기준은 다를 수밖에 없는데, 바다의 구역결정기준에 의해 새롭게 형성된 육지의 구역결정을 하는 것은 타당하지 않다는 점 등을 들 수 있다.

나. 육지의 구역설정 기준에 따른다는 견해(2설)

이 견해는 공유수면매립에 의해 형성된 육지는 전혀 새롭게 형성된 토지이므로, 주민의 편의 및 행정의 효율성을 가장 중요한 구역결정기준으로 하여 육지의 구역결정기준에 따라 그 구역을 새롭게 결정하는 것이 타당하다고 본다.

이 견해에 대하여는 바다의 구역을 전혀 무시하고 바다를 매립하여 조성된 매립지의 구역을 정하는 것은 지방자치단체의 영토고권을 침해하는 것이라는 비판이 제기된다.

다. 절충설(3설)

이 견해는 바다의 구역과 함께 육지인 행정구역의 일반적 설정기준을 고려하여 공유수면매립지가 속할 지방자치단체를 결정하여야 한다는 견해이다. 왜냐하면 바다를 매립하여 조성된 토지는 바다의 구역을 소멸시키면서 그 위에 조성된 것이며 다른 한편으로 조성된 매립지는 이제 바다는 아니며 육지이므로 기존의 육지와의 연결 등이 중요한 요소라고 보아야 하기 때문이다. 즉 이 견해는 종전의 바다의 구역과 함께 매립지에 대한 주민의 편의나 행정의 효율성, 지방자치단체 상호간의 형평성 등을 고려하여 매립지가 속할 지방자치단체를 결정하여야 한다는 입장이라고 할 수 있다.

라. 판례

헌법재판소는 제1설을 취하고 있다(헌법재판소 2004. 9. 23. 선고 2000헌라2 전원재판부). 하지만 헌법재판소의 위 태도는 2009. 4. 1. 법률 제9577호로 지방자치법이 개정되기 이전의 입장임을 유의할 필요가 있다.

공유수면에 대한 지방자치단체의 자치권한이 존재하기 때문에, 해역에 관한 관할구역과 그 해역 위에 매립된 토지에 관한 관할구역이 일치하여야 하므로, 지방자치단체가 관할하는 공유수면에 매립된 토지에 대한 관할권한은 당연히 당해 공유수면을 관할하는 지방자치단체에 귀속된다(헌법재판소 2004. 9. 23. 선고 2000헌라2 전원재판부).

헌법재판소의 위 결정 이후, 공유수면 매립으로 조성된 토지 등의 관할에 관한 분쟁을 해소하기 위하여 2009. 4. 1. 법률 제9577호로 지방자치법이 개정되었다(법 제4조 제3항 내지 제9항 참조). 위 지방자치법 개정법률 이후에 내려진 대법원 판결은 제3설의 입장을 취하고 있다(대법원 2013. 11. 14. 선고 2010추73 판결).

[1] 매립지가 속할 지방자치단체를 정하는 결정에 대하여 대법원에 소송을 제기할 수 있는 주체(=지방자치단체장): 지방자치단체의 구역에 관하여 지방자치법은, 공유수면 관리 및 매립에 관한 법률에 따른 매립지가 속할 지방자치단체는 안전행정부장관이 결정한다고 규정하면서(제4조 제3항), 관계 지방자치단체의 장은 그 결정에 이의가 있으면 결과를 통보받은 날로부터 15일 이내에 대법원에 소송을 제기할 수 있다고 규정하고 있다(제4조 제8항). 따라서 매립지가 속할 지방자치단체를 정하는 결정에 대하여 대법원에 소송을 제기할 수 있는 주체는 관계 지방자치단체의 장일 뿐 지방자치단체가 아니다.

[2] 안전행정부장관이 매립지가 속할 지방자치단체를 결정할 때 관계 지방의회의 의견청취 절차를 거쳐야 하는지 여부(소극): 지방자치법 제4조 제2항, 제3항, 제7항에 따르면, 안전행정부장관은 공유수면 관리 및 매립에 관한 법률에 따른 매립지가 속할 지방자치단체를 지방자치법 제4조 제4항부터 제7항까지의 규정 및 절차에 따라 결정하면 되고, 관계 지방의회의 의견청취 절차를 반드시 거칠 필요는 없다.

[3] 안전행정부장관이 매립공사가 완료되지 않은 토지에 대하여 귀속 지방자치단체를 결정할 수 있는지 여부(소극): 지방자치법 제4조 제4항, 공유수면 관리 및 매립에 관한 법률 제45조에 따르면 안전행정부장관은 매립공사가 완료된 토지에 대해서만 준공검사 전에 그 귀속 지방자치단체를 결정할 수 있고, 매립이 예정되어 있기는 하지만 매립공사가 완료되지 않은 토지에 대해서는 귀속 지방자치단체를 결정할 수 없다고 보아야 한다.

[4] (생략)

[5] 종래 매립지 등 관할 결정의 준칙으로 적용되어 온 지형도상 해상경계선 기준이 가지던 관습법적 효력이 2009. 4. 1. 개정된 지방자치법에 의하여 변경 내지 제한되는지 여부(적극) 및 안전행정부장관이 매립지가 속할 지방자치단체를 정할 때에 가지는 재량권의 한계: 지방자치법 제4조 제3항, 제5항, 제6항, 제7항, 제8항, 제9항 등 관계 법령의 내용, 형식, 취지 및 개정 경과 등에 비추어 보면, 2009. 4. 1. 법률 제9577호로 지방자치법이 개정되기 전까지 종래 매립지 등 관할결정의 준칙으로 적용되어 온 지형도상 해상경계선 기준이 가지던 관습법적 효력은 위 지방자치법의 개

정에 의하여 변경 내지 제한되었다고 보는 것이 타당하고, 안전행정부장관은 매립지가 속할 지방자치단체를 정할 때에 상당한 형성의 자유를 가지게 되었다. 다만 그 관할 결정은 계획재량적 성격을 지니는 점에 비추어 위와 같은 형성의 자유는 무제한의 재량이 허용되는 것이 아니라 여러 가지 공익과 사익 및 관련 지방자치단체의 이익을 종합적으로 고려하여 비교·교량해야 하는 제한이 있다. 따라서 안전행정부장관이 위와 같은 이익형량을 전혀 행하지 않거나 이익형량의 고려 대상에 마땅히 포함시켜야 할 사항을 누락한 경우 또는 이익형량을 하였으나 정당성·객관성이 결여된 경우에는 그 매립지가 속할 지방자치단체 결정은 재량권을 일탈·남용한 것으로서 위법하다고 보아야 한다.

[6] 매립지가 속할 지방자치단체를 결정할 때 고려해야 할 관련 이익의 범위: 매립지가 속할 지방자치단체를 정할 때 고려해야 할 관련 이익의 범위 등은 2009. 4. 1. 법률 제9577호 지방자치법 개정의 취지 등에 비추어 일반적으로 다음과 같은 사항이 포함되어야 한다. ① 매립지 내 각 지역의 세부 토지이용계획 및 인접 지역과의 유기적 이용관계 등을 고려하여 관할구역을 결정함으로써 효율적인 신규토지의 이용이 가능하도록 해야 한다. ② 공유수면이 매립에 의하여 육지화된 이상 더는 해상경계선만을 기준으로 관할 결정을 할 것은 아니고, 매립지와 인근 지방자치단체 관할구역의 연결 형상, 연접관계 및 거리, 관할의 경계로 쉽게 인식될 수 있는 도로, 하천, 운하 등 자연지형 및 인공구조물의 위치 등을 고려하여 매립지가 토지로 이용되는 상황을 전제로 합리적인 관할구역 경계를 설정하여야 한다. ③ 매립지와 인근 지방자치단체의 연접관계 및 거리, 도로, 항만, 전기, 수도, 통신 등 기반시설의 설치·관리, 행정서비스의 신속한 제공, 긴급상황 시 대처능력 등 여러 요소를 고려하여 행정의 효율성이 현저히 저해되지 않아야 한다. ④ 매립지와 인근 지방자치단체의 교통관계, 외부로부터의 접근성 등을 고려하여 매립지 거주 주민들의 입장에서 어느 지방자치단체의 관할구역에 편입되는 것이 주거생활 및 생업에 편리할 것인지를 고려해야 한다. ⑤ 매립으로 인근 지방자치단체들 및 그 주민들은 그 인접 공유수면을 상실하게 되므로 이로 말미암아 잃게 되는 지방자치단체들의 해양 접근성에 대한 연혁적·현실적 이익 및 그 주민들의 생활기반 내지 경제적 이익을 감안해야 한다(대법원 2013. 11. 14. 선고 2010추73 판결).

2. 공유수면매립지 등의 구역결정절차

「공유수면 관리 및 매립에 관한 법률」에 따른 매립지 및 「공간정보의 구축 및 관리 등에 관한 법률」 제2조제19호의 지적공부에 등록이 누락되어 있는 토지가 속할 지방자치단체의 결정에 관한 절차를 제도화하기 위하여 2009. 4. 1. 법률 제9577호로 지방자치법이 개정되었다. 그 내용을 살펴보면 다음과 같다.

가. 구역결정 절차의 대상

「공유수면 관리 및 매립에 관한 법률」에 따른 매립지 및 「측량·수로조사 및 지적에 관한 법률」 제2조 제19호의 지적공부에 등록이 누락되어 있는 토지가 지방자치법 제4조 제3항 이하 구역결정 절차의 대상이 된다.

나. 지방자치단체의 결정신청

공유수면매립지의 경우에는 「공유수면 관리 및 매립에 관한 법률」 제28조에 따른 면허관청 또는 관련 지방자치단체의 장이 같은 법 제45조에 따른 준공검사 전에, 지적공부에 등록이 누락되어 있는 토지의 경우에는 「공간정보의 구축 및 관리 등에 관한 법률」 제2조제18호에 따른 소관청이 지적공부에 등록하기 전에 각각 행정안전부장관에게 해당 지역이 속할 지방자치단체의 결정을 신청하여야 한다. 이 경우 제3항제1호에 따른 매립지의 매립면허를 받은 자는 면허관청에 해당 매립지가 속할 지방자치단체의 결정 신청을 요구할 수 있다(법 제4조 제4항).

다. 공지 및 의견제출

행정안전부장관은 제4항에 따른 신청을 받은 후 지체 없이 그 사실을 20일 이상 관보나 인터넷 등의 방법으로 널리 알려야 한다. 이 경우 알리는 방법, 의견의 제출 등에 관하여는 「행정절차법」 제42조·제44조 및 제45조를 준용한다(법 제4조 제5항).

라. 안전행정부장관의 결정 및 공고

행정안전부장관은 제5항에 따른 기간이 끝난 후 제149조에 따른 지방자치단체중앙분쟁조정위원회(이하 이 조에서 "위원회"라 한다)의 심의·의결에 따라 제3항 각 호의 지역이 속할 지방자치단체를 결정하고, 그 결과를 면허관청이나 지적소관청, 관계 지방자치단체의 장 등에게 통보하고 공고하여야 한다(법 제4조 제6항).

위원회의 위원장은 제6항에 따른 심의과정에서 필요하다고 인정되면 관계 중앙행정기관 및 지방자치단체의 공무원 또는 관련 전문가를 출석시켜 의견을 듣거나 관계 기관이나 단체에 자료 및 의견 제출 등을 요구할 수 있다. 이 경우 관계 지방자치단체의 장에게는 의견을 진술할 기회를 주어야 한다(법 제4조 제7항).

마. 안전행정부장관의 결정에 대한 불복

관계 지방자치단체의 장은 제3항부터 제7항까지의 규정에 따른 행정안전부장관의 결정에 이의가 있으면 그 결과를 통보받은 날부터 15일 이내에 대법원에 소송을 제기할 수 있다(법 제4조 제8항). 행정안전부장관은 제8항에 따라 대법원의 인용결정이 있으면 그 취지에 따라 다시 결정하여야 한다(법 제4조 제9항).

제2절 주민

Ⅰ. 주민의 의의

1. 일반주민

지방자치단체의 주민이란 지방자치단체의 구역 안에 주소를 가진 자를 말한다(법 제12조). 주민은 지방자치단체의 본질적 구성요소의 하나이다.

민법상 주소는 생활의 근거가 되는 곳을 말한다. 반면에 공법관계에서의 주소는 주민등록법에 따른 주민등록지를 말한다.[7] 따라서 지방자치단체의 관할구역 안에 주민등록법에 따른 주민등록지를 가진 자가 지방자치단체의 주민이 된다.

법인의 주소는 그 주된 사무소 또는 본점의 소재지에 있는 것으로 한다(민법 제36조, 상법 제171조). 법인도 지방자치단체의 관할구역 내에 그 주된 사무소 또는 본점의 소재지가 있는 경우 지방자치단체의 주민이 된다. 외국인도 지방자치단체의 주민이 된다. 다만, 외국인에게는 참정권 등의 권리가 제한된다. 출입국관리법에 따라 등록을 한 외국인은 그 등록지에서 주민의 지위를 갖는다(출입국관리법 제31조[8]).

---

7) 주민등록법 제23조(주민등록자의 지위 등) ① 다른 법률에 특별한 규정이 없으면 이 법에 따른 주민등록지를 공법(公法) 관계에서의 주소로 한다.

8) 출입국관리법 제31조(외국인등록)

① 외국인이 입국한 날부터 90일을 초과하여 대한민국에 체류하려면 대통령령으로 정하는 바에 따라 입국한 날부터 90일 이내에 그의 체류지를 관할하는 지방출입국·외국인관서의 장에게 외국인등록을 하여야 한다. 다만, 다음 각 호의 어느 하나에 해당하는 외국인의 경우에는 그러하지 아니하다.

1. 주한외국공관(대사관과 영사관을 포함한다)과 국제기구의 직원 및 그의 가족
2. 대한민국정부와의 협정에 따라 외교관 또는 영사와 유사한 특권 및 면제를 누리는 사람과 그의 가족
3. 대한민국정부가 초청한 사람 등으로서 법무부령으로 정하는 사람

② 제1항에도 불구하고 같은 항 각 호의 어느 하나에 해당하는 외국인은 본인이 원하는 경우 체류기간 내에 외국인등록을 할 수 있다.

③ 제23조에 따라 체류자격을 받는 사람으로서 그 날부터 90일을 초과하여 체류하게 되는 사람은 제1항 각 호 외의 부분 본문에도 불구하고 체류자격을 받는 때에 외국인등록을 하여야 한다.

④ 제24조에 따라 체류자격 변경허가를 받는 사람으로서 입국한 날부터 90일을 초과하여 체류하게 되는 사람은 제1항 각 호 외의 부분 본문에도 불구하고 체류자격 변경허가를 받는 때에 외국인등록을 하여야 한다.

⑤ 지방출입국·외국인관서의 장은 제1항부터 제4항까지의 규정에 따라 외국인등록을 한 사람에게는 대통령령으로 정하는 방법에 따라 개인별로 고유한 등록번호(이하 "외국인등록번호"라

기초자치단체인 자치구, 시·군의 주민은 동시에 그 구역을 관할하는 광역지방자치단체인 시·도의 주민이 된다.

2. 참정권의 주체로서의 주민(공민)

일반적 의미의 주민과 '참정권의 주체로서의 주민'은 구분할 필요가 있다. '참정권의 주체로서의 주민'이란 당해 지방자치단체에서 선거권과 피선거권을 가지는 주민을 말하며, 편의상 공민이라고 부르기도 한다[9].

일반적 의미의 주민 가운데 일정한 자격을 가진 자만이 공민이 될 수 있다. 즉 첫째로 대한민국 국민만이 공민이 될 수 있다. 따라서 외국인은 주민은 될 수 있으나, (원칙적으로) 공민은 될 수 없다. 다만 2005년 공직선거법의 개정으로 일정한 자격을 갖춘 외국인의 경우 해당 지방자치단체의 지방의회의원 및 단체장 선거의 선거권이 부여되었다(공직선거법 제15조 제2항 제3호). 둘째, 공민이 되기 위해서는 연령·거주기간 등의 제한이 있다. 셋째, 참정권은 자연인에게만 부여된다. 따라서 법인은 공민에 포함되지 않는다.

Ⅱ. 주민의 권리

1. 재산·공공시설 이용권

가. 의의

지방자치단체의 주민은 법령으로 정하는 바에 의하여 소속 지방자치단체의 재산과 공공시설을 이용할 권리를 가진다(법 제13조 제1항).

재산·공공시설 이용권은 개인적 공권으로서의 성질을 갖는다. 정당한 이유없이 공공시설의 이용이 거부되면 개인은 이의 시정을 구할 수 있는 청구권을 가진다고 보아야 할 것이기 때문이다[10].

나. 이용권의 대상

이용의 대상은 지방자치단체의 재산 및 공공시설이다.

지방자치법상 '재산'이란 함은 현금 외의 모든 재산적 가치가 있는 물건 및 권리를 말한다(법 제142조 제항). 그리고 '공공시설'이라 함은 지방자치단체가 주민의 복지를 증진

한다)를 부여하여야 한다.

9) 김남진·김연태, 전게서, 84면.

10) 홍정선, 행정법원론(하), 제25판, 2017, 92면.

하기 위하여 설치한 시설을 말한다(법 제144조 제1항).

그런데 지방자치법 제13조 제1항에서의 재산과 공공시설의 관계에 관하여는 다음과 같이 견해의 대립이 있다. ① 양자를 동일한 것으로 보는 견해는 지방자치법 제13조 제1항에서의 재산이란 그중에서 주민의 이용에 제공되어 있는 것만을 의미하므로, 결국 위 조항에서의 재산은 그 자체로서 공공시설의 성격을 지닌다는 것을 논거로 든다.[11] ② 양자를 다른 것으로 보는 견해는 i) 현행 지방자치법은 그 규정방식에 있어서 재산과 공공시설을 서로 구분하여 사용하고 있다는 점(법 제13조 제1항, 제138조, 제142조, 제144조 등을 참조), ii) 공공시설이 아닌 행정재산도 그 목적 또는 용도에 장애가 되지 아니하는 범위에서 사용 또는 수익을 허가할 수 있고(공유재산 및 물품 관리법 제20조 제1항), 지방자치단체 소유의 일반재산을 주민에게 대부(임대)하여 사용하도록 할 수 있는바(공유재산 및 물품 관리법 제28조 제1항), 위와 같이 공공시설 아닌 재산도 주민의 이용권의 대상이 될 수 있다는 점 등에 비추어 양자의 개념은 구별하는 것이 타당하다는 것을 그 논거로 든다[12].

다. 이용권의 주체

이용권의 주체는 모든 주민이다. 자연인인 주민뿐만 아니라 법인·외국인인 주민도 이용권을 향유한다.

그러나 주민이 아닌 경우도 공공시설을 이용하는 것이 전적으로 배제되는 것은 아니며, 당해 이용목적물인 공공시설의 성격에 따라 개별적으로 검토되어야 할 것이다. 다만 주민이 아닌 자의 재산·공공시설 이용은 지방자치법 제13조에 근거한 이용이 아니라 지방재정법, 사법상 계약 등 별도의 근거에 의한 것이다.

시립복지관, 시립유치원 등 특별히 주민의 복리증진을 위해 제공된 재산이나 공공시설은 우선적으로 주민의 이용에 제공되어야 하지만, 도로 등 일반 공중의 이용에 제공된 것은 주민과 주민이 아닌 자 사이에 그 이용에 우선순위가 두어져서는 안 된다. 다만, 이용료를 징수하는 경우에 이용료에 차등을 둘 수 있다[13].

라. 이용관계의 성질과 내용

이용관계의 성질은 이용관계의 설정행위의 성질에 따라 다르다. 이용관계가 허가 또는 특허 등 행정행위에 의해 형성된 경우에는 공법관계이며, 사법상 계약에 의해 설정된 경우에는 사법관계가 된다.

---

11) 김남진·김연태, 전게서, 85면; 홍정선, 전게서, 92면.
12) 박균성, 전게서, 90면; 류지태·박종수, 행정법신론, 제15판, 2011, 887면.
13) 박균성, 전게서, 90면.

2. 균등하게 행정의 혜택을 받을 권리

주민은 소속 지방자치단체로부터 균등하게 행정의 혜택을 받을 권리를 가진다(법 제15조 제1항). 이 권리는 앞서 설명한 '재산·공공시설' 이용권을 제외한 그 밖의 행정영역(예: 인·허가, 자금지원 등)에서 자치단체에 의한 자의적 취급을 배제하기 위한 것이다.

주민은 행정의 혜택을 받음에 있어 합리적인 이유 없이 차별취급을 받아서는 안 된다. 이는 평등의 원칙상 당연히 인정되는 것이다.

대법원은 "지방자치법 제13조 제1항은 주민이 지방자치단체로부터 행정적 혜택을 균등하게 받을 수 있다는 권리를 추상적이고 선언적으로 규정한 것으로서, 위 규정에 의하여 주민이 지방자치단체에 대하여 구체적이고 특정한 권리가 발생하는 것이 아닐 뿐만 아니라, 지방자치단체가 주민에 대하여 균등한 행정적 혜택을 부여할 구체적인 법적 의무가 발생하는 것도 아니다(대법원 2008. 6. 12. 선고 2007추42 판결)"라고 하고 있다.

3. 선거에 참여할 권리

가. 선거권

19세 이상으로서 선거인명부작성기준일 현재 ⅰ) 해당 지방자치단체의 관할 구역에 주민등록이 되어 있는 사람, ⅱ) 재외국민으로서 주민등록표에 3개월 이상 계속하여 올라 있고 해당 지방자치단체의 관할구역에 주민등록이 되어 있는 사람, ⅲ) 영주의 체류자격 취득일 후 3년이 경과한 외국인으로서 해당 지방자치단체의 외국인등록대장에 올라 있는 사람은 그 구역에서 선거하는 지방자치단체의 의회의원 및 장의 선거권이 있다(공직선거법 제15조 제2항).

선거권자의 연령을 몇 세로 할 것인지는 입법자의 재량에 속한다(헌법재판소 2001. 6. 28. 선고 2000헌마111 전원재판부).

선거권 연령을 20세 이상으로 제한하고 있는 공선법 제15조 제1항이 평등권이나 보통·평등선거의 원칙에 반하는지 여부(소극): 보통선거제도는 일정한 연령에 이르지 못한 국민에 대하여 선거권을 제한하는 것을 당연한 전제로 삼고 있고, 헌법은 제24조에서 모든 국민은 '법률이 정하는바'에 의하여 선거권을 가진다고 규정함으로써 선거권 연령의 구분을 입법자에게 위임하고 있으므로, 보통선거에서 선거권 연령을 몇 세로 정할 것인가의 문제는 입법자가 그 나라의 역사, 전통과 문화, 국민의 의식수준, 교육적 요소, 미성년자의 신체적·정신적 자율성, 정치적 사회적 영향 등 여러 가지 사항을 종합하여 결정하는 것으로서, 이는 입법자가 입법목적 달성을 위한 선택의 문제이고 입법자가 선택한 수단이 현저하게 불합리하고 불공정한 것이 아닌 한 재량에 속하는 것인바, 공선법 제15조 제1항이 선거권 연령을 20세 이상으로 제한하고 있는 것은, 입법자가 미성년자의 정신적 신체적 자율성의 불충분 외에도 교육적인 측면에서 예견되는 부작용과 일상생활 여건상 독자적으로 정치적인 판단을 할 수 있는 능력에 대한 의문 등 여러 가지 사정을 고려하여 규정한 것이어서 이를 입법부에게 주어진 합리적인 재량의 범위를 벗어난 것으로 볼 수 없으므로, 위 법 조항은 18~19세 미성년자들에게 보장된 헌법 제11조 제1항의 평등권이나 제41조 제1항의 보통·평등선거의 원칙에 위반하는 것이 아니다(헌법재판소 2001. 6. 28. 선고 2000헌마111 전원재판부【공직선거및선거부정방지법제15조제1항위헌확인】): 【해설】 현행 공직선거법 제15조는 19세 이상의 국민에게 대통령 및 국회의원 선거권을 부여하고 있다.

나. 피선거권

선거일 현재 계속하여 60일 이상(공무로 외국에 파견되어 선거일전 60일 후에 귀국한 자는 선거인명부작성기준일부터 계속하여 선거일까지) 당해 지방자치단체의 관할구역 안에 주민등록이 되어 있는 주민으로서 25세 이상의 국민은 그 지방의회 의원 및 지방자치단체의 장의 피선거권이 있다(공직선거법 제16조 제3항).

헌법재판소는 기초의회의원선거 후보자로 하여금 특정 정당으로부터의 지지 또는 추천 받음을 표방할 수 없도록 하는 법률(*공직선거및선거부정방지법 제84조)은 후보자의 정치적 표현의 자유를 침해하여 위헌이라고 보고 있다(헌법재판소 2003. 5. 15. 선고 2003헌가9 결정).

1. 기초의회의원선거 후보자로 하여금 특정 정당으로부터의 지지 또는 추천 받음을 표방할 수 없도록 한 공직선거및선거부정방지법 제84조(이하, '이 사건 법률조항'이라 한다) 중 "자치구·시·군의원선거의 후보자" 부분이 정치적 표현의 자유를 침해하는지 여부(적극)

2. 다른 지방선거 후보자와는 달리 기초의회의원선거의 후보자에 대해서만 정당표방을 금지한 것이 평등원칙에 위배되는지 여부(적극): 이 사건 법률조항의 의미와 목적이 정당의 영향을 배제하고 인물 본위의 선거가 이루어지도록 하여 지방분권 및 지방의 자율성을 확립시키겠다는 것이라면, 이는 기초의회의원선거뿐만 아니라 광역의회의원선거, 광역자치단체장선거 및 기초자치단체장선거에서도 함께 통용될 수 있다. 그러나 기초의회의원선거를 그 외의 지방선거와 다르게 취급을 할 만한 본질적인 차이점이 있는가를 볼 때 그러한 차별성을 발견할 수 없다. 그렇다면, 위 조항은 아무런 합리적 이유 없이 유독 기초의회의원 후보자만을 다른 지방선거의 후보자에 비해 불리하게 차별하고 있으므로 평등원칙에 위배된다(헌법재판소 2003. 5. 15. 선고 2003헌가9 결정).

4. 주민투표권

가. 의의

지방자치단체의 장은 주민에게 과도한 부담을 주거나 중대한 영향을 미치는 지방자치단체의 주요 결정사항 등에 대하여 주민투표에 부칠 수 있다(법 제14조 제1항). 주민투표의 대상·발의자·발의요건, 그 밖에 투표절차 등에 관한 사항은 따로 법률로 정한다(법 제14조 제2항). 이에 따라 제정된 법률이 주민투표법이다. 주민투표의 실시권자는 지방자치단체의 장이며, 주민은 주민투표에 참여할 수 있는 권리를 갖는다.

주민투표권은 그 성질상, 선거권, 공무담임권, 국민투표권과 전혀 다른 것이어서 이를 법률이 보장하는 참정권이라고 할 수 있을지언정 헌법이 보장하는 참정권이라고 할 수는 없다(헌법재판소 2001. 6. 28. 선고 2000헌마735 전원재판부 등).

주민투표권이 헌법이 보장하는 참정권에 포함되는지 여부(소극): 우리 헌법은 법률이 정하는 바에 따른 '선거권'과 '공무담임권' 및 국가안위에 관한 중요정책과 헌법개정에 대한 '국민투표권'만을 헌법상의 참정권으로 보장하고 있으므로, 지방자치법 제13조의2에서 규정한 주민투표권은 그 성질상 선거권, 공무담임권, 국민투표권과 전혀 다른 것이어서 이를 법률이 보장하는 참정권이라고 할 수 있을지언정 헌법이 보장하는 참정권이라고 할 수는 없다(헌법재판소 2001. 6. 28. 선고 2000헌마735 전원재판부).

나. 주민투표의 대상

주민투표의 대상은 주민에게 과도한 부담을 주거나 중대한 영향을 미치는 지방자치단체의 주요결정사항으로서 그 지방자치단체의 조례로 정하는 사항이다. 다만 법령에 위반되거나 재판중인 사항, 국가 또는 다른 지방자치단체의 권한 또는 사무에 속하는 사항, 지방자치단체의 예산·회계·계약 및 재산관리에 관한 사항, 행정기구의 설치·변경에 관한 사항 등은 그 대상에서 제외된다(주민투표법 제7조[14]). 주민투표법 제7조 제2항 제2호의 규

---

14) 주민투표법 제7조(주민투표의 대상)
 ① 주민에게 과도한 부담을 주거나 중대한 영향을 미치는 지방자치단체의 주요결정사항으로서 그 지방자치단체의 조례로 정하는 사항은 주민투표에 부칠 수 있다.
 ② 제1항의 규정에 불구하고 다음 각 호의 사항은 이를 주민투표에 부칠 수 없다.
  1. 법령에 위반되거나 재판중인 사항
  2. 국가 또는 다른 지방자치단체의 권한 또는 사무에 속하는 사항
  3. 지방자치단체의 예산·회계·계약 및 재산관리에 관한 사항과 지방세·사용료·수수료·분담금 등 각종 공과금의 부과 또는 감면에 관한 사항
  4. 행정기구의 설치·변경에 관한 사항과 공무원의 인사·정원 등 신분과 보수에 관한 사항

정에 비추어 보면, 지방자치단체의 고유사무와 단체위임사무는 주민투표의 대상이 될 수 있지만, 국가사무와 기관위임사무는 주민투표의 대상에 포함되지 않는다고 보아야 한다.

중앙행정기관의 장은 지방자치단체의 폐치(廢置)·분합(分合) 또는 구역변경, 주요시설의 설치 등 국가정책의 수립에 관하여 주민의 의견을 듣기 위하여 필요하다고 인정하는 때에는 주민투표의 실시구역을 정하여 관계 지방자치단체의 장에게 주민투표의 실시를 요구할 수 있다(주민투표법 제8조 제1항).

이 이외에도 지방자치단체에 중요한 문제에 대한 주민의 의견을 묻는 차원의 주민투표는 법적 근거 없이도 지방의회의 결정이나 지방자치단체의 장의 결정에 의해 실시할 수 있다고 보아야 한다[15]. 다만 지방자치단체의 장의 권한에 의하여 결정할 수 없는 사항은 주민투표의 대상이 될 수 없다. 또한 주민투표의 대상이 되는 사항이라 하더라도 주민투표의 시행 여부는 법문상 지방자치단체의 장의 임의적 재량에 맡겨져 있음이 분명하다(대법원 2002. 4. 26. 선고 2002추23 판결).

[1] 지방자치법 제15조 소정의 '법령의 범위 안에서'의 의미 및 지방자치단체가 제정한 조례가 법령에 위반되는 경우의 효력(무효): 지방자치법 제15조(*현행 지방자치법 제22조) 본문은 "지방자치단체는 법령의 범위 안에서 그 사무에 관하여 조례를 제정할 수 있다."고 규정하는바, 여기서 말하는 '법령의 범위 안에서'란 '법령에 위반되지 않는 범위 내에서'를 가리키므로 지방자치단체가 제정한 조례가 법령에 위반되는 경우에는 효력이 없다.

[2] 지방자치법 제13조의2의 규정 취지: 지방자치법 제13조의2(*현행 지방자치법 제14조)의 규정에 의하면, 지방자치단체의 장은 어떠한 사항이나 모두 주민투표에 붙일 수 있는 것은 아니고, 지방자치단체의 폐치·분합 또는 주민에게 과도한 부담을 주거나 중대한 영향을 미치는 지방자치단체의 주요 결정사항 등에 한하여 주민투표를 붙일 수 있도록 하여 그 대상을 한정하고 있음을 알 수 있는바, 위 규정의 취지는 지방자치단체의 장이 권한을 가지고 결정할 수 있는 사항에 대하여 주민투표에 붙여 주민의 의사를 물어 행정에 반영하려는 데에 있다.

[3] 미군부대이전은 지방자치단체의 장의 권한에 의하여 결정할 수 있는 사항이 아님이 명백하므로 지방자치법 제13조의2 소정의 주민투표의 대상이 될 수 없다고 한 사례.

[4] 지방의회가 조례로 정한 특정한 사항에 관하여 지방자치단체의 장이 일정한 기간 내에 반드시 주민투표를 실시하도록 규정한 조례안이 지방자치단체의 장의 고유권한을 침해하는 것으로서 법령에 위반되는

---

5. 다른 법률에 의하여 주민대표가 직접 의사결정주체로서 참여할 수 있는 공공시설의 설치에 관한 사항. 다만, 제9조제5항의 규정에 의하여 지방의회가 주민투표의 실시를 청구하는 경우에는 그러하지 아니하다.
6. 동일한 사항(그 사항과 취지가 동일한 경우를 포함한다)에 대하여 주민투표가 실시된 후 2년이 경과되지 아니한 사항

15) 박균성, 전게서, 94면.

지 여부(적극): 지방자치법은 지방의회와 지방자치단체의 장에게 독자적 권한을 부여하고 상호 견제와 균형을 이루도록 하고 있으므로, 법률에 특별한 규정이 없는 한 조례로써 견제의 범위를 넘어서 고유권한을 침해하는 규정을 둘 수 없다 할 것인바, 위 지방자치법 제13조의2 제1항에 의하면, 주민투표의 대상이 되는 사항이라 하더라도 주민투표의 시행 여부는 지방자치단체의 장의 임의적 재량에 맡겨져 있음이 분명하므로, 지방자치단체의 장의 재량으로서 투표실시 여부를 결정할 수 있도록 한 법규정에 반하여 지방의회가 조례로 정한 특정한 사항에 관하여는 일정한 기간 내에 반드시 투표를 실시하도록 규정한 조례안은 지방자치단체의 장의 고유권한을 침해하는 규정이다(대법원 2002. 4. 26. 선고 2002추23 판결).

다. 주민투표의 요건

(1) 주민투표권자

19세 이상의 주민 중 제6조 제1항에 따른 투표인명부 작성기준일 현재 i) 그 지방자치단체의 관할 구역에 주민등록이 되어 있는 사람, ii) 출입국관리 관계 법령에 따라 대한민국에 계속 거주할 수 있는 자격(체류자격변경허가 또는 체류기간연장허가를 통하여 계속 거주할 수 있는 경우를 포함한다)을 갖춘 외국인으로서 지방자치단체의 조례로 정한 사람에게는 주민투표권이 있다.

(2) 주민투표의 청구권자

(가) 주민 또는 지방의회, 지방자치단체의 장

지방자치단체의 장은 주민 또는 지방의회의 청구에 의하거나 직권에 의하여 주민투표를 실시할 수 있다(주민투표법 제9조 제1항). 19세 이상 주민은 주민투표청구권자 총수의 20분의 1 이상 5분의 1 이하의 범위 안에서 지방자치단체의 조례로 정하는 수 이상의 서명으로 그 지방자치단체의 장에게 주민투표의 실시를 청구할 수 있다. 지방의회는 재적의원 과반수의 출석과 출석의원 3분의 2 이상의 찬성으로 그 지방자치단체의 장에게 주민투표의 실시를 청구할 수 있다(주민투표법 제9조 제5항). 지방자치단체의 장은 직권에 의하여 주민투표를 실시하고자 하는 때에는 그 지방의회 재적의원 과반수의 출석과 출석의원 과반수의 동의를 얻어야 한다(주민투표법 제9조 제6항).

(나) 중앙행정기관의 장

중앙행정기관의 장은 지방자치단체의 폐치(廢置)·분합(分合) 또는 구역변경, 주요시설의 설치 등 국가정책의 수립에 관하여 주민의 의견을 듣기 위하여 필요하다고 인정하는 때에는 주민투표의 실시구역을 정하여 관계 지방자치단체의 장에게 주민투표의 실시를 요구할 수 있다. 이 경우 중앙행정기관의 장은 미리 행정안전부장관과 협의하여야 한다(주민투표법 제8조 제1항). 지방자치단체의 장은 제1항의 규정에 의하여 주민투표의 실시를 요구받은 때에는 지체없이 이를 공표하여야 하며, 공표일부터 30일 이내에 그 지방의회의 의견을 들어야 한다(주민투표법 제8조 제2항).

국가정책의 수립에 관한 주민투표는 의견수렴절차로서의 성격을 갖는다. 따라서 주민투표법 제7조(주민투표의 대상), 제16조(주민투표실시구역), 제24조(주민투표결과의 확정) 제1항·제5항·제6항, 제25조(주민투표소송 등) 및 제26조(재투표 및 투표연기)의 규정을 적용하지 아니한다(주민투표법 제8조 제4항).

(3) 청구기간의 제한

지방자치단체의 관할구역의 전부 또는 일부에 대하여 공직선거법의 규정에 의한 선거가 실시되는 때에는 그 선거의 선거일전 60일부터 선거일까지의 기간동안에는 주민투표를 발의할 수 없다(주민투표법 제13조 제3항). 위 규정은 주민투표라는 명목 하에 사실상 선거운동을 하는 등의 부작용을 방지하기 위한 것이다.

라. 주민투표결과의 확정 및 효력

(1) 지방자치단체의 주요결정사항에 대한 주민투표의 경우

(가) 확정

주민투표에 부쳐진 사항은 주민투표권자 총수의 3분의 1 이상의 투표와 유효투표수 과반수의 득표로 확정된다. 다만, ⅰ) 전체 투표수가 주민투표권자 총수의 3분의 1에 미달되는 경우, ⅱ) 주민투표에 부쳐진 사항에 관한 유효득표수가 동수인 경우의 어느 하나에 해당하는 경우에는 찬성과 반대 양자를 모두 수용하지 아니하거나, 양자택일의 대상이 되는 사항 모두를 선택하지 아니하기로 확정된 것으로 본다(주민투표법 제24조 제1항).

(나) 효력

지방자치단체의 장 및 지방의회는 주민투표결과 확정된 내용대로 행정·재정상의 필요한 조치를 하여야 한다(주민투표법 제24조 제5항).

지방자치단체의 장 및 지방의회는 주민투표결과 확정된 사항에 대하여 2년 이내에는 이를 변경하거나 새로운 결정을 할 수 없다. 다만, 제1항 단서의 규정에 의하여 찬성과 반대 양자를 모두 수용하지 아니하거나 양자택일의 대상이 되는 사항 모두를 선택하지 아니하기로 확정된 때에는 그러하지 아니하다(주민투표법 제24조 제6항).

이와 같이 주민투표의 결과에 법적 구속력을 부여한 것은 타당하지 않다고 보면서, 입법론으로 주민투표의 결과에 정치적 구속력만을 인정하여야 할 것이라는 견해도 있다[16].

(2) 국가정책의 수립에 관한 주민투표의 경우

국가정책의 수립에 관한 주민투표의 경우 주민투표법 제24조(주민투표결과의 확정) 제1항·제5항·제6항의 규정을 적용하지 아니한다(주민투표법 제8조 제4항). 따라서 국가정책의 수립에 관한 주민투표의 결과에는 법적 구속력이 없다.

5. 조례의 제정·개폐청구권

지방자치단체의 19세 이상의 주민은 시·도와 인구 50만 이상 대도시에서는 19세 이상 주민 총수의 100분의 1 이상 70분의 1 이하, 시·군 및 자치구에서는 19세 이상 주민 총수의 50분의 1 이상 20분의 1 이하의 범위에서 지방자치단체의 조례로 정하는 19세 이상의 주민 수 이상의 연서(連署)로 해당 지방자치단체의 장에게 조례를 제정하거나 개정하거나 폐지할 것을 청구할 수 있다(법 제15조 제1항). 다만, 다음 각 호의 사항(1. 법령을 위반하는 사항, 2. 지방세·사용료·수수료·부담금의 부과·징수 또는 감면에 관한 사항, 3. 행정기구를 설치하거나 변경하는 것에 관한 사항이나 공공시설의 설치를 반대하는 사항)은 청구대상에서 제외한다(법 제15조 제2항).

지방자치단체의 장은 조례의 제정·개폐청구의 요건을 갖춘 때에는 청구를 수리하고, 그러하지 아니한 때에는 청구를 각하하되, 수리 또는 각하 사실을 청구인의 대표자에게 알려야 한다(법 제15조 제7항).

지방자치단체의 장은 청구를 각하하려면 청구인의 대표자에게 의견을 제출할 기회를 주어야 한다(법 제15조 제8항), 지방자치단체의 장이 청구를 수리한 경우에는 수리한 날부터 60일 이내에 주민청구조례안을 지방의회에 부의하여야 하며, 그 결과를 청구인의 대표자에게 알려야 한다(법 제15조 제9항).

6. 주민감사청구권(住民監査請求權)

가. 의의

지방자치단체의 19세 이상의 주민은 일정한 수 이상의 연서(連署)로 시·도에 있어서는 주무부장관에게, 시·군 및 자치구에 있어서는 시·도지사에게 당해 지방자치단체와 그 장의 권한에 속하는 사무의 처리가 법령에 위반되거나 공익을 현저히 해친다고 인정되면

---

16) 박균성, 전게서, 97면.

감사를 청구할 수 있다(법 제16조 제1항). 지방자치단체의 주민이 가지는 이러한 권리를 주민감사청구권이라고 한다.

나. 요건

(1) 주체(청구권자)

시·도는 500명, 인구 50만 이상 대도시는 300명, 그 밖의 시·군 및 자치구는 200명을 넘지 아니하는 범위에서 그 지방자치단체의 조례로 정하는 19세 이상의 주민이 청구권자가 된다(법 제16조 제1항 본문).

(2) 상대방

감사청구의 상대방은 해당 지방자치단체의 장이 아니라 감독청이다. 즉 시·도에 대하여는 주무부장관이, 시·군 및 자치구에 대하여는 시·도지사가 주민감사청구의 상대방이 된다(법 제16조 제1항 본문).

(3) 대상

주민감사청구의 대상이 되는 사무는 지방자치단체 또는 지방자치단체의 장에 의해 행하여지는 모든 사무이다. 따라서 자치사무, 단체위임사무, 기관위임사무가 모두 주민감사청구의 대상이 된다.

다만, i) 수사나 재판에 관여하게 되는 사항, ii) 개인의 사생활을 침해할 우려가 있는 사항, iii) 다른 기관에서 감사하였거나 감사 중인 사항(다만, 다른 기관에서 감사한 사항이라도 새로운 사항이 발견되거나 중요 사항이 감사에서 누락된 경우와 제17조제1항에 따라 주민소송의 대상이 되는 경우에는 그러하지 아니하다), iv) 동일한 사항에 대하여 제17조제2항 각 호의 어느 하나에 해당하는 소송이 진행 중이거나 그 판결이 확정된 사항은 감사청구의 대상에서 제외한다.

(4) 사유

아울러 지방자치단체와 그 장의 권한에 속하는 사무의 처리가 법령에 위반되거나 공익을 현저히 해친다고 인정되는 경우이어야 한다. 위법성뿐만 아니라 합목적성 즉 사무처리의 타당성 여부에 대하여도 감사청구가 가능하다.

(5) 청구기한

주민감사청구는 사무처리가 있었던 날이나 끝난 날부터 2년이 지나면 제기할 수 없다(법 제16조 제2항). 이는 지방자치단체 행정의 안정성을 도모하기 위한 것이다.

다. 절차

주무부장관이나 시·도지사는 감사청구를 수리한 날부터 60일 이내에 감사청구된 사항에 대하여 감사를 끝내야 하며, 감사결과를 청구인의 대표자와 해당 지방자치단체의 장에게 서면으로 알리고, 공표하여야 한다. 다만, 그 기간에 감사를 끝내기가 어려운 정당한 사유가 있으면 그 기간을 연장할 수 있다. 이 경우 이를 미리 청구인의 대표자와 해당 지방자치단체의 장에게 알리고, 공표하여야 한다(법 제16조 제3항).

주무부장관이나 시·도지사는 주민이 감사를 청구한 사항이 다른 기관에서 이미 감사한 사항이거나 감사 중인 사항이면 그 기관에서 실시한 감사결과 또는 감사 중인 사실과 감사가 끝난 후 그 결과를 알리겠다는 사실을 청구인의 대표자와 해당 기관에 지체 없이 알려야 한다(법 제16조 제4항).

주무부장관이나 시·도지사는 주민 감사청구를 처리(각하를 포함한다)할 때 청구인의 대표자에게 반드시 증거 제출 및 의견 진술의 기회를 주어야 한다(법 제16조 제5항).

라. 감사결과의 이행

주무부장관이나 시·도지사는 제3항에 따른 감사결과에 따라 기간을 정하여 해당 지방자치단체의 장에게 필요한 조치를 요구할 수 있다. 이 경우 그 지방자치단체의 장은 이를 성실히 이행하여야 하고 그 조치결과를 지방의회와 주무부장관 또는 시·도지사에게 보고하여야 한다(법 제16조 제6항).

주무부장관이나 시·도지사는 제6항에 따른 조치요구내용과 지방자치단체의 장의 조치결과를 청구인의 대표자에게 서면으로 알리고, 공표하여야 한다(법 제16조 제7항).

7. 주민소송

가. 의의

주민소송이라 함은 주민이 지방자치단체의 위법한 재무회계행위를 시정하기 위하여 법원에 제기하는 소송을 말한다.

주민소송은 주민의 구체적인 권리침해가 없어도 제기될 수 있다는 점에서 객관소송(민중소송)으로서의 성격을 지니며, 지방행정에 대한 주민의 참여, 감시 및 통제의 기능을 수행한다.

나. 소의 대상

주민소송의 대상은 지방자치법 제16조 제1항에 따라 감사청구한 사항 중 “공금의 지출에 관한 사항, 재산의 취득·관리·처분에 관한 사항, 해당 지방자치단체를 당사자로 하는 매매·임차·도급 계약이나 그 밖의 계약의 체결·이행에 관한 사항 또는 지방세·사용료·수수료·과태료 등 공금의 부과·징수를 게을리한 사항"과 관련이 있는 위법한 행위나 업무를 게을리 한 사실이 주민소송의 대상이 된다(법 제17조 제1항).

여기서 '공금의 지출에 관한 사항'이란 지출원인행위 즉, 지방자치단체의 지출원인이 되는 계약 그 밖의 행위로서 당해 행위에 의하여 지방자치단체가 지출의무를 부담하는 예산집행의 최초 행위와 그에 따른 지급명령 및 지출 등에 한정되고, 특별한 사정이 없는 한 이러한 지출원인행위 등에 선행하여 그러한 지출원인행위를 수반하게 하는 당해 지방자치단체의 장 및 직원, 지방의회 의원의 결정 등과 같은 행위는 포함되지 않는다(대법원 2011. 12. 22. 선고 2009두14309 판결).

그리고 '재산의 관리·처분에 관한 사항'이나 '공금의 부과·징수를 게을리 한 사항'이란 지방자치단체의 소유에 속하는 재산의 가치를 유지·보전 또는 실현함을 직접 목적으로 하는 행위 또는 그와 관련된 공금의 부과·징수를 게을리 한 행위를 말하고, 그 밖에 재무회계와 관련이 없는 행위는 그것이 지방자치단체의 재정에 어떤 영향을 미친다고 하더라도, 주민소송의 대상이 되는 '재산의 관리·처분에 관한 사항' 또는 '공금의 부과·징수를 게을리 한 사항'에 해당하지 않는다. 그리하여 이행강제금의 부과·징수를 게을리 한 행위는 주민소송의 대상이 되는 공금의 부과·징수를 게을리한 사항에 해당하고(대법원 2015. 09. 10. 선고 2013두16746 판결), 도로 등 공물이나 공공용물을 특정 사인이 배타적으로 사용하도록 하는 점용허가가 도로 등의 본래 기능 및 목적과 무관하게 그 사용가치를 실현·활용하기 위한 것으로 평가되는 경우에는 주민소송의 대상이 되는 재산의 관리·처분에 해당한다(대법원 2016. 5. 27. 선고 2014두8490 판결).

한편 주민소송에서 다툼의 대상이 된 처분의 위법성은 행정소송법상 항고소송에서와 마찬가지로 헌법, 법률, 그 하위의 법규명령, 법의 일반원칙 등 객관적 법질서를 구성하는 모든 법규범에 위반되는지 여부를 기준으로 판단하여야 하는 것이지, 해당 처분으로 인하여 지방자치단체의 재정에 손실이 발생하였는지 만을 기준으로 판단할 것은 아니다(대법원 2019. 10. 17. 선고 2018두104 판결). 즉 주민소송에서 다툼의 대상이 된 처분의 위법성은 재량권의 일탈·남용의 경우에도 인정된다고 보아야 한다.

[1] 구 지방자치법(2009. 4. 1. 법률 제9577호로 개정되기 전의 것) 제33조 제1항, 제2항, 제3항, 구 지방자치법 시행령(2008. 10. 8. 대통령령 제21075호로 개정되기 전의 것, 이하 '시행령'이라 한다) 제34조 제1항, 제2항의 규정 형식과 내용 및 지방의회의원에게 지급할 의정

활동비, 여비, 월정수당(이하 '의정활동비 등'이라 한다)의 지급기준을 조례로 정하기에 앞서 결정 범위를 미리 제시하기 위하여 해당 지방자치단체의 의정비심의위원회(이하 '심의회'라 한다)를 독립성을 갖춘 별도의 심의·의결기구로 마련한 취지 등을 고려하면, 시행령 제34조 제1항에서 심의회의 위원을 선정할 때 학계 등으로부터 추천을 받도록 규정한 취지는 심의회 구성의 다양성과 객관성을 확보하기 위한 데 있다고 할 것이므로, 심의위원 선정절차가 위 규정에 엄격히 부합하지 아니하더라도 심의회의 구성에 관한 위와 같은 입법 취지를 실질적으로 훼손하였다고 평가할 정도에 이르지 아니하는 한 해당 심의회의 의결이 위법하다거나 이를 기초로 한 의정활동비 등에 관한 조례가 위법하다고 판단할 수는 없다.

[2] (생략)

[3] …… 따라서 심의회가 관계 법령에서 정한 절차에 의하여 구성되고 자율적으로 '의정활동비 등의 상한액'을 결정한 경우에는 결정 과정에서 주민들의 정서나 여론조사 결과에 일부 부합하지 아니한 부분이 있다고 하더라도 법령에서 심의회의 의결을 반영하는 절차를 둔 입법 취지를 달성할 수 없을 정도로 형식적인 절차를 거친 것에 불과하여 실질적으로 절차를 거치지 아니한 것과 다름없다고 볼 정도에 이르지 아니한다면, 심의회가 행한 '의정활동비 등의 상한액' 결정이 위법하다고 볼 수는 없다(대법원 2014. 2. 27. 선고 2011두7489 판결【주민소송(부당이득반환)】).

[1] 구 지방자치법 제13조의5 제1항에서 주민소송 대상으로 정한 '공금의 지출에 관한 사항'의 의미 및 여기에 지출원인행위 등에 선행하는 지방자치단체의 장 및 직원, 지방의회 의원의 결정 등이 포함되는지 여부(원칙적 소극): 구 지방자치법(2007. 5. 11. 법률 제8423호로 전부 개정되기 전의 것, 이하 '구 지방자치법'이라 한다) 제13조의4 제1항, 제13조의5 제1항, 제2항 제4호, 구 지방재정법(2006. 10. 4. 법률 제8050호로 개정되기 전의 것) 제67조 제1항, 제69조, 제70조의 내용, 형식 및 취지 등을 종합해 보면, 구 지방자치법 제13조의5 제1항에 규정된 주민소송의 대상으로서 '공금의 지출에 관한 사항'이란 지출원인행위 즉, 지방자치단체의 지출원인이 되는 계약 그 밖의 행위로서 당해 행위에 의하여 지방자치단체가 지출의무를 부담하는 예산집행의 최초 행위와 그에 따른 지급명령 및 지출 등에 한정되고, 특별한 사정이 없는 한 이러한 지출원인행위 등에 선행하여 그러한 지출원인행위를 수반하게 하는 당해 지방자치단체의 장 및 직원, 지방의회 의원의 결정 등과 같은 행위는 포함되지 않는다고 보아야 한다.

[2] 구 지방자치법 제13조의5 제1항에서 주민소송 대상으로 정한 '공금의 지출에 관한 사항'에 해당하는지 판단할 때 지출원인행위의 선행행위에 위법사유가 존재하는지 심사할 수 있는 경우 및 이때 위법사유가 존재하는지 판단하는 방법: 구 지방자치법(2007. 5. 11. 법률 제8423호로 전부 개정되기 전의 것) 제13조의5 제1항에 규정된 주민소송의 대상인 '공금의 지출에 관한 사항'에는 지출원인행위에 선행하는 당해 지방자치단체의 장 및 직원, 지방의회 의원의 결정 등과 같은 행위가 포함되지 않으므로 선행행위에 위법사유가 존재하더라도 이는 주민소송의 대상이 되지 않는다. 그러나 지출원인행위 등을 하는 행정기관이 선행행위의 행정기관과 동일하거나 선행행

위에 대한 취소·정지권을 갖는 경우 지출원인행위 등을 하는 행정기관은 지방자치단체에 직접적으로 지출의무를 부담하게 하는 지출원인행위 단계에서 선행행위의 타당성 또는 재정상 합리성을 다시 심사할 의무가 있는 점, 이러한 심사를 통하여 선행행위가 현저하게 합리성을 결하고 있다는 것을 확인하여 이를 시정할 수 있었음에도 그에 따른 지출원인행위 등을 그대로 진행하는 것은 부당한 공금 지출이 되어 지방재정의 건전하고 적정한 운용에 반하는 점, 지출원인행위 자체에 고유한 위법이 있는 경우뿐만 아니라 선행행위에 간과할 수 없는 하자가 존재하고 있음에도 이에 따른 지출원인행위 등 단계에서 심사 및 시정의무를 소홀히 한 경우에도 당해 지출원인행위를 위법하다고 보아야 하는 점 등에 비추어 보면, 선행행위가 현저하게 합리성을 결하여 그 때문에 지방재정의 적정성 확보라는 관점에서 지나칠 수 없는 하자가 존재하는 경우에는 지출원인행위 단계에서 선행행위를 심사하여 이를 시정해야 할 회계관계 법규상 의무가 있다고 보아야 한다. 따라서 이러한 하자를 간과하여 그대로 지출원인행위 및 그에 따른 지급명령·지출 등 행위에 나아간 경우에는 그러한 지출원인행위 등 자체가 회계관계 법규에 반하여 위법하다고 보아야 하고, 이러한 위법사유가 존재하는지를 판단할 때에는 선행행위와 지출원인행위의 관계, 지출원인행위 당시 선행행위가 위법하여 직권으로 취소하여야 할 사정이 있었는지 여부, 지출원인행위 등을 한 당해 지방자치단체의 장 및 직원 등이 선행행위의 위법성을 명백히 인식하였거나 이를 인식할 만한 충분한 객관적인 사정이 존재하여 선행행위를 시정할 수 있었는지 등을 종합적으로 고려해야 한다.

[3] 시장 갑이 도시개발에 따른 교통난을 해소하기 위해 도로확장공사계획을 수립하고, 건설회사와 공사도급계약을 체결하여 공정을 마무리하였으나 해당 도로가 군용항공기지법 제8조에 반하여 비행안전구역에 개설되었다는 이유로 개통이 취소되자, 주민 을 등이 갑을 비롯한 시청 소속 공무원들이 도로 개설 사업을 강행함으로써 예산을 낭비하였다며 구 지방자치법(2007. 5. 11. 법률 제8423호로 전부 개정되기 전의 것, 이하 '구 지방자치법'이라 한다) 제13조의4에 따른 주민감사청구를 한 후 시장을 상대로 구 지방자치법 제13조의5 제2항 제4호에 따라 갑에게 손해배상청구를 할 것을 요구하는 소송을 제기한 사안에서, 선행행위인 도로확장계획 등에 일부 위법사유가 존재하더라도 현저하게 합리성을 결하여 지출원인행위인 공사도급계약 체결에 지나칠 수 없는 하자가 있다고 보기 어렵고, 공사도급계약 체결 단계에서 선행행위를 다시 심사하여 이를 시정해야 할 회계관계 법규상 의무를 위반하여 그대로 지출원인행위 등으로 나아간 경우에 해당한다고 보기 어렵다는 이유로, 을 등의 청구를 배척한 원심의 결론을 정당하다고 한 사례(대법원 2011. 12. 22. 선고 2009두14309 판결【손해배상청구】).

[1] 지방자치법 제17조 제1항에서 정한 주민소송의 대상이 되는 '재산의 관리·처분에 관한 사항'이나 '공금의 부과·징수를 게을리한 사항'의 의미와 범위: 주민소송 제도는 주민으로 하여금 지방자치단체의 위법한 재무회계행위의 방지 또는 시정을 구할 수 있도록 함으로써 지방재무회계에 관한 행정의 적법성을 확보하려는 데 목적이 있다. 그러므로 지방자치법 제17조 제1항, 제2항

제2호, 제3호 등에 따라 주민소송의 대상이 되는 '재산의 관리·처분에 관한 사항'이나 '공금의 부과·징수를 게을리 한 사항'이란 지방자치단체의 소유에 속하는 재산의 가치를 유지·보전 또는 실현함을 직접 목적으로 하는 행위 또는 그와 관련된 공금의 부과·징수를 게을리 한 행위를 말하고, 그 밖에 재무회계와 관련이 없는 행위는 그것이 지방자치단체의 재정에 어떤 영향을 미친다고 하더라도, 주민소송의 대상이 되는 '재산의 관리·처분에 관한 사항' 또는 '공금의 부과·징수를 게을리 한 사항'에 해당하지 않는다.

[2] 이행강제금의 부과·징수를 게을리한 행위가 주민소송의 대상이 되는 공금의 부과·징수를 게을리한 사항에 해당하는지 여부(적극): 이행강제금은 지방자치단체의 재정수입을 구성하는 재원 중 하나로서 '지방세외수입금의 징수 등에 관한 법률'에서 이행강제금의 효율적인 징수 등에 필요한 사항을 특별히 규정하는 등 그 부과·징수를 재무회계 관점에서도 규율하고 있으므로, 이행강제금의 부과·징수를 게을리 한 행위는 주민소송의 대상이 되는 공금의 부과·징수를 게을리 한 사항에 해당한다(대법원 2015. 09. 10. 선고 2013두16746 판결【행정부작위위법】):【해설】부설주차장 설치에 관련된 위법사유가 있음을 이유로 선택적으로, ① 피고(서울특별시 영등포구청장)가 2009. 8. 11. 소외 주식회사 신세계에 한 ○○○점 B관 건축물에 관한 사용승인처분의 취소 또는 무효확인을 구하고(지방자치법 제17조 제2항 제2호), ② 피고가 주식회사 신세계에게 주차장법 위반에 따른 필요한 조치, 원상회복, 원상회복 대집행, 도시교통정비촉진법 위반에 따른 시정조치 및 건축법 위반에 따른 위 사용승인의 취소, 시정명령, 이행강제금 부과, 건축물대장에 위반내용 기재의 처분 또는 행위를 하지 않은 것의 위법확인을 구하는(지방자치법 제17조 제2항 제3호) 주민소송을 제기한 사안이다. 이행강제금의 부과·징수를 게을리 한 사실은 주민소송의 대상에 해당되나, 이를 제외한 나머지 처분이나 조치 등은 주민소송의 대상이 되는 재무회계행위에 해당되지 아니하므로 그 부분 소는 부적법하다고 판단한 사례이다.

주민소송 제도의 목적 및 지방자치법 제17조 제1항에서 주민소송의 대상으로 규정한 '재산의 취득·관리·처분에 관한 사항'에 해당하는지 판단하는 기준 / 점용허가가 도로 등의 본래 기능 및 목적과 무관하게 그 사용가치를 실현·활용하기 위한 것으로 평가되는 경우, 주민소송의 대상이 되는 재산의 관리·처분에 해당하는지 여부(적극): 주민소송 제도는 지방자치단체 주민이 지방자치단체의 위법한 재무회계 행위의 방지 또는 시정을 구하거나 그로 인한 손해의 회복 청구를 요구할 수 있도록 함으로써 지방자치단체의 재무행정의 적법성과 지방재정의 건전하고 적정한 운영을 확보하려는 데 목적이 있다. 그러므로 주민소송은 원칙적으로 지방자치단체의 재무회계에 관한 사항의 처리를 직접 목적으로 하는 행위에 대하여 제기할 수 있고, 지방자치법 제17조 제1항에서 주민소송의 대상으로 규정한 '재산의 취득·관리·처분에 관한 사항'에 해당하는지도 그 기준에 의하여 판단하여야 한다. 특히 도로 등 공물이나 공공용물을 특정 사인이 배타적으로 사용하도록 하는 점용허가가 도로 등의 본래 기능 및 목적과 무관하게 그 사용가치를 실현·활용하기 위한 것으로 평가되는 경우에는 주민소송의 대상이 되는 재산의 관리·처분에 해당한다(대법원 2016. 5. 27. 선고 2014두8490 판결【도로점용허가처분무효확인등】):【해설】이 사건 도로점용허가(도로 지하 부분을 2010. 4. 9.부터 2019. 12. 31.까지 참가인이 점용할 수 있도록 하는 내용의 도로점용허가처분)는 실질적으로 위 도로 지하 부분의 사용가치를 제3자로 하여금 활용하도록 하는 임대

유사한 행위로서, 이는 앞서 본 법리에 비추어 볼 때, 지방자치단체의 재산인 도로부지의 재산적 가치에 영향을 미치는 지방자치법 제17조 제1항의 '재산의 관리·처분에 관한 사항'에 해당한다고 본 경우이다.

위 소송에서의 청구취지를 적시하면 다음과 같다. "(1) 주위적으로 피고가 2010. 4. 9. 피고보조참가인(이하 '참가인'이라 한다)에 대하여 한 도로점용허가처분이 무효임을 확인한다. 예비적으로 피고가 2010. 4. 9. 참가인에 대하여 한 도로점용허가처분을 취소한다. (2) 피고가 2010. 6. 17. 참가인에 대하여 한 건축허가처분을 취소한다. (3) 피고는 위 (1)항 기재 도로점용허가처분과 관련하여 소외 1, 소외 2 등을 포함하여 위 처분에 관여한 서울특별시 서초구청 공무원들, 참가인에 대하여 손해배상청구의 소 제기를 이행하라(서울고등법원 2014. 5. 15. 선고 2013누21030 판결 참조)".

[2] 지방자치법 제16조, 제17조 제1항, 제2항 제2호, 제17항의 내용과 체계에다가 주민소송 제도의 입법 취지와 법적 성질 등을 종합하면, 주민소송에서 다툼의 대상이 된 처분의 위법성은 행정소송법상 항고소송에서와 마찬가지로 헌법, 법률, 그 하위의 법규명령, 법의 일반원칙 등 객관적 법질서를 구성하는 모든 법규범에 위반되는지 여부를 기준으로 판단하여야 하는 것이지, 해당 처분으로 지방자치단체의 재정에 손실이 발생하였는지 만을 기준으로 판단할 것은 아니다.

[3]-[4] 생략

[5] 갑 교회가 지구단위계획구역으로 지정되어 있던 토지 중 일부를 매수한 후 교회 건물을 신축하는 과정에서 을 구(구) 소유 국지도로 지하에 지하주차장 진입 통로를 건설하고 지하공간에 건축되는 예배당 시설 부지의 일부로 사용할 목적으로 을 구청장에게 위 도로 지하부분에 대한 도로점용허가를 신청하였고, 을 구청장이 위 도로 중 일부 도로 지하 부분을 2010. 4. 9.부터 2019. 12. 31.까지 갑 교회가 점용할 수 있도록 하는 내용의 도로점용허가처분을 하자, 갑 교회가 위 도로 지하 부분을 포함한 신축 교회 건물 지하에 예배당 등의 시설을 설치한 사안에서, 예배당, 성가대실, 방송실과 같은 지하구조물 설치를 통한 지하의 점유는 원상회복이 쉽지 않을 뿐 아니라 유지·관리·안전에 상당한 위험과 책임이 수반되고, 이러한 형태의 점용을 허가하여 줄 경우 향후 유사한 내용의 도로점용허가신청을 거부하기 어려워져 도로의 지하 부분이 무분별하게 사용되어 공중안전에 대한 위해가 발생할 우려가 있으며, 위 도로 지하 부분이 교회 건물의 일부로 사실상 영구적·전속적으로 사용되게 됨으로써 도로 주변의 상황 변화에 탄력적·능동적으로 대처할 수 없게 된다는 등의 사정을 들어, 위 도로점용허가가 비례·형평의 원칙을 위반하였다고 본 원심판단을 수긍한 사례(대법원 2019. 10. 17. 선고 2018두104 판결【도로점용허가처분무효확인등】): 【해설】 주민소송에서 다툼의 대상이 된 처분의 위법성은 재량권의 일탈·남용의 경우에도 인정된다는 취지이다.

다. 제소사유

주민감사청구 후 i) 주무부장관이나 시·도지사가 감사청구를 수리한 날부터 60일(제16조제3항 단서에 따라 감사기간이 연장된 경우에는 연장기간이 끝난 날을 말한다)이 지나도 감사를 끝내지 아니한 경우, ii) 제16조제3항 및 제4항에 따른 감사결과 또는 제16조제6항에 따른 조치요구에 불복하는 경우, iii) 제16조제6항에 따른 주무부장관이나 시·도지사의 조치요구를 지방자치단체의 장이 이행하지 아니한 경우, iv) 제16조제6항에 따른 지방자치단체의 장의 이행 조치에 불복하는 경우에 주민소송을 제기할 수 있다(법 제17조 제1항).

라. 주민소송의 종류

주민이 제기할 수 있는 소송은 다음과 같다(법 제17조 제2항).

(1) 제1호 소송(중지청구소송)

(가) 의의: 제1호 소송은 '해당 행위를 계속하면 회복하기 곤란한 손해를 발생시킬 우려가 있는 경우에 그 행위의 전부나 일부를 중지할 것을 요구하는 소송'이다.

(나) 대상: 제1호 소송의 대상이 되는 행위는 공권력 행사 외에도 비권력적 행위나 사실행위도 포함된다. 예를 들면 공금지출의 중지, 계약체결의 중지, 계약이행의 중지를 구하는 등의 소송이 있다[17].

(다) 요건: i) 당해 행위가 행하여지기 이전이거나 현재 행해지고 있을 것, ii) 해당 행위를 중지할 경우에도 생명이나 신체에 중대한 위해가 생길 우려나 그 밖에 공공복리를 현저하게 저해할 우려가 없을 것(법 제17조 제3항).

(라) 효과: 이 소송에서 원고승소판결이 확정되면 지방자치단체에게는 중지소송의 대상이 된 재무회계행위를 해서는 아니 되는 부작위 의무가 발생한다. 다만 중지의 대상이 된 행위의 상대방에게는 판결의 효력이 미치지 않는다[18].

한편 제1호 소송이 제기되었다고 하더라도 중지청구의 대상이 된 행위가 정지되지는 않는다. 따라서 소송진행 중에 대상행위의 집행이 종료되는 경우가 발생할 수 있다. 제1호 소송의 실효성을 확보하기 위해서는 행정심판법이나 행정소송법에서처럼 일정한 요건하에서 집행정지제도를 둘 필요가 있다고 보여진다.

(2) 제2호 소송(처분의 취소·변경 또는 무효등확인 소송)[19]

---

17) 홍정선, 전게서, 103면.

18) 홍정선, 전게서, 103면.

19) 주민소송으로 처분의 취소·변경 또는 무효등확인을 구하는 경우의 청구취지를 예시하면 다음과 같다. "주위적으로 피고(서울특별시 서초구청장)가 2010. 4. 9. 피고보조참가인(이하 '참가인'이라 한다)에 대하여 한 도로점용허가처분이 무효임을 확인한다. 예비적으로 피고가 2010. 4. 9. 참가인에 대하여 한 도로점용허가처분을 취소한다(서울고등법원 2014. 5. 15. 선고 2013누21030 판결【도로점용허가처분무효확인등】)"

(가) 의의: 제2호 소송은 '행정처분인 해당 행위의 취소 또는 변경을 요구하거나 그 행위의 효력 유무 또는 존재 여부의 확인을 요구하는 소송'이다. 이는 재무회계행위 중 행정처분의 성질을 가지는 행위를 취소하거나 그 무효등확인을 구하는 소송이라고 할 수 있다.

(나) 제소기간: 행정소송법과는 달리 취소소송 외에 무효등확인소송의 경우에도 제소기간의 제한이 있다(법 제17조 제4항).

(3) 제3호 소송(해태사실위법확인소송)[20]

(가) 의의: 제3호 소송은 '게을리한 사실의 위법 확인을 요구하는 소송'이다. 제3호 소송은 재무회계행위 중 게을리 한 사실이라는 부작위를 대상으로 한다는 점에서 적극적 행위인 공금의 지출, 재산의 취득관리처분, 계약의 체결이행을 대상으로 하는 제1호나 제2호 소송과는 성격을 달리한다.

(나) 부작위위법확인소송과의 관계: 부작위위법확인소송은 그 대상을 '처분'의 부작위에 한정하고 있지만, 제3호 소송은 공법상의 행위뿐만이 아니라 사법상의 행위 나아가 행정내부적인 행위나 사실상의 행위의 부작위도 그 대상으로 삼을 수 있다[21].

(다) 효과: 제3호 소송에서 부작위위법확인 판결이 확정되면 기속력이 발생하고, 따라서 관계 행정청은 판결의 취지에 따라 신청에 대한 가부간의 행위를 하여야 한다.

(4) 제4호 소송(손해배상청구 등을 할 것을 요구하는 소송)

(가) 의의

제4호 소송은 본문과 단서 2가지의 소송형태가 있다. 본문 소송은 '해당 지방자치단체의 장 및 직원, 지방의회의원, 해당 행위와 관련이 있는 상대방에게 손해배상청구[22] 또는

---

20) 주민소송으로 위법확인을 구하는 경우의 청구취지를 예시하면 다음과 같다.
"피고(서울특별시 영등포구청장)가 소외 주식회사 신세계에게 건축법 위반에 따른 이행강제금을 부과하지 않은 것은 위법임을 확인한다(서울고등법원 2013. 7. 17. 선고 2012누39126 판결【행정부작위위법】)"

21) 홍정선, 전게서, 104면.

22) 주민소송으로 지방자치단체의 장에게 손해배상청구를 할 것을 요구하는 경우의 청구취지를 예시하면 다음과 같다.
"피고(성남시장)는 소외 ○○○(주민등록번호 및 주소 생략)에 대하여 금 3,736,048,000원의 손해배상청구를 하라(서울고등법원 2009.7.7. 선고 2008누35943 판결【손해배상청구】)"
"피고(○○군수)는 소외 ○○○(주민등록번호 및 주소 생략)에 대하여 30,000,000원을, 소외 ○○○(주민등록번호 및 주소 생략)에 대하여 44,512,450원을 피고에게 각 지급할 것을 청구하고, 별지1 기재 자들에 대하여는 피고에게 각자 211,092,000원을 지급할 것을 청구하라(대전지법 2008. 5. 14. 선고 2007구합2038 판결【손해배상】)"

부당이득반환청구[23]를 할 것을 요구하는 소송(이행청구소송)'을 말하며, 단서 소송은 '지방자치단체의 직원이 「회계관계직원 등의 책임에 관한 법률」 제4조에 따른 변상책임을 져야 하는 경우에 변상명령을 할 것을 요구하는 소송(변상명령요구소송)'을 말한다.

(나) 제4호 본문소송

① 종류: 제4호 본문 소송은 다시 전단 소송(해당 지방자치단체의 장 및 직원, 지방의회의원을 상대로 하는 소송)과 후단 소송(해당 행위와 관련이 있는 상대방에게 제기하는 소송)으로 나눌 수 있다. ⅰ) 전단소송은 예컨대 지방자치단체의 직원 등이 위법한 급여의 지급이나 보조금의 교부, 공유재산의 매각 등을 통하여 지방자치단체에 손해를 발생시킨 경우 해당직원 등에게 손해배상청구 또는 부당이득반환청구를 할 것을 요구하는소송을 말한다. ⅱ) 후단 소송은 예컨대 위법하게 보조금을 수령한 자에게 손해배상청구 또는 부당이득반환청구를 할 것을 요구하는 소송을 말한다.

② 효과: 위 소송에서 손해배상청구나 부당이득반환청구를 명하는 판결이 확정되면 지방자치단체의 장은 그 판결이 확정된 날부터 60일 이내를 기한으로 하여 당사자에게 그 판결에 따라 결정된 손해배상금이나 부당이득반환금의 지불을 청구하여야 한다. 다만, 손해배상금이나 부당이득반환금을 지불하여야 할 당사자가 지방자치단체의 장이면 지방의회 의장이 지불을 청구하여야 한다(법 제18조 제1항). 만일 지불청구를 받은 자가 위 기한 내에 손해배상금이나 부당이득반환금을 지불하지 아니하면 지방자치단체는 손해배상·부당이득반환의 청구를 목적으로 하는 소송을 제기하여야 한다(법 제18조 제2항).

(다) 제4호 단서소송의 효과

① 변상명령: 지방자치단체의 장은 제4호 단서에 따른 소송에 대하여 변상할 것을 명하는 판결이 확정되면 그 판결이 확정된 날부터 60일 이내를 기한으로 하여 당사자에게 그 판결에 따라 결정된 금액을 변상할 것을 명령하여야 한다(법 제19조 제1항).

② 변상금의 징수: 제1항에 따라 변상할 것을 명령받은 자가 같은 항의 기한 내에 변상금을 지불하지 아니하면 지방세 체납처분의 예에 따라 징수할 수 있다(법 제19조 제2항).

③ 변상명령에의 불복: 제1항에 따라 변상할 것을 명령받은 자는 이에 불복하는 경우 행

---

23) 주민소송으로 지방자치단체의 장에게 부당이득반환청구를 할 것을 요구하는 경우의 청구취지를 예시하면 다음과 같다.
"피고(서울특별시 성동구청장)는 별지 목록 기재 의원들에 대하여 피고에게 각 24,040,080원을 지급할 것을 청구하라(서울고등법원 2011. 2. 15. 선고 2009누20597 판결【주민소송(부당이득반환)】)"

정소송을 제기할 수 있다. 다만, 행정심판법에 따른 행정심판청구는 제기할 수 없다(법 제19조 제3항).

[1] 위법한 재무회계행위를 한 지방자치단체장과 직원에게 고의 또는 과실이 없거나 지방자치단체에 손해가 발생하지 않은 경우, 주민소송에 의한 손해배상이행청구가 인정되는지 여부(소극), 여기서 요구되는 과실의 정도(=중과실) 및 그 손해배상청구권의 성립요건사실에 대한 주장·증명책임자(=원고): 구 지방자치법(2007. 5. 11. 법률 제8423호로 전문 개정되기 전의 것) 제13조의5 제2항에 정한 주민소송 중 손해배상이행청구소송의 경우에는 통상의 손해배상청구소송과 마찬가지로 그 성립요건으로서 위법성, 고의·과실, 손해의 발생, 인과관계 등이 필요하므로, 지방자치단체장 및 직원의 재무회계행위에 위법 사유가 존재하더라도 그 행위자에게 고의 또는 과실이 없거나 지방자치단체에 손해가 발생하지 않은 경우에는 주민소송에 의한 추급이 인정되지 않는다. 여기에서의 과실은 국가배상법 제2조 제2항, 지방재정법 제94조 제1항 및 회계관계직원 등의 책임에 관한 법률 제4조 제1항이 모두 중대한 과실을 요건으로 하는 취지에 비추어 그보다 더 중한 책임을 부과할 특별한 이유가 없으므로 역시 마찬가지로 행위자의 중대한 과실을 의미하는 것으로 봄이 상당하고, 위와 같은 손해배상청구권의 성립요건사실에 대한 주장·증명책임은 원칙적으로 이를 주장하는 원고에게 있다.

[2] 군수 등이 업무추진비에서 전별금, 경조사비 등을 지출한 행위가 업무추진비의 성격 등에 비추어 지방자치단체의 공무원행동강령규칙이나 지방공무원법의 보수에 관한 규정 등을 위반하지 않아 위법성이 없다고 한 사례: 군수와 부군수가 업무추진비에서 전별금, 경조사비, 격려금, 출향인사 접대비 등을 직원 등에게 지출한 것이 '위법한 공금의 지출'로 지방자치단체의 재정에 손해를 가져왔다는 이유로 주민소송에 의한 손해배상이행청구를 한 사안에서, 업무추진비의 성격, 원활한 기관운영, 대민활동의 도모, 시책사업의 추진이나 주요투자사업의 유치를 위한 지출의 필요성 등의 사정에 비추어, 위 업무추진비 지출이 지방자치단체의 공무원행동강령규칙이나 지방공무원법의 보수에 관한 규정 등을 위반하지 않아 위법성이 없다고 한 사례.

[3] 군수가 추진하던 인공폭포 조성사업이 중단됨으로써 예산을 낭비하였다는 이유로 주민소송에 의한 손해배상이행청구를 한 사안에서, 위 조성사업이 도립공원위원회의 심의를 거치지 않아 절차적으로 위법하기는 하지만 그에 관하여 군수에게 고의나 중대한 과실을 인정하기 어렵다는 이유로 손해배상책임을 부정한 사례(대전지법 2008. 05. 14. 선고 2007구합2038 판결).

지방자치법 제17조 제2항 제4호 주민소송의 대상 판단 기준: 주민감사청구가 '지방자치단체와 그 장의 권한에 속하는 사무의 처리'를 대상으로 데 반하여, 주민소송은 '그 감사청구한 사항과 관련이 있는 위법한 행위나 업무를 게을리 한 사실'에 대하여 제기할 수 있는 것이므로, 주민소송의 대상은 주민감사를 청구한 사항과 관련이 있는 것으로 충분하고, 주민감사를 청구한 사항과 반드시 동일할 필요는 없다. 주민감사를 청구한 사항과 관련성이 있는지 여부는 주민감사청구사항의 기초인 사회적 사실관계와 기본적인 점에서 동일한지 여부에 따라 결정되는 것이며 그로부터 파생되거나 후속하여 발생하는 행위나 사실은 주민감사청구사항과 관련이 있다고 보아야 한다.

지방자치법 제17조 제2항 제1호부터 제3호까지의 주민소송은 해당 지방자치단체의 장을 상대방으로 하여 위법한 재무회계행위의 방지, 시정 또는 확인 등을 직접적으로 구하는 것인데 반하여, 제4호 주민소송은 감사청구한 사항과 관련이 있는 위법한 행위나 업무를 게을리 한 사실에 대하여 지방자치단체의 장 및 직원, 지방의회의원, 해당 행위와 관련이 있는 상대방(이하 '상대방'이라고 통칭한다)에게 손해배상청구, 부당이득반환청구, 변상명령 등을 할 것을 요구하는 소송이다. 따라서 제4호 주민소송 판결이 확정되면 지방자치단체의 장인 피고는 상대방에 대하여 그 판결에 따라 결정된 손해배상금이나 부당이득반환금의 지불 등을 청구할 의무가 있으므로, 제4호 주민소송을 제기하는 자는 상대방, 재무회계행위의 내용, 감사청구와의 관련성, 상대방에게 요구할 손해배상금 내지 부당이득금 등을 특정하여야 한다(대법원 2020. 7. 29. 선고 2017두63467 판결).

마. 소송요건

(1) 원고적격

주민감사를 청구한 주민이 주민소송을 제기할 수 있다. 즉, 주민소송에 있어서는 감사청구전치주의(監査請求前置主義)가 적용된다. 감사청구전치주의는 주민소송의 남용을 막고, 주민감사기관의 전문성을 활용하고 법원의 부담을 줄이기 위하여 도입되었다.

주민소송의 대상이 되는 사항을 감사청구한 주민이라면 누구나 제소할 수 있으므로 1인에 의한 제소도 가능하다. 다만 주민소송이 진행 중이면 다른 주민은 같은 사항에 대하여 별도의 소송을 제기할 수 없다(법 제17조 제5항).

주민감사를 청구하기만 하면 되므로, 감사청구가 각하된 경우에도 주민소송을 제기하는 데에는 아무런 문제가 없다(대법원 2020. 7. 15. 선고 대법원 2018두67251 판결). 나아가 주민소송의 대상은 주민감사를 청구한 사항과 관련이 있는 것으로 충분하고, 주민감사를 청구한 사항과 반드시 동일할 필요는 없다(대법원 2020. 7. 29. 선고 2017두63467 판결).

(2) 피고적격

주민소송의 피고는 당해 지방자치단체의 장(해당 사항의 사무처리에 관한 권한을 소속기관의 장에게 위임한 경우에는 그 소속기관의 장)이다(법 제17조 제1항).

(3) 제소기간

주민소송은 다음 각 호의 어느 하나에 해당하는 날부터 90일 이내에 제기하여야 한다

(법 제17조 제4항).

ⅰ) 제17조 제1항 제1호의 경우: 해당 60일이 끝난 날(제16조제3항 단서에 따라 감사기간이 연장된 경우에는 연장기간이 끝난 날을 말한다)

ⅱ) 제17조 제1항 제2호의 경우: 해당 감사결과나 조치요구내용에 대한 통지를 받은 날

ⅲ) 제17조 제1항 제3호의 경우: 해당 조치를 요구할 때에 지정한 처리기간이 끝난 날

ⅳ) 제17조 제1항 제4호의 경우: 해당 이행 조치결과에 대한 통지를 받은 날

(4) 관할

주민소송은 해당 지방자치단체의 사무소 소재지를 관할하는 행정법원(행정법원이 설치되지 아니한 지역에서는 행정법원의 권한에 속하는 사건을 관할하는 지방법원본원을 말한다)의 관할로 한다(법 제17조 제9항).

바. 소송절차

(1) 소송절차의 중단 및 수계

소송의 계속(繫屬) 중에 소송을 제기한 주민이 사망하거나 제12조에 따른 주민의 자격을 잃으면 소송절차는 중단된다. 소송대리인이 있는 경우에도 또한 같다(법 제17조 제6항). 이 경우 감사청구에 연서한 다른 주민은 제6항에 따른 사유가 발생한 사실을 안 날부터 6개월 이내에 소송절차를 수계(受繼)할 수 있다. 이 기간에 수계절차가 이루어지지 아니할 경우 그 소송절차는 종료된다(법 제17조 제7항). 법원은 제6항에 따라 소송이 중단되면 감사청구에 연서한 다른 주민에게 소송절차를 중단한 사유와 소송절차 수계방법을 지체 없이 알려야 한다. 이 경우 법원은 감사청구에 적힌 주소로 통지서를 우편으로 보낼 수 있고, 우편물이 통상 도달할 수 있을 때에 감사청구에 연서한 다른 주민은 제6항의 사유가 발생한 사실을 안 것으로 본다(법 제17조 제8항).

(2) 소송고지

해당 지방자치단체의 장은 제2항제1호부터 제3호까지의 규정에 따른 소송이 제기된 경우 그 소송 결과에 따라 권리나 이익의 침해를 받을 제3자가 있으면 그 제3자에 대하여, 제2항제4호에 따른 소송이 제기된 경우 그 직원, 지방의회의원 또는 상대방에 대하여 소송고지를 하여 줄 것을 법원에 신청하여야 한다(법 제17조 제10항).

제2항제4호에 따른 소송이 제기된 경우에 지방자치단체의 장이 한 소송고지신청은 그 소송에 관한 손해배상청구권 또는 부당이득반환청구권의 시효중단에 관하여 「민법」 제168조제1호에 따른 청구로 본다(법 제17조 제11항).

(3) 소송참가

국가, 상급 지방자치단체 및 감사청구에 연서한 다른 주민과 제10항에 따라 소송고지를 받은 자는 법원에서 계속 중인 소송에 참가할 수 있다(법 제17조 제13항).

(4) 소의 취하 등의 제한

당사자는 법원의 허가를 받지 아니하고는 소의 취하, 소송의 화해 또는 청구의 포기를 할 수 없다. 이 경우 법원은 허가하기 전에 감사청구에 연서한 다른 주민에게 이를 알려야 하며, 알린 때부터 1개월 이내에 허가 여부를 결정하여야 한다. 위 통지에 관하여는 제8항 후단을 준용한다(법 제17조 제14항). 주민소송에 있어서 소의 취하 등을 제한하는 이유는, 주민소송이 지니는 공익적 성격 때문이다.

8. 주민소환권

가. 주민소환의 의의

주민소환이란 주민이 투표를 통하여 선출직 지방공직자의 직을 상실시키는 것을 말한다. 주민소환제도는 지방자치에 관한 주민의 직접참여를 확대하고 지방행정의 민주성과 책임성을 제고함을 목적으로 한다(주민소환에 관한 법률 제1조).

나. 주민소환의 대상

주민소환투표의 대상은 선출직 지방공직자인 해당 지방자치단체의 장 및 지방의회의원을 대상으로 한다(법 제20조 제1항). 주민소환에 관한 법률도 주민소환투표의 대상자로 ① 특별시장·광역시장·도지사, ② 시장·군수·자치구의 구청장, ③ 지역선거구시·도의회의원 및 지역선거구자치구·시·군의회의원을 규정하고 있다(제7조 제1항).

다. 주민소환청구의 요건

(1) 주민소환투표권자

제4조 제1항의 규정에 의한 주민소환투표인명부 작성기준일 현재 ① 19세 이상의 주민으로서 당해 지방자치단체 관할구역에 주민등록이 되어 있는 자(공직선거법 제18조의 규정에 의하여 선거권이 없는 자를 제외한다)와, ② 19세 이상의 외국인으로서 출입국관리법 제10조의 규정에 따른 영주의 체류자격 취득일 후 3년이 경과한 자 중 같은 법 제34조의 규정에 따라 당해 지방자치단체 관할구역의 외국인등록대장에 등재된 자는 주민소환투표권이 있다(주민소환에 관한 법률 제3조 제1항). 주민소환투표권자의 연령은 주민소

환투표일 현재를 기준으로 계산한다(주민소환에 관한 법률 제3조 제2항).

(2) 주민소환투표의 청구권자

전년도 12월 31일 현재 주민등록표 및 외국인등록표에 등록된 제3조 제1항 제1호 및 제2호에 해당하는 자(이하 "주민소환투표청구권자"라 한다)는 해당 지방자치단체의 장 및 지방의회의원(비례대표선거구시·도의회의원 및 비례대표선거구자치구·시·군의회의원은 제외하며, 이하 "선출직 지방공직자"라 한다)에 대하여 ① 특별시장·광역시장·도지사: 당해 지방자치단체의 주민소환투표청구권자 총수의 100분의 10이상, ② 시장·군수·자치구의 구청장: 당해 지방자치단체의 주민소환투표청구권자 총수의 100분의 15이상, ③ 지역선거구시·도의회의원 및 지역선거구자치구·시·군의회의원: 당해 지방의회의원의 선거구 안의 주민소환투표청구권자 총수의 100분의 20이상에 해당하는 주민의 서명으로 그 소환사유를 서면에 구체적으로 명시하여 관할선거관리위원회에 주민소환투표의 실시를 청구할 수 있다(주민소환에 관한 법률 제7조 제1항).

'주민소환에 관한 법률'(2006. 5. 24. 법률 제7958호로 제정된 것, 이하 '법'이라 한다) 제7조 제1항 제2호 중 시장에 대한 부분이 주민소환의 청구사유에 관하여 아무런 규정을 두지 아니함으로써 과잉금지원칙을 위반하여 청구인의 공무담임권을 침해하는지 여부(소극): 법 제7조 제1항 제2호 중 시장에 대한 부분이 주민소환의 청구사유에 제한을 두지 않은 것은 주민소환제를 기본적으로 정치적인 절차로 설계함으로써 위법행위를 한 공직자뿐만 아니라 정책적으로 실패하거나 무능하고 부패한 공직자까지도 그 대상으로 삼아 공직에서의 해임이 가능하도록 하여 책임정치 혹은 책임행정의 실현을 기하려는데 그 입법목적이 있다.

입법자는 주민소환제의 형성에 광범위한 입법재량을 가지고, 주민소환제는 대표자에 대한 신임을 묻는 것으로 그 속성이 재선거와 같아 그 사유를 묻지 않는 것이 제도의 취지에도 부합하며, 비민주적, 독선적인 정책추진 등을 광범위하게 통제한다는 주민소환제의 필요성에 비추어 청구사유에 제한을 둘 필요가 없고, 업무의 광범위성이나 입법기술적인 측면에서 소환사유를 구체적으로 적시하기 쉽지 않으며, 청구사유를 제한하는 경우 그 해당 여부를 사법기관에서 심사하게 될 것인데 그것이 적정한지 의문이 있고 절차가 지연될 위험성이 크므로, 법이 주민소환의 청구사유에 제한을 두지 않는 데에는 나름대로 상당한 이유가 있고, 청구사유를 제한하지 아니한 입법자의 판단이 현저하게 잘못되었다고 볼 사정 또한 찾아볼 수 없다.

또 위와 같이 청구사유를 제한하지 않음으로써 주민소환이 남용되어 공직자가 소환될 위험성과 이로 인하여 주민들이 공직자를 통제하고 직접참여를 고양시킬 수 있는 공익을 비교하여 볼 때, 법익의 형량에 있어서도 균형을 이루었으므로, 위 조항이 과잉금지의 원칙을 위반하여 청구인의 공무담임권을 침해하는 것으로 볼 수 없다(헌법재판소 2009. 3. 26. 선고 2007헌마843 전원재판부).

(3) 서명요청활동 등

주민소환투표청구인대표자(이하 "소환청구인대표자"라 한다)와 서면에 의하여 소환청구인대표자로부터 서명요청권을 위임받은 자는 대통령령이 정하는 서명요청 활동기간 동안 주민소환투표의 청구사유가 기재되고 관할선거관리위원회가 검인하여 교부한 주민소환투표청구인서명부(이하 "소환청구인서명부"라 한다)를 사용하여 주민소환투표청구권자에게 서명할 것을 요청할 수 있다(주민소환에 관한 법률 제9조 제1항).

다만 소환청구인대표자 등(소환청구인대표자와 서면에 의하여 소환청구인대표자로부터 서명요청권을 위임받은 자)을 제외하고는 누구든지 서명을 요청할 수 없으며, 검인되지 아니한 소환청구인서명부에 서명을 받을 수 없다(주민소환에 관한 법률 제10조 제3항). 또한 소환청구인대표자 등이 소환청구인서명부를 제시하거나 구두로 주민소환투표의 취지나 이유를 설명하는 경우를 제외하고는 누구든지 인쇄물·시설물 및 그 밖의 방법을 이용하여 서명요청 활동을 할 수 없다(주민소환에 관한 법률 제10조 제4항).

주민소환에 관한 법률 제10조 제4항은 "소환청구인대표자 등이 소환청구인서명부를 제시하거나 구두로 주민소환투표의 취지나 이유를 설명하는 경우를 제외하고는 누구든지 인쇄물·시설물 및 그 밖의 방법을 이용하여 서명요청 활동을 할 수 없다."고 규정하고 있는데, 위 조항에서 말하는 '제시'는 서명요청을 위하여 소환청구인서명부를 내보이는 것으로 해석되고, 소환청구인서명부를 '제시'한다는 것은 서명요청 활동을 하는 자의 적극적인 행동과 이를 받아들이는 상대방의 존재가 전제되는 것으로서, 이와 달리 서명을 요청받는 사람과 서명요청 활동을 하는 자 사이의 개별적인 대면이 없거나 서명을 요청받는 사람이 특정되지 않는 불특정 다수인을 상대로 일방적으로 소환청구인서명부를 배포·교부하거나 우편발송하는 행위는 위 조항에서 허용하는 서명요청 활동방법의 하나인 '제시'에 해당한다고 볼 수 없다(대법원 2012. 1. 26. 선고 2010도9717 판결).

가. '주민소환에 관한 법률'(2006. 5. 24. 법률 제7958호로 제정된 것) 제32조 제1호 중 제10조 제4항에 관한 부분(이하 '이 사건 법률조항'이라 한다.) 중 '제시', '서명요청 활동' 부분이 명확성원칙에 반하는지 여부(소극): 소환청구인서명부를 '제시'한다 함은 서명요청을 위하여 소환청구인서명부라는 물건을 내어 보이는 것을 의미하고, '서명요청 활동'이란 주민소환투표를 청구하는 취지의 의사표시로서 서명을 해 줄 것을 요청하는 활동을 의미하는 것으로 해석되므로, '소환청구인서명부를 제시'하거나 '구두로 주민소환투표의 취지나 이유를 설명하는 경우'를 제외하고는 인쇄물·시설물 및 '그 밖의 방법'을 이용하여 서명요청 활동을 할 수 없도록 규정한 이 사건 법률조항은 그 금지내용을 파악함에 있어 어떠한 불명확성이 존재한다고 보기 어렵고, 수범자가 예견할 수 없을 정도로 모호하다거나 해석자의 자의를 허용하는 것이라 할 수 없으므로

명확성원칙에 반하지 않는다.

나. 주민소환투표청구를 위한 서명요청 활동을 '소환청구인서명부를 제시'하거나 '구두로 주민소환투표의 취지나 이유를 설명하는' 두 가지 경우로만 엄격히 제한하고 이에 위반할 경우 형사처벌하는 이 사건 법률조항이 표현의 자유를 제한함에 있어 과잉금지원칙을 위반하였는지 여부(소극): 이 사건 법률조항은 대의제의 본질적인 부분을 침해하지 않도록 극히 예외적이고 엄격한 요건을 갖춘 경우에 한하여 주민소환을 인정하려는 제도적 고려에서, 서명요청이라는 표현의 방법을 '소환청구인 서명부를 제시'하거나 '구두로 주민소환투표의 취지나 이유를 설명'하는 방법, 두 가지로만 엄격히 제한함으로써, i) 주민소환투표청구가 정치적으로 악용·남용되는 것을 방지함과 동시에, ii) 서명요청 활동 단계에서 흑색선전이나 금품 살포와 같은 부정한 행위가 이루어지는 것을 방지하여 주민소환투표청구권자의 진정한 의사가 왜곡되는 것을 방지하려고 하였는바, 위 입법목적은 정당하고 수단은 적절하다

또한, 주민소환제도의 남용 내지 악용을 막기 위해서는 주민소환투표청구를 하는 과정에서 진지한 사회적 합의와 숙고가 이루어질 수 있도록 하고, 흑색선전이나 금품 살포 등 부정행위가 개입하여 주민소환투표청구권자의 진의가 왜곡되는 것을 막아야 할 필요성이 매우 크다는 점, 이 사건 법률조항은 주민소환투표청구에 관한 의사표시를 요청하는 표현활동을 방법적으로 제한하고 있을 뿐 서명요청의 의사가 배제되어 있는 단순한 의견개진이나 준비활동 등 정치적·사회적 의견 표명은 제한하고 있지 않은 점 등에 비추어 볼 때, 이 사건 법률조항이 주민소환투표청구를 위하여 요구되는 많은 수의 서명을 받는 것을 사실상 불가능하게 함으로써 청구인의 주민소환투표청구권을 형해화하는 것이라고 보기도 어렵다. 따라서 침해의 최소성 요건도 충족한다.

이 사건 법률조항으로 인하여 제한되는 개인의 표현의 자유 등 사익에 비하여 주민소환투표제도의 부작용 억제를 통한 대의제 원리의 보장과 소환대상자의 공무담임권 보장, 지방행정의 안정성 보장이라는 공익이 훨씬 크므로, 법익균형성 요건도 충족한다.

따라서, 이 사건 법률조항은 표현의 자유를 제한함에 있어 과잉금지원칙을 위반하지 않는다.(헌법재판소 2011. 12. 29. 선고 2010헌바368 전원재판부)

주민소환투표의 청구를 위한 서명요청 활동을 보장하면서 주민소환투표대상자에 대하여는 아무런 반대활동을 보장하지 아니한 법 제9조 제1항이 과잉금지의 원칙에 위반하여 청구인의 공무담임권을 침해하는지 여부(소극): 주민소환투표 청구는 일정 수 이상 주민의 서명을 요하므로, 이와 관련한 서명요청은 필수적으로 보장되어야 하는 활동이나 이를 주민소환투표 운동에 속하는 것으로는 보기 어려운 점, 서명요청 활동이 있더라도 실제로 청구요건을 갖추어 주민소환투표 청구가 이루어질 것인지 사전에 알 수 없기 때문에, 주민소환투표 청구가 이루어지기 전 단계에서부터 소환대상 공직자에게 소환반대 활동의 기회를 보장할 필요가 없고, 이를 허용할 경우 행정공백의 상태가 불필요하게 늘어나는 점, 관할 선거관리위원회는 주민소환투표 청구가 이루어진 후 주민소환투표대상자에게 소명할 기회를 제공하고(법 제14조), 주민소환투표가 발

의된 이후에는 소환대상자의 반대운동이 가능하여(법 제17조, 제18조), 전체적으로 공정한 반대활동 기회가 보장되고 있는 점 등을 종합적으로 고려하면, 법 제9조 제1항이 과잉금지원칙에 반하여 청구인의 공무담임권을 침해한다고 볼 수 없다(헌법재판소 2009. 03. 26. 선고 2007헌마843 전원재판부).

라. 주민소환투표의 청구기간

제7조 제1항 내지 제3항의 규정에 불구하고, ① 선출직 지방공직자의 임기개시일부터 1년이 경과하지 아니한 때, ② 선출직 지방공직자의 임기만료일부터 1년 미만일 때, ③ 해당선출직 지방공직자에 대한 주민소환투표를 실시한 날부터 1년 이내인 때에는 주민소환투표의 실시를 청구할 수 없다(주민소환에 관한 법률 제8조).

주민소환투표의 청구기간을 제한한 것은, 선출직 공직자의 임기 초에는 소신에 따라 정책을 추진할 수 있는 기회를 주어야 하는 점, 임기 종료가 임박한 때에는 소환의 실익이 없는 점을 고려하고, 주민소환투표가 부결되었음에도 반복적으로 주민소환투표를 청구하는 폐해를 방지하려는데 그 입법목적이 있으므로, 주민소환투표에 회부되어 부결되었음에도 불구하고 소정의 기간 내에 반복적으로 소환투표를 청구하는 경우가 아닌 한, 제2, 제3의 청구를 할 수 있고 그것을 제한하여야 할 이유도 없다.

따라서, 법 제8조가 사실상 동일한 청구사유에 의하여 주민소환투표를 재청구하는 것을 막는 규정을 두지 아니하였다고 하여 이로써 청구인의 공무담임권이 침해된다고 보기 어렵다(헌법재판소 2009. 03. 26. 선고 2007헌마843 전원재판부)

마. 주민소환투표의 발의절차와 권한정지

(1) 주민소환투표청구의 각하

관할선거관리위원회는 제27조 제1항의 규정에 의하여 준용되는 주민투표법 제12조 제1항의 규정에 의하여 소환청구인대표자가 제출한 주민소환투표청구가 ① 유효한 서명의 총수(제27조 제1항의 규정에 의하여 준용되는 주민투표법 제12조 제7항의 규정에 의하여 보정(補正)을 요구한 때에는 그 보정된 서명을 포함한다)가 제7조 제1항 내지 제3항의 규정에 의한 요건에 미달되는 경우, ② 제8조의 규정에 의한 주민소환투표의 청구제한기간 이내에 청구한 경우, ③ 주민소환투표청구서(이하 "소환청구서"라 한다)와 소환청구인서명부가 제27조 제1항의 규정에 의하여 준용되는 주민투표법 제12조 제1항의 규정에 의한 기간을 경과하여 제출된 경우, ④ 제27조 제1항의 규정에 의하여 준용되는 주민투표법 제12조 제7항의 규정에 의한 보정기간 이내에 보정하지 아니한 경우에는 이를 각하하여야 한다. 이 경우 관할선거관리위원회는 소환청구인대표자에게 그 사유를 통지하고 이를 공표하여야 한다(주민소환에 관한 법률 제11조).

(2) 주민소환투표대상자에 대한 소명기회의 보장

관할선거관리위원회는 제7조제1항 내지 제3항의 규정에 의한 주민소환투표청구가 적법하다고 인정하는 때에는 지체 없이 주민소환투표대상자에게 서면으로 소명할 것을 요청하여야 한다(주민소환에 관한 법률 제14조 제1항).

제1항의 규정에 의하여 소명요청을 받은 주민소환투표대상자는 그 요청을 받은 날부터 20일 이내에 500자 이내의 소명요지와 소명서(필요한 자료를 기재한 소명자료를 포함한다)를 관할선거관리위원회에 제출하여야 한다. 이 경우 소명서 또는 소명요지를 제출하지 아니한 때에는 소명이 없는 것으로 본다(주민소환에 관한 법률 제14조 제2항).

(3) 주민소환투표의 발의

관할선거관리위원회는 제7조 제1항 내지 제3항의 규정에 의한 주민소환투표청구가 적법하다고 인정하는 경우에는 지체 없이 그 요지를 공표하고, 소환청구인대표자 및 해당 선출직 지방공직자에게 그 사실을 통지하여야 한다(주민소환에 관한 법률 제12조 제1항). 관할선거관리위원회는 제1항의 규정에 따른 통지를 받은 선출직 지방공직자(이하 “주민소환투표대상자”라 한다)에 대한 주민소환투표를 발의하고자 하는 때에는 제14조 제2항의 규정에 의한 주민소환투표대상자의 소명요지 또는 소명서 제출기간이 경과한 날부터 7일 이내에 주민소환투표일과 주민소환투표안(소환청구서 요지를 포함한다)을 공고하여 주민소환투표를 발의하여야 한다(주민소환에 관한 법률 제12조 제2항).

(4) 권한행사의 정지 및 권한대행

주민소환투표대상자는 관할선거관리위원회가 제12조 제2항의 규정에 의하여 주민소환투표안을 공고한 때부터 제22조 제3항의 규정에 의하여 주민소환투표결과를 공표할 때까지 그 권한행사가 정지된다(주민소환에 관한 법률 제21조 제1항).

제1항의 규정에 의하여 지방자치단체의 장의 권한이 정지된 경우에는 부지사·부시장·부군수·부구청장(이하 “부단체장”이라 한다)이 지방자치법 제111조 제4항의 규정을 준용하여 그 권한을 대행하고, 부단체장이 권한을 대행할 수 없는 경우에는 「지방자치법」 제111조 제5항의 규정을 준용하여 그 권한을 대행한다(주민소환에 관한 법률 제21조 제2항).

제1항의 규정에 따라 권한행사가 정지된 지방의회의원은 그 정지기간 동안 공직선거법 제111조의 규정에 의한 의정활동보고를 할 수 없다. 다만, 인터넷에 의정활동보고서를

게재할 수는 있다(주민소환에 관한 법률 제21조 제3항).

주민소환투표가 발의되어 공고되었다는 이유만으로 곧바로 주민소환투표대상자의 권한행사를 정지되도록 한 법 제21조 제1항이 과잉금지원칙에 위반하여 청구인의 공무담임권을 침해하거나 평등권을 침해하는지 여부(소극): 법 제21조 제1항의 입법목적은 행정의 정상적인 운영과 공정한 선거관리라는 정당한 공익을 달성하려는데 있고, 주민소환투표가 공고된 날로부터 그 결과가 공표될 때까지 주민소환투표 대상자의 권한행사를 정지하는 것은 위 입법목적을 달성하기 위한 상당한 수단이 되는 점, 위 기간 동안 권한행사를 일시 정지한다 하더라도 이로써 공무담임권의 본질적인 내용이 침해된다고 보기 어려운 점, 권한행사의 정지기간은 통상 20일 내지 30일의 비교적 단기간에 지나지 아니하므로, 이 조항이 달성하려는 공익과 이로 인하여 제한되는 주민소환투표 대상자의 공무담임권이 현저한 불균형 관계에 있지 않은 점 등을 고려하면, 위 조항이 과잉금지의 원칙에 반하여 과도하게 공무담임권을 제한하는 것으로 볼 수 없다(헌법재판소 2009. 03. 26. 선고 2007헌마843 전원재판부).

바. 주민소환투표의 실시

주민소환투표는 찬성 또는 반대를 선택하는 형식으로 실시한다(주민소환에 관한 법률 제15조 제1항). 지방자치단체의 장에 대한 주민소환투표는 당해 지방자치단체 관할구역 전체를 대상으로 한다(주민소환에 관한 법률 제16조 제1항). 지역구지방의회의원에 대한 주민소환투표는 당해 지방의회의원의 지역선거구를 대상으로 한다(주민소환에 관한 법률 제16조 제2항).

사. 주민소환투표결과의 확정과 그 효력

(1) 주민소환투표결과의 확정

주민소환은 제3조의 규정에 의한 주민소환투표권자 총수의 3분의 1이상의 투표와 유효투표 총수 과반수의 찬성으로 확정된다(주민소환에 관한 법률 제22조 제1항). 전체 주민소환투표자의 수가 주민소환투표권자 총수의 3분의 1에 미달하는 때에는 개표를 하지 아니한다(주민소환에 관한 법률 제22조 제2항).

주민소환투표권자 총수의 3분의 1 이상의 투표와 유효투표 총수 과반수의 찬성만으로 주민소환이 확정되도록 한 법 제22조 제1항이 과잉금지원칙에 위반하여 청구인의 공무담임권을 침해하거나 평등권을 침해하는지 여부(소극): 주민소환투표권자 총수의 3분의 1 이상의 투표와 유효투표 총수 과반수의 찬성으로 주민소환이 확정되도록 한 법 제22조 제1항이 객관적으로 볼 때 그 요건이 너무 낮아 주민소환이 아주 쉽게 이루어질 수 있는 정도라고 보기 어려운 점, 일반선거와 달리 주민소환투표에 최소한 3분의 1 이상의 투표율을 요구하여 상대적으로 엄격한 요건을 설정하고 있는 점, 요즈음 지방선거의 투표율이 저조하고, 주민소환투표가 평일에, 다른 선거 등과 연계되지 아니한 채 독자적으로 실시될 가능성이 많은 점 등을 감안해 볼 때 위 요건이 너무 낮다고 볼 수 없고, 근본적으로 이는 입법재량 사항에 속하므로, 이 조항이 과잉금지원칙을 위반하여 청구인의 공무담임권을 침해한다고 볼 수 없다(헌법재판소 2009. 03. 26. 선고 2007헌마843 전원재판부).

(2) 주민소환 확정의 효력

제22조 제1항의 규정에 의하여 주민소환이 확정된 때에는 주민소환투표대상자는 그 결과가 공표된 시점부터 그 직을 상실한다(주민소환에 관한 법률 제23조 제1항). 제1항의 규정에 의하여 그 직을 상실한 자는 그로 인하여 실시하는 이 법 또는 공직선거법에 의한 해당보궐선거에 후보자로 등록할 수 없다(주민소환에 관한 법률 제23조 제2항).

9. 청원권

주민은 지방의회에 대하여 청원권을 가진다. 지방의회에 청원을 하려는 자는 지방의회의원의 소개를 받아 청원서를 제출하여야 한다(법 제73조 제1항). 다만 재판에 간섭하거나 법령에 위배되는 내용의 청원은 수리하지 아니한다(법 제74조).

청원은 권리구제를 위하여 할 수도 있지만 정책건의를 위하여 행하여질 수도 있다.

Ⅲ. 주민의 의무

1. 비용의 분담의무

주민은 법령으로 정하는 바에 따라 소속 지방자치단체의 비용을 분담하여야 하는 의무를 진다(법 제21조) 비용분담 의무의 내용으로는 지방세의 납부, 사용료·수수료·분담금의 납부 등이 있다(법 제135조 내지 제138조).

2. 이용강제의무

공적인 필요가 있는 경우에 주민에게 하수도 등 일정한 시설의 이용이 강제될 수 있다. 이 경우에는 법률의 근거가 있어야 한다. 하수도법은 공공하수도의 이용강제와 사용료 징수를 규정하고 있다(하수도법 제27조 제1항, 제65조). 이용강제에 의한 공공시설의 이용관계는 그 공권력적 성격에 비추어 공법관계로 보아야 한다.

제3절 자치권

제1항 의의

지방자치단체의 자치권이란 지방자치단체가 자신의 사무를 자신의 책임하에 처리할 수 있는 권한을 말한다. 자치권은 지방자치단체의 구성요소의 하나로서 지방자치의 본질적인 내용을 이루는 것이다.

제2항 자치권의 종류

Ⅰ. 자치조직권

지방자치단체는 자기의 내부조직을 자주적으로 형성·변경·폐지할 수 있는데, 이러한 권능을 지방자치단체의 자치조직권이라 한다.

지방자치단체 조직의 구체적인 내용은 관련 법률 및 조례 등에 의하여 이루어진다. 지방자치단체는 그 사무를 분장하기 위하여 필요한 행정기구와 지방공무원을 둔다(법 제112조 제1항). 제1항에 따른 행정기구의 설치와 지방공무원의 정원은 인건비 등 대통령령으로 정하는 기준에 따라 그 지방자치단체의 조례로 정한다(법 제112조 제2항).

Ⅱ. 자치행정권

지방자치단체는 지방자치단체의 사무(자치사무·단체위임사무)를 국가의 후견적 감독 없이 자율적으로 처리할 수 있는데, 이를 자치행정권이라 한다.

Ⅲ. 자치입법권

자치입법권이라 함은 지방자치단체가 자치행정에 관하여 자율적으로 법규를 제정하는 권한을 말한다.

헌법 제117조 제1항은 "지방자치단체는 …… 법령의 범위 안에서 자치에 관한 규정을 제정할 수 있다"라고 규정하여 자치입법권을 보장하고 있다. 위 헌법규정을 구체화하여 지방자치법은 지방자치단체에 조례제정권을(법 제22조), 그 장에게 규칙제정권을(법 제23

조) 부여하고 있고, 지방교육자치에 관한 법률은 교육감에게 교육규칙의 제정권을(지방교육자치에 관한 법률 제35조) 부여하고 있다.

자치입법권에 대하여는 이하의 제3항 조례, 제4항 규칙에서 자세히 살펴보기로 한다.

Ⅳ. 자치재정권

1. 의의

지방자치단체가 그 활동을 위하여 자주적으로 재원을 취득·지출하고, 재산을 관리하는 권한을 자치재정권이라 한다.

우리나라의 경우 지방재정이 열악하고 국가재정에 대한 의존율이 높다. 지방자치단체의 재정이 국가에 지나치게 의존하는 것은 지방자치의 장애요인이 된다.

2. 지방자치단체의 수입

가. 지방세

지방세는 지방자치단체의 수입 중 가장 대표적인 재원이다. 지방세도 조세이므로 조세법률주의가 적용된다. 따라서 법률에 명문의 규정이 없는 한 조례에 의한 지방세의 부과징수는 인정될 수 없다. 지방자치법도 "지방자치단체는 법률이 정하는 바에 의하여 지방세를 부과·징수할 수 있다(제135조)"라고 규정하고 있다.

현행법상 지방세의 부과징수는 지방세기본법에 의해 규율되고 있다. 다만, 지방세기본법은 지방세에 관한 법령규정의 시행에 필요한 세부적인 사항(세율, 납기 등)을 조례에 위임하는 경우가 있다[24].

나. 사용료·수수료·분담금

사용료는 공공시설의 이용 또는 재산의 사용의 대가로 부과·징수하는 것을 말한다(법 제136조). 수수료는 특정인에 대하여 제공되는 행정서비스에 대한 대가로서 징수되는 것을 말한다(법 제137조 제1항). 분담금이라 함은 지방자치단체의 재산 또는 공공시설의

24) 지방세기본법 제5조(지방세의 부과·징수에 관한 조례)

① 지방자치단체는 지방세의 세목(稅目), 과세대상, 과세표준, 세율, 그 밖에 지방세의 부과·징수에 필요한 사항을 정할 때에는 이 법 또는 지방세관계법에서 정하는 범위에서 조례로 정하여야 한다.

② 지방자치단체의 장은 제1항의 조례 시행에 따르는 절차와 그 밖에 조례 시행에 필요한 사항을 규칙으로 정할 수 있다.

설치로 인하여 주민의 일부가 특히 이익을 받는 경우에는 이익을 받는 자로부터 그 이익의 범위 안에서 징수하는 것을 말한다(법 제138조).

사용료·수수료 또는 분담금의 징수에 관한 사항은 조례로 정한다. 다만, 국가가 지방자치단체나 그 기관에 위임한 사무와 자치사무의 수수료 중 전국적으로 통일할 필요가 있는 수수료에 관한 사항은 다른 법령의 규정에도 불구하고 대통령령으로 정하는 표준금액으로 징수하되, 지방자치단체가 다른 금액으로 징수하고자 하는 경우에는 표준금액의 100분의 50의 범위에서 조례로 가감 조정하여 징수할 수 있다(법 제139조 제1항).

다. 교부금

교부금은 국가가 스스로 행하여야 할 사무를 지방자치단체나 그 기관에 위임하여 수행하는 경우에, 국가가 당해 지방자치단체에 교부하는 소요경비를 말한다(지방재정법 제21조 제2항).

라. 과태료

사기나 그 밖의 부정한 방법으로 사용료·수수료 또는 분담금의 징수를 면한 자에 대하여는 그 징수를 면한 금액의 5배 이내의 과태료를, 공공시설을 부정사용한 자에 대하여는 50만원 이하의 과태료를 부과하는 규정을 조례로 정할 수 있다(법 제139조 제2항).

지방자치단체가 국가나 다른 지방자치단체의 위임사무에 대하여 법령에서 정하는 바에 따라 과태료 또는 과징금을 부과·징수한 경우 그 수입은 사무위임을 받은 지방자치단체의 수입으로 한다. 다만, 다른 법령에 특별한 규정이 있거나 「비송사건절차법」에서 정하는 바에 따라 부과·징수한 과태료의 경우에는 그러하지 아니하다(지방재정법 제32조).

마. 지방교부세

지방교부세라 함은 지방자치단체 재정의 지역적 불균형을 시정하기 위하여 국가가 내국세의 일부를 재정적 결함이 있는 자치단체에 교부하는 금액을 말한다. 지방교부세는 국세총액의 일정액을 반드시 교부하여야 하는 것으로 지방세의 부족을 보충하는 기능을 갖는다.

바. 보조금

보조금은 국가나 시·도가 정책상 필요하다고 인정할 때 또는 지방자치단체의 재정사정상 특히 필요하다고 인정할 때에 예산의 범위에서 지방자치단체에 교부하는 금액을 말한다(지방재정법 제23조 제1항, 제2항).

보조금 예산의 편성, 교부 신청, 교부 결정 및 사용 등은 보조금 관리에 관한 법률에 의하여 규율되고 있다.

3. 재산의 관리

지방자치단체의 재산 및 공공시설의 관리에 관하여는 지방자치법 제142조 이하에서 상세히 규율하고 있다.

4. 지방자치단체의 예산과 결산

가. 예산안의 편성 및 의결

예산이라 함은 1회계연도에 있어서의 수입과 지출의 계획을 말한다. 예산안은 지방자치단체의 장이 편성하고 지방의회의 의결을 받아야 한다(법 제127조[25]).

나. 예산이 성립하지 아니할 때의 예산집행

지방의회에서 새로운 회계연도가 시작될 때까지 예산안이 의결되지 못하면 지방자치단체의 장은 지방의회에서 예산안이 의결될 때까지 법령이나 조례에 따라 설치된 기관이나 시설의 유지·운영, 법령상 또는 조례상 지출의무의 이행, 이미 예산으로 승인된 사업의 계속을 위한 경비는 전년도 예산에 준하여 집행할 수 있다(법 제131조).

다. 결산

지방자치단체의 장은 출납 폐쇄 후 80일 이내에 결산서와 증빙서류를 작성하고 지방의회가 선임한 검사위원의 검사의견서를 첨부하여 다음 연도 지방의회의 승인을 받아야 한다(법 제134조 제1항). 지방자치단체의 장은 제1항에 따른 승인을 받으면 5일 이내에 시·도에서는 행정안전부장관에게, 시·군 및 자치구에서는 시·도지사에게 각각 보고하고 그 내용을 고시하여야 한다(법 제134조 제2항).

---

25) 지방자치법 제127조(예산의 편성 및 의결)

① 지방자치단체의 장은 회계연도마다 예산안을 편성하여 시·도는 회계연도 시작 50일 전까지, 시·군 및 자치구는 회계연도 시작 40일 전까지 지방의회에 제출하여야 한다.

② 제1항의 예산안을 시·도의회에서는 회계연도 시작 15일 전까지, 시·군 및 자치구의회에서는 회계연도 시작 10일 전까지 의결하여야 한다.

③ 지방의회는 지방자치단체의 장의 동의 없이 지출예산 각 항의 금액을 증가하거나 새로운 비용항목을 설치할 수 없다.

④ 지방자치단체의 장은 제1항의 예산안을 제출한 후 부득이한 사유로 그 내용의 일부를 수정하려면 수정예산안을 작성하여 지방의회에 다시 제출할 수 있다.

제3항 조례

Ⅰ. 조례의 의의와 성질

조례는 지방자치단체가 법령의 범위 안에서 그 사무에 관하여 지방의회의 의결로서 제정하는 법규이다.

일반적으로 (자치)조례는 외부적 효력을 갖는 일반적·추상적 규율로서 실질적 의미의 법률에 해당된다(법규의 성질). 그러나 지방자치단체의 조직내부에서만 효력을 갖는 조례도 있으며(행정규칙의 성질), 예외적으로 개별적·구체적 규율로서 처분의 성격을 지닌 조례도 있을 수 있다(처분적 조례). 지방자치단체의 사무에 있어서 조례는 규칙보다 상위의 규범이다(대법원 1995.7.11. 선고 94누4615 전원합의체판결).

Ⅱ. 조례의 종류(조례제정권의 범위)

1. 자치조례

지방자치법 제22조 전문은 "지방자치단체는 법령의 범위 안에서 그 사무에 관하여 조례를 제정할 수 있다."고 규정하고, 동법 제9조 제1항은 "지방자치단체는 그 관할구역의 자치사무와 법령에 따라 지방자치단체에 속하는 사무를 처리한다"고 규정하고 있다. 따라서 지방자치법 제22조 전문의 '그 사무'는 동법 제9조 제1항에서 말하는 그 관할에 속하는 자치사무와 법령에 의하여 지방자치단체에 속하게 된 단체위임사무를 의미하게 된다. 결국 조례로 규정할 수 있는 사항은 자치사무와 단체위임사무에 한정되고 기관위임사무는 조례의 제정대상이 아니다(대법원 2001. 11. 27. 선고 2001추57 판결).

위와 같이 자치사무 및 단체위임사무에 관하여 법령의 수권없이 제정되는 조례를 자치조례라고 한다. 자치조례는 주민의 대표기관인 지방의회가 제정하는 법규범인 점에서 지방자치단체의 자치법이며 법률에 준하는 성질을 갖는다.

자치사무는 지방자치단체의 사무로서 법률의 수권없이도 조례제정의 대상이 된다. 다만 일정한 경우(권리를 제한하거나 의무를 부과하거나 벌칙을 정하는 경우)에는 법률의 수권을 요하지만, 이 경우에도 법률의 구체적인 위임이 반드시 요구되는 것이 아니라 어느 정도 포괄적인 위임도 가능하다.

2. 위임조례

이에 반하여 기관위임사무는 지방자치단체의 사무(자치사무 및 단체위임사무)가 아니라 국가의 사무이므로 명문의 규정이 없는 한 조례의 규율대상이 되지 않는다. 따라서 기관위임사무를 조례로 정하게 되면 그 조례는 무효가 된다. 다만 이 경우 위 무효인 조례에 근거하여 행하여진 행정처분이 당연히 무효가 되는 것은 아니다. 왜냐하면 무효인 조례의 규정에 근거하여 행하여진 행정처분은 그 하자가 중대하다고 할 것이나, 객관적으로 그 하자가 항상 명백한 것이라고는 할 수 없기 때문이다(대법원 1995. 7. 11. 선고 94누4615 전원합의체판결 참조).

한편 법령의 수권이 있는 경우에는 기관위임사무에 대하여도 조례가 제정될 수 있다. 이때 그 위임은 구체적이어야 하고, 조례는 위임법령의 취지에 부합하고 아울러 그 위임의 범위를 벗어나지 않아야 한다.

기관위임사무에 관하여 법령의 수권에 근거하여 제정되는 조례를 위임조례라고 하는바, 위임조례는 행정입법의 성질을 지닌다.

[1] 지방자치단체가 기관위임사무에 관하여 조례를 제정할 수 있는지 여부(소극): 헌법 제117조 제1항과 지방자치법 제15조에 의하면 지방자치단체는 법령의 범위 안에서 그 사무에 관하여 자치조례를 제정할 수 있으나 이 때 사무란 지방자치법 제9조 제1항에서 말하는 지방자치단체의 자치사무와 법령에 의하여 지방자치단체에 속하게 된 단체위임사무를 가리키므로 지방자치단체가 자치조례를 제정할 수 있는 것은 원칙적으로 이러한 자치사무와 단체위임사무에 한하므로, 국가사무가 지방자치단체의 장에게 위임된 기관위임사무와 같이 지방자치단체의 장이 국가기관의 지위에서 수행하는 사무일 뿐 지방자치단체 자체의 사무라고 할 수 없는 것은 원칙적으로 자치조례의 제정범위에 속하지 않는다.

[2] 개별 법령에서 기관위임사무 중 일정 사항을 조례로 정하도록 위임받아 제정하는 이른바 위임조례의 제정 한계: 기관위임사무에 있어서도 그에 관한 개별 법령에서 일정한 사항을 조례로 정하도록 위임하고 있는 경우에는 지방자치단체의 자치조례 제정권과 무관하게 이른바 위임조례를 정할 수 있다고 하겠으나 이때에도 그 내용은 개별 법령이 위임하고 있는 사항에 관한 것으로서 개별 법령의 취지에 부합하는 것이라야만 하고, 그 범위를 벗어난 경우에는 위임조례로서의 효력도 인정할 수 없다.

[3] 기관위임사무 해당 여부의 판단 기준: 법령상 지방자치단체의 장이 처리하도록 규정하고 있는 사무가 기관위임사무에 해당하는지 여부를 판단함에 있어서는 그에 관한 법령의 규정 형식과 취지를 우선 고려하여야 할 것이지만 그 외에도 그 사무의 성질이 전국적으로 통일적인 처리가 요구되는 사무인지 여부나 그에 관한 경비부담과 최종적인 책임귀속의 주체 등도 아울러 고려하여 판단하여야 할 것이다

[4] 발전소주변지역지원에관한법률상의 발전소 주변지역에 대한 지원사업이 기관위임사무에 해당하는지 여부(적극): 발전소주변지역지원에관한법률은 지역개발 외에 전원개발의 촉진과 발전소 및 방사성폐기물관리시설의 원활한 운영 도모를 그 목적에 포함시키고 있고(제1조), 위 법상 발전소 주변지역에 대한 지원사업은 한국전력공사가 전국의 각 주변지역에 대한 장기계획을 각각 수립하여야 하며(제9조), 지원사업은 지방자치단체의 장 외에 위 공사도 그 시행주체가 되어(제11조), 지원사업의 내용에 따라 각각 나누어 시행하게 되어 있고(같은법시행령 제19조 내지 제25조), 사업시행에 필요한 경비는 기본적으로 위 공사가 출연하여 운용·관리하는 기금에 의하여 충당하게 되어 있는 점을 고려할 때(제4조 내지 제7조), 위 법상 발전소 주변지역에 대한 지원사업은 지방자치단체별로 재정능력에 따른 차등이 없이 통일적으로 시행하여야 할 국가사무에 해당하나 다만 당해 지역의 사정과 지방자치단체가 시행하는 다른 복지시책과 밀접한 관련 하에서 시행할 필요가 있는 점을 고려하여 당해 지방자치단체의 장에게 시행을 위임한 기관위임사무에 해당한다(대법원 1999. 9. 17. 선고 99추30 판결).

처분권한의 근거 조례가 무효인 경우, 그 근거 규정에 기하여 한 행정처분이 당연무효인지 여부: [다수의견] 조례 제정권의 범위를 벗어나 국가사무를 대상으로 한 무효인 서울특별시행정권한위임조례의 규정에 근거하여 구청장이 건설업영업정지처분을 한 경우, 그 처분은 결과적으로 적법한 위임 없이 권한 없는 자에 의하여 행하여진 것과 마찬가지가 되어 그 하자가 중대하나, 지방자치단체의 사무에 관한 조례와 규칙은 조례가 보다 상위규범이라고 할 수 있고, 또한 헌법 제107조 제2항의 "규칙"에는 지방자치단체의 조례와 규칙이 모두 포함되는 등 이른바 규칙의 개념이 경우에 따라 상이하게 해석되는 점 등에 비추어 보면 위 처분의 위임 과정의 하자가 객관적으로 명백한 것이라고 할 수 없으므로 이로 인한 하자는 결국 당연무효 사유는 아니라고 봄이 상당하다(대법원 1995. 7. 11. 선고 94누4615 전원합의체판결).

【연구대상사례】 경상북도의회는 정기회 본의회에서 '경상북도의회에서의증언·감정등에관한조례안'을 의결하여 경상북도지사에게 이송하였다. 내무부장관은 위 조례안이 헌법, 기타 법령에 위반된다는 이유로 지방자치법 제172조 제1항에 따라 경상북도지사에게 재의요구를 하라는 지시를 하였고, 이에 경상북도지사는 경상북도의회에 재의를 요구하였다. 그럼에도 경상북도의회는 본의회에서 당초 원안과 동일하게 위 조례안을 재의결하였다. 재의결된 조례의 내용 중 문제되는 조문은 아래와 같다.

경상북도의회에서의증언·감정에관한조례

제4조 의회로부터 공무원 또는 공무원이었던 자가 증언의 요구를 받거나, 경상북도와 그 소속기관이 서류제출을 요구받은 경우에 증언할 사실이나 제출할 서류의 내용이 직무상 비밀에 속한다는 이유로 증언이나 서류 제출을 거부할 수 없다.

제6조 ① 행정사무감사나 조사를 위한 위원회는 증인이 정당한 이유 없이 출석하지 아니한 때에는 그 의결로 해당증인에 대하여 지정하는 장소까지 동행할 것을 명령할 수 있다.

② 제1항의 동행명령을 함에는 의장이 동행명령장을 발부한다.

제12조 정당한 이유 없이 출석하지 아니한 증인이나 감정인, 선서 또는 증언이나 감정을 거부한 증인이나 감정인은 3월 이하의 징역 또는 벌금에 처한다.

가. 지방의회에서의 증언·감정에 관하여 조례를 제정할 수 있는가. 있다면 그 법적 근거는 무엇인가

나. 이 사건 조례 제4조, 제6조, 제12조의 적법성 여부를 순서대로 평가하라.

다. 조례 중 일부조항만이 위법한 경우, 법원은 그 조례의 일부만의 효력을 부인할 수 있는가.

【제46회 사법시험 문제】 A郡은 포도 등 과일의 주산지로 이들 과일의 생산에 의하여 전체 농가소득의 대부분을 올리고 있다. 그런데 관상용으로 주택, 가로 또는 묘지 등에 심은 X나무가 포도 등 과일나무에 해로운 영향을 미치고 있으므로 X나무의 식재(植栽)를 금지하여야 한다는 여론이 제기되었다. 이에 A郡 의회는 이러한 여론을 수렴하여 "1) A郡에서는 X나무를 심거나 기르지 못한다. 2) 기존의 X나무에 대하여 소유권 등 권리가 있는 자는 1년 안에 X나무를 제거하여야 하며, 이를 이행하지 않는 자는 300만원 이하의 과태료에 처한다"라는 내용의 'X나무 식재 금지에 관한 조례(안)'을 의결하였다. (50점)

가. 위 의결된 조례(안)에 대한 군수 및 도지사의 통제방법을 논하시오.

나. 위 조례가 공포·시행된 후 A郡 관내에서 X나무 묘목을 생산·판매하는 甲이 취할 수 있는 권리구제수단을 논하시오.

【제52회 사법시험 문제】 B군에서는 정부의 자유무역협정체결에 대응하여 지역특산물인 녹차산업을 진흥하고 이를 통해 지역 경제를 육성하고자「녹차산업 육성 및 지원에 관한 조례」를 제정·공포하였다. 이 조례에는 녹차산업 지원을 위한 기술지도 및 보조금 지급에 관한 내용이 포함되어 있다. 이에 주민 甲은 이 조례에 근거하여 녹차 원료 생산을 위한 보조금을 신청하여 지원받았다. 그러나 주민 乙은 위 보조금 지급행위가 甲과 군수의 인척관계에 기인했을 뿐만 아니라 위 보조금지급제도가 군수의 인기영합 정책에 의한 부당한 재정지출의 원인이 된다고 생각하고 있다.

1. 위 조례의 제정가능성에 대하여 논하시오. (15점)
2. 주민 乙이 취할 수 있는 지방자치법에 의한 쟁송수단에 관하여 설명하시오. (15점)

【제58회 행정고시 문제】 A市 의회는 공개된 장소 뿐만 아니라 주거용 주택의 내부인 비공개장소에도 영상정보처리기기를 설치하려는 자는 영상정보처리기기 설치허가를 받도록 하고, 이를 위반한 경우 50만원 이하의 과태료를 부과하는 것을 내용으로 하는 조례안을 의결하였다. 위 조례안은 적법한가? 만약 A市시장이 위 조례안을 위법하다고 판단한 경우, A市 시장이 조례안의 위법성을 통제할 수 있는 법적 수단은? (20점)

Ⅲ. 조례제정권의 한계

1. 법률유보의 원칙

헌법 제117조 제1항[26]은 지방자치단체가 "법령의 범위 안에서" 자치에 관한 규정을 제정할 수 있다고 규정하여 지방자치단체에 대하여 포괄적 자치입법권을 인정하고 있다. 그런데 지방자치법 제22조[27] 단서는 "주민의 권리제한 또는 의무부과에 관한 사항이나 벌칙을 정할 때"에는 법률의 위임이 있어야 한다고 규정하고 있다. 위와 같이 하위법인 지방자치법이 주민의 권리제한 또는 의무부과에 관한 사항이나 벌칙을 제정하는 조례의 경우에 법률의 위임(법률유보)를 요구하는 것은 헌법에서 보장하고 있는 일반적 조례제정권을 침해하는 것이 아닌지 여부에 대하여 견해가 나뉘고 있다.

가. 주민의 권리제한 또는 의무부과에 관한 사항에 관한 조례제정에 법률의 위임을 요하는 규정의 위헌성

(1) 위헌설

지방자치법 제22조 단서를 위헌이라고 보는 견해의 논거는 다음과 같다[28].

① 조례는 그 자체 민주적 정당성을 가진 지방의회에 의하여 제정된 것이므로 최대한 존중되어야 한다.

② 헌법 제117조 제1항은 지방자치단체의 사무에 관하여는 '법령의 범위 안에서' 즉, 법령에 위반되지 않는 범위 내에서 널리 조례를 제정할 수 있는 포괄적인 자치입법권을

---

26) 헌법 제117조 ① 지방자치단체는 주민의 복리에 관한 사무를 처리하고 재산을 관리하며, 법령의 범위 안에서 자치에 관한 규정을 제정할 수 있다.

27) 지방자치법 제22조(조례) 지방자치단체는 법령의 범위 안에서 그 사무에 관하여 조례를 제정할 수 있다. 다만, 주민의 권리 제한 또는 의무 부과에 관한 사항이나 벌칙을 정할 때에는 법률의 위임이 있어야 한다.

28) 박윤흔·정형근, 최신 행정법강의(하), 개정28판, 2009, 120면.

보장하고 있다. 그런데 지방자치법 제22조 단서는 헌법에서 정하지 아니한 추가적 제한을 규정하여 지방자치단체의 위 포괄적 자주입법권을 침해하고 있다.

(2) 합헌설

합헌설의 논거는 다음과 같다[29].

① 국민의 전체의사로서의 법률과 제한적 지역단체 주민의 의사의 표현인 조례와의 사이에는 그 민주적 정당성에 차이가 있다. 따라서 기본권 기타 국민의 자유나 권리의 제한적 규율은 전국민적 민주적 정당성이 있는 법률에 의하여만 이를 할 수 있고, 조례에 의한 이들 사항의 규율은 법률의 위임이 있는 경우에만 가능하다고 보아야 한다.

② 헌법 제37조 제2항이 '국민의 모든 자유와 권리는 … 법률로써 제한할 수 있으며'라고 규정하여, 기본권의 제한에 대한 법률유보의 원칙을 명시하고 있는바, 여기서의 법률은 국회가 제정한 형식적 의미의 법률이다.

③ 주민의 권리의무에 관계된 사항이나 규율이 각 지방마다 구구하고 복잡할 경우 국가적인 규범의 통일성을 기하기 어렵고, 지방자치의 경험이 일천하여 조례의 남발로 국민의 기본권 보장이 소홀히 될 가능성을 무시할 수 없는바, 이러한 폐단을 정책적인 견지에서 방지할 필요성이 있다.

(3) 판례

대법원은 지방자치법 제22조 단서는 기본권 제한에 대하여 법률유보원칙을 선언한 헌법 제37조 제2항의 취지에 부합한다고 판시하여 합헌설을 취하고 있다(대법원 1995. 5. 12. 선고 94추28 판결 등). 헌법재판소도 지방자치법 제22조 단서가 합헌이라고 보고 있다(헌법재판소 1995. 4. 20. 선고 92헌마264,279 전원재판부).

청주시의회에서 의결한 청주시행정정보공개조례안이 주민의 권리를 제한하거나 의무를 부과하는 조례라고는 단정할 수 없어 그 제정에 있어서 반드시 법률의 개별적 위임이 따로 필요한 것은 아니라고 한 사례: 지방자치단체는 그 내용이 주민의 권리의 제한 또는 의무의 부과에 관한 사항이거나 벌칙에 관한 사항이 아닌 한 법률의 위임이 없더라도 조례를 제정할 수 있다 할 것인데 청주시의회에서 의결한 청주시행정정보공개조례안은 행정에 대한 주민의 알 권리의 실현을 그 근본내용으로 하면서도 이로 인한 개인의 권익침해 가능성을 배제하고 있으므로 이를 들어 주민의 권리를 제한하거나 의무를 부과하는 조례라고는 단정할 수 없고 따라서 그 제정에 있어서 반드시 법률의 개별적 위임이 따로 필요한 것은 아니라고 한 사례(대법원 1992. 6. 23. 선고 92추17 판결):

29) 김동희, 행정법Ⅱ, 제24판, 2018, 86면.

【해설】 행정정보공개조례안은 행정기관에게 의무를 부과하는 조례일 뿐이지, '주민'의 권리를 제한하거나 의무를 부과하는 조례는 아니므로 그 제정에 있어서 법률의 위임이 필요 없다고 본 사례이다.

이 사건 조례들은 담배소매업을 영위하는 주민들에게 자판기 설치를 제한하는 것을 내용으로 하고 있으므로 주민의 직업선택의 자유 특히 직업수행의 자유를 제한하는 것이 되어 지방자치법 제15조 단서 소정의 주민의 권리의무에 관한 사항을 규율하는 조례라고 할 수 있으므로 지방자치단체가 이러한 조례를 제정함에 있어서는 법률의 위임을 필요로 한다(헌법재판소 1995. 4. 20. 92헌마264,279 전원재판부).

법률의 위임 없이 보육시설 종사자의 정년을 규정한 '서울특별시 중구 영유아 보육조례 일부개정조례안'에 대한 재의결은 무효라고 한 사례: 영유아보육법이 보육시설 종사자의 정년에 관한 규정을 두거나 이를 지방자치단체의 조례에 위임한다는 규정을 두고 있지 않음에도 보육시설 종사자의 정년을 규정한 '서울특별시 중구 영유아 보육조례 일부개정조례안' 제17조 제3항은, 법률의 위임 없이 헌법이 보장하는 직업을 선택하여 수행할 권리의 제한에 관한 사항을 정한 것이어서 그 효력을 인정할 수 없으므로, 위 조례안에 대한 재의결은 무효라고 한 사례(대법원 2009. 5. 28. 선고 2007추134 판결).

[1] 법률의 위임 없이 주민의 권리제한 또는 의무부과에 관한 사항을 정한 조례의 효력(=무효): 지방자치법 제22조, 행정규제기본법 제4조 제3항에 의하면 지방자치단체가 조례를 제정함에 있어 그 내용이 주민의 권리제한 또는 의무부과에 관한 사항이나 벌칙인 경우에는 법률의 위임이 있어야 하므로, 법률의 위임 없이 주민의 권리제한 또는 의무부과에 관한 사항을 정한 조례는 효력이 없다.

[2] 구 주차장법 제19조의4 제1항 단서 및 구 주차장법 시행령 제12조 제1항 제3호가 일정한 경우 주차수요를 유발하는 시설 부설주차장의 용도변경을 허용하면서 그에 관하여 조례에 위임하지 않고 있음에도, 순천시 주차장 조례 제13조 제2항이 당해 시설물이 소멸될 때까지 부설주차장의 용도를 변경할 수 없도록 규정한 사안에서, 위 조례 규정은 법률유보의 원칙에 위배되어 효력이 없다고 본 원심판단을 정당하다고 한 사례: 구 주차장법(2010. 3. 22. 법률 제10159호로 개정되기 전의 것, 이하 '법'이라 한다) 제19조의4 제1항 단서 및 구 주차장법 시행령(2010. 10. 21. 대통령령 제22458호로 개정되기 전의 것, 이하 '시행령'이라 한다) 제12조 제1항 제3호가 일정한 경우 건축물·골프연습장 기타 주차수요를 유발하는 시설 부설주차장의 용도변경을 허용하면서 그에 관하여 조례에 위임하지 않고 있음에도, 순천시 주차장 조례 제13조 제2항(이하 '이 사건 조례 규정'이라 한다)이 당해 시설물이 소멸될 때까지 부설주차장의 용도를 변경할 수 없도록 규정한 사안에서, 이 사건 조례 규정이 부설주차장의 용도변경 제한에 관하여 정한 것은 법 제19조 제4항 및 시행령 제7조 제2항에서 위임한 '시설물의 부지 인근의 범위'와는 무관한 사항이고, 나아가 부설주차장의 용도변경 제한에 관하여는 법 제19조의4 제1항 및 시행령 제12조 제1항에

서 지방자치단체의 조례에 위임하지 않고 직접 명확히 규정하고 있으므로, 이 사건 조례 규정은 법률의 위임 없이 주민의 권리제한에 관한 사항을 정한 것으로서 법률유보의 원칙에 위배되어 효력이 없다고 본 원심판단을 정당하다고 한 사례(대법원 2012. 11. 22. 선고 2010두19270 전원합의체 판결【건축허가신청불허가처분취소】).

나. 조례로 벌칙을 정함에 있어 법률의 위임을 요하는 규정의 위헌성

(1) 형벌과 과태료의 구분

벌칙의 제정에 법률의 위임이 있어야 한다는 제22조 단서의 규정이 위헌인지 여부를 논함에 있어서는 형벌과 형사벌칙이 아닌 과태료를 구별하여 논하여야 한다.

벌칙 중 형벌(형사벌칙)을 정하는 것은 국가사무이며 또한 죄형법정주의에 비추어 법률의 개별적·구체적 위임이 없이는 형벌을 조례로 정할 수는 없다.

벌칙 중 형사처벌이 아닌 과태료의 부과는 의무를 부과하는 행위에 해당하므로, 과태료를 부과하는 조례는 의무를 부과하는 조례와 동일하게 보아야 한다. 따라서 법률의 위임이 있어야 하지만, 이 경우에는 개별적·구체적 위임이 아니라 후술하는 바와 같이 포괄적인 수권도 가능하다고 보아야 한다.

(2) 벌칙에 관한 현행 규정

지방자치단체는 조례를 위반한 행위에 대하여 조례로써 1천만원 이하의 과태료를 정할 수 있다(법 제27조 제1항). 제1항에 따른 과태료는 해당 지방자치단체의 장이나 그 관할 구역 안의 지방자치단체의 장이 부과·징수한다(법 제27조 제2항).

구 지방자치법(1994. 3. 16. 법률 제4741호로 일부개정되기 전의 것) 제20조[30]에서는 조례로 3월 이하의 징역, 10만원 이하의 벌금 등을 정할 수 있도록 규정하고 있었다. 그런데 위 규정은 형사벌칙규정권을 위임함에 있어 그 형량의 최고한도는 정했으나, 범죄구성요건을 구체적으로 정하지 않고 조례에 백지위임하여 죄형법정주의에 반한다는 비판이 있었다. 그리하여 1994. 3. 16. 법률 제4741호로 지방자치법이 일부개정될 때에 위 규정을 삭제하고, 현행규정과 같이 조례로서 행정질서벌인 과태료만을 부과할 수 있도록 규정함으로써 위헌문제를 입법적으로 해결하였다[31].

---

30) 구 지방자치법(1994. 3. 16. 법률 제4741호로 일부개정되기 전의 것) 제20조(벌칙의 위임) 시·도는 당해지방자치단체의 조례로써 3월 이하의 징역 또는 금고, 10만원 이하의 벌금·구류·과료 또는 50만원 이하의 과태료의 벌칙을 정할 수 있다.

31) 김동희, 전게서, 87-88면.

다. 위임의 정도

자치조례의 경우 포괄적 수권이 가능하지만, 기관위임사무에 관하여 제정하는 위임조례의 경우에는 구체적 수권이 필요하다는 견해가 일반적이다[32]. 그 논거는 다음과 같다.

i) 지방자치단체의 사무에 관한 조례 즉 자치조례는 주민의 대표기관인 지방의회가 제정하는 자치법규로서 법률에 준하는 성질을 가지며 행정입법과는 구별되어야 한다. 따라서 자치조례에는 국가법에 적용되는 일반적인 위임입법의 한계가 적용될 여지는 없다(대법원 2000. 11. 24. 선고 2000추29 판결). 즉 권리를 제한하거나 의무를 부과하거나 벌칙(과태료)을 정하는 조례에는 법률의 위임이 있어야 하지만, 그 위임의 정도는 자치조례의 경우 어느 정도 포괄적인 위임도 가능하다고 보아야 한다(헌법재판소 1995. 4. 20. 선고 92헌마264,279 전원재판부).

ii) 기관위임사무에 관하여 제정하는 위임조례는 행정입법의 일종으로서 행정입법에 관한 일반적인 위임의 한계가 적용된다. 즉 기관위임사무에 관한 사항을 조례에 위임하는 경우에는 그 위임의 정도는 개별적·구체적인 것이어야 한다.

iii) 법률로 형벌에 관한 사항을 조례에 위임함에 있어서는 죄형법정주의의 원칙상 구성요건 및 형벌의 상한 등을 구체적으로 정하여 위임하여야 한다.

판례도 이러한 절충설의 입장을 취하고 있다(대법원 2000. 11. 24. 선고 2000추29 판결 등).

지방자치단체의 자치사무나 단체위임사무에 관한 자치조례의 제정 한계: 지방자치법 제9조 제1항과 제15조 등의 관련 규정에 의하면 지방자치단체는 원칙적으로 그 고유사무인 자치사무와 법령에 의하여 위임된 단체위임사무에 관하여 이른바 자치조례를 제정할 수 있는 외에, 개별 법령에서 특별히 위임하고 있을 경우에는 그러한 사무에 속하지 아니하는 기관위임사무에 관하여도 그 위임의 범위 내에서 이른바 위임조례를 제정할 수 있지만, 조례가 규정하고 있는 사항이 그 근거 법령 등에 비추어 볼 때 자치사무나 단체위임사무에 관한 것이라면 이는 자치조례로서 지방자치법 제15조가 규정하고 있는 '법령의 범위 안'이라는 사항적 한계가 적용될 뿐, 위임조례와 같이 국가법에 적용되는 일반적인 위임입법의 한계가 적용될 여지는 없다(대법원 2000. 11. 24. 선고 2000추29 판결).

주민의 권리 의무에 관한 조례제정권에 대한 법률의 위임 정도: 조례의 제정권자인 지방의회는 선거를 통해서 그 지역적인 민주적 정당성을 지니고 있는 주민의 대표기관이고 헌법이 지방자치단체에 포괄적인 자치권을 보장하고 있는 취지로 볼 때, 조례에 대한 법률의 위임은 법규

32) 박균성, 전게서, 188-189면; 김남진·김연태, 전게서, 129면, 등.

명령에 대한 법률의 위임과 같이 반드시 구체적으로 범위를 정하여 할 필요가 없으며 포괄적인 것으로 족하다(헌법재판소 1995. 4. 20. 선고 92헌마264,279 전원재판부).

【제4회 변호사시험 문제】 조례로 정하고자 하는 특정사항에 관하여 이미 법률이 그 사항을 규율하고 있는 경우에, 지방자치단체는 법률이 정한 기준보다 더 강화되거나 더 약화된 기준을 조례로 제정할 수 있는가? (20점)

2. 법률우위의 원칙(법령의 범위 안에서)

가. 의의

조례는 국가의 법령(헌법, 법률, 명령 등 국가가 정립하는 법)에 위반할 수 없다. 지방자치법 제22조 본문은 "지방자치단체는 법령의 범위 안에서 그 사무에 관하여 조례를 제정할 수 있다."라고 규정하고 있는데, 여기서 '법령의 범위 안에서'라 함은 법령에 위반되지 않는 범위 내에서라고 해석된다(대법원 2003. 9. 23. 선고 2003추13 판결). 조례에 대한 국가 법령의 우위는 국가법질서의 통일성을 유지하기 위하여 요구된다.

나. 법령이 규율하고 있지 않은 대상(사항)에 대하여 조례가 제정되는 경우

국가의 법령과 규율대상 내지 규율사항을 달리하는 조례(이를 '추가조례'라 한다)는 원칙상 당해 법령에 위반하는 것으로 볼 수 없다. 따라서 조례의 규율 내용이 수익적인 경우에는 자유롭게 조례를 제정할 수 있다. 다만, 조례의 규율 내용이 침익적인 경우에는 지방자치법 제22조 단서(법률유보의 원칙)에 반하지 않는 한도에서 조례를 제정할 수 있다. 즉 법령이 규율하고 있지 않은 대상(사항)에 대하여 조례가 제정되는 경우에도 그것이 침익적 내용인 경우에는 법령의 수권을 필요로 한다.

다. 법령이 이미 규율하고 있는 대상(사항)에 대하여 조례가 제정되는 경우

(1) 법률선점이론

과거에는 국가법령에서 이미 정하고 있는 사항에 대하여 조례가 동일한 목적으로 규율하는 것은 법률이 이미 선점한 영역을 침해하는 것이므로 이는 허용되지 않는다는 견해(법률선점이론)가 주장되었다. 그러나 오늘날은 지방자치단체의 자치입법권을 보장하기 위하여, 국가법령이 정하고 있는 사항이라도 지역의 특수성을 고려하여 조례로 달리 정할 수 있다는 견해(완화된 법률선점이론)가 일반적이다[33].

조례의 법령에 대한 위반 여부는 조례의 규정이 당해 법령의 규정과 양립가능한 것인지 여부에 의하여 판단하는 것이 타당하고, 그것이 판례의 입장이기도 하다.

(2) 규율목적이 상이한 조례

조례로 정하고자 하는 특정사항에 관하여 이미 법령이 존재하는 경우에도, 조례와 법령의 규율목적이 다르고 조례의 적용이 국가법령의 입법목적을 저해하지 않는 경우에는 당해 조례는 법령에 위반하는 것으로 볼 수 없다.

조례로 정하고자 하는 특정사항에 관하여 이미 법령이 존재하는 경우, 조례의 적법 요건: 지방자치단체는 법령에 위반되지 아니하는 범위 내에서 그 사무에 관하여 조례를 제정할 수 있는 것이고, 조례가 규율하는 특정사항에 관하여 그것을 규율하는 국가의 법령이 이미 존재하는 경우에도 조례가 법령과 별도의 목적에 기하여 규율함을 의도하는 것으로서 그 적용에 의하여 법령의 규정이 의도하는 목적과 효과를 전혀 저해하는 바가 없는 때, 또는 양자가 동일한 목적에서 출발한 것이라고 할지라도 국가의 법령이 반드시 그 규정에 의하여 전국에 걸쳐 일률적으로 동일한 내용을 규율하려는 취지가 아니고 각 지방자치단체가 그 지방의 실정에 맞게 별도로 규율하는 것을 용인하는 취지라고 해석되는 때에는 그 조례가 국가의 법령에 위반되는 것은 아니다(대법원 1997. 4. 25. 선고 96추244 판결【조례안재의결무효확인】등).

(3) 규율 대상(사항)과 목적이 동일한 경우

문제가 되는 것은 법령과 조례가 동일한 사항을, 동일한 규율목적으로 규정하고 있는 경우에, 법령이 정한 기준을 초과하여 보다 강화되거나 보다 약화된 기준을 정하는 조례(이를 '초과조례'라 한다)가 법률우위의 원칙에 반하는가 하는 것이다.

조례가 법령이 이미 정하고 있는 사항에 대하여 법령과 동일한 목적으로 규율하고 있는 경우에도, 국가의 법령이 반드시 그 규정에 의하여 전국에 걸쳐 일률적으로 동일한 내용을 규율하려는 취지가 아니고 각 지방자치단체가 그 지방의 실정에 맞게 별도로 규율하는 것을 용인하는 취지라고 해석되는 때에는 당해 조례는 위법하지 않다(양립가능하다)는 것이 판례의 입장이다(대법원 1997. 04. 25 선고 96추244 판결 등).

(가) 침익초과조례

법령보다 강하게 국민의 권익을 제한하는 조례를 '침익초과조례'라고 한다. 침익초과조례는 i) 현행 지방자치법 제22조 단서로 인하여 법령에 근거(법령의 위임)가 없는 한 인정될 수 없다. ii) 침익초과조례가 법령에 근거가 있는 경우에도, 그 내용이 법령에 위

33) 박균성, 전게서, 190면.

반되어서는 아니된다.

법령이 정한 규제요건을 완화하거나 더욱 강한 제제를 가하는 조례가 침익초과조례에 해당된다. 지역의 실정에 맞게 규제를 강화할 필요가 있는 사항에 관하여, 법령은 전국적으로 적용되는 최소한의 규제기준만을 정하고 조례로 지역의 특성에 맞게 법령에서 정한 기준을 초과하여 규율하는 것(침익요건을 완화하거나 효과에서 더욱 강한 제재를 가하는 것)을 용인하는 취지라고 해석되는 때에는 당해 침익초과조례는 법령에 반하지 않는다고 보아야 한다[34].

[1] 조례에 의한 차고지확보제도는 법률의 위임이 있어야 하는지 여부(적극): 차고지확보제도 조례안이 자동차·건설기계의 보유자에게 차고지확보의무를 부과하는 한편 자동차관리법에 의한 자동차등록(신규·변경·이전) 및 건설기계관리법에 의한 건설기계등록·변경신고를 하려는 자동차·건설기계의 보유자에게 차고지확보 입증서류의 제출의무를 부과하고 그 입증서류의 미제출을 위 등록 및 신고수리의 거부사유로 정함으로써 결국 등록·변경신고를 하여 자동차·건설기계를 운행하려는 보유자로 하여금 차고지를 확보하지 아니하면 자동차·건설기계를 운행할 수 없도록 하는 것을 그 내용으로 하고 있다면, 이는 주민의 권리를 제한하고 주민에게 의무를 부과하는 것임이 분명하므로 지방자치법 제15조단서의 규정에 따라 그에 관한 법률의 위임이 있어야만 적법하다.

[2] 도시교통정비촉진법 제19조의10 제3항이 조례에 의한 차고지확보제도의 법률적 위임근거가 되는지 여부(적극): 도시교통정비촉진법 제19조의10 제3항에서 교통수요관리에 관하여 법에 정한 사항을 제외하고는 조례로 정하도록 규정하고 있고, 차고지확보제도는 차고지를 확보하지 아니한 자동차·건설기계의 보유자로 하여금 그 자동차·건설기계를 운행할 수 없도록 하는 것으로서 결과적으로 자동차 등의 통행량을 감소시키는 교통수요관리(그 중 주차수요관리) 방안의 하나에 해당하므로, 같은 법 제19조의10 제3항의 규정은 비록 포괄적이고 일반적인 것이기는 하지만 차고지확보제도를 규정한 조례안의 법률적 위임근거가 된다.

[3] 차고지확보제도를 규정한 조례안이 법률의 위임근거는 있으나, 그 내용이 자동차 등록기준 및 차고지 확보기준에 관한 상위법령의 제한범위를 초과하여 무효라고 한 사례: 차고지확보 대상을 자가용자동차 중 승차정원 16인 미만의 승합자동차와 적재정량 2.5t 미만의 화물자동차까지로 정하여 자동차운수사업법령이 정한 기준보다 확대하고, 차고지확보 입증서류의 미제출을 자동차등록 거부사유로 정하여 자동차관리법령이 정한 자동차 등록기준보다 더 높은 수준의 기준을 부가하고 있는 차고지확보제도에 관한 조례안은 비록 그 법률적 위임근거는 있지만 그 내용이 차고지 확보기준 및 자동차등록기준에 관한 상위법령의 제한범위를 초과하여 무효라고 한 사례(대법원 1997. 4. 25. 선고 96추251 판결).

---

34) 박균성, 전게서, 194면.

나. 공무원 등이 직무상 비밀에 속한다는 이유로 지방의회의 증언 또는 서류제출 요구 등을 예외 없이 거부할 수 없도록 규정한 조례안이 상위 법령에 위반되는지 여부: 공무원 또는 공무원이었던 자가 직무상 비밀에 속한다는 이유로 지방의회의 증언 또는 서류제출 요구 등을 거부할 수 없도록 규정한 조례안의 경우, 언제나 국가기밀을 공개하여야 한다는 것은 부당하고 국민의 알 권리도 헌법 제37조 제2항에 의하여 국가안전보장·질서유지·공공복리를 이유로 제한될수 있다는 점에서 절대적인 권리는 아니므로, 그 규정이 목적하는 바가 국가기밀을 빙자하여 자료제출, 증언을 거부하려는 것을 막는 데 있다면, 국회에서의증언·감정등에관한법률과 같이 그것이 공개됨으로써 국가의 안전보장 등에 중대한 위험을 초래할 국가기밀의 경우에는 공개를 거부할 수 있는 예외를 합리적으로 인정하였어야 함에도, 이러한 예외를 인정함이 없이 그것이 공개됨으로써 국가의 안전보장에 중대한 영향을 미칠 국가기밀의 경우까지도 반드시 공개하도록 규정된 조례안은 이런 점에서 공무원의 비밀유지의무를 규정한 국가공무원법 제60조, 지방공무원법 제52조, 형법 제127조, 보안업무규정 제24조와 지방자치법 제36조 제7항, 같은 법시행령 제17조의4 제3항에 위반된다고 볼 수밖에 없다.

다. 불출석 증인에 대한 동행명령장제도를 규정한 조례안이 법률적 위임 근거가 있다고 볼 것인지 여부: 지방의회 불출석 증인에 대한 동행명령장제도는 이에 의하여 불출석 증인을 그 의사에 반하여 일정한 장소에 인치하는 것을 내용으로 하므로, 헌법 제12조가 보장하고 있는 신체의 자유권에 대한 중대한 제한을 가하는 것이 분명하여 지방자치법 제15조 단서에 의하여 법률상 위임이 있어야 할 것인바, 지방자치법이 제36조 제7항에서 행정사무의 감사·조사를 위하여 필요한 사항 및 선서·증언·감정 등에 관한 절차를 대통령령으로 정하도록 위임하여, 같은 법 시행령은 제17조의2 내지 제19조에서 이에 관한 중요한 사항에 관하여 규정한 다음 제19조의2에서 법 및 영에 규정한 것 외에 감사 또는 조사에 필요한 사항은 당해 지방자치단체의 조례로 정한다고 규정하여 그 나머지 세부절차를 부분적으로 조례에 재위임하였고, 조례에 위임하고 있는 "감사 또는 조사에 필요한 사항"은 광의의 것으로서 협의의 감사·조사절차와 증언·감정등에 관한 절차를 포괄하는 것으로 보아야 하므로, 동행명령장제도는 지방의회에서의 증언·감정 등에 관한 절차에서 증인·감정인 등의 출석을 확보하기위한 절차로서 규정된 것으로 같은법 시행령 제19조의2 규정의 "감사 또는 조사에 필요한 사항"에 해당한다고 보아야 할 것이어서, 결국 같은 법 제36조제7항, 같은법 시행령 제19조의2의 규정이 비록 포괄적이고 일반적이기는 하지만 동행명령장제도를 규정한 조례안의 법률적 위임 근거가 된다고 보는 것이 타당하다.

라. '다'항의 조례안이 영장주의원칙을 규정한 헌법에 위반되는지 여부: 지방의회에서의 사무감사·조사를 위한 증인의 동행명령장제도도 증인의 신체의 자유를 억압하여 일정 장소로 인치하는 것으로서 헌법 제12조 제3항의 "체포 또는 구속"에 준하는 사태로 보아야 하고, 거기에 현행범 체포와 같이 사후에 영장을 발부받지 아니하면 목적을 달성할 수 없는 긴박성이 있다고 인정할 수는 없으므로, 헌법 제12조 제3항에 의하여 법관이 발부한 영장의제시가 있어야 함에도 불구하고 동행명령장을 법관이 아닌 지방의회 의장이 발부하고 이에 기하여 증인의

신체의 자유를 침해하여 증인을 일정 장소에 인치하도록 규정된 조례안은 영장주의원칙을 규정한 헌법 제12조 제3항에 위반된 것이다.

마. 조례 위반에 형벌을 가할 수 있도록 규정한 조례안이 지방자치법 및 헌법에 위반되는지 여부: 지방자치법 제15조 단서는 지방자치단체가 법령의 범위 안에서 그 사무에 관하여 조례를 제정하는 경우에 벌칙을 정할 때에는 법률의 위임이 있어야한다고 규정하고 있는데, 불출석 등의 죄, 의회모욕죄, 위증 등의 죄에 관하여 형벌을 규정한 조례안에 관하여 법률에 의한 위임이 없었을 뿐만 아니라, 구 지방자치법(1994.3.16. 법률 제4741호로 개정되기 전의 것) 제20조가 조례에 의하여 3월 이하의 징역 등 형벌을 가할 수 있도록 규정하였으나 개정된 지방자치법 제20조는 형벌권을 삭제하여 지방자치단체는 조례로써 조례 위반에 대하여 1,000만 원 이하의 과태료만을 부과할 수 있도록 규정하고 있으므로, 조례 위반에 형벌을 가할 수 있도록 규정한 조례안 규정들은 현행 지방자치법 제20조에 위반되고, 적법한 법률의 위임 없이 제정된 것이 되어 지방자치법 제15조 단서에 위반되고, 나아가 죄형법정주의를 선언한 헌법 제12조 제1항에도 위반된다(대법원 1995. 6. 30. 선고 93추83 판결).

(나) 수익초과조례

법령보다 강하게 국민의 권익을 보장하는 조례를 '수익초과조례'라고 한다. 수익초과조례는 법령의 위임 없이도 제정될 수 있다. 따라서 수익초과조례는 법령위반 여부만이 문제가 된다.

법령이 정한 급부요건을 완화하거나 더욱 강화된 급부를 부여하는 조례가 위의 수익초과조례에 해당된다. 수익초과조례는 법령이 최소한의 기준만을 정하고 있고, 조례로 지방의 실정에 맞게 별도로 급부를 강화하여 규율하는 것(수익요건을 완화하거나 효과에서 더욱 강화된 수익을 부여하는 것)을 용인하는 취지라고 해석되는 경우에는 당해 조례는 법령에 반하지 않는다고 보아야 한다.

일정한 자활보호대상자에 대한 생계비 지원을 규정한 조례가 생활보호법상의 자활보호대상자 보호제도와 모순·저촉되지 않는다고 본 사례: 조례안의 내용은 생활유지의 능력이 없거나 생활이 어려운 자에게 보호를 행하여 이들의 최저생활을 보장하고 자활을 조성함으로써 구민의 사회복지의 향상에 기여함을 목적으로 하는 것으로서 생활보호법과 그 목적 및 취지를 같이 하는 것이나, 보호대상자 선정의 기준 및 방법, 보호의 내용을 생활보호법의 그것과는 다르게 규정함과 동시에 생활보호법 소정의 자활보호대상자 중에서 사실상 생계유지가 어려운 자에게 생활보호법과는 별도로 생계비를 지원하는 것을 그 내용으로 하는 것이라는 점에서 생활보호법과는 다른 점이 있고, 당해 조례안에 의하여 생활보호법 소정의 자활보호대상자 중 일부에 대하여 생계비를 지원한다고 하여 생활보호법이 의도하는 목적과 효과를 저해할 우려는 없다고 보여지며, 비록 생활보호법이 자활보호대상자에게는 생계비를 지원하지 아니하도록 규정하고 있다고 할지라도 그 규정에 의한 자활보호대상자에게는 전국에 걸쳐 일률적으로 동일한 내용의 보호만을 실시하여야 한다는 취지로는 보이지 아니하고, 각 지방자치단체가 그 지방의 실정에 맞게 별도의 생활보호를 실시하는 것을 용인하는 취지라고 보아야 할 것이라는 이유로, 당해 조례안의 내용이 생활보호법의 규정과 모순·저촉되는 것이라고 할 수 없다고 본 사례(대법원 1997. 4. 25. 선고 96추244 판결).

[1] 지방자치단체가 세 자녀 이상 세대 양육비 등 지원에 관한 조례안을 제정함에 있어서 법률의 개별적 위임이 필요한지 여부(소극): 지방자치법 제15조에 의하면 지방자치단체는 그 내용이 주민의 권리의 제한 또는 의무의 부과에 관한 사항이거나 벌칙에 관한 사항이 아닌 한 법률의 위임이 없더라도 그의 사무에 관하여 조례를 제정할 수 있는바, 지방자치단체의 세자녀 이상 세대 양육비 등 지원에 관한 조례안은 저출산 문제의 국가적·사회적 심각성을 십분 감안하여 향후 지방자치단체의 출산을 적극 장려토록 하여 인구정책을 보다 전향적으로 실효성 있게 추진하고자 세 자녀 이상 세대 중 세 번째 이후 자녀에게 양육비 등을 지원할 수 있도록 하는 것으로서, 위와 같은 사무는 지방자치단체 고유의 자치사무 중 주민의 복지증진에 관한 사무를 규정한 지방자치법 제9조 제2항 제2호 (라)목에서 예시하고 있는 아동·청소년 및 부녀의 보호와 복지증진에 해당되는 사무이고, 또한 위 조례안에는 주민의 편의 및 복리증진에 관한 내용을 담고 있어 그 제정에 있어서 반드시 법률의 개별적 위임이 따로 필요한 것은 아니다.

[2] 조례로 정하고자 하는 특정사항에 관하여 이미 법령이 존재하는 경우, 조례의 적법 요건: 지방자치단체는 법령에 위반되지 아니하는 범위 내에서 그 사무에 관하여 조례를 제정할 수 있는 것이고, 조례가 규율하는 특정사항에 관하여 그것을 규율하는 국가의 법령이 이미 존재하는 경우에도 조례가 법령과 별도의 목적에 기하여 규율함을 의도하는 것으로서 그 적용에 의하여 법령의 규정이 의도하는 목적과 효과를 전혀 저해하는 바가 없는 때, 또는 양자가 동일한 목적에서 출발한 것이라고 할지라도 국가의 법령이 반드시 그 규정에 의하여 전국에 걸쳐 일률적으로 동일한 내용을 규율하려는 취지가 아니고 각 지방자치단체가 그 지방의 실정에 맞게 별도로 규율하는 것을 용인하는 취지라고 해석되는 때에는 그 조례가 국가의 법령에 위반되는 것은 아니다.

[3] 군민의 출산을 적극 장려하기 위하여 세 자녀 이상의 세대 중 세 번째 이후 자녀에게 양육비 등을 지원할 수 있도록 하는 내용의 '정선군세자녀이상세대양육비등지원에관한조례안'이 법령에 위반되지 않는다고 한 사례(대법원 2006. 10. 12. 선고 2006추38 판결): 【해설】 저출산·고령사회기본법의 목적과 입법 취지 및 지방자치단체로 하여금 지역실정에 부합하는 저출산·고령사회정책을 수립·시행하도록 한 점 등 그 규정 내용에 비추어 볼 때, 지방자치단체인 정선군이 강원도 정선군민의 출산을 적극 장려하기 위하여 세 자녀 이상의 세대 중 세 번째 이후 자녀에게 양육비 등을 지원하도록 하는 내용의 이 사건 조례안은 저출산·고령사회기본법에서 정한 지방자치단체의 책무의 범위 안에서 자녀의 임신·출산·양육 및 교육에 소요되는 경제적 부담을 경감하기 위하여 필요한 시책을 강구한 것이라 할 것이므로, 이 사건 조례안이 저출산·고령사회기본법에 위배된다고 할 수 없다고 본 사례이다.

라. 조례에 의한 지방자치단체 기관의 권한제한

조례에 의하여 지방자치단체 기관의 권한을 제한하는 것은 지방자치법 제22조 제1항 단서의 '주민의 권리 제한 또는 의무 부과'에 해당되지 않는다. 따라서 이 경우에는 조례와 법률유보는 문제되지 아니하고, '법률우위의 원칙'만이 검토의 대상이 된다.

(1) 지방의회의 권한제한

지방자치단체의 집행기관의 사무집행에 관한 감시·통제기능은 지방의회의 고유권한이므로 이러한 지방의회의 권한을 제한·박탈하거나 제3의 기관 또는 집행기관 소속의 어느 특정 행정기관에 일임하는 내용의 조례를 제정한다면 이는 지방의회의 권한을 본질적으로 침해하거나 그 권한을 스스로 저버리는 내용의 것으로서 지방자치법령에 위반되어 무효이다(대법원 1997. 4. 11. 선고 96추138 판결).

(2) 지방자치단체의 장의 권한제한

(가) 상위법령에 의하여 단체장에게 부여된 권한의 제한

상위법령에서 단체장에게 기관구성원의 임명·위촉의 권한을 부여하는 경우에는 특별한 규정이 없는 한 그 임명위촉권은 단체장에게 전속적으로 부여된 것이라고 보아야 하며 하위법규인 조례로서 위 단체장의 임명위촉권을 제한할 수 없다(대법원 2004. 7. 22. 선고 2003추44 판결 등).

[1] 상위법령에 의하여 기관구성원의 임명·위촉권한이 지방자치단체의 장에게 전속적으로 부여된 경우, 조례로써 지방자치단체의 장의 임명·위촉권을 제약할 수 있는지 여부(소극): 상위법령에서 지방자치단체의 장에게 기관구성원 임명·위촉권한을 부여하면서도 임명·위촉권의 행사에 대한 지방의회의 동의를 받도록 하는 등의 견제나 제약을 규정하고 있거나 그러한 제약을 조례 등에서 할 수 있다고 규정하고 있지 아니하는 한 당해 법령에 의한 임명·위촉권은 지방자치단체의 장에게 전속적으로 부여된 것이라고 보아야 할 것이어서 하위법규인 조례로써는 지방자치단체의 장의 임명·위촉권을 제약할 수 없다 할 것이고 지방의회의 지방자치단체 사무에 대한 비판, 감시, 통제를 위한 행정사무감사 및 조사권의 행사의 일환으로 위와 같은 제약을 규정하는 조례를 제정할 수도 없다.

[2] 지방자치단체의 장으로 하여금 지방자치단체가 설립한 지방공기업 등의 대표에 대한 임명권의 행사에 앞서 지방의회의 인사청문회를 거치도록 한 조례안이 지방자치단체의 장의 임명권에 대한 견제나 제약에 해당한다는 이유로 법령에 위반된다고 한 사례(대법원 2004. 7. 22. 선고 2003추44 판결【재의결무효확인】).

[1] 지방공무원의 파견에 관한 지방자치단체의 장의 임용권 행사에 대하여 조례로써 지방의회가 상호 견제의 범위를 넘어 적극적으로 관여하는 경우, 그 조례 규정이 법령에 위반되는지 여부(적극): 지방자치법은 제5장과 제6장의 각 규정 등에서 집행기관으로서의 지방자치단체의 장과 지방의회에게 각각 독자적 권한을 부여함과 아울러 그 권한의 행사에 대한 다른 일방의 관여는 상호 견제와 균형의 확보를 위한 범위 내에서만 허용하고 있으므로, 조례로써 그와 같은 범위를 넘어 다른 일방의 권한 행사에 대하여 적극적으로 관여할 수 있게 하는 것은 원칙적으로 허용되지 아니하는바, 소속 지방공무원에 대한 지방자치단체의 장의 임용권을 규정하고 있는 지방자치법 제96조 및 지방공무원법 제6조 제1항과 그 임용권의 한 내용으로서의 소속 지방공무원의 파견에 관하여 규정하고 있는 지방공무원법 제30조의4 및 지방공무원임용령 제27조의2 등의 관련 규정에 의하면, 지방자치단체의 장이 그 소속 지방공무원에 대한 파견에 관하여 가지는 임용권 역시 지방자치단체의 장의 고유권한에 속하는 것임이 명백하므로, 이에 대하여 지방의회가 상호 견제의 범위를 넘어 적극적으로 관여하는 것은 결국 위와 같은 법령 규정에 위반된 것이다.

[2] 조례안에서 지방자치단체의 장이 재단법인 광주비엔날레의 업무수행을 지원하기 위하여 소속 지방공무원을 위 재단법인에 파견함에 있어 그 파견기관과 인원을 정하여 지방의회의 동의를 얻도록 하고, 이미 위 재단법인에 파견된 소속 지방공무원에 대하여는 조례안이 조례로서 시행된 후 최초로 개회되는 지방의회에서 동의를 얻도록 규정하고 있는 경우, 그 조례안 규정은 지방자치단체의 장의 고유권한에 속하는 소속 지방공무원에 대한 임용권 행사에 대하여 지방의회가 동의 절차를 통하여 단순한 견제의 범위를 넘어 적극적으로 관여하는 것을 허용하고 있다는 이유로 법령에 위반된다고 한 사례(대법원 2001. 2. 23. 선고 2000추67 판결【재단법인광주비엔날레지원조례중개정조례안재의결무효확인】).

(나) 집행기관의 인사권에 대한 사전적·적극적 개입

단체장의 기관구성원에 대한 임명·위촉권한이 상위법령이 아니라 조례에 의하여 비로소 부여되는 경우, 조례에 의하여 단체장의 임명권한에 견제나 제한을 가하는 규정을 둘 수 있다. 그러나 이 경우에도 지방의회는 견제의 범위 내에서 소극적 또는 사후적으로 개입할 수 있을 뿐 사전에 적극적으로 개입하는 것은 허용되지 아니한다.

[1] 합의제 행정기관인 옴부즈맨(Ombudsman)을 집행기관의 장인 도지사 소속으로 설치하는 데 있어서는 지방자치법 제107조 제1항의 규정에 따라 당해 지방자치단체의 조례로 정하면 되는 것이지 헌법이나 다른 법령상으로 별도의 설치근거가 있어야 되는 것은 아니다.

[2]-[4] 생략

[5] 집행기관의 구성원의 전부 또는 일부를 지방의회가 임면하도록 하는 것은 지방의회가 집행기관의 인사권에 사전에 적극적으로 개입하는 것이어서 원칙적으로 허용되지 않지만, 지방자치단체의 집행기관의 구성원을 집행기관의 장이 임면하되 다만 그 임면에 지방의회의

동의를 얻도록 하는 것은 지방의회가 집행기관의 인사권에 소극적으로 개입하는 것으로서 지방자치법이 정하고 있는 지방의회의 집행기관에 대한 견제권의 범위 안에 드는 적법한 것이므로, 지방의회가 조례로써 옴부즈맨의 위촉(임명)·해촉시에 지방의회의 동의를 얻도록 정하였다고 해서 집행기관의 인사권을 침해한 것이라 할 수 없다(대법원 1997. 4. 11. 선고 96추138 판결【옴부즈만조례안재의결무효확인】)

(다) 지방자치단체의 장의 고유권한 침해

지방자치단체의 장의 고유권한에 속하는 사항의 행사에 관하여 지방의회가 사전에 적극적으로 개입하는 내용의 조례는 허용되지 않는다.

지방의회가 합의제 행정기관의 설치에 관한 조례안을 발의하여 이를 의결, 재의결하는 것이 허용되는지 여부(소극): 지방자치법상 지방자치단체의 집행기관과 지방의회는 서로 분립되어 각기 그 고유권한을 행사하되 상호 견제의 범위 내에서 상대방의 권한 행사에 대한 관여가 허용되나, 지방의회는 집행기관의 고유권한에 속하는 사항의 행사에 관하여는 견제의 범위 내에서 소극적·사후적으로 개입할 수 있을 뿐 사전에 적극적으로 개입하는 것은 허용되지 않는다. 이에 더하여, 지방자치법 제116조에 그 설치의 근거가 마련된 합의제 행정기관은 지방자치단체의 장이 통할하여 관리·집행하는 지방자치단체의 사무를 일부 분담하여 수행하는 기관으로서 그 사무를 독립하여 수행한다 할지라도 이는 어디까지나 집행기관에 속하는 것이지 지방의회에 속한다거나 집행기관이나 지방의회 어디에도 속하지 않는 독립된 제3의 기관에 해당하지 않는 점, 지방자치단체의 행정기구와 정원기준 등에 관한 규정 제3조 제1항의 규정에 비추어 지방자치단체의 장은 집행기관에 속하는 행정기관 전반에 대하여 조직편성권을 가진다고 해석되는 점을 종합해 보면, 지방자치단체의 장은 합의제 행정기관을 설치할 고유의 권한을 가지며 이러한 고유권한에는 그 설치를 위한 조례안의 제안권이 포함된다고 봄이 상당하므로, 지방의회가 합의제 행정기관의 설치에 관한 조례안을 발의하여 이를 그대로 의결, 재의결하는 것은 지방자치단체장의 고유권한에 속하는 사항의 행사에 관하여 지방의회가 사전에 적극적으로 개입하는 것으로서 관련 법령에 위반되어 허용되지 않는다(대법원 2009.9.24. 선고 2009추53 판결【조례안재의결무효확인】).

(라) 집행기관에 대한 새로운 견제장치의 신설

지방의회가 조례로써 법령에 규정이 없는 새로운 견제장치를 만들어 집행기관을 견제하는 것이 허용되지 않는다.

[2] 지방의회가 조례로써 법령에 규정이 없는 새로운 견제장치를 만들어 집행기관을 견제하는 것이 허용되는지 여부(소극): 지방자치법은 지방자치단체의 의사를 내부적으로 결정하는 최고의결기관

으로 지방의회를, 외부에 대하여 지방자치단체의 대표로서 지방자치단체의 의사를 표명하고 그 사무를 통할하는 집행기관으로 단체장을 독립한 기관으로 두고, 의회와 단체장에게 독자적인 권한을 부여하여 상호 견제와 균형을 이루도록 하고 있으므로, 법률에 특별한 규정이 없는 한 조례로써 견제의 범위를 넘어서 상대방의 고유권한을 침해하는 규정을 제정할 수 없는 것인바, 지방의회는 조례의 제정 및 개폐, 예산의 심의·확정, 결산의 승인, 기타 같은 법 제35조에 규정된 사항에 대한 의결권을 가지는 외에 같은 법 제36조 등의 규정에 의하여 지방자치단체사무에 관한 행정사무감사 및 조사권 등을 가지므로, 이처럼 법령에 의하여 주어진 권한의 범위 내에서 집행기관을 견제할 수 있는 것이 지 법령에 규정이 없는 새로운 견제장치를 만드는 것은 집행기관의 고유권한을 침해하는 것이 되어 허용할 수 없다.

[3] 조례안이 지방의회로 하여금 집행기관의 행정작용에 대하여 그 시정뿐만 아니라 관계자의 문책 등까지 요구할 수 있도록 규정한 경우, 법령에 위반되는지 여부(적극): 지방자치법시행령 제19조 제2항에서 '관계자의 문책 등을 포함한다.'라는 문구를 규정하지 않은 것은 지방자치법 제96조에서 지방자치단체의 장이 소속직원에 대한 임면·징계권을 가지도록 하고, 지방공무원법 제69조 및 제72조에서 지방공무원에 대한 징계는 인사위원회의 징계의결을 거쳐 임용권자가 행하도록 하고 있기 때문에 집행기관의 소속직원에 대한 인사나 징계에 관한 고유권한을 침해하지 않도록 하기 위하여 의도적으로 배제한 것이지 단순히 착오로 이를 누락한 것이 아니라 할 것이므로, 지방의회로 하여금 시정뿐만 아니라 관계자의 문책 등까지 요구할 수 있도록 한 개정조례안은 지방의회가 법령에 의하여 주어진 권한의 범위를 넘어 집행기관의 행정작용에 대하여 직접 간섭하는 것으로서 법령에 없는 새로운 견제장치를 만드는 것이 되어 결국 상위법령인 지방자치법시행령 제19조 제2항에 위반된다(대법원 2003. 9. 23. 선고 2003추13 판결).

(마) 지방의회의원 개인에 의한 집행기관의 인사권 제한

집행기관을 비판·감시·견제하기 위한 의결권·승인권·동의권 등의 권한은 지방자치법상 의결기관인 지방의회에 있는 것이지 의원 개인에게 있는 것이 아니므로, 지방의회의원 개인이 구청장의 고유권한인 인사권 행사에 사전에 관여할 수 있도록 규정하고 있는 조례는 지방자치법상 허용되지 아니 한다(대법원 2000. 11. 10. 선고 2000추36 판결).

가. 지방자치법상 지방자치단체의 장과 지방의회 간의 권한배분 등 상호관계 및 지방의회의원의 권능 범위: 지방자치법은 의결기관으로서의 의회의 권한과 집행기관으로서의 단체장의 권한을 분리하여 배분하는 한편, 의회는 행정사무감사와 조사권 등에 의하여 단체장의 사무집행을 감시 통제할 수 있게 하고 단체장은 의회의 의결에 대한 재의요구권 등으로 의회의 의결권행사에 제동을 가할 수 있게 함으로써 상호 견제와 균형을 유지하도록 하고 있는 것인바, 위와 같은 의회의 의결권과 집행기관에 대한 행정감사 및 조사권은 의결기관인 의회 자체의 권한이고 의회를 구성하는 의원 개개인의 권한이 아닌바, 의원은 의회의 본회의 및 위원회의 의

결과 안건의 심사 처리에 있어서 발의권, 질문권, 토론권 및 표결권을 가지며 의회가 행하는 지방자치단체사무에 대한 행정감사 및 조사에서 직접 감사 및 조사를 담당하여 시행하는 권능이 있으나, 이는 의회의 구성원으로서 의회의 권한행사를 담당하는 권능이지 의원 개인의 자격으로 가지는 권능이 아니므로 의원은 의회의 본회의 및 위원회의 활동과 아무런 관련 없이 의원 개인의 자격에서 집행기관의 사무집행에 간섭할 권한이 없으며, 이러한 권한은 법이 규정하는 의회의 권한 밖의 일로서 집행기관과의 권한한계를 침해하는 것이어서 허용될 수 없다.

나. 동정자치위원회를 구성하는 위원의 위촉과 해촉에 관한 권한을 동장에게 부여하면서 그 위촉과 해촉에 있어서 당해 지역 구의원과 협의하도록 한 조례규정의 적부(소극): 광주직할시서구동정자문위원회조례 중 개정조례안 중 동정자치위원회를 구성하는 위원의 위촉과 해촉에 관한 권한을 동장에게 부여하면서 그 위촉과 해촉에 있어서 당해 지역 구의원과 협의하도록 한 규정은 지방자치단체의 하부집행기관인 동장에게 인사와 관련된 사무권한의 행사에 있어서 당해 지역 구의원과 협의하도록 의무를 부과하는 한편 구의원에게는 협의의 권능을 부여한 것이나, 이는 구의회의 본회의 또는 위원회의 활동과 관련 없이 구의원 개인에게 하부집행기관의 사무집행에 관여하도록 함으로써 하부집행기관의 권능을 제약한 것에 다름 아니므로, 이러한 규정은 법이 정한 의결기관과 집행기관 사이의 권한분리 및 배분의 취지에 위반되는 위법한 규정이라고 볼 수밖에 없다(대법원 1992. 7. 28. 선고 92추31 판결).

지방자치법상 지방자치단체의 집행기관과 지방의회는 서로 분립되어 제각각 그 고유권한을 행사하되 상호견제의 범위 내에서 상대방의 권한 행사에 대한 관여가 허용되는 것이므로, 집행기관의 고유권한에 속하는 인사권의 행사에 있어서도 지방의회는 견제의 범위 내에서 소극적·사후적으로 개입할 수 있을 뿐 사전에 적극적으로 개입하는 것은 허용되지 아니하고, 또 집행기관을 비판·감시·견제하기 위한 의결권·승인권·동의권 등의 권한도 지방자치법상 의결기관인 지방의회에 있는 것이지 의원 개인에게 있는 것이 아니므로, 지방의회가 재의결한 조례안에서 구청장이 주민자치위원회 위원을 위촉함에 있어 동장과 당해 지역 구의원 개인과의 사전 협의 절차가 필요한 것으로 규정함으로써 지방의회 의원 개인이 구청장의 고유권한인 인사권 행사에 사전 관여할 수 있도록 규정하고 있는 것 또한 지방자치법상 허용되지 아니하는 것이다(대법원 2000. 11. 10. 선고 2000추36 판결).

3. 기초자치단체의 조례와 광역자치단체의 조례와의 관계

시·군 및 자치구의 조례나 규칙은 시·도의 조례나 규칙을 위반하여서는 아니 된다(법 제24조). 이는 광역지방자치단체와 기초자치단체에 의한 행정사무처리에 있어서의 모순·저촉을 방지하고 국가 법질서의 통일을 기하기 위한 것이다. 따라서 시·도의 조례나 규칙에 반하는 시·군 및 자치구의 조례나 규칙은 무효가 된다[35].

Ⅳ. 조례의 제정절차

1. 발의

조례안은 ① 지방자치단체의 장, ② 지방의회의원(재적의원 5분의 1 이상 또는 의원 10인 이상), ③ 교육·학예에 관한 조례안에 있어서는 시·도교육감이 제안할 수 있다(법 제66조 제1항, 지방교육자치에 관한 법률 제20조 제1호).

위원회도 그 직무에 속하는 사항에 조례안을 제출할 수 있다(법 제66조 제2항). 주민의 조례제정이나 개폐의 청구가 있고 그것이 요건을 갖춘 적법한 것이면, 지방자치단체의 장은 청구를 수리한 날부터 60일 이내에 조례의 제정안·개정안 또는 폐지안을 지방의회에 부의하여야 한다(법 제15조 제9항).

2. 조례안의 예고

지방의회는 심사대상인 조례안에 대하여 5일 이상의 기간을 정하여 그 취지, 주요 내용, 전문을 공보나 인터넷 홈페이지 등에 게재하는 방법으로 예고할 수 있다(법 제66조의2 제1항). 조례안예고의 방법, 절차, 그 밖에 필요한 사항은 회의규칙으로 정한다(법 제66조의2 제2항).

3. 의결

조례는 지방의회의 의결로써 제정된다. 지방의회는 새로운 재정부담을 수반하는 조례나 안건을 의결하려면 미리 지방자치단체의 장의 의견을 들어야 한다(법 제132조).

4. 이송 및 공포

조례안이 지방의회에서 의결되면 의장은 의결된 날부터 5일 이내에 그 지방자치단체의 장에게 이를 이송하여야 한다(법 제26조 제1항). 지방자치단체의 장은 제1항의 조례안을 이송받으면 20일 이내에 공포하여야 한다(법 제26조 제2항).

5. 보고

조례나 규칙을 제정하거나 개정하거나 폐지할 경우 조례는 지방의회에서 이송된 날부터 5일 이내에, 규칙은 공포예정 15일 전에 시·도지사는 행정안전부장관에게, 시장·군수 및

---

35) 김동희, 전게서, 85면; 홍정선, 전게서, 170면.

자치구의 구청장은 시·도지사에게 그 전문(全文)을 첨부하여 각각 보고하여야 하며, 보고를 받은 행정안전부장관은 이를 관계 중앙행정기관의 장에게 통보하여야 한다(법 제28조).

6. 재의요구 및 확정

지방자치단체의 장은 이송받은 조례안에 대하여 이의가 있으면 20일 이내에 이유를 붙여 지방의회로 환부(還付)하고, 재의(再議)를 요구할 수 있다. 이 경우 지방자치단체의 장은 조례안의 일부에 대하여 또는 조례안을 수정하여 재의를 요구할 수 없다(법 제26조 제3항).

제3항에 따른 재의요구를 받은 지방의회가 재의에 부쳐 재적의원 과반수의 출석과 출석의원 3분의 2 이상의 찬성으로 전과 같은 의결을 하면 그 조례안은 조례로서 확정된다(법 제26조 제4항). 지방자치단체의 장이 20일 이내에 공포하지 아니하거나 재의요구를 하지 아니할 때에도 그 조례안은 조례로서 확정된다(법 제26조 제5항).

7. 의장에 의한 공포

지방자치단체의 장은 제4항과 제5항에 따라 확정된 조례를 지체 없이 공포하여야 한다. 제5항에 따라 조례가 확정된 후 또는 제4항에 따른 확정조례가 지방자치단체의 장에게 이송된 후 5일 이내에 지방자치단체의 장이 공포하지 아니하면 지방의회의 의장이 이를 공포한다(법 제26조 제6항).

8. 조례의 효력발생

조례는 특별한 규정이 없는 한 공포한 날로부터 20일이 지나면 효력을 발생한다(법 제26조 제8항).

Ⅴ. 조례의 통제

1. 지방자치단체의 장에 의한 통제

가. 재의요구

(1) 제26조 제3항에 의한 통제(조례안에 대한 재의요구)

지방자치단체의 장은 이송받은 조례안에 대하여 이의가 있으면 20일 이내에 이유를 붙여 지방의회로 환부하고, 재의를 요구할 수 있다(법 제26조 제3항). 지방자치법 제26조 제3항에 따른 재의요구는 그 대상이 '조례안'이고, 아울러 재의요구의 사유에 제한이 없다는 점에서 지방자치법 제107조 제1항의 재의요구와는 구별된다.

제3항에 따른 재의요구를 받은 지방의회가 재의에 부쳐 재적의원 과반수의 출석과 출석의원 3분의 2 이상의 찬성으로 전과 같은 의결을 하면 그 조례안은 조례로서 확정된다(법 제26조 제4항).

(2) 제107조 제1항에 의한 통제(위법·부당한 의결에 대한 재의요구)

지방자치단체의 장은 지방의회의 의결이 월권이거나 법령에 위반되거나 공익을 현저히 해친다고 인정되면 그 의결사항을 이송받은 날부터 20일 이내에 이유를 붙여 재의를 요구할 수 있다(법 제107조 제1항). 지방자치법 제107조 제1항에 따른 재의요구의 대상은 '지방의회의 의결'이고, 아울러 재의요구의 사유는 '법령위반 및 공익을 현저히 해치는 경우'이다.

제1항의 요구에 대하여 재의한 결과 재적의원 과반수의 출석과 출석의원 3분의 2 이상의 찬성으로 전과 같은 의결을 하면 그 의결사항은 확정된다(법 제107조 제2항).

나. 대법원에의 제소

(1) 제107조 제3항에 의한 제소

지방자치단체의 장은 제2항에 따라 재의결된 사항이 법령에 위반된다고 인정되면 대법원에 소(訴)를 제기할 수 있다(법 제107조 제3항). 재의요구의 경우와는 달리 소제기의 사유는 법령위반에 한정된다. 이 경우 지방자치단체의 장은 그 의결의 집행을 정지하게 하는 집행정지결정을 신청할 수 있다(법 제107조 제3항, 제172조 제3항).

위와 같이 지방자치단체의 장이 제기하는 소송은 기관소송의 성질을 갖는다.

(2) 제26조와 제107조의 관계

지방자치법 제26조의 경우에는 재의결된 조례안에 대하여 지방자치단체의 장이 소를 제기할 수 있다는 규정이 없다. 그리하여 지방자치단체의 장이 제107조에 근거하여 재의결된 조례에 대하여 소를 제기할 수 있는지 여부가 문제된다.

i) 지방자치법 제107조가 재의를 요구할 수 있는 의결에 제한을 가하고 있지 아니한바, 그 의결에 조례가 배제된다고 볼 특별한 이유는 없어 보이는 점, ii) 제107조 제2항의 재의결 요건과 제26조 제4항의 재의결 요건이 동일한 점 등을 고려하여 적극적으로 해석하는 것이 일반적이고[36], 판례도 동일한 태도를 취하고 있다(대법원 1999. 4. 27. 선고 99추23 판결).

---

36) 홍정선, 전게서, 172면.

지방자치법 제19조 제3항(*현행 지방자치법 제26조 제3항)은 지방의회의 의결사항 중 하나인 조례안에 대하여 지방자치단체의 장에게 재의요구권을 폭넓게 인정한 것으로서 지방자치단체의 장의 재의요구권을 일반적으로 인정한 지방자치법 제98조 제1항(*현행 지방자치법 제107조 제1항)에 대한 특별규정이라고 할 것이므로, 지방자치단체의 장의 재의요구에도 불구하고 조례안이 원안대로 재의결되었을 때에는 지방자치단체의 장은 지방자치법 제98조 제3항(*현행 지방자치법 제107조 제3항)에 따라 그 재의결에 법령위반이 있음을 내세워 대법원에 제소할 수 있는 것이다(대법원 1999. 4. 27. 선고 99추23 판결).

2. 국가 등의 감독기관에 의한 통제

조례는 국가 또는 광역자치단체와 같은 감독기관에 의해서도 통제될 수 있다.

가. 재의요구의 지시

지방의회의 의결이 법령에 위반되거나 공익을 현저히 해친다고 판단되면 시·도에 대하여는 주무부장관이, 시·군 및 자치구에 대하여는 시·도지사가 재의를 요구하게 할 수 있고, 재의요구를 받은 지방자치단체의 장은 의결사항을 이송받은 날부터 20일 이내에 지방의회에 이유를 붙여 재의를 요구하여야 한다(법 제172조 제1항).

제1항의 요구에 대하여 재의의 결과 재적의원 과반수의 출석과 출석의원 3분의 2 이상의 찬성으로 전과 같은 의결을 하면 그 의결사항은 확정된다(법 제172조 제2항).

나. 대법원에의 제소

(1) 지방자치단체의 장이 재의요구지시에 불응하는 경우의 직접제소

제1항에 따라 지방의회의 의결이 법령에 위반된다고 판단되어 주무부장관이나 시·도지사로부터 재의요구지시를 받은 지방자치단체의 장이 재의를 요구하지 아니하는 경우(법령에 위반되는 지방의회의 의결사항이 조례안인 경우로서 재의요구지시를 받기 전에 그 조례안을 공포한 경우를 포함한다)에는 주무부장관이나 시·도지사는 제1항에 따른 기간이 지난날부터 7일 이내에 대법원에 직접 제소 및 집행정지결정을 신청할 수 있다(법 제172조 제7항).

(2) 제소지시 및 직접제소

주무부장관이나 시·도지사는 재의결된 사항이 법령에 위반된다고 판단됨에도 불구하고 해당 지방자치단체의 장이 소(訴)를 제기하지 아니하면 그 지방자치단체의 장에게 제소를 지시하거나 직접 제소 및 집행정지결정을 신청할 수 있다(법 제172조 제4항). 제4항에 따른 제소의 지시는 제3항의 기간이 지난날부터 7일 이내에 하고, 해당 지방자치단체의 장은 제소지시를 받은 날부터 7일 이내에 제소하여야 한다(법 제172조 제5항).

주무부장관이나 시·도지사는 제5항의 기간이 지난날부터 7일 이내에 직접 제소할 수 있다(법 제172조 제6항).

3. 법원에 의한 통제

가. 조례안재의결에 대하여 무효를 구하는 소송

(1) 의의

지방자치단체의 장, 주무부장관 또는 시·도지사는 조례안 등에 관하여 재의결된 사항이 법령에 위반된다고 인정되면 대법원에 그 무효를 구하는 소를 제기할 수 있다. 여기서 조례안재의결에 대하여 무효를 구하는 소송은 조례에 대한 사전적·추상적 규범통제의 성질을 갖는다.

(2) 당사자

위 소송의 원고는 원칙적으로 해당 지방자치단체의 장이고(법 제107조 제3항, 제172조 제3항), 예외적으로 감독관청(주무부장관 또는 시·도지사: 법 제172조 제7항)이 원고가 될 수도 있다. 피고는 지방의회이다.

(3) 법적 성질

지방자치단체의 장이 지방의회를 상대로 제기하는 조례안재의결의 무효를 구하는 소송은 기관소송이라고 보는 것이 일반적이다. 하지만 감독관청(주무부장관이나 시·도지사)이 지방의회를 상대로 제기하는 위 소송의 법적 성질에 대하여는 특수소송설과 기관소송설이 대립하고 있다(자세한 내용은 제6장 제4절 Ⅳ. 개별적 감독 중의 '3. 감독청의 재의요구지시 및 제소' 부분을 참고하기 바람).

(4) 법적 규율

조례안재의결의 무효확인소송에 어떤 법적 규율을 할 것인지가 문제된다.

이에 대하여는 ① 지방의회의 조례안재의결은 행정소송법상의 처분이 아니므로 조례안재의결의 무효확인소송에는 행정소송법 제46조 제3항에 따라 공법상 당사자소송에 관한 규정을 준용하여야 한다는 견해와, ② 지방의회의 조례안재의결이 비록 행정소송법상의 처분은 아니지만 조례안재의결의 무효확인소송은 공법상 당사자소송보다는 무효확인소송과 유사한 구조를 가지고 있으므로 무효확인소송에 관한 규정을 준용하는 것이 타당하다고 보는 견해가 대립한다. 후자의 견해가 타당하다고 보여진다.

(5) 소송의 대상

그런데 소송의 대상을 무엇으로 할 것인지에 대하여는 견해의 대립이 있다. ①설은 위의 경우 소송의 대상은 「재의결」이라고 본다. 그 이유로는 첫째, 위 소송에서 다툼의 대상이 되는 것은 지방의회의 법적 행위 즉 의결이지 의결의 산물인 조례안이라고 볼 수 없고, 둘째, 조례안이 법령에 위반된다고 하는 것은 그 내용이 법령에 위반된다는 것에 한정되지만, 의결이 법령에 위반된다는 것은 그 내용뿐 아니라 의결절차의 법령위반도 포함되는 개념이 될 수 있는데, 실제로 위 법조항에서 「재의결된 사항」이 법령에 위반된다는 것은 그 내용만이 아니라 의결절차까지 포함하는 개념으로 보아야 하는 것이고, 그와 같은 취지에서 대법원판결은 내용이 법령위반인 경우에 판결이유에서는 조례안이 법령에 위반된다고 하면서도 주문에서는 재의결이 효력이 없다고 하는 것이다. 현재 대법원은 판결이유에서는 조례안이 법률에 위반되어 효력이 없다고 판시하면서도, 판결주문에서는 「……조례안에 대한 재의결은 효력이 없다」라는 형식을 취하고 있다(대법원 1995. 5. 12. 선고 94추28 판결 등).

이에 대하여 ②설은 현행 지방자치법 제107조 제3항(및 제172조 제3항)이 명백히 "……제2항에 따라 「재의결된 사항」이 법령에 위반된다고 인정되면 대법원에 소를 제기할 수 있다"고 규정하고 있는 이상 위 소송은「재의결된 사항」의 위법성을 다투는 것으로 보는 것이 타당하고, 따라서 소송의 대상은 「재의결된 사항」인 「조례안」 등을 그 대상으로 하는 것이 올바른 태도라고 본다[37]. 이러한 입장에 설 경우 위 소송의 청구취지는 「……조례안에 대한 재의결(再議決)은 효력이 없다」가 아니라, 「……조례안(條例案)은 그 효력이 없다」라고 기재하여야 할 것이다.

(6) 조례안의 일부조항만이 위법한 경우에 그 일부만의 효력을 부인할 수 있는지 여부

재의결된 조례안의 일부조항만이 위법한 경우에 그 소송의 대상이 위법사유가 있는 일부조항만에 국한되는지 아니면 재의결된 조례안 전부에 대하여 미치는지에 대하여도 학설의 대립이 있다. ① 전부무효설은 첫째 일부의결만의 효력배제는 지방의회의 고유권한을 침해하여 당해 의도한 것과는 다른 형태의 조례나 의결로 변질 될 가능성이 있다는 점, 둘째 지방자치법 제26조 및 동법시행령 제71조에서도 이러한 취지에서 조례안의 일부에 대하여 또는 그 의결을 수정하여 재의를 요구할 수는 없게 하고 있다는 점 등을 논거로 든다[38].

---

37) 신봉기, "기관소송 주문 재고론", 법률신문 1996. 10. 11.자, 14면; 홍정선 행정법원론(하), 제16판, 2008, 151면. 등

이에 대하여 ② 일부무효설은 첫째 재의결된 조례안에서 위법인 일부를 제거하더라도 조례안이 존속할 가치가 있는 경우에는 일부 무효확인을 인정하는 것이 재입법부담을 경감시켜 주고 또한 그것이 지방의회의 고유권한을 존중하는 것이라는 점, 둘째, 지방자치의 본질에 반하지 않는 범위내에서 무용한 절차의 반복을 피할 필요가 있다는 점 등을 논거로 들고 있다[39][40].

판례는 전부무효설의 입장을 따르고 있다(대법원 1994. 5. 10. 선고 93추144 판결 등)

지방의회가 재의결한 내용의 일부만이 위법한 경우 재의결 전부의 효력을 부인하여야 하는지 여부: 의결의 일부에 대한 효력의 배제는 결과적으로 전체적인 의결의 내용을 변경하는 것에 다름 아니어서 의결기관인 지방의회의 고유권한을 침해하는 것이 될 뿐 아니라, 그 일부만의 효력 배제는 자칫 전체적인 의결내용을 지방의회의 당초의 의도와는 다른 내용으로 변질시킬 우려가 있으며, 또한 재의 요구가 있는 때에는 재의 요구에서 지적한 이의사항이 의결의 일부에 관한 것이라고 하여도 의결 전체가 실효되고 재의결만이 의결로서 효력을 발생하는 것이어서 의결의 일부에 대한 재의 요구나 수정재의 요구가 허용되지 않는 점에 비추어 보면, 재의결의 내용 전부가 아니라 그 일부만이 위법한 경우에도 그 재의결 전부의 효력을 부인하여야 한다(대법원 1994. 5. 10. 선고 93추144 판결).

나. 조례에 대한 간접적(부수적) 통제

(1) 의의

위법한 조례인 경우에도 처분성을 갖지 않는 한 그 조례는 항고소송의 대상이 되지 않는다. 추상적인 법령의 존재만으로는 아직 국민의 권익이 침해되었다고 볼 수 없기 때문이다.

(2) 간접적 통제

조례는 헌법 제107조 제2항에 의한 간접적 규범통제의 대상이 된다. 즉, 위법한 조례에 근거하여 내려진 처분에 의해 구체적으로 권익을 침해받은 주민이 그 처분에 대하여 항고소송을 제기한 경우에, 법원은 당해 처분의 위법사유를 판단하기 위한 전제문제로서 조례의 위법여부를 심사하고 이를 통하여 간접적으로 조례를 통제할 수 있다.

---

38) 백윤기, 전게논문, 387면: 김남진, 행정법Ⅱ, 제9판, 2005, 118면. 등

39) 신봉기, "내용상 일부무효인 조례안의 효력", 법률신문 1997. 9. 29.자, 14-15면.

40) 이러한 입장에 설 경우 청구취지는 조례안이 전부위법인 경우에는 「……조례안은(혹은 조례안에 대한 재의결은) 그 효력이 없다」로 하고, 그 일부가 위법인 경우에는 「……조례안 제○○조는(혹은 조례안 제○○조에 대한 재의결은) 그 효력이 없다」로 기재하게 될 것이다.

(3) 위법한 조례에 근거한 처분의 효력

하자있는 조례에 근거한 처분은 위법한 처분이 된다. 그 효력은 통설·판례인 중대·명백설에 따라 무효 또는 취소할 수 있는 처분이 된다. 통상 조례가 무효로 선언되기 전까지는 그 하자가 명백하다고 보기 어려우므로, 하자있는 조례에 근거하여 이루어진 처분은 일반적으로 취소의 대상이 된다고 보아야 할 것이다.

[1] 조례가 법률 등 상위법령에 위배된다고 하여 그 조례에 근거한 행정처분의 하자가 당연무효 사유에 해당하는지 여부(원칙적 소극): 하자 있는 행정처분이 당연무효로 되려면 그 하자가 법규의 중요한 부분을 위반한 중대한 것이어야 할 뿐 아니라 객관적으로 명백한 것이어야 하므로, …… 일반적으로 조례가 법률 등 상위법령에 위배된다는 사정은 그 조례의 규정을 위법하여 무효라고 선언한 대법원의 판결이 선고되지 아니한 상태에서는 그 조례 규정의 위법 여부가 해석상 다툼의 여지가 없을 정도로 명백하였다고 인정되지 아니하는 이상 객관적으로 명백한 것이라 할 수 없으므로, 이러한 조례에 근거한 행정처분의 하자는 취소사유에 해당할 뿐 무효사유가 된다고 볼 수는 없다.

[2] 변상금연체료 부과처분의 근거인 '서울특별시 공유재산 관리 조례'의 관련 규정이 지방재정법 등 상위법령의 위임이 없어 효력이 없는지 여부가 해석상 다툼의 여지가 없을 정도로 객관적으로 명백하다고 할 수 없으므로, 위 부과처분이 당연무효에 해당한다고 판단한 원심판결을 파기한 사례(대법원 2009. 10. 29. 선고 2007두26285 판결)

다. 조례에 대한 직접적 통제(항고소송)

조례는 일반적·추상적 규율이기 때문에 원칙적으로 처분성이 없으며, 따라서 항고소송의 대상이 되지 않는다. 그러나 예외적으로 조례가 집행행위의 개입없이도 그 자체로서 직접 국민의 권리의무에 구체적인 변동을 야기하는 경우와 같이 처분성을 갖는 경우에는 항고소송의 대상이 된다.

이 경우에는 지방의회가 아니라 조례를 공포한 지방자치단체의 장(교육·학예에 관한 조례에 있어서는 시·도 교육감)이 피고가 된다(대법원 1996. 9. 20. 선고 95누8003 판결).

이때 항고소송의 대상은 조례 전체가 아니라 그 위법성이 다투어 지는 개별조항이다. 다투어진 개별조항이 위법하고 가분적인 경우에는 당해 개별조항만이 무효확인(또는 취소)되지만, 불가분의 경우에는 불가분 관계에 있는 규정 전체가 무효확인(또는 취소)된다.

조례가 집행행위의 개입 없이도 그 자체로서 직접 국민의 구체적인 권리의무나 법적 이익에 영향을 미치는 등의 법률상 효과를 발생하는 경우 그 조례는 항고소송의 대상이 되는 행정처분에 해당한다(대법원 1996. 9. 20. 선고 95누8003 판결): 【해설】 위 조례는 경기 가평군 가평읍 상색국민학교 두밀분교를 폐지하는 내용의 것으로서, 위 분교의 취학아동으로 하여금 영조물인 특정의 국민학교를 구체적으로 이용할 이익을 직접적으로 상실하게 하는 것이었다.

4. 헌법재판소에 의한 통제

헌법재판소법은 법원의 재판을 제외한 일체의 '공권력의 행사 또는 불행사'에 대한 헌법소원심판을 인정하고 있다(헌법재판소법 제68조 제1항). 따라서 조례에 의해 직접 기본권을 침해받은 자는 다른 구제방법이 없는 경우 헌법소원심판을 제기할 수 있다(헌법재판소 1994. 12. 29. 선고 92헌마216 전원재판부).

헌법재판소법 제68조 제1항에서 말하는 "공권력"에는 입법작용이 포함되며, 지방자치단체에서 제정하는 조례도 불특정다수인에 대해 구속력을 가지는 법규이므로 조례제정행위도 입법작용의 일종으로서 헌법소원의 대상이 된다(헌법재판소 1994. 12. 29. 선고 92헌마216 전원재판부).

조례가 헌법소원의 대상이 될 수 있는지 여부: 조례는 지방자치단체가 그 자치입법권에 근거하여 자주적으로 지방의회의 의결을 거쳐 제정한 법규이기 때문에 조례 자체로 인하여 직접 그리고 현재 자기의 기본권을 침해받은 자는 그 권리구제의 수단으로서 조례에 대한 헌법소원을 제기할 수 있다(헌법재판소 1995. 4. 20. 선고 92헌마264,279 전원재판부).

한편 헌법소원은 기본권이 침해된 자에게만 인정되므로, 기본권주체성이 인정되지 않는 지방자치단체 및 그 집행기관은 헌법소원심판을 제기할 수 없다(헌법재판소 1998. 3. 26. 선고 96헌마345 전원재판부; 헌법재판소 2006. 2. 23. 선고 2004헌바50 전원재판부 등).

제4항 규칙

Ⅰ. 의의

규칙은 지방자치단체의 장이 법령 또는 조례가 위임한 범위 안에서 그 권한에 속하는 사무에 관하여 제정한 법형식을 말한다(법 제23조).

Ⅱ. 성질

1. 자치법규

규칙은 조례와 같이 자치법규에 속하지만, 그 성질은 (자치)조례와 달리 행정입법에 해당된다. 규칙은 대외적인 구속력을 갖는 법규사항을 정하는 것도 있고, 행정조직 내부에서만 구속력을 갖는 것도 있다(대법원 2002. 1. 22. 선고 2001두8414 판결 등).

2. 법규명령으로서의 고시와 구별

법령의 규정이 지방자치단체장(허가관청)에게 그 법령내용의 구체적인 사항을 정할 수 있는 권한을 부여하면서 그 권한행사의 절차나 방법을 정하지 아니하고 있는 경우, 그 법령의 내용이 될 사항을 구체적으로 규정한 지방자치단체장의 고시는, 당해 법률 및 그 시행령의 위임한계를 벗어나지 아니하는 한 그 법령의 규정과 결합하여 대외적인 구속력이 있는 법규명령으로서의 효력을 갖게 되고, 허가관청인 지방자치단체장이 그 범위 내에서 허가기준을 정하였다면 그 허가기준의 내용이 관계 법령의 목적이나 근본취지에 명백히 배치되거나 서로 모순되는 등의 특별한 사정이 없는 한 그 허가기준이 효력이 없는 것이라고 볼 수는 없다(대법원 2002. 9. 27. 선고 2000두7933 판결). 이러한 고시는 위임입법이므로 자치입법으로서의 규칙과 구별되어야 한다[41].

[1] 법령의 규정이 지방자치단체장(허가관청)에게 그 법령내용의 구체적인 사항을 정할 수 있는 권한을 부여하면서 그 권한행사의 절차나 방법을 정하지 아니하고 있는 경우, 그 법령의 내용이 될 사항을 구체적으로 규정한 지방자치단체장의 고시는, 당해 법률 및 그 시행령의 위임한계를 벗어나지 아니하는 한 그 법령의 규정과 결합하여 대외적인 구속력이 있는 법규명령으로서의 효력을 갖게 되고, 허가관청인 지방자치단체장이 그 범위 내에서 허가기준을 정하였다면 그 허가기준의 내용이 관계 법령의 목적이나 근본취지에 명백히 배치되거나 서로 모순되는 등의 특별한 사정이 없는 한 그 허가기준이 효력이 없는 것이라고 볼 수는 없다.

[2] 구 액화석유가스의안전및사업관리법(1999. 2. 8. 법률 제5829호로 개정되기 전의 것) 제3조 제2항[42], 같은법시행령(1999. 6. 30. 대통령령 제16450호로 개정되기 전의 것) 제2조 제4

41) 홍정선, 전게서, 194면.

42) 구 액화석유가스의안전및사업관리법(1999. 2. 8. 법률 제5829호로 개정되기 전의 것) 제3조(사업의 허가 등) ② 액화석유가스 판매사업을 하고자 하는 자는 그 판매소마다 시장·군수 또는 구청장의 허가를 받아야 한다.

항[43]에 따라 허가관청인 지방자치단체장이 제정한 액화석유가스 판매사업 허가기준에 관한 고시가 위 법령의 위임취지에 반하지 않아 유효하다고 한 사례(대법원 2002. 9. 27. 선고 2000두7933 판결)

Ⅲ. 종류

지방자치단체의 장이 새로운 법규사항을 정하기 위하여 법령 또는 조례의 위임 하에 제정한 규칙을 위임규칙이라고 한다. 위임규칙에는 위임입법의 법리가 적용되므로 법령이나 조례의 위임은 개별적·구체적이어야 하며, 아울러 규칙의 내용은 위임의 범위를 벗어나서는 아니된다.

지방자치단체의 장이 새로운 법규사항을 정함이 없이 단지 법령이나 조례를 시행하기 위하여 제정한 규칙을 직권규칙이라고 한다. 직권규칙은 법령의 수권없이도 직권으로 제정될 수 있다.

Ⅳ. 규칙제정의 범위와 한계

1. 규칙제정사항

교육규칙의 대상이 되는 교육·학예에 관한 사항을 제외하고, 지방자치단체의 장의 권한에 속하는 모든 사무에 관하여 제정될 수 있다. 규칙은 자치사무 및 단체위임사무는 물론 기관위임사무에 관하여도 제정될 수 있다.

한편 조례로 규정할 수 있는 사항은 자치사무와 단체위임사무에 한정되고 기관위임사무는 조례의 제정대상이 아니다. 따라서 시도지사가 기관위임사무를 시장·군수·구청장에게 재위임하는 경우에는 조례가 아니라 규칙으로 정하여야 한다(대법원 1995. 7. 11. 선고 94누4615 전원합의체판결; 대법원 1995. 11. 14. 선고 94누13572 판결 등).

이른바 기관위임사무를 지방자치단체의 조례에 의하여 재위임할 수 있는지 여부: 도시재개발법에 의한 사업시행변경인가, 관리처분계획인가 및 각 고시에 관한 사무는 국가사무로서 지방자치단체의 장에게 위임된 이른바 기관위임사무에 해당하므로, 시·도지사가 지방자치단체의

43) 구 액화석유가스의안전및사업관리법 시행령(1999. 6. 30. 대통령령 제16450호로 개정되기 전의 것) 제2조(액화석유가스사업허가의 대상범위 및 기준 등) ④ 허가관청은 제3항 제1호·제2호 및 제4호의 사항에 관한 세부기준을 정할 수 있다.

조례에 의하여 이를 구청장 등에게 재위임할 수는 없고, 정부조직법 제5조 제1항 및 이에 기한 행정권한의위임및위탁에관한규정 제4조에 의하여 위임기관의 장의 승인을 얻은 후 지방자치단체의 장이 제정한 규칙이 정하는 바에 따라 재위임하는 것만이 가능하다(대법원 1995. 11. 14. 선고 94누13572 판결).

2. 법률우위의 원칙(상위법령에 위반되지 않을 것)

규칙은 '법령 또는 조례가 위임한 범위 안에서' 제정될 수 있으므로 상위의 법령이나 조례의 내용에 반할 수 없다. 지방자치단체의 사무에 관한 조례와 규칙은 조례가 상위규범이다[44]. 한편, 지방자치법은 시·군 및 자치구의 규칙은 시·도의 조례나 규칙에 위반되어서는 아니됨을 규정하고 있다(법 제24조).

3. 법률유보의 원칙

규칙으로 주민의 권리제한 또는 의무부과에 관한 사항을 정하기 위해서는 법령의 개별·구체적인 위임이 있어야 한다. 아울러 규칙으로는 벌칙을 정할 수 있도록 위임하고 있지 않으므로 개별적인 법령의 근거가 없는 한 규칙으로 벌칙을 정할 수는 없다(법 제27조 참조)[45].

Ⅴ. 공포 및 효력발생

규칙은 특별한 규정이 없는 한 공포한 날로부터 20일을 경과함으로써 효력을 발생한다(법 제26조 제8항).

Ⅵ. 보고

규칙을 제정하거나 개정하거나 폐지할 경우 공포예정 15일 전에 시·도지사는 행정안전부장관에게, 시장·군수 및 자치구의 구청장은 시·도지사에게 그 전문(全文)을 첨부하여 각각 보고하여야 하며, 보고를 받은 행정안전부장관은 이를 관계 중앙행정기관의 장에게 통보하여야 한다(법 제28조).

44) 홍정선, 전게서, 195면.
45) 홍정선, 전게서, 195면.

제3장 지방자치단체의 기관

Ⅰ. 개설

헌법 제118조 제2항은 지방자치단체의 조직과 운영에 관한 사항을 법률로 정하도록 규정하고 있다.

그리하여 지방자치법은 지방자치단체의 의사를 내부적으로 결정하는 최고의결기관으로 지방의회를, 외부에 대하여 지방자치단체의 대표로서 지방자치단체의 의사를 표명하고 그 사무를 통할하는 집행기관으로 단체장을 각 독립한 기관으로 두고, 의회와 단체장에게 독자적인 권한을 부여하여 상호 견제와 균형을 이루도록 하고 있다(대법원 2009. 4. 9. 선고 2007추103 판결).

지방의회와 지방자치단체의 장 이외에도 지방자치단체는 개별 법률에 의하여 인사위원회(지방공무원법 제7조 제1항), 지방소청심사위원회(지방공무원법 제13조), 행정심판위원회(행정심판법 제7조), 지방토지수용위원회(공익사업을 위한 토지 등의 취득 및 보상에 관한 법률 제49조) 등을 설치하고 있다.

Ⅱ. 지방의회

1. 의의

헌법 제118조 제1항은 지방자치단체에 반드시 지방의회를 두도록 규정하고 있다. 지방의회는 주민에 의하여 직접 선출된 의원으로 구성되는 주민의 대표기관으로, 특별시의회·광역시의회와 도의회, 자치구의회·시의회·군의회가 있다.

2. 지방의회의 지위

가. 헌법기관

지방의회는 헌법기관이다(헌법 제118조). 따라서 법률에 의해 지방의회를 두지 않도록 하거나, 이를 다른 조직으로 대체하는 것은 가능하지 않다.

나. 주민의 대표기관

지방의회는 주민에 의해 선출된 의원으로 구성되므로 주민의 대표기관이라 할 수 있다. 주민의 대표기관이라 함은 주민의 의사를 대표한다는 것이며, 지방자치단체를 대표한다는 의미가 아니다. 지방자치단체를 대표하는 것은 지방자치단체의 장이다.

지방자치법은 헌법 제118조에 따라 지방자치단체에 의회를 두고(제26조) 지방의회가 조례의 개폐, 예산심의확정 등 중요사항에 대한 의결권 및 기타 행정사무감사 등의 권한을 행사하도록(제35조 이하) 규정하고 있으므로 우리나라는 지방자치에 있어서 주민총회제가 아닌 의회대표제를 채택하고 있다고 보여진다.

이러한 의회대표제하에서 의회의원과 주민은 엄연히 다른 지위를 지니는 것으로서 의원과는 달리 정치적, 법적으로 아무런 책임을 지지 아니하는 주민이 본회의 또는 위원회의 안건 심의 도중 안건에 관하여 발언한다는 것은 현행법상 선거제도를 통한 대표제원리에 정면으로 위반되는 것으로서 허용될 수 없다고 보아야 할 것이고, 다만 간접민주제를 보완하기 위하여 의회대표제의 본질을 해하지 않고 의회의 기능수행을 저해하지 아니하는 범위 내에서 주민이 의회의 기능수행에 참여하는 것 - 예컨대 공청회에서 발언하거나 또는 본회의, 위원회에서 참고인, 증인, 청원인 등의 자격으로 발언하는 것 - 은 허용된다고 할 것이다(대법원 1993. 2. 26. 선고 92추109 판결).

다. 의결기관

지방의회는 조례, 예산, 결산 등 지방자치단체의 중요사항에 관하여 의결권을 갖는다. 지방의회는 의결기관이지만 지방자치단체의 의사를 표명하는 기관은 아니므로, 그 의결에 의하여 지방자치단체의 의사가 결정된 후에도 그것은 집행기관에 의하여 외부에 표시되어야 비로소 효력을 발생한다.

지방의회의 의결은 지방자치단체의 장이나 기타 기관을 구속한다. 구체적인 의결사항은 지방자치법 제35조 제1항에 규정되어 있다.

라. 자치입법기관

지방의회는 지방자치단체의 사무에 관한 조례를 제정하고 개폐하는 권한을 가진다. 지방의회는 그 구성과 기능 및 의사결정절차에 있어서 국회와 매우 유사하지만, 국회가 행정기관에 대립되는 입법기관으로서의 지위를 갖는 것과는 다르다. 지방의회에 주어지는 실질적인 입법기능은 시원적인 입법권이 아니라 명시적으로 법령에 의한 자치권의 승인에 근거하여 나오는 것이기 때문이다[1].

조례제정권은 지방의회의 권한 중 가장 기본적인 것일 뿐 아니라 또한 다루어야 할 쟁점이 적지 않은바, 이에 대하여는 제2편 제2장 '제3항 조례'에서 이미 살펴본 바와 같다.

마. 집행기관의 감시·통제기관

지방의회는 집행기관을 감시하고 통제하는 기관으로서의 지위를 갖는다. 지방의회의 집행기관에 대한 감시·통제수단으로서는 서류제출요구권(지방자치법 제40조), 행정사무감사 및 조사권(지방자치법 제41조 제1항), 지방자치단체의 장 또는 관계공무원의 출석·답변요구권(지방자치법 제42조), 예산의 심의확정, 결산의 승인 등이 있다.

바. 행정기관

지방의회는 지방자치단체의 장과 마찬가지로 지방자치단체의 구성부분이므로, 행정기관으로서의 지위를 갖는다. 그러나 통상적인 행정기관과는 달리 민주적 정당성을 갖는 기관이므로 그 특성이 인정되어야 하며, 이로 인해 지방의회가 제정하는 조례는 행정기관의 통상적인 행정입법과는 달리 그 성질에 있어서 법령의 위임을 필요로 하지 않는다[2].

판례는 지방의회에 의한 지방의회 의장에 대한 불신임결의는 의장으로서의 권한을 박탈하는 행정처분의 일종으로서 항고소송의 대상이 된다고 판시하고(대법원 1994. 10. 11 선고, 94두23 판결), 아울러 지방의회에 의한 의원징계의결은 그로 인해 의원의 권리에 직접 법률효과를 미치는 행정처분의 일종으로서 행정소송의 대상이 된다고 보고 있으며(대법원 1993. 11. 26. 선고 93누7341 판결), 지방의회의 의장선임의결도 행정처분의 일종으로서 항고소송의 대상이 됨을 판시하고 있는바(대법원 1995.1.12. 선고 94누2602 판결), 이는 모두가 지방의회가 행정기관이라는 것을 전제로 하고 있는 것이다.

3. 지방의회의 권한

가. 의결권(제39조)

지방의회의 의결사항은 법령에 의하여 정해지는 경우(법 제39조 제1항)와 조례에 의하여 정해지는 경우(법 제39조 제2항)로 나눌 수 있다[3]. 지방의회의 의결사항을 의결 없

1) 홍정선, 행정법원론(하), 제25판, 2017, 135면.

2) 류지태·박종수, 행정법신론, 제15판, 2011, 908면.

3) 지방자치법 제39조(지방의회의 의결사항)

① 지방의회는 다음 사항을 의결한다.

1. 조례의 제정·개정 및 폐지
2. 예산의 심의·확정

이 한 행위는 무효가 된다.

지방의회에서의 의결은 원칙적으로 내부적인 효력만 가지므로 처분이 아니고 따라서 항고소송의 대상이 되지 않는다. 그러나 앞서 살펴본 바와 같이 지방의회가 행정기관의 지위에서 행한 지방의회 의장에 대한 불신임결의, 지방의원에 대한 징계의결, 지방의회의 의장선임의결 등은 행정처분에 해당하므로 항고소송이 된다.

중요재산의 취득과 처분에 관하여는 지방의회의 의결을 받도록 규정하면서 공유재산의 관리행위에 관하여는 별도의 규정을 두고 있지 아니한 지방자치법과 지방재정법 등의 규정 취지: 지방자치법 제35조 제1항 제6호 및 그 시행령 제15조의3과 지방재정법 제77조 및 그 시행령 제84조는 일정한 중요재산의 취득과 처분에 관하여는 관리계획으로 정하여 지방의회의 의결을 받도록 규정하면서도 공유재산의 대부와 같은 관리행위가 지방의회의 의결사항인지 여부에 관하여는 명시적으로 규정하고 있지 아니하지만, 우선 지방자치법 제35조 제2항에서 그 제1항이 정하고 있는 사항 이외에 지방의회에서 의결되어야 할 사항을 조례로써 정할 수 있도록 규정하고 있을 뿐만 아니라, 일반적으로 공유재산의 관리가 그 행위의 성질 등에 있어 그 취득이나 처분과는 달리 지방자치단체장의 고유권한에 속하는 것으로서 지방의회가 사전에 관여하여서는 아니되는 사항이라고 볼 근거는 없는 것이므로, 지방자치법과 지방재정법 등의 국가 법령에서 위와 같이 중요재산의 취득과 처분에 관하여 지방의회의 의결을 받도록 규정하면서 공유재산의 관리행위에 관하여는 별도의 규정을 두고 있지 아니하더라도 이는 공유재산의 관리행위를 지방의회의 의결사항으로 하는 것을 일률적으로 배제하고자 하는 취지는 아니고 각각의 지방자치단체에서 그에 관하여 조례로써 별도로 정할 것을 용인하고 있는 것이라고 보아야 한다(대법원 2000. 11. 24. 선고 2000추29 판결).

나. 조례제정권(제22조)

지방의회의 권한 중에서 가장 중요한 의미를 갖는 것은 조례제정권이다. 이는 이미

---

3. 결산의 승인
4. 법령에 규정된 것을 제외한 사용료·수수료·분담금·지방세 또는 가입금의 부과와 징수
5. 기금의 설치·운용
6. 대통령령으로 정하는 중요 재산의 취득·처분
7. 대통령령으로 정하는 공공시설의 설치·처분
8. 법령과 조례에 규정된 것을 제외한 예산 외의 의무부담이나 권리의 포기
9. 청원의 수리와 처리
10. 외국 지방자치단체와의 교류협력에 관한 사항
11. 그 밖에 법령에 따라 그 권한에 속하는 사항

② 지방자치단체는 제1항의 사항 외에 조례로 정하는 바에 따라 지방의회에서 의결되어야 할 사항을 따로 정할 수 있다.

제2장 제2항 제3항 조례에서 자세히 살펴본 바와 같다.

다. 집행기관의 감시·통제권

(1) 출석·답변 및 서류제출요구권

지방자치단체의 장이나 관계 공무원은 지방의회나 그 위원회가 요구하면 출석·답변하여야 한다. 다만, 특별한 이유가 있으면 지방자치단체의 장은 관계 공무원에게 출석·답변하게 할 수 있다(법 제42조 제2항).

본회의나 위원회는 그 의결로 안건의 심의와 직접 관련된 서류의 제출을 해당 지방자치단체의 장에게 요구할 수 있다(법 제40조 제1항).

(2) 사무감사 및 조사권

(가) 의의

사무감사는 지방자치단체의 사무 전반에 대하여 실시되는 것이고, 사무조사는 지방자치단체의 사무 중 특정한 사안에 대하여 실시되는 것이다. 행정사무의 감사 및 조사권은 지방의회 자체의 권한이지 의회를 구성하는 의원 개개인의 권한이 아니다(대법원 1992. 7. 28. 선고 92추31 판결).

(나) 자치사무에 관한 연례감사

자치사무는 지방의회의 연례감사의 대상이 된다. 즉, 지방의회는 매년 1회 그 지방자치단체의 사무에 대하여 시·도에서는 14일의 범위에서, 시·군 및 자치구에서는 9일의 범위에서 감사를 실시한다(법 제41조 제1항).

매년 1회 실시되는 연례감사의 대상에 단체위임사무가 포함되는지가 문제된다. 지방자치법 제41조 제1항의 문언상 '지방자치단체의 사무'라고 규정되어 있어 단체위임사무도 포함된다고 볼 여지가 있지만, 단체위임사무(지방자치단체가 위임받아 처리하는 사무)에 대한 감사는 지방자치법 제41조 제3항이 별도로 규정하고 있기 때문에 연례감사의 대상은 자치사무에 한정된다고 보아야 할 것이다[4].

(다) 위임사무에 대한 감사

지방자치단체 및 그 장이 위임받아 처리하는 국가사무와 시·도의 사무에 대하여 국회와 시·도의회가 직접 감사하기로 한 사무 외에는 그 감사를 각각 해당 시·도의회와 시·군 및 자치구의회가 할 수 있다(법 제41조 제3항).

---

4) 박균성, 전게서, 128면.

비록 사무의 위임이 있었다고 할지라도 국가사무는 국회가, 시·도의 사무는 시·도 의회가 감사하는 것이 논리적이다. 그럼에도 불구하고 지방자치법이 수임 지방자치단체의 의회가 위임사무에 대하여 감사할 수 있는 가능성을 열어두고 있는 것은 감사의 중복(예: 국회감사·자체감사·감사원감사)으로 인한 혼란과 낭비를 방지하기 위한 것이다.

(라) 사무조사

지방의회는 지방자치단체의 사무 중 특정 사안에 관하여 본회의 의결로 본회의나 위원회에서 조사하게 할 수 있다(법 제41조 제1항). 여기에서 조사의 대상이 되는 지방자치단체의 사무는 자치사무와 단체위임사무를 말한다.

조사를 발의할 때에는 이유를 밝힌 서면으로 하여야 하며, 재적의원 3분의 1 이상의 연서가 있어야 한다(법 제41조 제2항).

지방자치법상 지방자치단체의 장과 지방의회 간의 권한배분 등 상호관계 및 지방의회의원의 권능범위: 지방자치법은 의결기관으로서의 의회의 권한과 집행기관으로서의 단체장의 권한을 분리하여 배분하는 한편, 의회는 행정사무감사와 조사권 등에 의하여 단체장의 사무집행을 감시 통제할 수 있게 하고 단체장은 의회의 의결에 대한 재의요구권 등으로 의회의 의결권행사에 제동을 가할 수 있게 함으로써 상호 견제와 균형을 유지하도록 하고 있는 것인바, 위와 같은 의회의 의결권과 집행기관에 대한 행정감사 및 조사권은 의결기관인 의회 자체의 권한이고 의회를 구성하는 의원 개개인의 권한이 아닌바, 의원은 의회의 본회의 및 위원회의 의결과 안건의 심사 처리에 있어서 발의권, 질문권, 토론권 및 표결권을 가지며 의회가 행하는 지방자치단체사무에 대한 행정감사 및 조사에서 직접 감사 및 조사를 담당하여 시행하는 권능이 있으나, 이는 의회의 구성원으로서 의회의 권한행사를 담당하는 권능이지 의원 개인의 자격으로 가지는 권능이 아니므로 의원은 의회의 본회의 및 위원회의 활동과 아무런 관련 없이 의원 개인의 자격에서 집행기관의 사무집행에 간섭할 권한이 없으며, 이러한 권한은 법이 규정하는 의회의 권한 밖의 일로서 집행기관과의 권한한계를 침해하는 것이어서 허용될 수 없다(대법원 1992. 7. 28. 선고 92추31 판결).

(3) 승인권

지방자치단체의 장은 출납폐쇄 후 80일 이내에 결산서 및 증빙서류를 작성하고 지방의회가 선임한 검사위원의 검사의견서를 첨부하여 다음 연도 지방의회의 승인을 얻어야 한다(법 제134조 제1항). 지방자치단체의 장의 선결처분은 지체없이 지방의회에 보고하여 승인을 얻어야 한다(법 제109조 제2항).

(4) 자율권

(가) 내부운영에 관한 자율권

지방의회는 내부운영에 관하여 이 법에서 정한 것 외에 필요한 사항을 규칙으로 정할 수 있다(법 제43조).

(나) 조직에 관한 자율권

지방의회는 의장·부의장을 선거하고(법 제48조), 임시의장을 선출하며(법 제52조), 의장·부의장에 대한 불신임을 의결할 수 있다(법 제55조 제1항). 지방의회는 위원회를 둘 수 있고, 위원회의 위원을 선임한다. 조례가 정하는 바에 의하여 사무기구를 설치할 수 있다. 사무직원의 임명은 지방의회의장의 추천에 의하여 지방자치단체의 장이 행한다.

(다) 내부질서유지에 관한 자율권

의장 또는 위원장은 회의의 질서유지를 위한 권한을 갖는다. 의장 또는 위원장은 의원에 대하여 발언금지명령, 퇴장명령 등을 발하고, 회의를 중지하거나 산회를 선포하는 권한 등을 갖는다(법 제82조 내지 제84조). 의장은 회의장 안의 질서를 방해하는 방청인에 대하여 퇴장을 명하는 권한 등을 갖는다(법 제85조).

(라) 의원신분과 관련된 자율권

지방의회는 의원의 자격을 심사하고, 자격상실을 의결하는 권한을 갖는다(법 제79조, 제80조). 지방의회는 의원이 이 법이나 자치법규에 위배되는 행위를 하면 의결로써 징계할 수 있다(법 제86조).

지방의회의 징계결정은 처분이므로 항고소송의 대상이 된다.

4. 지방의회의원의 권리와 의무

가. 직무상 권리

(1) 의사활동에 관한 권리

지방의회의원은 의안의 발의권(법 제66조), 질문권(법 제42조), 회의에서의 발언 및 표결권을 갖는다.

(2) 선거권 및 피선거권

지방의회의원은 의장·부의장(법 제48조 제1항) 및 위원회 위원의 선거권과 피선거권을 갖는다(법 제56조 제3항).

나. 재산상 권리

(1) 의정활동비 등

구 지방자치법(2003. 7. 18. 법률 제6927호로 일부개정되기 전의 것)은 지방의회의원은 명예직으로 한다고 규정하였으나(제32조 제1항), 그 이후의 지방자치법은 이러한 내용을 삭제하여 지방의회의원은 명예직이 아니라 유급직의 성격을 지님을 분명히 하고 있다.

지방의회의원은 ⅰ) 의정 자료의 수집·연구와 이를 위한 보조활동에 사용되는 비용을 보전하기 위하여 매월 지급하는 의정활동비(법 제33조 제1항 제1호), ⅱ) 공무 여행시의 여비(법 제33조 제1항 제2호), ⅲ) 직무활동에 대하여 지급하는 월정수당(법 제33조 제1항 제3호)을 지급받는다. 여기서 지방의회 의원에게 지급되는 비용 중 적어도 월정수당은 지방의회 의원의 직무활동에 대한 대가로 지급되는 보수의 일종으로 봄이 상당하다는 것이 판례의 태도이다(대법원 2009.1.30. 선고 2007두13487 판결).

구 지방자치법 제32조 제1항 제3호에 따라 지방의회 의원에게 지급하는 월정수당이 지방의회 의원의 직무활동에 대한 대가로 지급되는 보수인지 여부(적극): 구 지방자치법(2007. 5. 11. 법률 제8423호로 전문 개정되기 전의 것) 제32조 제1항(현행 지방자치법 제33조 제1항 참조)은 지방의회 의원에게 지급하는 비용으로 의정활동비(제1호)와 여비(제2호) 외에 월정수당(제3호)을 규정하고 있는바, 이 규정의 입법연혁과 함께 특히 월정수당(제3호)은 지방의회 의원의 직무활동에 대하여 매월 지급되는 것으로서, 지방의회 의원이 전문성을 가지고 의정활동에 전념할 수 있도록 하는 기틀을 마련하고자 하는 데에 그 입법 취지가 있다는 점을 고려해 보면, 지방의회 의원에게 지급되는 비용 중 적어도 월정수당(제3호)은 지방의회 의원의 직무활동에 대한 대가로 지급되는 보수의 일종으로 봄이 상당하다(대법원 2009.1.30. 선고 2007두13487 판결).

(2) 상해·사망 등의 보상금

지방의회의원이 회기 중 직무(제61조에 따라 개회된 위원회의 직무와 본회의 또는 위원회의 의결이나 의장의 명에 따른 폐회 중의 공무여행을 포함한다)로 인하여 신체에 상해를 입거나 사망한 경우와 그 상해나 직무로 인한 질병으로 사망한 경우에는 보상금을 지급할 수 있다(법 제34조 제1항).

다. 지방의회의원의 의무

지방의회의원은 공공의 이익을 우선하여 양심에 따라 그 직무를 성실히 수행하여야 한다(법 제36조 제1항).

지방의회의원은 청렴의 의무를 지며, 의원으로서의 품위를 유지하여야 한다(법 제36

조 제2항).

지방의회의원은 지위를 남용하여 지방자치단체·공공단체 또는 기업체와의 계약이나 그 처분에 의하여 재산상의 권리·이익 또는 직위를 취득하거나 타인을 위하여 그 취득을 알선하여서는 아니 된다(법 제36조 제3항).

지방의회의원은 지방자치법 제35조 제1항 각호의 어느 하나에 해당하는 직을 겸할 수 없다(법 제35조 제1항). 지방의회의원은 위 조항에서 열거된 직무 외에는 겸직이 가능한바, 이는 일반적으로 겸직이 금지되는 공무원과 다른 점이라고 할 수 있다(국가공무원법 제64조 제1항 참조).

지방의회의원은 해당 지방자치단체 및 공공단체와 영리를 목적으로 하는 거래를 할 수 없으며, 이와 관련된 시설이나 재산의 양수인 또는 관리인이 될 수 없다(법 제35조 제5항).

Ⅲ. 지방자치단체의 집행기관

1. 지방자치단체의 장

가. 법적 지위

(1) 지방자치단체의 대표기관

지방자치단체의 장은 지방자치단체를 대표한다(법 제101조). 지방자치단체의 모든 대외적 행위는 지방자치단체의 장이 대표하여 행하며 그 행위의 효과는 지방자치단체에 귀속된다.

지방자치단체의 장의 이러한 지위는 법률행위에 의하여 부여된 것이 아니라, 바로 법률에 의하여 직접 주어진 것이다. 따라서 지방의회의 개별적인 의결로 지방자치단체의 장의 대표권을 제한할 수는 없고, 대표권은 법률에 의해서만 제한될 수 있을 뿐이다.

(2) 최고 독임제 행정청

지방자치단체의 장은 그 지방자치단체의 사무(자치사무와 단체위임사무)와 법령에 따라 그 지방자치단체의 장에게 위임된 사무를 관리하고 집행한다(법 제103조). 지방자치단체의 장은 지방자치단체의 행정업무를 수행하는 행정청이다.

지방자치단체의 장은 지방자치단체의 사무를 총괄한다(법 제101조). 때문에 지방자치단체의 장은 지방자치단체 행정의 최고집행자이다.

지방자치단체의 장은 독임제 행정청이다. 독임제 기관이므로 합의제 기관에 비하여 보다 능률적인 업무수행이 가능한 반면에 보다 많은 책임이 요구된다.

(3) 국가행정기관

지방자치단체의 장은 지방자치단체의 기관이지 국가기관은 아니다. 그러나 지방자치단체의 장이 국가 또는 시·도의 사무를 위임받아 처리하는 경우(기관위임사무)에는 국가 또는 시·도의 기관으로서의 지위를 갖는다. 기관위임사무를 처리함에 있어 지방자치단체의 장은 주무부장관 또는 시·도지사의 하급행정기관으로서 이들의 지휘·감독을 받는다.

이주대책을 수립실시하여야 할 건설부장관이 그 사무를 관할 지방자치단체의 장에게 위탁하고, 그 자치단체의 장이 다시 관할 하위 자치단체의 장에게 재위탁한 경우, 이주대책의 수립실시사무의 귀속주체: 관련 규정을 종합하여 보면, 이주자를 위한 토지 등의 매수 및 이주대책의 수립실시사무(이하 '이주대책사무'라고 한다)의 위탁과 재위탁은 그 수탁자가 관할 지방자치단체나 관할 하위 자치단체가 아닌 관할 지방자치단체의 장과 관할 하위 자치단체의 장으로서 기관위탁에 해당한다고 할 것이고, 따라서 이주대책사무의 실시에 있어서 수탁기관인 관할 지방자치단체의 장이나 관할 하위 자치단체의 장은 위탁자인 교통부장관이 속한 대한민국의 산하 행정기관의 지위에서 그 사무를 처리하는 것이고 그 위탁으로 인하여 사무귀속의 주체가 달라진다고 할 수 없으므로, 지방자치단체는 이주대책사무에 따른 권리의무의 귀속주체가 될 수 없고, 이주대책대상자들과의 이주대책사무와 관련된 택지의 공급가액을 둘러싼 분쟁의 당사자가 될 수도 없다(대법원 2003. 7. 25. 선고 2001다57778 판결).

나. 지방자치단체의 장의 권한

(1) 지방자치단체의 대표권

지방자치단체의 장은 당해 지방자치단체를 대표하는 권한을 가진다.

(2) 행정에 관한 권한

지방자치단체의 장은 지방자치단체의 사무를 총괄한다(법 제101조). 아울러 하부 행정기관에 대해 지도·감독권을 갖는다.

(3) 소속직원에 대한 권한

지방자치단체의 장은 소속 직원을 지휘·감독하고 법령과 조례·규칙으로 정하는 바에 따라 그 임면·교육훈련·복무·징계 등에 관한 사항을 처리한다(법 제105조).

(4) 재정에 관한 권한

지방자치단체의장은 재정과 관련하여 예산편성(법 제127조 제1항), 지방채발행(법 제

124조 제1항) 등의 권한을 갖는다.

(5) 지방의회에 관한 권한

(가) 일반론

지방자치단체의 장은 지방의회에의 출석·진술권(법 제42조 제1항), 재의요구권 (ⅰ) 조례의 재의요구: 법 제26조 제3항, ⅱ) 법령위반 등 의결의 재의요구: 법 제107조 제1항, ⅲ) 예산상 집행불가능한 의결의 재의요구: 법 제108조 제1항, 제2항, ⅳ) 감독청의 요구에 의한 재의요구: 법 제172조 제1항), 조례안에 대한 공포권·거부권(법 제26조 제2항, 제3항), 선결처분권(법 제109조) 등을 가진다. 이하 선결처분권에 대하여만 자세히 살펴보기로 한다.

(나) 선결처분권

1) 의의: 지방자치단체의 장은 지방의회가 성립되지 아니한 때와 지방의회의 의결사항 중 주민의 생명과 재산보호를 위하여 긴급하게 필요한 사항으로서 지방의회를 소집할 시간적 여유가 없거나 지방의회에서 의결이 지체되어 의결되지 아니할 때에는 선결처분(先決處分)을 할 수 있다(법 제109조 제2항).

이 제도는 긴급한 상황 하에서 지방자치단체의 장이 가지는 긴급권의 성격을 지닌다. 동시에 이 제도는 지방의회에 대한 견제의 기능을 갖는다.

2) 선결처분의 요건

① 지방의회가 성립되지 아니한 경우: '지방의회가 성립되지 아니한 때'라 함은 의원이 구속, 제명, 사직 등의 사유로 제64조에 따른 의결정족수에 미달하게 될 때를 말한다(법 제109조 제1항). 의원의 수가 의결정족수에 미달한 때에는 그것만으로 지방의회의 의결사항의 선결처분이 가능하다.

② 지방의회가 성립된 경우: 지방의회가 성립되었다고 하여도 다음의 요건을 모두 충족하는 경우에는 선결처분을 할 수 있다. ⅰ) 지방의회의 의결사항이어야 한다. ⅱ) 당해 의결이 주민의 생명과 재산보호를 위하여 필요하여야 한다. ⅲ) 그 보호의 요구가 시간적으로 긴급한 것이어야 한다. ⅳ) 지방의회를 소집할 시간적 여유가 없거나 지방의회에서 의결이 지체되어 의결되지 아니하는 경우이어야 한다(법 제100조 제1항).

3) 선결처분권의 대상(범위)

선결처분은 지방자치단체의 장의 결정을 의미한다. 그것은 행정처분에 해당할 수도 있지만, 경우에 따라서는 처분이 아닌 행정작용일 수도 있다.

지방의회가 성립되지 아니한 경우에는 지방의회의 의결을 요하는 지방자치단체의 장의 결정사항은 모두 선결처분이 가능하다.

지방의회가 성립된 경우의 선결처분은 '지방의회의 의결사항 중 주민의 생명과 재산 보호를 위하여 긴급하게 필요한 사항'에 한한다.

4) 선결처분에 대한 통제 및 불복

① 지방의회의 승인: 선결처분은 지체없이 지방의회에 보고하여 승인을 얻어야 한다(법 제109조 제2항). 지방의회에서 승인을 얻지 못한 때에는 그 선결처분은 그때부터 효력을 상실한다(법 제109조 제3항).

② 기타 통제수단: 선결처분은 지방자치단체의 장의 결정이므로 법령에 정한 감독기관, 주민 등의 통제를 받는다. 그 이외에 선결처분이 행정소송법상 처분에 해당하는 경우에 권익을 침해받은 자는 선결처분에 대하여 항고소송을 제기할 수 있다.

5) 지방의회의 승인거부에 대한 불복 및 통제

① 항고소송: 선결처분이 수익적 행정행위이거나 제3자효 행정행위인 경우에 지방의회의 승인거부는 이들 행위의 효력을 상실시키므로 행정소송법상 처분이라고 볼 수 있다. 따라서, 수익적 행정행위의 상대방이거나 제3자효 행정행위로 인하여 이익을 받은 자는 지방의회의 승인거부에 대하여 항고소송을 제기할 수 있다[5].

② 지방자치단체의 장 및 감독기관 등의 통제: 지방의회의 승인거부는 지방의회의 의결에 해당한다. 따라서, 위 승인거부에 대해서는 지방자치단체 장의 재의요구 및 감독기관의 재의요구지시, 제소지시 및 직접제소가 가능하다고 보아야 한다.

(6) 규칙제정권

지방자치단체의 장은 법령이나 조례가 위임한 범위에서 그 권한에 속하는 사무에 관하여 규칙을 제정할 수 있다(법 제23조).

(7) 주민투표회부권

지방자치단체의 장은 주민에게 과도한 부담을 주거나 중대한 영향을 미치는 지방자치단체의 주요 결정사항 등에 대하여 주민투표에 부칠 수 있다(법 제14조 제1항).

2. 보조기관과 행정기구

가. 보조기관

행정청에 소속되어 행정청의 권한행사를 보조하는 것을 임무로 하는 기관을 보조기

5) 박균성, 전게서, 135면.

관이라고 한다. 지방자치단체의 보조기관으로는 특별시·광역시 및 특별자치시에 부시장, 도와 특별자치도에 부지사, 시에 부시장, 군에 부군수, 자치구에 부구청장을 둔다(법 제110조 제1항), 그 밖의 보조기관에 대해서는 대통령령으로 정하는 기준에 따라 그 지방자치단체의 조례로 정한다(법 제112조 제2항).

나. 행정기구

지방자치단체는 그 사무를 분장하기 위하여 필요한 행정기구와 지방공무원을 둔다(법 제112조 제1항). 제1항에 따른 행정기구의 설치와 지방공무원의 정원은 인건비 등 대통령령으로 정하는 기준에 따라 그 지방자치단체의 조례로 정한다(법 제112조 제2항).

Ⅳ. 지방의회와 지방자치단체의 장의 관계

1. 상호 독립

지방의회를 구성하는 지방의회의원과 지방자치단체의 장은 모두 주민에 의해 선출된다. 그리고 지방의회는 의결기관이고 지방자치단체의 장은 집행기관으로서 그 권한이 상호 독립되어 있다. 따라서, 법령의 근거없이 상호간에 부여된 권한을 변경하는 것은 원칙상 인정되지 않는다.

2. 상호 견제

지방의회와 지방자치단체의 장은 상호 독립되어 있으므로 상호간에 대한 견제는 법률에 근거가 있어야 한다. 조례로 법률에 규정이 없는 새로운 견제장치를 만드는 것은 지방자치단체의 장의 고유권한을 침해하는 것이 된다(대법원 2003.09.23 선고 2003추13 판결). 상호 견제와 균형에 관한 자세한 내용은 제2장 제3절 제3항 조례 중 'Ⅲ. 조례제정권의 한계'를 참고하기 바람.

제4장 지방자치단체의 사무

Ⅰ. 개설

지방자치단체는 관할 구역의 자치사무와 법령에 따라 지방자치단체에 속하는 사무를 처리한다(법 제9조 제1항). 여기서 '관할 구역의 자치사무'를 '자치사무' 또는 '고유사무'라고 부르며, '법령에 따라 지방자치단체에 속하는 사무'를 단체위임사무라고 부른다. 자치사무와 단체위임사무가 지방자치단체의 사무에 해당된다.

한편 기관위임사무는 지방자치단체 자체가 아니라, 지방자치단체의 기관에 위임된 것이다. 위 사무는 지방자치단체의 장이 처리하지만 그 성질은 국가의 사무이며 지방자치단체의 사무가 아니다. 따라서 그 사무의 처리효과는 국가에 귀속된다.

Ⅱ. 사무의 종류

1. 자치사무

자치사무는 지방자치단체의 본래의 목적으로 예정되어 있는 사무를 말한다. 지방자치단체는 본래 지역적 이해관계가 있는 공공사무를 처리함을 목적으로 창설된 것으로서, 헌법 제117조 제1항이 규정하고 있는 바와 같이 주민의 복리증진에 관한 사무가 자치사무의 핵심을 이룬다.

따라서 자치사무는 당해 지방자치단체의 지역적 이해관계성이 인정되는 사무, 즉 지역공동체에 뿌리를 두고 있거나 특수한 관계를 맺고 있는 사무이어야 하며, 초지역적 이해관계를 바탕으로 하거나 국가의 일반이익에 관계되는 사무는 원칙적으로 자치사무로 볼 수 없다[1].

2. 위임사무

가. 의의

위임사무라 함은 국가 또는 다른 지방자치단체 등으로부터 지방자치단체 또는 지방

1) 김남진·김연태, 행정법Ⅱ, 제21판, 2017, 110면.

자치단체의 장에게 위임된 사무를 말한다. 위임사무 중 지방자치단체에 위임된 사무가 단체위임사무이고, 지방자치단체의 장에게 위임된 사무가 기관위임사무이다.

나. 단체위임사무

단체위임사무라 함은 국가나 다른 공공단체가 법령에 의하여 해당 지방자치단체에게 구체적으로 위임된 사무를 말한다. 따라서 단체위임사무에 대한 지방자치단체의 권한은 법령이 정하는 범위로 한정되며, 이 점에서 사무에 대한 전권한성을 내용으로 하는 자치사무와 구별된다.

단체위임사무는 자치단체의 자주적인 책임아래 시행되고, 조례제정의 대상이 되는 등 지방의회가 그 사무에 관여할 수 있는 점에서는 자치사무와 유사하다.

한편 단체위임사무는 실제로 그 예가 거의 없다. 그리하여 지방자치단체 사무의 종류 내에 단체위임사무라는 범주를 인정할 실익이 있는지에 대하여 의문을 제기하는 견해도 있다[2].

다. 기관위임사무

기관위임사무라 함은 국가 또는 다른 지방자치단체 등으로부터 해당 지방자치단체의 장(기관)에게 위임된 사무를 말한다.

기관위임사무는 지방자치단체의 집행기관에 의해 행해지지만 그 사무의 성질은 국가사무이며, 그 사무를 집행하는 지방자치단체의 기관은 기관위임사무를 수임하여 처리하는 범위 안에서는 그 사무를 위임한 국가기관의 지위에 서게 된다.

Ⅲ. 자치사무와 국가사무(기관위임사무)의 구분실익

1. 관리주체의 결정

자치사무의 관리주체는 지방자치단체이며, 기관위임사무(국가사무)의 관리주체는 국가이다. 지방자치단체와 국가 사이에 권한쟁의가 있는 경우에 그 계쟁사무의 관리주체를 정하기 위하여 자치사무와 국가사무를 구분할 필요가 있다.

2. 지방의회의 관여

자치사무는 지방자치단체의 사무이므로 지방의회의 사무감사 및 조사, 회계감사 등의 대상이 된다(법 제39조, 제41조 제1항, 제2항).

2) 김남진·김연태, 전게서, 111면.

기관위임사무는 지방자치단체의 집행기관에게 위임된 사무로서 그 사무의 성질은 국가사무이며 그 사무를 집행하는 지방자치단체의 집행기관은 국가기관의 지위에서 이를 행하므로 지방의회는 원칙상 기관위임사무에 관여할 수 없다. 다만 기관위임사무의 수행에 있어서도 지방자치단체의 인적·물적 수단이 활용되므로, 그에 대한 지방의회의 관여가 완전히 배제되어야 한다고 보기는 어렵다[3]. 지방자치법은 "지방자치단체 및 그 장이 위임받아 처리하는 국가사무와 시·도의 사무에 대하여 국회와 시·도의회가 직접 감사하기로 한 사무 외에는 그 감사를 각각 해당 시·도의회와 시·군 및 자치구의회가 할 수 있다(법 제41조 제3항)"고 규정하여 기관위임사무에 대한 감사가능성을 인정하고 있다. 이러한 범위 안에서 지방의회는 기관위임사무에 관여한다.

3. 조례의 제정

자치사무는 지방자치단체의 사무로서 법률의 수권없이도 조례제정의 대상이 된다. 다만 국민의 권리를 제한하거나 의무를 부과하거나 벌칙을 정하는 조례는 법령의 위임이 있어야 한다(법 제22조 단서). 이 경우 그 위임은 포괄적 위임도 가능하다. 자치사무에 관한 조례는 자치조례로서 법률에 준하는 성질을 갖는다.

이에 반하여 기관위임사무는 지방자치단체의 사무가 아니라 국가의 사무이므로 명문의 규정이 없는 한 조례제정의 대상이 되지 않는다. 따라서 기관위임사무를 조례로 정하게 되면 그 조례는 무효가 된다. 다만 이 경우 위 무효인 조례에 근거하여 행하여진 행정처분이 당연히 무효가 되는 것은 아니다. 왜냐하면 무효인 조례(의 수권)에 근거하여 행하여진 행정처분은 (권한 없는 자에 의하여 행하여진 것과 마찬가지가 되어) 그 하자가 중대하다고 할 것이나, 객관적으로 그 하자가 명백한 것이라고는 할 수 없기 때문이다(대법원 1995. 7. 11. 선고 94누4615 전원합의체판결).

한편 법령의 수권이 있는 경우에는 기관위임사무에 대하여도 조례가 제정될 수 있다. 이 경우 그 위임은 구체적이어야 하고, 조례는 위임법령의 취지에 부합하고 아울러 그 위임의 범위를 벗어나지 않아야 한다. 기관위임사무에 관한 조례를 위임조례라고 하며, 위임조례는 행정입법의 성질을 갖는다.

가. 구 건설업법 제50조 제2항 제3호 소정의 영업정지 등 처분권한을 위임받은 시·도지사가 이를 구청장 등에게 재위임할 수 있는지 여부: 구 건설업법(1994.1.7. 법률 제4724호로 개정되기 전의 것)

3) 홍정선, 행정법원론(하), 제25판, 2017, 240면.

제57조 제1항, 같은법시행령 제53조 제1항 제1호에 의하면 건설부장관의 권한에 속하는 같은 법 제50조 제2항 제3호 소정의 영업정지 등 처분권한은 서울특별시장·직할시장 또는 도지사에게 위임되었을 뿐 시·도지사가 이를 구청장·시장·군수에게 재위임할 수 있는 근거규정은 없으나, 정부조직법 제5조 제1항과 이에 기한 행정권한의위임및위탁에관한규정 제4조에 재위임에 관한 일반적인 근거규정이 있으므로 시·도지사는 그 재위임에 관한 일반적인 규정에 따라 위임받은 위 처분권한을 구청장 등에게 재위임할 수 있다.

나. 이른바 기관위임사무를 지방자치단체의 조례에 의하여 재위임할 수 있는지 여부: '가'항의 영업정지 등 처분에 관한 사무는 국가사무로서 지방자치단체의 장에게 위임된 이른바 기관위임사무에 해당하므로 시·도지사가 지방자치단체의 조례에 의하여 이를 구청장 등에게 재위임할 수는 없고 행정권한의위임및위탁에관한규정 제4조에 의하여 위임기관의 장의 승인을 얻은 후 지방자치단체의 장이 제정한 규칙이 정하는 바에 따라 재위임하는 것만이 가능하다.

다. 하자 있는 행정처분이 당연무효인지를 판별하는 기준: [다수의견] 하자 있는 행정처분이 당연무효가 되기 위하여는 그 하자가 법규의 중요한 부분을 위반한 중대한 것으로서 객관적으로 명백한 것이어야 하며 하자가 중대하고 명백한 것인지 여부를 판별함에 있어서는 그 법규의 목적, 의미, 기능 등을 목적론적으로 고찰함과 동시에 구체적 사안 자체의 특수성에 관하여도 합리적으로 고찰함을 요한다.

라. 처분권한의 근거 조례가 무효인 경우, 그 근거 규정에 기하여 한 행정처분이 당연무효인지 여부: [다수의견] 조례 제정권의 범위를 벗어나 국가사무를 대상으로 한 무효인 서울특별시행정권한위임조례의 규정에 근거하여 구청장이 건설업영업정지처분을 한 경우, 그 처분은 결과적으로 적법한 위임 없이 권한 없는 자에 의하여 행하여진 것과 마찬가지가 되어 그 하자가 중대하나, 지방자치단체의 사무에 관한 조례와 규칙은 조례가 보다 상위규범이라고 할 수 있고, 또한 헌법 제107조 제2항의 "규칙"에는 지방자치단체의 조례와 규칙이 모두 포함되는 등 이른바 규칙의 개념이 경우에 따라 상이하게 해석되는 점 등에 비추어 보면 위 처분의 위임과정의 하자가 객관적으로 명백한 것이라고 할 수 없으므로 이로 인한 하자는 결국 당연무효 사유는 아니라고 봄이 상당하다(대법원 1995. 7. 11. 선고 94누4615 전원합의체판결).

4. 경비의 부담

자치사무는 지방자치단체 자신의 사무이므로 그 수행에 필요한 경비는 지방자치단체스스로가 부담하는 것이 원칙이다(법 제141조[4], 지방재정법 제20조[5]). 반면에 기관위임사무는 위

4) 지방자치법 제141조(경비의 지출) 지방자치단체는 그 자치사무의 수행에 필요한 경비와 위임된 사무에 관하여 필요한 경비를 지출할 의무를 진다. 다만, 국가사무나 지방자치단체사무를 위임할 때에는 이를 위임한 국가나 지방자치단체에서 그 경비를 부담하여야 한다.

5) 지방재정법 제20조(자치사무에 관한 경비) 지방자치단체의 관할구역 자치사무에 필요한 경비는 그 지방자치단체가 전액을 부담한다.

임자인 국가나 광역자치단체가 사무처리비용을 부담하는 것이 원칙이다(법 제141조 단서).

5. 사무수행의 자율성과 국가의 감독

자치사무에 대해서는 지방자치단체에게 자율권이 인정되고, 따라서 자치사무에 대한 국가의 감독은 적법성 통제에 그친다(법 제171조 제1항, 제169조 제1항 참고).

기관위임사무는 국가사무이므로 지방자치단체의 장에게 자율권이 인정될 수 없고, 기관위임사무에 대하여는 국가의 적법성 통제뿐만 아니라 예방적 감독 및 합목적성의 통제도 행하여진다(법 제169조 제1항 참고).

6. 국가배상법상 피해자에 대한 배상책임자 및 종국적 배상책임자

국가배상법 제6조 제1항은 "국가 또는 지방자치단체가 손해를 배상할 책임이 있는 경우에 공무원의 선임·감독 또는 영조물의 설치·관리를 맡은 자와 공무원의 봉급·급여 기타의 비용 또는 영조물의 설치·관리의 비용을 부담하는 자가 동일하지 아니한 경우에는 그 비용을 부담하는 자도 손해를 배상하여야 한다"고 규정하고 있는바, 이 규정에 의하면 피해자는 사무의 관리주체(귀속주체)와 비용부담자에 대하여 선택적으로 배상을 청구할 수 있다.

① 자치사무의 경우 사무의 관리주체와 비용부담주체 모두 지방자치단체이므로 피해자에 대하여는 지방자치단체가 배상책임을 진다.

② 이에 대하여 기관위임사무에 있어서는 사무의 관리주체(귀속주체)인 국가는 관리주체로서 피해자에 대하여 배상책임을 지고(대법원 1993. 1. 26. 선고 92다2684 판결: 기관위임사무의 경우 지방자치단체의 기관은 국가기관으로서의 지위를 가지므로 국가가 관리주체가 된다), 지방자치단체는 형식적 비용부담자로서(대외적으로 지방자치단체가 당해 사무의 비용 또는 영조물 설치·관리의 비용을 부담한다) 피해자에 대하여 배상책임을 진다.

그런데 기관위임사무의 경우 관리주체는 국가이고, 실질적 비용부담자도 특별한 규정이 없는 한 국가이므로 국가가 최종적 배상책임자가 되고 따라서 국가배상을 한 지방자치단체는 국가에 대하여 구상할 수 있다.

Ⅳ. 자치사무와 국가사무(기관위임사무)의 구별기준

1. 문제의 소재

지방자치단체의 사무는 자치사무, 단체위임사무, 기관위임사무로 대별된다. 지방자치법 제9조 제2항 각호는 지방자치단체의 사무(이에는 자치사무와 단체위임사무가 포함)를 예시하고, 같은 법 제11조 각호는 국가사무를 예시하고 있다. 하지만 그것은 예시에 불과하기 때문에, 수많은 개별·구체적인 상황에 있어서의 일반적 판단기준은 되지 못한다. 아울러 위 예시된 사무도 법률에서 이와 달리 규정하고 있는 경우에는 그 법적 성질이 달라지기 때문에(법 제9조 제2항 단서, 법 제11조 단서) 위 규정이 절대적인 구별기준은 되지 못한다.

근본적으로 어떤 사무가 어떤 유형에 속하는지는 입법정책의 문제로서 관련법 규정에 담겨있는 입법자의 의사를 추적함으로써 해명될 수 있다고 할 것이다. 다만 지방자치단체의 본질적인 내용을 이루는 사무를 지방자치단체로부터 박탈하는 것은 입법형성의 자유의 한계를 벗어나는 것이므로 허용될 수 없다[6].

2. 구별기준

개별 법령에서 자치사무인가 국가사무인가를 명확히 정한 경우에는 그에 따른다. 문제는 법령에 이에 관한 명문의 규정이 없는 경우이다. 이 경우에는 관계 규정과 함께 사무의 성질 등을 종합적으로 고려하여 당해 사무가 자치사무인가 국가사무인가를 결정하여야 한다.

이하에서 그 기준을 구체적으로 고찰해보기로 한다.

가. 권한규정

구별의 가장 중요한 실마리가 되는 것은 근거 법령의 권한규정이다.

첫째, 개별 법령에서 대통령과 국무총리 또는 중앙행정기관의 장의 권한으로 규정하고 있는 사무는 국가사무로 볼 수 있다. 위와 같은 국가사무 중에서 시·도지사나 시장·군수·구청장 등에게 위임된 사무는 기관위임사무로 보아야 할 것이고, 지방자치단체에게 위임된 사무는 단체위임사무로 보아야 할 것이다.

둘째, 개별 법령에서 시·도지사 등 지방자치단체장의 권한으로 규정하고 있는 경우 즉 "지방자치단체의 장이 행한다"라고 규정하고 있는 경우에 이 규정상 지방자치단체장의 권한대상으로서의 사무가 자치사무인지 기관위임사무인지 여부가 문제된다.

이와 관련해서는 ① 개별 법령의 취지와 내용을 구체적으로 판단하여 해당사무가 주무부장관의 통제 하에 적극적 기준에 의하여 처리되어야 할 사무는 국가의 기관위임사무로, 해당사무가 지방자치법 제9조 제2항 소정의 지방자치단체 사무로 예시되어 있는 사무 중에 포함되어 있거나 그렇지 아니하더라도 특히 지역적 특성에 따라 자율적으로 처리되는 것이 바람직한 사무는 자치사무로 보아야 할 것이라는 견해가 있고[7], 이것이 판례의

6) 김남진·김연태, 전게서, 119면.

태도이기도 하다. 이에 대하여 ② 지방자치단체의 장은 기본적으로 지방자치단체의 대표인 것이지, 국가의 지방행정기관은 아니므로, 개별 법령에서 "지방자치단체의 장이 행한다"고 규정한 경우에 그 사무는 지방자치단체의 장이 대표하는 해당 지방자치단체의 사무로 보아야 한다는 견해도 있다[8].

나. 권한규정이 불분명한 경우

권한규정이 불분명한 경우에는 사무의 성질, 개별법상의 비용부담, 수입규정, 지휘감독규정 등을 고려하여 어떠한 사무인지를 판단하여야 할 것이다.

즉 사무의 성질을 보아 문제의 사무가 주로 지역적 이익에 관한 사무이여 지역의 특성에 따라 다르게 처리되는 것이 타당한 사무인 경우에는 자치사무로 보아야 하고, 문제의 사무가 국가적 이익에 관한 사무이고 전국적으로 통일적 처리를 요하는 사무이면 국가사무라고 보아야 한다. 또한 사무에 소요되는 비용을 지방자치단체가 부담하고 그로 인한 수입도 지방자치단체의 것으로 귀속시키는 경우에는 자치사무라고 할 수 있을 것이다.

다. 보충적 규정

지방자치단체의 사무를 구별하는데 있어 지방자치법 제9조 제2항과 제11조의 예시규정을 보충적으로 고려하면 그 판단의 실마리를 찾을 수 있을 것이다.

법령상 지방자치단체의 장이 처리하도록 하고 있는 사무가 자치사무인지 기관위임사무인지를 판단하는 방법: 법령상 지방자치단체의 장이 처리하도록 하고 있는 사무가 자치사무인지 아니면 기관위임사무인지를 판단하기 위해서는 그에 관한 법령의 규정 형식과 취지를 우선 고려하여야 하지만, 그 밖에 그 사무의 성질이 전국적으로 통일적인 처리가 요구되는 사무인지, 그에 관한 경비부담과 최종적인 책임귀속의 주체가 누구인지 등도 함께 고려하여야 한다(대법원 2013. 5. 23. 선고 2011추56 판결).

인천광역시의회가 의결한 '인천광역시 공항고속도로 통행료지원 조례안'이 규정하고 있는 인천국제공항고속도로를 이용하는 지역주민에게 통행료를 지원하는 내용의 사무는, 구 지방자치법(2007. 5. 11. 법률 제8423호로 전문 개정되기 전의 것) 제9조 제2항 제2호 (가)목에 정한 주민복지에 관한 사업으로서 지방자치사무이다(대법원 2008. 6. 12. 선고 2007추42 판결).

---

7) 김남진·김연태, 전게서, 120면; 정하중, 행정법개론, 2007, 963면.

8) 홍정선, 전게서, 214면.

교권보호와 교육활동 지원에 필요한 제반 사항을 정한 조례안에 대하여 교육부장관의 재의요구지시에 따라 교육감이 재의를 요구하였으나 시의회가 원안대로 재의결한 사안에서, 교원의 지위에 관한 사항은 법률로 정하여 전국적으로 통일적인 규율이 필요한 것이고 국가가 이를 위하여 상당한 경비를 부담하고 있으므로, 이에 관한 사무는 국가사무로 보아야 하는데, 위 조례안 제5조가 교원의 지위에 관한 사항에 속하는 교원의 차별 및 불이익 금지 등에 관하여 규정하고, 제6조, 제9조, 제10조가 교원의 지위 보호를 위하여 교권보호위원회 및 교권보호지원센터의 설치·구성·운영에 관한 사항 등을 규정한 것은 국가사무에 관하여 법령의 위임 없이 조례로 정한 것으로 조례제정권의 한계를 벗어나 위법하다고 한 사례(대법원 2014. 2. 27. 선고 2012추145 판결).

제5장 지방자치단체 상호 간의 관계

Ⅰ. 개설

지방자치단체의 업무 중에는 그 지방자치단체가 갖추고 있는 재정력이나 행정력의 한계를 벗어나는 경우도 있다. 또한 사무의 성질에 따라서는 하나의 지방자치단체의 관할구역을 벗어나 복수의 자치단체의 관할구역에 걸치는 업무도 있을 수 있다. 이러한 사무를 효율적으로 수행하기 위해서는 다른 행정주체의 도움을 받거나 아니면 여러 행정주체가 공동으로 사무를 수행할 것이 요구되기도 한다. 여기에서 지방자치단체와 다른 행정주체 간의 협력문제가 나타나게 된다.

Ⅱ. 지방자치관계법에 의한 사무의 공동처리

1. 협력의무와 협력의 방식

지방자치단체는 다른 지방자치단체로부터 사무의 공동처리에 관한 요청이나 사무처리에 관한 협의·조정·승인 또는 지원의 요청을 받으면 법령의 범위에서 협력하여야 한다(지방자치법 제147조). 이러한 협력의 대상이 되는 사무는 해석상 자치사무 및 단체위임사무이며, 기관위임사무는 이에 포함되지 않는다고 보아야 한다[1].

지방자치단체 사이의 협력방식은 공법상의 형식과 사법상의 형식으로 나누어 볼 수 있다. 공법상 협력방식은 ① 상호합의에 따른 공동의 조직체의 구성을 통한 협력방식과 ② 그러한 조직체의 구성이 없는 협력방식이 있다. ①의 경우에는 그 조직체가 법인격을 갖는 경우와 갖지 않는 경우로 나누어진다. 지방자치법은 법인격을 갖는 경우의 조직체로 지방자치단체조합, 법인격을 갖지 않는 경우의 조직체로 행정협의회를 규정하고 있다. 한편 ②의 경우로는 사무위탁에 따른 협력방식이 예정되고 있다[2].

2. 사무의 위탁

가. 의의

지방자치단체나 그 장은 소관 사무의 일부를 다른 지방자치단체나 그 장에게 위탁하

1) 김남진·김연태, 행정법Ⅱ, 제21판, 2017, 186면.
2) 홍정선, 행정법원론(하), 제25판, 2017, 244면.

여 처리하게 할 수 있다(법 제151조 제1항 제1문). 사무의 위탁은 동급 또는 하급의 지방자치단체 또는 그 장에 대하여 이루어진다.

나. 절차

지방자치단체나 그 장은 제1항에 따라 사무를 위탁하려면 관계 지방자치단체와의 협의에 따라 규약을 정하여 고시하여야 한다(법 제151조 제2항).

사무위탁에 관한 규약에는 다음 각 호의 사항(1. 사무를 위탁하는 지방자치단체와 사무를 위탁받는 지방자치단체, 2. 위탁사무의 내용과 범위, 3. 위탁사무의 관리와 처리방법, 4. 위탁사무의 관리와 처리에 드는 경비의 부담과 지출방법, 5. 그 밖에 사무위탁에 관하여 필요한 사항)이 포함되어야 한다(법 제151조 제3항).

사무를 위탁하는 경우 지방자치단체의 장은 사무 위탁의 당사자가 시·도나 그 장이면 행정안전부장관과 관계 중앙행정기관의 장에게, 시·군 및 자치구나 그 장이면 시·도지사에게 이를 보고하여야 한다. 감독청에의 보고를 사무위탁의 한 절차로 규정한 것은 사무위탁의 적정화를 도모하기 위한 것이다[3].

3. 행정협의회

가. 의의

지방자치단체는 2개 이상의 지방자치단체에 관련된 사무의 일부를 공동으로 처리하기 위하여 관계 지방자치단체 간의 행정협의회를 구성할 수 있다(법 제152조 제1항 제1문). 행정협의회는 동급의 지방자치단체 사이에 그 구성이 예정되어 있다(법 제156조 제1항 참조).

나. 구성절차

지방자치단체는 행정협의회를 구성하려면 관계 지방자치단체 간의 협의에 따라 규약을 정하여 관계 지방의회의 의결을 각각 거친 다음 고시하여야 한다(법 제152조 제2항).

행정협의회의 규약에는 다음 각 호의 사항(1. 협의회의 명칭, 2. 협의회를 구성하는 지방자치단체, 3. 협의회가 처리하는 사무, 4. 협의회의 조직과 회장 및 위원의 선임방법, 5. 협의회의 운영과 사무 처리에 필요한 경비의 부담이나 지출방법, 6. 그 밖에 협의회의 구성과 운영에 관하여 필요한 사항)이 포함되어야 한다(법 제154조).

행정협의회를 구성하는 경우 지방자치단체의 장은 시·도가 구성원이면 행정안전부장

---

3) 홍정선, 전게서, 245면.

관과 관계 중앙행정기관의 장에게, 시·군 또는 자치구가 구성원이면 시·도지사에게 이를 보고하여야 한다(법 제152조 제1항 제2문).

4. 지방자치단체조합

가. 의의

지방자치단체조합이란 2개 이상의 지방자치단체가 하나 또는 둘 이상의 사무를 공동으로 처리하기 위하여 설립한 공법인을 말한다. 지방자치단체조합은 특별지방자치단체에 해당된다. 김포매립지(쓰레기처리장)를 공동으로 운영하기 위하여 1991년에 서울특별시·인천광역시·경기도가 공동으로 설립한 '수도권매립지운영관리조합'이 그러한 경우의 예에 해당된다.

지방자치단체조합은 지방자치단체 사무의 일부를 공동처리하기 위한 조합이지, 그 전부를 공동처리하기 위한 조합이 아니다. 모든 사무의 공동처리를 위한 지방자치단체조합은 지방자치단체의 합병을 의미하는 것이기 때문이다[4].

나. 설립절차

2개 이상의 지방자치단체는 ① 규약을 정하여, ② 그 지방의회의 의결을 거쳐, ③ 시·도는 행정안전부장관의, 시·군 및 자치구는 시·도지사의 승인을 받아 지방자치단체조합을 설립할 수 있다. 다만, 지방자치단체조합의 구성원인 시·군 및 자치구가 2개 이상의 시·도에 걸치는 지방자치단체조합은 행정안전부장관의 승인을 받아야 한다(법 제159조 제1항).

지방자치단체조합의 규약에는 다음 각 호의 사항(1. 지방자치단체조합의 명칭, 2. 지방자치단체조합을 구성하는 지방자치단체, 3. 사무소의 위치, 4. 지방자치단체조합의 사무, 5. 지방자치단체조합회의의 조직과 위원의 선임방법, 6. 집행기관의 조직과 선임방법, 7. 지방자치단체조합의 운영 및 사무처리에 필요한 경비의 부담과 지출방법, 8. 그 밖에 지방자치단체조합의 구성과 운영에 관한 사항)이 포함되어야 한다(법 제162조).

5. 지방자치단체장 등의 협의체

지방자치단체의 장이나 지방의회의 의장은 상호 간의 교류와 협력을 증진하고, 공동의 문제를 협의하기 위하여 다음 각 호(1. 시·도지사. 2. 시·도의회의 의장, 3. 시장·군수·자치구의 구청장, 4. 시·군·자치구의회의 의장)의 구분에 따라 각각 전국적 협의체를 설

4) 김남진·김연태, 전게서 189면; 홍정선, 전게서, 248면.

립할 수 있다(법 제165조 제1항).

제1항 각 호의 전국적 협의체가 모두 참가하는 지방자치단체 연합체를 설립할 수 있다(법 제165조 제2항).

제1항에 따른 협의체나 제2항에 따른 연합체를 설립한 때에는 그 협의체의 대표자는 지체 없이 행정안전부장관에게 신고하여야 한다(법 제165조 제3항).

제1항에 따른 협의체나 제2항에 따른 연합체는 지방자치에 직접적인 영향을 미치는 법령 등에 관한 의견을 행정안전부장관에게 제출할 수 있으며, 행정안전부장관은 제출된 의견을 관계 중앙행정기관의 장에게 통보하여야 한다(법 제165조 제4항).

제1항에 따른 협의체나 제2항에 따른 연합체는 지방자치와 관련된 법률의 제정·개정 또는 폐지가 필요하다고 인정하는 경우에는 국회에 서면으로 의견을 제출할 수 있다(법 제165조 제6항).

6. 사법의 형식에 따른 협력

지방자치단체들은 그 업무수행이 고권적으로 행하여지도록 규정된 것이 아니라면, 사법형식을 통행 다른 지방자치단체와 협력할 수도 있다. 예컨대 여러 지방자치단체가 원활한 교통을 위해 공동의 출자자가 되어 주식회사인 운수회사를 설립·운영하는 것이 그러한 경우의 예이다.

Ⅲ. 지방자치관계법 이외의 법률에 의한 사무의 공동처리

1. 의의

위에서 살펴본 바는 지방자치관계법에 근거한 지방자치단체 상호간의 자율적 협력에 의한 사무의 공동처리방식이다. 그런데 국토의 계획 및 이용에 관한 법률 등과 같은 지방자치관계법 이외의 법률에서는 일정한 광역적인 사무에 관한 처리계획의 수립·시행 등에 있어서 여러 관련 지방자치단체에게 협력할 의무를 부과함으로써 일정한 사무를 상호 협력에 의하여 공동처리하게 하는 경우가 있다. 이 경우 엄밀하게 말하자면 지방자치단체가 자율적으로 협력하는 것이 아니라, 국가 중앙행정기관의 주도하에 타율적으로 상호간에 협력하거나, 국가기관이 수립하는 광역행정계획에 단순히 하나의 관련기관으로서 참여함으로써 이를 통하여 협력하는 것이라고 말할 수 있다[5].

---

5) 박윤흔·정형근, 최신 행정법강의(하), 개정28판, 2009, 169면.

2. 광역시설의 설치·관리 등에 관한 협력

가. 광역계획권의 지정

국토교통부장관 또는 도지사는 둘 이상의 특별시·광역시·특별자치시·특별자치도·시 또는 군의 공간구조 및 기능을 상호 연계시키고 환경을 보전하며 광역시설을 체계적으로 정비하기 위하여 필요한 경우에는 다음 각 호의 구분에 따라 인접한 둘 이상의 특별시·광역시·특별자치시·특별자치도·시 또는 군의 관할 구역 전부 또는 일부를 대통령령으로 정하는 바에 따라 광역계획권으로 지정할 수 있다(국토의 계획 및 이용에 관한 법률 제10조 제1항).

나. 광역도시계획의 수립권자

광역계획권이 지정된 경우, 국토교통부장관, 시·도지사, 시장 또는 군수는 다음 각 호(1. 광역계획권이 같은 도의 관할 구역에 속하여 있는 경우: 관할 시장 또는 군수가 공동으로 수립, 2. 광역계획권이 둘 이상의 시·도의 관할 구역에 걸쳐 있는 경우: 관할 시·도지사가 공동으로 수립, 3. 광역계획권을 지정한 날부터 3년이 지날 때까지 관할 시장 또는 군수로부터 제16조제1항에 따른 광역도시계획의 승인 신청이 없는 경우: 관할 도지사가 수립, 4. 국가계획과 관련된 광역도시계획의 수립이 필요한 경우나 광역계획권을 지정한 날부터 3년이 지날 때까지 관할 시·도지사로부터 제16조제1항에 따른 광역도시계획의 승인 신청이 없는 경우: 국토교통부장관이 수립)의 구분에 따라 광역도시계획을 수립하여야 한다(국토의 계획 및 이용에 관한 법률 제11조 제1항).

3. 도시교통정비에 관한 협의

가. 도시교통정비지역의 지정·고시

국토교통부장관은 도시교통의 원활한 소통과 교통편의의 증진을 위하여 다음 각 호 {1. 인구 10만명 이상의 도시(도농복합형태의 시는 읍·면지역을 제외한 지역의 인구가 10만명 이상인 경우를 말한다), 2. 제1호 외의 지역으로서 국토교통부장관이 직접 또는 관계 시장·군수의 요청에 따라 도시교통을 개선하기 위하여 필요하다고 인정하는 지역}의 지역을 도시교통정비지역으로 지정·고시할 수 있다(도시교통정비 촉진법 제3조 제1항).

나. 도시교통정비 기본계획의 수립

도시교통정비지역으로 지정된 행정구역을 관할하는 시장(특별시장·광역시장·특별자치시장 및 특별자치도지사를 포함한다)이나 군수는 대통령령으로 정하는 바에 따라 20년 단위의 도시교통정비 기본계획을 수립하여야 한다(도시교통정비 촉진법 제5조 제1항).

다. 중기계획 및 연차별 시행계획

시장이나 군수는 기본계획을 수립한 경우 대통령령으로 정하는 바에 따라 기본계획을 구체화하여 5년 단위의 도시교통정비 중기계획(이하 "중기계획"이라 한다)을 수립하여야 한다(도시교통정비 촉진법 제8조 제1항).

시장이나 군수는 대통령령으로 정하는 바에 따라 중기계획의 단계적 시행에 필요한 연차별 시행계획을 수립하여 국토교통부장관이나 도지사에게 제출하고 지체 없이 이를 고시하여야 한다(도시교통정비 촉진법 제10조 제1항).

4. 수도권교통정비에 관한 협력(의무)

가. 수도권정비계획의 수립

국토교통부장관은 수도권의 인구 및 산업의 집중을 억제하고 적정하게 배치하기 위하여 중앙행정기관의 장과 서울특별시장·광역시장 또는 도지사의 의견을 들어 수도권정비계획안을 입안한다(수도권정비계획법 제4조 제1항).

나. 다른 계획 등에의 우선

수도권정비계획은 수도권의 「국토의 계획 및 이용에 관한 법률」에 따른 도시·군계획, 그 밖의 다른 법령에 따른 토지 이용 계획 또는 개발 계획 등에 우선하며, 그 계획의 기본이 된다. 다만, 수도권의 군사에 관한 사항에 대하여는 그러하지 아니하다(수도권정비계획법 제3조 제1항).

중앙행정기관의 장이나 서울특별시장·광역시장·도지사 또는 시장·군수·자치구의 구청장 등 관계 행정기관의 장은 수도권정비계획에 맞지 아니하는 토지 이용 계획이나 개발 계획 등을 수립·시행하여서는 아니 된다(수도권정비계획법 제3조 제2항).

Ⅳ. 지방자치단체 상호간의 분쟁조정

1. 분쟁조정권자

지방자치단체 상호 간이나 지방자치단체의 장 상호 간 사무를 처리할 때 의견이 달라 다툼(이하 "분쟁"이라 한다)이 생기면 다른 법률에 특별한 규정이 없으면 행정안전부장관이나 시·도지사가 당사자의 신청에 따라 조정(調整)할 수 있다(법 제148조 제1항 본문).

2. 분쟁조정절차

분쟁조정은 당사자의 신청에 의한다(법 제148조 제1항 본문).

다만 그 분쟁이 공익을 현저히 저해하여 조속한 조정이 필요하다고 인정되면 당사자의 신청이 없어도 직권으로 조정할 수 있다(법 제148조 제1항 단서). 제1항 단서에 따라 행정안전부장관이나 시·도지사가 분쟁을 조정하는 경우에는 그 취지를 미리 당사자에게 알려야 한다(법 제148조 제2항).

행정안전부장관이나 시·도지사가 제1항의 분쟁을 조정하고자 할 때에는 관계 중앙행정기관의 장과의 협의를 거쳐 제149조에 따른 지방자치단체중앙분쟁조정위원회나 지방자치단체지방분쟁조정위원회의 의결에 따라 조정하여야 한다(법 제148조 제3항).

[1] 지방자치단체의 자치사무가 다른 지방자치단체나 그 주민의 보호할 만한 가치가 있는 이익을 침해하는 경우, 지방자치법 제148조에서 정한 분쟁조정 대상 사무가 될 수 있는지 여부(적극): 지방자치법 제148조 제1항, 제3항, 제4항의 내용 및 체계에다가 지방자치법이 분쟁조정절차를 둔 입법 취지가 지방자치단체 상호 간이나 지방자치단체의 장 상호 간 사무처리 과정에서 분쟁이 발생하는 경우 당사자의 신청 또는 직권으로 구속력 있는 조정절차를 진행하여 이를 해결하고자 하는 데 있는 점, 분쟁조정 대상에서 자치사무를 배제하고 있지 않은 점 등을 종합하면, 지방자치단체의 자치사무라도 당해 지방자치단체에 내부적인 효과만을 발생시키는 것이 아니라 그 사무로 인하여 다른 지방자치단체나 그 주민의 보호할 만한 가치가 있는 이익을 침해하는 경우에는 지방자치법 제148조에서 정한 분쟁조정 대상 사무가 될 수 있다.: 【해설】 영주시가 2012. 3. 15. 지방자치법 제4조의2 제1항 단서에 의하여 그 관할 구역 안의 '단산면'의 명칭을 '소백산면'으로 바꾸는 내용으로 '영주시 읍·면·동 명칭과 구역에 관한 조례'를 개정·공포하였다. 피고 보조참가인(단양군수)은 위 조례제정 과정 중인 2012. 2. 20. 피고(행정자치부장관)에게 영주시에서 '소백산'을 행정구역 명칭으로 사용하지 않도록 해달라는 분쟁조정신청을 하였다. 지방자치단체중앙분쟁조정위원회는 2012. 6. 14. '피고 보조참가인이 영주시에서 단산면을 소백산면으로 사용하지 않도록 조정하여 줄 것을 요구한 이 사건 분쟁조정신청을 인용한다'고 결정하는 의결을 하였다. 이에 피고는 2012. 6. 18. 원고(영주시장)에게 이 사건 분쟁조정결정을 통보하면서 지방자치법 제148조에 의하여 조치하고 같은 법 시행령 제86조에 의한 이행계획서를 제출할 것을 요구하였다. 원고는 2012. 6. 20.부터 행정구역 명칭변경 시행을 중단하고 관계기관에 이를 통보하였으며 영주시 인터넷 홈페이지에 명칭변경 시행 중단을 홍보하였고, 이러한 취지의 이행계획서를 피고에게 제출하였다.

그러나 피고는 2012. 6. 26. 원고의 이행계획서에 이 사건 조례의 개정에 관한 이행계획이 없어 분쟁조정결정의 이행의사가 부족하다고 판단된다는 이유로 원고에게 2012. 8. 10.까지 이 사건 조례를 개정하도록 하는 직무이행명령을 하였다. 그러자 피고가 위 직무이행명령의 취소를 구하는 소를 제기한 경우이다.

대법원은 먼저 영주시가 그 관할 구역 안의 '단산면'의 명칭을 '소백산면'으로 변경하는 것은 지방자치법 제9조 제2항 제1호 (가)목에서 정한 '관할 구역 안 행정구역의 명칭·위치 및 구역의 조정' 사무로서 자치사무에 해당한다고 보았다. 그리고 영주시가 그 관할구역 안의 면의 명칭을 변경하는 것이 자치사무라고 하더라도 '단산면'의 명칭을 '소백산면'으로 변경하는 것은 지방자치법 제148조에서 정한 분쟁조정 대상 사무에 해당하고, 나아가 지방자치단체중앙분쟁조정위원회가 이 사건 분쟁조정신청을 인용한다고 한 분쟁조정결정의 내용 또한 위법하다고 볼 수 없다고 판시한 사례이다.

[2] 지방자치법 제148조에서 정한 분쟁조정 대상 사무인 자치사무에 관하여 분쟁조정결정이 있었으나 지방자치 단체가 조정결정을 성실히 이행하지 않은 경우, 지방자치단체의 장에 대하여 조정결정사항의 이행을 위한 직무이행명령을 할 수 있는지 여부(적극): 지방자치법 제148조 제7항, 제170조 제1항에 의하면, 지방자치법 제148조에서 정한 분쟁조정 대상 사무가 될 수 있는 자치사무에 관하여 분쟁조정결정이 있었음에도 조정결정사항을 성실히 이행하지 않은 지방자치단체에 대하여는 제148조 제7항에 따라 제170조를 준용하여 지방자치단체를 대표하는 지방자치단체의 장에 대하여 조정결정사항의 이행을 위하여 직무이행명령을 할 수 있다(대법원 2016. 7. 22. 선고 2012추121 판결【직무이행명령에대한이의】).

3. 조정사항의 이행

행정안전부장관이나 시·도지사는 제1항의 조정에 대하여 결정을 하면 서면으로 지체 없이 관계 지방자치단체의 장에게 통보하여야 하며, 통보를 받은 지방자치단체의 장은 그 조정결정사항을 이행하여야 한다(법 제148조 제4항).

행정안전부장관이나 시·도지사는 제4항부터 제6항까지의 규정에 따른 조정결정사항이 성실히 이행되지 아니하면 그 지방자치단체에 대하여 제170조(지방자치단체의 장에 대한 직무이행명령)를 준용하여 이행하게 할 수 있다(법 제148조 제7항).

행정자치부장관이나 시·도지사의 분쟁조정결정에 대하여는 후속의 이행명령을 기다려 대법원에 이행명령을 다투는 소를 제기한 후 그 사건에서 이행의무의 존부와 관련하여 분쟁조정결정의 위법까지 함께 다투는 것이 가능할 뿐, 별도로 분쟁조정결정 자체의 취소를 구하는 소송을 대법원에 제기하는 것은 지방자치법상 허용되지 않는다. 나아가 분쟁조정결정은 상대방이나 내용 등에 비추어 행정소송법상 항고소송의 대상이 되는 처분에 해당한다고 보기 어려우므로, 통상의 항고소송을 통한 불복의 여지도 없다(대법원 2015. 9. 24. 선고 2014추613 판결).

지방자치법 제148조 제1항에 따른 행정자치부장관이나 시·도지사의 지방자치단체 또는 지방자치단체의 장 상호 간 분쟁에 대한 조정결정에 대한 불복 방법 및 별도로 분쟁조정결정 자체의 취소를 구하는 소송을 대법원에 제기할 수 있는지 여부(소극) / 분쟁조정결정에 대하여 항고소송을 제기할 수 있는지 여부(소극): 지방자치법 제148조 제4항, 제7항, 제170조 제3항의 내용과 체계, 지방자치법 제148조 제1항에 따른 지방자치단체 또는 지방자치단체의 장 상호 간 분쟁에 대한 조정결정(이하 '분쟁조정결정'이라 한다)의 법적 성격 및 분쟁조정결정과 이행명령 사이의 관계 등에 비추어 보면, 행정자치부장관이나 시·도지사의 분쟁조정결정에 대하여는 후속의 이행명령을 기다려 대법원에 이행명령을 다투는 소를 제기한 후 그 사건에서 이행의무의 존부와 관련하여 분쟁조정결정의 위법까지 함께 다투는 것이 가능할 뿐, 별도로 분쟁조정결정 자체의 취소를 구하는 소송을 대법원에 제기하는 것은 지방자치법상 허용되지 아니한다. 나아가 분쟁조정결정은 상대방이나 내용 등에 비추어 행정소송법상 항고소송의 대상이 되는 처분에 해당한다고 보기 어려우므로, 통상의 항고소송을 통한 불복의 여지도 없다(대법원 2015. 9. 24. 선고 2014추613 판결).

4. 지방자치단체분쟁조정위원회

가. 설치

제148조(지방자치단체 상호 간의 분쟁조정) 제1항에 따른 분쟁의 조정과 제156조 제1항에 따른 협의사항의 조정에 필요한 사항을 심의·의결하기 위하여 행정안전부에 지방자치단체중앙분쟁조정위원회(이하 "중앙분쟁조정위원회"라 한다)와 시·도에 지방자치단체 지방분쟁조정위원회(이하 "지방분쟁조정위원회"라 한다)를 둔다(법 제149조 제1항).

나. 심의·의결사항

중앙분쟁조정위원회는 다음 각 호(1. 시·도 간 또는 그 장 간의 분쟁, 2. 시·도를 달리하는 시·군 및 자치구 간 또는 그 장 간의 분쟁, 3. 시·도와 시·군 및 자치구 간 또는 그 장 간의 분쟁, 4. 시·도와 지방자치단체조합 간 또는 그 장 간의 분쟁, 5. 시·도를 달리하는 시·군 및 자치구와 지방자치단체조합 간 또는 그 장 간의 분쟁, 6. 시·도를 달리하는 지방자치단체조합 간 또는 그 장 간의 분쟁)의 분쟁을 심의·의결한다(법 제149조 제2항).

지방분쟁조정위원회는 제2항 각 호에 해당하지 아니하는 지방자치단체·지방자치단체조합 간 또는 그 장 간의 분쟁을 심의·의결한다(법 제149조 제3항).

다. 구성

중앙분쟁조정위원회와 지방분쟁조정위원회(이하 "분쟁조정위원회"라 한다)는 각각 위원장을 포함한 11명 이내의 위원으로 구성한다(법 제149조 제4항).

라. 운영 등

분쟁조정위원회는 위원장을 포함한 위원 7명 이상의 출석으로 개의하고, 출석위원 3분의 2 이상의 찬성으로 의결한다(법 제150조 제1항).

분쟁조정위원회의 위원장은 분쟁의 조정과 관련하여 필요하다고 인정하면 관계 공무원, 지방자치단체조합의 직원 또는 관계 전문가를 출석시켜 의견을 듣거나 관계 기관이나 단체에 대하여 자료 및 의견 제출 등을 요구할 수 있다. 이 경우 분쟁의 당사자에게는 의견을 진술할 기회를 주어야 한다(법 제150조 제2항).

제6장 지방자치단체에 대한 국가의 관여(지도·감독)

제1절 개설

헌법은 지방자치를 제도적으로 보장하고 있다(헌법 제117조 제1항). 이에 따라 각 지방자치단체는 지방적 공공사무(자치사무)에 관해서는 국가의 후견적 감독없이 이를 자주적으로 처리할 수 있는 포괄적인 자치권을 보장받고 있다고 말할 수 있다. 그러나 지방자치단체의 자치권은 국가의 통치권으로부터 전래·승인된 것이며, 지방자치를 통한 지방행정의 원활한 수행은 부분사회의 이익을 넘어 전체로서의 국가이익에도 관련되고 있으므로, 지방자치단체의 활동은 국가의 법규범과 합치되어야 하고 국가적 이익과 조화될 필요가 있다. 국가의 지방자치단체에 대한 관여의 필요성과 정당성의 근거가 여기에서 도출된다.

과거 지방자치단체에 대한 국가의 관여는 시정명령, 취소·정지 등 권력적 감독이 주된 형식이며 수단이었다. 하지만 근래에는 지적·기술적·재정적 지원과 같은 비권력적 방법이 강조되고 있다. 국가와 지방자치단체 사이에 신뢰관계를 조성하고 대립과 갈등을 피할 수 있다는 점에서 후자의 방법이 더 바람직하다는 것은 두말할 필요가 없다.

제2절 입법기관에 의한 관여

국회는 법률의 제·개정, 예산의결, 국정감사를 통하여 지방자치단체를 통제할 수 있다. 차례로 그 내용을 살펴보기로 한다.

첫째 지방자치단체의 조직, 권한 및 운영에 관한 사항은 법률로 정하게 되어 있다(헌법 제118조 제2항). 국회는 법률의 제정을 통하여 지방자치 제도를 구체화 한다. 지방자치단체에 관한 사항은 국회의 입법정책에 속하지만, 이러한 입법재량은 무제한적인 것이 아니므로, 국회는 지방자치 제도의 본질적 내용을 침해하는 입법을 하여서는 아니된다.

둘째 지방자치단체에 대한 국가의 재정지원에 관한 사항은 국회의 예산의결권에 의해 통제된다.

세째 국회는 일정한 한계 내에서 지방자치단체의 사무에 관하여 국정감사권을 갖는다.

① 감사대상기관: 지방자치단체 중 특별시·광역시·도는 국회의 감사대상기관이다(국정감사 및 조사에 관한 법률 제7조 제2호 본문). 지방자치단체 중 특별시·광역시·도를 제외한 지방자치단체는 국회의 본회의가 특히 필요하다고 의결한 경우에 한하여 감사대상기관이 된다(국정감사 및 조사에 관한 법률 제7조 제4호).

② 감사범위: 감사범위는 국가위임사무(단체위임사무와 기관위임사무)와 자치사무 중 국가가 보조금 등 예산을 지원하는 사업에 대하여 국정감사를 할 수 있다(국정감사 및 조사에 관한 법률 제7조 제2호 단서).

제3절 사법기관에 의한 관여

Ⅰ. 행정심판

행정심판법은 행정청의 위법 또는 부당한 처분(處分)이나 부작위(不作爲)를 행정심판의 대상으로 하고 있다(행정심판법 제1조). 따라서 지방자치단체의 위법 또는 부당한 처분이나 부작위에 대하여 행정심판이 제기된 경우에는 행정심판의 재결에 의해 지방자치단체를 통제할 수 있다.

Ⅱ. 행정소송

1. 항고소송

지방자치단체의 장의 위법한 처분 또는 부작위로 인하여 권리·이익이 침해된 자는 항고소송(취소소송, 무효등확인소송, 부작위위법확인소송)을 제기할 수 있다. 법원은 소송절차를 통하여 간접적으로 지방자치단체의 장의 처분 또는 부작위에 대하여 적법성 통제를 하게 된다.

2. 기관소송

가. 의의

행정소송법은 기관소송과 관련하여 "국가 또는 공공단체의 기관상호 간에 있어서의 권한의 존부 또는 그 행사에 관한 다툼이 있을 때에 이에 대하여 제기하는 소송. 다만,

헌법재판소법 제2조의 규정에 의하여 헌법재판소의 관장사항으로 되는 소송은 제외한다(행정소송법 제3조 제4호)"라고 규정하고 있다. 헌법재판소의 관장사항인 국가기관 상호간의 소송이 행정소송법 제3조 제4호 단서에 의하여 제외되므로, 행정소송법상 기관소송은 공공단체의 기관상호 간의 소송에 한정된다. 여기서 말하는 공공단체에는 지방자치단체 외에 공법인도 포함된다고 할 것이지만, 현재로서 지방자치단체를 제외한 공법인의 기관 간에 기관소송을 규정하는 예는 찾아보기 어렵다.

나. 기관소송의 예

기관소송의 대표적인 예로는 지방자치법 제107조 제3항 및 지방자치법 제172조 제3항에 따른 지방의회와 지방자치단체의 장 사이의 재의결에 대한 소송을 들 수 있다.

지방자치법 제170조 제3항에 따른 소송의 경우도 뒤에서 살펴보는 바와 같이 일부 학설의 대립이 있지만 기관소송으로 보는 것이 타당하다.

3. 민중소송

가. 의의

국가 또는 공공단체의 기관이 법률에 위반되는 행위를 한 때에 직접 자기의 법률상 이익과 관계없이 그 시정을 구하기 위하여 제기하는 소송을 민중소송이라고 한다(행정소송법 제3조 제3호). 이러한 민중소송은 법률이 정한 경우에 법률에 정한 자에 한하여 제기할 수 있다(행정소송법 제45조).

나. 민중소송의 예

지방자치법에서 2005. 1. 27.부터 주민소송이 도입되었는데(법 제17조 이하), 이 주민소송은 민중소송에 해당된다.

그밖에 국민투표법 제92조에 따른 국민투표무효소송, 공직선거법 제222조 제1항에 따른 선거무효소송, 공직선거법 제223조 제1항에 따른 당선무효소송 등도 민중소송에 속한다.

Ⅲ. 헌법소송

1. 권한쟁의심판

국가기관 상호간, 국가기관과 지방자치단체 간 및 지방자치단체 상호간에 권한의 유무 또는 범위에 관하여 다툼이 있을 때에는 해당 국가기관 또는 지방자치단체는 헌법재판소에 권한쟁의심판을 청구할 수 있다(헌법재판소법 제61조 제1항).

기관소송에서는 지방자치단체의 기관이 당사자이지만, 권한쟁의심판에 있어서는 지방자치단체 자체가 당사자가 된다.

2. 헌법소원심판

지방자치단체에 의한 공권력의 행사 또는 불행사로 인하여 헌법상의 기본권을 침해받은 자는 헌법재판소에 헌법소원을 제기할 수 있다. 다만 지방자치단체는 기본권의 주체가 될 수 없으므로 헌법소원심판을 청구할 수 없다(헌법재판소 1998. 3. 26. 선고 96헌마345 전원재판부).

헌법재판소는 위와 같이 헌법소원심판을 통해서도 지방자치단체의 감독에 관여한다.

제4절 행정기관에 의한 관여

Ⅰ. 의의

국가의 지방자치단체에 대한 관여는 크게는 '입법기관에 의한 관여', '사법기관에 의한 관여', '행정기관에 의한 관여'로 나눌 수 있지만, 그중에서는 행정기관에 의한 관여가 가장 실효성이 있다고 말할 수 있다. 입법기관에 의한 관여와 사법기관에 의한 관여는 시간이 오래 걸리고 그 수단·방법이 제한되어 있는 데 비하여 행정기관에 의한 관여는 직접적일 뿐만 아니라 그 수단·방법이 다양하기 때문이다.

이하 행정기관에 의한 관여를 살펴보기로 한다.

Ⅱ. 감독기관

지방자치법은 시·도에 대하여는 주무부장관을 감독기관으로 정하고 있고, 시·군 및 자치구에 대하여는 1차로 시·도지사를, 2차로 주무부장관을 감독기관으로 정하고 있다(법 제167조 제1항, 제169조, 제170조). 이 경우 시·도지사는 국가기관의 지위에서 감독을 행한다[1].

---

1) 박균성, 행정법론(하), 제15판, 2017, 206면; 박윤흔·정형근, 전게서, 177면.

시·군 및 자치구 또는 그 장이 위임받아 처리하는 시·도의 사무에 관하여는 시·도지사가 감독기관이 된다(법 제167조 제2항). 이 경우 시·도지사는 지방자치단체를 대표하여 감독을 행한다.

교육감에 대한 감독기관은 교육인적자원부장관이다.

감사원은 지방자치단체의 회계검사와 지방자치단체의 사무와 그에 소속한 지방공무원의 직무의 감찰에 관한 권한을 가진다(감사원법 제22조, 제24조).

Ⅲ. 일반적 감독

1. 위임사무의 경우

지방자치단체나 그 장이 위임받아 처리하는 국가사무에 관하여 시·도에서는 주무부장관의, 시·군 및 자치구에서는 1차로 시·도지사의, 2차로 주무부장관의 지도·감독을 받는다(법 제167조 제1항).

시·군 및 자치구나 그 장이 위임받아 처리하는 시·도의 사무에 관하여는 시·도지사의 지도·감독을 받는다(법 제167조 제2항).

2. 지방자치단체의 고유사무

가. 원칙

지방자치단체의 고유사무에 대하여는 지방자치를 보장하기 위하여 원칙적으로 국가의 일반적·후견적 감독은 인정되지 않는다.

나. 예외

중앙행정기관의 장이나 시·도지사는 지방자치단체의 사무에 관하여 조언 또는 권고하거나 지도할 수 있으며, 이를 위하여 필요하면 지방자치단체에 자료의 제출을 요구할 수 있다(법 제166조 제1항).

위 규정은 지방자치단체의 사무(자치사무와 단체위임사무)에 관하여 비권력적인 범위 내에서 중앙행정기관의 장 또는 시·도지사의 일반적인 감독권한을 인정하는 규정이라고 할 수 있다. 한편 이러한 조언·권고·지도는 그 성질상 자치사무와 단체위임사무 뿐만 아니라, 기관위임사무에 대하여도 행하여질 수 있다고 보아야 한다[2].

2) 김남진·김연태, 행정법Ⅱ, 제21판, 2017, 192면.

Ⅳ. 개별적 감독

1. 시정명령 및 취소·정지[3)]

가. 의의

지방자치단체의 사무에 관한 그 장의 명령이나 처분이 법령에 위반되거나 현저히 부당하여 공익을 해친다고 인정되면 시·도에 대하여는 주무부장관이, 시·군 및 자치구에 대하여는 시·도지사가 기간을 정하여 서면으로 시정할 것을 명하고, 그 기간에 이행하지 아니하면 이를 취소하거나 정지할 수 있다. 이 경우 자치사무에 관한 명령이나 처분에 대하여는 법령을 위반하는 것에 한한다(법 제169조 제1항).

나. 통제(시정)의 대상

지방자치단체의 사무에 관한 그 장의 명령이나 처분이 그 대상이 된다.

지방자치법 제169조 제1항에서 규정하는 '지방자치단체의 사무'에 기관위임사무가 포함되는지에 대하여는 ① '지방자치단체의 사무'는 문리상 자치사무와 단체위임사무를 의미하나, 성질상 기관위임사무도 포함될 수 있다는 견해와[4)], ② '지방자치단체의 사무'는 자치사무와 단체위임사무를 지칭하는 개념이므로 기관위임사무는 포함될 수 없다고 보는 견해[5)]가 대립하고 있다. 생각건대 ⅰ) 기관위임사무에 관하여는 시정명령이 아니더라도 후술하는 직무이행명령 및 대집행에 의한 통제가 가능하다는 점, ⅱ) 기관위임사무는 지방자치법 제167조 및 행정권한의위임및위탁에관한규정 제6조에 의해 국가기관의 일반적인 지휘·감독을 받으므로 감독기관은 지휘·감독권의 일환으로서 시정명령을 발하고 취소·정지권을 행사할 수 있다는 점 등에 비추어 보건대, 굳이 지방자치법 제169조 제1항의 '지방자치단체의 사무'에 기관위임사무를 포함시킬 필요는 없다고 보여진다. 부정하는 것

---

3) 지방자치법 제169조(위법·부당한 명령·처분의 시정)
① 지방자치단체의 사무에 관한 그 장의 명령이나 처분이 법령에 위반되거나 현저히 부당하여 공익을 해친다고 인정되면 시·도에 대하여는 주무부장관이, 시·군 및 자치구에 대하여는 시·도지사가 기간을 정하여 서면으로 시정할 것을 명하고, 그 기간에 이행하지 아니하면 이를 취소하거나 정지할 수 있다. 이 경우 자치사무에 관한 명령이나 처분에 대하여는 법령을 위반하는 것에 한한다.
② 지방자치단체의 장은 제1항에 따른 자치사무에 관한 명령이나 처분의 취소 또는 정지에 대하여 이의가 있으면 그 취소처분 또는 정지처분을 통보받은 날부터 15일 이내에 대법원에 소(訴)를 제기할 수 있다.

4) 김남진·김연태, 전게서 193면.

5) 홍정선, 전게서, 270면; 박균성, 전게서, 209면.

이 타당하다. 판례도 부정설의 입장을 취하고 있다(대법원 2014. 02. 27. 선고 2012추183 판결).

시정명령의 대상은 '장의 명령이나 처분'이다. 여기서 명령은 일반적·추상적인 법규정립행위(예: 규칙발령)를 뜻하고, 처분이란 개별·구체적인 행위(예: 행정행위)를 의미한다[6].

학교의 장이 행하는 학교생활기록의 작성에 관한 사무의 성질 및 교육감의 학교생활기록부 작성에 관한 지도·감독 사무가 국가사무로서 교육감에게 위임된 기관위임사무인지 여부(적극): 학교생활기록에 관한 초·중등교육법, 고등교육법 및 각 시행령의 규정 내용에 의하면, 어느 학생이 시·도를 달리하여 또는 국립학교와 공립·사립학교를 달리하여 전출하는 경우에 학교생활기록의 체계적·통일적인 관리가 필요하고, 중학생이 다른 시·도 지역에 소재한 고등학교에 진학하는 경우에도 학교생활기록은 고등학교의 입학전형에 반영되며, 고등학생의 학교생활기록은 교육부장관의 지도·감독을 받는 대학교의 입학전형자료로 활용되므로, 학교의 장이 행하는 학교생활기록의 작성에 관한 사무는 국민 전체의 이익을 위하여 통일적으로 처리되어야 할 성격의 사무이다.

따라서 전국적으로 통일적 처리를 요하는 학교생활기록의 작성에 관한 사무에 대한 감독관청의 지도·감독 사무도 국민 전체의 이익을 위하여 통일적으로 처리되어야 할 성격의 사무라고 보아야 하므로, 공립·사립학교의 장이 행하는 학교생활기록부 작성에 관한 교육감의 지도·감독 사무는 국가사무로서 교육감에 위임된 사무이다(대법원 2014. 02. 27. 선고 2012추183 판결【시정명령및직권취소처분취소청구】): 【해설】 학교생활기록부에 학교폭력 가해사실 기록을 보류하도록 한 경기도 교육감의 지시를 교육부장관이 직권으로 취소한 처분은 기관위임된 국가사무에 관하여 행하여진 것이고, 따라서 위 직권취소처분은 지방자치법 제169조 제2항에 규정된 소를 제기할 수 있는 대상에 해당하지 아니한다라는 이유로, 경기도 교육감이 위 직권취소처분에 대하여 제기한 취소청구의 소를 각하한 사례이다.

다. 통제의 사유

자치사무에 관한 명령이나 처분에 대해서는 법령을 위반하는 것에 한한다(적법성 통제). 이와 같이 자치사무에 대하여는 적법성 통제만을 하도록 한 것은 지방자치단체의 자치권을 보장하기 위한 것이다.

단체위임사무에 있어서는 법령위반뿐만이 아니라 현저히 부당하여 공익을 해하는 경우에도 시정명령 및 취소·정지의 사유가 된다(적법성 통제+합목적성 통제). 단체위임사무는 지방자치단체의 사무이면서도 국가사무로서의 성질도 가지므로 위법한 경우뿐만 아니라 합목적성(부당성)도 통제하도록 하되, 다만 현저히 부당하여 공익을 해하는 경우에

6) 홍정선, 전게서, 270면.

한하여 통제하도록 하고 있다.

지방자치법 제169조 제1항에서 규정하고 있는 '법령위반'에 '재량권의 일탈·남용'이 포함되는지 여부가 문제된다. 이에 관한 대법원 전원합의체 판결에서는 다음과 같이 긍정설(다수의견)와 부정설(반대의견)가 대립하였다(대법원 2007. 3. 22. 선고 2005추62 전원합의체 판결).

지방자치법 제157조 제1항에서 정한 지방자치단체장의 명령·처분의 취소 요건인 '법령위반'에 '재량권의 일탈·남용'이 포함되는지 여부(적극): [다수의견] 지방자치법 제157조 제1항 전문 및 후문에서 규정하고 있는 지방자치단체의 사무에 관한 그 장의 명령이나 처분이 법령에 위반되는 경우라 함은 명령이나 처분이 현저히 부당하여 공익을 해하는 경우, 즉 합목적성을 현저히 결하는 경우와 대비되는 개념으로, 시·군·구의 장의 사무의 집행이 명시적인 법령의 규정을 구체적으로 위반한 경우뿐만 아니라 그러한 사무의 집행이 재량권을 일탈·남용하여 위법하게 되는 경우를 포함한다고 할 것이므로, 시·군·구의 장의 자치사무의 일종인 당해 지방자치단체 소속 공무원에 대한 승진처분이 재량권을 일탈·남용하여 위법하게 된 경우 시·도지사는 지방자치법 제157조 제1항 후문에 따라 그에 대한 시정명령이나 취소 또는 정지를 할 수 있다.

[대법관 김영란, 박시환, 김지형, 이홍훈, 전수안의 반대의견] 헌법이 보장하는 지방자치제도의 본질상 재량판단의 영역에서는 국가나 상급 지방자치단체가 하급 지방자치단체의 자치사무 처리에 개입하는 것을 엄격히 금지하여야 할 필요성이 있으므로, 지방자치법 제157조 제1항 후문은 지방자치제도의 본질적 내용이 침해되지 않도록 헌법합치적으로 조화롭게 해석하여야 하는바, 일반적으로 '법령위반'의 개념에 '재량권의 일탈·남용'도 포함된다고 보고 있기는 하나, 지방자치법 제157조 제1항에서 정한 취소권의 행사요건은 위임사무에 관하여는 '법령에 위반되거나 현저히 부당하여 공익을 해한다고 인정될 때', 자치사무에 관하여는 '법령에 위반하는 때'라고 규정되어 있어, 여기에서의 '법령위반'이라는 문구는 '현저히 부당하여 공익을 해한다고 인정될 때'와 대비적으로 쓰이고 있고, 재량권의 한계 위반 여부를 판단할 때에 통상적으로는 '현저히 부당하여 공익을 해하는' 경우를 바로 '재량권이 일탈·남용된 경우'로 보는 견해가 일반적이므로, 위 법조항에서 '현저히 부당하여 공익을 해하는 경우'와 대비되어 규정된 '법령에 위반하는 때'의 개념 속에는 일반적인 '법령위반'의 개념과는 다르게 '재량권의 일탈·남용'은 포함되지 않는 것으로 해석하여야 한다. 가사 이론적으로는 합목적성과 합법성의 심사가 명확히 구분된다고 하더라도 '현저히 부당하여 공익을 해한다는 것'과 '재량권의 한계를 일탈하였다는 것'을 실무적으로 구별하기 매우 어렵다는 점까지 보태어 보면, 지방자치법 제157조 제1항 후문의 '법령위반'에 '재량권의 일탈·남용'이 포함된다고 보는 다수의견의 해석은 잘못된 것이다

[2] 하급 지방자치단체장이 전국공무원노동조합의 불법 총파업에 참가한 소속 지방공무원들에 대하여 징계의결을 요구하지 않은 채 승진임용하는 처분을 한 것이 재량권의 범위를 현저히 일탈한 것으로서 위법한 처분인지 여부(적극) 및 상급 지방자치단체장이 지방자치법 제157조 제1항에 따라 위 승진임용처분을 취소한 것이 적법한지 여부(적극): [다수의견] 지방공무원법에서 정한 공무원의 집단행위금지의

무 등에 위반하여 전국공무원노동조합의 불법 총파업에 참가한 지방자치단체 소속 공무원들의 행위는 임용권자의 징계의결요구 의무가 인정될 정도의 징계사유에 해당함이 명백하므로, 임용권자인 하급 지방자치단체장으로서는 위 공무원들에 대하여 지체 없이 관할 인사위원회에 징계의결의 요구를 하여야 함에도 불구하고 상급 지방자치단체장의 여러 차례에 걸친 징계의결요구 지시를 이행하지 않고 오히려 그들을 승진임용시키기에 이른 경우, 하급 지방자치단체장의 위 승진처분은 법률이 임용권자에게 부여한 승진임용에 관한 재량권의 범위를 현저하게 일탈한 것으로서 위법한 처분이라 할 것이다. 따라서 상급 지방자치단체장이 하급 지방자치단체장에게 기간을 정하여 그 시정을 명하였음에도 이를 이행하지 아니하자 지방자치법 제157조 제1항에 따라 위 승진처분을 취소한 것은 적법하고, 그 취소권 행사에 재량권 일탈·남용의 위법이 있다고 할 수 없다(대법원 2007.3.22. 선고 2005추62 전원합의체 판결):

【해설】 위 판례는 하급 지방자치단체장인 울산광역시 북구청장(=원고)이 전국공무원노동조합의 불법 총파업에 참가한 소속 지방공무원들에 대하여 징계의결을 요구하지 않은 채 오히려 그들을 승진임용시키자, 상급 지방자치단체장인 울산광역시장(=피고)이 지방자치법 제169조 제1항에 따라 위 승진임용처분을 취소한 사안이다. 원고가 행한 이 사건 승진임용처분은 법률이 임용권자에게 부여한 승진임용에 관한 재량권의 범위를 현저히 일탈한 것으로서 위법한 처분이므로, 피고가 지방자치법 제169조 제1항에 따라 위 승진임용처분을 취소한 것은 적법하다고 한 사례이다.

라. 통제(시정)의 절차

(1) 시정명령

지방자치단체의 사무에 관한 그 장의 명령이나 처분이 법령에 위반되거나 현저히 부당하여 공익을 해친다고 인정되면(자치사무에 관한 명령이나 처분에 대하여는 법령을 위반하는 것에 한한다) 기간을 정하여 서면으로 시정할 것을 명할 수 있다(법 제169조 제1항).

(2) 취소·정지 처분

지방자치단체의 장이 시정의 기간 내에 시정명령을 이행하지 아니할 때에는 시·도에 대하여는 주무부장관이, 시·군 및 자치구에 대하여는 시·도지사가 이를 취소하거나 정지할 수 있다(법 제169조 제1항).

마. 불복방법

(1) 시정명령에 대한 불복

지방자치법 제169조 제2항은 시정명령에 대하여는 대법원에 소를 제기할 수 있다는 규정을 두고 있지 않다. 판례도 시정명령에 대해서는 소를 제기할 수 있다는 명문의 규정이 없으므로, 이러한 시정명령의 취소를 구하는 소송은 허용되지 않는다는 이유로 각하판결을 하고 있다(대법원 2014. 02. 27. 선고 2012추183 판결 등).

지방자치단체의 장은 자치사무에 관한 시정명령에 대하여 이의가 있으면 그 시정을 하지 않으면 될 것이고, 이후 감독청이 취소·정지의 처분을 하게 되면 그 때 이에 대하여 대법원에 소를 제기하여 다투면 될 것이다(법 제169조 제2항).

한편 지방자치단체의 자치권을 보다 실효적으로 보장하기 위해서는 시정명령의 처분성을 인정하고, 아울러 명문의 규정이 없는 경우에도 지방자치단체의 자치권 침해에 근거하여 시정명령에 대해 항고소송을 제기할 수 있는 것으로 해석하여야 한다고 보는 견해도 유력하다[7].

주무부장관이 지방자치법 제169조 제1항에 따라 시·도에 대하여 행한 시정명령의 취소를 구하는 소송이 허용되는지 여부(소극): 지방교육자치에 관한 법률 제3조에 의하여 준용되는 지방자치법 제169조 제2항은 자치사무에 관한 명령이나 처분의 취소 또는 정지에 대하여서만 소를 제기할 수 있다고 규정하고, 주무부장관이 지방자치법 제169조 제1항에 따라 시·도에 대하여 행한 시정명령에 대하여도 대법원에 소를 제기할 수 있다는 규정을 두고 있지 않으므로, 시정명령의 취소를 구하는 소송은 허용되지 않는다.

따라서 학교생활기록부에 학교폭력 가해학생 조치사항의 기록을 보류하라는 원고의 2012. 8. 9.자 지시가 법령에 위배된다는 이유로 피고가 2012. 8. 23. 지방자치법 제169조 제1항에 따라 행한 시정명령에 대하여 취소를 구하는 원고의 이 부분 소는 허용되지 않는 것이어서 부적법하다(대법원 2014. 02. 27. 선고 2012추183 판결【시정명령및직권취소처분취소청구】).

(2) 취소·정지 처분에 대한 불복

(가) 지방자치단체의 장의 불복

1) 의의

지방자치단체의 장은 제1항에 따른 자치사무에 관한 명령이나 처분의 취소 또는 정지에 대하여 이의가 있으면 그 취소처분 또는 정지처분을 통보받은 날부터 15일 이내에 대법원에 소(訴)를 제기할 수 있다(법 제169조 제2항).

2) 소송의 대상

자치사무에 관한 명령이나 처분의 취소처분 또는 정지처분에 한하여 소송을 제기할 수 있다. 지방자치법은 기관위임사무 및 단체위임사무에 관한 명령이나 처분의 취소 또는 정지에 대하여는 소송을 인정하지 않고 있다.

---

7) 박균성, 전게서, 213면.

3) 소송의 성질

원고는 지방자치단체의 장이며, 피고는 취소·정지 처분을 행한 감독청이다. 감독청의 취소 또는 정지의 법적 성질은 행정행위이므로 본 조항에 의한 소송은 항고소송에 해당된다[8].

지방자치단체의 장이 원고가 되지만 이때의 지방자치단체의 장은 지방자치단체를 대표하여 소송을 제기하는 것이며, 지방자치단체는 자치권을 가지는 독립된 법주체이므로 항고소송을 제기할 수 있는 원고적격도 있다고 보아야 한다.

(나) 이해관계 있는 제3자의 불복

위 취소·정지 처분에 대하여 이해관계 있는 사인(제3자)이 항고소송을 제기할 법률상 이익이 있는지 여부가 문제된다. 판례에 의하면 광역시장이 구청장의 구청 소속 공무원들에 대한 승진임용처분을 취소한 사안에서, 구청장에 의하여 이미 지방자치법 제169조 제2항의 기관소송[9]이 제기되었다고 하더라도, 행정처분의 직접 상대방이 아닌 제3자(해당 공무원)들은 구청장이 제기한 위 소송과는 별도로 항고소송의 형태로 당해 행정처분의 취소를 구할 원고적격이 있다고 보았다(부산고법 2006.11.10. 선고 2006누3001 판결【승진임용취소처분취소】).

[1] 광역시장이 구청장의 구청 소속 공무원들에 대한 승진임용 처분을 취소한 경우, 당해 공무원들에게 위 처분의 취소를 구할 법률상 이익이 있다고 한 사례.

[2] 상급지방자치단체장의 행정처분에 대하여 하급지방자치단체장이 지방자치법상의 기관소송을 제기한 경우, 행정처분의 직접 상대방이 아닌 제3자가 위 기관소송과 별도로 항고소송의 형태로 당해 행정처분의 취소를 구할 원고적격이 있는지 여부(적극): 지방자치법상의 기관소송과 행정소송법상의 항고소송은 제도의 취지·성격·절차를 달리하는 점, 당해 행정처분의 취소를 구하는 행정처분의 직접 상대방이 아닌 제3자들의 소가 기관소송이 제기되었는지 여부에 따라 소의 이익이 인정되기도 하고 인정되지 않기도 한다는 것은 행정처분의 취소를 구할 법률상의 이익이 있는 위 제3자들의 소송상의 지위를 불안정하게 하는 점, 기관소송이 제기된 경우에는 위 기관소송과 별도로 항고소송을 제기할 수 없다고 하면 위 제3자들로서는 기관소송에 있어서의 지방자치단체장의 소송수행의 결과에 따라 자신들의 지위가 정하여져서 재판을 받을 권리를 빼앗기는 결과를 초래하는 점 등을 종합하면, 하급지방자치단체의 장에 의하여 이미 기관소송이 제기되었다고 하더라도 행정처분의 직접 상대방이 아닌 제3자들은 위 기관소송과 별도로 항고소송의 형태로 행정처분의 취소를 구하는 소를 제기할 이익이 있다(부산고법 2006. 11. 10. 선고 2006누3001 판결【승진임용취소처분취소】).

---

8) 홍정선, 전게서, 271면; 박균성, 전게서, 214면.

9) 판례는 지방자치법 제169조 제2항의 소송을 기관소송이라고 판시하고 있지만, 이미 살펴본 바와 같이 그 정확한 성질은 항고소송에 해당된다고 보는 것이 타당하다.

2. 직무이행명령 및 대집행[10)]

가. 의의

지방자치단체의 장이 기관위임사무의 관리와 집행을 명백히 게을리하고 있다고 인정되면 감독기관은 이행명령을 내릴 수 있고, 아울러 해당 지방자치단체의 장이 이행명령에 따르지 않는 경우 대집행하거나 행정·재정상 필요한 조치를 취할 수 있다(법 제170조 제1항, 제2항). 감독기관의 이러한 직무이행명령은 지방자치단체의 장에 대한 것이지, 지방의회에 대한 것이 아니다.

나. 제도의 취지

직무이행명령 및 이에 대한 이의소송 제도의 취지는, 지방자치단체의 장이 위임사무를 집행함에 있어 해당 위임사무에 관한 사실관계의 인식이나 법령의 해석·적용에서 위임기관과 견해를 달리하여 해당 사무의 관리·집행을 하지 아니할 때, 위임기관에게는 그 사무집행의 실효성을 확보하기 위하여 지방자치단체의 장에 대한 직무이행명령과 그 불이행에 따른 후속 조치를 할 권한을 부여하는 한편, 해당 지방자치단체의 장에게는 직무이행명령에 대한 이의의 소를 제기할 수 있도록 함으로써, 위임사무의 관리·집행에 관한 두 기관 사이의 분쟁을 대법원의 재판을 통하여 합리적으로 해결함으로써 그 사무집행의 적법성과 실효성을 보장하려는 데 있다(대법원 2013. 6. 27. 선고 2009추206 판결).

다. 대상

직무이행명령의 대상은 '법령의 규정에 따라 지방자치단체의 장의 의무에 속하는 국가위임사무나 시·도위임사무'이다. 이 사무를 단체위임사무까지 포함하는 것으로 해석하는 견해도 있으나, 입법취지에 비추어 기관위임사무만을 의미한다고 보는 것이 일반적이

---

10) 지방자치법 제170조(지방자치단체의 장에 대한 직무이행명령)

① 지방자치단체의 장이 법령의 규정에 따라 그 의무에 속하는 국가위임사무나 시·도위임사무의 관리와 집행을 명백히 게을리하고 있다고 인정되면 시·도에 대하여는 주무부장관이, 시·군 및 자치구에 대하여는 시·도지사가 기간을 정하여 서면으로 이행할 사항을 명령할 수 있다.

② 주무부장관이나 시·도지사는 해당 지방자치단체의 장이 제1항의 기간에 이행명령을 이행하지 아니하면 그 지방자치단체의 비용부담으로 대집행하거나 행정상·재정상 필요한 조치를 할 수 있다. 이 경우 행정대집행에 관하여는 「행정대집행법」을 준용한다.

③ 지방자치단체의 장은 제1항의 이행명령에 이의가 있으면 이행명령서를 접수한 날부터 15일 이내에 대법원에 소를 제기할 수 있다. 이 경우 지방자치단체의 장은 이행명령의 집행을 정지하게 하는 집행정지결정을 신청할 수 있다.

다[11]. 판례도 기관위임사무를 직무이행명령의 대상으로 보고 있다(대법원 2013. 6. 27. 선고 2009추206 판결).

시정명령이 지방자치단체장의 위법한 적극적인 행위의 존재를 전제로 하는데 반하여, 직무이행명령은 위법한 부작위를 그 대상으로 한다.

[1] 교육부장관이 교육감에 대하여 할 수 있는 직무이행명령의 대상사무인 '국가위임사무'의 의미: 지방교육자치에 관한 법률 제3조, 지방자치법 제170조 제1항에 따르면, 교육부장관이 교육감에 대하여 할 수 있는 직무이행명령의 대상사무는 '국가위임사무의 관리와 집행'이다. 그 규정의 문언과 함께 직무이행명령 제도의 취지, 즉 교육감이나 지방자치단체의 장 등, 기관에 위임된 국가사무의 통일적 실현을 강제하고자 하는 점 등을 고려하면, 여기서 국가위임사무란 교육감 등에 위임된 국가사무, 즉 기관위임 국가사무를 뜻한다고 보는 것이 타당하다.

[2] 담당 교육청 소속 국가공무원인 교사에 대한 교육감의 징계의결요구 사무가 국가위임사무인지 여부(적극): 교육공무원 징계사무의 성격, 그 권한의 위임에 관한 교육공무원법령의 규정 형식과 내용 등에 비추어 보면, 국가공무원인 교사에 대한 징계는 국가사무이고, 그 일부인 징계의결요구 역시 국가사무에 해당한다고 보는 것이 타당하다. 따라서 교육감이 담당 교육청 소속 국가공무원인 교사에 대하여 하는 징계의결요구 사무는 국가위임사무라고 보아야 한다.

[3] 구 사립학교법 제54조 제3항에서 정한 사립 초등·중·고등학교 교사의 징계에 관한 교육감의 징계요구 사무가 국가위임사무인지 여부(적극): 사립학교 교원의 복무나 징계 등은 국·공립학교 교원과 같이 전국적으로 통일하여 규율되어야 한다. 이를 고려할 때, 구 사립학교법(2012. 1. 26. 법률 제11216호로 개정되기 전의 것) 제54조 제3항[12]이 사립 초등·중·고등학교 교사의 징계에 관하여 규정한 교육감의 징계요구 권한은 위 사립학교 교사의 자질과 복무태도 등을 국·공립학교 교사와 같이 일정 수준 이상 유지하기 위한 것으로서 국·공립학교 교사에 대한 징계와 균형 있게 처리되어야 할 국가사무로서 시·도 교육감에 위임된 사무라고 보아야 한다(대법원 2013. 6. 27. 선고 2009추206 판결【직무이행명령취소】).

라. 요건

지방자치단체의 장이 그 의무에 속하는 기관위임사무의 관리 및 집행을 명백히 게을

11) 홍준형, 전게서, 278면; 박균성, 전게서, 215면; 류지태·박종수, 행정법신론, 제15판, 2011, 957면.

12) 사립학교법 제54조(임용에 관한 보고 및 해임 등의 요구) ③ 관할청은 사립학교의 교원이 이 법에 규정된 면직사유 및 징계사유에 해당한 때에는 당해 교원의 임용권자에게 그 해임 또는 징계를 요구할 수 있다.
사립학교법 제61조(징계의 사유 및 종류) ① 사립학교의 교원이 다음 각 호의 1에 해당하는 때에는 당해 교원의 임용권자는 징계의결의 요구를 하여야 하고, 징계의결의 결과에 따라 징계처분을 하여야 한다.

리하고 있는 것을 그 요건으로 한다.

직무이행명령의 행사요건을 구체적으로 살펴보면 다음과 같다[13]. i) 지방자치단체의 장의 의무불이행이라는 부작위 상태가 있고, 이것이 위법하여야 한다. 지방자치단체의 장은 그 의무에 속한 기관위임사무를 이행하는 것이 원칙이므로, 지방자치단체의 장이 특별한 사정이 없이 기관위임사무를 수행하지 아니한 때에는 위 요건은 충족된다. ii) 지방자치단체의 장이 그 의무를 불이행하고 있는 것이 명백하다고 인정되는 경우, 즉 고의적인 의무불이행일 것이 요구된다. 따라서 위임사무를 관리·집행할 수 없는 법령상 장애사유 또는 지방자치단체의 재정상 능력이나 여건의 미비, 인력의 부족 등 사실상의 장애사유 등이 이유가 되어 불이행하고 있는 경우에는 위 요건을 충족하지 못한다. iii) 의무를 수행하기에 적절한 이행기간을 정하여, 서면의 형식을 갖추어 명령되어야 한다.

[4] 직무이행명령과 이에 대한 이의소송 제도의 취지 및 직무이행명령의 요건 중 '법령의 규정에 따라 지방자치단체의 장에게 특정 국가위임사무를 관리·집행할 의무가 있는지' 여부의 판단 대상과 기준: 직무이행명령 및 이에 대한 이의소송 제도의 취지는 국가위임사무의 관리·집행에서 주무부장관과 해당 지방자치단체의 장 사이의 지위와 권한, 상호 관계 등을 고려하여, 지방자치단체의 장이 해당 국가위임사무에 관한 사실관계의 인식이나 법령의 해석·적용에서 주무부장관과 견해를 달리하여 해당 사무의 관리·집행을 하지 아니할 때, 주무부장관에게는 그 사무집행의 실효성을 확보하기 위하여 지방자치단체의 장에 대한 직무이행명령과 그 불이행에 따른 후속 조치를 할 권한을 부여하는 한편, 해당 지방자치단체의 장에게는 직무이행명령에 대한 이의의 소를 제기할 수 있도록 함으로써, 국가위임사무의 관리·집행에 관한 두 기관 사이의 분쟁을 대법원의 재판을 통하여 합리적으로 해결함으로써 그 사무집행의 적법성과 실효성을 보장하려는 데 있다. 따라서 직무이행명령의 요건 중 '법령의 규정에 따라 지방자치단체의 장에게 특정 국가위임사무를 관리·집행할 의무가 있는지' 여부의 판단대상은 문언대로 그 법령상 의무의 존부이지, 지방자치단체의 장이 그 사무의 관리·집행을 하지 아니한 데 합리적 이유가 있는지 여부가 아니다. 그 법령상 의무의 존부는 원칙적으로 직무이행명령 당시의 사실관계에 관련 법령을 해석·적용하여 판단하되, 직무이행명령 이후의 정황도 고려할 수 있다.

[5] (생략)

[6] 지방자치단체의 장이 그 의무에 속한 국가위임사무를 이행하지 않는 것이 지방자치법 제170조 제1항에서 정한 '국가위임사무의 관리와 집행을 명백히 게을리 하고 있다'는 경우에 해당하는지 여부(원칙적 적극) 및 그 예외: 지방자치법 제170조 제1항에 따르면, 주무부장관은 지방자치단체의 장이 그 의무에 속하는 국가위임사무의 관리와 집행을 명백히 게을리하고 있다고 인정되면 해당 지방자치단체의 장에게 이행할 사항을 명할 수 있다. 여기서 '국가위임사무의 관리와 집행을

13) 류지태·박종수, 전게서, 957면.

명백히 게을리하고 있다'는 요건은 국가위임사무를 관리·집행할 의무가 성립함을 전제로 하는데, 지방자치단체의 장은 그 의무에 속한 국가위임사무를 이행하는 것이 원칙이므로, 지방자치단체의 장이 특별한 사정이 없이 그 의무를 이행하지 아니한 때에는 이를 충족한다고 해석하여야 한다. 여기서 특별한 사정이란, 국가위임사무를 관리·집행할 수 없는 법령상 장애사유 또는 지방자치단체의 재정상 능력이나 여건의 미비, 인력의 부족 등 사실상의 장애사유를 뜻한다고 보아야 하고, 지방자치단체의 장이 특정 국가위임사무를 관리·집행할 의무가 있는지 여부에 관하여 주무부장관과 다른 견해를 취하여 이를 이행하고 있지 아니한 사정은 이에 해당한다고 볼 것이 아니다. 왜냐하면, 직무이행명령에 대한 이의소송은 그와 같은 견해의 대립을 전제로 지방자치단체의 장에게 제소권을 부여하여 성립하는 것이므로, 그 소송의 본안판단에서 그 사정은 더는 고려할 필요가 없기 때문이다(대법원 2013. 6. 27. 선고 2009추206 판결).

마. 직무이행명령에 대한 불복방법

(1) 의의

지방자치단체의 장은 제1항의 이행명령에 이의가 있으면 이행명령서를 접수한 날부터 15일 이내에 대법원에 소를 제기할 수 있다. 이 경우 지방자치단체의 장은 이행명령의 집행을 정지하게 하는 집행정지결정을 신청할 수 있다(법 제170조 제3항).

(2) 소송의 성질

(가) 특수소송설: 이 견해는 직무이행명령을 행정행위가 아니라 행정내부적인 행위로 본다. 따라서 위 조항에 따른 소송을 통상의 항고소송으로 볼 수는 없고, 이는 지방자치법이 특별히 규정한 특수소송으로 이해하는 것이 타당하다는 견해이다[14].

(나) 기관소송설: 기관위임사무를 수행함에 있어 지방자치단체의 장은 국가기관(또는 시·도의 기관)의 지위를 가진다. 따라서 수임기관인 지방자치단체의 장과 위임 국가기관(또는 위임 시·도의 기관) 사이의 다툼은 실질상 동일한 행정주체 내부의 기관 상호간의 다툼이라고 할 수 있으므로 위 소송의 성질은 기관소송으로 보는 것이 타당하다는 견해이다[15].

(다) 권한쟁의심판설: 우리나라는 일본과는 달리 헌법재판 제도를 운영하고 있고, 헌법과 헌법재판소법에 의하여 국가기관 상호간에 권한의 유무 또는 범위에 관하여 다툼이 있을 때에는 헌법재판인 권한쟁의심판의 대상이 되므로(헌법 제111조 제1항 제4호, 헌법

14) 홍정선, 전게서, 279면; 김남진·김연태, 전게서, 202면.
15) 박균성, 전게서, 219면.

재판소법 제2조 제4호), 위 소송은 행정소송으로서의 기관소송이 아니라 권한쟁의심판의 문제로 이해하는 것이 타당하다는 견해이다[16]. 이에 대하여는 지방자치법 제170조 제3항의 소송의 대상은 헌법재판소의 권한쟁의의 대상으로 할 만한 헌법적 사항이 아니므로, 이를 권한쟁의심판으로 보는 것은 타당하지 않다는 비판도 있다[17].

바. 대집행 등

주무부장관이나 시·도지사는 해당 지방자치단체의 장이 제1항의 기간에 이행명령을 이행하지 아니하면 그 지방자치단체의 비용부담으로 대집행하거나 행정상·재정상 필요한 조치를 할 수 있다. 이 경우 행정대집행에 관하여는 「행정대집행법」을 준용한다(법 제170조 제2항).

대집행과 행정상·재정상 필요한 조치는 선택적으로도 가능하고, 병합적으로 동시에 이루어질 수도 있다고 볼 것이다[18].

3. 감독청의 재의요구명령 및 제소[19]

16) 류지태·박종수, 전게서, 962면.
17) 홍정선, 전게서, 279면.
18) 홍정선, 전게서, 279면.
19) 지방자치법 제172조(지방의회 의결의 재의와 제소)
① 지방의회의 의결이 법령에 위반되거나 공익을 현저히 해친다고 판단되면 시·도에 대하여는 주무부장관이, 시·군 및 자치구에 대하여는 시·도지사가 재의를 요구하게 할 수 있고, 재의요구를 받은 지방자치단체의 장은 의결사항을 이송받은 날부터 20일 이내에 지방의회에 이유를 붙여 재의를 요구하여야 한다.
② 제1항의 요구에 대하여 재의의 결과 재적의원 과반수의 출석과 출석의원 3분의 2 이상의 찬성으로 전과 같은 의결을 하면 그 의결사항은 확정된다.
③ 지방자치단체의 장은 제2항에 따라 재의결된 사항이 법령에 위반된다고 판단되면 재의결된 날부터 20일 이내에 대법원에 소를 제기할 수 있다. 이 경우 필요하다고 인정되면 그 의결의 집행을 정지하게 하는 집행정지결정을 신청할 수 있다.
④ 주무부장관이나 시·도지사는 재의결된 사항이 법령에 위반된다고 판단됨에도 불구하고 해당 지방자치단체의 장이 소(訴)를 제기하지 아니하면 그 지방자치단체의 장에게 제소를 지시하거나 직접 제소 및 집행정지결정을 신청할 수 있다.
⑤ 제4항에 따른 제소의 지시는 제3항의 기간이 지난 날부터 7일 이내에 하고, 해당 지방자치단체의 장은 제소지시를 받은 날부터 7일 이내에 제소하여야 한다.
⑥ 주무부장관이나 시·도지사는 제5항의 기간이 지난 날부터 7일 이내에 직접 제소할 수 있다.
⑦ 제1항에 따라 지방의회의 의결이 법령에 위반된다고 판단되어 주무부장관이나 시·도지사로부터 재의요구지시를 받은 지방자치단체의 장이 재의를 요구하지 아니하는 경우(법령에 위반되는 지방의회의 의결사항이 조례안인 경우로서 재의요구지시를 받기 전에 그 조례안을 공포한 경우를 포함한다)에는 주무부장관이나 시·도지사는 제1항에 따른 기간이 지난 날부터 7일

가. 재의요구명령

(1) 의의

지방의회의 의결이 법령에 위반되거나 공익을 현저히 해친다고 판단되면 시·도에 대하여는 주무부장관이, 시·군 및 자치구에 대하여는 시·도지사가 재의를 요구하게 할 수 있고, 재의요구를 받은 지방자치단체의 장은 의결사항을 이송받은 날부터 20일 이내에 지방의회에 이유를 붙여 재의를 요구하여야 한다(법 제172조 제1항).

이러한 재의요구지시는 실질에 있어서는 감독기관이 직접 재의요구를 하는 것과 같지만, 형식적으로는 지방자치단체의 내부적인 자기통제의 형식을 빌려 감독권을 행사하는 것이라고 할 수 있다. 이는 지방의회에 대한 국가의 통제임과 동시에 지방자치단체의 장의 재의요구에 대한 감독권의 성질을 가진다.

(2) 사유

지방의회의 의결이 법령에 위반되거나 공익을 현저히 해친다고 판단될 때에 재의요구가 가능하다. 자치사무에 관한 의결은 법령에 위반되는 경우에 한하고, 위임사무의 경우에는 법령에 위반되는 경우뿐만 아니라 공익을 현저히 해친다고 판단될 때도 포함한다.

(3) 대상

재의요구명령의 대상은 지방의회의 의결이다. 의결의 종류에는 특별한 제한이 없다. 따라서 조례안의 의결도 당연히 이에 포함된다.

(4) 재의요구명령의 성질

재의요구명령을 행정처분으로 보고, 당해 지방자치단체의 장은 감독청의 재의요구명령에 대하여 항고소송을 제기할 수 있다는 견해도 있다. 그러나 지방자치법이 재의요구명령 자체에 불복하는 제소규정을 두고 있지 않는 점 등을 고려하면, 이는 행정기관 내부의 지휘·감독작용으로 보는 것이 타당하다[20].

재의요구명령에 이의가 있으면 당해 지방자치단체의 장은 재의요구를 하지 아니하면 되는 것이고, 그후 감독청은 대법원에 직접 제소를 신청하여 이를 다툴 수 있다(법 제172조 제7항).

이내에 대법원에 직접 제소 및 집행정지결정을 신청할 수 있다.

⑧ 제1항에 따른 지방의회의 의결이나 제2항에 따라 재의결된 사항이 둘 이상의 부처와 관련되거나 주무부장관이 불분명하면 행정안전부장관이 재의요구 또는 제소를 지시하거나 직접 제소 및 집행정지결정을 신청할 수 있다.

20) 박균성, 전게서, 220면.

(5) 재의요구명령의 효과

(가) 재의요구: 재의의 요구를 받은 지방자치단체의 장은 의결사항을 이송받은 날부터 20일 이내에 지방의회에 이유를 붙여 재의를 요구하여야 한다(법 제172조 제1항).

여기서의 재의요구는 지방자치단체의 장이 국가 감독청의 하위기관으로서의 지위에서 재의요구를 하는 것이다. 따라서 지방자치단체의 장이 지방자치단체의 기관으로서의 지위에서 지방자치단체의 내부적인 자기통제수단으로 재의요구를 하는 제107조 제1항에 의한 재의요구와는 구별된다[21].

(나) 재의결: 재의의 결과 재적의원 과반수의 출석과 출석의원 3분의 2 이상의 찬성으로 전과 같은 의결을 하면 그 의결사항은 확정된다(법 제172조 제2항).

(다) 단체장의 제소: 지방자치단체의 장은 제2항에 따라 재의결된 사항이 법령에 위반된다고 판단되면 재의결된 날부터 20일 이내에 대법원에 소를 제기할 수 있다. 이 경우 필요하다고 인정되면 그 의결의 집행을 정지하게 하는 집행정지결정을 신청할 수 있다(법 제172조 제3항).

재의요구사유는 '법령에 위반되거나 공익을 현저히 해친다고 판단될 때'이지만, 제소사유는 '법령위반' 만으로 제한되고 있다.

지방자치단체의 장이 지방의회를 상대로 제기하는 위 재의결의 무효를 구하는 소송은 기관소송이라고 보는 것이 일반적이다.

나. 감독청의 제소명령 및 직접제소

(1) 지방자치단체의 장이 소를 제기하지 않은 경우

재의결된 사항이 법령에 위반된다고 판단됨에도 불구하고 해당 지방자치단체의 장이 소(訴)를 제기하지 아니하면 주무부장관이나 시·도지사는 당해 지방자치단체의 장에게 제소를 지시하거나 직접 제소 및 집행정지결정을 신청할 수 있다(법 제172조 제4항). 제소의 지시는 지방자치단체의 장이 제소할 수 있는 날(재의결된 날부터 20일 이내)이 지난 날부터 7일 이내에 하고, 해당 지방자치단체의 장은 제소지시를 받은 날부터 7일 이내에 제소하여야 한다(법 제172조 제5항). 이 기간 내에 지방자치단체의 장이 제소하지 않는 때에는, 주무부장관이나 시·도지사는 이 기간이 지난 날부터 7일 이내에 대법원에 직접 제소할 수 있다(법 제172조 제6항).

---

21) 정하중, 행정법개론, 1004-1005면.

(2) 지방자치단체의 장이 재의요구를 하지 않는 경우

지방의회의 의결이 법령에 위반된다고 판단되어 주무부장관이나 시·도지사로부터 재의요구지시를 받은 지방자치단체의 장이 재의를 요구하지 아니하는 경우(법령에 위반되는 지방의회의 의결사항이 조례안인 경우로서 재의요구지시를 받기 전에 그 조례안을 공포한 경우를 포함한다)에는 주무부장관이나 시·도지사는 제1항에 따른 기간이 지난 날부터 7일 이내에 대법원에 직접 제소 및 집행정지결정을 신청할 수 있다(법 제172조 제7항).

재의요구지시를 받았음에도 불구하고 지방자치단체의 장이 이에 불응하는 경우 재의요구를 지시한 감독기관이 직접 재의요구를 할 수는 없고, 위와 같이 대법원에 직접 제소 및 집행정지결정을 신청할 수 있을 뿐이다.

(3) 소송의 성질

주무부장관이나 시·도지사가 지방의회를 상대로 제기하는 위 소송의 법적 성질은 기관소송을 어떻게 이해하느냐에 따라 다르게 된다. 기관소송을 동일한 법주체 내의 기관 상호간의 분쟁으로 이해하면 이는 기관소송이 아닌 특수한 소송이라고 보게 될 것이고, 상이한 법주체에 속하는 기관간의 소송도 행정소송법 제3조 제4호의 기관소송에 해당될 수 있다고 보는 견해에서는 이를 기관소송으로 보게 된다.

4. 승인

가. 의의

지방자치법 및 각 개별법 규정에서 지방자치단체의 개별적 행위에 대하여 사전에 감독기관의 승인·동의·확인을 받도록 규정하고 있는 경우가 있다. 구와 읍·면·동을 폐지하거나 설치하거나 나누거나 합칠 경우의 승인(법 제4조의2 제1항), 지방자치단체조합을 설립하는 경우의 승인(법 제159조 제1항), 지방자치단체가 외채 또는 일정규모 이상의 지방채를 발행하는 경우의 승인(지방재정법 제11조 제2항, 제3항) 등이 이러한 예에 해당한다.

나. 승인의 근거

승인은 지방자치단체의 자치권을 제한하는 것이기 때문에 법률의 근거가 있어야 한다. 이러한 법적 근거는 일반적 형식이 아니라, 개별규정의 형식으로 행하여진다.

다. 승인에 의한 통제의 범위

감독기관의 승인 여부를 결정함에 있어 승인의 대상이 되는 행위의 적법성 심사뿐만 아니라 합목적성도 심사할 수 있는지 여부가 문제된다.

이에 대하여는 ① 승인은 자치권에 대한 중대한 제한이므로 자치사무에 대한 승인은 특별한 규정이 없는 한 적법성 여부만을 심사할 수 있다는 견해도 있고[22], ② 일률적으로 말할 수 없고 승인의 유형에 따라 적법성 심사에 한정되는 경우도 있고, 합목적성까지 심사할 수 있는 경우(예: 지방자치단체의 기채에 대한 승인과 같이 국가와 지방자치단체가 공동결정의 의미를 갖는 경우)도 있다고 보는 견해도 있다[23].

라. 승인 없는 행위의 효력

사전적 승인을 요하는 행위에 있어 지방자치단체가 감독청의 승인없이 그 행위를 한 경우의 법적 효과는 행위의 성질에 따라 달라진다고 보아야 한다.

예컨대 지방채 발행과 같은 사법상의 법률행위에 있어서는 승인이 없다고 해서 반드시 무효가 된다고 볼 수는 없다. 이 경우 승인의 요구가 절대적인 금지를 뜻하는 것은 아니기 때문이다. 그러나 지방자치단체조합의 설립과 같은 공법상의 행위는 무효가 된다고 보아야 한다. 이 경우의 승인은 필수적인 절차이기 때문이다[24].

마. 권리구제

(1) 행정절차법의 적용여부

지방자치단체의 자치사무와 관련하여 발령되는 감독기관의 승인행위는 형성적 행정행위(처분)이므로, 그 절차에는 개별법률상 특별한 규정이 없는 한 행정절차법이 적용된다는 견해[25]와 자치사무에 대한 감독기관의 승인은 넓은 의미에서 조직법상의 문제이며 처분이 아니므로 행정절차법이 적용되지 않는다는 견해가 대립하고 있다.

(2) 행정소송의 가능여부

(가) 기관소송: 감독청의 승인거부를 처분으로 보지 않고 조직법상의 내부조치로 보는 견해에 의하면 당해 승인거부를 다툴 수 있는 방법은 기관소송이 될 것이다. 그런데, 현행 행정소송법상 기관소송은 개별 법률에서 정한 경우에만 허용되는 것이므로 명문의 규정이 없는 이상 승인거부에 대하여 기관소송을 제기할 수는 없다.

(나) 항고소송: 지방자치단체의 자치권 행사에 대한 감독기관의 승인은 행정주체간의

22) 박균성, 전게서, 226면.
23) 홍정선, 전게서, 264면.
24) 홍정선, 전게서, 265면.
25) 홍정선, 전게서, 264면.

관계에서 행해지는 행위인 점에 비추어 승인거부를 처분으로 보는 것이 타당하다는 견해도 있다[26]. 이 견해에 따르면 승인거부에 대하여는 그 취소를 구하는 항고소송을 제기할 수 있다고 보게 된다.

5. 감사 등

가. 감사원의 감사

감사원은 지방자치단체의 회계를 검사하고, 지방자치단체의 사무와 그에 소속한 지방공무원의 직무를 감찰한다(감사원법 제22조, 제24조).

감사원에 의한 감사는 지방자치단체의 위임사무나 자치사무의 구별없이, 그리고 합법성 감사뿐만 아니라 합목적성 감사도 가능하다는 것이 판례의 태도이다(헌법재판소 2008. 5. 29. 선고 2005헌라3 전원재판부).

가. 감사원이 지방자치단체에 대하여 자치사무의 합법성뿐만 아니라 합목적성에 대하여도 감사한 행위가 법률상 권한 없이 이루어진 것인지 여부(소극): 감사원법은 지방자치단체의 위임사무나 자치사무의 구별 없이 합법성 감사뿐만 아니라 합목적성 감사도 허용하고 있는 것으로 보이므로, 감사원의 지방자치단체에 대한 이 사건 감사는 법률상 권한 없이 이루어진 것은 아니다.

나. 지방자치단체의 자치사무에 대한 합목적성 감사의 근거가 되는 감사원법 제24조 제1항 제2호 등 관련규정(이하 '이 사건 관련규정'이라 한다) 자체가 청구인들의 지방자치권의 본질을 침해하여 위헌인지 여부(소극): 헌법이 감사원을 독립된 외부감사기관으로 정하고 있는 취지, 중앙정부와 지방자치단체는 서로 행정기능과 행정책임을 분담하면서 중앙행정의 효율성과 지방행정의 자주성을 조화시켜 국민과 주민의 복리증진이라는 공동목표를 추구하는 협력관계에 있다는 점을 고려하면 지방자치단체의 자치사무에 대한 합목적성 감사의 근거가 되는 이 사건 관련규정은 그 목적의 정당성과 합리성을 인정할 수 있다.

또한 감사원법에서 지방자치단체의 자치권을 존중할 수 있는 장치를 마련해두고 있는 점, 국가재정지원에 상당부분 의존하고 있는 우리 지방재정의 현실, 독립성이나 전문성이 보장되지 않은 지방자치단체 자체감사의 한계 등으로 인한 외부감사의 필요성까지 감안하면, 이 사건 관련규정이 지방자치단체의 고유한 권한을 유명무실하게 할 정도로 지나친 제한을 함으로써 지방자치권의 본질적 내용을 침해하였다고는 볼 수 없다(헌법재판소 2008. 5. 29. 선고 2005헌라3 전원재판부).

26) 박균성, 전게서, 226면.

나. 감독기관의 감사

(1) 자치사무의 경우

행정안전부장관이나 시·도지사는 지방자치단체의 자치사무에 관하여 보고를 받거나 서류·장부 또는 회계를 감사할 수 있다. 이 경우 감사는 법령위반사항에 대하여만 실시한다(법 제171조 제1항).

행정안전부장관 또는 시·도지사는 제1항에 따라 감사를 실시하기 전에 해당 사무의 처리가 법령에 위반되는지 여부 등을 확인하여야 한다(법 제171조 제2항).

지방자치단체의 자치사무에 대한 감독기관의 감사권은 사전적·일반적인 포괄감사권이 아니라 그 대상과 범위가 한정된 사후적·개별적 감사권이다. 따라서 감독기관이 감사에 착수하기 위해서는 자치사무에 관하여 특정한 법령위반행위가 확인되었거나 위법행위가 있었으리라는 합리적 의심이 가능한 경우이어야 하고, 또한 그 감사대상을 특정하여야 한다. 따라서 전반기 또는 후반기 감사와 같은 포괄적·사전적 일반감사나 위법사항을 특정하지 않고 개시하는 감사 또는 법령위반사항을 적발하기 위한 감사는 모두 허용될 수 없다(헌법재판소 2009. 5. 28. 선고 2006헌라6 전원재판부).

가. 중앙행정기관의 지방자치단체의 자치사무에 대한 감사를 법령위반사항으로 한정하는 구 지방자치법(1994. 3. 16. 법률 제4741호로 개정되고, 2007. 5. 11. 법률 제8423호로 개정되기 이전의 것, 이하 '구 지방자치법'이라 한다) 제158조 단서 규정이 사전적·일반적인 포괄감사권인지 여부(소극): 지방자치제 실시를 유보하던 개정전 헌법 부칙 제10조를 삭제한 현행헌법 및 이에 따라 자치사무에 관한 감사규정은 존치하되 '위법성 감사'라는 단서를 추가하여 자치사무에 대한 감사를 축소한 구 지방자치법 제158조 신설경위, 자치사무에 관한 한 중앙행정기관과 지방자치단체의 관계가 상하의 감독관계에서 상호보완적 지도·지원의 관계로 변화된 지방자치법의 취지, 중앙행정기관의 감독권 발동은 지방자치단체의 구체적 법위반을 전제로 하여 작동되도록 제한되어 있는 점, 그리고 국가감독권 행사로서 지방자치단체의 자치사무에 대한 감사원의 사전적·포괄적 합목적성 감사가 인정되므로 국가의 중복감사의 필요성이 없는 점 등을 종합하여 보면, 중앙행정기관의 지방자치단체의 자치사무에 대한 구 지방자치법 제158조 단서 규정의 감사권은 사전적·일반적인 포괄감사권이 아니라 그 대상과 범위가 한정적인 제한된 감사권이라 해석함이 마땅하다.

나. 구 지방자치법 제158조 단서 규정이 중앙행정기관의 지방자치단체의 자치사무에 대한 감사개시요건을 규정한 것인지 여부(적극): 중앙행정기관이 구 지방자치법 제158조 단서 규정상의 감사에 착수하기 위해서는 자치사무에 관하여 특정한 법령위반행위가 확인되었거나 위법행위가 있었으리라는 합리적 의심이 가능한 경우이어야 하고, 또한 그 감사대상을 특정해야 한다. 따

라서 전반기 또는 후반기 감사와 같은 포괄적·사전적 일반감사나 위법사항을 특정하지 않고 개시하는 감사 또는 법령위반사항을 적발하기 위한 감사는 모두 허용될 수 없다.

다. 서울특별시의 거의 모든 자치사무를 감사대상으로 하고 구체적으로 어떠한 자치사무가 어떤 법령에 위반되는지 여부를 밝히지 아니한 채 개시한 행정안전부장관 등의 합동감사가 구 지방자치법 제158조 단서 규정상의 감사개시요건을 전혀 충족하지 못하여 헌법 및 지방자치법에 의하여 부여된 지방자치권을 침해한 것인지 여부(적극): 행정안전부장관 등이 감사실시를 통보한 사무는 서울특별시의 거의 모든 자치사무를 감사대상으로 하고 있어 사실상 피감사대상이 특정되지 아니하였고 행정안전부장관 등은 합동감사 실시계획을 통보하면서 구체적으로 어떠한 자치사무가 어떤 법령에 위반되는지 여부를 밝히지 아니하였는바, 그렇다면 행정안전부장관 등의 합동감사는 구 지방자치법 제158조 단서 규정상의 감사개시요건을 전혀 충족하지 못하였다 할 것이므로 헌법 및 지방자치법에 의하여 부여된 서울특별시의 지방자치권을 침해한 것이다(헌법재판소 2009. 5. 28. 선고 2006헌라6 전원재판부).

주무부장관, 행정안전부장관 또는 시·도지사는 이미 감사원 감사 등이 실시된 사안에 대하여는 새로운 사실이 발견되거나 중요한 사항이 누락된 경우 등 대통령령으로 정하는 경우를 제외하고는 감사대상에서 제외하고 종전의 감사결과를 활용하여야 한다(법 제171조의2 제1항).

주무부장관과 행정안전부장관은 제167조에 따른 주무부장관의 위임사무 감사 또는 제171조에 따른 행정안전부장관의 자치사무 감사의 어느 하나에 해당하는 감사를 실시하고자 하는 때에는 지방자치단체의 수감부담을 줄이고 감사의 효율성을 높이기 위하여 같은 기간 동안 함께 감사를 실시할 수 있다(법 제171조의2 제2항).

(2) 위임사무의 경우

위임사무에 대한 감사권의 소재를 직접 밝히는 규정은 지방자치법에 존재하지 않는다. 그러나 감사권은 감독권에 포함되는 것이기 때문에 위임사무에 대한 일반적인 사무감독권을 규정하고 있는 지방자치법 제167조의 규정이 동시에 위임사무에 대한 감사권의 근거규정이 된다. 이러한 위임사무에 대한 감사는 합법성감사 뿐만 아니라 합목적성 감사까지 가능한 것으로 보는 것이 타당하다.

제3편 공무원법

제1장 일반론

제2장 공무원관계의 변동

제3장 공무원의 권리와 의무

제4장 공무원의 책임

제1장 일반론

Ⅰ. 공무원제도

1. 근대 공무원제도의 유형

가. 의의

근대 이전의 공무원은 그 지배자(군주·영주)에게 신분적으로 예속되어, 그 근무관계는 지배자 개인에 대한 절대적 복종의무로 특징지어지고 있었다. 그러나 시민혁명 이후 이러한 공무원 관념은 폐지되었고 그에 따라 공무원은 국가 또는 지방자치단체 기관의 구성원이고, 그 복종의무는 국가·지방자치단체에 대한 공적의무이지 특정 개인에 대한 의무는 아닌 것으로 전환되었다[1].

이러한 근대적 공무원제도의 형성과정에서 엽관제(spoils system)와 실적주의(merit system)라는 2가지 유형의 제도가 나타났다.

나. 엽관제(獵官制, spoils system)

엽관제란 정권을 획득한 정당이 자파에 충실히 봉사할 수 있는 자를 공무원으로 임명하는 제도를 말한다. 승자에게 전리품은 귀속한다(To the victors belong the spoils!)라는 말은 엽관제를 대변하는 유명한 표현이다.

엽관제는 공무원의 임명은 민의에 직결되어야 한다는 민주주의 원칙을 실현할 수 있고, 정당정치의 발달에 기여하며, 집권층이 공무원의 충성심을 확보할 수 있다는 점 등의 장점이 있다. 하지만 엽관제는 불필요한 공직의 남설, 공무원의 부패·무능으로 인한 행정능률의 저하, 공무원의 대량교체로 인한 행정의 계속성·전문성의 손상, 집권당의 사병화로 인하여 공무원의 국민에 대한 책임감의 상실, 공무원의 임명을 둘러싼 대통령과 의회의 끊임없는 갈등 등의 단점이 노출됨에 따라 점차 실적주의로 대체되었다. 그리하여 오늘날 일반직공무원에 대하여 이 제도를 채택하고 있는 국가는 없다. 하지만 일부 장점에 비추어 현실적으로 엽관제의 필요성을 완전히 배척할 수는 없다. 그리하여 우리의 경우 장·차관 등 정무직공무원의 임용, 별정직의 일부에 대하여는 아직도 이 제도가 채택되고 있다.

---

1) 김동희, 행정법Ⅱ, 제24판, 2018, 135면.

다. 실적주의(實績主義, merit system)

실적주의란 실적기준에 따라 인사행정이 이루어져야 한다는 원리를 말한다. 실적주의의 실천수단으로 다음의 4가지 요소를 들 수 있다.

① 능력에 따른 임용·승진: 공무원의 임용 및 승진에 있어 정실이나 당파적 인연은 배제되고, 그 실증된 능력에 따라 임용 및 승진이 이루어지는 것을 말한다.

② 정치적 중립: 실적주의는 엽관제 하에서 공무원에게 가해진 정당적 구속을 배제한다. 그런데 오늘날 공무원은 정책수립에 깊이 관여하고 있으므로, 정치적 중립은 정치로부터의 단절을 의미하는 것이 아니다. 정치적 중립은 어느 정당이 집권하던지 불편·부당하게 충실히 봉사한다는 것을 의미한다. 즉 공무원은 어느 한 정당의 봉사자가 아니라 전체(모든 정당, 모든 국민)에 대한 봉사자라는 점이 강조되어야 한다.

③ 신분보장: 특별한 사유가 없는 이상 한 정년에 달할 때까지 공무원의 지위를 보장하는 것을 말한다. 신분보장을 통하여 풍부한 지식과 경험, 전문성을 가진 공무원을 확보할 수 있게 된다.

④ 직무수행능력 개선을 위한 제도: 실적주의가 성공하기 위해서는 공무원의 직무수행능력 제고 및 사기 진작을 위한 여러 가지 수단이 확보되어야 한다.

2. 우리나라의 공무원제도

가. 의의

과거 공무원과 공직은 특권의 상징이었고, 공무원에게는 신분상의 특수성이 인정되었으나, 오늘날의 공무원은 국민위에 군림하는 특권계급이 아니라, 국민전체에 대한 봉사자이며 국민에 대하여 책임을 지는 존재이다.

현행 헌법 하에서의 우리나라 공무원제도는 민주적 공무원제도와 직업공무원제도를 그 특징으로 하고 있다.

나. 민주적 공무원제도

(1) 국민에 대한 봉사와 책임

공무원은 주권자인 국민 전체에 대한 봉사자이며 국민에 대하여 책임을 진다. 공무원은 과거와 같이 특정인(군주·영주)의 신하가 아니며, 법규에 의하여 정해진 사무를 처리한다. 또한 공무원은 그의 권한행사의 결과에 대하여 민사책임·형사책임·징계책임을 져야하며, 경우에 따라서는 정치적 책임을 지기도 한다.

(2) 공무담임의 기회균등

모든 국민은 성별·신앙·사회적 신분 등에 의하여 불합리한 차별을 받지 아니하고, 자격과 능력에 따라서 누구든지 공무를 담임할 수 있는 평등한 권리가 보장되어 있다(헌법 제11조제1항, 제25조).

(3) 인사행정의 공정성

민주적 공무원제도 하에서는 공무원에 관한 기본적 사항은 법률로 정하여 그 신분과 정치적 중립성 등을 보장하여 주어야 한다. 헌법은 "공무원의 신분과 정치적 중립성은 법률이 정하는 바에 의하여 보장된다(제7조 제2항)"고 규정하여, 공무원에 대한 기본적 사항을 법률로 정할 것을 요구하고 있다. 이에 따라 국가공무원법·지방공무원법 등은 공무원의 직급·직위분류·임면·복무·보수·징계 등의 사항을 규정하고 있다.

다. 직업공무원제도

(1) 의의

직업공무원제도란 정부조직에 종사하는 것이 공무원들의 전생애에 걸친 직업이 될 수 있도록 조직·운영되는 인사제도를 말한다. 다시 말하면 공직을 명예로운 직업으로 알고 학교를 갓 졸업한 젊은 나이에 공직에 진출하여 그 안에서 성장하면서 상급직에 진출하고, 노동능력이 있는 동안의 전생애를 보낼 수 있도록 하는 인사제도를 직업공무원제도라고 한다[2].

직업공무원제도가 제대로 기능하려면, ⅰ) 실적주의의 확립, ⅱ) 공직에 대한 높은 신망, ⅲ) 적절한 채용 및 승진절차, ⅳ) 중간계층에 대한 신규채용의 제한, ⅴ) 재직공무원의 발전을 위한 교육훈련, ⅵ) 적절한 보수와 연금 등의 조건이 구비되어야 한다.

직업공무원제도는 원래 계급제, 폐쇄형 임용체제, 그리고 일반능력자주의 등에 입각한 제도이다. 우리 나라의 공무원제도도 이러한 직업공무원제도의 전통을 이어받았다. 하지만 1960년대부터 직위분류제, 개방형 임용체제 그리고 전문가주의 등의 요소를 적지 않게 도입하고 있다.

한편 직업공무원제도와 실적주의가 동일한 개념은 아니니다. 하지만 실적주의의 확립없이 직업공무원제도를 기대할 수는 없다. 이하 실적주의의 요소를 중심으로 우리나라 직업공무원제도의 내용을 검토하여 보기로 한다.

---

2) 오석홍, 인사행정론, 제8판, 2016, 47면.

(2) 신분보장

신분보장은 직업공무원 제도의 중심을 이루는 요소이다. 헌법은 "공무원의 신분과 정치적 중립성은 법률이 정하는 바에 의하여 보장된다(제7조 제2항)"라고 하여 이 원칙을 명시하고 있고, 그에 근거하여 국가공무원법은 "공무원은 형의 선고, 징계처분 또는 이 법에서 정하는 사유에 따르지 아니하고는 본인의 의사에 반하여 휴직·강임 또는 면직을 당하지 아니한다(제68조)."고 하여 그 내용을 구체화하고 있다.

(3) 정치적 중립성

헌법은 "공무원의 ……정치적 중립성은 법률이 정하는 바에 의하여 보장된다(제7조 제2항)"라고 규정하고 있고, 그에 근거하여 국가공무원법은 일정한 정치운동 및 공무외 집단행위 등을 금지하고 있다(제65조, 제66조).

그런데 공무원의 정치적 중립이란 정파적 특수이익과 결탁하여 직무수행의 공평성을 잃거나 정당세력 간의 권력투쟁에 끼어들지 말아야 한다는 행동규범이다. 따라서 정치적 중립에 대한 요구가 집권한 정당의 정책에 저항하거나 무관심하라는 것을 의미하는 것은 아니다. 정치적 중립이란 정권교체에 동요됨이 없이 집권한 정치지도자들의 정책을 충실히 집행하라는 요구이므로, 공무원의 정당한 임무로 규정되는 활동이라면 행정적이거나 정치적이거나를 막론하고 이를 성실히 수행하는 것은 정치적 중립에 관한 행동규범에 위반되지 않는다[3].

(4) 실적제=능력에 의한 임용

공무원법은 "공무원의 임용은 시험성적·근무성적, 그 밖의 능력의 실증에 따라 행한다(국가공무원법 제26조, 지방공무원법 제25조)"라고 규정하여 능력에 의한 임용을 명시하고 있다.

(5) 능률성의 담보

공무원으로 하여금 그 직무에 필요한 지식·기술·경험을 습득하게 하고, 그 직무를 의욕적이고도 능률적으로 수행할 수 있게 하는 제도를 확보하는 것은 오늘날 공무원제도에 있어 중요한 과제의 하나이다. 이러한 관점에서 공무원법은 공무원의 생활보장(국가공무원법 제5장), 사회보장(국가공무원법 제77조), 교육훈련(국가공무원법 제50조), 근무성적 평정(국가공무원법 제51조), 상훈제도(국가공무원법 제54조), 고충처리(국가공무원법 제

---

3) 오석홍, 전게서, 533면.

76조의2) 등 여러 가지 제도를 두고 있다[4].

Ⅱ. 공무원의 개념

1. 공무원

국가 또는 지방자치단체는 스스로 행정작용을 하는 것이 아니라 그 (행정)기관을 통하여 행정작용을 하는바, 위 기관의 구성원을 공무원이라고 한다. 즉 국가 또는 지방자치단체의 공무담당자를 그 기관으로서의 지위를 떠나 파악하는 경우 이를 공무원이라고 하는 것이다. 공무원은 기관과는 달리 국가 또는 지방자치단체와는 별개의 법인격체로서, 국가 또는 지방자치단체와 일정한 권리·의무관계를 형성한다[5].

공무원의 개념 내지 범위는 모든 법률에서 동일하게 정하고 있는 것이 아니며, 각 실정법은 그 법률의 목적에 비추어 공무원의 범위를 다르게 정하고 있다. 국가공무원법·지방공무원법 이외에도 형법, 국가배상법, 공직선거법, 공무원연금법 등에서 공무원의 범위를 각각 다르게 규정하고 있는 것이 그러한 경우의 예이다.

2. 공무원 개념의 확장적용

실정법규정이나 규율대상의 특성에 따라 공무원 개념은 다음과 같이 확장되기도 한다[6]. 이를 차례로 살펴보기로 한다.

가. 준공무원 개념

공무원 신분을 보유하지는 않지만 그 업무집행의 공공적 성격을 보장하기 위하여 공무원에 준하는 책임(형사책임·배상책임)을 예정하는 경우에는 공무원 개념이 확대 적용된다. 이를 준공무원이라고 하는바, 공공기관의 임직원, 운영위원회의 위원과 임원추천위원회의 위원 등이 이에 해당된다. 이들에 대해서는 형법 제129조(수뢰, 사전수뢰) 내지 제132조(알선수뢰)의 적용에 있어서 처벌대상으로서의 공무원으로 보게 된다(공공기관의 운영에 관한 법률 제53조[7]).

---

4) 김동희, 전게서, 140면.

5) 김동희, 전게서, 131면; 박윤흔·정형근, 최신 행정법강의(하), 개정28판, 2009, 188면.

6) 류지태·박종수, 행정법신론, 제15판, 2011, 796-798면.

7) 공공기관의 운영에 관한 법률 제53조(벌칙 적용에서의 공무원 의제) 공공기관의 임직원, 운영위원회의 위원과 임원추천위원회의 위원으로서 공무원이 아닌 사람은 형법 제129조(수뢰, 사전수뢰) 내지 제132조(알선수뢰)의 적용에 있어서는 이를 공무원으로 본다.

그러나 이러한 처벌규정이 있다고 하여, 공공기관 임직원 등의 근무관계가 바로 공법관계가 되는 것은 아니며, 그것이 공법관계인지 또는 사법관계인지는 법률규정의 내용에 따라 개별적으로 결정된다.

한국조폐공사의 임원과 직원의 근무관계가 공법관계인지 여부: 피고공사(한국조폐공사)가 공법인이며, 한국조폐공사법 제17조에 피고공사의 임원과 직원의 신분에 관하여는 공무원에 준한다는 규정이 있다고 하여 바로 피고공사 직원의 근무관계가 공법관계이며 그 임면이 행정행위라는 결론이 나오는 것은 아니고 법률의 규정에 따라서 공법관계인지 또는 사법관계일지가 결정된다 할 것인 바, 피고공사법의 제2장 임원과 직원에 관한 전 규정에 의하면 피고공사 직원의 근무관계는 사법관계에 속함이 분명하고 따라서 그 직원의 파면행위도 사법상의 행위라고 보아야 할 것이다(대법원 1978. 4. 25. 선고 78다414 판결).

공무원및사립학교교직원의료보험법 등 관계법령의 규정내용에 비추어 보면, 공무원및사립학교교직원의료보험관리공단 직원의 근무관계는 공법관계가 아니라 사법관계이다(대법원 1993. 11. 23. 선고 93누15212 판결).

나. 사실상의 공무원 개념

공무원의 임명에 있어 요구되는 능력요건이나 성적요건 등을 결한 경우에 당해 공무원 임명행위는 무효이거나 취소할 수 있는 행위가 된다. 공무원 임명행위가 무효 또는 취소되는 경우에는 당사자인 공무원이 행한 행위도 효력이 없게 되는 것이 원칙이다. 그런데 위와 같이 외관상 공무원으로서 행동한 사람을 신뢰하여 일정한 법적 관계가 형성된 경우에는 상대방의 신뢰보호와 법적 안정성 등을 이유로, 공무원으로서 사실상 유효하게 행위를 한 것으로 인정하거나, 이러한 사람도 실제 노무를 제공하였으므로 그가 지급받은 보수를 부당이득이 아닌 유효한 보수로서 인정하여야 할 필요가 생기게 된다. 이때의 공무원 개념을 사실상의 공무원이라고 한다.

다. 국가배상법 상의 공무원 개념

국가배상법 제2조의 공무원은 각종 공무원법 상의 공무원뿐만 아니라, 외관상 공무를 수행하는 것으로 인식될 수 있는 모든 사람을 포함하는 넓은 개념이다.

라. 기타

공무원법 상의 공무원은 국가공무원법이나 지방공무원법 소정의 공무원에 한정되지 않는다. 따라서 그 밖의 각종 공무원법(경찰공무원법, 검찰청법, 법원조직법, 교육공무원법 등) 상의 공무원도 공무원에 포함된다.

판례는 국가나 지방자치단체에 근무하는 청원경찰의 근무관계를 사법상의 고용계약 관계로 보지 않고, 그에 대한 징계처분도 행정소송의 대상으로 보고 있다(대법원 1993. 7. 13. 선고 92다47564 판결).

국가나 지방자치단체에 근무하는 청원경찰에 대한 징계처분에 대한 불복방법: 국가나 지방자치단체에 근무하는 청원경찰은 국가공무원법이나 지방공무원법상의 공무원은 아니지만, 다른 청원경찰과는 달리 그 임용권자가 행정기관의 장이고, 국가나 지방자치단체로부터 보수를 받으며, 산업재해보상보험법이나 근로기준법이 아닌 공무원연금법에 따른 재해보상과 퇴직급여를 지급받고, 직무상의 불법행위에 대하여도 민법이 아닌 국가배상법이 적용되는 등의 특질이 있으며 그외 임용자격, 직무, 복무의무 내용 등을 종합하여 볼때, 그 근무관계를 사법상의 고용계약관계로 보기는 어려우므로 그에 대한 징계처분의 시정을 구하는 소는 행정소송의 대상이지 민사소송의 대상이 아니다(대법원 1993. 7. 13. 선고 92다47564 판결【파면처분취소】).

Ⅲ. 공무원의 분류

1. 국가공무원과 지방공무원

국가공무원은 국가에 의해 임명되는 공무원을 말하고, 지방공무원은 지방자치단체에 의해 임명되는 공무원을 말한다. 그러나 임명이 아니라 선거에 의하여 선출되는 공무원도 있고, 입법여하에 따라서는 국가에 의하여 임명되는 지방공무원도 있을 수 있으므로 임명주체를 기준으로 구분하는 것은 다소 문제가 있다[8].

국가공무원과 지방공무원은 각각 소속된 국가의 사무 또는 지방자치단체의 사무만을 수행하는 것이 원칙이나 그 예외도 있다. 권한이 기관위임된 경우에 국가공무원이 지방자치단체의 사무를 담당하기도 하고, 지방공무원이 국가의 사무를 담당하기도 한다.

2. 경력직공무원과 특수경력직공무원

국가공무원법 및 지방공무원법은 공무원을 경력직공무원과 특수경력직공무원으로 구분하고 있다. 구분기준은 직무의 내용, 임용요건 및 신분보장 등이다(국가공무원법 제2조[9], 지방공무원법 제2조).

8) 홍정선, 행정법원론(하), 제25판, 2017, 303면.
9) 국가공무원법 제2조(공무원의 구분)

가. 경력직공무원

(1) 의의

'경력직공무원'이란 실적과 자격에 따라 임용되고 그 신분이 보장되며 평생 동안(근무기간을 정하여 임용하는 공무원의 경우에는 그 기간 동안을 말한다) 공무원으로 근무할 것이 예정되는 공무원을 말한다(국가공무원법 제2조 제2항, 지방공무원법 제2조 제2항).

그 종류로는 일반직공무원과 특정직공무원이 있다. 종래의 기능직 공무원은 2013. 12. 12.부터 폐지되면서, 일반직공무원으로 통합되었다(국가공무원법 제2조 및 부칙 <법률 제11530호, 2012. 12. 11.> 제3조 제1항, 지방공무원법 제2조 및 부칙 <법률 제11531호, 2012. 12. 11.> 제4조 제1항).

경력직 공무원이 직업공무원의 주류를 이룬다.

(2) 종류

(가) 일반직공무원

일반직공무원이라 함은 기술·연구 또는 행정일반에 대한 업무를 담당하며, 직군[10](학

---

① 국가공무원(이하 "공무원"이라 한다)은 경력직공무원과 특수경력직공무원으로 구분한다.
② "경력직공무원"이란 실적과 자격에 따라 임용되고 그 신분이 보장되며 평생 동안(근무기간을 정하여 임용하는 공무원의 경우에는 그 기간 동안을 말한다) 공무원으로 근무할 것이 예정되는 공무원을 말하며, 그 종류는 다음 각 호와 같다.
1. 일반직공무원: 기술·연구 또는 행정 일반에 대한 업무를 담당하는 공무원
2. 특정직공무원: 법관, 검사, 외무공무원, 경찰공무원, 소방공무원, 교육공무원, 군인, 군무원, 헌법재판소 헌법연구관, 국가정보원의 직원과 특수 분야의 업무를 담당하는 공무원으로서 다른 법률에서 특정직공무원으로 지정하는 공무원
3. (기능직 공무원) 삭제 <2012. 12. 11.>
③ "특수경력직공무원"이란 경력직공무원 외의 공무원을 말하며, 그 종류는 다음 각 호와 같다.
1. 정무직공무원
가. 선거로 취임하거나 임명할 때 국회의 동의가 필요한 공무원
나. 고도의 정책결정 업무를 담당하거나 이러한 업무를 보조하는 공무원으로서 법률이나 대통령령(대통령비서실 및 국가안보실의 조직에 관한 대통령령만 해당한다)에서 정무직으로 지정하는 공무원
2. 별정직공무원: 비서관·비서 등 보좌업무 등을 수행하거나 특정한 업무 수행을 위하여 법령에서 별정직으로 지정하는 공무원
3. (계약직 공무원) 삭제 <2012. 12. 11.>
④ 제3항에 따른 별정직공무원의 채용조건·임용절차·근무상한연령, 그 밖에 필요한 사항은 국회규칙, 대법원규칙, 헌법재판소규칙, 중앙선거관리위원회규칙 또는 대통령령으로 정한다.

10) 직군은 직무의 성질(종류)이 유사한 직렬의 범주를 말한다. 직군은 비슷한 성격을 가진 직렬들을 모아 놓은 직위분류의 대단위이다.

예·공안·행정직 등 15개)·직렬[11](예: 행정직군에 있어서의 일반행정·재무·교육·사회·문화·홍보)별로 분류되는 공무원을 말한다(국가공무원법 제2조 제2항 제1호, 지방공무원법 제2조 제2항 제1호).

(나) 특정직공무원

특정직국가공무원은 법관, 검사, 외무공무원, 경찰공무원, 소방공무원, 교육공무원, 군인, 군무원, 헌법재판소 헌법연구관, 국가정보원의 직원과 특수 분야의 업무를 담당하는 공무원으로서 다른 법률에서 특정직공무원으로 지정하는 공무원을 말한다(국가공무원법 제2조 제2항 제2호).

특정직지방공무원은 공립대학 및 전문대학에 근무하는 교육공무원, 교육감 소속의 교육전문직원, 자치경찰공무원 및 지방소방공무원과 그 밖에 특수 분야의 업무를 담당하는 공무원으로서 다른 법률에서 특정직공무원으로 지정하는 공무원을 말한다(지방공무원법 제2조 제2항 제2호).

특정직공무원에도 일반공무원법(국가공무원법·지방공무원법)이 일반적으로 적용되지만, 특정직공무원의 법적 지위에 관하여는 특별한 지위를 정하는 별도의 법률(법원조직법, 검찰청법, 경찰공무원법, 교육공무원법 등)이 존재한다.

(3) 임기제공무원: 근무기간을 정하여 임용되는 공무원

임용권자는 전문지식·기술이 요구되거나 임용관리에 특수성이 요구되는 업무를 담당하게 하기 위하여 경력직공무원을 임용할 때에 일정기간을 정하여 근무하는 공무원(이하 "임기제공무원"이라 한다)을 임용할 수 있다(국가공무원법 제26조의5 제1항, 지방공무원법 제25조의5 제1항).

임기제공무원의 임용요건, 임용절차, 근무상한연령 및 그 밖에 필요한 사항은 대통령령[12] 등으로 정한다(국가공무원법 제26조의5 제2항, 지방공무원법 제25조의5 제2항).

---

11) 직렬은 직무의 종류가 유사하고, 그 곤란성과 책임의 정도가 서로 다른 직급의 범주를 말한다. 직무는 같은 종류에 해당되지만 의무와 책임의 수준이나 곤란성이 서로 다른 직급들을 모아 직렬을 형성한다. 예컨대, 회계업무수행을 하는 임무로 하는 일단의 직위들이 있으나, 이들 간에 책임의 수준이 서로 달라 고급회계직과 하급회계직의 두 개 직급으로 나누어진다면, 이들은 다 같이 하나의 회계직렬에 포함시킬 수 있다. 오석홍, 인사행정론, 제8판, 2016, 82면.

12) 공무원임용령 제3조의2(임기제공무원의 종류) 임기제공무원의 종류는 다음 각 호와 같다.

1. 일반임기제공무원: 직제 등 법령에 규정된 경력직공무원의 정원에 해당하는 직위에 임용되는 임기제공무원
2. 전문임기제공무원: 특정 분야에 대한 전문적 지식이나 기술 등이 요구되는 업무를 수행하기 위하여 임용되는 임기제공무원

나. 특수경력직공무원

(1) 의의

특수경력직공무원이라 함은 경력직공무원 외의 공무원을 말한다(국가공무원법 제2조 제3항, 지방공무원법 제2조 제3항).

특수경력직공무원은 정무직공무원과 별정직공무원으로 구분된다. 종래의 계약직공무원은 2013. 12. 12.부터 폐지되면서, 일반직공무원 또는 별정직공무원으로 통합되었다(국가공무원법 제2조 및 부칙 <법률 제11530호, 2012. 12. 11.> 제3조 제3항, 지방공무원법 제2조 및 부칙 <법률 제11531호, 2012. 12. 11.> 제4조 제3항).

(2) 종류

(가) 정무직공무원

정무직국가공무원은 ⅰ) 선거로 취임하거나 임명할 때 국회의 동의가 필요한 공무원, ⅱ) 고도의 정책결정 업무를 담당하거나 이러한 업무를 보조하는 공무원으로서 법률이나 대통령령(대통령비서실 및 국가안보실의 조직에 관한 대통령령만 해당한다)에서 정무직으로 지정하는 공무원을 말한다(국가공무원법 제2조 제3항 제1호).

정무직지방공무원은 ⅰ) 선거로 취임하거나 임명할 때 지방의회의 동의가 필요한 공무원, ⅱ) 고도의 정책결정업무를 담당하거나 이러한 업무를 보조하는 공무원으로서 법령 또는 조례에서 정무직으로 지정하는 공무원을 말한다(지방공무원법 제2조 제3항 제1호).

종전에는 정무직을 열거식으로 정하였으나, 현행법에서는 당해 공무원의 특성을 나타

---

3. 시간선택제임기제공무원: 법 제26조의2에 따라 통상적인 근무시간보다 짧은 시간(주당 15시간 이상 35시간 이하의 범위에서 임용권자 또는 임용제청권자가 정한 시간을 말한다. 이하 이 조에서 같다)을 근무하는 공무원으로 임용되는 일반임기제공무원(이하 "시간선택제일반임기제공무원"이라 한다) 또는 전문임기제공무원(이하 "시간선택제전문임기제공무원"이라 한다)
4. 한시임기제공무원: 다음 각 목의 어느 하나에 해당하는 공무원의 업무를 대행하기 위하여 1년 6개월 이내의 기간 동안 임용되는 공무원으로서 법 제26조의2에 따라 통상적인 근무시간보다 짧은 시간을 근무하는 임기제공무원
   가. 법 제71조제1항 또는 제2항에 따라 휴직하는 공무원
   나. 「국가공무원 복무규정」 제18조제1항 또는 제2항에 따라 30일 이상의 병가를 실시하는 공무원
   다. 「국가공무원 복무규정」 제20조제2항 또는 제10항에 따라 30일 이상의 특별휴가를 실시하는 공무원
   라. 제57조의3제1항에 따라 통상적인 근무시간보다 짧은 시간을 근무하는 공무원으로 지정된 공무원(이하 "시간선택제전환공무원"이라 한다)

내는 개념으로 정의하고 이에 해당하는 구체적인 직위는 개별법령에서 지정하도록 하였다[13]. 일반적으로 차관급 이상의 공무원은 정무직에 해당된다.

(나) 별정직공무원

별정직국가공무원이란 비서관·비서 등 보좌업무 등을 수행하거나 특정한 업무 수행을 위하여 법령에서 별정직으로 지정하는 공무원을 말한다(국가공무원법 제2조 제3항 제2호).

별정직지방공무원이란 비서관·비서 등 보좌업무 등을 수행하거나 특정한 업무 수행을 위하여 법령에서 별정직으로 지정하는 공무원을 말한다(지방공무원법 제2조 제3항 제2호).

현행법은 정무직공무원의 경우와 마찬가지로 별정직공무원도 당해 공무원의 특성을 나타내는 개념을 정의하고 이에 해당하는 구체적인 직위는 개별법령에서 지정하도록 하고 있다.

13) 석종현·송동수, 일반행정법(하), 제13판, 2013, 215면.

제2장 공무원관계의 변동

제1절 개설

공무원관계의 변동이라 함은 공무원관계의 발생, 변경, 소멸을 말하는데, 공무원관계를 발생·변경·소멸시키는 일체의 행위를 통틀어 임용이라 한다(공무원임용령 제2조 제1호 참조).

임용은 공무원관계를 발생시키는 신규채용, 공무원관계를 변경시키는 승진임용·전직·전보·겸임·파견·강임·휴직·직위해제·정직·복직, 그리고 공무원관계를 소멸시키는 면직·해임 및 파면 등을 말한다(공무원임용령 제2조 제1호 참조).

임용이란 용어는 좁은 의미에서는 공무원관계를 처음으로 발생시키는 신규채용 행위인 임명이라는 뜻으로 쓰이기도 하지만, 넓은 의미에서는 공무원관계를 발생·변경·소멸시키는 일체의 행위를 말하는 것이다.

제2절 공무원관계의 발생

Ⅰ. 임명행위

1. 의의

특정인에게 공무원의 신분을 부여하여 공무원관계를 발생시키는 행위를 채용 또는 임명(任命)이라고 한다. 공무원관계는 통상 임명에 의하여 발생한다. 공무원관계의 발생은 임명 외에도 선거에서의 당선이나(예: 대통령, 국회의원 등), 법률의 규정에 의하여 강제적으로 성립하는 경우(예: 병역법에 의한 징집·예비군소집)도 있으나, 가장 대표적이고도 보편적인 것은 임명이다.

2. 법적 성질

가. 임명행위 1: 협력을 요하는 행정행위

(1) 학설

공무원관계의 가장 대표적인 발생원인이 되는 임명행위의 법적 성질에 관하여는 종래 학설상 단독적 행정행위설, 쌍방적 행정행위설, 공법상 계약설 등이 대립되고 있었다. 그러나, 오늘날 통설은 임명행위를 공무원이 되고자 하는 자의 신청이나 동의를 요하는 행정행위로 보는 쌍방적 행정행위설을 취하고 있다[1].

ⅰ) 현행 공무원법상 공무원의 근무관계는 법정되고 있고, ⅱ) 임용주체의 의사와 공무원이 되고자 하는 자의 의사가 반드시 대등하다고 보기는 어렵고, ⅲ) 임명은 임명주체의 일방적인 의사결정에 의해 행해지는 것으로 되어 있으므로 임명행위를 계약으로 볼 수는 없고 행정행위로 보아야 한다(공법상 계약설에 대한 비판).

아울러 국민이 그 의사에 반하여 공무를 담당할 법적 의무는 없으므로, 임명은 공무원이 되고자 하는 자의 의사와 무관하게 일방적으로 행해질 수는 없는 것이고 공무원이 되고자 하는 자의 신청이나 동의를 요한다(단독적 행정행위설에 대한 비판).

결국 공무원의 임명에는 공무원이 되고자 하는 자의 의사도 필요하나 그것이 국가 등의 의사와 대등한 것이 아니라는 의미에서 협력(신청이나 동의)을 요하는 행정행위(쌍방적 행정행위)로 보는 것이 타당하다. 경력직 공무원과 특수경력직 공무원에 대한 임명행위가 이러한 협력을 요하는 행정행위로 이해되고 있다.

(2) 협력 결여의 효과

임명행위 중 협력을 요하는 임명행위에 있어서 공무원이 되고자 하는 당사자의 신청이나 동의가 결여되었다면 그러한 임명행위는 당연무효라고 보아야 한다.

(3) 소송의 방식

임명행위를 상대방의 협력을 요하는 행정행위로 보는 한 공무원임명행위에 대한 법적분쟁은 항고소송의 대상이 된다.

나. 임명행위 2: 공법상 계약설

(1) 계약직 공무원

구 국가공무원법(2012.12.11. 법률 제11530호로 일부개정되기 전의 것)은 국가와의 채용 계약에 따라 전문지식·기술이 요구되거나 임용에 신축성 등이 요구되는 업무에 일정 기간 종사하는 공무원(제2조 제3항 제3호)을 규정하고 있었고, 판례는 위 계약적 공무원의 임명행위는 당연히 공법상 계약에 해당한다고 보았다(대법원 1996. 5. 31. 선고 95누10617 판결). 현재의 국가공무원법과 지방공무원법의 경우 위 계약직 공무원에 관한 규정이 삭제되었지만, 공법상 계약을 통하여 공무원을 임용하는 방법이 배제된다고 보기는 어렵다[2].

---

1) 홍정선, 행정법원론(하), 제25판, 2017, 309면; 박균성, 행정법론(하), 제15판, 2017, 246면.

(2) 소송의 방식

위와 같이 공법상 계약을 통하여 이루어지는 임명행위에 대한 법적 분쟁은 당사자 소송의 대상이 된다(대법원 1996. 5. 31. 선고 95누10617 판결).

Ⅱ. 임용권자

1. 정부

행정기관 소속 5급 이상 공무원 및 고위공무원단에 속하는 일반직공무원은 소속 장관의 제청으로 인사혁신처장과 협의를 거친 후에 국무총리를 거쳐 대통령이 임용하되, 고위공무원단에 속하는 일반직공무원의 경우 소속 장관은 해당 기관에 소속되지 아니한 공무원에 대하여도 임용제청할 수 있다. 이 경우 국세청장은 국회의 인사청문을 거쳐 대통령이 임명한다(국가공무원법 제32조 제1항).

소속 장관은 소속 공무원에 대하여 제1항 외의 모든 임용권을 가진다(국가공무원법 제32조 제2항).

대통령은 대통령령으로 정하는 바에 따라 제1항에 따른 임용권의 일부를 소속 장관에게 위임할 수 있으며, 소속 장관은 대통령령으로 정하는 바에 따라 제2항에 따른 임용권의 일부와 대통령으로부터 위임받은 임용권의 일부를 그 보조기관 또는 소속 기관의 장에게 위임하거나 재위임할 수 있다(국가공무원법 제32조 제3항).

2. 국회

국회 소속 공무원은 국회의장이 임용하되, 국회규칙으로 정하는 바에 따라 그 임용권의 일부를 소속 기관의 장에게 위임할 수 있다(국가공무원법 제32조 제4항).

3. 법원

법원 소속 공무원은 대법원장이 임용하되, 대법원규칙으로 정하는 바에 따라 그 임용권의 일부를 소속 기관의 장에게 위임할 수 있다(국가공무원법 제32조 제5항).

4. 헌법재판소

헌법재판소 소속 공무원은 헌법재판소장이 임용하되, 헌법재판소규칙으로 정하는 바

2) 홍정선, 행정법원론(하), 제25판, 2017, 310면.

에 따라 그 임용권의 일부를 헌법재판소사무처장에게 위임할 수 있다.

Ⅲ. 임명의 요건

공무원으로 임명되기 위하여는 결격사유가 없어야 하고, 아울러 일정한 능력요건과 성적요건을 갖추어야 한다.

1. 요건의 분류

가. 결격사유가 없을 것

(1) 국가공무원법 상의 결격사유

다음 각 호의 어느 하나에 해당하는 자는 공무원으로 임용될 수 없다(국가공무원 법 제33조).

① 피성년후견인 또는 피한정후견인

② 파산선고를 받고 복권되지 아니한 자

③ 금고 이상의 실형을 선고받고 그 집행이 종료되거나 집행을 받지 아니하기로 확정된 후 5년이 지나지 아니한 자

④ 금고 이상의 형을 선고받고 그 집행유예 기간이 끝난 날부터 2년이 지나지 아니한 자

⑤ 금고 이상의 형의 선고유예를 받은 경우에 그 선고유예 기간 중에 있는 자

⑥ 법원의 판결 또는 다른 법률에 따라 자격이 상실되거나 정지된 자

⑦ 공무원으로 재직기간 중 직무와 관련하여 「형법」 제355조 및 제356조에 규정된 죄를 범한 자로서 300만원 이상의 벌금형을 선고받고 그 형이 확정된 후 2년이 지나지 아니한 자

⑧ 「성폭력범죄의 처벌 등에 관한 특례법」 제2조에 규정된 죄를 범한 사람으로서 100만원 이상의 벌금형을 선고받고 그 형이 확정된 후 3년이 지나지 아니한 사람

⑨ 미성년자에 대한 다음 각 목의 어느 하나에 해당하는 죄를 저질러 파면·해임되거나 형 또는 치료감호를 선고받아 그 형 또는 치료감호가 확정된 사람(집행유예를 선고받은 후 그 집행유예기간이 경과한 사람을 포함한다)

가. 「성폭력범죄의 처벌 등에 관한 특례법」 제2조에 따른 성폭력범죄

나. 「아동·청소년의 성보호에 관한 법률」 제2조제2호에 따른 아동·청소년대상 성범죄

⑩ 징계로 파면처분을 받은 때부터 5년이 지나지 아니한 자

⑪ 징계로 해임처분을 받은 때부터 3년이 지나지 아니한 자

(2) 공직선거법 상의 결격사유

공직선거법 제230조부터 제234조까지, 제237조부터 제255조까지, 제256조제1항부터 제3항까지, 제257조부터 제259조까지의 죄(당내경선과 관련한 죄는 제외한다) 또는 정치자금법 제49조의 죄를 범함으로 인하여 징역형의 선고를 받은 자는 그 집행을 받지 아니하기로 확정된 후 또는 그 형의 집행이 종료되거나 면제된 후 10년간, 형의 집행유예의 선고를 받은 자는 그 형이 확정된 후 10년간, 100만원이상의 벌금형의 선고를 받은 자는 그 형이 확정된 후 5년간 다음 각 호의 어느 하나에 해당하는 직에 취임하거나 임용될 수 없으며, 이미 취임 또는 임용된 자의 경우에는 그 직에서 퇴직된다(공직선거법 제266조 제1항).

① 제53조제1항 각 호의 어느 하나에 해당하는 직(같은 항 제5호의 경우 각 조합의 조합장 및 상근직원을, 같은 항 제1호의 경우 「고등교육법」 제14조제1항·제2항에 따른 총장·학장·교수·부교수·조교수·전임강사인 교원을 포함한다).

② 제60조(선거운동을 할 수 없는 자)제1항제6호 내지 제8호에 해당하는 직

③ 「공직자윤리법」 제3조제1항제12호 또는 제13호에 해당하는 기관·단체의 임·직원

④ 「사립학교법」 제53조(학교의 장의 임면) 또는 같은 법 제53조의2(학교의 장이 아닌 교원의 임면)의 규정에 의한 교원

⑤ 방송통신심의위원회의 위원

위와 같이 공직선거법 중 일정조항 위반으로 벌금 100만 원 이상의 형을 선고받아 그 형이 확정된 자는 일정기간 국가공무원·지방공무원 및 기타 광범위한 공직에 취임하거나 임용될 수 없으며, 이미 취임 또는 임용된 자의 경우에는 그 직에서 당연퇴직된다(공직선거법 제266조 제1항).

(3) 정치자금법 상의 결격사유

제45조(정치자금부정수수죄)에 해당하는 범죄로 인하여 징역형의 선고를 받은 자는 그 집행을 받지 아니하기로 확정된 후 또는 그 형의 집행이 종료되거나 면제된 후 10년간, 형의 집행유예의 선고를 받은 자는 그 형이 확정된 후 10년간, 100만원 이상의 벌금형의 선고를 받은 자는 그 형이 확정된 후 5년간 「공직선거법」 제266조(선거범죄로 인한 공무담임 등의 제한)제1항 각 호의 어느 하나에 해당하는 직에 취임하거나 임용될 수 없으며, 이미 취임 또는 임용된 자의 경우에는 그 직에서 퇴직된다(정치자금법 제57조).

(4) 외국인의 경우

외국인이 공무원이 될 수 있는지에 대하여는 논란이 있다. 해석상 외국인은 명문의 규정이 없는 한 공무원이 될 수 없다고 보아야 한다.

외국인의 공무원능력을 인정하고 있는 명문의 규정은 다음과 같다. 국가기관의 장은 국가안보 및 보안·기밀에 관계되는 분야를 제외하고 대통령령 등으로 정하는 바에 따라 외국인을 공무원으로 임용할 수 있다(국가공무원법 제26조의3). 대학은 교육이나 연구를 위하여 외국인을 교원으로 임용할 수 있다(교육공무원법 제10조의2).

나. 능력요건

공무원의 임명에 학력 또는 경력을 요구하는 경우가 있는데, 이 경우 학력 또는 경력이 능력요건에 해당된다[3].

그런데 통설은 앞서 살펴본 결격사유가 없을 것도 능력요건의 하나로 보고 있다[4].

다. 성적요건

성적요건은 경력직 공무원의 경우에만 요구된다. 특수경력직 공무원의 경우 그 성질상 성적요건을 필요로 하지 않는다.

(가) 임용의 원칙: 공무원의 임용은 시험성적·근무성적, 그 밖의 능력의 실증에 따라 행한다(국가공무원법 제26조)

(나) 시험의 방법: 공무원의 채용은 공개경쟁시험을 원칙으로 한다(국가공무원법 제28조 제1항). 다만, 국가공무원법 제28조 제2항 제1호 내지 제13호의 어느 하나에 해당하는 경우에는 경력 등 응시요건을 정하여 같은 사유에 해당하는 다수인을 대상으로 경쟁의 방법으로 채용하는 시험(이하 "경력경쟁채용시험"이라 한다)으로 공무원을 채용할 수 있다(국가공무원법 제28조 제2항).

(다) 시험실시기관: 행정기관 소속 공무원의 채용시험·승진시험, 그 밖의 시험은 인사혁신처장 또는 인사혁신처장이 지정하는 소속기관의 장이 실시한다. 다만, 인사혁신처장 또는 그 소속기관의 장이 단독으로 실시하기 곤란하면 관계 기관과 공동으로 실시할 수 있으며, 인사혁신처장은 대통령령으로 정하는 바에 따라 그 시험의 일부를 다른 행정기관의 장에게 위임하여 실시할 수 있다(국가공무원법 제34조 제1항).

---

3) 박균성, 전게서, 248면.

4) 홍정선, 전게서, 312면; 박윤흔·정형근, 최신 행정법강의(하), 개정28판, 2009, 209면; 김남진·김연태, 행정법Ⅱ, 제21판, 2017, 222면 등.

국회 및 법원·헌법재판소·선거관리위원회 소속 공무원의 채용시험·승진시험, 그 밖의 시험은 국회사무처 또는 법원행정처·헌법재판소사무처·선거관리위원회사무처에서 실시한다(국가공무원법 제34조 제2항, 제3항, 제4항).

(라) 시험에서의 평등원칙: 공개경쟁에 따른 채용시험은 같은 자격을 가진 모든 국민에게 평등하게 공개하여야 하며 시험의 시기와 장소는 응시자의 편의를 고려하여 결정한다(국가공무원법 제35조).

시험에 의한 채용은 원칙상 시험성적에 따라 행하여야 하지만 일정한 경우에는 가산점이 부여되거나, 남녀 성비를 고려하는 경우가 있다. 위와 같이 공무원 채용시험에서 특정 집단에게 가산점을 주거나 특정 집단을 우대하는 것은 그것이 합리적인 이유가 있고 지나치지 않은 경우에 한하여 헌법상의 평등원칙에 위반되지 않는다.

헌법재판소는 공무원시험에서의 제대군인 가산점제도는 그 자체가 여성과 장애인들의 평등권과 공무담임권을 침해하는 위헌인 제도로 보았다(헌법재판소 1999. 12. 23. 선고 98헌마363 전원재판부). 한편 국가유공자 및 그 유가족에 대한 가산점제도의 경우 제도 자체는 합헌이라고 보면서도(헌법재판소 2001. 2. 22. 선고 2000헌마25 전원재판부), 다만 만점의 10%라는 높은 가산점을 부여하는 것은 비례성을 결여한 불합리한 차별취급이므로 일반 응시자들의 평등권과 공무담임권을 침해한다고 보았다(헌법재판소 2006 .2. 23. 선고 2004헌마675,981,1022(병합) 전원재판부).

【2018년도 5급 공채시험 문제】 甲은 2009. 9. 1. 징역 10월에 집행유예 2년을 선고받아 그 형이 확정되었다. 행정청 乙은 甲이 임용결격자임을 밝혀내지 못한 채 2013. 5. 1. 7급 국가공무원시보로 임용하였고, 그로부터 6개월 후인 2013. 11. 1. 정규 공무원으로 임용하였다. 다음 물음에 답하시오. (총 20점)

1) 위 시보임용처분의 법적 효력에 대해 설명하시오. (10점)

2) 그 후 乙은 시보임용처분 당시 甲에게 공무원임용 결격사유가 있었음을 확인하고는 甲에 대하여 시보임용처분을 취소하고, 그에 따라 정규임용처분도 취소하였다. 甲은 시보임용시에는 임용결격자였지만, 정규임용시에는 임용결격사유가 해소되었다. 乙이 정규임용처분의 취소처분시 甲에게 사전통지를 하지 않거나 의견제출의 기회를 주지 아니하였다면, 위 정규임용처분의 취소처분은 적법한지에 대해 설명하시오. (10점)

2. 임용요건 결여의 효과

가. 결격사유의 효과

(1) 무효사유설

공무원임용의 결격사유는 공무원으로 임용되기 위한 절대적 소극적 요건이다. 따라서 결격사유에 해당하는 자를 공무원에 임명하는 행위는 당연무효라고 보는 것이 다수설이다[5].

판례는 무효사유설의 입장을 취하고 있다. 판례의 내용을 정리하면 다음과 같다.

① 공무원임용결격사유가 있는지의 여부는 채용후보자 명부에 등록한 때가 아닌 공무원관계가 설정되는 임용 당시에 시행되던 법률을 기준으로 하여 판단하여야 한다(대법원 1987. 4. 14. 선고 86누459 판결).

② 임용 당시 공무원임용 결격사유가 있었다면 비록 국가의 과실에 의하여 임용 결격자임을 밝혀 내지 못하였다 하더라도 그 임용행위는 당연무효로 보아야 한다(대법원 1987. 4. 14. 선고 86누459 판결 등).

③ 임용결격사유가 소멸된 이후에 계속 근무하여 왔다고 하더라도 그때부터 무효인 임명행위가 유효로 되어 적법한 공무원의 신분을 회복한다고 볼 수 없다(대법원 1998. 1. 23. 선고 97누16985 판결).

④ 다만, 결격사유가 있는 공무원에 대하여 경력을 고려하여 별도의 특별임용행위가 있었고 별도의 임용행위시에는 결격사유가 해소된 경우에는 별도의 임용행위는 결격사유가 있는 임용이 아니라 경력요건이 결여된 취소할 수 있는 행위라고 보고 있다(대법원 1998. 10. 23. 선고 98두12932 판결).

⑤ 공무원이 재직 중 위 임용결격사유의 하나(다만 국가공무원법 제33조 제2호 및 제33조 제5호는 일부 제한사항 있음)에 해당하게 되면 당연히 퇴직한다(국가공무원법 제69조). 이때 당연퇴직의 인사발령은 행정처분이 아니고 단순한 관념의 통지에 불과하므로 취소소송의 대상이 되지 않는다(대법원 1995. 11. 14. 선고 95누2036 판결).

가. 공무원관계설정시점 및 공무원임용결격사유가 있는지 여부의 판단기준: 국가공무원법에 규정되어 있는 공무원임용결격사유는 공무원으로 임용되기 위한 절대적인 소극적 요건으로서 공무원관계는 국가공무원법 제38조, 공무원임용령 제11조의 규정에 의한 채용후보자 명부에 등록한 때가 아니라 국가의 임용이 있는 때에 설정되는 것이므로 공무원임용결격사유가 있는지의 여부는 채용후보자 명부에 등록한 때가 아닌 임용당시에 시행되던 법률을 기준으로

5) 홍정선, 전게서, 314면; 박윤흔·정형근, 전게서, 212면; 김남진·김연태, 전게서, 223면.

하여 판단하여야 한다.

나. 국가의 과실에 의한 공무원임용결격자의 임용행위의 효력: 임용당시 공무원임용결격사유가 있었다면 비록 국가의 과실에 의하여 임용결격자임을 밝혀내지 못하였다 하더라도 그 임용행위는 당연무효로 보아야 한다.

다. 공무원임용결격자에 대한 임용행위의 취소의 법적 성질 및 신의칙의 적용과 취소권의 시효소멸여부: 국가가 공무원임용결격사유가 있는 자에 대하여 결격사유가 있는 것을 알지 못하고 공무원으로 임용하였다가 사후에 결격사유가 있는 자임을 발견하고 공무원 임용행위를 취소하는 것은 당사자에게 원래의 임용행위가 당초부터 당연무효이었음을 통지하여 확인시켜 주는 행위에 지나지 아니하는 것이므로, 그러한 의미에서 당초의 임용처분을 취소함에 있어서는 신의칙 내지 신뢰의 원칙을 적용할 수 없고 또 그러한 의미의 취소권은 시효로 소멸하는 것도 아니다(대법원 1987. 4. 14. 선고 86누459 판결).

당초 임용 당시 공무원 결격사유가 있었던 자를 그 후의 공무원 경력을 바탕으로 특별임용하였으나 특별임용 당시에는 공무원 결격사유가 없는 경우, 위 특별임용이 당연무효인지 여부(소극): 당초 임용 이래 공무원으로 근무하여 온 경력에 바탕을 두고 구 지방공무원법(1991. 5. 31. 법률 제4370호로 개정되기 전의 것) 제27조 제2항 제3호 등을 근거로 하여 특별임용 방식으로 임용이 이루어졌다면 이는 당초 임용과는 별도로 그 자체가 하나의 신규임용이라고 할 것이므로, 그 효력도 특별임용이 이루어질 당시를 기준으로 판단하여야 할 것인데, 당초 임용 당시에는 집행유예 기간 중에 있었으나 특별임용 당시 이미 집행유예 기간 만료일로부터 2년이 경과하였다면 같은 법 제31조 제4호에서 정하는 공무원 결격사유에 해당할 수 없고, 다만 당초 임용과의 관계에서는 공무원 결격사유에 해당하여 당초 처분 이후 공무원으로 근무하였다고 하더라도 그것이 적법한 공무원 경력으로 되지 아니하는 점에서 특별임용의 효력에 영향을 미친다고 할 수 있으나, 위 특별임용의 하자는 결국 소정의 경력을 갖추지 못한 자에 대하여 특별임용시험의 방식으로 신규임용을 한 하자에 불과하여 취소사유가 된다고 함은 별론으로 하고, 그 하자가 중대·명백하여 특별임용이 당연무효로 된다고 할 수는 없다(대법원 1998. 10. 23. 선고 98두12932 판결).

(2) 취소사유설

이에 대하여 임용결격사유를 간과한 임용행위의 흠을 명백하다고 볼 수 있는지 의문이라고 보면서 위와 같은 흠은 취소사유에 해당한다고 보아야 한다는 견해가 있다[6]. 이 견해가 타당하다고 생각된다.

(3) 하자의 치유설

결격사유 있는 자를 공무원으로 임용하는 행위는 원칙상 무효이지만, 결격사유가 치

6) 홍준형, 판례행정법, 1110면.

유된 것으로 믿을 만한 신뢰를 준 행정청의 적극적 행위가 있었던 경우 등과 같이 신뢰를 보호할 필요가 현저하고, 상당히 오랜 기간 정상적으로 근무하여 온 경우에는 신뢰보호 및 법적 안정성을 위하여 그 때부터 결격사유의 하자가 치유된다고 보는 것이 타당하다고 보는 견해이다[7]. 그러나 하자의 치유는 취소할 수 있는 행정행위에만 가능하다는 것이 판례의 입장인바(대법원 1989.12.12. 선고 88누8869 판결 등), 무효인 임용행위의 하자가 치유될 수 있다고 볼 수 있는지는 의문이다.

(4) 추인가능성설

무효인 임용행위를 임용권자가 추인하였거나 새로운 임용행위가 있으면 그 때부터는 결격사유 없는 임용이 된다는 학설이 있다[8]. 그러나 무효인 행정행위에 대하여 그 추인이 가능한가에 대하여는 의문이 제기 될 수 있고, 아울러 임용결격사유는 법으로 정하여진 사유(법정사유)인데 임용권자의 의사에 의하여 그 적용의 배제가 가능하다고 보기 어렵다는 비판이 제기될 수 있다.

나. 능력요건 또는 성적요건 결여의 효과

능력요건 및 성적요건을 결여한 자에 대한 임명행위는 원칙상 취소할 수 있는 행위이며 취소도 원칙상 장래에 향하여 효력이 있는 것으로 보아야 한다. 다만, 당사자에게 귀책사유가 있을 때에는 소급하여 취소할 수 있다[9].

능력요건이나 성적요건을 결여한 자에 대한 임명행위를 취소함에 있어서는 그 임용행위를 취소하여야 할 공익상의 필요와 그 취소로 인하여 당사자가 입게 될 불이익을 비교형량한 후 공익상 필요가 당사자가 입을 불이익을 정당화할 만큼 강한 경우에 취소할 수 있다.

[1] 행정처분에 당사자의 사실은폐나 기타 사위의 방법에 의한 신청행위에 기인하는 하자가 있음을 이유로 처분청이 이를 취소하는 경우, 당사자의 신뢰이익을 고려하여야 하는지 여부(소극): 행정처분에 하자가 있음을 이유로 처분청이 이를 취소하는 경우에도 그 처분이 국민에게 권리나 이익을 부여하는 처분인 때에는 그 처분을 취소하여야 할 공익상의 필요와 그 취소로 인하여 당사자가 입게 될 불이익을 비교교량한 후 공익상의 필요가 당사자가 입을 불이익을 정당화할 만큼 강한 경우에 한하여 취소할 수 있는 것이지만, 그 처분의 하자(*능력요건이나 성적요건의 결여로 인한 하자)가 당사자의 사실은폐나 기타 사위의 방법에 의한 신청행위에 기인한 것이라면 당사자는 그 처분에 의한 이익이 위법하게 취득되었음을 알아 그 취소가능성도 예상하

7) 박균성, 전게서, 252면.
8) 박균성, 전게서, 252면.
9) 박균성, 전게서, 253면.

고 있었다고 할 것이므로 그 자신이 위 처분에 관한 신뢰이익을 원용할 수 없음은 물론 행정청이 이를 고려하지 아니하였다고 하여도 재량권의 남용이 되지 않는다.

[2] 허위의 고등학교 졸업증명서를 제출(*학력요건의 결여)하는 사위의 방법에 의한 하사관 지원의 하자를 이유로 하사관 임용일로부터 33년이 경과한 후에 행정청이 행한 하사관 및 준사관 임용취소처분이 적법하다고 한 사례.

정규공무원으로 임용된 사람에게 시보임용처분 당시 지방공무원법 제31조 제4호에 정한 공무원임용 결격사유가 있어 시보임용처분을 취소하고 그에 따라 정규임용처분을 취소한 사안에서, 정규임용처분을 취소하는 처분은 성질상 행정절차를 거치는 것이 불필요하여 행정절차법의 적용이 배제되는 경우에 해당하지 않으므로, 그 처분을 하면서 사전통지를 하거나 의견제출의 기회를 부여하지 않은 것은 위법하다고 한 사례(대법원 2009. 1. 30. 선고 2008두16155 판결): 【해설】 시보임용처분과 정규임용처분은 상호 별개의 처분이다. 이 사건 시보임용처분은 결격사유가 있는 자에 대한 임용처분이므로 무효이고, 따라서 이 사건 시보임용처분을 취소하는 행위는 아무런 법적 효력이 없는 단순한 사실행위라고 보아야 한다[10]. 한편 정규임용처분 당시에는 결격사유가 해소되었으므로, 정규임용처분은 시보공무원으로서의 경력을 갖추지 못한 자에 대한 처분으로서 취소사유가 있는 것에 불과하다. 위 정규임용처분을 취소하는 처분은 침익적 처분에 해당되고 아울러 그 성질상 행정절차법의 적용이 배제되는 경우에 해당한다고 할 수 없으므로, 원고에게 사전통지 및 의견제출의 기회를 주지 아니하고 행하여진 이 사건 정규임용취소처분은 절차상 하자가 있어 위법하다.

다. 봉급의 반환 여부

결격사유가 있는 공무원에게 지급된 봉급 기타 급여가 법률상 원인없이 지급된 것으로서 부당이득반환청구의 대상이 되는지가 문제된다.

그러나 당해 공무원이 사실상 근무를 하여 수령한 한 봉급은 이미 지급된 노무에 대한 대가라고 볼 수 있으므로 이를 부당이득이라고 할 수 없고, 따라서 그 봉급을 반환할 의무가 없다고 보는 것이 다수설의 입장이다[11].

생각건대, 공무원이 수령한 봉급 기타 급여가 부당이득에는 해당되지만, 공무원 또한 노동력을 제공하였으므로 국가에 대하여 부당이득반환청구권이 있어 양자는 서로 상계되어 소멸되었다고 보는 것이 논리적으로 타당하다[12].

라. 퇴직금의 지급

결격사유 있는 공무원의 경우, 과거의 판례는 다음과 같이 공무원연금법이나 근로기준

10) 박균성, 전게서, 253면

11) 박균성, 전게서, 254면; 홍정선, 전게서, 315면

12) 박윤흔·정형근, 전게서, 213면; 김동희, 행정법Ⅱ, 제24판, 2018, 143면.

법에 의한 퇴직금청구권을 모두 부인하고 있었다(대법원 1987. 4. 14. 선고 86누459 판결 등).

임용결격자가 공무원으로 임명되어 사실상 근무하여 온 경우 공무원연금법이나 근로기준법 소정의 퇴직금 청구를 할 수 있는지 여부: 공무원연금법이나 근로기준법에 의한 퇴직금은 적법한 공무원으로서의 신분취득 또는 근로고용관계가 성립되어 근무하다가 퇴직하는 경우에 지급되는 것이고, 당연무효인 임용결격자에 대한 임용행위에 의하여서는 공무원의 신분을 취득하거나 근로고용관계가 성립될 수 없는 것이므로 임용결격자가 공무원으로 임용되어 사실상 근무하여 왔다고 하더라도 그러한 피임용자는 위 법률소정의 퇴직금청구를 할 수 없다(대법원 1987.4.14. 선고 86누459 판결 등).

다만 그 경우에도 연금에는 공무원이 납부한 기여금(연금의 2분의 1)이 포함되어 있는 바, 위 기여금은 후불적 임금의 성격을 가지고 있으므로, 공무원이 납부한 기여금은 지급되어야 하는 것으로 보는 것이 다수설의 견해였다. 그리하여 판례는 비록 퇴직급여가 제한된다고 하더라도 이는 "퇴직급여 중 후불적 임금의 성격을 갖고 있는 공무원 본인의 기여금에 해당하는 부분을 제외한 나머지에 해당하는 공로보상 또는 사회보장적 성격을 갖고 있는 부분을 지급하지 않으려는 데 있다(대법원 1997. 2. 28. 선고 96누6189 판결)"고 보았다.

현재의 판례는 공무원연금법 소정의 퇴직급여청구권은 여전히 부인하고 있으나(대법원 2003. 5. 16. 선고 2001다61012 판결), 임용이 무효인 공무원일지라도 사실상 근로를 제공한 것이므로 적어도 근로기준법상의 퇴직금에 상당하는 금액은 그 지급을 청구할 수 있다고 보고 있다(대법원 2004. 07. 22. 선고 2004다10350 판결).

임용 결격자가 공무원으로 임용되어 사실상 근무하여 온 경우, 공무원연금법 소정의 퇴직급여 등을 청구할 수 있는지 여부(소극) 및 당연퇴직 후의 사실상의 근무기간이 공무원연금법상의 재직기간에 합산되는지 여부(소극): 공무원연금법에 의한 퇴직급여 등은 적법한 공무원으로서의 신분을 취득하여 근무하다가 퇴직하는 경우에 지급되는 것이고, 임용 당시 공무원임용결격사유가 있었다면 그 임용행위는 당연무효이며, 당연무효인 임용행위에 의하여 공무원의 신분을 취득할 수는 없으므로 임용결격자가 공무원으로 임용되어 사실상 근무하여 왔다고 하더라도 적법한 공무원으로서의 신분을 취득하지 못한 자로서는 공무원연금법 소정의 퇴직급여 등을 청구할 수 없고, 또 당연퇴직사유에 해당되어 공무원으로서의 신분을 상실한 자가 그 이후 사실상 공무원으로 계속 근무하여 왔다고 하더라도 당연퇴직 후의 사실상의 근무기간은 공무원연금법상의 재직기간에 합산될 수 없다(대법원 2003. 5. 16. 선고 2001다61012 판결).

임용행위가 구 국가공무원법에 위배되어 당연무효임에도 계속 근무하여 온 경우, 임용시부터 퇴직시까지의 근로는 법률상 원인 없이 제공된 부당이득이므로 임금을 목적으로 계속하여 근로를 제공하여 온 퇴직자에 대하여 퇴직급여 중 적어도 근로기준법상 퇴직금에 상당하는 금액은 그가 재직기간 중 제공한 근로에 대한 대가로서 지급되어야 한다고 한 사례(대법원 2004. 07. 22. 선고 2004다10350 판결).

[1] 임용결격자가 공무원으로 임용되어 사실상 근무하여 온 경우, 공무원연금법이나 근로자퇴직급여 보장법에서 정한 퇴직급여를 청구할 수 있는지 여부(소극) 및 이와 같은 법리는 임용행위의 하자로 임용행위가 취소되어 소급적으로 지위를 상실한 경우에도 마찬가지로 적용되는지 여부(적극)

[2] 임용행위가 당연무효이거나 취소된 공무원의 임용 시부터 퇴직 시까지의 사실상의 근로에 대하여 국가 또는 지방자치단체가 부당이득반환의무를 지는지 여부(적극) 및 이때 국가 또는 지방자치단체의 이득액과 임용결격공무원 등이 입은 손해의 내용 / 임용결격공무원 등이 입은 손해가 국가 또는 지방자치단체의 이득액인 공무원연금법상 퇴직급여 상당액을 넘는 경우, 국가 또는 지방자치단체가 반환하여야 할 부당이득액이 공무원연금법상 퇴직급여 상당액으로 제한되는지 여부(적극): 임용행위가 당연무효이거나 취소된 공무원(이하 이를 통칭하여 '임용결격공무원 등'이라 한다)의 공무원 임용 시부터 퇴직 시까지의 사실상의 근로(이하 '이 사건 근로'라 한다)는 법률상 원인 없이 제공된 것으로서, 국가 및 지방자치단체는 이 사건 근로를 제공받아 이득을 얻은 반면 임용결격공무원 등은 이 사건 근로를 제공하는 손해를 입었다 할 것이므로, 손해의 범위 내에서 국가 및 지방자치단체는 위 이득을 민법 제741조에 의한 부당이득으로 반환할 의무가 있다.

즉, 국가 또는 지방자치단체는 공무원연금법이 적용될 수 있었던 임용결격공무원 등의 이 사건 근로 제공과 관련하여 매월 지급한 월 급여 외에 공무원연금법상 퇴직급여의 지급을 면하는 이익을 얻는데, 퇴직급여 가운데 임용결격공무원 등이 스스로 적립한 기여금 관련 금액은 임용기간 중의 이 사건 근로의 대가에 해당하고, 기여금을 제외한 나머지 금액 중 순수한 근로에 대한 대가로서 지급되는 부분(공무원의 지위에 대한 공로보상적, 사회보장적 차원에서 지급되는 부분을 제외하는 취지이다) 상당액이 퇴직에 따라 이 사건 근로의 대가로 지급되는 금액이라 할 수 있다.

한편 근로자퇴직급여 보장법 제8조에서 정한 퇴직금 제도는 퇴직하는 근로자의 근로조건에 대한 최하한의 기준으로서 본질적으로 근로제공의 대가인 후불적 임금의 성질을 지니고 있음에 비추어 보면, 퇴직에 따라 지급받을 수 있는 이 사건 근로의 대가라고 평가될 수 있는 금액은 적어도 근로자퇴직급여 보장법상 퇴직금 상당액으로 볼 수 있으므로, 임용결격공무원 등은 이 사건 근로를 제공함으로써 그 상당의 손해를 입는다고 할 수 있다.

그리고 앞에서 본 것과 같이 부당이득은 손해액과 이득액 중 적은 범위 내에서 반환의무를 지므로, 위와 같이 임용결격공무원 등이 입은 손해, 즉 임용기간 중 이 사건 근로의 대가로서의 손해액에 해당하는 공무원연금법상 기여금 관련 금액 및 퇴직에 따라 지급받을 수 있는 이 사건 근로의 대가로서의 손해액에 해당하는 근로자퇴직급여 보장법상 퇴직금 상당액의 합계가 국가 또는 지방자치단체의 이득액에 해당하는 공무원연금법상 퇴직급여 상당액을 넘는 경우에, 국가 또는 지방자치단체가 반환하여야 할 부당이득액은 공무원연금법상 퇴직급여 상당액으로 제한된다(대법원 2017. 5. 11. 선고 2012다200486 판결【부당이득금반환】)

마. 임용요건을 결한 공무원이 행한 행위의 효과

임용요건이 결여된 공무원이 사실상 공무원으로 보여지는 경우에는 당해 공무원의 행위는 사실상 공무원이론에 의해 유효한 것으로 볼 수 있다. 다만 현실적으로는 공무원의 임명행위가 무효 또는 취소된 경우에도 일정한 요건 하에 당해 공무원이 행한 관청행위가 유효하도록 하는 특별규정을 둘 필요성이 있다고 보여진다.

Ⅳ. 임명절차

1. 채용후보자명부의 작성

시험 실시기관의 장은 공개경쟁 채용시험에 합격한 사람을 대통령령등으로 정하는 바에 따라 채용후보자 명부에 등재하여야 한다(국가공무원법 제38조 제1항).

제28조제1항에 따른 공무원 공개경쟁 채용시험에 합격한 사람의 채용후보자 명부의 유효기간은 2년의 범위에서 대통령령 등으로 정한다. 다만, 시험 실시기관의 장은 필요에 따라 1년의 범위에서 그 기간을 연장할 수 있다(국가공무원법 제38조 제2항).

2. 채용후보자의 추천

시험 실시기관의 장은 채용후보자 명부에 등재된 채용후보자를 대통령령 등으로 정하는 바에 따라 임용권이나 임용제청권을 갖는 기관에 추천하여야 한다. 다만, 공개경쟁 채용시험 합격자의 우선임용을 위하여 필요하면 인사혁신처장이 채용후보자를 제32조제1항부터 제3항까지의 규정에도 불구하고 근무할 기관을 지정하여 임용하거나 임용제청할 수 있다(국가공무원법 제39조 제1항).

3. 시보임용

5급 공무원을 신규 채용하는 경우에는 1년, 6급 이하의 공무원을 신규 채용하는 경우에는 6개월간 각각 시보(試補)로 임용하고 그 기간의 근무성적·교육훈련성적과 공무원으로서의 자질을 고려하여 정규 공무원으로 임용한다. 다만, 대통령령 등으로 정하는 경우에는 시보 임용을 면제하거나 그 기간을 단축할 수 있다(국가공무원법 제29조 제1항).

지방공무원법상 정규공무원 임용행위는 시보임용행위와는 별도의 임용행위이므로 그 요건과 효력은 개별적으로 판단하여야 할 것이다(대법원 2005. 07. 28. 선고 2003두469 판결)

제3절 공무원관계의 변경

Ⅰ. 의의

공무원관계의 변경이라 함은 공무원으로서의 신분은 유지하면서 공무원관계 내용의 전부 또는 일부를 변경하는 것을 말한다.

공무원관계의 변경은 공무원의 임명행위와는 달리 국가의 일방적인 단독행위로서의 성질을 가지며, 법령의 규정에 따라 행하여져야 한다.

공무원관계의 변경은 수직적 변경, 수평적 변경, 무보직 변경 등으로 구분될 수 있다.

Ⅱ. 수직적 변경

1. 승진

가. 의의

승진이란 동일한 직렬 안에서 하위직급에 재직 중인 공무원을 상위직급으로 임용하는 것을 말한다. 따라서 직렬이 다른 상위직급으로는 승진할 수 없다. 예컨대 행정주사는 검찰사무관으로 승진할 수 없고, 검찰주사로 전직한 후 검찰사무관으로 승진하여야 한다.

다만 1급 공무원으로의 승진은 바로 하급 공무원 중에서, 2급 및 3급 공무원으로의 승진은 같은 직군 내의 바로 하급 공무원 중에서 행한다(국가공무원법 제40조의2 제1항) 이와 같은 특례는 상위직에 있어서는 특수분야의 전문적 지식보다는 시야가 넓은 일반적 능력을 가진 자를 발굴하여 임명할 필요성이 있고, 아울러 인사배치상의 신축성이 요구되기 때문이다[13].

나. 승진의 종류

(1) 일반승진

일반승진이라 함은 당해 직급에서 일정기간(승진소요연수) 이상을 근무한 자를 승진시키는 것을 말한다. 일반승진에는 승진시험에 의한 승진과 승진시험 없이 근무경력 및 근무성적 등을 기준으로 심사하여 행하는 승진이 있다.

승진임용은 근무성적평정·경력평정, 그 밖에 능력의 실증에 따른다. 다만 1급부터 3

13) 박윤흔·정형근, 전게서, 216면

급까지의 공무원으로의 승진임용 및 고위공무원단 직위로의 승진임용의 경우에는 능력과 경력 등을 고려하여 임용하며, 5급 공무원으로의 승진임용의 경우에는 승진시험을 거치도록 하되, 필요하다고 인정하면 대통령령 등으로 정하는 바에 따라 승진심사위원회의 심사를 거쳐 임용할 수 있다(국가공무원법 제40조 제1항). 6급 이하 공무원으로의 승진임용의 경우 필요하다고 인정하면 대통령령 등으로 정하는 바에 따라 승진시험을 병용(竝用)할 수 있다(국가공무원법 제40조 제2항).

승진에 필요한 계급별 최저 근무연수, 승진 제한, 그 밖에 승진에 필요한 사항은 대통령령 등으로 정한다(국가공무원법 제40조 제3항).

(2) 특별승진

특별승진이라 함은 우수공무원 등에 대하여 승진소요연수와 승진후보자명부상의 순위에 의한 제한을 받지 않고 승진시키는 것을 말한다.

특별승진의 대상자는 다음과 같다(국가공무원법 제40조의4 제1항).

① 청렴하고 투철한 봉사 정신으로 직무에 모든 힘을 다하여 공무 집행의 공정성을 유지하고 깨끗한 공직 사회를 구현하는 데에 다른 공무원의 귀감이 되는 자

② 직무수행 능력이 탁월하여 행정 발전에 큰 공헌을 한 자

③ 제53조에 따른 제안의 채택·시행으로 국가 예산을 절감하는 등 행정 운영 발전에 뚜렷한 실적이 있는 자

④ 재직 중 공적이 특히 뚜렷한 자가 제74조의2에 따라 명예퇴직 할 때

⑤ 재직 중 공적이 특히 뚜렷한 자가 공무로 사망한 때

다. 승진과 권리구제

승진을 실시할 것인지의 여부는 인사권자의 재량에 속한다.

승진은 공무원의 법적 지위에 변경을 가져오는 행위이므로 처분에 해당되며, 따라서 행정쟁송의 대상이 된다. 승진탈락자가 승진자의 경원관계에 있는 경우 당해 승진의 취소를 구할 수도 있고, 자신에 대한 승진거부의 취소를 구하는 소송을 제기할 수도 있다고 보아야 한다[14].

판례는 공무원의 조리상 승진임용신청권을 원칙적으로 부정하고 있으나, 일정한 예외적인 사정이 있는 경우 그 승진임용신청권을 인정한 경우도 있다(대법원 2008. 4. 10. 선고 2007두18611 판결).

---

14) 박균성, 전게서, 261면.

4급 공무원이 당해 지방자치단체 인사위원회의 심의를 거쳐 3급 승진대상자로 결정되고 임용권자가 그 사실을 대내외에 공표한 경우, 그 공무원에게 승진임용 신청권이 있는지 여부(적극): 지방공무원법 제8조, 제38조 제1항, 지방공무원임용령 제38조의3의 각 규정을 종합하면, 2급 내지 4급 공무원의 승진임용은 임용권자가 행정실적·능력·경력·전공분야·인품 및 적성 등을 고려하여 하되 인사위원회의 사전심의를 거치도록 하고 있는바, 4급 공무원이 당해 지방자치단체 인사위원회의 심의를 거쳐 3급 승진대상자로 결정되고 임용권자가 그 사실을 대내외에 공표까지 하였다면, 그 공무원은 승진임용에 관한 법률상 이익을 가진 자로서 임용권자에 대하여 3급 승진임용 신청을 할 조리상의 권리가 있다(대법원 2008. 4. 10. 선고 2007두18611 판결).

승진후보자 및 순위의 결정도 처분으로 보아야 한다. 다만 판례는 승진후보자명부에의 등재 및 삭제는 행정청의 내부행위로 보고 그 처분성을 부인하고 있다(대법원 1997. 11. 14. 선고 97누7325 판결).

경찰공무원시험승진후보자명부에 등재된 자가 승진임용되기 전에 감봉 이상의 징계처분을 받은 경우, 임용권자가 당해인을 시험승진후보자명부에서 삭제한 행위가 행정처분이 되는지 여부(소극): 구 경찰공무원법(1996. 8. 8. 법률 제5153호로 개정되기 전의 것) 제11조 제2항, 제13조 제1항, 제2항, 경찰공무원승진임용규정 제36조 제1항, 제2항에 의하면, 경정 이하 계급에의 승진에 있어서는 승진심사와 함께 승진시험을 병행할 수 있고, 승진시험에 합격한 자는 시험승진후보자명부에 등재하여 그 등재순위에 따라 승진하도록 되어 있으며, 같은 규정 제36조 제3항에 의하면 시험승진후보자명부에 등재된 자가 승진임용되기 전에 감봉 이상의 징계처분을 받은 경우에는 임용권자 또는 임용제청권자가 위 징계처분을 받은 자를 시험승진후보자명부에서 삭제하도록 되어 있는바, 이처럼 시험승진후보자명부에 등재되어 있던 자가 그 명부에서 삭제됨으로써 승진임용의 대상에서 제외되었다 하더라도, 그와 같은 시험승진후보자명부에서의 삭제행위는 결국 그 명부에 등재된 자에 대한 승진 여부를 결정하기 위한 행정청 내부의 준비과정에 불과하고, 그 자체가 어떠한 권리나 의무를 설정하거나 법률상 이익에 직접적인 변동을 초래하는 별도의 행정처분이 된다고 할 수 없다(대법원 1997. 11. 14. 선고 97누7325 판결).

2. 강임

강임이란 같은 직렬 내에서 하위 직급에 임명하거나 하위 직급이 없어 다른 직렬의 하위 직급으로 임명하거나 고위공무원단에 속하는 일반직공무원(제4조제2항에 따라 같은 조 제1항의 계급 구분을 적용하지 아니하는 공무원은 제외한다)을 고위공무원단 직위가 아닌 하위 직위에 임명하는 것을 말한다(국가공무원법 제5조 제4호).

임용권자는 직제 또는 정원의 변경이나 예산의 감소 등으로 직위가 폐직되거나 하위의 직위로 변경되어 과원이 된 경우 또는 본인이 동의한 경우에는 소속 공무원을 강임할 수 있다(국가공무원법 제73조의4 제1항).

Ⅲ. 수평적 변경

동일한 계급 안에서 직위나 직렬의 변경(전직·전보) 또는 다른 기관으로 이동(전입·파견·인사교류·겸임)하는 것을 말한다.

1. 전직

전직이라 함은 직렬을 달리하는 임명을 말한다(국가공무원법 제5조 제5호, 지방공무원법 제5조 제5호). 예를 들면 행정사무관을 검찰사무관으로 임용하는 것 등이 이에 해당된다.

전직은 직위분류제의 원칙에 대한 예외가 된다. 그러므로 공무원을 전직 임용하려는 때에는 전직시험을 거쳐야 한다. 다만, 대통령령 등으로 정하는 전직의 경우에는 시험의 일부나 전부를 면제할 수 있다(국가공무원법 제28조의3, 지방공무원법 제29조의3).

2. 전보

전보란 같은 직급 내에서의 보직 변경 또는 고위공무원단 직위 간의 보직 변경(제4조 제2항에 따라 같은 조 제1항의 계급 구분을 적용하지 아니하는 공무원은 고위공무원단 직위와 대통령령으로 정하는 직위 간의 보직 변경을 포함한다)을 말한다(국가공무원법 제5조 제6호, 지방공무원법 제5조 제6호). 예를 들면, 서기관 갑을 부가세과장에서 소득세과장으로 이동시키는 등이 이에 해당된다.

그런데 빈번한 인사이동으로 인한 행정공백을 막고, 공무원이 일정기간 같은 직위에서 안심하고 근무할 수 있도록 하기 위하여, 법령은 필수보직기간이 지나야 다른 직위에 전보할 수 있도록 하고 있다. '필수보직기간'이란 공무원이 다른 직위로 전보되기 전까지 현 직위에서 근무하여야 하는 최소기간을 말한다(공무원임용령 제2조 제7호). 필수보직기간은 3년을 원칙으로 하되, 실장·국장 밑에 두는 보조기관 또는 이에 상당하는 보좌기관인 직위에 보직된 3급 또는 4급 공무원과 고위공무원단 직위에 재직 중인 공무원의 필수보직기간은 2년이다(공무원임용령 제45조 제1항). 다만 승진임용되거나 강임된 해당 공무원을 전보하는 경우 등 일정한 경우에는 필수보직기간의 제한을 받지 않는다(공무원임용령 제45조 제3항).

전보가 행정행위(처분)로서의 성질을 가지는가에 대해서는 논란이 있다. 전보명령은 내부행위로서 원칙상 처분이 아니지만, 부당하게 공무원의 직무집행권을 침해하는 경우에는 그 처분성을 인정하는 것이 타당하다[15].

[1] 공무원에 대한 불이익한 전보인사 조치가 해당 공무원에 대하여 불법행위를 구성하는 경우: 공무원에 대한 전보인사가 법령이 정한 기준과 원칙에 위배되거나 인사권을 다소 부적절하게 행사한 것으로 볼 여지가 있다 하더라도 그러한 사유만으로 그 전보인사가 당연히 불법행위를 구성한다고 볼 수는 없고, 인사권자가 당해 공무원에 대한 보복감정 등 다른 의도를 가지고 인사재량권을 일탈·남용하여 객관적 정당성을 상실하였음이 명백한 경우 등 전보인사가 우리의 건전한 사회통념이나 사회상규상 도저히 용인될 수 없음이 분명한 경우에, 그 전보인사는 위법하게 상대방에게 정신적 고통을 가하는 것이 되어 당해 공무원에 대한 관계에서 불법행위를 구성한다. 그리고 이러한 법리는 구 부패방지법(2001. 7. 24. 법률 제6494호)에 따라 다른 공직자의 부패행위를 부패방지위원회에 신고한 공무원에 대하여 위 신고행위를 이유로 불이익한 전보인사가 행하여진 경우에도 마찬가지이다.

[2] 시청 소속 공무원이 시장을 부패방지위원회에 부패혐의자로 신고한 후 동사무소로 하향 전보된 사안에서, 그 전보인사 조치는 해당 공무원에 대한 다면평가 결과, 원활한 업무수행의 필요성 등을 고려하여 이루어진 것으로 볼 여지도 있으므로, 사회통념상 용인될 수 없을 정도로 객관적 상당성을 결여하였다고 단정할 수 없어 불법행위를 구성하지 않는다고 한 사례(대법원 2009. 5. 28. 선고 2006다16215 판결).

3. 전입 또는 전출

전입이라 함은 임명권자를 달리하는 국회·법원·헌법재판소·선거관리위원회 및 행정부 상호 간에 다른 기관 소속공무원을 받아들이는 것을 말한다. 전입하고자 할 때에는 시험을 거쳐 임용하여야 한다. 이 경우 임용 자격 요건 또는 승진소요최저연수·시험과목이 같을 때에는 대통령령 등으로 정하는 바에 따라 그 시험의 일부나 전부를 면제할 수 있다(국가공무원법 제28조의2).

한편 지방자치단체의 장은 다른 지방자치단체의 장의 동의를 받아 그 소속 공무원을 전입하도록 할 수 있다(지방공무원법 제29조의3).

공무원의 전입·전출은 한 행정기관의 전출명령과 다른 행정기관의 전입명령으로 행하여지는바, 이러한 전출명령과 전입명령은 행정처분에 해당된다[16].

15) 박균성,전게서, 262면; 김남진·김연태, 전게서 227면.

16) 박균성, 전게서, 263면

전입과 전출은 임명권자를 달리하는 기관으로의 이동인 점에 비추어 반드시 해당 공무원 본인의 동의를 전제로 한다(대법원 2001. 12. 11. 선고 99두1823 판결).

[1] 지방공무원법 제29조의3의 규정에 의한 전출명령에 당해 공무원의 동의가 필요한지 여부(적극) 및 같은 규정이 위헌·무효인지 여부(소극): 지방공무원법 제29조의3은 지방자치단체의 장은 다른 지방자치단체의 장의 동의를 얻어 그 소속공무원을 전입할 수 있다고 규정하고 있는바, 위 규정에 의하여 동의를 한 지방자치단체의 장이 소속 공무원을 전출하는 것은 임명권자를 달리하는 지방자치단체로의 이동인 점에 비추어 반드시 당해 공무원 본인의 동의를 전제로 하는 것이고, 위 법규정도 본인의 동의를 배제하는 취지의 규정은 아니어서 위헌·무효의 규정은 아니다.

[2] 당해 공무원의 동의 없는 지방공무원법 제29조의3의 규정에 의한 전출명령은 위법하여 취소되어야 하므로, 그 전출명령이 적법함을 전제로 내린 징계처분은 그 전출명령이 공정력에 의하여 취소되기 전까지는 유효하다고 하더라도 징계양정에 있어 재량권을 일탈하여 위법하다고 한 사례(대법원 2001. 12. 11. 선고 99두1823 판결).

[1] 지방공무원법 제30조의2 제2항에 정한 인사교류에 따라 지방자치단체의 장이 소속 공무원을 전출하는 경우, 본인의 동의가 필요한지 여부(적극): 지방공무원법 제30조의2 제2항은 "시·도지사는 당해 지방자치단체 및 관할구역 안의 지방자치단체 상호간에 인사교류의 필요가 있다고 인정할 때에는 당해 시·도에 두는 인사교류협의회에서 정한 인사교류기준에 따라 인사교류안을 작성하여 관할구역 안의 지방자치단체의 장에게 인사교류를 권고할 수 있다. 이 경우 당해 지방자치단체의 장은 정당한 사유가 없는 한 이에 응하여야 한다."라고 규정하고 있는바, 위 규정의 인사교류에 따라 지방자치단체의 장이 소속 공무원을 전출하는 것은 임명권자를 달리하는 지방자치단체로의 이동인 점에 비추어 반드시 당해 공무원 본인의 동의를 전제로 하는 것이고(대법원 2001. 12. 11. 선고 99두1823 판결, 헌법재판소 2002. 11. 28. 선고 98헌바101, 99헌바8 결정 등 참조), 따라서 위 법 규정의 위임에 따른 지방공무원 임용령 제27조의5 제1항도 본인의 동의를 배제하는 취지의 규정은 아니라고 해석하여야 할 것이다.

[2] 구청장이 본인의 동의 없이 소속 공무원에게 임명권자를 달리하는 다른 구로 전출을 명한 것은 위법한 처분이라고 한 사례(대법원 2008. 9. 25. 선고 2008두5759 판결【본인동의없는부당전출명령취소】)

4. 파견

국가기관의 장은 국가적 사업의 수행 또는 그 업무 수행과 관련된 행정 지원이나 연수, 그 밖에 능력 개발 등을 위하여 필요하면 소속 공무원을 다른 국가기관·공공단체·정부투자기관·국내외의 교육기관·연구기관, 그 밖의 기관에 일정 기간 파견근무하게 할 수 있으며, 국가적 사업의 공동 수행 또는 전문성이 특히 요구되는 특수 업무의 효율적 수행 등을 위하여 필요하면 국가기관 외의 기관·단체의 임직원을 파견받아 근무하게 할 수 있다(국가공무원법 제32조의4 제1항).

파견권자는 파견 사유가 소멸하거나 파견 목적이 달성될 가망이 없으면 그 공무원을 지체 없이 원래의 소속 기관에 복귀시켜야 한다(국가공무원법 제32조의4 제2항).

5. 인사교류

인사혁신처장은 행정기관 상호간, 행정기관과 교육·연구기관 또는 공공기관 간에 인사교류가 필요하다고 인정하면 인사교류계획을 수립하고, 국무총리의 승인을 받아 이를 실시할 수 있다(국가공무원법 제32조의2).

6. 겸임

직위와 직무 내용이 유사하고 담당 직무 수행에 지장이 없다고 인정하면 대통령령 등으로 정하는 바에 따라 일반직공무원을 대학 교수 등 특정직공무원이나 특수 전문 분야의 일반직공무원 또는 대통령령으로 정하는 관련 교육·연구기관, 그 밖의 기관·단체의 임직원과 서로 겸임하게 할 수 있다(국가공무원법 제32조의3).

Ⅳ. 무보직 변경

공무원에게 보직을 부여할 수 없는 부득이한 사정이 있는 경우에는 그 신분을 유지하는 채로 일정기간 직위를 부여하지 않을 수 있다. 이러한 무보직 변경은 공무원관계의 내용을 불이익하게 변경하는 행위이므로 공무원의 신분보장이라는 측면에서 그 요건을 법에서 엄격히 정하고 있다.

1. 휴직

가. 의의

휴직이라 함은 공무원으로서의 신분은 유지하면서 일시적으로 직무에 종사하지 못하게 하는 것을 말한다.

휴직에는 공무원의 의사와 관계없이 임용권자가 직권으로 행하는 직권휴직과 공무원 본인의 원에 응하여 임용권자가 행하는 의원휴직이 있다.

나. 종류

(1) 직권휴직

공무원이 다음 각 호의 어느 하나에 해당하면 임용권자는 본인의 의사에도 불구하고 휴직을 명하여야 한다(국가공무원법 제71조 제1항).

① 신체·정신상의 장애로 장기 요양이 필요할 때

② 병역법에 따른 병역 복무를 마치기 위하여 징집 또는 소집된 때

③ 천재지변이나 전시·사변, 그 밖의 사유로 생사(生死) 또는 소재(所在)가 불명확하게 된 때

④ 그 밖에 법률의 규정에 따른 의무를 수행하기 위하여 직무를 이탈하게 된 때

⑤ '공무원의 노동조합 설립 및 운영 등에 관한 법률' 제7조에 따라 노동조합 전임자로 종사하게 된 때

(2) 의원휴직

공무원이 다음 각 호의 어느 하나에 해당하는 사유로 휴직을 원하면 임용권자는 휴직을 명할 수 있다. 다만, 제4호의 경우에는 대통령령으로 정하는 특별한 사정이 없으면 휴직을 명하여야 한다(국가공무원법 제71조 제2항).

① 국제기구, 외국 기관, 국내외의 대학·연구기관, 다른 국가기관 또는 대통령령으로 정하는 민간기업, 그 밖의 기관에 임시로 채용될 때

② 국외 유학을 하게 된 때

③ 중앙인사관장기관의 장이 지정하는 연구기관이나 교육기관 등에서 연수하게 된 때

④ 만 8세 이하 또는 초등학교 2학년 이하의 자녀를 양육하기 위하여 필요하거나 여성공무원이 임신 또는 출산하게 된 때

⑤ 사고나 질병 등으로 장기간 요양이 필요한 조부모, 부모(배우자의 부모를 포함한다), 배우자, 자녀 또는 손자녀를 간호하기 위하여 필요한 때. 다만, 조부모나 손자녀의 간호를 위하여 휴직할 수 있는 경우는 본인 외에는 간호할 수 있는 사람이 없는 등 대통령령 등으로 정하는 요건을 갖춘 경우로 한정한다.

⑥ 외국에서 근무·유학 또는 연수하게 되는 배우자를 동반하게 된 때

⑦ 대통령령등으로 정하는 기간 동안 재직한 공무원이 직무 관련 연구과제 수행 또는 자기개발을 위하여 학습·연구 등을 하게 된 때

다. 효력

휴직 중인 공무원은 신분은 보유하나 직무에 종사하지 못한다(국가공무원법 제73조 제1항).

휴직 기간 중 그 사유가 없어지면 30일 이내에 임용권자 또는 임용제청권자에게 신고하여야 하며, 임용권자는 지체 없이 복직을 명하여야 한다(국가공무원법 제73조 제2항).

휴직 기간이 끝난 공무원이 30일 이내에 복귀 신고를 하면 당연히 복직된다(국가공무원법 제73조 제3항).

2. 직위해제

가. 의의

직위해제라 함은 공무원 본인에게 직위를 계속 보유하게 할 수 없는 일정한 귀책사유가 있는 경우에 공무원의 신분은 보유하게 하면서 그 직위를 잠정적으로 박탈하는 행위를 말한다.

직위해제는 공무원의 신분을 박탈하지 않고 직무에 종사하지 못하게 하는 점에서는 휴직과 같으나, 공무원 본인에게 일정한 귀책사유가 있을 때에 행하여지는 것이므로 제재적인 의미를 가진다는 점 등에서 휴직과 다르다.

구 국가공무원법상 직위해제처분의 법적 성질: 구 국가공무원법상 직위해제는 일반적으로 공무원이 직무수행능력이 부족하거나 근무성적이 극히 불량한 경우, 공무원에 대한 징계절차가 진행중인 경우, 공무원이 형사사건으로 기소된 경우 등에 있어서 당해 공무원이 장래에 있어서 계속 직무를 담당하게 될 경우 예상되는 업무상의 장애 등을 예방하기 위하여 일시적으로 당해 공무원에게 직위를 부여하지 아니함으로써 직무에 종사하지 못하도록 하는 잠정적인 조치로서의 보직의 해제를 의미하므로 과거의 공무원의 비위행위에 대하여 기업질서 유지를 목적으로 행하여지는 징벌적 제재로서의 징계와는 그 성질이 다르다(대법원 2003. 10. 10. 선고 2003두5945 판결【직위해제처분취소】).

나. 직위해제사유

임용권자는 다음 각 호의 어느 하나에 해당하는 공무원에 대하여는 직위를 부여하지 아니할 수 있다(국가공무원법 제73의3 제1항).

① 직무수행 능력이 부족하거나 근무성적이 극히 나쁜 자

② 파면·해임·강등 또는 정직에 해당하는 징계 의결이 요구 중인 자

③ 형사 사건으로 기소된 자(약식명령이 청구된 자는 제외한다)

④ 고위공무원단에 속하는 일반직공무원으로서 제70조의2제1항제2호부터 제5호까지의 사유로 적격심사를 요구받은 자

⑤ 금품비위, 성범죄 등 대통령령으로 정하는 비위행위로 인하여 감사원 및 검찰·경찰 등 수사기관에서 조사나 수사 중인 자로서 비위의 정도가 중대하고 이로 인하여 정상적인 업무수행을 기대하기 현저히 어려운 자.

그런데 직위해제사유가 있다고 해서 반드시 직위해제를 하여야 하는 것은 아니고, 직위해제를 할 것인지의 여부는 임용권자의 재량에 속한다.

구 국가공무원법(1994. 12. 22. 법률 제4829호로 개정되기 이전의 것) 제73조 제1항 단서규정은 '형사 사건으로 기소된 자에 대하여는 직위를 부여하여서는 아니된다'고 규정하고 있었으나, 헌법재판소의 위헌결정이후 위 단서규정은 삭제되었다. 따라서 이제 직위해제 여부는 모두가 임용권자의 재량에 속한다.

1. 형사사건으로 기소되면 필요적으로 직위해제처분을 하도록 한 국가공무원법규정의 위헌 여부(적극): 형사사건으로 기소되기만 하면 그가 국가공무원법 제33조 제1항 제3호 내지 제6호에 해당하는 유죄판결을 받을 고도의 개연성이 있는가의 여부에 무관하게 경우에 따라서는 벌금형이나 무죄가 선고될 가능성이 큰 사건인 경우에 대해서까지도 당해 공무원에게 일률적으로 직위해제처분을 하지 않을 수 없도록 한 이 사건 규정은 헌법 제37조 제2항의 비례의 원칙에 위반되어 직업의 자유를 과도하게 침해하고 헌법 제27조 제4항의 무죄추정의 원칙에도 위반된다.

2. 필요적 규정에 의한 과잉금지원칙의 위반가능성: 입법자가 임의적 규정으로도 법의 목적을 실현할 수 있는 경우에 구체적 사안의 개별성과 특수성을 고려할 수 있는 가능성을 일체 배제하는 필요적 규정을 둔다면, 이는 비례의 원칙의 한 요소인 '최소침해성의 원칙'에 위배된다(헌법재판소 1998. 5. 28. 선고 96헌가12 전원재판부【구 국가공무원법 제73조의2 제1항[17] 단서 위헌제청】): 【해설】 구 국가공무원법 제73조의2 제1항 단서규정은 위 헌법재판소 결정이후 삭제되었다. 이제 국가공무원법상의 직위해제처분은 그 사유와 상관없이 모두가 재량행위로 바뀌었다.

---

17) 구 국가공무원법(1994. 12. 22. 법률 제4829호로 개정되기 이전의 것) 제73조의2(직위의 해제) ① 임용권자 또는 임용제청권자는 다음 각 호의 1에 해당하는 자에 대하여는 직위를 부여하지 아니할 수 있다. 다만, 제4호에 해당하는 자에 대하여는 직위를 부여하여서는 아니된다.
1. 삭제(1973. 2. 5.)
2. 직무수행능력이 부족하거나 근무성적이 극히 불량한 자
3. 징계의결이 요구중인 자
4. 형사사건으로 기소된 자(약식명령이 청구된 자는 제외한다)

[1] 구 국가공무원법 제73조의2 제1항 제4호에 의한 직위해제처분의 위법 여부의 판단 기준: 헌법 제27조 제4항은 형사피고인은 유죄의 판결이 확정될 때까지는 무죄로 추정된다고 규정하고 있고, 구 국가공무원법(1994. 12. 22. 법률 제4829호로 개정되기 전의 것) 제73조의2 제1항 제4호에 의한 직위해제 제도는 유죄의 확정판결을 받아 당연퇴직되기 전단계에서 형사소추를 받은 공무원이 계속 직위를 보유하고 직무를 수행한다면 공무집행의 공정성과 그에 대한 국민의 신뢰를 저해할 구체적인 위험이 생길 우려가 있으므로 이를 사전에 방지하고자 하는 데 그 목적이 있는바, 헌법상의 무죄추정의 원칙이나 위와 같은 직위해제제도의 목적에 비추어 볼 때, 형사사건으로 기소되었다는 이유만으로 직위해제처분을 하는 것은 정당화될 수 없고, 당사자가 당연퇴직 사유인 국가공무원법 제33조 제1항 제3호 내지 제6호에 해당하는 유죄판결을 받을 고도의 개연성이 있는지 여부, 당사자가 계속 직무를 수행함으로 인하여 공정한 공무집행에 위험을 초래하는지 여부 등 구체적인 사정을 고려하여 그 위법 여부를 판단하여야 할 것이다.

[2] 단순히 일반 형사사건이 아닌 국가보안법위반으로 기소되었다는 사유만으로 구 국가공무원법 제73조의2 제1항 제4호에 의하여 직위해제처분을 한 것이 재량권의 범위를 일탈·남용하였다고 본 사례(대법원 1999. 9. 17. 선고 98두15412 판결).

다. 절차

공무원 인사 관계 법령에 따른 징계와 그 밖의 처분 등 해당 행정작용의 성질상 행정절차를 거치기 곤란하거나 거칠 필요가 없다고 인정되는 사항과 행정절차에 준하는 절차를 거친 사항으로서 대통령령으로 정하는 사항에 대하여는 행정절차법의 적용이 배제된다(행정절차법 제3조 제2항 제9호). 직위해제처분은 당해 행정작용의 성질상 행정절차를 거치기 곤란하거나 불필요하다고 인정되는 사항 또는 행정절차에 준하는 절차를 거친 사항에 해당하므로, 처분의 사전통지 및 의견청취 등에 관한 행정절차법의 규정이 별도로 적용되지 않는다(대법원 2014. 5. 16. 선고 2012두26180 판결).

다만 행정절차법이 아닌 개별 법령에서 규정하고 있는 절차는 지켜야 하므로, 직위해제처분을 할 때에 그 처분권자 또는 처분제청권자는 처분사유를 적은 설명서를 공무원에게 교부하여야 한다(국가공무원법 제75의 제1항).

라. 효력

직위해제된 공무원은 직무에 종사하지 못하며 따라서 직무수행을 전제로 한 출근의무도 없다.

임용권자는 ①의 사유로 직위해제된 자에게 3개월의 범위에서 대기를 명한다(국가공무원법 제73의3 제3항). 그리고 대기 명령을 받은 자에게는 능력 회복이나 근무성적의 향상을 위한 교육훈련 또는 특별한 연구과제의 부여 등 필요한 조치를 하여야 한다(국가공무원법 제73의3 제4항).

직무수행 능력이 부족하거나 근무성적이 극히 나쁘다는 사유로 직위해제된 공무원에게는 봉급의 80퍼센트를 지급한다(공무원보수규정 제29조 제1호). 그 밖의 직위해제 사유로 직위해제된 공무원에게는 봉급의 70퍼센트를 지급한다. 다만, 직위해제일부터 3개월이 지나도 직위를 부여받지 못한 경우에는 그 3개월이 지난 후의 기간 중에는 봉급의 40퍼센트를 지급한다(공무원보수규정 제29조 제2호).

직위해제기간은 승진소요최저연수에 산입되지 아니 한다(공무원임용령 제31조 제2항).

마. 직위해제 후의 조치

직위해제 중에 직위해제사유가 소멸되면 임용권자는 지체 없이 직위를 부여하여야 한다(국가공무원법 제73의3 제2항).

임용권자는 ①의 사유로 직위해제를 받은 후 대기명령을 받은 자가 그 기간에 능력 또는 근무성적의 향상을 기대하기 어렵다고 인정된 때에는 징계위원회(지방공무원의 경우 인사위원회)의 동의를 얻어 직권에 의하여 면직시킬 수 있다(국가공무원법 제70조 제1항 5호).

바. 직위해제처분과 후속처분의 관계

직위해제처분은 직권면직 또는 징계와 그 목적·성질 등이 다른 별개의 독립된 처분이므로 직위해제처분 후 동일한 사유로 다시 직권면직 또는 징계처분을 하여도 일사부재리의 원칙에 반하지 않는다.

> 직권면직처분과 이보다 앞서 행하여진 직위해제처분은 그 목적을 달리한 각 별개의 독립된 처분이라 할 것이므로 본건 직권면직처분이 직위해제처분을 사유로 하였다 하더라도 일사부재리원칙에 위배되지 않는다(대법원 1983. 10. 25. 선고 83누340 판결).

> 직위해제처분은 공무원에 대하여 불이익한 처분이긴 하나 징계처분과 같은 성질의 처분이라고는 볼 수 없으므로 동일한 사유에 대한 직위해제처분이 있은 후 다시 해임처분이 있었다 하여 일사부재리의 법리에 어긋난다고 할 수 없다(대법원 1984. 2. 28. 선고 83누489 판결).

사. 권리구제

(1) 직위해제처분과 직권면직처분 사이의 하자의 승계

직위해제처분과 면직처분은 각각 단계적으로 별개의 법률효과를 발생하는 행정처분에 해당된다. 따라서 면직처분이 선행 직위해제처분을 전제로 한 경우에도 직위해제처분의 위법사유가 면직처분에는 승계되지 아니한다 할 것이므로 선행 직위해제 처분의 위법사유를 들어 면직처분의 효력을 다툴 수는 없다(대법원 1984. 9. 11. 선고 84누191 판결).

(2) 직위해제처분 소멸 후의 소의 이익

직위해제기간 만료 등으로 직위해제처분의 효력이 소멸한 경우에도 직위해제처분의 소급적 취소로 구제될 봉급청구, 승진소요연수의 산입 등 부수적 이익이 있는 경우, 당해 직위해제처분의 취소를 구할 소의 이익이 있는 것으로 보는 것이 타당하다.

헌법재판소도 이러한 입장을 취하고 있다. 대법원은 처음에는 소익을 부정하는 태도를 취하였으나(대법원 1987. 9. 8. 선고 87누560 판결 등), 현재는 태도를 바꾸어 그 소의 이익을 인정하고 있는 것으로 보인다(대법원 2010. 07. 29. 선고 2007두18406 판결).

제청신청인들은 개정법률 부칙 제2호에 의하여 1995. 1. 3. 복직발령을 받았으나, 직위해제처분은 여전히 유효하기 때문에, 승진소요최저연수의 계산에 있어서 직위해제기간은 산입되지 않으며(공무원임용령 제31조 제2항) 직위해제기간중 봉급의 감액을 감수할 수 밖에 없는(공무원보수규정 제29조) 등 제청신청인들에게 법적으로 불리한 효과가 그대로 남아 있다. 그러므로 제청신청인들에게는 승급이나 보수지급 등에 있어서의 불리함을 제거하기 위하여 직위해제처분의 취소를 구할 소의 이익이 인정되고, 이로써 제청법원은 당해사건의 본안에 관하여 판단해야 할 필요성이 있다고 하겠다. 따라서 개정법률 부칙 제2호의 규정에도 불구하고 이 사건 규정은 당해사건에서 적용되는 규정이고, 이 규정의 위헌여부에 따라 직위해제처분의 취소 여부, 즉 재판의 결과가 달라지므로 재판의 전제성이 인정된다(헌법재판소 1998. 5. 28. 선고 96헌가12 전원재판부).

직위해제란 공무원에 있어서 그 직위를 계속 유지시킬 수 없는 사유가 있어 그 직위를 부여하지 아니하는 처분으로서 공무원이 직위해제처분을 받았다가 얼마 후에 다른 직위를 다시 부여받았다면 그 직위는 이미 회복되었다고 볼 것이므로 그 직위해제처분에 어떤 하자가 있음을 이유로 그 무효확인을 구할 소송상의 이익은 없다(대법원 1987. 9. 8. 선고 87누560 판결).

근로자를 직위해제한 후 동일한 사유를 이유로 징계처분을 한 경우, 직위해제처분이 효력을 상실하는지 여부(적극) 및 근로자가 직위해제처분에 대한 구제를 신청할 이익이 있는지 여부(한정 적극): 직위해제처분은 근로자로서의 지위를 그대로 존속시키면서 다만 그 직위만을 부여하지 아니하는 처분이므로 만일 어떤 사유에 기하여 근로자를 직위해제한 후 그 직위해제 사유와 동일한 사유를 이유로 징계처분을 하였다면 뒤에 이루어진 징계처분에 의하여 그 전에 있었던 직위해제처분은 그 효력을 상실한다. 여기서 직위해제처분이 효력을 상실한다는 것은 직위해제처분이 소급적으로 소멸하여 처음부터 직위해제처분이 없었던 것과 같은 상태로 되는 것이 아니라 사후적으로 그 효력이 소멸한다는 의미이다. 따라서 직위해제처분에 기하여 발생한 효과는 당해 직위해제처분이 실효되더라도 소급하여 소멸하는 것이 아니므로, 인사규정 등에서 직위해제처분에 따른 효과로 승진·승급에 제한을 가하는 등의 법률상 불이익을 규정하고 있는 경우에는 직위해제처분을 받은 근로자는 이러한 법률상 불이익을 제거하기 위하여 그 실효된 직위해제처분에 대한 구제를 신청할 이익이 있다(대법원 2010. 07. 29. 선고 2007두18406 판결).

3. 정직

정직은 공무원의 신분은 보유하나 정직기간 중 직무에 종사하지 못하게 하는 것을 말한다. 정직은 징계처분의 하나인 점에서 휴직이나 직위해제와 성질을 달리한다.

제4절 공무원관계의 소멸

Ⅰ. 당연퇴직

1. 의의

당연퇴직이라 함은 임용권자의 처분 없이 법률이 정한 일정한 사유의 발생에 의하여 공무원관계가 당연히 소멸되는 것을 말한다.

2. 사유

당연퇴직의 사유는 다음과 같다.

① 공무원이 국가공무원법이나 지방공무원법상의 결격사유의 하나에 해당하게 될 때. 다만, 제33조제2호(파산선고를 받고 복권되지 아니한 자)는 파산선고를 받은 사람으로서 「채무자 회생 및 파산에 관한 법률」에 따라 신청기한 내에 면책신청을 하지 아니하였거나 면책불허가 결정 또는 면책 취소가 확정된 경우만 당연퇴직 사유에 해당하고, 제33조제5호(금고 이상의 형의 선고유예를 받은 경우에 그 선고유예 기간 중에 있는 자)는 「형법」 제129조부터 제132조까지, 「성폭력범죄의 처벌 등에 관한 특례법」 제2조, 「아동·청소년의 성보호에 관한 법률」 제2조제2호 및 직무와 관련하여 「형법」 제355조 또는 제356조에 규정된 죄를 범한 사람으로서 금고 이상의 형의 선고유예를 받은 경우만 당연퇴직 사유에 해당한다(국가공무원법 제69조, 지방공무원법 제61조). 원래 금고 이상의 형의 선고유예를 받

은 경우에는 범죄의 종류, 내용을 불문하고 모두가 당연퇴직 사유에 해당하였으나, 헌법재판소의 위헌결정(헌법재판소 2003. 10. 30. 선고 2002헌마684, 2002헌마735·763(병합), 전원재판부)에 따라 위에서 규정된 죄를 범한 경우로 당연퇴직사유를 제한한 것이다.

② 공무원이 사망한 때

③ 공무원의 임기가 만료된 때. 임기제공무원의 근무기간이 만료된 경우도 동일하다(국가공무원법 제69조 제2호, 지방공무원법 제61조 제2호).

④ 공무원이 정년에 달한 때

⑤ 공무원이 국적을 상실한 때. 다만, 외국인도 임명될 수 있는 직에 근무하고 있었던 경우에는 국적상실로 당연 퇴직되는 것은 아니라고 할 것이다.

금고 이상의 형의 선고유예를 받은 경우에는 공무원직에서 당연히 퇴직하는 것으로 규정한 국가공무원법 제69조 중 제33조 제1항 제5호 부분이 헌법 제25조의 공무담임권을 침해하는 것인지 여부(적극): 국가공무원법 제69조 중 제33조 제1항 제5호 부분은 공무원이 금고 이상의 형의 선고유예를 받은 경우에는 공무원직에서 당연히 퇴직하는 것으로 규정하고 있다. 그런데 같은 금고 이상의 형의 선고유예를 받은 경우라고 하여도 범죄의 종류, 내용이 지극히 다양한 것이므로 그에 따라 국민의 공직에 대한 신뢰 등에 미치는 영향도 큰 차이가 있는 것이다. 따라서 입법자로서는 국민의 공직에 대한 신뢰보호를 위하여 해당 공무원이 반드시 퇴직하여야 할 범죄의 유형, 내용 등으로 그 당연퇴직의 사유 및 범위를 가급적 한정하여 규정하였어야 할 것이다. 그런데 위 규정은 금고 이상의 선고유예의 판결을 받은 모든 범죄를 포괄하여 규정하고 있을 뿐 아니라, 심지어 오늘날 누구에게나 위험이 상존하는 교통사고 관련 범죄 등 과실범의 경우마저 당연퇴직의 사유에서 제외하지 않고 있으므로 최소침해성의 원칙에 반한다(헌법재판소 2003. 10. 30. 선고 2002헌마684,2002헌마735·763(병합), 전원재판부).

형법 제355조 및 제356조에 규정된 죄와 그 밖의 범죄가 형법 제37조 전단의 경합범 관계에 있어 하나의 벌금형이 선고되어 확정된 경우, 구 군무원인사법 제10조 제3호, 제27조 본문, 구 국가공무원법 제33조 제6의2호에서 정한 당연퇴직사유에 해당하는지 여부(소극): 공무원 당연퇴직제도는 결격사유가 발생하는 것 자체에 의해 임용권자의 의사표시 없이 결격사유에 해당하게 된 시점에 법률상 당연히 퇴직하는 것이고, 공무원관계를 소멸시키기 위한 별도의 행정처분을 요하지 아니하므로, 당연퇴직사유의 존재는 객관적으로 명확하여야 한다.

…………각 조항은 공무원의 금품 관련 비리를 근절·예방하기 위하여 공무원으로 재직 중 직무와 관련하여 형법 제355조 및 제356조에 규정된 죄(이하 '횡령죄 등'이라고 한다)로 일정한 형벌을 받은 경우를 공무원의 임용결격 및 당연퇴직사유로 규정한 것이므로, 임용결격 및 당연퇴직사유 해당 여부는 횡령죄 등만에 대한 선고 형량이 분명하게 구분될 수 있을 때에만 적용된다. 그런데 횡령죄 등이 다른 일반 범죄와 형법 제37조 전단의 경합범으로 공

소제기된 경우 형법 제38조의 적용을 배제하는 예외를 인정한 명문의 규정이 없는 이상 경합범 중 횡령죄 등만을 분리 심리하여 그에 대해서만 형을 따로 선고할 수는 없다. 또한 형사재판에서 횡령죄 등과 형법 제37조 전단의 경합범으로 공소제기된 다른 범죄행위에 대하여 하나의 벌금형이 선고되어 확정된 경우, 사후적으로 횡령죄 등으로 300만 원 이상의 벌금형이 선고된 경우에 해당하는지를 따져 당연퇴직 여부를 판단하는 것은, 이미 확정된 형을 임의로 분리하는 것과 마찬가지여서 원칙적으로 허용되지 않는다.

이와 같은 공무원 당연퇴직의 법적 성질과 공무원 지위에 미치는 효과, 각 조항을 합헌적으로 엄격하게 해석하여야 할 필요성 등을 종합적으로 고려할 때, 횡령죄 등과 그 밖의 범죄가 형법 제37조 전단의 경합범 관계에 있어 하나의 벌금형이 선고되어 확정된 경우는 각 조항에서 정한 당연퇴직사유에 해당한다고 할 수 없다(대법원 2016. 12. 29. 선고 2014두43806 판결【군무원지위확인】).

3. 효과

당연퇴직사유가 발생하면 공무원법 관계는 당연히 소멸하고, 당연퇴직된 자는 그 시점부터 더 이상 공무원이 아니다. 따라서 당연퇴직된 자가 행한 행위는 원칙상 무권한의 행위가 된다. 그러나 그 경우에도 외부적으로는 국민에 대한 관계에서 국민의 신뢰보호와 법적 안정성을 위해 사실상 공무원이론에 의해 그러한 행위를 유효한 행위로 볼 수 있는 때가 있다. 그러나 내부관계에서 사실상의 공무원 이론을 원용하여 공무원의 권리를 주장할 수는 없다[18].

4. 권리구제

당연퇴직은 퇴직사유에 의해 당연히 발생하는 것이다. 당연퇴직의 경우에 통상 퇴직발령통지서가 발부되는데, 위와 같은 당연퇴직의 인사발령은 법률상 당연히 발생하는 퇴직사유를 공적으로 확인하여 알려주는 이른바 관념의 통지에 불과하고 공무원의 신분을 상실시키는 새로운 형성적 행위가 아니므로 행정소송의 대상이 되는 독립한 행정처분이라고 할 수 없다(대법원 1995. 11. 14. 선고 95누2036 판결). 위 판례의 입장에 의하면 당연퇴직을 다투기 위하여는 공무원 지위의 확인을 구하는 공법상 당사자소송을 제기하여야 한다.

한편 법률이 정한 퇴직사유에 해당하는지의 여부는 반드시 명백한 것이 아니므로 임용권자의 확인행위가 필요하며, 그 확인이 있으면 법률의 규정에 의하여 사유발생시에 퇴

18) 홍정선, 전게서, 331면.

직된다고 보아야 한다는 견해가 있다[19]. 이 견해에 따르면 당연퇴직의 인사발령은 확인행위로 보게 될 것이고, 그것은 준법률행위적 행정행위의 하나이므로 그 처분성을 인정하게 될 것이다. 이 견해를 따를 경우 위 확인행위(처분)를 대한 다투기 위해서는 항고소송을 제기하여야 할 것이다.

당연퇴직처분이 행정소송의 대상인 행정처분인지 여부: 국가공무원법 제69조에 의하면 공무원이 제33조 각 호의 1에 해당할 때에는 당연히 퇴직한다고 규정하고 있으므로, 국가공무원법상 당연퇴직은 결격사유가 있을 때 법률상 당연히 퇴직하는 것이지 공무원관계를 소멸시키기 위한 별도의 행정처분을 요하는 것이 아니며, 당연퇴직의 인사발령은 법률상 당연히 발생하는 퇴직사유를 공적으로 확인하여 알려주는 이른바 관념의 통지에 불과하고 공무원의 신분을 상실시키는 새로운 형성적 행위가 아니므로 행정소송의 대상이 되는 독립한 행정처분이라고 할 수 없다(대법원 1995. 11. 14. 선고 95누2036 판결).

Ⅱ. 면직

면직이라 함은 임용권자의 특별한 행위에 의하여 공무원 관계를 소멸시키는 것을 말한다. 임용권자의 특별한 행위에 의한다는 점에서 법정 사유로 인한 당연퇴직과 구별된다.

면직에는 의원면직과 일방적 면직이 있다.

1. 의원면직

가. 의의

의원면직(依願免職)이란 공무원 자신의 사직 의사표시에 의거하여 임용권자가 당해 공무원의 공무원관계를 소멸시키는 처분을 말한다.

의원면직은 사직원의 제출과 임용권자에 의한 사직원의 수리에 의해 행하여지는 쌍방적 행정행위이다.

나. 사직원의 제출

사직원의 제출은 사인의 공법행위이다. 따라서 사직원의 제출에 관하여 명문의 규정이 없는 사항에 대하여는 의사표시나 법률행위에 관한 민법의 규정이 원칙상 적용될 수 있지만, 사직원 제출이라는 공법행위의 특성상 일부 사법규정은 적용될 수 없거나 수정하

19) 박윤흔·정형근, 전게서, 223면.

여 적용되어야 할 것이다.

(1) 강요에 의한 사직원의 제출

사직원의 제출은 공무원 자신의 자유로운 의사에의한 것이어야 한다. 사직원의 제출이 강요에 의해 의사결정의 자유가 박탈된 상태 하에서 행하여진 경우, 그에 의거한 면직처분은 무효이다. 다만 의사결정의 자유를 제한하는 정도에 그친 경우라면 그 성질에 반하지 아니하는 한 의사표시에 관한 민법 제110조의 규정을 준용하여 그 효력을 따져보아야 할 것이다(대법원 1997. 12. 12. 선고 97누13962 판결).

공무원이 감사기관이나 상급관청 등의 강박에 의하여 사직서를 제출한 경우, 그 강박의 정도와 당해 사직서에 터잡은 면직처분의 효력: 사직서의 제출이 감사기관이나 상급관청 등의 강박에 의한 경우에는 그 정도가 의사결정의 자유를 박탈할 정도에 이른 것이라면 그 의사표시가 무효로 될 것이고 그렇지 않고 의사결정의 자유를 제한하는 정도에 그친 경우라면 그 성질에 반하지 아니하는 한 의사표시에 관한 민법 제110조의 규정을 준용하여 그 효력을 따져보아야 할 것이나, 감사담당 직원이 공무원에 대한 비리를 조사하는 과정에서 사직하지 아니하면 징계파면이 될 것이고 또한 그렇게 되면 퇴직금 지급상의 불이익을 당하게 될 것이라는 등의 강경한 태도를 취하였다고 할지라도 그 취지가 단지 비리에 따른 객관적 상황을 고지하면서 사직을 권고·종용한 것에 지나지 않고 그 공무원이 그 비리로 인하여 징계파면이 될 경우 퇴직금 지급상의 불이익을 당하게 될 것 등 여러 사정을 고려하여 사직서를 제출한 경우라면 그 의사결정이 의원면직처분의 효력에 영향을 미칠 하자가 있었다고는 볼 수 없다(대법원 1997. 12. 12. 선고 97누13962 판결).

(2) 비진의 의사표시

사인의 공법행위인 공무원의 사직의 의사표시에는 그 법률관계의 특수성에 비추어 외부적·객관적으로 표시된 바를 존중하여야 할 것이므로, 비진의 의사표시에 관한 민법 제107조 제1항[20] 단서는 적용되지 아니한다.

공무원이 사직의 의사표시를 하여 의원면직처분을 하는 경우 그 사직의 의사표시는 그 법률관계의 특수성에 비추어 외부적·객관적으로 표시된 바를 존중하여야 할 것이므로, 비록 사직원제출자의 내심의 의사가 사직할 뜻이 아니었다고 하더라도 진의 아닌 의사표시에 관

20) 민법 제107조(진의 아닌 의사표시) ① 의사표시는 표의자가 진의 아님을 알고 한 것이라도 그 효력이 있다. 그러나 상대방이 표의자의 진의 아님을 알았거나 이를 알 수 있었을 경우에는 무효로 한다.

한 민법 제107조는 그 성질상 사직의 의사표시와 같은 사인의 공법행위에는 준용되지 아니하므로 그 의사가 외부에 표시된 이상 그 의사는 표시된 대로 효력을 발한다(대법원 1997. 12. 12. 선고 97누13962 판결【의원면직처분취소】).

일괄 사직원을 제출하였다가 선별수리하는 형식으로 의원면직되었다고 하더라도 공무원들이 임용권자 앞으로 일괄 사직원을 제출한 경우 그 사직원의 제출은 제출 당시 임용권자에 의하여 수리 또는 반려 중 어느 하나의 방법으로 처리되리라는 예측이 가능한 상태에서 이루어진 것으로서 그 사직원에 따른 의원면직은 그 의사에 반하지 아니하고, 비록 사직원 제출자의 내심의 의사가 사직할 뜻이 아니었다 하더라도 그 의사가 외부에 객관적으로 표시된 이상 그 의사는 표시된 대로 효력을 발하는 것이며, 민법 제107조 제1항 단서의 비진의 의사표시의 무효에 관한 규정은 그 성질상 사인의 공법행위에 적용되지 아니하므로 원고의 사직원을 받아들여 의원면직처분한 것을 당연무효라고 할 수 없다(대법원 2001. 8. 24. 선고 99두9971 판결【면직무효확인등】)

(3) 사직원의 철회

사법관계에 있어서는 의사표시가 상대방에게 도달한 경우에는 그것을 철회할 수 없다. 그러나 사인의 공법행위는 어떤 법적 효과가 발생하기 전까지는 이를 철회 또는 보정할 수 있음이 원칙이다. 따라서 공무원에 의해 제출된 사직원은 그에 터잡은 의원면직처분이 있을 때까지는 철회나 취소할 수 있지만, 일단 면직처분이 있고 난 이후에는 철회나 취소할 여지가 없게 된다(대법원 2001. 8. 24. 선고 99두9971 판결).

다. 사직원의 수리

공무원은 언제든지 사의를 표시(사직원의 제출)할 수 있으나, 의원면직은 쌍방적 행정행위이므로 사직원의 제출만으로 공무원관계가 소멸되는 것은 아니며 임용권자의 면직행위(사직원의 수리)가 있을 때까지 공무원관계는 존속한다. 따라서 사직원을 제출한 공무원도 사직원이 수리될 때까지는 출근하여 직무를 수행하는 등 공무원으로서의 의무를 다하여야 한다. 사직원만 제출하고 직장을 무단이탈하면 징계 및 형사책임의 원인이 될 수 있다. 판례도 이러한 입장을 취하고 있다(대법원 1991. 11. 12. 선고 91누3666 판결).

경찰서 수사과 형사계 반장이 검찰의 뇌물수수사건 수사를 피하기 위하여 제출한 사직원이 수리되지 아니한 상태에서 3개월여 동안 출근하지 아니한 경우, 직장이탈을 이유로 한 파면처분이 재량권의 남용 또는 일탈에 해당하지 않는다고 본 사례: 경찰서 수사과 형사계 반장인 원고의 부하직원에 대한 뇌물수수사건의 검찰 수사과정에서 뇌물을 받은 사람이 원고라는 제공자의 진술에 따라 원고에게까지 수사가 확대되자, 원고가 수사를 피하기 위하여 사직원을 제출하였으나 수리도 되지 아니한 상태에서 소속상관의 허가없이 3개월여 동안 직장을 이탈하고 출근하지 아니하여 뇌물수수 등의 죄로 지명수배된 경우, 원고의 위와 같은 행위는 국가공무원법상의 직장이탈이어서 같은 법 제78조 제1항 제1호에 해당한다는 이유로 원고에 대하여 한 파면처분에 재량권을 남용 또는 일탈한 위법이 없다고 본 사례(대법원 1991.11.12. 선고 91누3666 판결).

사직원의 수리는 준법률행위적 행정행위로서의 수리행위이다. 그런데 사직원이 제출된 경우에 임용권자에게 수리의무가 있는지가 문제된다. 공무담임은 권리이지만 의무는 아니며 공무원의 직업선택의 자유 등을 고려할 때 병역의무 등 법률상 복무의무가 있는 경우를 제외하고는 임용권자에게 수리의무가 있다고 보아야 한다. 다만, 적절한 후임자가 없어 업무의 공백이 우려되는 경우 등과 같이 특별한 사정이 있는 경우에는 필요한 조치를 취할 수 있는 상당한 기간 동안 사직원의 수리가 유보될 수 있다고 보아야 한다[21].

한편 공무원이 징계를 회피하기 위하여 사직원을 제출하는 경우도 있다. 징계절차는 공무원관계가 존속하는 것을 그 전제로 하므로 공무원관계가 소멸되면 더 이상 징계절차를 진행할 수 없기 때문이다. 다만 이 경우 상사는 그 사직원의 수리를 유예할 수 있다(국무총리훈령 제73호).

라. 명예퇴직 등

의원면직 제도의 한 형태로서 명예퇴직 제도와 조기퇴직 제도가 있다.

명예퇴직이란 공무원으로 20년 이상 근속한 자가 정년 전에 스스로 퇴직하는 것을 말한다. 명예퇴직하는 경우에는 예산의 범위에서 명예퇴직 수당을 지급할 수 있다(국가공무원법 제74조의2 제1항, 지방공무원법 제66조의2 제1항).

조기퇴직이란 직제와 정원의 개폐 또는 예산의 감소 등에 따라 폐직 또는 과원이 되었을 때에 20년 미만 근속한 자가 정년 전에 스스로 퇴직하는 것을 말한다. 이 경우에는 예산의 범위에서 수당을 지급할 수 있다(국가공무원법 제74조의2 제2항, 지방공무원법 제66조의2 제2항).

마. 절차

의원면직은 징계처분이 아니므로, 의원면직처분을 함에 있어서는 징계처분을 함에서와 같은 소정의 징계절차를 거칠 필요가 없다.

---

21) 박윤흔·정형근, 전게서 225면; 박균성, 전게서, 277면; 김동희, 전게서, 153면.

의원면직처분을 함에도 소정의 징계절차를 거쳐야 하는지 여부: 의원면직처분에 공무원 숙청이라는 불명예와 1년간 취업금지라는 불이익한 조치가 수반된다 하더라도 이는 의원면직처분에서 발생하는 법률적 효과라고는 볼 수 없으므로 위 의원면직처분은 징계처분이 아님이 명백하고 따라서 의원면직처분을 함에는 징계처분을 함에서와 같은 소정의 징계절차를 거칠 필요가 없다(대법원 1986. 7. 22. 선고 86누43 판결【의원면직처분무효확인】).

2. 일방적 면직

공무원 본인의 의사와 관계없이 임용권자가 일방적인 의사에 의하여 공무원관계를 소멸시키는 처분을 말한다. 일방적 면직에는 징계면직과 직권면직이 있다.

가. 징계면직

징계면직(懲戒免職)이라 함은 공무원법상의 의무위반에 대한 징계로서 내려지는 파면과 해임을 말한다.

파면과 해임은 모두 공무원의 신분을 박탈하는 징계처분인 점에서는 동일하지만 공직에의 취임제한, 퇴직급여 및 퇴직수당급여의 제한 등 그 부수적인 효과가 다르다.

나. 직권면직

(1) 의의

직권면직(職權免職)이라 함은 법령으로 정해진 일정한 사유가 있는 경우에 공무원 본인의 의사와 관계없이 임용권자가 직권으로 공무원의 신분을 박탈하는 처분을 말한다.

(2) 직권면직사유

임용권자는 공무원이 다음 각 호의 어느 하나에 해당하면 직권으로 면직시킬 수 있다(국가공무원법 제70조 제1항).

① 직제와 정원의 개폐 또는 예산의 감소 등에 따라 폐직(廢職) 또는 과원(過員)이 되었을 때

② 휴직 기간이 끝나거나 휴직 사유가 소멸된 후에도 직무에 복귀하지 아니하거나 직무를 감당할 수 없을 때

③ 제73조의3 제3항에 따라 대기 명령을 받은 자가 그 기간에 능력 또는 근무성적의 향상을 기대하기 어렵다고 인정된 때

④ 전직시험에서 세 번 이상 불합격한 자로서 직무수행 능력이 부족하다고 인정된 때

⑤ 병역판정검사·입영 또는 소집의 명령을 받고 정당한 사유 없이 이를 기피하거나

군복무를 위하여 휴직 중에 있는 자가 군복무 중 군무(軍務)를 이탈하였을 때

⑥ 해당 직급·직위에서 직무를 수행하는데 필요한 자격증의 효력이 없어지거나 면허가 취소되어 담당 직무를 수행할 수 없게 된 때

⑦ 고위공무원단에 속하는 공무원이 제70조의2에 따른 적격심사 결과 부적격 결정을 받은 때

지방자치단체의 직제가 폐지된 경우에 해당 공무원을 직권면직할 수 있도록 규정하고 있는 지방공무원법 제62조 제1항 제3호가 직업공무원제도를 위반하는 것인지 여부(소극): 직업공무원제도하에서 입법자는 직제폐지로 생기는 유휴인력을 직권면직하여 행정의 효율성 이념을 달성하고자 할 경우에도 직업공무원제도에 따른 공무원의 권익이 손상되지 않도록 조화로운 입법을 하여야 하는데, 직제가 폐지되면 해당 공무원은 그 신분을 잃게 되므로 직제폐지를 이유로 공무원을 직권면직할 때는 합리적인 근거를 요하며, 직권면직이 시행되는 과정에서 합리성과 공정성이 담보될 수 있는 절차적 장치가 요구된다.

………… 지방공무원법 제62조는 직제의 폐지로 인해 직권면직이 이루어지는 경우 임용권자는 인사위원회의 의견을 듣도록 하고 있고, 면직기준으로 임용형태·업무실적·직무수행능력·징계처분사실 등을 고려하도록 하고 있으며, 면직기준을 정하거나 면직대상을 결정함에 있어서 반드시 인사위원회의 의결을 거치도록 하고 있는바, 이는 합리적인 면직기준을 구체적으로 정함과 동시에 그 공정성을 담보할 수 있는 절차를 마련하고 있는 것이라 볼 수 있다. 그렇다면 이 사건 규정이 직제가 폐지된 경우 직권면직을 할 수 있도록 규정하고 있다고 하더라도 이것이 직업공무원제도를 위반하고 있다고는 볼 수 없다(헌법재판소 2004. 11. 25. 선고 2002헌바8 전원재판부).

재직 중 장애를 입은 지방공무원이 장애로 지방공무원법 제62조 제1항 제2호에서 정한 '직무를 감당할 수 없을 때'에 해당하는지 판단하는 방법: 재직 중 장애를 입은 지방공무원이 장애로 지방공무원법 제62조 제1항 제2호에서 정한 '직무를 감당할 수 없을 때'에 해당하는지는, 장애의 유형과 정도에 비추어, 장애를 입을 당시 담당하고 있던 기존 업무를 감당할 수 있는지만을 기준으로 판단할 것이 아니라, 그 공무원이 수행할 수 있는 다른 업무가 존재하는지 및 소속 공무원의 수와 업무 분장에 비추어 다른 업무로의 조정이 용이한지 등을 포함한 제반 사정을 종합적으로 고려하여 합리적으로 판단하여야 한다(대법원 2016. 4. 12. 선고 2015두45113 판결): 【해설】 개인적인 교통사고로 하반신 마비의 장애를 입은 지방소방공무원인 원고가, ⅰ) 휠체어 등 보조기구를 이용할 경우 소방공무원의 업무 중 현장 활동을 제외한 행정이나 통신 등의 내근 업무를 수행하는 데 지장이 없을 것으로 보이고, ⅱ) 피고 소속 소방공무원의 수와 그 업무 분장에 비추어 원고로 하여금 위와 같은 내근 업무만을 담당하도록 하는 것이 가능해 보인다는 등의 이유로, 원고가 지방공무원법상 직권면직 사유인 '직무를 감당할 수 없는 때'에 해당하지 않는다고 보아 원고에 대한 직권면직처분이 위법하다고 한 사례이다.

(3) 직권면직절차 등

임용권자는 ①부터 ⑥까지의 사유로 면직시킬 경우에는 미리 관할 징계위원회의 의견을 들어야 한다. 다만, ③의 사유로 면직시킬 경우에는 징계위원회의 동의를 받아야 한다(국가공무원법 제70조 제2항).

임용권자나 임용제청권자는 제1항 제3호에 따라 소속 공무원을 면직시킬 때에는 임용 형태, 업무 실적, 직무수행 능력, 징계처분 사실 등을 고려하여 면직 기준을 정하여야 한다(국가공무원법 제70조 제3항). 위 면직 기준을 정하거나 제1항 제3호에 따라 면직 대상자를 결정할 때에는 임용권자 또는 임용제청권자(임용권자나 임용제청권자가 분명하지 아니하면 중앙인사관장기관의 장을 말한다)별로 심사위원회를 구성하여 그 심사위원회의 심의·의결을 거쳐야 한다(국가공무원법 제70조 제4항).

[1] 국가공무원법 제70조 제3항 소정의 '임용형태·업무실적·직무수행능력·징계처분사실'을 고려하지 아니한 채 이와는 다른 기준을 정하여 한 면직처분이 위법한지 여부(적극): 국가공무원법 제70조 제1항 제3호는 직제와 정원의 개폐 또는 예산의 감소 등에 의하여 폐직 또는 과원이 되었을 때에는 임용권자는 공무원을 직권에 의하여 면직시킬 수 있다고 규정하는 한편, 1998. 2. 24. 법률 제5527호로 신설된 같은 조 제3항에서 임용권자는 임용형태·업무실적·직무수행능력·징계처분사실 등을 고려하여 면직기준을 정하도록 규정하고 있는바, 이는 합리적인 면직기준을 구체적으로 법률로 규정하여 객관적이고 공정한 기준에 의하지 아니한 자의적인 직권면직을 제한함으로써 직업공무원의 신분을 두텁게 보장하려는 데 그 취지가 있다고 할 것이므로, 위 법조항에 정해진 기준인 '임용형태·업무실적·직무수행능력·징계처분사실'을 고려하지 아니한 채 이와는 다른 기준을 정하여 한 면직처분은 이를 정당화할 만한 특별한 사정이 없는 한 위법하다고 보아야 한다.

[2] 국립대학교총장이 기능직공무원을 단지 '휴직자와 정년이 가까운 자'를 면직 우선 대상자로 한다는 기준만을 정하여 면직처분을 한 경우, 이는 국가공무원법 제70조 제3항의 규정에 반하는 위법한 처분이라고 한 사례(대법원 2002. 9. 27. 선고 2002두3775 판결【직권면직처분취소】).

징계위원회의 동의를 거치지 않고 행한 직권면직처분의 효력(무효) 및 사후의 동의로 그 하자가 치유되는지 여부(소극): 학교법인이 그 교원을 직권면직함에 있어 사립학교법 및 당해 법인의 정관에 위배되어 무효인 법인 인사규칙에 따라 징계위원회의 동의를 얻지 아니한 경우, 그 직권면직처분은 절차상의 하자로 인하여 무효이고, 비록 소송 계속중에 학교법인이 징계위원회를 개최하여 동의를 얻었다고 하더라도 이러한 사유로 그 하자가 치유된다고 할 수 없다(대법원 1996. 3. 8. 선고 95다51847 판결【해임처분무효확인】).

다. 일방적 면직과 행정절차

일방적 면직은 '공무원 인사관계 법령에 따른 징계와 그 밖의 처분'에 해당하므로 원칙적으로 행정절차법의 적용이 배제된다(행정절차법 제3조 제2항 제9호), 하지만 행정절차법이 아닌 국가공무원법 및 공무원징계령 등에 규정된 절차는 준수하여야 한다.

한편 공무원 인사관계 법령에 따른 처분이라 하더라도 경우에 따라서는 행정절차법이 적용되는 경우가 있을 수 있다(대법원 2013. 01. 16. 선고 2011두30687 판결).

공무원 인사관계 법령에 의한 처분에 관한 사항에 대하여 행정절차법의 적용이 배제되는 범위 및 그 법리가 별정직 공무원에 대한 직권면직 처분에도 적용되는지 여부(적극): 구 행정절차법(2012. 10. 22. 법률 제11498호로 개정되기 전의 것) 제3조 제2항 제9호, 구 행정절차법 시행령(2011. 12. 21. 대통령령 제23383호로 개정되기 전의 것) 제2조 제3호의 내용을 행정의 공정성, 투명성 및 신뢰성을 확보하고 국민의 권익을 보호함을 목적으로 하는 행정절차법의 입법 목적에 비추어 보면, 공무원 인사관계 법령에 의한 처분에 관한 사항이라 하더라도 전부에 대하여 행정절차법의 적용이 배제되는 것이 아니라, 성질상 행정절차를 거치기 곤란하거나 불필요하다고 인정되는 처분이나 행정절차에 준하는 절차를 거치도록 하고 있는 처분의 경우에만 행정절차법의 적용이 배제되는 것으로 보아야 하고, 이러한 법리는 '공무원 인사관계 법령에 의한 처분'에 해당하는 별정직 공무원에 대한 직권면직 처분의 경우에도 마찬가지로 적용된다(대법원 2013. 01. 16. 선고 2011두30687 판결【직권면직처분취소】): 【해설】 5년 임기의 별정직 공무원인 대통령기록관장으로 근무하던 원고가 노무현 전 대통령 사저로의 대통령 기록유출 혐의를 이유로 직권면직 처분을 받는 과정에서 행정절차법이 규정한 사전통지나 의견진술 기회를 부여받지 않았다는 이유로 직권면직처분을 취소한 사례이다. 별정직 공무원에 대한 직권면직의 경우에는 징계처분과 달리 징계절차에 관한 구 공무원징계령의 규정도 적용되지 않는 등 행정절차에 준하는 절차를 거치도록 하는 규정이 없으며, 이 사건 처분이 성질상 행정절차를 거치기 곤란하거나 불필요하다고 인정되는 처분에도 해당하지 않는다는 것을 그 논거로 들고 있다.

제3장 공무원의 권리와 의무

공무원의 근무관계도 법률관계이므로 기본적으로 권리의무관계이다. 공무원의 권리의무의 내용은 기본적으로 법령에 의해 정해진다.

제1절 공무원의 권리

Ⅰ. 신분상의 권리

1. 신분보장권

가. 의의

공무원은 법이 정한 사유와 절차에 의하지 않는 한 공무원의 신분을 박탈당하지 아니할 신분보장권을 가진다.

나. 법적 근거

헌법 제7조 제2항은 "공무원의 신분은 법률이 정하는 바에 의하여 보장된다"라고 규정하고 있다.

국가공무원법 제68조(지방공무원법 제60조)는 "공무원은 형의 선고, 징계처분 또는 이 법에서 정하는 사유에 따르지 아니하고는 본인의 의사에 반하여 휴직·강임 또는 면직을 당하지 아니한다"라고 규정하고 있다.

국가공무원법 제78조 내지 제83조의3(지방공무원법 제69조 내지 제73조의3)은 공무원에 대한 징계처분은 일정한 법정 사유가 있는 경우에 한하여 일정한 법정절차에 따라 행하도록 규정하고 있다(국가공무원법 제78조 내지 제83조의3). 그리고 국가공무원법 제9조 내지 제16조(지방공무원법 제13조 내지 제21조)는 공무원의 징계처분, 그밖에 그 의사에 반하는 불리한 처분에 대한 불복제도를 규정하고 있다.

다. 인정범위

신분보장권은 원칙상 직업공무원(경력직공무원 등)에 한하여 보장된다. 다만, 경력직

공무원이라도 1급 공무원(국가공무원법 제68조 단서, 지방공무원법 제60조 단서)과 시보 임용중에 있는 공무원(국가공무원법 제29조 제3항, 지방공무원법 제28조 제3항)은 신분보장을 받지 못한다.

직업공무원이 아닌 특수경력직공무원은 원칙상 신분보장권을 보장받지 못하지만, 감사위원과 같이 법령이 정하는 바에 따라 일정한 신분보장을 받는 경우도 있다.

2. 직무수행권

가. 직위보유권

(1) 의의

공무원은 일정한 직위를 부여받을 권리와, 부여받은 직위를 부당하게 박탈당하지 않을 권리를 가진다.

(2) 법적 근거

임용권자나 임용제청권자는 법령으로 따로 정하는 경우 외에는 소속 공무원의 직급과 직류를 고려하여 그 직급에 상응하는 일정한 직위를 부여하여야 한다. 다만, 고위공무원단에 속하는 일반직공무원과 제4조제2항제1호에 따른 공무원 중 계급 구분 및 직군·직렬의 분류가 적용되지 아니하는 공무원에 대하여는 자격·경력 등을 고려하여 그에 상응하는 일정한 직위를 부여하여야 한다(국가공무원법 제32조의5 제1항).

(3) 부여되는 직위의 내용

공무원에 임용된 이상 공무원에게는 일정한 직위가 부여되어야 한다. 공무원을 임용하고도 일정한 직위를 부여하지 않는 것은 위법하다.

다만 공무원에게 어떠한 직위를 부여할 것인지는 임용권자의 재량에 속하며, 공무원에게 특정한 직위를 부여하여 달라고 청구할 권리는 없다. 직위의 부여는 물론 당해 공무원의 능력과 적성에 맞게 부여되는 것이 바람직하다. 하지만 인력의 배치는 현실적으로 각 부서의 인적사정이나 공무원 수급계획 등에 의하여 제약받게 되는 것이므로, 자신에게 적합한 직위를 부여하여 달라는 내용의 청구권을 공무원에게 인정할 수는 없다고 보아야 하기 때문이다[1].

---

1) 류지태·박종수, 행정법신론, 제15판, 2011, 824면; 박균성, 행정법론(하), 제15판, 2017, 284면.

나. 직무집행권

공무원은 부여된 직무를 집행할 권리를 갖는다. 임용권자나 상급자라 하여도 공무원의 직무집행권을 부당하게 침해하여서는 안 된다. 공무원의 정당한 직무집행을 방해하는 경우에는 형법상 공무집행방해죄를 구성하게 된다(형법 제136조, 제137조).

Ⅱ. 재산상의 권리

1. 보수청구권

공무원은 보수청구권을 갖는다. 공무원의 보수는 계약에 의해 정해지는 것이 아니라 원칙상 법령에 의해 정하여 진다.

가. 보수

(1) 의의

보수라 함은 봉급과 그 밖의 각종 수당을 합산한 금액을 말한다. 다만, 연봉제 적용대상 공무원은 연봉과 그 밖의 각종 수당을 합산한 금액을 말한다(공무원보수규정 제4조 제1호).

봉급이란 직무의 곤란성과 책임의 정도에 따라 직책별로 지급되는 기본급여 또는 직무의 곤란성과 책임의 정도 및 재직기간 등에 따라 계급(직무등급이나 직위를 포함한다)별, 호봉별로 지급되는 기본급여를 말한다(공무원보수규정 제4조 제2호).

연봉이란 매년 1월 1일부터 12월 31일까지 1년간 지급되는 기본연봉과 성과연봉을 합산한 금액을 말한다. 다만, 고정급적 연봉제 적용대상 공무원의 경우에는 해당 직책과 계급을 반영하여 일정액으로 지급되는 금액을 말한다. 기본연봉은 개인의 경력, 누적성과와 계급 또는 직무의 곤란성 및 책임의 정도를 반영하여 지급되는 기본급여의 연간 금액을 말한다. 성과연봉은 전년도 업무실적의 평가 결과를 반영하여 지급되는 급여의 연간 금액을 말한다(공무원보수규정 제4조 제7호).

수당이란 직무여건 및 생활여건 등에 따라 지급되는 부가급여를 말한다(공무원보수규정 제4조 제3호).

(2) 보수지급기관

보수는 해당 공무원의 소속 기관에서 지급하되, 보수의 지급기간 중에 전보 등의 사유로 소속 기관이 변동되었을 때에는 보수 지급일 현재의 소속기관에서 지급한다. 다만, 전 소속기관에서 이미 지급한 보수액은 그러하지 아니하다(공무원보수규정 제21조 제1항).

법령의 규정에 따라 파견된 공무원에게는 원소속기관에서 파견기간 중의 보수를 지급한다. 다만, 다른 법령에 특별한 규정이 있거나 원소속기관과 파견 받을 기관이 협의하여 따로 정한 경우에는 그러하지 아니하다(공무원보수규정 제21조 제2항).

(3) 보수결정의 원칙

공무원의 보수는 직무의 곤란성과 책임의 정도에 맞도록 계급별·직위별 또는 직무등급별로 정한다. 다만, 직무의 곤란성과 책임도가 매우 특수하거나 결원을 보충하는 것이 곤란한 직무에 종사하는 공무원, 제4조제2항에 따라 같은 조 제1항의 계급 구분이나 직군 및 직렬의 분류를 적용하지 아니하는 공무원 및 임기제공무원의 보수는 따로 정할 수 있다(국가공무원법 제46조 제1항).

공무원의 보수는 일반의 표준 생계비, 물가 수준, 그 밖의 사정을 고려하여 정하되, 민간 부문의 임금 수준과 적절한 균형을 유지하도록 노력하여야 한다(국가공무원법 제46조 제2항).

(4) 보수의 성격

앞서 본 국가공무원법 제46조의 제1항 본문은 공무원보수의 노동대가적 성질을 보여주고 있으며, 국가공무원법 제46조의 제2항은 보수의 생활보장적 성격을 보여주고 있다.

따라서 현행법상 공무원의 보수는 노동의 대가로서의 성질과 생활보장적 성질(생활자료로서의 성질)을 아울러 가진다고 보아야 한다.

나. 보수청구권

(1) 성질

공무원의 보수청구권은 공무원관계의 내용을 이루는 것이므로 공권의 성격을 갖는다. 따라서, 보수청구에 관한 소송은 공법상 당사자소송에 의하여야 한다는 것이 일반적 견해이다[2].

하지만 판례는 보수청구권이 재산적 권리라는 입장에서 민사소송으로 이를 다루고 있다(대법원 1966. 9. 20. 선고 65다2506 판결 등).

(2) 소멸시효

보수청구권의 소멸시효에 관하여는 ⅰ) 민법 제163조 제1호의 규정을 국가재정법 제96조에서 말하는 '다른 법률의 규정'으로 보아 3년이라고 보는 견해와 ⅱ) 공무원의 보수

2) 홍정선, 행정법론(하), 제25판, 2017, 342면; 김동희, 행정법Ⅱ, 제24판, 2018, 160면; 박윤흔·정형근, 최신 행정법강의(하), 개정28판, 2009, 237면; 박균성, 전게서, 290면 등.

청구권은 공권으로서 사법상의 급료채권과는 그 성격을 달리한다고 보아 5년이라는 견해[3]가 대립하고 있다.

생각건대, 국가재정법 제96조[4]는 국가의 또는 국가에 대한 금전채권으로서 시효에 관하여 다른 법률에 규정이 없는 것은 5년간 행사하지 아니하면 시효로 소멸한다고 규정하고 있다(지방재정법 제82조도 같다). 따라서 다른 법률에 규정이 있는 경우[5]에는 해당 법률에 따라야 할 것인바, 국세기본법 제27조 제1항[6], 공무원연금법 제88조 제1항 및 제2항, 민법 제163조(3년의 단기소멸시효) 및 제164조(1년의 단기소멸시효)의 등이 그러한 경우의 예이다. 따라서 공무원의 보수청구권은 민법 제163조에 의해 3년의 소멸시효에 해당된다고 보는 것이 타당하다.

판례는 보수청구권의 소멸시효기간을 민법 제163조 제1호에 의하여 3년으로 보고 있다(대법원 1966. 9. 20. 선고 65다2506 판).

급료채권의 소멸시효: 국회의원이 재직중 국가로부터 받게 될 세비, 차마비, 체류비, 보수금 등을 의원직을 그만 둔 후에 국고에 대하여 청구하는 법률관계는 국고에 대한 사법상의 금전채권을 청구하는 경우로서 민법 제163조, 제163조 제1호의 급료채권에 해당하고 구 예산회계법(89. 3. 31. 법률 제4102호로 개정전) 제71조 제1항은 금전의 급부를 목적으로 하는 국가에 대한 권리로서 시효에 관하여 타 법률에 규정이 없는 것은 5년간 행사하지 아니할 때에 시효로 인하여 소멸한다고 규정하고 있으므로 국가에 대한 금전채권일지라도 시효에 관하여 타 법률에 5년보다 짧은 시효규정이 있는 것은 같은 조를 적용할 것이 아니라 할 것이다(대법원 1966. 9. 20. 선고 65다2506 판결【국회의원세비】).

---

3) 정하중, 행정법개론, 2007, 1039면; 류지태·박종수, 행정법신론, 제15판, 전게서, 826면.

4) 국가재정법 제96조(금전채권·채무의 소멸시효)
   ① 금전의 급부를 목적으로 하는 국가의 권리로서 시효에 관하여 다른 법률에 규정이 없는 것은 5년 동안 행사하지 아니하면 시효로 인하여 소멸한다.
   ② 국가에 대한 권리로서 금전의 급부를 목적으로 하는 것도 또한 제1항과 같다.

5) 여기서 다른 법률에 규정이 있는 경우라 함은 국가재정법·지방재정법 이외의 모든 법률(민법·상법 등의 사법도 포함)에서 5년 보다 단기로 규정하고 경우만을 의미하는 것으로 본다(대법원 1966. 9. 20. 선고 65다2506 판결; 대법원 2001. 4. 24. 선고 2000다57856 판결). 공법상의 권리관계는 신속히 확정할 필요성이 있다는 점에서 위 판례의 태도는 일응 수긍할 수 있다.

6) 국세징수법 제27조(국세징수권의 소멸시효) ① 국세의 징수를 목적으로 하는 국가의 권리(이하 이 조에서 "국세징수권"이라 한다)는 이를 행사할 수 있는 때부터 다음 각 호의 구분에 따른 기간 동안 행사하지 아니하면 소멸시효가 완성된다. 이 경우 다음 각 호의 국세의 금액은 가산세를 제외한 금액으로 한다.
   1. 5억원 이상의 국세: 10년
   2. 제1호 외의 국세: 5년

예산회계법(*현재의 국가재정법) 제96조에서 '다른 법률의 규정'이라 함은 다른 법률에 예산회계법 제96조에서 규정한 5년의 소멸시효기간보다 짧은 기간의 소멸시효의 규정이 있는 경우를 가리키는 것이고, 이보다 긴 10년의 소멸시효를 규정한 민법 제766조 제2항은 예산회계법 제96조에서 말하는 '다른 법률의 규정'에 해당하지 아니한다(대법원 2001. 4. 24. 선고 2000다57856 판결).

2. 연금청구권

가. 연금

(1) 의의

연금이란 공무원에게 퇴직, 장해 또는 사망 등의 사유가 발생한 경우에 공무원 또는 그 유족의 생활안정과 복지 향상을 위하여 지급되는 급여를 말한다(공무원연금법 제1조 참조).

(2) 성질

연금은 공무원이 기여금을 납부하는 점에서 후불임금적 성격을 가지며, 또한 연금에는 국가와 지방자치단체가 부담하는 부담금이 포함되어 지급된다는 점(공무원연금법 제66조 제1항)에서 사회보장적 성격을 아울러 가진다.

당연퇴직 후의 사실상의 근무기간이 공무원연금법상의 재직기간에 합산되는지 여부(소극): 공무원연금법에 의한 퇴직금은 적법한 공무원으로서의 신분을 취득하여 근무하다가 퇴직하는 경우에 지급되는 것이므로, 당연퇴직사유에 해당되어 공무원으로서의 신분을 상실한 자가 그 이후 사실상 공무원으로 계속 근무하여 왔다고 하더라도 당연퇴직 후의 사실상의 근무기간은 공무원연금법상의 재직기간에 합산될 수 없다(대법원 2002. 7. 26. 선고 2001두205 판결).

나. 연금청구권

(1) 성질

연금청구권은 공권이다. 따라서 연금청구와 관련된 소송은 행정소송의 방식에 의하여야 한다.

(2) 양도·압류 등 금지

급여를 받을 권리는 양도, 압류하거나 담보로 제공할 수 없다. 다만, 연금인 급여를 받을 권리는 대통령령으로 정하는 금융회사에 담보로 제공할 수 있고, 「국세징수법」, 「지방세징수법」, 그 밖의 법률에 따른 체납처분의 대상으로 할 수 있다(공무원연금법 제39조 제1항).

(3) 시효

공무원연금법에 따른 급여를 받을 권리는 급여의 사유가 발생한 날부터 5년간 행사하지 아니하면 시효로 인하여 소멸한다(공무원연금법 제88조 제1항).

(4) 행사방법

각종 급여는 그 급여를 받을 권리를 가진 사람의 신청에 따라 인사혁신처장의 결정으로 공단이 지급한다(공무원연금법 제29조 제1항).

제1항에 따른 급여의 결정에 관한 인사혁신처장의 권한은 대통령령으로 정하는 바에 따라 공단에 위탁할 수 있는바(공무원연금법 제29조 제2항), 인사혁신처장의 위 급여결정 권한은 현재 공무원연금관리공단에 위탁되어 있다(공무원연금법 시행령 제25조).

공무원연금법 소정의 급여는 법령의 규정에 의하여 직접 발생하는 것이 아니라, 급여를 받을 권리를 가진 사람의 신청에 따라 공무원연금관리공단이 그 지급결정을 함으로써 그 구체적인 권리가 발생하는 것이므로, 공무원연금관리공단의 급여에 관한 결정은 국민의 권리에 직접 영향을 미치는 것이어서 행정처분에 해당한다(대법원 1996. 12. 6. 선고 96누6417 판결).

(5) 불복방법

(가) 심사의 청구

급여에 관한 결정, 기여금의 징수, 그 밖에 이 법에 따른 급여에 관하여 이의가 있는 사람은 대통령령으로 정하는 바에 따라 「공무원 재해보상법」 제52조에 따른 공무원재해보상연금위원회에 심사를 청구할 수 있다(공무원연금법 제87조 제1항).

제1항의 심사 청구는 급여에 관한 결정 등이 있었던 날부터 180일, 그 사실을 안 날부터 90일 이내에 하여야 한다. 다만, 정당한 사유가 있어 그 기간에 심사 청구를 할 수 없었던 것을 증명한 경우는 예외로 한다.

급여에 관한 결정, 기여금의 징수, 그 밖에 이 법에 따른 급여에 관하여는 「행정심판법」에 따른 행정심판을 청구할 수 없다(공무원연금법 제87조 제3항).

공무원재해보상연금위원회에의 위 심사청구는 특별행정심판 절차라고 할 수 있다. 하지만 심사청구를 거쳐야만 행정소송을 제기 할 수 있는 것은 아니다. 즉 행정심판(심사청구) 전치주의가 채택된 것이라고 볼 수는 없다.

(나) 행정소송

공무원연금관리공단의 급여에 관한 결정에 불복하는 자는 공무원재해보상연금위원회의 심사결정을 거치거나, 또는 그 심사결정을 거침이 없이 바로 공무원연금관리공단의 급여에 관한 결정을 대상으로 행정소송을 제기하여야 한다.

공무원연금법령 상의 요건에 해당함에도 불구하고 공무원연금관리공단이 급여에 관하여 기각결정을 한 경우에는 곧바로 당사자소송으로 연금지급을 구할 수 없고, 기각결정에 대하여 항고소송을 제기하여야 한다(대법원 2010. 5. 27. 선고 2008두5636 판결).

공무원연금관리공단의 지급결정이나 공무원재해보상연금위원회의 인용결정이 있었음에도 급부가 이루어지지 아니할 경우 또는 공무원연금법령에 의해 이미 결정된 미지급연금에 대하여는 그 급부를 청구하는 당사자소송을 제기하여야 한다(대법원 2004. 7. 8. 선고 2004두244 판결; 대법원 2004. 12. 24. 선고 2003두15195 판결).

구 공무원연금법에 의한 퇴직수당 등의 급여를 받으려고 하는 사람이, 그에 관한 공무원연금관리공단의 결정을 대상으로 항고소송을 제기하는 등으로 구체적 권리를 인정받지 않은 상태에서, 곧바로 공무원연금관리공단 등을 상대로 한 당사자소송으로 급여의 지급을 소구할 수 있는지 여부(소극): 구 공무원연금법(2008. 2. 29. 법률 제8852호로 개정되기 전의 것) 제26조 제1항, 제3항, 제83조 제1항, 구 공무원연금법 시행령(2008. 2. 29. 대통령령 제20741호로 개정되기 전의 것) 제19조의3 등의 각 규정을 종합하면, 구 공무원연금법에 의한 퇴직수당 등의 급여를 받을 권리는 법령의 규정에 의하여 직접 발생하는 것이 아니라 위와 같은 급여를 받으려고 하는 자가 소속하였던 기관장의 확인을 얻어 신청함에 따라 공무원연금관리공단이 그 지급결정을 함으로써 구체적인 권리가 발생한다. 여기서 공무원연금관리공단이 하는 급여지급결정의 의미는 단순히 급여수급대상자를 확인·결정하는 것에 그치는 것이 아니라 구체적인 급여수급액을 확인·결정하는 것까지 포함한다. 따라서 구 공무원연금법령상 급여를 받으려고 하는 자는 우선 관계 법령에 따라 공단에 급여지급을 신청하여 공무원연금관리공단이 이를 거부하거나 일부 금액만 인정하는 급여지급결정을 하는 경우 그 결정을 대상으로 항고소송을 제기하는 등으로 구체적 권리를 인정받은 다음 비로소 당사자소송으로 그 급여의 지급을 구하여야 하고, 구체적인 권리가 발생하지 않은 상태에서 곧바로 공무원연금관리공단 등을 상대로 한 당사자소송으로 급여의 지급을 소구하는 것은 허용되지 않는다(대법원 2010. 5. 27. 선고 2008두5636 판결【퇴직수당청구】).

3. 실비변상청구권

공무원은 보수 외에 대통령령 등으로 정하는 바에 따라 직무 수행에 필요한 실비(實費) 변상을 받을 수 있다(국가공무원법 제48조 제1항).

Ⅲ. 노동기본권

1. 의의

가. 원칙

공무원인 근로자는 법률이 정하는 자에 한하여 단결권·단체교섭권 및 단체행동권을 가진다(헌법 제33조 제2항). 헌법 제33조 제2항에 따라 '법률이 정하는 자' 이외의 공무원은 노동 3권의 향유자가 되지 못한다. 공무원도 근로자이기는 하나, 국민 전체에 대한 봉사자로서의 지위, 직무의 성질·특수성을 감안하여 공무원인 근로자의 노동 3권을 제한하고 있는 것이다.

나. 예외

다만 「공무원의 노동조합 설립 및 운영 등에 관한 법률」은 원칙상 6급 이하 공무원에게 단결권(노동조합결성권), 단체교섭권 및 노동쟁의조정신청권을 인정하고 있다.

「교원의 노동조합 설립 및 운영 등에 관한 법률」은 초·중등학교 교원의 단결권, 단체교섭권 및 노동쟁의조정신청권을 인정하고 있다.

「공무원직장협의회의 설립·운영에 관한 법률」은 국가기관, 지방자치단체 및 그 하부기관에 근무하는 공무원에게 직장협의회의 설립·운영을 허용하고 있다.

이하 차례로 이러한 내용에 대하여 알아보기로 한다.

2. 공무원 노동조합의 설립·운영

가. 노동조합의 설립

(1) 설립단위

공무원이 노동조합을 설립하려는 경우에는 국회·법원·헌법재판소·선거관리위원회·행정부·특별시·광역시·특별자치시·도·특별자치도·시·군·구(자치구를 말한다) 및 특별시·광역시·특별자치시·도·특별자치도의 교육청을 최소 단위로 한다(법 제5조 제1항).

(2) 가입자의 범위

공무원 노동조합에 가입할 수 있는 공무원은 ⅰ) 6급 이하의 일반직공무원 및 이에 상당하는 일반직공무원, ⅱ) 특정직공무원 중 6급 이하의 일반직공무원에 상당하는 외무행정·외교정보관리직 공무원, ⅲ) 6급 이하의 일반직공무원에 상당하는 별정직공무원이다(법 제6조 제1항).

나. 교섭 및 단체협약체결

노동조합의 대표자는 그 노동조합에 관한 사항 또는 조합원의 보수·복지, 그 밖의 근무조건에 관하여 설립단위를 대표하는 사람(이하 "정부교섭대표"라 한다)과 각각 교섭하고 단체협약을 체결할 권한을 가진다. 다만, 법령 등에 따라 국가나 지방자치단체가 그 권한으로 행하는 정책결정에 관한 사항, 임용권의 행사 등 그 기관의 관리·운영에 관한 사항으로서 근무조건과 직접 관련되지 아니하는 사항은 교섭의 대상이 될 수 없다(법 제8조 제1항).

다. 정치활동 및 쟁의행위의 금지

노동조합과 그 조합원은 정치활동을 하여서는 아니 된다(법 제4조). 또한 파업, 태업 또는 그 밖에 업무의 정상적인 운영을 방해하는 일체의 행위를 하여서는 아니 된다(법 제11조).

3. 교원 노동조합의 설립·운영

가. 노동조합의 설립

초·중등교육법 제19조 제1항에서 규정하고 있는 교원은 특별시·광역시·도·특별자치도 단위 또는 전국 단위로만 노동조합을 설립할 수 있다(법 제2조, 제4조).

초·중등교육법 제19조 제1항에서 규정하고 있는 교원이란 초등학교·중학교·고등학교·고등공민학교·고등기술학교 및 특수학교의 교원을 말한다(초·중등교육법 제19조 제1항). 다시 말하면 대학의 교원을 제외한 모든 교원이 이에 해당된다.

나. 교섭 및 단체협약체결

노동조합의 대표자는 그 노동조합 또는 조합원의 임금, 근무 조건, 후생복지 등 경제적·사회적 지위 향상에 관하여 교육부장관, 시·도 교육감 또는 사립학교 설립·경영자와 교섭하고 단체협약을 체결할 권한을 가진다(법 제6조 제1항).

다. 정치활동 및 쟁의행위의 금지

교원의 노동조합은 일체의 정치활동을 하여서는 아니 된다(법 제3조). 또한 노동조합과 그 조합원은 파업, 태업 또는 그 밖에 업무의 정상적인 운영을 방해하는 일체의 쟁의행위(爭議行爲)를 하여서는 아니 된다(법 제8조).

4. 공무원 직장협의회의 설립·운영

가. 설립

국가기관, 지방자치단체 및 그 하부기관에 근무하는 공무원은 근무환경 개선, 업무능률 향상 및 고충처리 등을 위한 직장협의회(이하 "협의회"라 한다)를 설립할 수 있다(법 제2조 제1항).

협의회는 기관 단위로 설립하되, 하나의 기관에는 하나의 협의회만을 설립할 수 있다(법 제2조 제2항).

협의회를 설립한 경우 그 대표자는 소속 기관의 장(이하 "기관장"이라 한다)에게 설립 사실을 통보하여야 한다(법 제2조 제3항).

나. 가입자의 범위

협의회에 가입할 수 있는 공무원은 ⅰ) 6급 이하의 일반직공무원 및 이에 준하는 일반직공무원, ⅱ) 특정직공무원 중 재직 경력 10년 미만의 외무영사직렬·외교정보기술직렬 외무공무원, 경감 이하의 경찰공무원, 소방경 이하의 소방공무원, ⅲ) 제1호의 일반직공무원에 상당하는 별정직공무원이다(법 제3조 제1항).

다. 협의회의 기능

협의회는 기관장과 해당 기관 고유의 근무환경 개선에 관한 사항, 업무능률 향상에 관한 사항, 소속 공무원의 공무와 관련된 일반적 고충에 관한 사항, 그 밖에 기관의 발전에 관한 사항을 협의한다(법 제5조 제1항).

다만 현재 공무원 노동조합이 인정되고 있는 이상 협의회의 제도적 의미는 축소될 수밖에 없다.

제2절 공무원의 의무

과거에는 공무원의 근무관계를 특별권력관계로 보고 공무원의 의무는 법령의 근거없이도 특별권력에 의해 명해질 수 있는 것으로 보았다. 그러나, 오늘날 특별권력관계 이론은 극복되었다. 공무원의 근무관계도 법관계이며 법치주의원칙이 여기에도 적용되는 것이므로 공무원의 의무도 반드시 법령의 근거를 요한다고 보아야 한다.

공무원의 의무는 직무수행과 직접 관련되는 의무와, 직무수행과 관련없이 공무원이기 때문에 일반적으로 부담하는 의무로 구분할 수 있다.

Ⅰ. 일반적 의무

1. 선서의무

공무원은 취임할 때에 소속기관장 앞에서 선서를 하여야 한다[7]. 다만, 불가피한 사유가 있으면 취임 후에 선서하게 할 수 있다(국가공무법 제55조).

선서를 하지 아니하더라도 임명행위에는 직접 영향을 미치지 않는다. 그러나 선서를 거부한 것은 징계사유가 된다.

2. 성실의무

모든 공무원은 성실히 직무를 수행하여야 한다(국가공무원법 제56조). 성실의무는 공무원에게 부과된 가장 기본적인 중요한 의무로서, 최대한으로 공공의 이익을 도모하고 그 불이익을 방지하기 위하여 전인격과 양심을 바쳐서 성실히 직무를 수행하여야 하는 것을 그 내용으로 한다(대법원 1989. 5. 23. 선고 88누3161 판결).

성실의무는 공무원의 의무 중 가장 윤리성이 강한 의무이다. 그러나 성실의무는 단순한 도덕적 의무는 아니고 국가공무원법 등에 규정된 법적 의무이다.

성실의무는 법적 의무이므로 성실의무에 위반하면 그것만으로도 징계사유가 된다. 다만, 현실적으로는 '성실한 행위'의 기준이 불명확하기 때문에, 어느 정도의 행위가 성실의무 위반에 해당되는지의 판단은 용이하지 않다. 따라서 판례상으로는 이 의무의 위반은

7) 선서문의 내용은 다음과 같다. "나는 대한민국 공무원으로서 헌법과 법령을 준수하고, 국가를 수호하며, 국민에 대한 봉사자로서의 임무를 성실히 수행할 것을 엄숙히 선서합니다{국가공무원 복무규정(대통령령 28211호) 제2조 제2항 [별표 1]}"

좀 더 구체적인 의무(예: 청렴의무 등) 위반과 연계하여 인정되고 있다(대법원 1983. 9. 27. 선고 83누356 판결; 대법원 1990. 3. 13. 선고 89누5034 판결 등).

공무원의 성실의무는 경우에 따라 근무시간 외에 근무지 밖에까지 미칠 수도 있다(대법원 1997. 2. 11. 선고 96누2125 판결).

3. 품위유지의무

공무원은 직무의 내외를 불문하고 그 품위를 손상하는 행위를 하여서는 아니 된다(국가공무원법 제63조). 여기서 '품위'는 공직의 체면, 위신, 신용을 유지하고, 주권자인 국민의 수임을 받은 국민 전체의 봉사자로서의 직책을 다함에 손색이 없는 몸가짐을 뜻하는 것으로서, 직무의 내외를 불문하고, 국민의 수임자로서의 직책을 맡아 수행해 나가기에 손색이 없는 인품을 말한다(대법원 2017. 4. 13. 선고 2014두8469 판결; 대법원 2017. 11. 9. 선고 2017두47472 판결 등). 품위를 손상하는 행위라 함은 공직의 위신, 체면, 신용에 손상을 가하는 행위를 말한다. 구체적으로 어떠한 행위가 품위손상행위에 해당하는가는 그 수범자인 평균적인 공무원을 기준으로 구체적 상황에 따라 건전한 사회통념에 의하여 판단하여야 한다(대법원 2017. 11. 9. 선고 2017두47472 판결). 품위손상행위의 예로는 축첩, 도박, 마약복용, 알콜중독 등을 들 수 있다.

품위유지의무는 직무 내에서뿐만 아니라 직무외 사생활에 있어서도 적용된다. 비록 사생활이라 하여도 스캔들을 일으키거나 심한 비행을 저질러 공직의 위신, 체면, 신용에 손상을 가하면 품위유지의무 위반이 된다.

국민에게 보장된 기본권행사행위가 지방공무원법 제55조 소정의 품위유지의무위반행위에 해당될 수 있는지 여부(적극): 지방공무원법 제55조에서의 '품위'라 함은 주권자인 국민의 수임자로서의 직책을 맡아 수행해 나가기에 손색이 없는 인품을 말하는 것이므로 공무원이 모든 국민에게 보장된 기본권을 행사하는 행위를 하였다 할지라도 그 권리행사의 정도가 권리를 인정한 사회적 의의를 벗어날 정도로 지나쳐 주권자인 국민의 입장에서 보아 바람직스럽지 못한 행위라고 판단되는 경우라면 공무원의 그와 같은 행위는 그 품위를 손상하는 행위에 해당한다 할 것이다(대법원 1987. 12. 8. 선고 87누657, 87누658 판결): 【해설】 부산직할시 남구청에 재직 중 1975. 4. 15자로 파면처분을 당한 바 있던 공무원이 위 파면처분의 취소를 구하는 행정소송을 제기하여 그 패소의 판결이 확정되었음에도 불구하고 이에 승복함이 없이 동일한 사안에 관한 쟁송을 그치지 아니하다가 1981. 7. 5 충주시 지방공무원으로 다시 임용된 이후에도 1985. 말경까지 부질없는 소송을 되풀이 하여 전후 7차례에 걸친 소송에서 모두 패소의 판결을 선고받은 사실을 확정한 후 원고의 위와 같은 행위는 공무원으로서의 품위를 손상한 것으로 보기에 충분하다고 판단한 사례이다.

국가공무원법 제63조에서 정한 '품위' 및 품위유지의무의 의미 / 구체적으로 어떠한 행위가 품위손상행위에 해당하는지 판단하는 방법: 국가공무원법 제63조는 "공무원은 직무의 내외를 불문하고 그 품위가 손상되는 행위를 하여서는 아니 된다."라고 규정하고 있다. 국민으로부터 널리 공무를 수탁받아 국민 전체를 위해 근무하는 공무원의 지위를 고려할 때 공무원의 품위손상행위는 본인은 물론 공직사회에 대한 국민의 신뢰를 실추시킬 우려가 있으므로, 모든 공무원은 국가공무원법 제63조에 따라 직무의 내외를 불문하고 품위를 손상하는 행위를 하여서는 아니 된다. 여기서 '품위'는 공직의 체면, 위신, 신용을 유지하고, 주권자인 국민의 수임을 받은 국민 전체의 봉사자로서의 직책을 다함에 손색이 없는 몸가짐을 뜻하는 것으로서, 직무의 내외를 불문하고, 국민의 수임자로서의 직책을 맡아 수행해 나가기에 손색이 없는 인품을 말한다. 이와 같은 국가공무원법 제63조의 규정 내용과 의미, 입법 취지 등을 종합하면, 국가공무원법 제63조에 규정된 품위유지의무란 공무원이 직무의 내외를 불문하고, 국민의 수임자로서의 직책을 맡아 수행해 나가기에 손색이 없는 인품에 걸맞게 본인은 물론 공직사회에 대한 국민의 신뢰를 실추시킬 우려가 있는 행위를 하지 않아야 할 의무라고 해석할 수 있다. 구체적으로 어떠한 행위가 품위손상행위에 해당하는가는 수범자인 평균적인 공무원을 기준으로 구체적 상황에 따라 건전한 사회통념에 따라 판단하여야 한다(대법원 2017. 11. 9. 선고 2017두47472 판결【정직처분취소】).

공무원이 외부에 자신의 상사 등을 비판하는 의견을 발표하는 행위가 공무원으로서의 체면이나 위신을 손상시키는 행위에 해당하는지 여부(적극): 공무원이 외부에 자신의 상사 등을 비판하는 의견을 발표하는 행위는 그것이 비록 행정조직의 개선과 발전에 도움이 되고, 궁극적으로 행정청의 권한행사의 적정화에 기여하는 면이 있다고 할지라도, 국민들에게는 그 내용의 진위나 당부와는 상관없이 그 자체로 행정청 내부의 갈등으로 비춰져, 행정에 대한 국민의 신뢰를 실추시키는 요인으로 작용할 수 있고, 특히 발표 내용 중에 진위에 의심이 가는 부분이 있거나 표현이 개인적인 감정에 휩쓸려 지나치게 단정적이고 과장된 부분이 있는 경우에는 그 자체로 국민들로 하여금 공무원 본인은 물론 행정조직 전체의 공정성, 중립성, 신중성 등에 대하여 의문을 갖게 하여 행정에 대한 국민의 신뢰를 실추시킬 위험성이 더욱 크므로, 그러한 발표행위는 공무원으로서의 체면이나 위신을 손상시키는 행위에 해당한다(대법원 2017. 4. 13. 선고 2014두8469 판결【정직처분등취소】).

4. 청렴의무

공무원은 직무와 관련하여 직접적이든 간접적이든 사례·증여 또는 향응을 주거나 받을 수 없다(국가공무원법 제61조 제1항). 공무원은 직무상의 관계가 있든 없든 그 소속 상관에게 증여하거나 소속 공무원으로부터 증여를 받아서는 아니 된다(국가공무원법 제61조 제2항).

청렴의무 위반은 징계사유가 되며, 경우에 따라서는 형법상 뇌물에 관한 죄(형법 제129조 내지 제135조)를 구성할 수도 있다.

청렴의무를 제도적으로 담보하기 위하여 '공직자윤리법', '부정청탁 및 금품 등 수수의 금지에 관한 법률' 등이 제정되어 있다.

Ⅱ. 직무상의 의무

1. 법령준수의무

모든 공무원은 법령을 준수하여야 한다(국가공무원법 제56조, 지방공무원법 제48조). 여기서의 법령은 행정법의 법원이 되는 모든 법을 말하여, 행정규칙도 이에 포함된다. 공무원의 법령위반행위는 그 행위의 무효·취소의 사유가 되며, 국가배상책임, 징계 등의 원인이 된다.

2. 복종의무

가. 의의

공무원은 직무를 수행할 때 소속 상관의 직무상 명령에 복종하여야 한다(국가공무원법 제57조). 공무원의 복종의무는 상명하복의 계층질서를 유지하고, 행정의 통일성과 효율성을 보장하기 위하여 인정되는 의무이다.

나. 소속 상관

소속 상관에는 직무를 지휘·감독할 권한을 가진 직무상의 소속 상관과 공무원의 제청권 등 신분에 관한 권한을 가진 신분상의 소속 상관이 있는데, 복종의무에서의 소속 상관이란 직무상의 소속 상관을 말한다.

직무상의 소속 상관이란 공무원의 직무를 지휘·감독할 권한이 있는 사람을 총칭하는데, 행정청의 지위를 갖는 상관뿐만 아니라 보조기관인 상관과 기타 지휘·감독권을 가진 모든 상급자를 포함한다.

다. 직무상 명령

(1) 의의

직무상의 명령이란 소속 상관이 직무와 관련하여 부하 공무원 개인에 대하여 발하는 명령을 총칭하는 개념이다. 그 내용은 개별·구체적일 수도 있고 일반·추상적일 수도 있다.

(2) 구별개념

직무상 명령은 개념상 훈령과 구별을 요한다. 직무명령은 상관이 부하인 공무원 개인에 대하여 그 직무에 관하여 발하는 명령인 반면에 훈령은 상급관청이 하급기관의 권한행사를 지휘·감독하기 위하여 발하는 명령이다. 양자는 다음과 같은 차이를 갖는다. ① 직무상 명령은 상하급 공무원간의 문제이나, 훈령은 상하급 행정기관간의 문제이다. ② 직무상 명령은 상하공무원의 신분의 변동에 따라 효력이 상실되나, 훈령은 행정기관에 대하여 발령된 것이기 때문에 기관 구성자의 변동과 관계없이 효력을 지속한다. ③ 훈령은 하급기관뿐만 아니라, 하급기관의 구성자인 공무원에게도 미치므로 훈령은 직무명령의 성질도 갖는다.[8] 한편 기능상 훈령이 직무상 명령과 유사한 면을 갖는 경우가 있음을 긍정하면서도, 개념상으로는 상하공무원간의 개념인 직무상 명령과 상하행정청간의 개념인 훈령은 상호 구분되어야 한다고 보는 입장도 있다[9].

(3) 요건

직무상 명령은 형식적 요건으로 ⅰ) 직무상의 소속 상관이 발하고, ⅱ) 당해 부하 공무원의 직무범위 내에 속하는 사항을 대상으로 하여야 하며, ⅲ) 부하 공무원의 독립적인 권한에 속하는 사항이 아닐 것을 요한다. 실질적 요건으로는 그 내용이 적법·타당하고 공익에 적합한 것이어야 한다.

(4) 성질

직무상 명령은 하급공무원을 구속할 뿐 일반국민을 구속하는 것은 아니다. 말하자면 직무상 명령은 법규가 아니다. 따라서 직무상 명령에 위반하였다고 해서 당해 공무원의 그러한 행위가 위법하게 되는 것은 아니고, 단지 복종의무 위반으로 인한 징계사유가 될 뿐이다.

(5) 경합

둘 이상의 상관으로부터 상호 내용이 모순되는 직무명령이 있는 경우에는 어떻게 하여야 하는가. ① 주관 상관의 명령에 따라야 하고, ② 직무명령을 발한 상관이 모두 주관 상관인 경우는 행정조직의 계층적 질서를 보장하기 위하여 직근(直近) 상관의 명령에 따라야 한다.

---

8) 박균성, 전게서, 298면.
9) 홍정선, 전게서, 351면.

검찰총장이 검사에 대한 비리혐의를 내사하는 과정에서 해당 검사에게 참고인과 대질신문을 받도록 담당부서에 출석할 것을 지시한 경우, 검찰총장의 그 출석명령이 그 검사에게 복종의무를 발생시키는 직무상의 명령에 해당하는지 여부(소극): 상급자가 하급자에게 발하는 직무상의 명령이 유효하게 성립하기 위하여는 상급자가 하급자의 직무범위 내에 속하는 사항에 대하여 발하는 명령이어야 하는 것인바, 검찰총장이 검사에 대한 비리혐의를 내사하는 과정에서 해당 검사에게 참고인과 대질신문을 받도록 담당부서에 출석할 것을 지시한 경우, 검찰총장의 위 출석명령은 "검찰총장은 대검찰청의 사무를 맡아 처리하고 검찰사무를 통할하며 검찰청의 공무원을 지휘·감독한다."고 규정한 검찰청법 제12조 제2항을 근거로 하고 있으나, 위 규정은 검찰총장이 직무상의 명령을 발할 수 있는 일반적인 근거규정에 불과하고, 구체적으로 그러한 직무상의 명령이 유효하게 성립하기 위해서는 하급자인 그 검사의 직무범위 내에 속하는 사항을 대상으로 하여야 할 것인데, 그 검사가 대질신문을 받기 위하여 대검찰청에 출석하는 행위는 검찰청법 제4조 제1항에서 규정하고 있는 검사의 고유한 직무인 검찰사무에 속하지 아니할 뿐만 아니라, 또한 그 검사가 소속 검찰청의 구성원으로서 맡아 처리하는 이른바 검찰행정사무에 속한다고 볼 수도 없는 것이고, 따라서 위 출석명령은 그 검사의 직무범위 내에 속하지 아니하는 사항을 대상으로 한 것이므로 그 검사에게 복종의무를 발생시키는 직무상의 명령이라고 볼 수는 없다(대법원 2001. 8. 24. 선고 2000두7704 판결).

라. 복종

(1) 의의

적법한 직무상 명령이 있으면 공무원은 그 명령에 복종하여야 한다. 여기서 '복종하여야 한다'는 것은 소속 상관의 명령을 이행하여야 함을 의미한다.

(2) 복종의무의 한계

(가) 복종의무를 지지 않는 공무원: 법관은 적어도 재판상 지휘·감독을 받지 않으며 따라서 재판행위에 관하여는 복종의무가 없다. 대학교수도 그의 교육내용에 관하여는 복종의무를 지지 않는다. 위와 같이 직무상 독립이 보장되는 공무원(법관, 감사위원, 대학교수 등)의 경우에는 그 직무의 성질상 복종의무는 문제되지 아니한다.

(나) 법령준수의무와의 관계: 공무원은 상관의 위법한 명령에 복종하면 법령준수의무를 위반하게 된다. 이와 같이 복종의무와 법령준수의무가 충돌하는 경우에 공무원은 어떻게 하여야 하는가. 즉 직무상 명령이 위법한 경우에 공무원은 이를 거부할 수 있는가 나아가 거부하여야 할 의무가 있는가 하는 것이 문제된다.

학설은 직무상 명령의 형식적 요건이 결여된 경우에는 이를 심사할 수 있고 복종을 거부할 수 있다고 보는 것이 일반적 견해이다. 나아가 실질적 요건에 대하여 심사권을 가지는가에 대하여는 다음과 같이 견해가 대립되고 있다.

① **부정설**: 하급공무원은 상관의 직무상 명령의 실질적 요건에 대한 심사권을 가지지 않으며, 직무상 명령이 실질적 요건을 충족하지 못하여 위법하더라도 그에 복종하여야 한다는 견해이다.

② **중대·명백설**: 범죄행위의 명령 등과 같이 실질적 요건의 하자가 중대하고 명백한 경우에는 당연무효이고, 이 경우에 하급기관은 복종을 거부할 수 있다는 견해가 있다. 다만 단순위법 또는 부당의 문제가 있는 경우에 대하여는 실질적 심사권을 부정한다. 그 경우까지 심사권을 행사한다면 법령해석에서 부하가 상관을 극복하는 권한을 갖게 되어 행정의 계층적 질서가 무너지게 될 것임을 논거로 한다[10].

③ **명백설**: 직무명령의 위법이 명백한 경우에는 복종하여서는 아니된다는 견해가 있다. 이는 위법(단순위법)한 직무상 명령이라고 할지라도 그 위법성이 명백하지 않는 이상 행정의 계층적 질서를 보장하기 위하여 복종하여야 하지만, 직무상 명령의 위법이 명백한 경우에는 복종하지 않을 수 있으며 또한 복종하여서는 안 된다고 보는 견해이다[11]. 판례는 제③설의 입장을 취한 것으로 파악된다.

가. 양손을 뒤로 결박당하고 양발목마저 결박당한 피해자의 양쪽 팔, 다리, 머리 등을 밀어누름으로써 피해자의 얼굴을 욕조의 물속으로 강제로 찍어 누르는 가혹행위를 반복할 때에 욕조의 구조나 신체구조상 피해자의 목 부분이 욕조의 턱에 눌릴 수 있고 더구나 물속으로 들어가지 않으려고 반사적으로 반항하는 피해자의 행동을 제압하기 위하여 강하게 피해자의 머리를 잡아 물속으로 누르게 될 경우에는 위 욕조의 턱에 피해자의 목 부분이 눌려 질식현상 등의 치명적인 결과를 가져올 수 있다는 것은 우리의 경험칙상 어렵지 않게 예견할 수 있다.

나. 상관의 위법 내지 불법한 명령과 하관의 복종의무: 공무원이 그 직무를 수행함에 있어 상관은 하관에 대하여 범죄행위 등 위법한 행위를 하도록 명령할 직권이 없는 것이고, 하관은 소속상관의 적법한 명령에 복종할 의무는 있으나 그 명령이 참고인으로 소환된 사람에게 가혹행위를 가하라는 등과 같이 명백한 위법 내지 불법한 명령인 때에는 이는 벌써 직무상의 지시명령이라 할 수 없으므로 이에 따라야 할 의무는 없다.

다. 설령 대공수사단 직원은 상관의 명령에 절대 복종하여야 한다는 것이 불문률로 되어 있다 할지라도 국민의 기본권인 신체의 자유를 침해하는 고문행위 등이 금지되어 있는 우리

---

10) 홍정선, 전게서, 352면.

11) 박균성, 전게서, 299면; 김동희, 전게서, 168면.

의 국법질서에 비추어 볼 때 그와 같은 불문률이 있다는 것만으로는 고문치사와 같이 중대하고도 명백한 위법명령에 따른 행위가 정당한 행위에 해당하거나 강요된 행위로서 적법행위에 대한 기대가능성이 없는 경우에 해당하게 되는 것이라고는 볼 수 없다(대법원 1988. 2. 23. 선고 87도2358 판결).

상관의 위법 명령에 대한 하관의 복종의무 유무(소극): 공무원이 그 직무를 수행함에 즈음하여 상관은 하관에 대하여 범죄행위 등 위법한 행위를 하도록 명령할 직권이 없는 것이며, 또한 하관은 소속상관의 적법한 명령에 복종할 의무는 있으나 그 명령이 대통령 선거를 앞두고 특정후보에 대하여 반대하는 여론을 조성할 목적으로 확인되지도 않은 허위의 사실을 담은 책자를 발간·배포하거나 기사를 게재하도록 하라는 것과 같이 명백히 위법 내지 불법한 명령인 때에는 이는 벌써 직무상의 지시명령이라 할 수 없으므로 이에 따라야 할 의무가 없다(대법원 1999. 4. 23. 선고 99도636 판결).

(다) 의견진술: 공무원은 상관의 직무상 명령이 위법 또는 부당하다고 판단되면 그 위법성의 명백성 여부와 상관없이 그 명령에 복종하기 전에 상관에게 그 직무상 명령의 위법·부당성에 관한 의견을 제출할 수 있다고 보아야 한다.

지방공무원법은"공무원은 직무를 수행할 때 소속 상사의 직무상 명령에 복종하여야 한다. 다만, 이에 대한 의견을 진술할 수 있다(제49조)"라고 규정하고 있는데, 이러한 의견진술권은 명문의 규정이 없는 국가공무원법의 경우에도 마찬가지로 인정된다고 보아야 한다.

이 공무원의 의견진술은 의무는 아니라고 보아야 할 것이다. 상관의 명령이 명백히 위법한 경우에는 그 위법성에 대한 의견진술을 하였다고 하더라도 그 명령에 따랐을 경우 법령준수위반으로 인한 징계책임이 면제되는 것은 아니다.

(라) 상관의 지시나 명령에 대하여 재판청구권을 행사하는 경우: 공무원이 상관의 지시나 명령을 일단 준수하면서도 그것이 위법·위헌이라는 이유로 재판청구권을 행사하는 경우, 이는 정당한 기본권의 행사이므로 특별한 사정이 없는 이상 복종의무를 위반하였다고 볼 수 없다(대법원 2018. 3. 22. 선고 2012두26401 전원합의체 판결).

[1] 군인이 상관의 지시와 명령에 대하여 헌법소원 등 재판청구권을 행사하는 것이 군인의 복종의무에 위반되는지 여부(원칙적 소극): [다수의견] 상명하복에 의한 지휘통솔체계의 확립이 필수적인 군의 특수성에 비추어 군인은 상관의 명령에 복종하여야 한다. 구 군인복무규율(2009. 9. 29. 대통령령 제21750호로 개정되기 전의 것) 제23조 제1항은 그와 같은 취지를 규정하고 있다. 군인이 일반적인 복종의무가 있는 상관의 지시나 명령에 대하여 재판청구권을 행사하는 경우

에는 재판청구권이 군인의 복종의무와 외견상 충돌하는 모습으로 나타날 수 있다.

그러나 상관의 지시나 명령 그 자체를 따르지 않는 행위와 상관의 지시나 명령은 준수하면서도 그것이 위법·위헌이라는 이유로 재판청구권을 행사하는 행위는 구별되어야 한다. 법원이나 헌법재판소에 법적 판단을 청구하는 것 자체로는 상관의 지시나 명령에 직접 위반되는 결과가 초래되지 않으며, 재판절차가 개시되더라도 종국적으로는 사법적 판단에 따라 위법·위헌 여부가 판가름 나므로 재판청구권 행사가 곧바로 군에 대한 심각한 위해나 혼란을 야기한다고 상정하기도 어렵다. 상관의 지시나 명령을 준수하는 이상 그에 대하여 소를 제기하거나 헌법소원을 청구하였다는 사실만으로 상관의 지시나 명령을 따르지 않겠다는 의사를 표명한 것으로 간주할 수도 없다. 종래 군인이 상관의 지시나 명령에 대하여 사법심사를 청구하는 행위를 무조건 하극상이나 항명으로 여겨 극도의 거부감을 보이는 태도 역시 모든 국가권력에 대하여 사법심사를 허용하는 법치국가의 원리에 반하는 것으로 마땅히 배격되어야 한다.

따라서 군인이 상관의 지시나 명령에 대하여 재판청구권을 행사하는 경우에 그것이 위법·위헌인 지시와 명령을 시정하려는 데 목적이 있을 뿐, 군 내부의 상명하복관계를 파괴하고 명령불복종 수단으로서 재판청구권의 외형만을 빌리거나 그 밖에 다른 불순한 의도가 있지 않다면, 정당한 기본권의 행사이므로 군인의 복종의무를 위반하였다고 볼 수 없다.

[2] 구 군인복무규율 제24조와 제25조를 군인에게 건의나 고충심사를 청구하여야 할 의무를 부과한 조항 내지 군인의 재판청구권 행사에 앞서 반드시 거쳐야 하는 군 내 사전절차로서의 의미를 갖는 것으로 볼 수 있는지 여부(소극): [다수의견] 구 군인사법(2011. 5. 24. 법률 제10703호로 개정되기 전의 것)의 위임에 따라 제정된 구 군인복무규율(2009. 9. 29. 대통령령 제21750호로 개정되기 전의 것, 이하 '구 군인복무규율'이라 한다) 제24조와 제25조는 건의와 고충심사에 관하여 규정하고 있다. 위 조항들은 군에 유익하거나 정당한 의견이 있는 경우 부하는 지휘계통에 따라 상관에게 건의할 수 있고(구 군인복무규율 제24조 제1항), 부당한 대우를 받거나 현저히 불편 또는 불리한 상태에 있다고 판단될 경우 지휘계통에 따라 상담, 건의 또는 고충심사를 청구할 수 있다(구 군인복무규율 제25조 제1항)는 내용이므로, 이를 군인에게 건의나 고충심사를 청구하여야 할 의무를 부과한 조항이라고 해석하는 것은 문언의 통상적인 의미를 벗어난다. 나아가 관련 법령의 문언과 체계에 비추어 보면, 건의 제도의 취지는 위법 또는 오류의 의심이 있는 명령을 받은 부하가 명령 이행 전에 상관에게 명령권자의 과오나 오류에 대하여 자신의 의견을 제시할 수 있도록 함으로써 명령의 적법성과 타당성을 확보하고자 하는 것일 뿐 그것이 군인의 재판청구권 행사에 앞서 반드시 거쳐야 하는 군 내 사전절차로서의 의미를 갖는다고 보기 어렵다(대법원 2018. 3. 22. 선고 2012두26401 전원합의체 판결【전역처분등취소】).

마. 복종의무 위반의 효과

적법한 직무명령 뿐만 아니라 단순 위법한 직무명령에 복종하지 않는 것도 복종의무 위반으로 징계의 대상이 된다. 다만, 직무상 명령이 위법하다는 이유로 복종하지 않은 경우에는 구체적인 사안에 따라 징계의 감경사유가 된다고 보아야 할 것이다. 직무명령의 위법성이 명백한 경우에는 그에 따르지 않은 경우에도 복종의무 위반이 되지 않는다.

한편 위법한 명령을 발한 상관은 법령준수의무 위반으로 징계의 대상이 된다.

3. 직무전념의무

가. 직장이탈금지

공무원은 소속 상관의 허가 또는 정당한 사유가 없으면 직장을 이탈하지 못한다(국가공무원법 제58조 제1항). 이는 근무(시간외 근무 포함)시간 중에 한하여 적용된다. 공휴일, 휴가 중, 휴직 중, 직위해제 중에는 이러한 의무가 인정되지 않지만, 휴가나 휴직의 신청, 사직원의 제출만으로는 이 의무를 면하지 못한다.

나. 영리업무 및 겸직의 금지

(1) 영리업무금지

공무원은 공무 이외의 영리를 목적으로 하는 업무에 종사하지 못한다(국가공무원법 제64조 제1항). 영리를 목적으로 하는 업무의 한계는 대통령령 등으로 정한다(국가공무원법 제64조 제2항). 영리업무금지의 목적은 한편으로는 공무원의 전심전력을 공무수행에 사용하도록 하는 데에 있고, 다른 한편으로는 부패 등의 위험성을 사전에 예방하는 데 있다. 따라서 이러한 영리행위금지의무는 퇴근시간 전은 물론이고, 퇴근시간 후의 취업에도 효력이 미친다.

영리를 목적으로 하는 업무의 범위는 대통령령인 국가공무원복무규정 제25조[12]에 규정되어 있는데, 공무원의 직무 능률을 떨어뜨리거나, 공무에 대하여 부당한 영향을 끼치거나, 국가의 이익과 상반되는 이익을 취득하거나, 정부에 불명예스러운 영향을 끼칠 우려가 있는 경우 등이 이에 해당된다.

---

12) 국가공무원 복무규정 제25조(영리 업무의 금지) 공무원은 다음 각 호의 어느 하나에 해당하는 업무에 종사함으로써 공무원의 직무 능률을 떨어뜨리거나, 공무에 대하여 부당한 영향을 끼치거나, 국가의 이익과 상반되는 이익을 취득하거나, 정부에 불명예스러운 영향을 끼칠 우려가 있는 경우에는 그 업무에 종사할 수 없다.

1. 공무원이 상업, 공업, 금융업 또는 그 밖의 영리적인 업무를 스스로 경영하여 영리를 추구함이 뚜렷한 업무
2. 공무원이 상업, 공업, 금융업 또는 그 밖에 영리를 목적으로 하는 사기업체(私企業體)의 이사·감사 업무를 집행하는 무한책임사원·지배인·발기인 또는 그 밖의 임원이 되는 것
3. 공무원 본인의 직무와 관련 있는 타인의 기업에 대한 투자
4. 그 밖에 계속적으로 재산상 이득을 목적으로 하는 업무

영리업무가 금지되는 경우 당해 금지는 절대적인 것이며 소속기관장의 허가를 받아도 영리업무에 종사할 수 없다.

공무원이 여관을 매수하여 임대한 행위가 공무원으로서 겸직이 금지되는 영리업무에 해당하는지 여부(소극): 지방공무원법 제56조 및 영리업무의 한계 및 사실상 노무에 종사하는 지방공무원의 범위에 관한 건 제2조 제1호에 의하면 공무원으로서 겸직이 금지되는 영리업무는 영리적인 업무를 공무원이 스스로 경영하여 영리를 추구함이 현저한 업무를 의미하고 공무원이 여관을 매수하여 임대하는 행위는 영리업무에 종사하는 경우라고 할 수 없다(대법원 1982. 9. 14. 선고 82누46 판결).

(2) 겸직금지

공무원은 소속 기관장의 허가 없이 다른 직무를 겸할 수 없다(국가공무원법 제64조 제1항).

소속기관장의 허가를 받으면 다른 직무를 겸할 수 있는데, 겸직의 대상이 되는 직무는 영리업무에 해당하지 않아야 하며 사전에 허가를 받아야 한다(국가공무원복무규정 제26조 제1항).

4. 정치활동의 금지: 정치적 중립의무

가. 정당이나 그 밖의 정치단체 결성 등 금지

공무원은 정당이나 그 밖의 정치단체의 결성에 관여하거나 이에 가입할 수 없다(국가공무원법 제65조 제1항). 다만 위 규정은 대통령령으로 정하는 특수경력직공무원에 대하여는 적용하지 아니한다(국가공무원법 제3조 제2항).

이와 같이 공무원의 정당 등 결성이나 정당 등에의 가입을 획일적으로 금지하고 있는 것이 비례의 원칙 등에 비추어 정당한 것인지에 관하여는 다음과 같이 견해가 대립되고 있다.

① 위헌설: 위헌설은 공무원의 정치적 중립성 요구는 직무집행에 있어서 국민 전체의 봉사자로서 특정집단의 이해관계를 대변하는 것을 방지하고자 하는 취지이므로, 이러한 목적을 넘어서서 공무원 개인이 시민의 입장에서 가질 수 있는 정치적 기본권을 획일적으로 제한하는 것은 비례성의 원칙(과잉금지의 원칙)에 비추어 문제시될 수 있다고 본다[13].

---

13) 류지태·박종수, 행정법신론, 제15판, 2011, 832면.

② 합헌설: 합헌설은 우리의 정당정치의 역사와 운영의 현실로 보아 공무원의 정당가입 자체가 바로 공무원의 '직무의 집행에 있어서'의 정치적 중립성에 영향을 미칠 우려가 있다고 할 것이기 때문에, 공무원의 정당가입은 현재로서는 인정되기 어렵다고 본다. 판례는 합헌설의 입장을 취하고 있다(헌법재판소 2004. 3. 25. 선고 2001헌마710 전원재판부).

피고인이 지방공무원이 되기 전에 가입한 특정 정당의 당원 신분을 지방공무원으로 임용된 후에도 유지함으로써 '공무원의 정당 가입'을 금지하는 구 정당법 및 구 지방공무원법을 위반하였다는 내용으로 기소된 사안에서, 구 정당법 제53조, 제22조 제1항 제1호 위반죄 및 구 지방공무원법 제82조, 제57조 제1항 위반죄로 처벌하기 위하여는 정당 가입 당시 공무원이라는 신분이 필요하다는 이유로 무죄를 인정한 원심판단을 정당하다고 한 사례(대법원 2014. 6. 26. 선고 2013도10945 판결)

이 사건 법률조항이 청구인들과 같은 초·중등학교 교원의 정당가입 및 선거운동의 자유를 금지함으로써 정치적 기본권을 제한하는 측면이 있는 것은 사실이나, 공무원의 정치적 중립성 등을 규정한 헌법 제7조 제1항· 제2항, 교육의 정치적 중립성을 규정한 헌법 제31조 제4항의 규정취지에 비추어 보면, 감수성과 모방성 그리고 수용성이 왕성한 초·중등학교 학생들에게 교원이 미치는 영향은 매우 크고, 교원의 활동은 근무시간 내외를 불문하고 학생들의 인격 및 기본생활습관 형성 등에 중요한 영향을 끼치는 잠재적 교육과정의 일부분인 점을 고려하고, 교원의 정치활동은 교육수혜자인 학생의 입장에서는 수업권의 침해로 받아들여질 수 있다는 점에서 현 시점에서는 국민의 교육기본권을 더욱 보장함으로써 얻을 수 있는 공익을 우선시해야 할 것이라는 점 등을 종합적으로 감안할 때, 초·중등학교 교육공무원의 정당가입 및 선거운동의 자유를 제한하는 것은 헌법적으로 정당화될 수 있다(헌법재판소 2004. 3. 25. 선고 2001헌마710 전원재판부).

정당가입 금지조항은 공무원의 정치적 중립성을 보장하고 초·중등학교 교육의 중립성을 확보한다는 점에서 입법목적의 정당성이 인정되고, 정당에의 가입을 금지하는 것은 입법목적 달성을 위한 적합한 수단이다. 공무원은 정당의 당원이 될 수 없을 뿐, 정당에 대한 지지를 선거와 무관하게 개인적인 자리에서 밝히거나 투표권을 행사하는 등의 활동은 허용되므로 침해의 최소성 원칙에 반하지 않는다. 정치적 중립성, 초·중등학교 학생들에 대한 교육기본권 보장이라는 공익은 공무원이 제한받는 불이익에 비하여 크므로 법익균형성도 인정된다.

또한 초·중등학교 교원에 대하여는 정당가입을 금지하면서 대학교원에게는 허용하는 것은, 기초적인 지식전달, 연구기능 등 직무의 본질이 서로 다른 점을 고려한 합리적 차별이므로 평등원칙에 반하지 아니한다(헌법재판소 2014. 3. 27. 선고 2011헌바42 전원재판부).

나. 선거운동금지

공무원은 선거에서 특정 정당 또는 특정인을 지지 또는 반대하기 위한 다음의 행위를 하여서는 아니 된다(국가공무원법 제65조 제2항).

① 투표를 하거나 하지 아니하도록 권유 운동을 하는 것

② 서명 운동을 기도(企圖)·주재(主宰)하거나 권유하는 것

③ 문서나 도서를 공공시설 등에 게시하거나 게시하게 하는 것

④ 기부금을 모집 또는 모집하게 하거나, 공공자금을 이용 또는 이용하게 하는 것

⑤ 타인에게 정당이나 그 밖의 정치단체에 가입하게 하거나 가입하지 아니하도록 권유 운동을 하는 것)

다. 다른 공무원에 대한 정치적 행위의 금지

공무원은 다른 공무원에게 국가공무원법 제1항과 제2항에 위배되는 행위를 하도록 요구하거나, 정치적 행위에 대한 보상 또는 보복으로서 이익 또는 불이익을 약속하여서는 아니 된다(국가공무법 제65조 제3항).

라. 기타 정치적 행위의 금지

국가공무원법 제65조 제4항은 "제3항 외에 정치적 행위의 금지에 관한 한계는 대통령령 등으로 정한다"라고 규정하고 있다. 국가공무원법 제65조 제4항이 정치적 행위의 금지에 관한 한계를 대통령령 등에 포괄위임한 것인지 여부가 문제된다. 판례는 위 법률조항이 포괄위임금지 원칙을 위반한 것이 아니라고 보았다(헌법재판소 2014. 3. 27. 선고 2011헌바42 전원재판부).

위 위임에 근거한 '국가공무원 복무규정(대통령령)' 제27조는 금지되는 정치적 행위의 한계를 다음과 같이 규정하고 있다[14].

---

14) 국가공무원 복무규정 제27조(정치적 행위)
① 법 제65조의 정치적 행위는 다음 각 호의 어느 하나에 해당하는 정치적 목적을 가진 것을 말한다.
1. 정당의 조직, 조직의 확장, 그 밖에 그 목적 달성을 위한 것
2. 특정 정당 또는 정치단체를 지지하거나 반대하는 것
3. 법률에 따른 공직선거에서 특정 후보자를 당선하게 하거나 낙선하게 하기 위한 것
② 제1항에 규정된 정치적 행위의 한계는 제1항에 따른 정치적 목적을 가지고 다음 각 호의 어느 하나에 해당하는 행위를 하는 것을 말한다.
1. 시위운동을 기획·조직·지휘하거나 이에 참가하거나 원조하는 행위
2. 정당이나 그 밖의 정치단체의 기관지인 신문과 간행물을 발행·편집·배부하거나 이와 같은 행위를 원조하거나 방해하는 행위

> ……국회, 법원, 헌법재판소 등 각 국가기관별로 소속 공무원에 대하여 금지하여야 할 정치행위의 내용을 개별적으로 구체화할 필요성이 인정되고, 일일이 법률로 규정하는 것은 입법기술상 매우 곤란하므로 위임의 필요성이 인정된다. 또한 공무원의 정치적 중립성을 훼손할 가능성이 큰 행위에 한하여 금지될 것임은 충분히 예상할 수 있으므로, 정치행위 규제조항은 포괄위임입법금지원칙에 위배되지 아니한다(헌법재판소 2014. 3. 27. 선고 2011헌바42 전원재판부).

마. 벌칙

공무원이 위의 정치운동금지 의무에 위반하면 3년 이하의 징역과 3년 이하의 자격정지에 처한다(국가공무원법 제84조, 지방공무원법 제82조).

5. 집단행위의 금지

가. 의의

공무원은 노동운동이나 그 밖에 공무 외의 일을 위한 집단 행위를 하여서는 아니 된다(국가공무원법 제66조 제1항 본문). 다만, 사실상 노무에 종사하는 공무원(국가공무원법 제66조 제1항 단서)과 대통령령으로 정하는 특수경력직공무원(국가공무원법 제3조 제2항)에 대하여는 예외로 한다.

이 규정을 둔 취지는 공무원은 국민 전체에 대한 봉사자로서 공무에 전념 하여야 하는데, 집단행동은 통상 해당 집단의 이익을 대변하게 되어 국민 전체의 봉사자로서의 지위와 상치될 우려가 있기 때문이다.

나. 금지되는 집단적 행위

(1) 노동운동

헌법 제33조 제2항은 "공무원인 근로자는 법률이 정하는 자에 한하여 단결권·단체교섭권 및 단체행동권을 가진다"라고 규정하고 있고, 이에 근거하여 국가공무원법 등은 원

---

3. 특정 정당 또는 정치단체를 지지 또는 반대하거나 공직선거에서 특정 후보자를 지지 또는 반대하는 의견을 집회나 그 밖에 여럿이 모인 장소에서 발표하거나 문서·도서·신문 또는 그 밖의 간행물에 싣는 행위
4. 정당이나 그 밖의 정치단체의 표지로 사용되는 기(旗)·완장·복식 등을 제작·배부·착용하거나 착용을 권유 또는 방해하는 행위
5. 그 밖에 어떠한 명목으로든 금전이나 물질로 특정 정당 또는 정치단체를 지지하거나 반대하는 행위

칙상 공무원의 노동운동을 금지하고 있다. 여기에서 금지대상인 '노동운동'은 헌법 및 노동법적 개념으로서의 근로삼권, 즉 단결권, 단체교섭권, 단체행동권을 의미한다.

다만 아래에서 살펴보는 바와 같이 법령에서 일정한 한계를 정하여 노동운동을 허용할 수는 있다.

(2) 기타의 집단적 행위

국가공무원법 제66조상의 '공무 이외의 일을 위한 집단적 행위'는 공무가 아닌 어떤 일을 위하여 공무원들이 하는 모든 집단적 행위를 의미하는 것은 아니고, 공익에 반하는 목적을 위하여 직무전념의무를 해태하는 등의 영향을 가져오는 집단적 행위라고 축소 해석하여야 한다(대법원 1992. 2. 14. 선고 90도2310 판결; 대법원 2005. 4. 15. 선고 2003도2960 판결 등).

국가공무원법 제66조 제1항에 규정된 금지의 대상이 되는 '집단행위'에 해당하려면, 그 행위가 반드시 같은 시간, 장소에서 행하여져야 하는 것은 아니지만, 공익에 반하는 어떤 목적을 위한 다수인의 행위로서 집단성이라는 표지를 갖추어야만 한다(대법원 2017. 4. 13. 선고 2014두8469 판결).

장관 주재의 정례조회에서의 집단퇴장행위는 공무원으로서 직무에 관한 기강을 저해하거나 기타 그 본분에 배치되는 등 공무의 본질을 해치는 다수인의 행위라 할 것이므로, 비록 그것이 건설행정기구의 개편안에 관한 불만의 의사표시에서 비롯되었다 하더라도, 위 "가"항의 "공무 외의 집단적 행위"에 해당한다고 한 사례(대법원 1992. 3. 27. 선고 91누9145 판결).

[1] 공무원인 교원이 집단적으로 행한 의사표현행위가 국가공무원법 제66조 제1항에서 금지하는 '공무 외의 일을 위한 집단행위'에 해당하는 경우 및 그 판단 기준: [다수의견] 공무원인 교원의 경우에도 정치적 표현의 자유가 보장되어야 하지만, 공무원의 정치적 중립성 및 교육의 정치적 중립성을 선언한 헌법정신과 관련 법령의 취지에 비추어 정치적 표현의 자유는 일정한 범위 내에서 제한될 수밖에 없고, 이는 헌법에 의하여 신분이 보장되는 공무원인 교원이 감수하여야 하는 한계이다. 더구나 공무원인 교원의 정치적 표현행위가 교원의 지위를 전면에 드러낸 채 대규모로 집단적으로 이루어지는 경우에는 그것이 교육현장 및 사회에 미치는 파급력을 고려한 평가가 요구된다. 따라서 공무원인 교원이 집단적으로 행한 의사표현행위가 국가공무원법이나 공직선거법 등 개별 법률에서 공무원에 대하여 금지하는 특정의 정치적 활동에 해당하는 경우나, 특정 정당이나 정치세력에 대한 지지 또는 반대의사를 직접적으로 표현하는 등 정치적 편향성 또는 당파성을 명백히 드러내는 행위 등과 같이 공무원인 교원의 정치적 중립성을 침해할 만한 직접적인 위험을 초래할 정도에 이르렀다고 볼 수 있는 경우에, 그 행위는 공무

원인 교원의 본분을 벗어나 공익에 반하는 행위로서 공무원의 직무에 관한 기강을 저해하거나 공무의 본질을 해치는 것이어서 직무전념의무를 해태한 것이라 할 것이므로, 국가공무원법 제66조 제1항에서 금지하는 '공무 외의 일을 위한 집단행위'에 해당한다고 보아야 한다. 여기서 어떠한 행위가 정치적 중립성을 침해할 만한 직접적인 위험을 초래할 정도에 이르렀다고 볼 것인지는 일률적으로 정할 수 없고, 헌법에 의하여 정치적 중립성이 요구되는 공무원 및 교원 지위의 특수성과 아울러, 구체적인 사안에서 당해 행위의 동기 또는 목적, 시기와 경위, 당시의 정치적·사회적 배경, 행위 내용과 방식, 특정 정치세력과의 연계 여부 등 당해 행위와 관련된 여러 사정을 종합적으로 고려하여 판단하여야 한다.

[2] [다수의견] 교사인 피고인들이 전국교직원노동조합 본부 및 지부 간부들과 공모하여, 2009년 정부의 정책과 국정운영을 비판하고 국정쇄신을 촉구하는 내용의 제1차 시국선언 및 그에 뒤이어 표현의 자유 보장과 시국선언 탄압 중지 등을 요구하는 내용의 제2차 시국선언과 '교사·공무원 시국선언 탄압 규탄대회'(이하 '규탄대회'라고 한다)를 추진하고 적극적으로 관여하여 '공무 외의 일을 위한 집단행위'를 하였다고 하여 구 국가공무원법 위반으로 기소된 사안에서, 1, 2차 시국선언의 목적, 시기와 경위, 내용, 추진 방식과 그 영향 및 초·중등학교 교원 지위의 특수성 등 여러 사정을 종합하면, 위 행위는 공무원인 교원의 정치적 중립성을 침해할 만한 직접적인 위험을 초래할 정도의 정치적 편향성 또는 당파성을 명확히 드러낸 행위이고, 이는 공무원인 교원의 본분을 벗어나 공익에 반하는 행위로서 공무원의 직무에 관한 기강을 저해하거나 공무의 본질을 해치는 것이어서 직무전념의무를 해태한 것이므로 국가공무원법 제66조 제1항에서 금지하는 '공무 외의 일을 위한 집단행위'에 해당한다는 이유로, 피고인들에게 유죄를 인정한 원심판단을 정당하다고 한 사례.

[3] 집회 및 시위에 관한 법률상 미신고 옥외집회 또는 시위라는 이유만으로 해산을 명하고 이에 불응하였다고 하여 처벌할 수 있는지 여부(소극): [다수의견] 집회의 자유가 가지는 헌법적 가치와 기능, 집회에 대한 허가 금지를 선언한 헌법정신, 옥외집회 및 시위에 관한 사전신고제의 취지 등을 종합하여 보면, 신고는 행정관청에 집회에 관한 구체적인 정보를 제공함으로써 공공질서의 유지에 협력하도록 하는 데 의의가 있는 것으로 집회의 허가를 구하는 신청으로 변질되어서는 아니 되므로, 신고를 하지 아니하였다는 이유만으로 옥외집회 또는 시위를 헌법의 보호 범위를 벗어나 개최가 허용되지 않는 집회 내지 시위라고 단정할 수 없다. 따라서 집회 및 시위에 관한 법률(이하 '집시법'이라고 한다) 제20조 제1항 제2호가 미신고 옥외집회 또는 시위를 해산명령 대상으로 하면서 별도의 해산 요건을 정하고 있지 않더라도, 그 옥외집회 또는 시위로 인하여 타인의 법익이나 공공의 안녕질서에 대한 직접적인 위험이 명백하게 초래된 경우에 한하여 위 조항에 기하여 해산을 명할 수 있고, 이러한 요건을 갖춘 해산명령에 불응하는 경우에만 집시법 제24조 제5호에 의하여 처벌할 수 있다고 보아야 한다(대법원 2012. 4. 19. 선고 2010도6388 전원합의체 판결【국가공무원법위반·집회및시위에관한법률위반】〈전교조 시국선언 사건〉).

공무원들의 어느 행위가 국가공무원법 제66조 제1항에 규정된 '집단행위'에 해당하기 위한 요건: 공무원들의 어느 행위가 국가공무원법 제66조 제1항에 규정된 '집단행위'에 해당하려면, 그 행위가 반드시 같은 시간, 장소에서 행하여져야 하는 것은 아니지만, 공익에 반하는 어떤 목적을 위한 다수인의 행위로서 집단성이라는 표지를 갖추어야만 한다고 해석함이 타당하다. 따라서 여럿이 같은 시간에 한 장소에 모여 집단의 위세를 과시하는 방법으로 의사를 표현하거나 여럿이 단체를 결성하여 그 단체 명의로 의사를 표현하는 경우, 실제 여럿이 모이는 형태로 의사표현을 하는 것은 아니지만 발표문에 서명날인을 하는 등의 수단으로 여럿이 가담한 행위임을 표명하는 경우 또는 일제 휴가나 집단적인 조퇴, 초과근무 거부 등과 같이 정부활동의 능률을 저해하기 위한 집단적 태업 행위로 볼 수 있는 경우에 속하거나 이에 준할 정도로 행위의 집단성이 인정되어야 국가공무원법 제66조 제1항에 해당한다고 볼 수 있다(대법원 2017. 4. 13. 선고 2014두8469 판결【정직처분등취소】).

사립학교 교원이 국가공무원법 제66조 제1항이 금지하는 '공무 외의 일을 위한 집단행위'에 참여한 경우, 징계사유에 해당하는지 여부(적극): 사립학교 교원의 복무에 관하여 국·공립학교의 교원에 관한 규정이 준용되고[구 사립학교법(2012. 1. 26. 법률 제11216호로 개정되기 전의 것) 제55조], 사립학교 교원이 직무상의 의무에 위반한 경우 등은 징계사유에 해당하므로(구 사립학교법 제61조 제1항), 사립학교 교원이 국가공무원법 제66조 제1항이 금지하는 '공무 외의 일을 위한 집단행위'에 참여한 때에는 징계사유에 해당한다(대법원 2013. 6. 27. 선고 2009추206 판결【직무이행명령취소】).

다. 금지의 예외

(1) 사실상 노무에 종사하는 공무원

대통령령으로 정하는 사실상 노무에 종사하는 공무원에 대하여는 집단행동(노동운동)금지에 대한 예외가 인정되고 있다(국가공무원법 제66조 제1항 단서, 제2항).

대통령령인 국가공무원 복무규정 제28조는 국가공무원법 제66조에 규정된 '사실상 노무에 종사하는 공무원'을 과학기술정보통신부 소속 현업기관의 작업 현장에서 노무에 종사하는 우정직공무원(우정직공무원의 정원을 대체하여 임용된 일반임기제공무원 및 시간선택제일반임기제공무원을 포함한다)으로서 다음 각 호의 어느 하나에 해당하지 아니하는 공무원으로 규정하고 있다.

① 서무·인사 및 기밀업무에 종사하는 공무원

② 경리 및 물품출납 사무에 종사하는 자

③ 노무자 감독 사무에 종사하는 공무원

④ 「보안업무규정」에 따른 국가보안시설의 경비 업무에 종사하는 공무원
⑤ 승용자동차 및 구급차의 운전에 종사하는 공무원

헌법 제33조 제2항이 직접 '법률이 정하는 자'만이 노동3권을 향유할 수 있다고 규정하고 있어서 '법률이 정하는 자' 이외의 공무원은 노동3권의 주체가 되지 못하므로, '법률이 정하는 자' 이외의 공무원에 대해서도 노동3권이 인정됨을 전제로 하여 헌법 제37조 제2항의 과잉금지원칙을 적용할 수는 없는 것이다. 한편, 국가공무원법 제66조 제1항은 근로3권이 보장되는 공무원의 범위를 사실상 노무에 종사하는 공무원에 한정하고 있으나, 이는 헌법 제33조 제2항에 근거한 것이고, 전체국민의 공공복리와 사실상 노무에 공무원의 직무의 내용, 노동조건 등을 고려해 보았을 때 입법자에게 허용된 입법재량권의 범위를 벗어난 것이라 할 수 없다(헌법재판소 2007. 8. 30. 선고 2003헌바51,2005헌가5(병합) 전원재판부).

(2) 특수경력직 공무원

대통령령으로 정하는 특수경력직 공무원에 대하여도 집단행동금지에 대한 예외가 인정되고 있다(국가공무원법 제3조 제2항, 지방공무원법 제3조 제2항).

가. 지방공무원의 집단 행위를 금지하고 있는 구 지방공무원법(2010. 3. 22. 법률 제10147호로 개정되기 전의 것) 제82조 중 제58조 제1항의 '공무 외의 일을 위한 집단 행위' 부분(이하 '이 사건 심판대상조항'이라 한다)이 헌법상 명확성원칙에 위배되는지 여부(소극): 이 사건 심판대상조항의 '공무 외의 일을 위한 집단 행위'는 언론·출판·집회·결사의 자유를 보장하고 있는 헌법 제21조 제1항과 국가공무원법의 입법취지, 국가공무원법상의 성실의무와 직무전념의무 등을 종합적으로 고려할 때, '공익에 반하는 목적을 위하여 직무전념의무를 해태하는 등의 영향을 가져오거나 공무에 대한 국민의 신뢰에 손상을 가져올 수 있는 공무원 다수의 결집된 행위'를 말하는 것으로 한정 해석되므로 명확성원칙에 위반된다고 볼 수 없다.

나. …… (생략)

다. 이 사건 심판대상조항이 평등원칙에 위배되는지 여부(소극): 이 사건 심판대상조항에서 지방의회의원과 선거로 취임한 지방자치단체장에게 집단 행위 금지 규정을 적용하지 않는 것은 이들이 모두 자신의 정치적 주장을 펼쳐 주민의 표를 획득함으로써 지방자치행정에 참여하게 되는 대의제민주주의의 핵심 주역이기 때문인바, 오늘날 대의민주주의 하에서 선거로 선출되는 지방의회의원이나 자치단체장은 자신의 정치적 활동과 업적, 추구하는 정책의 타당성으로 주민을 설득하여 그 직을 획득하고 유지함을 본질로 하므로 이들의 정치적 견해 표명은 집단적 행위라 하더라도 허용되어야 한다는 점에서 집단행위 금지 규정을 이들에게 적용하지 않는 것이 평등원칙 위반이라고 볼 수 없다(헌법재판소 2014. 8. 28. 선고 2011헌바50 전원재판부【구 지방공무원법제58조제1항등위헌소원】).

(3) 개별법 상의 예외

6급 이하 공무원과 초·중등학교 교원에게는 단결권, 단체교섭권 및 노동쟁의조정신청권이 인정되고 있다.

국가기관, 지방자치단체 및 그 하부기관에 근무하는 공무원은 근무환경 개선, 업무능률 향상 및 고충처리 등을 위한 직장협의회를 설립·운영할 수 있다.

이러한 내용은 '제1절 공무원의 권리'에서 이미 살펴본 바와 같다.

6. 친절·공정의 의무

공무원은 국민 전체의 봉사자로서 친절하고 공정하게 직무를 수행하여야 한다(국가공무원법 제59조).

친절·공정의무도 윤리적 의무에 불과한 것이 아니라 법적 의무이므로, 공무원이 이 의무를 위반하면 징계사유가 된다.

7. 비밀엄수의무

가. 의의

공무원은 재직중은 물론 퇴직 후에도 직무상 알게 된 비밀을 엄수하여야 한다(국가공무원법 제60조).

한편 위와 같은 공무원법상의 비밀엄수의무 이외에도 개별 법률에서 공무원에게 비밀의 누설을 금지하는 규정을 두고 있는 경우가 있는바, 국가정보원법 제12조 제5항[15], 국세기본법 제81조의8 제1항[16] 등이 그러한 경우의 예이다. 이 경우에 공무원은 국가공무원법과 동시에 그 개별 법률을 준수하여야 할 의무도 지게 된다.

나. 직무상 알게 된 비밀

(1) 비밀의 의의

비밀의 의미에 관하여는 형식설과 실질설이 대립하고 있다.

① 형식설은 행정기관이 법적 절차에 따라 비밀로 지정한 것을 국가공무원법상의 누

---

15) 국가정보원법 제12조(예산회계) ⑤ 국회 정보위원회는 국정원의 예산심의를 비공개로 하며, 국회 정보위원회의 위원은 국정원의 예산 내역을 공개하거나 누설하여서는 아니 된다.

16) 국세기본법 제81조의13(비밀 유지) ① 세무공무원은 납세자가 세법에서 정한 납세의무를 이행하기 위하여 제출한 자료나 국세의 부과·징수를 위하여 업무상 취득한 자료 등(이하 "과세정보"라 한다)을 타인에게 제공 또는 누설하거나 목적 외의 용도로 사용해서는 아니 된다.

설이 금지되는 직무상 비밀로 보는 견해이다.

② 실질설은 객관적·실질적으로 보호할 가치가 있는 사항은 비밀로 지정되어 있는지 여부와 관계없이 국가공무원법상의 누설이 금지되는 직무상 비밀로 보는 견해이다.

③ 판례는 실질설의 입장을 취하고 있다.

> **[1] 국가공무원법상 '직무상 비밀'의 의미 및 그 판단기준:** 국가공무원법상 직무상 비밀이라 함은 국가 공무의 민주적, 능률적 운영을 확보하여야 한다는 이념에 비추어 볼 때 당해 사실이 일반에 알려질 경우 그러한 행정의 목적을 해할 우려가 있는지 여부를 기준으로 판단하여야 하며, 구체적으로는 행정기관이 비밀이라고 형식적으로 정한 것에 따를 것이 아니라 실질적으로 비밀로서 보호할 가치가 있는지, 즉 그것이 통상의 지식과 경험을 가진 다수인에게 알려지지 아니한 비밀성을 가졌는지, 또한 정부나 국민의 이익 또는 행정목적 달성을 위하여 비밀로서 보호할 필요성이 있는지 등이 객관적으로 검토되어야 한다고 한 원심판결을 수긍한 사례.
>
> [2] 기업의 비업무용 부동산 보유실태에 관한 감사원의 감사보고서의 내용이 직무상 비밀에 해당하지 않는다고 본 사례(대법원 1996. 10. 11. 선고 94누7171 판결【파면처분취소】).

(2) 직무상 알게 된 비밀의 범위

'직무상 알게 된 비밀'이란 공무원이 직무수행 과정에서 직접·간접으로 알게 된 모든 비밀을 말한다. 따라서 자신이 직접 처리하는 직무와 관계되는 비밀뿐만 아니라, 다른 부서의 직무에 관한 비밀도 비밀엄수의 대상이 된다는 것이 일치된 견해이다.

위와 같이 직무상 알게 된 비밀에는 형식적으로 비밀로 지정된 비밀도 있지만, 비밀로 지정되지 않은 비밀도 포함된다. 군사기밀보호법 또는 정보및보안업무기획·조정규정(대통령령 ○○호)에 의해 비밀로 지정된 직무상 비밀도 있지만, 개인정보나 기업비밀의 경우 비밀로 지정되어 있지는 않다.

다. 비밀엄수의 시기

직무상 비밀을 취득한 공무원은 재직 중일 때뿐만 아니라, 퇴직 후에도 비밀을 엄수할 의무를 진다.

라. 비밀엄수의무의 한계

(1) 정보공개제도와 비밀엄수의무

(가) 의의: 공공기관의 정보공개에 관한 법률 제9조 제1항 제1호는 "다른 법률 또는

법률이 위임한 명령에 의하여 비밀 또는 비공개 사항으로 규정된 정보에 대하여는 이를 공개하지 아니할 수 있다"고 규정하고 있다. 위 규정과 국가공무원법 제60조, 지방공무원법 제52조와의 관계가 문제된다.

(나) 학설: 통설은 ⅰ) 국가공무원법 제60조, 지방공무원법 제52조의 비밀엄수조항은 공무원이 준수하여야 하는 일반적이고 추상적인 규정일 뿐이고 비공개로 하여야 하는 정보의 내용과 범위가 구체적으로 특정되어 있지 않다. ⅱ) 위 규정을 근거로 비공개를 할 수 있다면 사실상 거의 모든 정보가 비공개대상으로 전락할 우려가 있을 뿐만 아니라, 공공기관의 정보공개에 관한 법률 제9조 제1항 제2호 이하에서 구체적으로 규정하고 있는 비공개대상정보의 유형은 아무런 의미가 없게 된다. ⅲ) 국가공무원법 제60조, 지방공무원법 제52조는 재직 중이거나 퇴직한 공무원의 비밀엄수의무를 규정하는 규정이고, 정보공개법은 공공기관의 정보공개 여부에 관한 법으로서 규율목적과 규율대상을 달리 한다는 점 등을 근거로 국가공무원법 제60조, 지방공무원법 제52조는 정보공개법 제9조 제1항 제1호 소정의 '다른 법률'에 해당되지 않는다고 본다. 위 견해에 따르면 공무원이 알게 된 직무상 비밀이라는 이유만으로 정보공개를 거부할 수는 없다.

이에 대하여 소수설은 ⅰ) 판례가 비밀의 개념을 매우 제한적으로 해석하고 있다는 점, ⅱ) 공무원이 직무상 알게 된 비밀을 정보공개의 대상이 된다고 보는 경우에는 비밀엄수의무를 위반한 공무원을 처벌하도록 규정한 형법 제127조와 상호 모순된다는 점 등을 근거로 국가공무원법 제60조, 지방공무원법 제52조는 정보공개법 제9조 제1항 제1호 소정의 '다른 법률'에 해당된다고 본다[17]. 위 견해에 따르면 따라서 공무원이 직무상 취득한 비밀은 정보공개법상의 비공개대상정보라고 보게 된다.

(다) 평가: 생각건대 '다른 법령에 의하여 비밀 또는 비공개 사항으로 규정된 정보'라 함은 법령에 의하여 비공개로 하여야 하는 정보의 내용과 범위가 구체적으로 특정되어 있는 경우를 의미하고, 추상적이고 일반적인 비공개규정은 이에 해당되지 않는다고 보아야 한다. 따라서 통설이 타당하다.

비공개로 하는 정보의 내용과 범위가 구체적으로 특정되어 있는 경우를 예시하면, 국가정보원법 제12조 제5항의 "국회정보위원회는 국정원의 예산심의를 비공개로 하며, 국회정보위원회의 위원은 국정원의 예산내역을 공개하거나 누설하여서는 아니 된다"는 규정, 국세기본법 제81조의10 제1항의 "세무공무원은 납세자가 세법이 정한 납세의무를 이행하기 위하여 제출한 자료나 국세의 부과 또는 징수를 목적으로 업무상 취득한 자료 등

17) 정하중, 행정법개론, 2007, 411-412면.

을 타인에게 제공 또는 누설하거나 목적 외의 용도로 사용하여서는 아니된다"는 규정 등이 이에 해당된다.

(2) 직무상 비밀에 관한 증언 등의 거부

(가) 공무상 비밀과 증인자격: 공무원 또는 공무원이었던 자가 그 직무에 관하여 알게 된 사실에 관하여 본인 또는 당해 공무소가 직무상 비밀에 속한 사항임을 신고한 때에는 그 소속공무소 또는 감독관공서의 승낙 없이는 증인으로 신문하지 못한다(형사소송법 제147조 제1항). 그 소속공무소 또는 당해 감독관공서는 국가에 중대한 이익을 해하는 경우를 제외하고는 승낙을 거부하지 못한다(형사소송법 제147조 제2항).

(나) 공무상 비밀에 관한 증언·서류 등의 제출: 국회로부터 공무원 또는 공무원이었던 사람이 증언의 요구를 받거나, 국가기관이 서류 등의 제출을 요구받은 경우에 증언할 사실이나 제출할 서류 등의 내용이 직무상 비밀에 속한다는 이유로 증언이나 서류등의 제출을 거부할 수 없다. 다만, 군사·외교·대북 관계의 국가기밀에 관한 사항으로서 그 발표로 말미암아 국가안위에 중대한 영향을 미칠 수 있음이 명백하다고 주무부장관(대통령 및 국무총리의 소속기관에서는 해당 관서의 장)이 증언 등의 요구를 받은 날부터 5일 이내에 소명하는 경우에는 그러하지 아니하다(국회에서의 증언·감정 등에 관한 법률 제4조 제1항).

(3) 내부비리고발을 위한 직무상 비밀의 공개

내부비리를 고발하기 위하여 부득이 직무상 비밀을 제출한 것이 비밀엄수의무 위반이 되는지 문제된다. 부패방지법[18]에 의해 국민권익위원회에 신고하는 행위는 비밀엄수의무 위반이 되지 않는다. 그러나, 이러한 비리고발절차가 있음에도 이 절차를 밟지 않고 내부비리를 고발하기 위하여 언론기관 등에 직무상 비밀을 공개하는 것은 비밀엄수의무 위반이 된다고 보아야 한다. 단 이 경우 공개된 비밀은 실질상 비밀에 해당하는 것이어야 한다.

(4) 정보관리수칙위반과 징계

훈령에 의해 비밀로 되어 있거나 직무명령에 의해 비밀로 되어 있는 경우에도 그것이 실질상 비밀이 아닌 경우에는 이에 위반하여도 비밀엄수의무 위반이 되지 않는다.

---

18) 부패방지 및 국민권익위원회의 설치와 운영에 관한 법률
제55조(부패행위의 신고) 누구든지 부패행위를 알게 된 때에는 이를 위원회에 신고할 수 있다.
제56조(공직자의 부패행위 신고의무) 공직자는 그 직무를 행함에 있어 다른 공직자가 부패행위를 한 사실을 알게 되었거나 부패행위를 강요 또는 제의받은 경우에는 지체 없이 이를 수사기관·감사원 또는 위원회에 신고하여야 한다.

다만, 이 경우에 직무명령에는 위반한 것이 되므로 복종의무 위반으로 징계의 대상이 될 수 있다. 그러나 당해 직무명령이 위법하며 그 위법성이 명백하다면 복종의무 위반이 되지 않으므로 징계사유가 되지 않는다. 또한 직무명령의 위법성이 명백하지 않은 경우에도 직무명령위반이 내부비리고발 등 공익을 위한 것이었다면 징계시에 이를 고려하여 징계책임을 감면하여야 할 것이다(대법원 1996. 10. 11. 선고 94누7171 판결).

감사관이 직무상 비밀이 아닌 감사보고서의 내용을 그대로 신문에 게재되게 함으로써 내부수칙 등 직무상 의무를 위반한 데 대하여 가장 중한 파면처분을 한 것은, 재량권을 일탈한 것이라고 본 사례(이문옥 감사관 사건): 감사보고서의 내용이 직무상 비밀에 속하지 않는다고 할지라도 그 보고서의 내용이 그대로 신문에 게재되게 한 감사원 감사관의 행위는 감사자료의 취급에 관한 내부수칙을 위반한 것이고, 이로 인하여 관련 기업이나 관계 기관의 신용에 적지 않은 피해를 입힌 것으로서 공무원의 성실의무 등 직무상의 의무를 위반한 것으로서 국가공무원법 제78조 소정의 징계사유에 해당하나, 그 감사관의 경력, 감사 중단의 경위, 공개된 보고서의 내용과 영향, 법령 위반의 정도 등을 참작하여 볼 때, 그 감사관에 대한 징계의 종류로 가장 무거운 파면을 선택한 징계처분은 감사관이라는 신분을 감안하더라도 지나치게 무거워 재량권을 일탈하였다고 본 사례(대법원 1996. 10. 11. 선고 94누7171 판결【파면처분취소】).

제4장 공무원의 책임

【제60회 행정고시 문제】 A중앙행정기관 소속 6급 공무원인 甲은 업무수행 중 근무지를 이탈하고 금품을 수수하는 등의 직무의무 위반행위를 하였다. 다음 물음에 답하시오. (총 20점)

1) A중앙행정기관의 장은 甲의 행위가 국가공무원법상 징계사유에 해당한다고 판단됨에도 불구하고 징계위원회에 징계 의결을 요구하지 아니할 수 있는가? (10점)

2) 甲의 행위에 대하여 징계위원회가 감봉 1월의 징계를 의결하였고 그에 따라 동일한 내용의 징계처분이 내려졌다. 甲은 그 징계처분에 대하여 취소소송을 제기하고자 한다. 이 경우 반드시 행정심판절차를 거쳐야 하는가? (10점)

제1절 징계책임

Ⅰ. 의의

징계라 함은 공무원이 공무원으로서 부담하는 의무를 위반한 경우에, 국가 또는 지방자치단체가 공무원관계의 질서를 유지하기 위하여 해당 공무원에게 행정적 제재를 가하는 것을 말한다. 징계를 위하여 가하는 행정적 제재를 징계벌이라고 하고, 징계를 받을 지위를 징계책임이라고 한다.

Ⅱ. 구별개념

1. 징계벌과 형벌과의 관계

가 차이점

(1) 권력적 기초 및 목적

징계벌은 특별행정법관계에서 특별권력주체에게 부여되는 특별권력(징계권)에 기초하여 부과되는 것으로서 공무원관계의 내부질서유지를 목적으로 한다. 반면에 형벌은 일반통치권인 형벌권에 기초하여 부과되는 것으로 국가의 일반적인 법질서유지를 목적으로 한다.

(2) 대상

징계벌은 공무원의 공무원법상의 의무위반을 대상으로 하나 형벌은 형법위반을 대상으로 한다. 징계벌은 공무원법상의 의무위반이라는 객관적 사실에 대하여 과하는 제재이므로 형벌과는 달리 고의 또는 과실이 있음을 요건으로 하지 않는다. 또한 징계벌은 공무원의 신분을 전제로 하여 부과되므로 퇴직 등으로 공무원의 신분을 상실한 경우에는 부과할 수 없으나, 형벌은 공무원의 신분을 전제로 하지 않으므로 공무원의 퇴직 여하와 관계없이 부과된다.

(3) 내용

징계벌은 공무원의 신분상 이익의 전부 또는 일부를 박탈하는 것을 그 내용으로 한다. 형벌은 신분상 이익뿐만 아니라, 재산적 이익이나 자유·생명까지도 박탈함을 내용으로 하고 있다.

(4) 병과

징계벌과 형벌은 그 성질을 달리하기 때문에 양자는 병과될 수 있으며, 병과하더라도 일사부재리의 원칙에 저촉되지 않는다.

(5) 부과절차

징계벌은 징계절차라는 행정절차에 의해 부과되는데, 형벌은 형사법원에 의해 형사소송절차에 의해 부과된다.

나. 상호 관련성

징계벌과 형벌은 공무원의 법규 위반에 대한 제재인 점에서는 동일하고, 공무원의 동일한 행위가 징계벌과 형벌의 대상이 될 수 있으므로 양자는 상호 일정한 관계를 갖고 영향을 미친다.

(1) 형사절차와 징계절차

(가) 원칙: 형사절차와 징계절차는 상호 독립된 절차이므로 공무원의 동일한 행위에 대한 형사절차의 진행이 징계절차에 영향을 미치지 않는 것이 원칙이다. 따라서 공무원에게 징계사유가 인정되는 이상 관련된 형사사건이 아직 유죄로 확정되지 아니하였다고 하더라도 징계처분을 할 수 있다(대법원 2001. 11. 9. 선고 2001두4184 판결).

(나) 징계절차의 임의적 중지: 그런데, 형사절차와 징계절차에서 동일한 법규위반 사실이 동시에 문제될 수 있으므로 징계권자가 형사법원의 판결이 있을 때까지 징계절차를

중지하는 경우가 있다. 즉 검찰·경찰 기타 수사기관에서 수사 중인 사건에 대하여는 수사개시의 통보를 받은 날로부터 징계의결의 요구 기타 징계절차를 진행하지 아니할 수 있다(국가공무원법 제83조 제2항). 다만 이와 같은 징계절차의 중지는 의무적인 것은 아니며 징계권자의 재량에 속하는 것이다.

(2) 형사판결의 기판력

형사법원이 사실의 존재 또는 부존재에 대하여 내린 판단은 원칙상 징계권자를 구속한다고 보아야 한다. 그런데 징계처분 후 징계사유에 대한 형사사건에서 무죄가 확정된 경우 그 징계처분은 근거 없는 사실을 징계사유로 삼은 것이 되어 위법하다고는 할 수 있으나, 그 하자가 객관적으로 명백하다고는 할 수 없으므로 징계처분이 당연무효가 되는 것은 아니다(대법원 1994. 1. 11. 선고 93누14752 판결 등).

그러나 무죄판결이 사실의 존재 여부에 기인한 것이 아니라, 사실은 인정되지만 그것이 범죄구성요건 해당성이 없음을 이유로 한 경우라면 당해 무죄판결은 징계권자를 구속하지 않는다.[1]

형사사건에서 무죄판결을 받은 공무원에 대한 징계처분이 당연무효가 아니라고 본 사례: 공무원인 갑이 그 직무에 관하여 뇌물을 받았음을 징계사유로 하여 파면처분을 받은 후 그에 대한 형사사건이 항소심까지 유죄로 인정되었고 그 형사사건에서 갑이 수사기관과 법정에서 금품수수사실을 자인하였으나 그후 대법원의 파기환송판결에 따라 무죄의 확정판결이 있었다면 위 징계처분은 근거없는 사실을 징계사유로 삼은 것이 되어 위법하다고 할 수는 있을지언정 그것이 객관적으로 명백하다고는 할 수 없으므로 위 징계처분이 당연무효인 것은 아니다(대법원 1989. 9. 26. 선고 89누4963 판결【파면처분무효확인】).

징계처분 후 징계사유에 대한 형사사건에서 무죄가 확정된 경우 그 징계처분이 당연무효인지 여부: 징계처분 후 징계사유에 대한 형사사건으로 1심에서 유죄판결이 선고되었으나 그 후 항소심에서 무죄판결이 선고되고 이 판결이 대법원에서 확정되었다면 그 징계처분이 근거 없는 사실을 징계사유로 삼은 것이 되어 위법하다고는 할 수 있으나 그 하자가 객관적으로 명백하다고는 할 수 없으므로 징계처분이 당연무효가 되는 것은 아니다(대법원 1994. 1. 11. 선고 93누14752 판결【파면처분취소】).

1) 박균성, 행정법론(하), 제15판, 2017, 317면.

2. 직위해제와의 관계

파면·해임·강등 또는 정직에 해당하는 징계 의결이 요구 중인 공무원 또는 형사 사건으로 기소된 공무원(약식명령이 청구된 경우는 제외)에게는 직위를 부여하지 아니할 수 있다(국가공무원법 제73조의3 제1항, 제3호, 제4호).

직위해제처분은 공무원에 대하여 불이익한 처분이긴 하나 징계처분과는 그 목적과 성질을 달리하는 별개의 독립된 것이므로, 직위해제 후 같은 사유로 해임처분 등의 징계처분을 하였다 하여 일사부재리의 원칙에 위배되는 것은 아니다(대법원 1983. 10. 25. 선고 83누184 판결; 대법원 1984. 2. 28. 선고 83누489 판결).

직위해제는 징계처분의 사전단계로서 행해지는 경우가 적지 않다.

Ⅲ. 징계의 사유

1. 징계사유

공무원이 다음 각 호의 어느 하나에 해당하면 징계 의결을 요구하여야 하고 그 징계 의결의 결과에 따라 징계처분을 하여야 한다(국가공무원법 제78조 제1항).

① 국가공무원법 및 국가공무원법에 따른 명령을 위반한 경우

② 직무상의 의무(국가공무원법 이외의 다른 법령에서 공무원의 신분으로 인하여 부과된 의무를 포함한다)에 위반하거나 직무를 태만한 때

③ 직무의 내외를 불문하고 그 체면 또는 위신을 손상하는 행위를 한 때

위와 같은 징계사유의 발생에 있어서의 행위자의 고의·과실은 필요하지 않는다는 것이 판례 및 다수설의 입장이다[2]. 하지만 최소한 '고의·과실의 유무'가 징계양정에 있어서의 고려사항은 된다고 보아야 할 것이다[3].

감독자가 감독의무를 태만히 한 경우도 '직무의 태만'에 해당할 것이므로, 이 경우 감독자에 대한 징계사유가 될 수 있다(대법원 1979. 11. 13. 선고 79누245 판결).

2. 징계사유의 발생시점

징계사유는 공무원의 재직 중 발생하여야 한다. 따라서 특별한 규정이 있는 경우를 제외하고는 공무원으로 임용되기 전의 행위는 원칙적으로 공무원의 징계사유가 될 수 없

---

2) 박균성, 전게서, 318면; 김동희, 행정법Ⅱ, 제24판, 2018, 177면.

3) 김남진·김연태, 행정법Ⅱ, 제21판, 2017, 266면.

다. 다만, 임용 전의 행위라 하더라도 이로 인하여 임용 후의 공무원의 체면 또는 위신을 손상하게 된 경우에는 국가공무원법 제78조 제1항 제3호의 징계사유로 삼을 수 있다고 보아야 할 것이다(대법원 1990. 5. 22. 선고 89누7368 판결).

한편 임용 전의 행위가 재직을 허용하지 못할 정도로 중대한 것인 경우에는 임용행위를 취소 또는 철회할 수 있다[4].

공립학교 교사로 임용되기 전의 뇌물공여행위가 교사로서의 위신 또는 체면을 손상시켰다는 것을 사유로 한 징계처분이 적법하다고 본 사례: 국가공무원으로 임용되기 전의 행위는 국가공무원법 제78조 제2항, 제3항의 경우 외에는 원칙적으로 재직 중의 징계사유로 삼을 수 없다 할 것이나, 비록 임용전의 행위라 하더라도 이로 인하여 임용후의 공무원의 체면 또는 위신을 손상하게 된 경우에는 위 제1항 제3호의 징계사유로 삼을 수 있다고 보아야 할 것인바, 원고가 장학사 또는 공립학교 교사로 임용해 달라는 등의 인사청탁과 함께 금 1,000만 원을 제3자를 통하여 서울시 교육감에게 전달함으로써 뇌물을 공여하였고, 그후 공립학교 교사로 임용되어 재직 중 검찰에 의하여 위 뇌물공여죄로 수사를 받다가 기소되기에 이르렀으며 그와 같은 사실이 언론기관을 통하여 널리 알려졌다면, 비록 위와 같은 뇌물을 공여한 행위는 공립학교 교사로 임용되기 전이었더라도 그 때문에 임용후의 공립학교 교사로서의 체면과 위신이 크게 손상되었다고 하지 않을 수 없으므로 이를 징계사유로 삼은 것은 정당하다(대법원 1990. 5. 22. 선고 89누7368 판결【파면처분취소】).

3. 징계사유의 시효

징계의결 등의 요구는 징계 등의 사유가 발생한 날부터 3년이 지나면 하지 못한다. 다만 ⅰ) 금전, 물품, 부동산, 향응 또는 그 밖에 대통령령으로 정하는 재산상 이익을 취득하거나 제공한 경우, ⅱ) 국·공유의 재산 및 물품 등을 횡령, 배임, 절도, 사기 또는 유용한 경우에는 5년으로 한다(국가공무원법 제83조의2 제1항, 제78조의 제1항).

감사원이나 수사기관에서의 조사 또는 수사를 이유로 징계 절차를 진행하지 못하여 징계시효가 지나거나 그 남은 기간이 1개월 미만인 경우에는 조사나 수사의 종료 통보를 받은 날부터 1개월이 지난 날에 징계시효가 끝나는 것으로 본다(국가공무원법 제83조의2 제2항, 제83조 제1항 및 제2항).

징계위원회의 구성·징계의결 등, 그 밖에 절차상의 흠이나 징계양정 및 징계부가금의 과다를 이유로 소청심사위원회 또는 법원에서 징계처분 등의 무효 또는 취소의 결정이나 판결을 한 경우에는 징계시효가 지나거나 그 남은 기간이 3개월 미만인 경우에도 그 결정

4) 김동희, 전게서, 177면; 박윤흔·정형근, 최신 행정법강의(하), 개정28판, 2009, 263면.

또는 판결이 확정된 날부터 3개월 이내에는 다시 징계의결 등을 요구할 수 있다(국가공무원법 제83조의2 제3항).

뇌물을 공여하고 공무원으로 임용된 경우 징계시효의 기산점: 원고가 공무원 임용과 관련하여 부정한 청탁과 함께 뇌물을 공여하고 공무원으로 임용되었다면 공무원의 신분을 취득하기까지의 일련의 행위가 국가공무원법상의 징계사유에 해당한다고 할 것이므로 국가공무원법 제83조의2 제1항에 정하는 징계시효의 기산점은 원고가 뇌물을 공여한 때가 아니라 공무원으로 임용된 때로부터 기산하여야 할 것이다(대법원 1990. 5. 22. 선고 89누7368 판결【파면처분취소】).

Ⅳ. 징계절차

1. 징계의결의 요구

가. 요구권자

징계 의결 요구는 5급 이상 공무원 및 고위공무원단에 속하는 일반직공무원은 소속 장관이, 6급 이하의 공무원은 소속 기관의 장 또는 소속 상급기관의 장이 한다. 다만, 국무총리·인사혁신처장 및 대통령령등으로 정하는 각급 기관의 장은 다른 기관 소속 공무원이 징계 사유가 있다고 인정하면 관계 공무원에 대하여 관할 징계위원회에 직접 징계를 요구할 수 있다(국가공무원법 제78조 제4항).

감사원은 「국가공무원법」과 그 밖의 법령에 규정된 징계 사유에 해당하거나 정당한 사유 없이 이 법에 따른 감사를 거부하거나 자료의 제출을 게을리 한 공무원에 대하여 그 소속 장관 또는 임용권자에게 징계를 요구할 수 있다(감사원법 제32조 제1항).

지방공무원의 경우 임용권자가 징계의결 등을 요구한다(지방공무원법 제72조 제1항).

나. 법적 성질

공무원이 국가공무원법 제78조 제1항 각 호의 어느 하나에 해당하면 징계 의결을 요구하여야 한다(국가공무원법 제78조 제1항).

먼저 공무원의 구체적인 행위가 징계사유에 해당하는지 여부를 판단함에 있어서 징계권자(징계의결요구권자)에게 재량 내지 판단여지가 인정되는지가 문제될 수 있다. 현재 이를 긍정하는 견해[5]와 부정하는 견해[6]가 대립하고 있다.

다음으로 공무원의 행위가 징계사유에 해당한다고 판단되는 이상 징계권자는 징계를 요구함에 있어서 재량권을 갖지 못한다. 즉 이 경우 징계권자는 반드시 징계의결를 요구하여야 한다(국가공무원법 제78조 제1항).

판례는 징계권자에게는 소속 공무원의 구체적인 행위가 과연 법령에 규정된 징계사유에 해당하는지 여부에 관하여 판단할 재량은 있지만, 징계사유에 해당하는 것이 명백한 경우에는 징계의결을 요구할 의무가 있다고 보고 있다(대법원 2007. 7. 12. 선고 2006도1390 판결; 대법원 2013. 6. 27. 선고 2011도797 판결).

[1] 소속 공무원의 구체적인 행위가 징계사유에 해당하는 것이 명백한 경우에 소속 지방자치단체장이 관할 인사위원회에 징계를 요구할 의무를 지는지 여부(적극): 지방공무원의 징계와 관련된 규정을 종합해 보면, 징계권자이자 임용권자인 지방자치단체장은 소속 공무원의 구체적인 행위가 과연 지방공무원법 제69조 제1항에 규정된 징계사유에 해당하는지 여부에 관하여 판단할 재량은 있지만, 징계사유에 해당하는 것이 명백한 경우에는 관할 인사위원회에 징계를 요구할 의무가 있다.

[2] 소속 공무원들이 전국공무원노동조합이 주도한 파업에 참가한 행위가 지방공무원법 제48조 내지 제50조, 제58조 등이 규정하는 집단행위금지의무, 직장이탈금지의무 등의 직무상 의무에 위반되는 것이어서 임용권자인 소속 지방자치단체장의 징계의결요구 의무가 인정될 정도의 징계사유에 해당한다고 한 사례.

[3] 징계사유의 시효를 정한 지방공무원법 제73조의2 제1항의 규정은 공무원에게 징계사유에 해당하는 비위가 있더라도 그에 따른 징계절차를 진행하지 않았거나 못한 경우 그 사실상태가 일정 기간 계속되면 그 적법·타당성 등을 묻지 아니하고 그 상태를 존중함으로써 공직의 안정성을 보장하려는 취지이지, 임용권자가 징계시효기간 내에만 징계의결요구를 하면 된다는 취지로는 해석되지 아니하고, 오히려 지방공무원 징계 및 소청규정 제2조 제1항, 제6항에서 임용권자는 징계사유에 대한 충분한 조사를 한 후 소속공무원에게 징계사유가 있다고 인정될 때에는 "지체 없이" 관할 인사위원회에 징계의결을 요구하여야 한다고 규정한 취지에 비추어 볼 때, 임용권자는 징계사유가 발생하면 이에 대한 충분한 조사를 한 다음, 특별한 사정이 없는 한 지체 없이 징계의결요구를 할 직무상 의무가 있다(대법원 2007. 7. 12. 선고 2006도1390 판결).

교육기관 등의 장이 수사기관의 장 등으로부터 소속 교육공무원의 징계사유를 증명할 수 있는 관계자료를 통보받고 1월 이내에 징계의결을 요구하지 아니한 것이 재량권의 한계를 벗어난 것으로서 위법한 경우 및 징계사유에 해당함이 객관적으로 명백한지와 징계의결을 요구하지 아니할 상당한 이유가 있는지 판단하는 방법: 교육공무원 징계령 제6조 제3항, 제4항은 교육공무원에게 징계사유가 있

5) 류지태·박종수, 행정법신론, 제15판, 2011, 840면.

6) 박균성, 전게서, 321면.

음을 알게 된 수사기관의 장 등으로 하여금 해당 교육공무원에 대한 징계의결요구권을 가지고 있는 교육기관 등의 장에게 징계사유를 증명할 수 있는 관계 자료를 통보함으로써 징계절차의 원활한 진행이 가능하도록 하는 한편, 징계의결요구권자에 의한 자의적인 징계운영을 견제하려는 데에 그 취지가 있다. 그러므로 이 경우에도 징계의결요구권을 갖는 교육기관 등의 장은 통보받은 자료 등을 토대로 소속 교육공무원의 구체적인 행위가 과연 징계사유에 해당하는지에 관하여 판단할 재량을 갖는다고 할 것이지만, 통보받은 자료 등을 통해 징계사유에 해당함이 객관적으로 명백하다고 확인되는 때에는 상당한 이유가 없는 한 1월 이내에 징계의결을 요구할 의무가 있다고 보아야 한다. 따라서 통보받은 자료 등을 통해 징계사유에 해당함이 객관적으로 명백하고, 달리 징계의결을 요구하지 아니할 상당한 이유가 없는데도 1월 이내에 관할 징계위원회에 징계의결을 요구하지 아니하면, 이는 재량권의 한계를 벗어난 것으로서 위법할 뿐만 아니라 법령에서 부여된 구체적인 작위의무를 수행하지 아니한 경우에 해당할 수 있다. 이때 징계사유에 해당함이 객관적으로 명백한지 및 상당한 이유가 있는지는 징계사유에 해당한다고 통보받은 구체적인 사실관계의 내용과 그에 대한 법적 평가, 증거 자료의 구비 정도, 징계의 필요성이나 적절성, 징계의결요구를 유보하는 데에 합당한 이유가 있었는지 등을 관계 자료가 통보된 때로부터 1월이 경과하는 시점을 기준으로 객관적이고 합리적인 방법으로 판단하여야 한다(대법원 2013. 6. 27. 선고 2011도797 판결).

다. 요구절차

징계의결 등을 요구할 때에는 징계 등 사유에 대한 충분한 조사를 한 후에 그 증명에 필요한 다음 각 호의 관계 자료를 첨부하여 관할 징계위원회에 제출하여야 하고, 중징계 또는 경징계로 구분하여 요구하여야 한다(공무원징계령 제7조 제6항).

징계의결 등 요구권자는 징계의결 등을 요구하면서 동시에 제6항의 공무원 징계의결 등 요구서 사본을 징계 등 혐의자에게 송부하여야 한다. 다만, 징계 등 혐의자가 그 수령을 거부하는 경우에는 그러하지 아니하다(공무원징계령 제7조 제7항). 이는 징계혐의자로 하여금 어떠한 사유로 징계에 회부되었는가를 사전에 알게 함으로써 징계위원회에서 그에 대하여 적절하게 방어할 수 있도록 준비하게 하려는 취지의 강행규정에 해당된다. 따라서 징계의결요구서 사본의 송부 없이 진행된 징계절차는 원칙적으로 위법하다(대법원 1993. 6. 25. 선고 92누17426 판결; 대법원 1993. 12. 14. 선고 93누14851 판결).

[1] 징계위원회의 심의과정에 반드시 제출되어야 하는 공적 사항이 제시되지 않은 상태에서 결정한 징계처분이 위법한지 여부(적극): 공무원징계령 제7조 제6항 제3호에 의하면, 공무원에 대한 징계의결을 요구할 때는 징계사유의 증명에 필요한 관계 자료뿐 아니라 '감경대상 공적 유무' 등이 기재된 확인서를 징계위원회에 함께 제출하여야 하고, 경찰 공무원 징계양정 등에 관한

규칙 제9조 제1항 제2호 및 [별표 10]에 의하면 경찰청장의 표창을 받은 공적은 징계양정에서 감경할 수 있는 사유의 하나로 규정되어 있다. 위와 같은 관계 법령의 규정 및 기록에 비추어 보면, 징계위원회의 심의과정에 반드시 제출되어야 하는 공적 사항이 제시되지 않은 상태에서 결정한 징계처분은 징계양정이 결과적으로 적정한지 그렇지 않은지와 상관없이 법령이 정한 징계절차를 지키지 않은 것으로서 위법하다.

[2] 경찰공무원인 갑이 관내 단란주점 내에서 술에 취해 소란을 피우는 등 유흥업소 등 출입을 자제하라는 지시명령을 위반하고 경찰공무원으로서 품위유지의무를 위반하였다는 이유로 경찰서장이 징계위원회 징계 의결에 따라 갑에 대하여 견책처분을 한 사안에서, 위 징계처분은 징계위원회 심의과정에서 반드시 제출되어야 하는 공적 사항인 경찰총장 표창을 받은 공적이 기재된 확인서가 제시되지 않은 상태에서 결정한 것이므로, 징계양정이 결과적으로 적정한지와 상관없이 법령이 정한 절차를 지키지 않은 것으로서 위법하고 이와 같은 취지의 원심판단은 정당하다고 한 사례(대법원 2012. 6. 28. 선고 2011두20505 판결【징계처분취소】).

공무원징계의결요구서 사본의 송부 없이 진행된 징계절차의 효력: 공무원징계령 제7조 제7항에 의하면 징계의결요구권자는 징계위원회에 징계의결을 요구함과 동시에 징계사유와 요구하는 징계종류 등을 기재한 공무원징계의결요구서 사본을 징계혐의자에게 송부하도록 되어 있는바, 이 규정의 취지는 징계혐의자로 하여금 어떠한 사유로 징계에 회부되었는가를 사전에 알게 함으로써 징계위원회에서 그에 대한 방어 준비를 하게 하려는 것으로 징계위원회에 출석하여 진술할 수 있는 권리와 함께 징계혐의자의 방어권 보장을 위한 주요규정으로서 강행규정이므로 징계의결요구서 사본의 송부 없이 진행된 징계절차는 징계혐의자의 방어권 준비 및 행사에 지장이 없었다거나 징계혐의자가 이의 없이 징계위원회에 출석하여 변명하였다는 등의 특단의 사정이 인정되지 않는 이상 위법하다(대법원 1993. 6. 25. 선고 92누17426 판결【파면처분취소】).

2. 징계의 의결

가. 징계의결권자(징계위원회)

공무원의 징계처분 등을 의결하게 하기 위하여 대통령령 등으로 정하는 기관에 징계위원회를 둔다((국가공무원법 제81조 제1항)). 공무원의 징계는 징계위원회의 의결에 따라 행하여진다(국가공무원법 제81조 제1항, 제82조 제1항).

징계위원회는 공무원의 징계에 관한 의사를 결정할 권한은 있으나, 이를 대외적으로 표시할 권한은 없다. 따라서 징계위원회는 단순한 의결기관이지, 행정청에 해당되지는 않는다.

나. 의결절차

(1) 징계혐의자의 출석

원칙상 출석통지서를 교부하여 징계 등 혐의자를 징계위원회에 출석시켜야 한다(공무원징계령 제10조 제1항). 징계위원회는 징계 등 혐의자가 그 징계위원회에 출석하여 진술하기를 원하지 아니할 때에는 진술권포기서를 제출하게 하여 기록에 첨부하고 서면심사만으로 징계의결 등을 할 수 있다(공무원징계령 제10조 제3항). 징계 등 혐의자가 정당한 사유서를 제출하지 아니하면 출석을 원하지 아니하는 것으로 보아 그 사실을 기록에 남기고 서면심사에 따라 징계의결 등을 할 수 있다(공무원징계령 제10조 제4항).

교육공무원징계령 제8조 소정의 적법한 출석통지 없이 한 징계심의절차의 적부: 교육공무원법의 위임에 의하여 제정된 교육공무원징계령 제8조 소정의 징계혐의자에 대한 출석통지는 징계혐의자로 하여금 징계심의 개최일을 알게 하고 동시에 자기에게 이익되는 사실을 진술하거나 증거자료를 제출할 기회를 부여하기 위한 조치에서 나온 강행규정으므로 적법한 출석통지 없이 한 징계심의 절차는 위법하다(대법원 1987. 7. 21. 선고 86누623 판결).

(2) 심문과 진술권

징계위원회는 제10조 제1항에 따라 출석한 징계등 혐의자에게 혐의 내용에 관한 심문을 하고 필요하다고 인정할 때에는 관계인의 출석을 요구하여 심문할 수 있다(공무원징계령 제11조 제1항)

징계위원회는 징계등 혐의자에게 충분한 진술을 할 수 있는 기회를 주어야 하며, 징계등 혐의자는 별지 제2호의2서식의 의견서 또는 구술로 자기에게 이익이 되는 사실을 진술하거나 증거를 제출할 수 있다(공무원징계령 제11조 제2항).

징계위원회는 징계등 혐의자에세 진술 기회를 부여하여야 하며, 진술 기회를 주지 아니한 징계의결은 무효이다(국가공무원법 제81조 제3항, 제13조 제2항).

(3) 사실조사 및 감정

징계위원회는 필요하다고 인정할 때에는 소속 직원으로 하여금 사실조사를 하게 하거나 특별한 학식과 경험이 있는 사람에게 검정이나 감정을 의뢰할 수 있다(공무원징계령 제12조 제3항).

다. 징계위원회의 의결

징계위원회는 위원 5명 이상의 출석과 출석위원 과반수의 찬성으로 의결하되, 의견이 나뉘어 출석위원 과반수의 찬성을 얻지 못한 경우에는 출석위원 과반수가 될 때까지 징계등 혐의자에게 가장 불리한 의견에 차례로 유리한 의견을 더하여 가장 유리한 의견을 합의된 의견으로 본다(공무원징계령 제12조 제1항).

징계처분은 징계위원회의 의결에 따라 행하여지므로, 징계처분에서의 재량은 주로 징계위원회의 의결에 부여되어 있다. 징계위원회는 징계여부의 결정 및 징계의 종류의 선택에 있어서 재량권을 가진다.

징계위원회는 징계의결이 요구된 징계사유를 심리대상으로 하여 그에 대하여만 심리·판단하여야 하고 징계의결이 요구된 징계사유를 근본적으로 수정하거나 그 밖의 징계사유를 추가하여 징계의결을 할 수 없다. 또한 징계대상자에게 변명과 소명자료를 제출할 기회를 부여하도록 되어 있음에도 이러한 징계절차를 위반하여 이루어진 징계는 징계사유가 인정되는지와 관계없이 절차위반으로 무효라고 보아야 한다(대법원 2012. 1. 27. 선고 2010다100919 판결).

다만 징계처분에서 징계사유로 삼지 아니한 비위행위라도 징계종류 선택의 자료로서 피징계자의 평소 소행과 근무성적, 당해 징계처분 사유 전후에 저지른 비위행위 사실 등은 징계양정을 하면서 참작자료로 삼을 수 있다(대법원 2011. 3. 24. 선고 2010다21962 판결 등).

한편 수 개의 징계사유 중 그 일부가 인정되지 않는다 하더라도 인정되는 다른 징계사유만으로도 당해 징계처분의 타당성을 인정하기에 충분한 경우에는 그 징계처분을 유지한다고 하여 위법하다고 할 수 없다(대법원 2002. 9. 24. 선고 2002두6620 판결).

[1] 공무원에 대한 징계처분이 재량권의 범위를 벗어난 위법한 처분인지 여부의 판단 기준: 공무원인 피징계자에게 징계사유가 있어 징계처분을 하는 경우 어떠한 처분을 할 것인지는 징계권자의 재량에 맡겨진 것이고, 다만 징계권자가 그 재량권의 행사로서 한 징계처분이 사회통념상 현저하게 타당성을 잃어 징계권자에게 맡겨진 재량권을 남용한 것이라고 인정되는 경우에 한하여 그 처분을 위법한 것이라 할 것이고, 공무원에 대한 징계처분이 사회통념상 현저하게 타당성을 잃었다고 하려면 구체적인 사례에 따라 징계의 원인이 된 비위사실의 내용과 성질, 징계에 의하여 달성하려고 하는 행정목적, 징계 양정의 기준 등 여러 요소를 종합하여 판단할 때에 그 징계 내용이 객관적으로 명백히 부당하다고 인정할 수 있는 경우라야 한다.

[2] 수 개의 징계사유 중 일부가 인정되지 않으나 인정되는 다른 일부 징계사유만으로도 당해 징계처분의 타당성을 인정하기에 충분한 경우, 그 징계처분을 유지할 수 있는지 여부(적극): 수 개의 징계사유

중 일부가 인정되지 않더라도 인정되는 다른 징계사유만으로도 당해 징계처분의 타당성을 인정하기에 충분한 경우에는 그 징계처분을 유지하여도 위법하지 아니하다.

[3] 경찰공무원이 담당사건의 고소인으로부터 금품을 수수하고 향응과 양주를 제공받았으며 이를 은폐하기 위하여 고소인을 무고하는 범죄행위를 하였다는 사유로 해임처분을 받은 경우, 위 징계사유 중 금품수수사실이 인정되지 않더라도 나머지 징계사유만으로도 해임처분의 타당성이 인정되어 재량권의 범위를 일탈·남용한 것이 아니라고 한 사례(대법원 2002. 9. 24. 선고 2002두6620 판결【해임처분취소】).

징계처분의 재량권 남용에 대한 사법심사 방식 및 그 판단 기준: 징계사유에 해당하는 행위가 있더라도, 징계권자가 그에 대하여 징계처분을 할 것인지, 징계처분을 하면 어떠한 종류의 징계를 할 것인지는 징계권자의 재량에 맡겨져 있다고 할 것이나, 그 재량권의 행사가 징계권을 부여한 목적에 반하거나, 징계사유로 삼은 비행의 정도에 비하여 균형을 잃은 과중한 징계처분을 선택함으로써 비례의 원칙에 위반하거나 또는 합리적인 사유 없이 같은 정도의 비행에 대하여 일반적으로 적용하여 온 기준과 어긋나게 공평을 잃은 징계처분을 선택함으로써 평등의 원칙에 위반한 경우에는, 그 징계처분은 재량권의 한계를 벗어난 것으로서 위법하고, 징계처분에 있어 재량권의 행사가 비례의 원칙을 위반하였는지 여부는, 징계사유로 인정된 비행의 내용과 정도, 그 경위 내지 동기, 그 비행이 당해 행정조직 및 국민에게 끼치는 영향의 정도, 행위자의 직위 및 수행직무의 내용, 평소의 소행과 직무성적, 징계처분으로 인한 불이익의 정도 등 여러 사정을 건전한 사회통념에 따라 종합적으로 판단하여 결정하여야 한다(대법원 2001. 8. 24. 선고 2000두7704 판결【면직처분취소】).

[1] 징계위원회가 징계의결이 요구된 징계사유를 근본적으로 수정하거나 그 밖의 징계사유를 추가하여 징계의결을 할 수 있는지 여부 및 징계대상자에 대한 소명기회 부여 등 징계절차를 위반하여 이루어진 징계해고의 효력: 취업규칙 등 징계규정에서, 근로자에게 일정한 징계사유가 있을 때 징계의결 요구권자가 먼저 징계사유를 들어 징계위원회에 징계의결 요구를 하고 징계의결 결과에 따라 징계처분을 하되 징계위원회는 징계대상자에게 진술의 기회를 부여하고 이익되는 사실을 증명할 수 있도록 하며 징계의결을 하는 경우에는 징계의 원인이 된 사실 등을 명시한 징계의결서에 의하도록 규정하고 있을 경우, 징계위원회는 어디까지나 징계의결 요구권자에 의하여 징계의결이 요구된 징계사유를 심리대상으로 하여 그에 대하여만 심리·판단하여야 하고 징계의결이 요구된 징계사유를 근본적으로 수정하거나 징계의결 이후에 발생한 사정 등 그 밖의 징계사유를 추가하여 징계의결을 할 수는 없다. 또한 징계대상자에게 징계위원회에 출석하여 변명과 소명자료를 제출할 기회를 부여하도록 되어 있음에도 이러한 징계절차를 위반하여 징계해고하였다면 이러한 징계권의 행사는 징계사유가 인정되는지와 관계없이 절차의 정의에 반하여 무효라고 보아야 한다.

[2] 국민건강보험공단이 인사규정 위반을 이유로 근로자 갑을 해임처분한 사안에서, 징계위원회가 징

계의결이 요구되지 않은 새로운 징계사유를 추가하여 징계의결하였고, 갑이 징계사유에 대한 변명과 소명자료를 제출할 기회를 부여받았다고 할 수 없으므로 징계절차를 위반하여 이루어진 해임처분은 무효라는 이유로, 이와 달리 본 원심판결에 법리오해의 위법이 있다고 한 사례: 국민건강보험공단이 인사규정 위반을 이유로 근로자 갑을 해임처분한 사안에서, 공단의 징계의결 요구를 받은 징계위원회가 갑이 징계위원회에 음주상태로 출석하여서 한 진술과 관련하여 '진술 시 품위손상'을 별도의 독립한 징계사유로 삼았으나, 징계의결 요구권자는 징계위원회에 갑의 사내 전자게시판 게시글 게시행위만을 징계사유로 삼아 경징계 요구하였으므로 징계의결에는 요구되지 않은 '진술 시 품위손상'을 새로운 징계사유로 추가한 잘못이 있고, 징계위원회가 갑에게 '진술 시 품위손상'이 징계사유로 된다는 점을 징계위원회 개최 중에라도 전혀 고지하지 않았으므로 갑이 음주상태로 징계위원회에 출석하게 된 경위에 관하여 답변하였다고 하여 징계사유에 대한 변명과 소명자료를 제출할 기회를 부여받았다고 할 수 없으므로, 공단 인사규정에서 정한 징계절차를 위반하여 이루어진 위 해임처분은 징계사유가 인정되는지와 관계없이 무효라는 이유로, 이와 달리 본 원심판결에 법리오해의 위법이 있다고 한 사례(대법원 2012. 1. 27. 선고 2010다100919 판결).

라. 심사 또는 재심사청구

징계의결 등을 요구한 기관의 장은 징계위원회의 의결이 가볍다고 인정하면 그 처분을 하기 전에 직근 상급기관에 설치된 징계위원회(직근 상급기관이 없는 징계위원회의 의결에 대하여는 그 징계위원회)에 심사나 재심사를 청구할 수 있다(국가공무원법 제82조 제2항). 징계위원회의 의결이 가볍다고 인정할 때에만 재심사를 청구할 수 있고, 징계위원회의 의결이 무겁다고 인정할 때에는 재심사를 청구할 수 없다.

이러한 재심사절차는 원래의 징계절차와 함께 하나의 징계처분절차를 이룬다. 따라서 원래의 징계과정에 절차 위반의 하자가 있더라도 재심사과정에서 보완되었다면 절차 위반의 하자는 치유된 것으로 본다(대법원 1999. 3. 26. 선고 98두4672 판결). 그러나 재심절차를 전혀 이행하지 않거나 재심절차에 중대한 하자가 있어 재심의 효력을 인정할 수 없는 경우에는 그 징계처분이 무효가 된다(대법원 2002. 12. 26. 선고 2002다57201 판결).

징계처분에 대한 재심절차는 원래의 징계절차와 함께 전부가 하나의 징계처분절차를 이루는 것으로서 그 절차의 정당성도 징계과정 전부에 관하여 판단되어야 할 것이므로 원래의 징계과정에 절차 위반의 하자가 있더라도 재심과정에서 보완되었다면 그 절차 위반의 하자는 치유되지만, 그 재심절차를 전혀 이행하지 않거나 재심절차에 중대한 하자가 있어 재심의 효력을 인정할 수 없는 경우에는 그 징계처분이 무효가 된다(대법원 2002. 12. 26. 선고 2002다57201 판결).

3. 징계처분

가. 징계처분권자

징계권은 임용권에 포함되는 것이므로, 임용권자가 징계처분권자가 되는 것이 원칙이다. 하지만 법률이 이에 대하여 별도의 규정을 두고 있는 경우도 있다.

개별 법률이 규정하고 있는 징계처분권자는 다음과 같다.

국가공무원의 징계처분 등은 징계위원회가 설치된 소속 기관의 장이 하되, 국무총리 소속으로 설치된 징계위원회(국회·법원·헌법재판소·선거관리위원회에 있어서는 해당 중앙인사관장기관에 설치된 상급 징계위원회를 말한다)에서 한 징계의결 등에 대하여는 중앙행정기관의 장이 한다. 다만, 파면과 해임은 징계위원회의 의결을 거쳐 각 임용권자 또는 임용권을 위임한 상급 감독기관의 장이 한다(국가공무원법 제82조제1항).

지방공무원의 징계처분 등은 인사위원회의 의결을 거쳐 임용권자가 한다. 다만, 5급 이상 공무원 또는 이와 관련된 하위직공무원의 징계처분등과 소속 기관(시·도와 구·시·군, 구·시·군)을 달리하는 동일사건에 관련된 사람의 징계처분 등은 시·도의 인사위원회의 의결로 한다(지방공무원법 제72조 제1항).

나. 징계처분의 성질

징계처분은 행정처분의 성질을 갖는다. 따라서 징계처분은 행정심판(소청) 및 행정소송의 대상이 된다.

징계처분권자는 그 징계 의결의 결과에 따라 징계처분을 하여야 한다(국가공무원법 제78조 제1항). 즉 법문상 징계처분권자는 징계위원회의 의결에 구속되고, 원칙상 징계에 관하여 재량이 인정되지 않는다. 다만 징계의결 등을 요구한 기관의 장은 징계위원회의 의결이 가볍다고 인정하면 그 처분을 하기 전에 직근 상급기관에 설치된 징계위원회(직근 상급기관이 없는 징계위원회의 의결에 대하여는 그 징계위원회)에 심사나 재심사를 청구할 수 있는바(국가공무원법 제82조 제2항), 위와 같이 징계위원회가 의결한 징계를 중하게 할 것을 요구할 수 있는 한도 내에서는 재량권을 가진다.

다. 처분사유설명서의 교부

공무원에 대하여 징계처분 등을 할 때나 강임·휴직·직위해제 또는 면직처분을 할 때에는 그 처분권자 또는 처분제청권자는 처분사유를 적은 설명서를 교부하여야 한다. 다만, 본인의 원(願)에 따른 강임·휴직 또는 면직처분은 그러하지 아니하다(국가공무원법 제75조 제1항).

위와 같이 처분사유사유설명서를 교부하도록 한 취지는 징계처분 등의 불이익처분을 신중하게 하도록 하고, 불이익처분을 받은 자로 하여금 그에 대하여 불복을 제기하는 것을 용이하게 하기 위한 것이다.

처분사유설명서의 교부를 당해 처분의 효력발생요건으로 보는 견해와 처분사유설명서를 교부하지 않은 것은 처분의 절차상 하자로서 취소사유가 된다고 보는 견해[7]가 대립하고 있다. 판례는 후자의 입장을 취하고 있다(대법원 1991. 12. 24. 선고 90누1007 판결).

지방공무원법 제67조 제1항 소정의 처분사유설명서의 교부가 처분의 효력발생요건인지 여부(소극) 및 직권에 의한 면직처분에 있어 인사발령통지서에 단순히 당해 처분의 법적 근거를 제시하는 내용만을 기재하여 한 데 그친 것을 처분사유설명서로 볼 수 있는지 여부(적극): 지방공무원법 제67조 제1항의 규정은 징계처분이 정당한 이유에 의하여 한 것이라는 것을 분명히 하고 또 피처분자로 하여금 불복이 있는 경우에 출소의 기회를 부여하는 데 그 법의가 있다고 할 것이므로 그 처분사유설명서의 교부를 처분의 효력발생요건이라고 할 수 없을 뿐만 아니라 직권에 의한 면직처분을 한 경우 그 인사발령통지서에 처분사유에 대한 구체적인 적시 없이 단순히 당해 처분의 법적 근거를 제시하는 내용을 기재한 데 그친 것이더라도 그러한 기재는 위 법조 소정의 처분사유 설명서로 볼 수 있다(대법원 1991. 12. 24. 선고 90누1007 판결)

라. 징계처분과 일사부재리의 원칙

이미 징계처분을 받은 자에 대하여 동일한 징계사유로 다시 징계를 할 수는 없다. 그러나 다른 징계사유를 근거로 다시 징계하는 것은 가능하다. 징계사유가 동일한지 여부는 기본적 사실관계의 동일성을 기준으로 판단한다. 징계처분에 대한 쟁송과정에서 기본적 사실관계의 동일성이 없는 징계처분사유의 추가 및 변경은 허용되지 않는다(대법원 1983. 10. 25. 선고 83누396 판결).

마. 재징계의결 등의 요구

(1) 재징계의결 등의 요구

처분권자는 다음 각 호에 해당하는 사유로 소청심사위원회 또는 법원에서 징계처분등의 무효 또는 취소(취소명령 포함)의 결정이나 판결을 받은 경우에는 다시 징계 의결 또는 징계부가금 부과 의결(이하 "징계의결 등"이라 한다)을 요구하여야 한다. 다만, 제3호의 사유로 무효 또는 취소(취소명령 포함)의 결정이나 판결을 받은 감봉·견책 처분에 대하여는 징계의결을 요구하지 아니할 수 있다(국가공무원법 제78조의3 제1항).

① 법령의 적용, 증거 및 사실 조사에 명백한 흠이 있는 경우

7) 박균성, 전게서, 326면.

② 징계위원회의 구성 또는 징계의결 등, 그 밖에 절차상의 흠이 있는 경우
③ 징계양정 및 징계부가금이 과다(過多)한 경우

(2) 재징계

처분권자는 제1항에 따른 징계의결 등을 요구하는 경우에는 소청심사위원회의 결정 또는 법원의 판결이 확정된 날부터 3개월 이내에 관할 징계위원회에 징계의결 등을 요구하여야 하며, 관할 징계위원회에서는 다른 징계사건에 우선하여 징계의결 등을 하여야 한다.

(3) 불이익변경금지 원칙의 적용여부

재징계의 경우에도 불이익변경금지의 원칙이 적용되어 원징계처분보다 무거운 징계를 할 수 없는지가 문제된다. 재징계절차는 원징계처분 및 소청심사의 절차와는 별개의 절차로서 여기에 불이익변경금지의 원칙이 적용될 여지는 없다는 것이 판례의 태도이다(대법원 2008. 10. 9. 선고 2008두11853,11860 판결).

[1] 소청심사위원회가 의원면직처분을 취소하는 결정을 한 후 징계권자가 징계절차에 따라 당해 공무원에 대하여 징계처분을 하는 경우, 국가공무원법 제14조 제6항에 정한 불이익변경금지의 원칙이 적용되는지 여부(소극): 국가공무원법 제14조 제6항(*현행법은 제7항)은 소청심사결정에서 당초의 원처분청의 징계처분보다 청구인에게 불리한 결정을 할 수 없다는 의미인데, 의원면직처분에 대하여 소청심사청구를 한 결과 소청심사위원회가 의원면직처분의 전제가 된 사의표시에 절차상 하자가 있다는 이유로 의원면직처분을 취소하는 결정을 하였다고 하더라도, 그 효력은 의원면직처분을 취소하여 당해 공무원으로 하여금 공무원으로서의 신분을 유지하게 하는 것에 그치고, 이때 당해 공무원이 국가공무원법 제78조 제1항 각 호에 정한 징계사유에 해당하는 이상 같은 항에 따라 징계권자로서는 반드시 징계절차를 열어 징계처분을 하여야 하므로, 이러한 징계절차는 소청심사위원회의 의원면직처분취소 결정과는 별개의 절차로서 여기에 국가공무원법 제14조 제6항에 정한 불이익변경금지의 원칙이 적용될 여지는 없다.

[2] 원고들이 의원면직처분에 대한 소청심사청구를 하자, 소청심사위원회가 의원면직처분의 전제가 된 원고들의 사의표시가 감찰조직의 강요에 의하여 이루어졌을 개연성이 높다는 이유로 원고들에 대한 의원면직처분을 취소하는 결정을 하였고, 이에 피고가 징계절차를 열어 원고들에 대하여 각 파면처분을 하였는바(원고 1에 대하여는 소청심사위원회에서 다시 해임처분으로 변경됨), 위와 같은 원고들에 대한 징계절차는 소청심사위원회의 의원면직처분 취소결정과는 별개의 절차로서 여기에 불이익변경의 원칙이 적용될 여지가 없으므로, 그 징계절차에서 원고들에게 의원면직처분보다 사실상 불리한 처분인 해임이나 파면처분이 내려졌다고 하더라도, 이것이 불이익변경금지의 원칙에 위배되는 것이라고 할 수 없다(대법원 2008. 10. 9. 선고 2008두11853,11860 판결【해임처분취소·파면처분취소】).

Ⅴ. 징계처분의 종류

공무원에 대한 징계에는 파면·해임·강등·정직·감봉·견책이 있다(국가공무원법 제79조, 지방공무원법 제70조).

파면·해임·강등·정직을 중징계라 하고, 감봉·견책을 경징계라고 한다(공무원징계령 제1조의 2).

1. 파면과 해임

파면과 해임은 모두 공무원의 신분을 박탈하는 징계처분인 점에서는 동일 하지만 공직에의 취임제한, 퇴직급여 및 퇴직수당급여의 제한 등 그 부수적인 효과가 다르다. 즉, 파면의 경우에는 파면의 처분을 받은 때로부터 5년을 경과하지 아니한 경우 공무원에 임용될 수 없는데 반하여, 해임의 경우에는 해임의 처분을 받은 때로부터 3년을 경과하지 아니한 경우 공무원에 임용될 수 없다(국가공무원법 제33조 제1항).

한편 i) 탄핵 또는 징계에 의하여 파면된 경우 및 ii) 금품 및 향응 수수, 공금의 횡령·유용으로 징계에 의하여 해임된 경우에는 대통령령으로 정하는 바에 따라 퇴직급여 및 퇴직수당의 일부를 줄여 지급한다. 이 경우 퇴직급여액은 이미 낸 기여금의 총액에 민법 제379조에 따른 이자를 가산한 금액 이하로 줄일 수 없다(공무원연금법 제65조 제1항).

2. 강등

강등은 1계급 아래로 직급을 내리고(고위공무원단에 속하는 공무원은 3급으로 임용하고, 연구관 및 지도관은 연구사 및 지도사로 한다) 공무원신분은 보유하나 3개월간 직무에 종사하지 못하며 그 기간 중 보수는 전액을 감한다. 다만, 제4조 제2항에 따라 계급을 구분하지 아니하는 공무원과 임기제공무원에 대해서는 강등을 적용하지 아니한다(국가공무원법 제80조 제1항).

강등처분을 받은 자는 승진·승급이 18개월 동안 제한된다(국가공무원법 제80조 제6항, 공무원임용령 제32조 제1항).

3. 정직

정직은 1개월 이상 3개월 이하의 기간으로 하고, 정직 처분을 받은 자는 그 기간 중 공무원의 신분은 보유하나 직무에 종사하지 못하며 보수는 전액을 감한다(국가공무원법 제80조 제3항).

정직처분을 받은 자는 승진·승급이 18개월 동안 제한된다(국가공무원법 제80조 제6항, 공무원임용령 제32조 제1항).

4. 감봉

감봉은 1개월 이상 3개월 이하의 기간 동안 보수의 3분의 1을 감하는 징계처분을 말한다(국가공무원법 제80조 제4항).

감봉을 받은 자는 승진·승급이 12개월간 제한된다(국가공무원법 제80조 제6항, 공무원임용령 제32조 제1항).

[1] 지방계약직공무원에 대하여 지방공무원법 등에 정한 징계절차에 의하지 않고 보수를 삭감할 수 있는지 여부(원칙적 소극): 근로기준법 등의 입법 취지, 지방공무원법과 지방공무원징계및소청규정의 여러 규정에 비추어 볼 때, 채용계약상 특별한 약정이 없는 한, 지방계약직공무원에 대하여 지방공무원법, 지방공무원징계및소청규정에 정한 징계절차에 의하지 않고서는 보수를 삭감할 수 없다고 봄이 상당하다.

[2] 지방계약직공무원의 봉급을 삭감할 수 있도록 규정한 '서울특별시 지방계약직공무원 인사관리규칙' 제8조 제3항이 상위 법령의 위임 한계를 벗어나 무효인지 여부(적극): 지방계약직공무원규정의 시행에 필요한 사항을 규정하기 위한 '서울특별시 지방계약직공무원 인사관리규칙' 제8조 제3항은 근무실적 평가 결과 근무실적이 불량한 사람에 대하여 봉급을 삭감할 수 있도록 규정하고 있는바, 보수의 삭감은 이를 당하는 공무원의 입장에서는 징계처분의 일종인 감봉과 다를 바 없음에도 징계처분에 있어서와 같이 자기에게 이익이 되는 사실을 진술하거나 증거를 제출할 수 있는 등(지방공무원징계및소청규정 제5조)의 절차적 권리가 보장되지 않고 소청(지방공무원징계및소청규정 제16조) 등의 구제수단도 인정되지 아니한 채 이를 감수하도록 하는 위 규정은, 그 자체 부당할 뿐만 아니라 지방공무원법이나 지방계약직공무원규정에 아무런 위임의 근거도 없는 것이거나 위임의 범위를 벗어난 것으로서 무효이다(대법원 2008. 6. 12. 선고 2006두16328 판결).

5. 견책

견책은 전과(前過)에 대하여 훈계하고 회개하게 하는 징계처분을 말한다(국가공무원법 제80조 제4항). 견책을 받은 자는 6개월간 승진·승급이 제한된다(국가공무원법 제80조 제6항, 공무원임용령 제32조 제1항).

6. (불문)경고

경고는 법령에 정하여진 징계의 종류에 해당하지는 않지만, 실무상 가장 가벼운 징계로 행하여지고 있다.

경고는 공무원의 신분에 법적인 효과를 미치지 않으므로 원칙상 처분에 해당하지 않는다(대법원 1991. 11. 12. 선고 91누2700 판결), 하지만 경고가 실질적으로 공무원의 권리·의무에 직접적으로 영향을 미친다고 판단되는 경우는 항고소송의 대상이 되는 처분으로 볼 수 있다(대법원 2002. 7. 26. 선고 2001두3532 판결).

[1] 어떠한 처분의 근거나 법적인 효과가 행정규칙에 규정되어 있는 경우, 그 처분이 항고소송의 대상이 되는 행정처분에 해당하기 위한 요건: 항고소송의 대상이 되는 행정처분이라 함은 원칙적으로 행정청의 공법상 행위로서 특정 사항에 대하여 법규에 의한 권리의 설정 또는 의무의 부담을 명하거나 기타 법률상 효과를 발생하게 하는 등으로 일반 국민의 권리 의무에 직접 영향을 미치는 행위를 가리키는 것이지만, 어떠한 처분의 근거나 법적인 효과가 행정규칙에 규정되어 있다고 하더라도, 그 처분이 행정규칙의 내부적 구속력에 의하여 상대방에게 권리의 설정 또는 의무의 부담을 명하거나 기타 법적인 효과를 발생하게 하는 등으로 그 상대방의 권리 의무에 직접 영향을 미치는 행위라면, 이 경우에도 항고소송의 대상이 되는 행정처분에 해당한다.

[2] 행정규칙에 의한 '불문경고조치'가 비록 법률상의 징계처분은 아니지만 위 처분을 받지 아니하였다면 차후 다른 징계처분이나 경고를 받게 될 경우 징계감경사유로 사용될 수 있었던 표창공적의 사용가능성을 소멸시키는 효과와 1년 동안 인사기록카드에 등재됨으로써 그 동안은 장관표창이나 도지사표창 대상자에서 제외시키는 효과 등이 있다는 이유로 항고소송의 대상이 되는 행정처분에 해당한다고 한 사례(대법원 2002. 7. 26. 선고 2001두3532 판결).

7. 징계부과금

징계부과금이란 공무원의 징계사유가 ⅰ) 금전, 물품, 부동산, 향응 또는 그 밖에 대통령령으로 정하는 재산상 이익을 취득하거나 제공한 경우거나, ⅱ) 공금, 국·공유재산 및 물품을 횡령, 배임, 절도, 사기 또는 유용한 경우에 해당 징계 외에 그 행위로 취득하거나 제공한 금전 또는 재산상 이득의 5배내에서 징계권자의 요구에 의해 징계위원회가 부과하는 금전벌을 말한다(국가공무원법 제78조의2 제1항).

가. 징계부가금은 공무원의 업무질서를 유지하기 위하여 공금의 횡령이라는 공무원의 의무 위반 행위에 대하여 지방자치단체가 사용자의 지위에서 행정 절차를 통해 부과하는 행정적 제재이다. 비록 징계부가금이 제재적 성격을 지니고 있더라도 이를 두고 헌법 제13조 제1항에서 금지하는 국가형벌권 행사로서의 '처벌'에 해당한다고 볼 수 없으므로, 심판대상조항은 이중처벌금지원칙에 위배되지 않는다.

나. 행정소송에 관한 판결이 확정되기 전에 행정청의 처분에 대하여 공정력과 집행력을 인정하는 것은 징계부가금에 국한되는 것이 아니라 우리 행정법체계에서 일반적으로 채택되고 있는 것이므로, 징계부가금 부과처분에 대하여 공정력과 집행력을 인정한다고 하여 이를 확정판결 전의 형벌집행과 같은 것으로 보아 곧바로 무죄추정원칙에 위배된다고 할 수 없다(헌법재판소 2015. 02. 26. 선고 2012헌바435 전원재판부).

제2절 변상책임

Ⅰ. 의의

공무원의 변상책임이란 공무원이 직무상 의무에 위반하여 국가 또는 지방자치단체에게 재산상의 손해를 발생하게 한 경우에, 국가·지방자치단체에게 대하여 부담하는 재산상의 책임을 말한다.

Ⅱ. 국가배상법 상의 변상책임

1. 구체적 내용

공무원이 직무를 집행하면서 고의 또는 과실로 법령을 위반하여 타인에게 손해를 입힌 경우에는 국가나 지방자치단체가 그 배상책임을 진다. 이때에 공무원에게 고의 또는 중대한 과실이 있으면 국가나 지방자치단체는 그 공무원에게 구상할 수 있다(국가배상법 제2조 제2항).

도로·하천, 그 밖의 공공의 영조물의 설치나 관리의 하자로 인하여 타인에게 손해가 발생한 경우에는 국가나 지방자치단체가 그 손해를 배상하여야 한다. 이때 공무원에게 손해의 원인에 대하여 책임이 있으면 국가나 지방자치단체는 그 자에게 구상할 수 있다(국가배상법 제5조 제2항).

공무원이 직무행위로 사경제적 작용을 행함에 있어 고의 또는 과실로 타인에게 손해를 가하였을 때에는 국가는 사용자로서 민법에 의한 배상책임을 진다(민법 제756조 제1항). 이 경우에 국가는 공무원에게 손해의 원인에 대하여 책임이 있을 때에는 그에게 구상할 수 있다(민법 제756조 제3항).

2. 구상권의 행사방법

국가배상법 상의 구상권을 행사하는 방법에 대해서는 별다른 규정이 없다.

이에 대하여는 사법상의 채권행사방법에 의하여야 한다는 견해가 있고[8], 판례도 동일한 입장이다(대법원 1991. 5. 10. 선고 91다6764 판결 등). 하지만 이는 공법상의 법률관계에 대한 소송이므로, 공법상의 당사자소송을 제기하는 것이 타당하다고 보여진다.

Ⅲ. 회계관계 직원 등의 변상책임

현행법은 회계관계 직원 등의 변상책임을 별도로 규정하고 있다. 위와 같이 회계관계 직원 등에 대하여 변상책임을 별도로 규정하고 있는 것은 회계사무를 집행하는 회계관계 직원 등에 대하여는 다른 공무원에 비하여 그 책임을 더욱 엄중하게 하기 위한 것이다. 이를 규정한 법률이 '회계관계직원 등의 책임에 관한 법률'이다.

1. 회계관계 직원의 의의

회계관계 직원이란 ⅰ)「국가재정법」,「국가회계법」,「국고금관리법」 등 국가의 예산 및 회계에 관계되는 사항을 정한 법령에 따라 국가의 회계사무를 집행하는 사람으로서 다음 각 목의 어느 하나에 해당하는 사람, ⅱ)「지방재정법」 및「지방회계법」 등 지방자치단체의 예산 및 회계에 관계되는 사항을 정한 법령에 따라 지방자치단체의 회계사무를 집행하는 사람으로서 다음 각 목의 어느 하나에 해당하는 사람, ⅲ)「감사원법」에 따라 감사원의 감사를 받는 단체 등의 회계사무를 집행하는 사람으로서 다음 각 목의 어느 하나에 해당하는 사람, ⅳ) 제1호부터 제3호까지에 규정된 사람의 보조자로서 그 회계사무의 일부를 처리하는 사람을 말한다(법 제2조).

2. 변상책임의 유형

가. 재산상 손해에 대한 책임

회계관계 직원은 고의 또는 중대한 과실로 법령이나 그 밖의 관계 규정 및 예산에 정하여진 바를 위반하여 국가, 지방자치단체, 그 밖에 감사원의 감사를 받는 단체 등의 재산에 손해를 끼친 경우에는 변상할 책임이 있다(법 제4조 제1항).

여기서 중대한 과실을 범한 경우에 해당되는지의 여부는, 회계관계직원이 그 업무를

8) 박윤흔·정형근, 전게서, 269면.

수행함에 있어 따라야 할 법령 기타 관계 규정 및 예산에 정하여진 바에 따르지 않음으로써 성실의무에 위배한 정도가 그 업무내용에 비추어 중대한 것으로 평가될 수 있는지에 따라 결정되어야 하고, 단순히 그 업무내용이 고도의 기능적, 관리적 성격을 가지느냐 아니면 기계적, 사실적 성격을 가지느냐에 의해 결정될 것은 아니다(대법원 2003. 6. 27. 선고 2001두9660 판결).

나. 현금·물품에 대한 책임

현금 또는 물품을 출납·보관하는 회계관계직원은 선량한 관리자로서의 주의를 게을리하여 그가 보관하는 현금 또는 물품이 망실(亡失)되거나 훼손된 경우에는 변상할 책임이 있다(법 제4조 제2항). 여기서 '망실'의 의미에는 분실, 도난 등 당사자의 의사에 의하지 아니하고 그 점유를 상실한 경우뿐만 아니라 편취 등 당사자의 하자 있는 의사에 의하여 그 점유를 상실한 경우까지도 모두 포함된다(대법원 2002. 10. 11. 선고 2001두3297 판결).

제2항의 경우 현금 또는 물품을 출납·보관하는 회계관계 직원은 스스로 사무를 집행하지 아니한 것을 이유로 그 책임을 면할 수 없다(법 제4조 제3항).

[1] 구 회계관계직원등의책임에관한법률 제4조 제2항 소정의 '망실'의 의미에 분실, 도난뿐만 아니라 편취 등에 의한 점유상실도 포함되는지 여부(적극): 구 회계관계직원등의책임에관한법률(2001. 4. 7. 법률 제6461호로 전문 개정되기 전의 것) 제4조 제2항에 규정된 '망실'의 의미에는 분실, 도난 등 당사자의 의사에 의하지 아니하고 그 점유를 상실한 경우뿐만 아니라 편취 등 당사자의 하자 있는 의사에 의하여 그 점유를 상실한 경우까지도 모두 포함된다고 보아야 한다.

[2] 구 회계관계직원등의책임에관한법률에 의한 회계관계직원의 변상책임금액을 감액할 수 있는지 여부(소극): 구 회계관계직원등의책임에관한법률(2001. 4. 7. 법률 제6461호로 전문 개정되기 전의 것)에 의한 공무원의 변상책임은 회계사무를 집행하는 회계관계직원에 대하여는 다른 공무원과는 달리 그 책임을 엄중히 하기 위한 것으로서 국가배상법에 의한 공무원의 구상책임과는 그 성립의 기초를 달리하므로 그 제한에 관한 원리를 유추적용하여 변상금액을 감액할 수는 없고, 구 회계관계직원등의책임에관한법률 자체에 정상에 관한 사유를 참작하여 변상금을 감액하도록 하는 규정이 존재하지 않는 이상 변상금액 자체를 감액할 수는 없다(대법원 2002. 10. 11. 선고 2001두3297 판결【국고금손실변상재심판정취소】).

다. 공동의 행위로 인한 책임

제1항 및 제2항의 경우 그 손해가 2명 이상의 회계관계 직원의 행위로 인하여 발생한 경우에는 각자의 행위가 손해발생에 미친 정도에 따라 각각 변상책임을 진다. 이 경우 손해발생에 미친 정도가 분명하지 아니하면 그 정도가 같은 것으로 본다(법 제4조 제4항).

라. 위법한 회계관계 행위를 지시 또는 요구한 상급자의 책임

회계관계 직원의 상급자가 회계관계 직원에게 법령이나 그 밖의 관계 규정 및 예산에 정하여진 바를 위반하는 회계관계 행위를 지시하거나 요구함으로써 그에 따른 회계관계 행위로 인하여 변상의 책임이 있는 손해가 발생한 경우에는 그 상급자는 회계관계 직원과 연대하여 제4조에 따른 변상의 책임을 진다(법 제8조 제1항).

3. 변상책임의 결정

가. 행정기관의 장의 변상명령

중앙관서의 장, 지방자치단체의 장, 감독기관의 장, 해당 기관의 장은 회계관계 직원이 제4조에 따른 변상책임이 있다고 인정되는 경우에는 감사원이 판정하기 전이라도 해당 회계관계직원에 대하여 변상을 명할 수 있다(법 제6조 제1항).

소속 행정기관장의 변상명령의 법적 성질이 문제된다. 이에 대하여는 ⅰ) 사법상의 채무이행명령의 성질을 가진다는 견해, ⅱ) 변상책임자에게 공무원법상의 의무를 부과하는 행정처분의 성격을 가는다는 견해[9], ⅲ) 변상명령에 따르지 않는 경우에 대한 강제집행의 근거규정이 없는 점 등에 비추어, 그것은 행정기관의 내부행위(직무명령)에 불과하며 법적 행위가 아니라는 견해[10]가 대립하고 있다.

나. 감사원의 변상판정

감사원은 회계관계 직원 등에 대한 변상책임의 유무를 심리(審理)하고 판정한다(감사원법 제31조 제1항).

감사원의 변상판정은 변상책임의 유무, 변상책임자 및 변상액을 결정하는 행정행위(확인행위)이다[11].

다. 변상판정에 따른 변상명령

감사원은 제1항에 따라 변상책임이 있다고 판정하면 변상책임자, 변상액 및 변상의 이유를 분명히 밝힌 변상판정서를 소속 장관, 감독기관의 장 또는 해당 기관의 장에게 송부하여야 한다(감사원법 제31조 제2항).

제2항의 변상판정서를 받은 소속 장관, 감독기관의 장 또는 해당 기관의 장은 그 송

---

9) 정하중, 행정법개론, 2007, 1066면.
10) 박균성, 행정법론(하), 제15판, 2017, 335면.
11) 박균성, 전게서, 335면.

부를 받은 날부터 20일 이내에 변상판정서를 해당 변상책임자에게 교부하여 감사원이 정한 날까지 변상하게 하여야 한다(감사원법 제31조 제3항).

변상판정서에 근거한 위 변상명령의 처분성 여부가 문제된다. 판례는 이 변상명령을 그 자체 하나의 독립한 행정행위로 보고, 그에 대하여 항고소송을 제기할 수 있다고 보고 있다(대법원 1994. 12. 2. 선고 93누623 판결).

감사원법상 소속장관 등의 변상명령이 행정소송의 대상이 되는 독립한 행정행위인지 여부: 감사원의 변상판정의 위법과는 별개로 소속장관 등의 변상명령 자체에 위법사유가 있을 수 있어 변상명령을 별도로 행정소송 대상으로 인정할 필요성도 있고, 또한 감사원법 제31조 제2항, 제3항, 제5항, 제36조 제1항, 변상판정집행절차에관한규칙 제4조 제1항, 제9조 제1항 등의 규정을 종합하여 보면, 회계관계직원 등의 변상책임에 관하여 감사원은 추상적인 변상의무의 유무 및 범위 등을 확정할 뿐이고 그 변상판정의 내용에 따른 구체적인 변상금 납부의무는 소속장관 등이 감사원의 변상판정서를 첨부한 변상명령처분을 함으로써 비로소 발생한다 할 것이어서, 변상명령은 감사원의 변상판정에 의해 성립한 기존의 의무 이상으로 새로운 의무를 부담시키는 것은 아닐지라도 변상책임자의 권리의무에 아무런 영향을 미치지 않는 단순한 변상판정의 한 단계로서의 표시행위에 불과한 것으로 볼 수는 없을 것이고 그 자체 독립한 행정행위의 하나로 보아야 할 것이다(대법원 1994. 12. 2. 선고 93누623 판결【변상명령무효확인】).

4. 변상책임의 강제집행

소속 행정기관의 장의 변상명령에 대한 강제집행에 관해서는 별다른 규정이 존재하지 않는다. 또한 그 변상명령은 변상의무를 발생시키는 법적 행위도 아니다. 따라서 상대방이 이행하지 않더라도 강제집행을 할 수 없고 소속기관의 장 등은 감사원에 변상판정을 청구하는 수밖에 없다.

감사원의 변상판정이 내려졌음에도 불구하고 변상책임자가 감사원이 정한 날까지 변상의 책임을 이행하지 아니하였을 때에는 소속 장관 또는 감독기관의 장은 관계 세무서장에게 위탁하여 「국세징수법」 중 체납처분의 규정을 준용하여 이를 집행한다(감사원법 제31조 제5항).

5. 해당 공무원의 불복절차

가. 소속 행정기관장의 변상명령에 대한 불복

소속 행정기관의 장의 변상명령에 불복하는 회계관계 직원은 이의가 있으면 감사원장이 정하는 판정청구서에 의하여 감사원에 판정을 청구할 수 있다(법 제6조 제3항).

나. 감사원의 변상판정에 대한 불복

감사원의 변상판정에 대하여 위법 또는 부당하다고 인정하는 본인, 소속 장관, 감독기관의 장 또는 해당 기관의 장은 변상판정서가 도달한 날부터 3개월 이내에 감사원에 재심의를 청구할 수 있다(감사원법 제36조 제1항).

감사원의 재심의는 행정심판의 성질을 가진다. 따라서 재심의 판정은 행정심판의 재결에 해당한다.

다. 감사원의 재심의 판정에 대한 불복

감사원의 재심의 판정에 대하여는 감사원을 당사자로 하여 행정소송을 제기할 수 있다(감사원법 제40조 제2항).

판례는 "감사원의 변상판정 처분에 대하여서는 행정소송을 제기할 수 없고, 재결에 해당하는 재심의 판정에 대하여서만 감사원을 피고로 하여 행정소송을 제기할 수 있다(대법원 1984. 4. 10. 선고 84누91 판결)"라고 판시하고 있다. 즉 판례는 감사원의 재심의를 필요적 전치절차로 보고 있으며, 아울러 원처분인 변상판정이 아니라 재결에 해당하는 재심의 판정만을 대상으로 항고소송을 제기할 수 있다고 파악함으로써, 감사원법이 원처분주의가 아닌 재결주의를 채택하고 있다고 해석한다.

제4편 경찰행정법

제1장 개설

제2장 (행정)경찰권의 근거

제3장 경찰권 행사의 한계

제4장 경찰책임의 원칙

제1장 개설

Ⅰ. 경찰의 개념

1. 경찰개념의 변천

17-18세기의 절대주의 국가에서의 경찰작용은 공공의 안녕과 질서유지뿐만 아니라 적극적인 복리증진을 위한 모든 작용을 포함하고 있었다. 19세기에 이르러 확립된 시민적 법치주의 하에서 경찰의 임무는 소극적인 질서유지와 위해의 제거로 제한되고, 적극적인 복리증진은 경찰개념에 포함시키지 아니하게 된다. 이러한 관념은 오늘날에도 실질적 의미의 경찰개념에 승계되어 있다.

2. 경찰개념의 유형

가. 형식적 의미의 경찰(제도적 의미의 경찰)

형식적 의미의 경찰이라 함은 실정법상 보통경찰기관의 권한에 속하는 모든 작용을 말하며, 그 작용의 성질이 무엇인지는 묻지 않는다.

그런데 경찰법 제3조[1](경찰관직무집행법 제2조와 그 내용이 같다)의 규정에 의하면 형식적 의미의 경찰의 임무는 실질적 의미의 경찰(행정경찰) 이외에 사법경찰(경찰법 제3조 제2호: 범죄의 예방·진압 및 수사)도 그 소관사무로 되어 있다.

나. 실질적 의미의 경찰(행정경찰)

종래에는 실질적 의미의 경찰이란 "공공의 안녕·질서를 유지하기 위하여 일반통치권에 의거하여 개인에게 명령·강제하는 작용"을 말한다고 보는 것이 일반적 이었다[2]. 그런

1) 경찰법 제3조(국가경찰의 임무) 국가경찰의 임무는 다음 각 호와 같다.
1. 국민의 생명·신체 및 재산의 보호
2. 범죄의 예방·진압 및 수사
2의2. 범죄피해자 보호
3. 경비·요인경호 및 대간첩·대테러 작전 수행
4. 치안정보의 수집·작성 및 배포
5. 교통의 단속과 위해의 방지
6. 외국 정부기관 및 국제기구와의 국제협력
7. 그 밖의 공공의 안녕과 질서유지

데 이러한 정의는 경찰작용의 권력적 측면만을 본 것으로서 완전하다고 할 수 없다. 오늘날 위해방지 작용은 명령·강제와 같은 권력적 수단만이 아니라, 각종 재해를 당한 사람의 보호, 교통교육의 실시, 교통방송을 통한 교통안내, TV에서의 범죄예방의 홍보 등 비권력적 수단을 행사하는 경우가 점차 확대되어 가고 있기 때문이다. 그리하여 실질적 의미의 경찰은 "공공의 안녕·질서를 유지하기 위하여 위해를 방지하고 제거하는 행정작용"이라고 정의하는 것이 보다 타당하다고 보는 견해가 유력하다[3].

실질적 의미의 경찰은 행정경찰이라고도 한다. 실질적 의미의 경찰은 그 작용이 어느 기관의 소관사항으로 되어 있는지를 불문하고, 작용의 성질을 기준으로 하여 학문적으로 정립된 개념이다.

실질적 의미의 경찰에는 보통경찰기관에 의한 경찰작용 뿐만 아니라, 일반행정기관에 의한 경찰작용(예: 건축·위생·환경·산림 등)도 포함되어 있다. 따라서 형식적 의미의 경찰과 실질적 의미의 경찰은 그 내용이 반드시 일치하는 것이 아니다.

Ⅱ. 경찰의 종류

1. 행정경찰과 사법경찰

가. 개념

경찰은 그 직접적인 목적에 따라 행정경찰과 사법경찰로 나눌 수 있다.

행정경찰은 공공의 안녕과 질서유지를 위한 행정작용을 말하고, 사법경찰은 범죄의 수사, 범인의 체포 등의 형사사법작용을 말한다. 범죄의 수사, 범인의 체포 등과 같은 형사사법작용은 실질적 의미의 경찰에 해당하지 아니하나, 공공의 안녕과 질서유지를 임무로 하는 기관이 담당하는 것이 편리하므로 통상 보통경찰기관이 이를 담당하도록 하고 있다[4].

경찰을 행정경찰과 사법경찰로 구분하는 것은 프랑스에서 비롯되어 대륙법계 여러 나라에서 일반화된 것이나, 영미에서는 양자의 구별을 인정하지 않고 사법경찰사무는 일반경찰기관의 고유사무로 이해되고 있다[5].

---

2) 박균성, 행정법론(하), 제15판, 2017, 608면.

3) 정하중, 행정법개론, 2007, 1073면.

4) 우리나라에서는 조직상으로 행정경찰과 사법경찰을 구분하지 않고 일반경찰기관이 양자를 아울러 관장하고 있다(형사소송법 재196조, 경찰관직무집행법 제2조)

5) 박윤흔·정형근, 최신 행정법강의(하), 개정28판, 2009, 299면

나. 행정경찰과 사법경찰의 구별

동일한 기관 또는 공무원이 종종 행정경찰업무와 사법경찰업무를 동시에 담당하는 경우에는 양자의 구분이 쉽지 않다.

한편 경찰기관이 아닌 행정기관에 사법경찰권이 부여되는 경우에 이를 특별사법경찰권이라고 한다. 환경공무원에게 일정한 요건 하에서 환경범죄에 대한 사법경찰권이 부여되고 있는 것이 그러한 경우의 예이다.

(1) 개념상 구별

사법경찰은 범죄자를 재판에 넘기기 위하여 범죄의 수사, 피의자의 체포 등을 목적으로 하는 경찰작용을 말한다. 반면에 행정경찰은 공공질서에 대한 혼란의 억제와 예방조치를 취하는 것을 목적으로 한다.

사법경찰은 그 성질이 사법작용인 데 반하여 행정경찰은 행정작용으로서의 성질을 갖는다.

사법경찰은 사후적 제재적 작용이지만, 행정경찰은 예방적 작용이다.

(2) 구별실익

행정경찰은 행정작용이기 때문에 행정법규가 적용되고, 경찰청장의 지휘·감독을 받는다(경찰법 제11조 제3항). 반면에 사법경찰은 국가형벌권의 작용이므로 형사소송법이 적용되고, 검사의 감독을 받는다(형사소송법 제197조의2, 제197조의3).

(3) 구별기준

양자의 구별은 행위의 성격과 함께 업무수행자의 의도를 기준으로 행하여야 할 것이다.

예를 들면, 경찰관이 교통정리를 할 때에는 행정경찰의 임무를 수행하는 것이고, 범칙금을 부과할 때에는 사법경찰의 임무를 수행하는 것이 된다. 그런데 경찰관직무집행법 상의 불심검문(제3조 제1항)처럼 범죄의 예방이나 위험의 방지라는 행정경찰작용과 이미 행하여진 범죄에 대한 사법경찰작용인 수사가 중복적으로 행하여지는 경우도 적지 않다.

2. 보안경찰과 협의의 행정경찰

행정경찰은 다시 보안경찰과 협의의 행정경찰로 나누어진다.

보안경찰은 공공의 안녕·질서를 유지하기 위하여 다른 종류의 행정작용에 부수하지 아니하고 보통경찰기관에 의하여 독립적으로 행하여지는 경찰작용(위해방지작용)을 말한다(예: 교통·집회·위험물 단속, 소방 등).

협의의 행정경찰은 다른 행정작용을 수행하는 행정기관에 의해 다른 행정작용에 부수하여 수행되는 경찰작용(위해방지작용)을 말한다(예: 건축·위생·환경·산림·철도행정 등과 관련된 위해방지작용).

보안경찰과 협의의 행정경찰의 관념은 19세기 독일에서 성립된 것으로서, 이 시대에는 이들 모두를 보통경찰기관이 관장하고 있었다. 그러나 2차 세계대전 이후 탈경찰화 정책이 진행되면서 대부분의 협의의 행정경찰은 각각의 행정기관의 소관사항으로 이관되었고, 보통경찰기관은 긴급한 경우의 위해방지업무(생명·신체의 보호, 범죄의 예방 등)를 담당하는 이른바 집행경찰을 수행하고 있다. 이러한 점은 우리나라의 경우에도 마찬가지로서, 대부분의 위해방지임무는 보통경찰기관이 아닌 일반행정기관에서 수행하고 있다고 보아야 할 것이다[6].

3. 예방경찰과 진압경찰

이는 경찰권 발동의 시점을 기준으로 한 분류이다.

예방경찰은 경찰상 위해가 발생하기에 앞서 그것을 미리 방지하기 위하여 발동되는 경찰을 말한다. 예컨대 전염병예방, 경찰의 방범활동, 위험건축물의 철거 등이 이에 해당한다.

진압경찰이라 함은 이미 발생한 경찰상 위해를 제거하기 위하여 행해지는 경찰작용을 말한다. 예컨대 범죄의 수사·폭동진압, 교통사고시 구조활동 등이 이에 해당한다.

4. 평시경찰과 비상경찰

평시경찰은 일반경찰기관이 일반경찰법규에 의하여 평시에 행하는 공공의 안녕·질서유지 작용을 말한다. 비상경찰이라 함은 전시·사변 또는 이에 준하는 국가비상사태에 있어서 병력으로 공공의 안녕·질서를 유지하는 경찰작용을 말한다. 예를 들면, 비상계엄의 경우에는 계엄사령관이 경찰사무를 행한다.

5. 국가경찰과 자치체경찰

국가경찰은 국가가 설치·유지하는 경찰을 말하고, 자치체경찰은 지방자치단체가 설치·유지하는 경찰을 말한다. 경찰법은 행정안전부장관 소속으로 경찰청을 두고, 시·도지사 소속으로 지방경찰청을 두어 중앙경찰과 지방경찰의 책임분담을 도모하고 있다(경찰법 제2조 제1항, 제2항[7]). 그러나 지방경찰청도 경찰청의 지휘·감독을 받는 국가경찰의

---

6) 정하중, 전게서, 1076면; 김철용, 행정법Ⅱ, 제9판, 2009, 261면.

7) 경찰법제2조(국가경찰의 조직)

일부를 이루고 있으므로(경찰법 제14조 제2항[8]), 현재 소방사무를 제외하고는(소방기본법 제3조 참조), 원칙상 자치체경찰은 없다고 할 수 있다[9].

다만 '제주특별자치도 설치 및 국제자유도시 조성을 위한 특별법'의 시행과 더불어 제주특별자치도에 자치경찰제가 도입되었다(법 제7장).

Ⅲ. (행정)경찰의 조직

1. 보통경찰기관

보통경찰기관이란 경찰작용을 주된 업무로 수행하는 행정기관을 말한다. 보통경찰기관에는 행정관청의 지위를 갖는 보통경찰관청, 의결 및 협의기관인 경찰위원회·치안행정협의회, 그리고 집행기관인 경찰집행기관이 있다.

가. 보통경찰관청

보통경찰관청이란 경찰사무 일반에 관한 국가의사를 결정·표시하는 권한을 가진 경찰행정기관을 말한다. 경찰청장·지방경찰청장·경찰서장이 이에 해당한다.

보통경찰관청은 경찰청장을 최상급 기관으로 하여 경찰청장·지방경찰청장·경찰서장 순으로 전국에 걸쳐 피라미드 형식의 계층적 구조를 이루고 있다.

(1) 경찰청장

치안에 관한 사무를 관장하게 하기 위하여 행정안전부장관 소속으로 경찰청을 둔다(정부조직법 제34조 제5항, 경찰법 제2조 제1항). 경찰청에 경찰청장을 두며, 경찰청장은 치안총감(治安總監)으로 보한다(경찰법 제11조 제1항). 경찰청장은 경찰위원회의 동의를 받아 행정안전부장관의 제청으로 국무총리를 거쳐 대통령이 임명한다. 이 경우 국회의 인사청문을 거쳐야 한다(경찰법 제11조 제2항). 경찰청장은 국가경찰에 관한 사무를 총괄하고 경찰청 업무를 관장하며 소속 공무원 및 각급 국가경찰기관의 장을 지휘·감독한다(경

---

① 치안에 관한 사무를 관장하게 하기 위하여 행정안전부장관 소속으로 경찰청을 둔다.
② 경찰청의 사무를 지역적으로 분담하여 수행하게 하기 위하여 특별시장·광역시장 및 도지사(이하 "시·도지사"라 한다) 소속으로 지방경찰청을 두고, 지방경찰청장 소속으로 경찰서를 둔다.

8) 경찰법 제14조 ② 지방경찰청장은 경찰청장의 지휘·감독을 받아 관할구역의 국가경찰사무를 관장하고 소속 공무원 및 소속 국가경찰기관의 장을 지휘·감독한다.

9) 용례상 자치체경찰(지방자치단체경찰)과 지방경찰은 구분할 필요가 있다. 지방경찰이란 지방에 설치되는 국가경찰을 말한다(경찰법 제4장). 현행 실정법상 지방경찰은 국가의 지방경찰을 의미한다.

찰법 제11조 제3항). 경찰청장의 임기는 2년으로 하고, 중임(重任)할 수 없다(경찰법 제11조 제5항). 경찰청장이 직무를 집행하면서 헌법이나 법률을 위배하였을 때에는 국회는 탄핵 소추를 의결할 수 있다(경찰법 제11조 제6항).

(2) 지방경찰청장

경찰청의 사무를 지역적으로 분담하여 수행하게 하기 위하여 시·도지사 소속으로 지방경찰청을 둔다(경찰법 제2조 제2항). 지방경찰청에 지방경찰청장을 두며, 지방경찰청장은 치안정감·치안감(治安監) 또는 경무관(警務官)으로 보한다(경찰법 제14조 제1항). 지방경찰청장은 경찰청장의 지휘·감독을 받아 관할구역의 국가경찰사무를 관장하고 소속 공무원 및 소속 국가경찰기관의 장을 지휘·감독한다(경찰법 제14조 제2항).

지방경찰청장은 시·도지사 소속 하에 있지만, 시·도지사의 지휘·감독을 받지 않고 경찰청장의 지휘·감독을 받는다는 점에서 자치체경찰청의 지위에 있는 것이 아니다. 지방경찰청장을 시·도지사의 소속하에 둔 것은 장래 지방경찰을 자치체경찰로 전환하는 경우를 대비한 것이라고 볼 수 있다[10].

(3) 경찰서장

지방경찰청장 소속으로 경찰서를 둔다(경찰청법 제2조 제2항). 경찰서에 경찰서장을 두며, 경찰서장은 경무관, 총경(總警) 또는 경정(警正)으로 보한다(경찰청법 제17조 제1항). 경찰서장은 지방경찰청장의 지휘·감독을 받아 관할구역의 소관 사무를 관장하고 소속 공무원을 지휘·감독한다(경찰청법 제17조 제2항). 경찰서장 소속으로 지구대 또는 파출소를 두고, 그 설치기준은 치안수요·교통·지리 등 관할구역의 특성을 고려하여 행정안전부령으로 정한다. 다만, 필요한 경우에는 출장소를 둘 수 있다(경찰청법 제17조 제3항).

나. 의결 및 협의기관

(1) 경찰위원회

경찰행정에 관한 중요사항을 심의·의결하기 위하여 행정안전부에 경찰위원회(이하 "위원회"라 한다)를 둔다(경찰법 제5조 제1항). 위원회는 위원장 1명을 포함한 7명의 위원으로 구성하되, 위원장 및 5명의 위원은 비상임(非常任)으로 하고, 1명의 위원은 상임(常任)으로 한다(경찰법 제5조 제2항). 제2항에 따른 위원 중 상임위원은 정무직으로 한다(경찰법 제5조 제3항).

---

10) 박윤흔·정형근, 전게서, 304면.

위원회는 경찰청장의 임명에 대한 동의권을 가지며(경찰법 제11조 제2항), 다음 각 호의 사항은 위원회의 심의·의결을 거쳐야 한다(경찰법 제9조 제1항).

① 국가경찰의 인사, 예산, 장비, 통신 등에 관한 주요정책 및 국가경찰 업무 발전에 관한 사항

② 인권보호와 관련되는 국가경찰의 운영·개선에 관한 사항

③ 국가경찰의 부패 방지와 청렴도 향상에 관한 주요 정책사항

④ 국가경찰 임무 외에 다른 국가기관으로부터의 업무협조 요청에 관한 사항

⑤ 제주특별자치도의 자치경찰에 대한 국가경찰의 지원·협조 및 협약체결의 조정 등에 관한 주요 정책사항

⑥ 그 밖에 행정안전부장관 및 경찰청장이 중요하다고 인정하여 위원회의 회의에 부친 사항

(2) 치안행정협의회

지방행정과 치안행정의 업무조정과 그 밖에 필요한 사항을 협의·조정하기 위하여 시·도지사(제주특별자치도지사는 제외한다) 소속으로 치안행정협의회를 둔다(경찰법 제16조 제1항). 치안행정협의회의 조직·운영과 그 밖에 필요한 사항은 대통령령으로 정한다(경찰법 제16조 제2항).

다. 보통경찰집행기관

보통경찰집행기관은 소속 경찰관청의 명을 받아 경찰에 관한 국가의사를 실력으로써 사실상 집행하는 경찰기관을 말한다.

보통경찰집행기관은 그 직무의 일반성 여부에 따라 일반경찰집행기관과 특별경찰집행기관으로 구분할 수 있다.

(1) 일반경찰집행기관

(가) 국가경찰공무원: 국가경찰업무 일반에 관한 집행기관을 말한다. 이러한 집행기관으로는 국가경찰공무원(치안총감·치안정감·치안감·경무관·총경·경정·경감·경위·경사·경장·순경)을 들 수 있다. 이들은 경찰공무원법의 적용을 받는 특정직국가공무원이다. 경찰공무원은 각 개인이 하나의 집행기관이 된다.

일반경찰집행기관을 이루는 경찰공무원은 사법경찰에 관한 사무도 수행하는데, 이 경우의 경찰공무원을 사법경찰관리라고 한다. 경무관, 총경, 경정, 경감, 경위는 사법경찰관으로서 범죄의 혐의가 있다고 사료하는 때에는 범인, 범죄사실과 증거를 수사한다(형사

소송법 제197조 제1항). 경사, 경장, 순경은 사법경찰리로서 수사의 보조를 하여야 한다(형사소송법 제197조 제2항).

(나) 자치경찰공무원: '제주특별자치도 설치 및 국제자유도시 조성을 위한 특별법'은 자치경찰사무를 처리하기 위하여 도지사 소속으로 자치경찰단을 두도록 하고 있으며(법 제88조 제1항), 이러한 자치경찰단의 조직과 자치경찰공무원의 정원 등에 관한 사항은 도조례로 정한다(법 제88조 제2항).

(2) 특별경찰집행기관

특정한 분야의 경찰작용에 관한 경찰집행기관을 말한다. 그 예로는 헌병·소방공무원 등을 들 수 있다.

2. 협의의 행정경찰기관

협의의 행정경찰기관이라 함은 협의의 행정경찰을 수행하는 행정기관을 말한다. 위생경찰·건축경찰·산림경찰 등이 이에 해당된다.

협의의 행정경찰은 다른 주된 행정작용에 부수하여 일어나는 공안에 대한 위해를 예방·제거하는 작용이라는 점에서, 그 주된 행정작용을 관장하는 행정관청이 협의의 행정경찰관청이 된다.

협의의 행정경찰관청 소속의 집행권한 있는 공무원이 협의의 행정경찰집행기관이 된다. 협의의 행정경찰집행기관은 당해 행정작용과 관련하여 발생하는 범죄를 수사하고 범인을 체포하는 특별사법경찰관리가 되는 경우가 있다(형사소송법 제245조의10[11]).

3. 소방경찰

화재의 예방·경계·진압, 재난·재해 그 밖의 위급한 상황에서의 구조·구급 활동 등을 내용으로 하는 소방사무는 경찰사무의 한 부분이지만, 현행법상 소방기관은 일반경찰기관으로부터 분리되어 있다. 소방기본법상 소방사무는 기본적으로 광역자치단체의 사무로 규정되고 있다(소방기본법 제3조).

소방행정청으로는 시·도지사(소방기본법 제6조)와 소방청장·소방본부장·소방서장(정부조직법 제34조, 소방기본법 제12조 내지 제33조)이 있다. 소방집행기관으로는 소방공무

11) 형사소송법 제245조의10(특별사법경찰관리) ① 삼림, 해사, 전매, 세무, 군수사기관, 그 밖에 특별한 사항에 관하여 사법경찰관리의 직무를 행할 특별사법경찰관리와 그 직무의 범위는 법률로 정한다.

원·의무소방원·의용소방대원이 있다(소방기본법 제2조 제5호).

4. 사인과 경찰

가. 공무수탁사인

경찰권이 공무수탁사인에게 부여되는 경우가 있다.

그러한 방식으로는 법률에서 직접 경찰권이 부여되는 경우와 법률에 근거한 행정행위를 통하여 경찰권이 부여되는 경우로 나누어진다. 전자의 예로는 항공보안법 제22조 제1항에 따른 비행기의 기장, 선원법 제6조에 따른 선장, 민영교도소 등의 설치·운영에 관한 법률 제3조 제1항에 따라 교정업무를 수행하는 교정법인 또는 민영교도소 등을 들 수 있고, 후자의 예로는 정부조직법 제6조 제3항 또는 지방자치법 제104조 제3항을 근거로 하여 행정행위를 통해 사인에게 어업감시·사냥감시·삼림감시 등의 임무를 부여하는 행위를 들 수 있을 것이다.

나. 청원경찰

청원경찰은 국가의 감독과 사업주 등의 비용부담 하에 운영되는 경찰제도이다.

청원경찰은 제4조제2항에 따라 청원경찰의 배치 결정을 받은 자(청원주)와 배치된 기관·시설 또는 사업장 등의 구역을 관할하는 경찰서장의 감독을 받아 그 경비구역만의 경비를 목적으로 필요한 범위에서 「경찰관 직무집행법」에 따른 경찰관의 직무를 수행한다(청원경찰법 제3조).

판례는 국가나 지방자치단체에 근무하는 청원경찰은 국가공무원법이나 지방공무원법상의 공무원이 아니지만, 그 근무관계를 사법상의 고용계약관계로 보기는 어려우므로 그에 대한 징계처분의 시정을 구하는 소는 행정소송의 대상이지 민사소송의 대상은 아니라고 보고 있다(대법원 1993. 7. 13. 선고 92다47564 판결).

다. 경비업

경찰조직과는 무관하게 사법인에 의하여 경찰작용이 행하여질 수도 있다.

'경비업'이라 함은 시설경비업무·호송경비업무·신변보호업무·기계경비업무·특수경비업무의 전부 또는 일부를 도급받아 행하는 영업을 말한다(경비업법 제2조 제1호).

경비업은 법인이 아니면 이를 영위할 수 없다(경비업법 제3조). 경비업을 영위하고자 하는 법인은 도급받아 행하고자 하는 경비업무를 특정하여 그 법인의 주사무소의 소재지를 관할하는 지방경찰청장의 허가를 받아야 한다(경비업법 제4조 제1항).

제2장 (행정)경찰권의 근거

Ⅰ. 개설

1. 법률유보의 원칙

경찰작용은 명령과 강제를 위주로 하는 전형적인 권력작용으로서의 성질을 갖는다. 따라서 경찰권의 발동은 반드시 법률의 근거에 따라 행하여져야 하며, 아울러 법령에 위반하여서는 안된다. 이는 전통적인 침해유보설의 입장에서 뿐만 아니라, 질서유지를 위해 국민의 자유와 권리를 제한하기 위해서는 반드시 법률의 근거를 필요로 한다는 헌법 제37조 제2항으로부터도 요구되고 있다.

경찰작용의 법적 근거의 방식으로는 법기술상 ① 특별경찰법상의 조항에 의한 특별수권의 방식(예: 식품위생법·공중위생관리법·도로교통법), ② 일반경찰법상의 특별조항에 의한 개별적 수권방식(예: 경찰관 직무집행법 제3조 이하), ③ 일반경찰법상의 일반조항(개괄조항)에 의한 일반적 수권방식이 단계적으로 존재한다. 우리 법제상 ①과 ②의 방식이 인정되고 있음은 의문이 없지만, ③의 방식이 인정되고 있는지 여부에 대해서는 논란이 있다.

2. 경찰권발동의 근거

'법률유보의 원칙'에서의 법률에는 조직법적 근거(직무규정) 뿐만 아니라, 작용법적 근거(권한규정)까지를 포함한다.

① 직무규정(임무규정): 행정은 소관사무의 범위 내에서만 가능한 것이므로 조직법적 근거는 모든 행정권의 행사에 있어서 당연히 요구된다. 경찰법상의 직무규정(예: 경찰법 제3조, 경찰관 직무집행법 제2조 등)은 법적으로 허용되는 직무범위의 외적 한계를 설정하기 위한 조직법상의 규범에 해당된다. 직무규정은 개인의 권리침해와 무관한 경찰작용, 즉 교통사고 등 재해를 당한 사람의 보호, 순찰활동, 교통방송, 교통교육의 실시 등에 대한 근거규정이 된다.

② 권한규정(수권규정): 행정청에게 부여된 직무의 범위 내에서, 개인의 권리침해 등의 구체적 조치를 취할 수 있는 권한을 부여하는 규범을 말한다(예: 경찰관 직무집행법 제3조 이하). 권한을 부여하는 규정이라는 의미에서 수권규정이라고도 한다. '직무규범이 없

으면 경찰은 활동을 할 수 없고, 권한규범이 없으면 경찰은 권리침해조치를 취할 수 없게 된다.'

3. 경찰재량과 행정개입청구권

경찰권 행사와 관련하여 부딪히는 상황은 매우 다양하고 가변적이다. 아울러 경찰기관의 인적·물적 능력에는 한계가 있어서 경찰상 위해가 있는 모든 경우에 경찰권의 발동을 의무화할 수도 없는 것이 현실이다. 경찰행정의 이러한 특수성에 비추어 경찰권 발동의 근거가 되는 법률조항은 통상 '……할 수 있다'는 식으로 규정되어 있고, 그 결과 경찰권의 행사는 재량행위인 경우가 보통이다.

다만 경찰관의 행사에 재량권이 인정된다고 할지라도 그 재량권은 하자없이 행사되어야 하고, 이에 따라 사익 보호성이 인정되는 개인은 '하자없는 재량행사 청구권'을 갖는다. 뿐만 아니라 일정한 요건 하에서는 경찰재량권이 영으로 수축하는 경우가 있다. 이 경우에 경찰기관은 경찰권을 발동할 의무를 지게 된다.

일반적으로 다음과 같은 경우에 재량권이 영으로 수축된다고 본다. ① 사람의 생명·신체·재산 등에 중대하고 급박한 위험이 존재하고, ② 그러한 위험이 경찰권의 발동에 의해 제거될 수 있는 것으로 판단되는 상황이며, ③ 피해자의 개인적인 노력으로는 권익침해의 방지가 충분하게 이루어질 수 없다고 판단되는 경우이어야 한다[1].

[1] 경찰관의 경찰관직무집행법 제5조에 규정된 권한의 불행사가 직무상의 의무를 위반한 것이 되어 위법한 것으로 되기 위한 요건: 경찰관직무집행법 제5조는 경찰관은 인명 또는 신체에 위해를 미치거나 재산에 중대한 손해를 끼칠 우려가 있는 위험한 사태가 있을 때에는 그 각 호의 조치를 취할 수 있다고 규정하여 형식상 경찰관에게 재량에 의한 직무수행권한을 부여한 것처럼 되어 있으나, 경찰관에게 그러한 권한을 부여한 취지와 목적에 비추어 볼 때 구체적인 사정에 따라 경찰관이 그 권한을 행사하여 필요한 조치를 취하지 아니하는 것이 현저하게 불합리하다고 인정되는 경우에는 그러한 권한의 불행사는 직무상의 의무를 위반한 것이 되어 위법하게 된다.

[2] 경찰관이 경찰관직무집행법 제5조에 규정된 위험발생방지조치를 취하지 아니하였음을 이유로 국가배상책임을 인정한 사례: 경찰관이 농민들의 시위를 진압하고 시위과정에 도로 상에 방치된 트랙터 1대에 대하여 이를 도로 밖으로 옮기거나 후방에 안전표지판을 설치하는 것과 같은 위험발생방지조치를 취하지 아니한 채 그대로 방치하고 철수하여 버린 결과, 야간에 그 도로를

1) 박윤흔·정형근, 최신 행정법강의(상), 개정30판, 2009, 147면; 박균성, 행정법론(상), 제10판, 2011, 152면.

진행하던 운전자가 위 방치된 트랙터를 피하려다가 다른 트랙터에 부딪혀 상해를 입은 사안에서 국가배상책임을 인정한 사례(대법원 1998. 8. 25. 선고 98다16890 판결).

Ⅱ. 일반경찰법상의 개별적 수권조항(표준적 직무행위)

경찰관 직무집행법은 위해방지를 위해 불가결하지만, 반면에 개인의 자유와 재산을 전형적으로 침해하는 일련의 작용, 이른바 표준적 직무행위에 대한 개별적 수권규정을 두고 있다. 이하에서 이를 살펴보기로 한다.

1. 불심검문(경찰관직무집행법 제3조[2])

가. 의의

불심검문이란 경찰관이 행동이 수상한 자를 발견한 때에 정지시켜 조사하는 행위를 말한다. 경찰관직무집행법 제3조가 규정하고 있는 불심검문의 방법으로는 정지, 질문, 동행요구 및 흉기소지여부조사가 있다.

---

2) 경찰관 직무집행법 제3조(불심검문)

① 경찰관은 다음 각 호의 어느 하나에 해당하는 사람을 정지시켜 질문할 수 있다.

1. 수상한 행동이나 그 밖의 주위 사정을 합리적으로 판단하여 볼 때 어떠한 죄를 범하였거나 범하려 하고 있다고 의심할 만한 상당한 이유가 있는 사람
2. 이미 행하여진 범죄나 행하여지려고 하는 범죄행위에 관한 사실을 안다고 인정되는 사람

② 경찰관은 제1항에 따라 같은 항 각 호의 사람을 정지시킨 장소에서 질문을 하는 것이 그 사람에게 불리하거나 교통에 방해가 된다고 인정될 때에는 질문을 하기 위하여 가까운 경찰서·지구대·파출소 또는 출장소(지방해양경찰관서를 포함하며, 이하 "경찰관서"라 한다)로 동행할 것을 요구할 수 있다. 이 경우 동행을 요구받은 사람은 그 요구를 거절할 수 있다.

③ 경찰관은 제1항 각 호의 어느 하나에 해당하는 사람에게 질문을 할 때에 그 사람이 흉기를 가지고 있는지를 조사할 수 있다.

④ 경찰관은 제1항이나 제2항에 따라 질문을 하거나 동행을 요구할 경우 자신의 신분을 표시하는 증표를 제시하면서 소속과 성명을 밝히고 질문이나 동행의 목적과 이유를 설명하여야 하며, 동행을 요구하는 경우에는 동행 장소를 밝혀야 한다.

⑤ 경찰관은 제2항에 따라 동행한 사람의 가족이나 친지 등에게 동행한 경찰관의 신분, 동행 장소, 동행 목적과 이유를 알리거나 본인으로 하여금 즉시 연락할 수 있는 기회를 주어야 하며, 변호인의 도움을 받을 권리가 있음을 알려야 한다.

⑥ 경찰관은 제2항에 따라 동행한 사람을 6시간을 초과하여 경찰관서에 머물게 할 수 없다.

⑦ 제1항부터 제3항까지의 규정에 따라 질문을 받거나 동행을 요구받은 사람은 형사소송에 관한 법률에 따르지 아니하고는 신체를 구속당하지 아니하며, 그 의사에 반하여 답변을 강요당하지 아니한다.

나. 불심검문의 대상

경찰관직무집행법이 정하는 불심검문은 어떠한 죄를 범하였다고 의심되는 자뿐만 아니라 어떠한 죄를 범하려하고 있다고 의심되는 자도 그 대상으로 하고 있다.

어떠한 죄를 범하려하고 있다고 의심되는 자에 대한 불심검문은 범죄의 예방을 목적으로 하는 불심검문으로 행정경찰에 속하지만, 어떠한 죄를 범하였다고 의심되는 자에 대한 불심검문은 사법경찰에 속한다.

경찰관직무집행법이 정하는 불심검문은 '이미 행하여진 범죄나 행하여지려고 하는 범죄행위에 관하여 그 사실을 안다고 인정되는 자'에 대하여도 행해질 수 있다. 이 경우에도 '이미 행하여진 범죄에 관하여 그 사실을 안다고 인정되는 자'에 대한 불심검문은 범죄수사의 차원에서 행해지는 사법경찰작용인 반면에, '행하여지려고 하는 범죄행위에 관하여 안다고 인정되는 자'에 대한 불심검문은 범죄예방을 목적으로 하는 것으로 행정경찰작용이다[3].

경찰관이 불심검문 대상자 해당 여부를 판단하는 기준 및 불심검문의 적법 요건과 내용: 경찰관직무집행법(이하 '법'이라고 한다)의 목적, 법 제1조 제1항, 제2항, 제3조 제1항, 제2항, 제3항, 제7항의 내용 및 체계 등을 종합하면, 경찰관이 법 제3조 제1항에 규정된 대상자(이하 '불심검문 대상자'라 한다) 해당 여부를 판단할 때에는 불심검문 당시의 구체적 상황은 물론 사전에 얻은 정보나 전문적 지식 등에 기초하여 불심검문 대상자인지를 객관적·합리적인 기준에 따라 판단하여야 하나, 반드시 불심검문 대상자에게 형사소송법상 체포나 구속에 이를 정도의 혐의가 있을 것을 요한다고 할 수는 없다. 그리고 경찰관은 불심검문 대상자에게 질문을 하기 위하여 범행의 경중, 범행과의 관련성, 상황의 긴박성, 혐의의 정도, 질문의 필요성 등에 비추어 목적 달성에 필요한 최소한의 범위 내에서 사회통념상 용인될 수 있는 상당한 방법으로 대상자를 정지시킬 수 있고 질문에 수반하여 흉기의 소지 여부도 조사할 수 있다(대법원 2014. 02. 27. 선고 2011도13999 판결).

다. 불심검문의 방법

(1) 정지

정지는 경찰관 앞에서 장소적 이동을 하지 아니하는 것을 말한다. 질문을 위해 정지는 불가피하게 요구된다. 질문을 위한 정지는 동시에 피질문자에게 행동의 자유의 일시정지를 가져올 수 있다. 그러나 이러한 일시정지는 침해의 경미성으로 인해 헌법 제12조가 보장하는 기본권인 신체의 자유에 대한 침해에는 해당하지 않는다[4].

3) 박균성, 행정법론(하), 제15판, 2017, 624면.

질문을 위한 정지의 법적 성질은 하명에 해당하지만 이에 불응하는 경우의 강제수단은 규정되어 있지 않다. 따라서 질문을 위해 정지를 요구하였으나, 상대방이 이에 불응하여도 강제적으로 정지시킬 수는 없다. 그와 관련하여 정지요구에 상대방이 응하지 않거나 질문 도중 현장을 떠나려고 하는 경우 경찰관이 물리력을 행사하여 이를 저지할 수 있는지가 문제된다. 결국 해당조치가 '강제적'인 행위에 해당하는지의 여부가 판단기준이 될 것인바, 상대방의 의사를 제압하지 않는 정도의 물리력의 행사(예: 정지를 위하여 길을 막아서거나, 추적하거나, 팔을 가볍게 붙잡는 행위)는 강제적인 행위로 보기 어려우므로 허용된다고 보는 것이 일반적이다[5].

[1] 불심검문의 적법 요건 및 그 내용: 경찰관직무집행법(이하 '법'이라 한다)의 목적, 법 제1조 제1항, 제2항, 제3조 제1항, 제2항, 제3항, 제7항의 규정 내용 및 체계 등을 종합하면, 경찰관은 법 제3조 제1항에 규정된 대상자에게 질문을 하기 위하여 범행의 경중, 범행과의 관련성, 상황의 긴박성, 혐의의 정도, 질문의 필요성 등에 비추어 목적 달성에 필요한 최소한의 범위 내에서 사회통념상 용인될 수 있는 상당한 방법으로 대상자를 정지시킬 수 있고 질문에 수반하여 흉기의 소지 여부도 조사할 수 있다.

[2] 검문 중이던 경찰관들이, 자전거를 이용한 날치기 사건 범인과 흡사한 인상착의의 피고인이 자전거를 타고 다가오는 것을 발견하고 정지를 요구하였으나 멈추지 않아, 앞을 가로막고 검문에 협조해 달라고 하였음에도 불응하고 그대로 전진하자, 따라가서 재차 앞을 막고 검문에 응하라고 요구하였는데, 이에 피고인이 경찰관들의 멱살을 잡아 밀치는 등 항의하여 공무집행방해 등으로 기소된 사안에서, 경찰관들의 행위는 적법한 불심검문에 해당한다고 보아야 하는데도, 이와 달리 보아 피고인에게 무죄를 선고한 원심판결에 법리오해의 위법이 있다고 한 사례: 검문 중이던 경찰관들이, 자전거를 이용한 날치기 사건 범인과 흡사한 인상착의의 피고인이 자전거를 타고 다가오는 것을 발견하고 정지를 요구하였으나 멈추지 않아, 앞을 가로막고 소속과 성명을 고지한 후 검문에 협조해 달라는 취지로 말하였음에도 불응하고 그대로 전진하자, 따라가서 재차 앞을 막고 검문에 응하라고 요구하였는데, 이에 피고인이 경찰관들의 멱살을 잡아 밀치거나 욕설을 하는 등 항의하여 공무집행방해 등으로 기소된 사안에서, 범행의 경중, 범행과의 관련성, 상황의 긴박성, 혐의의 정도, 질문의 필요성 등에 비추어 경찰관들은 목적 달성에 필요한 최소한의 범위 내에서 사회통념상 용인될 수 있는 상당한 방법을 통하여 경찰관직무집행법 제3조 제1항에 규정된 자에 대해 의심되는 사항을 질문하기 위하여 정지시킨 것으로 보아야 하는데도, 이와 달리 경찰관들의 불심검문이 위법하다고 보아 피고인에게 무죄를 선고한 원심판결에 불심검문의 내용과 한계에 관한 법리오해의 위법이 있다고 한 사례(대법원 2012. 09. 13. 선고 2010도6203 판결).

---

4) 홍정선, 행정법원론(하), 제25판, 2017, 442면.

5) 박윤흔·정형근, 최신 행정법강의(하), 개정28판, 2009, 351면; 박균성, 전게서, 625면; 홍정선, 전게서, 442면.

경찰관이 교통법규 등을 위반하고 도주하는 차량을 순찰차로 추적하는 직무를 집행하는 중에 그 도주차량의 주행에 의하여 제3자가 손해를 입은 경우, 경찰관의 추적행위가 위법한 것인지 여부(한정 소극): 경찰관은 수상한 거동 기타 주위의 사정을 합리적으로 판단하여 어떠한 죄를 범하였거나 범하려 하고 있다고 의심할 만한 상당한 이유가 있는 자 또는 이미 행하여진 범죄나 행하여지려고 하는 범죄행위에 관하여 그 사실을 안다고 인정되는 자를 정지시켜 질문할 수 있고, 또 범죄를 실행중이거나 실행 직후인 자는 현행범인으로, 누구임을 물음에 대하여 도망하려 하는 자는 준현행범인으로 각 체포할 수 있으며, 이와 같은 정지 조치나 질문 또는 체포 직무의 수행을 위하여 필요한 경우에는 대상자를 추적할 수도 있으므로, 경찰관이 교통법규 등을 위반하고 도주하는 차량을 순찰차로 추적하는 직무를 집행하는 중에 그 도주차량의 주행에 의하여 제3자가 손해를 입었다고 하더라도 그 추적이 당해 직무 목적을 수행하는 데에 불필요하다거나 또는 도주차량의 도주의 태양 및 도로교통상황 등으로부터 예측되는 피해발생의 구체적 위험성의 유무 및 내용에 비추어 추적의 개시·계속 혹은 추적의 방법이 상당하지 않다는 등의 특별한 사정이 없는 한 그 추적행위를 위법하다고 할 수는 없다(대법원 2000. 11. 10. 선고 2000다26807,26814 판결).

(2) 질문

질문은 거동이 수상한 자에게 신분증을 통하여 성명, 주소, 연령 등 신원을 확인하고, 행선지, 용건, 소지품 등을 물어보는 조사행위이다. 질문은 정보수집을 위한 행정조사의 성격을 갖는다.

질문을 권력적 사실행위로 보는 견해도 있으나 불심검문을 당한 자는 그 의사에 반하여 답변을 강요당하지 아니하므로(법 제3조 제7항) 질문은 비권력적인 사실행위라고 보는 것이 타당하다[6].

(3) 동행요구

경찰관은 불심검문 장소(사람을 정지시킨 장소)에서 질문을 하는 것이 그 사람에게 불리하거나 교통에 방해가 된다고 인정될 때에는 질문을 하기 위하여 가까운 경찰관서(경찰서·지구대·파출소 또는 출장소, 지방해양경찰관서를 포함)로 동행할 것을 요구할 수 있다. 이 경우 동행을 요구받은 사람은 그 요구를 거절할 수 있다(법 제3조 제2항).

여기에서의 동행은 위험방지의 목적을 위한 경찰행정법상의 제도이고, 수사목적의 임의동행은 형사소송법상의 제도로서 양자는 그 목적을 달리한다.

당해인이 동행요구를 거절했음에도 경찰관이 강제로 연행하려고 하는 경우에 이 강

---

6) 박균성, 전게서, 625면; 홍정선, 전게서, 442면.

제연행은 위법한 공무집행이므로 이에 저항하여도 공무집행방해가 되지 않는다.

경찰관이 임의동행요구에 응하지 않는다 하여 강제연행하려고 대상자의 양팔을 잡아 끈 행위는 적법한 공무집행이라고 할 수 없으므로 그 대상자가 이러한 불법연행으로부터 벗어나기 위하여 저항한 행위는 정당한 행위라고 할 것이고 이러한 행위에 무슨 과실이 있다고 할 수 없다고 한 사례(대법원 1992. 5. 26. 선고 91다38334 판결).

임의동행의 적법요건: ……수사관이 수사과정에서 당사자의 동의를 받는 형식으로 피의자를 수사관서 등에 동행하는 것은, 상대방의 신체의 자유가 현실적으로 제한되어 실질적으로 체포와 유사한 상태에 놓이게 됨에도, 영장에 의하지 아니하고 그 밖에 강제성을 띤 동행을 억제할 방법도 없어서 제도적으로는 물론 현실적으로도 임의성이 보장되지 않을 뿐만 아니라, 아직 정식의 체포·구속단계 이전이라는 이유로 상대방에게 헌법 및 형사소송법이 체포·구속된 피의자에게 부여하는 각종의 권리보장 장치가 제공되지 않는 등 형사소송법의 원리에 반하는 결과를 초래할 가능성이 크므로, 수사관이 동행에 앞서 피의자에게 동행을 거부할 수 있음을 알려 주었거나 동행한 피의자가 언제든지 자유로이 동행과정에서 이탈 또는 동행장소로부터 퇴거할 수 있었음이 인정되는 등 오로지 피의자의 자발적인 의사에 의하여 수사관서 등에의 동행이 이루어졌음이 객관적인 사정에 의하여 명백하게 입증된 경우에 한하여, 그 적법성이 인정되는 것으로 봄이 상당하다. 형사소송법 제200조 제1항에 의하여 검사 또는 사법경찰관이 피의자에 대하여 임의적 출석을 요구할 수는 있겠으나, 그 경우에도 수사관이 단순히 출석을 요구함에 그치지 않고 일정 장소로의 동행을 요구하여 실행한다면 위에서 본 법리가 적용되어야 하고, 한편 행정경찰 목적의 경찰활동으로 행하여지는 경찰관직무집행법 제3조 제2항 소정의 질문을 위한 동행요구도 형사소송법의 규율을 받는 수사로 이어지는 경우에는 역시 위에서 본 법리가 적용되어야 한다(대법원 2006. 07. 06. 선고 2005도6810 판결).

(4) 흉기소지 여부의 조사

(가) 의의: 경찰관은 질문을 할 때에 흉기의 소지 여부를 조사할 수 있다(법 제3조 제3항). 흉기소지 여부를 조사하기 위하여는 상대방의 신체 및 소지품에 대하여 접촉을 하게 되므로 신체의 자유에 대한 제한의 측면이 있다.

(나) 법적 성질: 경찰관 직무집행법상의 불심검문시 행해지는 흉기소지 여부 조사의 성질 및 영장요구 여부에 관하여는 다음과 같이 견해가 대립되고 있다.

① 수색이라는 견해: 흉기소지 여부 조사는 사람의 신체나 소지품에 대하여 행하여지게 되므로 물리적 측면에서만 보면 수색에 해당된다고 할 것이고, 따라서 그러한 수색을 법관의 영장 없이 행하도록 한 경찰관직무집행법은 문제가 있다는 견해이다[7].

② 수색부정설: 흉기소지 여부 조사는 주로 장래의 위해발생을 예방하기 위하여 행하여지며, 범죄행위가 행하여진 후에 행하여지는 경우에도 증거물 발견목적도 있기는 하지만 주로는 당해 흉기의 사용으로 다시 범죄가 범하여지는 것을 예방하기 위한 것이라 할 것이며, 시간적으로 급박한 반면 상대방에게 미치는 피해는 일시적이며 비교적 경미하다는 점을 감안할 때 헌법 제12조 제3항의 수색에 해당하지 않는다는 견해이다[8].

③ 경찰상의 즉시강제설: 흉기소지 여부 조사는 주로 경찰상 위해방지의 차원에서 행해지고 시간적으로 급박한 상황하에서 행해지므로 경찰상 즉시강제로서의 성질을 가지며 수색에 요구되는 영장은 요구되지 않는다는 견해이다.[9]

④ 행정조사설: 이 학설은 다시 두 가지로 논거가 나누어진다.

첫 번째 견해는 흉기소지 여부 조사를 위험방지를 위한 예방적인 처분으로 이해하고, 아울러 그 침해가 경미하다고 보아 영장주의의 예외로서 경찰관 직무집행법 제3조 제3항이 규정된 것으로 이해한다. 이 견해는 흉기소지 여부 조사는 영장 없이 이루어지는 강제조사의 성격을 갖는다고 파악한다[10].

두 번째 견해는 ⅰ) 흉기소지 여부 조사는 그것만으로 직접 행정목적을 달성하는 것이 아니라 위해방지조치라는 행정을 위한 자료의 수집으로서의 성질이 강하다고 보아야 하므로 즉시강제라고 보기는 어렵다는 점, ⅱ) 흉기소지 여부 조사는 주된 목적이 범죄의 예방에 있고, 그 조사는 신체의 자유를 침해하지 않는 한도 내에서 가볍게 행해져야 하므로 사법작용으로서의 수색이라고 할 수는 없다는 점 등에 비추어 그 법적 성질은 어느 정도의 강제력이 수반되는 권력적인 행정조사로 보는 것이 타당하다는 견해이다. 아울러 이 견해는 흉기소지 여부 조사의 경우 수색이 아니므로 반드시 영장이 필요하다고는 할 수 없다고 본다[11].

⑤ 판례: 판례는 목적 달성에 필요한 최소한의 범위 내에서 사회통념상 용인될 수 있는 상당한 방법으로 대상자를 정지시킬 수 있고 질문에 수반하여 흉기의 소지 여부도 조사할 수 있다고 본다(대법원 2012. 09. 13. 선고 2010도6203 판결).

(다) 흉기소지 여부 조사의 방법: 흉기소지 여부 조사의 방법으로는 ⅰ) 소지품의 외부에서의 관찰, ⅱ) 소지품에 대한 질문, ⅲ) 소지품의 임의제시, ⅳ) 소지품의 외부를 손으

7) 이상규, 신행정법론(하), 351면.
8) 박윤흔·정형근, 전게서, 351-352면.
9) 류지태·박종수, 행정법신론, 제15판, 2011, 986면.
10) 홍정선, 전게서, 444면.
11) 박균성, 전게서, 627면.

로 만지는 방법, ⅴ) 당사자의 승낙없이 피조사자의 호주머니에 손을 넣거나 가방 등을 직접 열어보는 방법 등을 상정할 수 있다. 흉기소지 여부의 조사는 영장없이 이루어지는 강제조사라고 볼 때 위 방법은 모두 활용될 수 있다[12]. 그러나 그 방법의 활용에는 비례의 원칙이 준수되어야 한다. 학자에 따라서는 ⅳ) 내지 ⅴ)의 방법은 활용될 수 없다는 견해도 있다.

(5) 현행범으로의 이행

(가) 현행범인과 준현행범인

범죄의 실행 중이거나 실행의 즉후인 자를 현행범인이라 한다(형사소송법 제211조 제1항). 그리고 ① 범인으로 호창되어 추적되고 있는 때, ② 장물이나 범죄에 사용되었다고 인정함에 충분한 흉기 기타의 물건을 소지하고 있는 때, ③ 신체 또는 의복류에 현저한 증적이 있는 때, ④ 누구임을 물음에 대하여 도망하려 하는 때에 해당하는 자는 현행범인으로 간주한다(형사소송법 제211조 제2항). 이를 준현행범이라 한다.

현행범인 및 준현행범인은 누구든지 영장없이 체포할 수 있다(형사소송법 제212조).

(나) 영장없는 체포의 가능

불심검문 과정에서 불심검문 대상자가 현행범인으로 판단되거나, 옷에 피가 묻어 있는 경우 또는 식칼과 같은 흉기를 소지하고 있는 경우와 같이 준현행범인으로 판단되는 경우에는 영장없이 이를 체포할 수 있다. 다만 이 경우에도 체포의 필요성 즉, 도망 또는 증거인멸의 염려가 있을 것을 요한다(대법원 2011. 05. 26. 선고 2011도3682 판결).

> **[1] 현행범인을 체포하기 위하여 '체포의 필요성'이 있어야 하는지 여부(적극) 및 현행범인 체포 요건을 갖추지 못하여 위법한 체포에 해당하는지의 판단 기준:** 현행범인은 누구든지 영장 없이 체포할 수 있는데(형사소송법 제212조), 현행범인으로 체포하기 위하여는 행위의 가벌성, 범죄의 현행성·시간적 접착성, 범인·범죄의 명백성 이외에 체포의 필요성 즉, 도망 또는 증거인멸의 염려가 있어야 하고, 이러한 요건을 갖추지 못한 현행범인 체포는 법적 근거에 의하지 아니한 영장 없는 체포로서 위법한 체포에 해당한다. 여기서 현행범인 체포의 요건을 갖추었는지는 체포 당시 상황을 기초로 판단하여야 하고, 이에 관한 검사나 사법경찰관 등 수사주체의 판단에는 상당한 재량 여지가 있으나, 체포 당시 상황으로 보아도 요건 충족 여부에 관한 검사나 사법경찰관 등의 판단이 경험칙에 비추어 현저히 합리성을 잃은 경우에는 그 체포는 위법하다고 보아야 한다.

12) 홍정선, 전게서, 444면.

[2] 공무집행방해죄에서 '적법한 공무집행'의 의미 및 현행범인이 경찰관의 불법한 체포를 면하려고 반항하는 과정에서 경찰관에게 상해를 가한 경우 '정당방위'의 성립 여부(적극): 형법 제136조가 규정하는 공무집행방해죄는 공무원의 직무집행이 적법한 경우에 한하여 성립하고, 여기서 적법한 공무집행은 그 행위가 공무원의 추상적 권한에 속할 뿐 아니라 구체적 직무집행에 관한 법률상 요건과 방식을 갖춘 경우를 가리킨다. 경찰관이 현행범인 체포 요건을 갖추지 못하였는데도 실력으로 현행범인을 체포하려고 하였다면 적법한 공무집행이라고 할 수 없고, 현행범인 체포행위가 적법한 공무집행을 벗어나 불법인 것으로 볼 수밖에 없다면, 현행범이 체포를 면하려고 반항하는 과정에서 경찰관에게 상해를 가한 것은 불법체포로 인한 신체에 대한 현재의 부당한 침해에서 벗어나기 위한 행위로서 정당방위에 해당하여 위법성이 조각된다.

[3] 피고인이 경찰관의 불심검문을 받아 운전면허증을 교부한 후 경찰관에게 큰 소리로 욕설을 하였는데, 경찰관이 피고인을 모욕죄의 현행범으로 체포하려고 하자 피고인이 반항하면서 경찰관에게 상해를 가한 사안에서, 위 행위가 정당방위에 해당한다는 이유로, 피고인에 대한 '상해' 및 '공무집행방해'의 공소사실을 무죄로 인정한 원심판단을 수긍한 사례: 피고인이 경찰관의 불심검문을 받아 운전면허증을 교부한 후 경찰관에게 큰 소리로 욕설을 하였는데, 경찰관이 모욕죄의 현행범으로 체포하겠다고 고지한 후 피고인의 오른쪽 어깨를 붙잡자 반항하면서 경찰관에게 상해를 가한 사안에서, 피고인은 경찰관의 불심검문에 응하여 이미 운전면허증을 교부한 상태이고, 경찰관뿐 아니라 인근 주민도 욕설을 직접 들었으므로, 피고인이 도망하거나 증거를 인멸할 염려가 있다고 보기는 어렵고, 피고인의 모욕 범행은 불심검문에 항의하는 과정에서 저지른 일시적, 우발적인 행위로서 사안 자체가 경미할 뿐 아니라, 피해자인 경찰관이 범행현장에서 즉시 범인을 체포할 급박한 사정이 있다고 보기도 어려우므로, 경찰관이 피고인을 체포한 행위는 적법한 공무집행이라고 볼 수 없고, 피고인이 체포를 면하려고 반항하는 과정에서 상해를 가한 것은 불법체포로 인한 신체에 대한 현재의 부당한 침해에서 벗어나기 위한 행위로서 정당방위에 해당한다는 이유로, 피고인에 대한 상해 및 공무집행방해의 공소사실을 무죄로 인정한 원심판단을 수긍한 사례(대법원 2011. 05. 26. 선고 2011도3682 판결).

라. 불심검문의 절차

(1) 사전절차

질문하거나 동행을 요구할 경우 경찰관은 당해인에게 자신의 신분을 표시하는 증표를 제시하면서 소속과 성명을 밝히고 그 목적과 이유를 설명하여야 하며, 동행을 요구하는 경우에는 동행 장소를 밝혀야 한다(법 제3조 제4항). 질문, 동행요구, 흉기소지 여부 조사의 경우에 당해인은 형사소송에 관한 법률에 의하지 아니하고는 신체를 구속당하지 아니하며, 그 의사에 반하여 답변을 강요당하지 아니한다(법 제3조 제7항).

경찰관이 신분증을 제시하지 않고 불심검문을 하였으나, 검문하는 사람이 경찰관이고 검문하는 이유가 범죄행위에 관한 것임을 피고인이 알고 있었던 경우, 그 불심검문이 위법한 공무집행인지 여부(소극): 경찰관직무집행법(이하 '법'이라 한다) 제3조 제4항은 경찰관이 불심검문을 하고자 할 때에는 자신의 신분을 표시하는 증표를 제시하여야 한다고 규정하고, 경찰관직무집행법 시행령 제5조는 위 법에서 규정한 신분을 표시하는 증표는 경찰관의 공무원증이라고 규정하고 있는데, 불심검문을 하게 된 경위, 불심검문 당시의 현장상황과 검문을 하는 경찰관들의 복장, 피고인이 공무원증 제시나 신분 확인을 요구하였는지 여부 등을 종합적으로 고려하여, 검문하는 사람이 경찰관이고 검문하는 이유가 범죄행위에 관한 것임을 피고인이 충분히 알고 있었다고 보이는 경우에는 신분증을 제시하지 않았다고 하여 그 불심검문이 위법한 공무집행이라고 할 수 없다(대법원 2014. 12. 11. 선고 2014도7976 판결)

(2) 사후절차

임의동행을 한 경우 경찰관은 동행한 사람의 가족이나 친지 등에게 동행한 경찰관의 신분, 동행 장소, 동행 목적과 이유를 알리거나 본인으로 하여금 즉시 연락할 수 있는 기회를 주어야 하며, 변호인의 도움을 받을 권리가 있음을 알려야 한다(법 제3조 제5항). 임의동행을 한 경우 경찰관은 당해인을 6시간을 초과하여 경찰관서에 머물게 할 수 없다(법 제3조 제6항).

임의동행에 응한 경우라도 해당인은 언제든지 경찰관서에서 퇴거할 자유가 있다. 경찰관직무집행법 제3조 제6항이 임의동행한 경우 당해인을 6시간을 초과하여 경찰관서에 머물게 할 수 없다고 규정하고 있다고 하여 그 규정이 임의동행한 자를 6시간 동안 경찰관서에 구금하는 것을 허용하는 것은 아니다(대법원 1997. 8. 22. 선고 97도1240 판결).

임의동행한 경우 당해인을 6시간을 초과하여 경찰관서에 머물게 할 수 없다고 규정하고 있는 경찰관직무집행법 제3조 제6항이 임의동행한 자를 6시간 동안 경찰관서에 구금하는 것을 허용하는 것인지 여부(소극): 임의동행은 상대방의 동의 또는 승낙을 그 요건으로 하는 것이므로 경찰관으로부터 임의동행 요구를 받은 경우 상대방은 이를 거절할 수 있을 뿐만 아니라 임의동행 후 언제든지 경찰관서에서 퇴거할 자유가 있다 할 것이고, 경찰관직무집행법 제3조 제6항이 임의동행한 경우 당해인을 6시간을 초과하여 경찰관서에 머물게 할 수 없다고 규정하고 있다고 하여 그 규정이 임의동행한 자를 6시간 동안 경찰관서에 구금하는 것을 허용하는 것은 아니다(대법원 1997. 8. 22. 선고 97도1240 판결).

마. 권리구제

질문·동행요구는 비권력적 사실행위이므로 당사자는 그에 응하지 않을 수 있다. 질문·동행요구에 불응했음에도 강제력을 행사하는 것은 위법하므로 실력으로 저항하여도 공무집행방해가 되지 않는다.

흉기소지 여부 조사가 위법한 때에는 실력으로 저항할 수 있다. 흉기소지 여부 조사는 권력적 사실행위이므로 처분에 해당되지만, 일시에 완성되어 버리므로 통상 취소소송의 소익이 없다. 다만 위법한 처분이 반복될 가능성이 있고 불분명한 법률문제에 대한 해명이 필요하다고 인정되는 경우에는 취소소송의 소익을 인정하여야 한다는 견해도 있다. 취소소송이 불가능한 경우에는 보충성의 원칙이 충족되므로 헌법소원심판을 제기할 수 있다.

위법한 불심검문으로 손해를 입은 경우에는 국가배상을 청구할 수도 있다.

2. 보호조치·긴급구호 및 임시영치(경찰관직무집행법 제4조)

가. 보호조치·긴급구호

(1) 의의

경찰관은 수상한 행동이나 그 밖의 주위 사정을 합리적으로 판단해 볼 때 보호대상자에 해당함이 명백하고 응급구호가 필요하다고 믿을 만한 상당한 이유가 있는 사람을 발견하였을 때에 보건의료기관이나 공공구호기관에 긴급구호를 요청하거나 경찰관서에 보호하는 등 적절한 조치를 할 수 있다(법 제4조 제1항). 이를 보호조치·긴급구호라고 한다.

보호조치·긴급구호는 신체의 자유에 대한 제한을 수반하므로 엄격한 요건과 절차에 행해져야 하며 적절한 권익구제제도가 마련되어야 한다.

(2) 대상자 및 요건

(가) 강제보호: 강제보호란 보호대상자의 의사와 관계없이 이루어지는 보호를 말한다. 강제보호는 i) 정신착란을 일으키거나 술에 취하여 자신 또는 다른 사람의 생명·신체·재산에 위해를 끼칠 우려가 있는 사람, ii) 자살을 시도하는 사람을 대상으로 한다(법 제4조 제1항 제1호, 제2호).

(나) 임의보호: 임의보호란 보호대상자의 거부의 의사표시가 없는 경우에만 이루어질 수 있는 보호를 말한다. 임의보호는 미아, 병자, 부상자 등으로서 적당한 보호자가 없으며 응급구호가 필요하다고 인정되는 사람(다만, 본인이 구호를 거절하는 경우는 제외한다)을

대상으로 한다(법 제4조 제1항 제3호).

(다) 요건: 보호조치·긴급구호가 행해지기 위하여는 보호대상자에 해당하는 것이 명백하고 응급구호가 필요하다고 믿을 만한 상당한 이유가 있어야 한다. 강제보호의 경우 당사자의 의사와 무관하게 보호조치가 행하여질 수 있지만, 임의보호의 경우 당사자의 의사를 물어 본인이 보호조치를 거부하면 보호조치가 행하여질 수 없다.

(3) 절차

경찰관은 제1항의 조치를 하였을 때에는 지체 없이 구호대상자의 가족, 친지 또는 그 밖의 연고자에게 그 사실을 알려야 하며, 연고자가 발견되지 아니할 때에는 구호대상자를 적당한 공공보건의료기관이나 공공구호기관에 즉시 인계하여야 한다(법 제4조 제4항).

경찰관은 제4항에 따라 구호대상자를 공공보건의료기관이나 공공구호기관에 인계하였을 때에는 즉시 그 사실을 소속 경찰서장이나 해양경찰서장에게 보고하여야 한다(법 제4조 제5항).

(4) 방법

보호조치는 보건의료기관 또는 공공구호기관에 긴급구호를 요청하거나 경찰관서에 보호하는 등 적당한 조치를 취함으로써 행한다(법 제4조 제1항). 긴급구호를 요청받은 보건의료기관이나 공공구호기관은 정당한 이유 없이 긴급구호를 거절할 수 없다(법 제4조 제2항).

(5) 한계

구호대상자를 경찰관서에서 보호하는 기간은 24시간을 초과할 수 없다(법 제4조 제7항). 구속영장을 받음이 없이 24시간을 초과하여 경찰서 보호실에 유치하는 것은 영장주의에 위배되어 위법한 구금이 된다(대법원 1995. 5. 26. 선고 94다37226 판결).

구속영장 없이 경찰서 조사대기실에 유치하는 것의 위법성 여부: 경찰서 조사대기실이 조사대기자 등의 도주방지와 경찰업무의 편의 등을 위한 수용시설로서 그 안에 대기하고 있는 사람들의 출입이 제한되는 시설이라면, 일단 그 장소에 유치되는 사람은 그 의사에 기하지 아니하고 일정장소에 구금되는 결과가 되므로 경찰관직무집행법상 정신착란자, 주취자, 자살기도자 등 응급의 구호를 요하는 자를 24시간을 초과하지 아니하는 범위 내에서 경찰관서에 보호조치할 수 있는 시설로 제한적으로 운영되는 경우를 제외하고는 구속영장을 발부받음이 없이 조사대기실에 유치하는 것은 영장주의에위배되는 위법한 구금이라고 하지 않을 수 없다(대법원 1995. 5. 26. 선고 94다37226 판결).

[1] 구 도로교통법상 음주측정불응죄의 성립 요건 및 경찰관직무집행법 제4조에 따라 보호조치된 운전자에 대하여 음주측정을 요구하였다는 이유만으로 음주측정 요구가 당연히 위법하다거나 보호조치가 당연히 종료된 것으로 볼 수 있는지 여부(소극): 경찰공무원은 교통의 안전과 위험방지를 위하여 필요하다고 인정하거나 운전자가 술에 취한 상태에서 자동차 등을 운전하였다고 인정할 만한 상당한 이유가 있고 운전자의 음주운전 여부를 확인하기 위하여 필요한 경우에는 사후의 음주측정에 의하여 음주운전 여부를 확인할 수 없음이 명백하지 않는 한 운전자에 대하여 구 도로교통법(2011. 6. 8. 법률 제10790호로 개정되기 전의 것) 제44조 제2항에 의하여 음주측정을 요구할 수 있고, 운전자가 이에 불응한 경우에는 같은 법 제148조의2 제2호의 음주측정불응죄가 성립한다. 이와 같은 법리는 운전자가 경찰관직무집행법 제4조에 따라 보호조치된 사람이라고 하여 달리 볼 것이 아니므로, 경찰공무원이 보호조치된 운전자에 대하여 음주측정을 요구하였다는 이유만으로 음주측정 요구가 당연히 위법하다거나 보호조치가 당연히 종료된 것으로 볼 수는 없다.

[2] 경찰관이 술에 취한 상태에서 자동차를 운전한 것으로 보이는 피고인을 경찰관직무집행법 제4조 제1항에 따른 보호조치 대상자로 보아 경찰관서로 데려온 직후 음주측정을 요구하였는데 피고인이 불응하여 구 도로교통법상 음주측정불응죄로 기소된 사안에서, 위법한 보호조치 상태를 이용하여 음주측정 요구가 이루어졌다는 등의 특별한 사정이 없는 한 피고인의 행위는 음주측정불응죄에 해당한다고 보아야 하는데도, 이와 달리 본 원심판결에 법리오해 등의 위법이 있다고 한 사례: 경찰관이 술에 취한 상태에서 자동차를 운전한 것으로 보이는 피고인을 경찰관직무집행법 제4조 제1항에 따른 보호조치 대상자로 보아 경찰서 지구대로 데려온 직후 3회에 걸쳐 음주측정을 요구하였는데 피고인이 불응하여 구 도로교통법(2011. 6. 8. 법률 제10790호로 개정되기 전의 것)상 음주측정불응죄로 기소된 사안에서, 경찰관이 지구대로 보호조치된 피고인에게 음주측정을 요구한 것은 같은 법 제44조 제2항에 따른 것으로서, 위법한 보호조치 상태를 이용하여 음주측정 요구가 이루어졌다는 등의 특별한 사정이 없는 한 이에 불응한 피고인의 행위는 음주측정불응죄에 해당한다고 보아야 하는데도, 이와 달리 보호조치가 경찰관이 음주측정을 요구할 시점에 이미 종결된 것으로 보아야 한다는 전제 아래 음주측정 요구가 위법한 체포상태에서 이루어진 것으로 보아 음주측정불응죄가 성립하지 아니한다고 본 원심판결에 경찰관직무집행법상의 보호조치와 음주측정불응죄에 관한 법리오해 및 보호조치 종료 여부에 관한 심리미진의 위법이 있다고 한 사례(대법원 2012. 2. 9. 선고 2011도4328 판결)

[1] 경찰관직무집행법 제4조 제1항에서 정한 '술에 취한 상태'의 의미 및 위 조항에 따른 경찰관의 보호조치를 필요로 하는 피구호자에 해당하는지 판단하는 기준: 경찰관직무집행법 제4조 제1항 제1호(이하 '이 사건 조항'이라 한다)에서 규정하는 술에 취한 상태로 인하여 자기 또는 타인의 생명·신체와 재산에 위해를 미칠 우려가 있는 피구호자에 대한 보호조치는 경찰 행정상 즉시강제에 해당하므로, 그 조치가 불가피한 최소한도 내에서만 행사되도록 발동·행사 요건을 신중하고 엄격하게 해석하여야 한다. 따라서 이 사건 조항의 '술에 취한 상태'란 피구호자가

술에 만취하여 정상적인 판단능력이나 의사능력을 상실할 정도에 이른 것을 말하고, 이 사건 조항에 따른 보호조치를 필요로 하는 피구호자에 해당하는지는 구체적인 상황을 고려하여 경찰관 평균인을 기준으로 판단하되, 그 판단은 보호조치의 취지와 목적에 비추어 현저하게 불합리하여서는 아니 되며, 피구호자의 가족 등에게 피구호자를 인계할 수 있다면 특별한 사정이 없는 한 경찰관서에서 피구호자를 보호하는 것은 허용되지 않는다.

[2] 경찰관직무집행법 제4조 제1항에 따른 보호조치 요건이 갖추어지지 않았음에도 경찰관이 범죄수사를 목적으로 피의자에 해당하는 사람을 위 조항의 피구호자로 삼아 의사에 반하여 경찰관서에 데려간 경우, 위법한 체포에 해당하는지 여부: 경찰관직무집행법 제4조 제1항 제1호(이하 '이 사건 조항'이라 한다)의 보호조치 요건이 갖추어지지 않았음에도, 경찰관이 실제로는 범죄수사를 목적으로 피의자에 해당하는 사람을 이 사건 조항의 피구호자로 삼아 그의 의사에 반하여 경찰관서에 데려간 행위는, 달리 현행범체포나 임의동행 등의 적법 요건을 갖추었다고 볼 사정이 없다면, 위법한 체포에 해당한다고 보아야 한다.

[3] 음주측정을 위하여 운전자를 강제로 연행할 때 준수하여야 하는 절차를 위반한 경우 위법한 체포에 해당하는지 여부(적극) 및 위법한 체포 상태에서 이루어진 음주측정요구에 불응한 행위를 음주측정거부에 관한 도로교통법 위반죄로 처벌할 수 있는지 여부(소극): 교통안전과 위험방지를 위한 필요가 없음에도 주취운전을 하였다고 인정할 만한 상당한 이유가 있다는 이유만으로 이루어지는 음주측정은 이미 행하여진 주취운전이라는 범죄행위에 대한 증거 수집을 위한 수사절차로서 의미를 가지는데, 도로교통법상 규정들이 음주측정을 위한 강제처분의 근거가 될 수 없으므로 위와 같은 음주측정을 위하여 운전자를 강제로 연행하기 위해서는 수사상 강제처분에 관한 형사소송법상 절차에 따라야 하고, 이러한 절차를 무시한 채 이루어진 강제연행은 위법한 체포에 해당한다. 이와 같은 위법한 체포 상태에서 음주측정요구가 이루어진 경우, 음주측정요구를 위한 위법한 체포와 그에 이은 음주측정요구는 주취운전이라는 범죄행위에 대한 증거 수집을 위하여 연속하여 이루어진 것으로서 개별적으로 적법 여부를 평가하는 것은 적절하지 않으므로 일련의 과정을 전체적으로 보아 위법한 음주측정요구가 있었던 것으로 볼 수 밖에 없고, 운전자가 주취운전을 하였다고 인정할 만한 상당한 이유가 있다 하더라도 운전자에게 경찰공무원의 이와 같은 위법한 음주측정요구까지 응할 의무가 있다고 보아 이를 강제하는 것은 부당하므로 그에 불응하였다고 하여 음주측정거부에 관한 도로교통법 위반죄로 처벌할 수 없다.

[4] 화물차 운전자인 피고인이 경찰의 음주단속에 불응하고 도주하였다가 다른 차량에 막혀 더 이상 진행하지 못하게 되자 운전석에서 내려 다시 도주하려다 경찰관에게 검거되어 지구대로 보호조치된 후 음주측정요구를 거부하였다고 하여 도로교통법 위반(음주측정거부)으로 기소된 사안에서, 제반 사정을 종합할 때 피고인을 지구대로 데려간 행위를 적법한 보호조치라고 할 수 없고, 그와 같이 위법한 체포 상태에서 이루어진 음주측정요구에 불응하였다고 하여 음주측정거부에 관한 도로교통법 위반죄로 처벌할 수는 없는데도, 이와 달리 보아 유죄를 선고한 원심판결에 법리오해 등 위법이 있다고 한 사례: 화물차 운전자인 피고인이 경찰의 음주단속에 불응하고 도주하였다가 다른 차량에 막혀 더 이상 진행하

지 못하게 되자 운전석에서 내려 다시 도주하려다 경찰관에게 검거되어 지구대로 보호조치된 후 2회에 걸쳐 음주측정요구를 거부하였다고 하여 도로교통법 위반(음주측정거부)으로 기소된 사안에서, 당시 피고인이 술에 취한 상태이기는 하였으나 술에 만취하여 정상적인 판단능력이나 의사능력을 상실할 정도에 있었다고 보기 어려운 점, 당시 상황에 비추어 평균적인 경찰관으로서는 피고인이 경찰관직무집행법 제4조 제1항 제1호(이하 '이 사건 조항'이라 한다)의 보호조치를 필요로 하는 상태에 있었다고 판단하지 않았을 것으로 보이는 점, 경찰관이 피고인에 대하여 이 사건 조항에 따른 보호조치를 하고자 하였다면, 당시 옆에 있었던 피고인 처(妻)에게 피고인을 인계하였어야 하는데도, 피고인 처의 의사에 반하여 지구대로 데려간 점 등 제반 사정을 종합할 때, 경찰관이 피고인과 피고인 처의 의사에 반하여 피고인을 지구대로 데려간 행위를 적법한 보호조치라고 할 수 없고, 나아가 달리 적법 요건을 갖추었다고 볼 자료가 없는 이상 경찰관이 피고인을 지구대로 데려간 행위는 위법한 체포에 해당하므로, 그와 같이 위법한 체포 상태에서 이루어진 경찰관의 음주측정요구도 위법하다고 볼 수밖에 없어 그에 불응하였다고 하여 피고인을 음주측정거부에 관한 도로교통법 위반죄로 처벌할 수는 없는데도, 이와 달리 보아 유죄를 선고한 원심판결에 이 사건 조항의 보호조치에 관한 법리를 오해하여 위법한 체포상태에서의 도로교통법 위반(음주측정거부)죄 성립에 관한 판단을 그르친 위법이 있다고 한 사례(대법원 2012. 12. 13. 선고 2012도11162 판결).

나. 임시영치

경찰관은 구호대상자가 휴대하고 있는 무기·흉기 등 위험을 일으킬 수 있는 것으로 인정되는 물건을 경찰관서에 임시로 영치(領置)하여 놓을 수 있다(법 제4조 제3항). 제3항에 따라 물건을 경찰관서에 임시로 영치하는 기간은 10일을 초과할 수 없다(법 제4조 제7항).

3. 위험발생의 방지조치(경찰관직무집행법 제5조)

가. 의의

위험발생의 방지조치란 사람의 생명 또는 신체에 위해를 끼치거나 재산에 중대한 손해를 끼칠 우려가 있는 위험한 사태가 있을 때에 그 위험을 방지하기 위하여 취하는 조치를 말한다(법 제5조 제1항).

경찰관 직무집행법 제5조는 일반적 수권조항의 성격을 갖는다. 다만, 개인적 법익(사람의 생명·신체, 재산)만을 보호대상으로 하고, 공동체법익은 그 보호의 대상이 되지 않는다는 한계가 있다[13].

13) 박균성, 전게서, 631면.

나. 요건

위험발생의 방지조치는 사람의 생명 또는 신체에 위해를 끼치거나 재산에 중대한 손해를 끼칠 우려가 있는 위험한 사태가 있을 때에 가능하다. 위험한 사태의 예로 경찰관 직무집행법은 천재(天災), 사변(事變), 인공구조물의 파손이나 붕괴, 교통사고, 위험물의 폭발, 위험한 동물 등의 출현, 극도의 혼잡 등을 들고 있다.

다. 조치의 내용

(1) 경고

경찰관은 위험한 사태가 발생한 장소에 모인 사람, 사물(事物)의 관리자, 그 밖의 관계인에게 필요한 경고를 할 수 있다(법 제5조 제1항 제1호). 경고는 비권력적 사실행위로서 경찰지도의 성격을 갖는다. 경고의 예로는 붕괴위험이 있는 건물의 존재를 통행인에게 알려 건물 근처로 통행하지 말도록 주의를 주는 것을 들 수 있다.

(2) 억류조치 또는 피난조치

경찰관은 매우 긴급한 경우에는 위해를 입을 우려가 있는 사람을 필요한 한도에서 억류하거나 피난시킬 수 있다(법 제5조 제1항 제2호). 억류조치나 피난조치는 당사자의 의사에 반하여 강제로 행해질 수 있다. 이는 경찰상 대인적 즉시강제로서의 성질을 갖는다.

억류조치의 예로는 화재가 난 건물에 들어가려는 거주자를 들어가지 못하도록 제지하는 것을 들 수 있고, 피난조치의 예로는 화재나 하천의 범람으로 주민의 생명에 위험이 있을 때 주민의 생명을 보호하기 위하여 대피시키는 것을 들 수 있다.

(3) 위해방지조치

경찰관은 위험한 사태가 발생한 장소에 있는 사람, 사물의 관리자, 그 밖의 관계인에게 위해를 방지하기 위하여 필요하다고 인정되는 조치를 하게 하거나 직접 그 조치를 할 수 있다(법 제4조 제1항 제3호).

경찰관 직무집행법의 이 조항(제5조 제1항 제3호)은 위해방지조치의 내용을 특정하지 않고 개괄적으로 규정하고 있다.

(4) 대간첩작전수행 또는 소요사태의 진압

경찰관서의 장은 대간첩 작전의 수행이나 소요(騷擾) 사태의 진압을 위하여 필요하다고 인정되는 상당한 이유가 있을 때에는 대간첩 작전지역이나 경찰관서·무기고 등 국가중요시설에 대한 접근 또는 통행을 제한하거나 금지할 수 있다(법 제5조 제2항).

라. 절차

경찰관이 위험발생의 방지조치를 하였을 때에는 지체없이 그 사실을 소속경찰관서의 장에게 보고하여야 한다(법 제5조 제3항). 제2항의 조치를 하거나 제3항의 보고를 받은 경찰관서의 장은 관계 기관의 협조를 구하는 등 적절한 조치를 하여야 한다(법 제5조 제4항).

4. 범죄의 예방과 제지조치(경찰관직무집행법 제6조)

경찰관은 범죄행위가 목전(目前)에 행하여지려고 하고 있다고 인정될 때에는 이를 예방하기 위하여 관계인에게 필요한 경고를 하고, 그 행위로 인하여 사람의 생명·신체에 위해를 끼치거나 재산에 중대한 손해를 끼칠 우려가 있는 긴급한 경우에는 그 행위를 제지할 수 있다(법 제6조 제1항).

여기서 경고는 비권력적 사실행위로서 경찰지도의 성격을 갖지만, 범죄의 제지는 대인적 즉시강제의 성격을 갖는다.

신고된 갑대학교에서의 집회가 집회장소 사용 승낙을 하지 아니한 갑대학교측의 요청으로 경찰관들에 의하여 저지되자, 신고 없이 을대학교로 옮겨 집회를 한 것이 긴급피난에 해당하는지 여부(소극): 집회장소 사용 승낙을 하지 않은 갑대학교측의 집회 저지 협조요청에 따라 경찰관들이 갑대학교 출입문에서 신고된 갑대학교에서의 집회에 참가하려는 자의 출입을 저지한 것은 경찰관직무집행법 제6조의 주거침입행위에 대한 사전 제지조치로 볼 수 있고, 비록 그 때문에 소정의 신고없이 을대학교로 장소를 옮겨서 집회를 하였다 하여 그 신고없이 한 집회가 긴급피난에 해당한다고도 할 수 없다(대법원 1990. 8. 14. 선고 90도870 판결).

[1] 경찰관직무집행법 제6조 제1항 중 경찰관의 제지에 관한 부분은 범죄의 예방을 위한 경찰 행정상 즉시강제에 관한 근거 조항이다. 행정상 즉시강제는 그 본질상 행정 목적 달성을 위하여 불가피한 한도 내에서 예외적으로 허용되는 것이므로, 위 조항에 의한 경찰관의 제지 조치 역시 그러한 조치가 불가피한 최소한도 내에서만 행사되도록 그 발동·행사 요건을 신중하고 엄격하게 해석하여야 한다. 그러한 해석·적용의 범위 내에서만 우리 헌법상 신체의 자유 등 기본권 보장 조항과 그 정신 및 해석 원칙에 합치될 수 있다.

[2] 특정 지역에서의 불법집회에 참가하려는 것을 막기 위하여 시간적·장소적으로 근접하지 않은 다른 지역에서 집회예정장소로 이동하는 것을 제지하는 행위가 경찰관직무집행법 제6조 제1항에 따른 공무원의 적법한 직무집행인지 여부(소극): 구 집회 및 시위에 관한 법률(2007. 5. 11. 법률 제8424호로 개정되기 전의 것)에 의하여 금지되어 그 주최 또는 참가행위가 형사처벌의 대상이 되는 위법한 집회·시위가 장차 특정지역에서 개최될 것이 예상된다고 하더라도, 이와 시간적·장소적으로 근접하지 않은 다른 지역에서 그 집회·시위에 참가하기 위하여 출발 또는 이동하

는 행위를 함부로 제지하는 것은 경찰관직무집행법 제6조 제1항의 행정상 즉시강제인 경찰관의 제지의 범위를 명백히 넘어 허용될 수 없다. 따라서 이러한 제지 행위는 공무집행방해죄의 보호대상이 되는 공무원의 적법한 직무집행이 아니다(대법원 2008. 11. 13. 선고 2007도9794 판결).

[1] 경찰관 직무집행법 제6조에 따른 경찰관의 제지 조치가 적법한 직무집행으로 평가되기 위한 요건 및 경찰관의 제지 조치가 적법한지 판단하는 기준: 경찰관 직무집행법은 경찰관이 국민의 자유와 권리를 보호하고 사회공공의 질서를 유지하기 위하여 직무 수행에 필요한 사항을 정하면서 경찰관의 직권은 직무 수행에 필요한 최소한도에서 행사되어야 한다고 정하고 있다(제1조). 경찰관 직무집행법 제2조는 경찰관 직무의 범위로 국민의 생명·신체·재산의 보호(제1호), 범죄의 예방·진압·수사(제2호), 범죄피해자 보호(제2호의2), 공공의 안녕과 질서 유지(제7호)를 포함하고 있다.

경찰관 직무집행법 제6조는 "경찰관은 범죄행위가 목전에 행하여지려고 하고 있다고 인정될 때에는 이를 예방하기 위하여 관계인에게 필요한 경고를 하고, 그 행위로 인하여 사람의 생명·신체에 위해를 끼치거나 재산에 중대한 손해를 끼칠 우려가 있어 긴급한 경우에는 그 행위를 제지할 수 있다."라고 정하고 있다. 위 조항 중 경찰관의 제지에 관한 부분은 범죄 예방을 위한 경찰 행정상 즉시강제, 즉 눈앞의 급박한 경찰상 장해를 제거할 필요가 있고 의무를 명할 시간적 여유가 없거나 의무를 명하는 방법으로는 그 목적을 달성하기 어려운 상황에서 의무불이행을 전제로 하지 않고 경찰이 직접 실력을 행사하여 경찰상 필요한 상태를 실현하는 권력적 사실행위에 관한 근거조항이다. 경찰관 직무집행법 제6조에 따른 경찰관의 제지 조치가 적법한 직무집행으로 평가되기 위해서는, 형사처벌의 대상이 되는 행위가 눈앞에서 막 이루어지려고 하는 것이 객관적으로 인정될 수 있는 상황이고, 그 행위를 당장 제지하지 않으면 곧 인명·신체에 위해를 미치거나 재산에 중대한 손해를 끼칠 우려가 있는 상황이어서, 직접 제지하는 방법 외에는 위와 같은 결과를 막을 수 없는 절박한 사태이어야 한다. 다만 경찰관의 제지 조치가 적법한지는 제지 조치 당시의 구체적 상황을 기초로 판단하여야 하고 사후적으로 순수한 객관적 기준에서 판단할 것은 아니다.

[2] 주거지에서 음악 소리를 크게 내거나 큰 소리로 떠들어 이웃을 시끄럽게 하는 행위가 경범죄 처벌법상 경범죄에 해당하는지 여부(적극) / 경찰관이 경찰관 직무집행법에 따라 경범죄에 해당하는 행위를 예방·진압·수사하고, 필요한 경우 제지할 수 있는지 여부(적극): 주거지에서 음악 소리를 크게 내거나 큰 소리로 떠들어 이웃을 시끄럽게 하는 행위는 경범죄 처벌법 제3조 제1항 제21호에서 경범죄로 정한 '인근소란 등'에 해당한다. 경찰관은 경찰관 직무집행법에 따라 경범죄에 해당하는 행위를 예방·진압·수사하고, 필요한 경우 제지할 수 있다.

[3] 피고인은 평소 집에서 심한 고성과 욕설, 시끄러운 음악 소리 등으로 이웃 주민들로부터 수회에 걸쳐 112신고가 있어 왔던 사람인데, 피고인의 집이 소란스럽다는 112신고를 받고 출동한 경찰관 갑, 을이 인터폰으로 문을 열어달라고 하였으나 욕설을 하였고, 경찰관들

이 피고인을 만나기 위해 전기차단기를 내리자 화가 나 식칼을 들고 나와 욕설을 하면서 경찰관들을 향해 찌를 듯이 협박함으로써 갑, 을의 112신고 업무 처리에 관한 직무집행을 방해하였다고 하여 특수공무집행방해로 기소된 사안에서, 공소사실을 무죄로 판단한 원심판결에 필요한 심리를 다하지 않은 채 논리와 경험의 법칙에 반하여 자유심증주의의 한계를 벗어나거나 경찰관 직무집행법의 해석과 적용, 공무집행의 적법성 등에 관한 법리를 오해한 잘못이 있다고 한 사례(대법원 2018. 12. 13. 선고 2016도19417 판결 [특수공무집행방해])

5. 위험방지를 위한 출입 등(경찰관직무집행법 제7조)

가. 의의

경찰관은 경찰상 위해를 방지·예방하기 위하여 다른 사람의 토지·건물·배 또는 차 등의 장소에 출입하여 조사할 필요가 있다. 그러나 이는 주거의 자유를 제한하는 것이므로 엄격한 요건 하에서 인정될 필요가 있다.

나. 위험방지를 위한 출입

(1) 긴급출입

경찰관은 제5조 제1항·제2항 및 제6조 제1항에 규정한 위험한 사태가 발생하여 인명·신체 또는 재산에 대한 위해가 절박한 때에 그 위해를 방지하거나 피해자를 구조하기 위하여 부득이 하다고 인정할 때에는 합리적으로 판단하여 필요한 한도 내에서 타인의 토지·건물·배 또는 차에 출입할 수 있다(제5조 제1항).

긴급출입의 요건이 충족된 경우에 경찰관은 소유자나 관계인의 동의 없이 해당 장소에 출입할 수 있다. 이 경우 경찰관은 그 장소를 수색할 수는 없지만 그 장소의 내부를 둘러볼 수는 있다.

(2) 예방출입

흥행장(興行場), 여관, 음식점, 역, 그 밖에 많은 사람이 출입하는 장소의 관리자나 그에 준하는 관계인은 경찰관이 범죄의 예방 또는 사람의 생명·신체·재산에 대한 위해를 예방하기 위하여 해당 장소의 영업시간이나 해당 장소가 일반인에게 공개된 시간에 그 장소에 출입하겠다고 요구하면 정당한 이유 없이 그 요구를 거절할 수 없다(법 제7조 제2항).

예방출입의 경우 다수인이 출입하는 장소에 대하여 영업시간이나 일반인에게 공개된 시간 내에 행하여진다는 특성이 있다. 예방출입은 긴급성을 요구하지 않는다는 점에서 긴급출입보다는 그 요건이 다소 완화되어 있다.

다. 대간첩작전수행을 위한 검색

경찰관은 대간첩 작전 수행에 필요할 때에는 작전지역에서 제2항에 따른 장소(다수인이 출입하는 장소)를 검색할 수 있다.(제7조 제3항).

라. 절차

경찰관은 제1항부터 제3항까지의 규정에 따라 필요한 장소에 출입할 때에는 그 신분을 표시하는 증표를 제시하여야 하며, 함부로 관계인이 하는 정당한 업무를 방해해서는 아니 된다(법 제7조 제4항).

6. 사실의 확인 등(경찰관직무집행법 제8조)

가. 사실의 확인

경찰관서의 장은 직무 수행에 필요하다고 인정되는 상당한 이유가 있을 때에는 국가기관이나 공사(公私) 단체 등에 직무 수행에 관련된 사실을 조회할 수 있다. 다만, 긴급한 경우에는 소속 경찰관으로 하여금 현장에 나가 해당 기관 또는 단체의 장의 협조를 받아 그 사실을 확인하게 할 수 있다(법 제8조 제1항).

나. 출석요구

경찰관은 다음 각 호(i) 미아를 인수할 보호자 확인, ii) 유실물을 인수할 권리자 확인, iii) 사고로 인한 사상자 확인, iv) 행정처분을 위한 교통사고 조사에 필요한 사실 확인)의 직무를 수행하기 위하여 필요하면 관계인에게 출석하여야 하는 사유·일시 및 장소를 명확히 적은 출석 요구서를 보내 경찰관서에 출석할 것을 요구할 수 있다(법 제8조 제2항).

7. 경찰장비의 사용 등(경찰관직무집행법 제10조, 제10조의2, 제10조의3, 제10조의4)

가. 일반원칙

'경찰장비'란 무기, 경찰장구(警察裝具), 최루제(催淚劑)와 그 발사장치, 살수차, 감식기구(鑑識機具), 해안 감시기구, 통신기기, 차량·선박·항공기 등 경찰이 직무를 수행할 때 필요한 장치와 기구를 말한다(법 제10조 제2항).

경찰관은 직무수행 중 경찰장비를 사용할 수 있다. 다만, 사람의 생명이나 신체에 위해를 끼칠 수 있는 경찰장비(이하 "위해성 경찰장비"라 한다)를 사용할 때에는 필요한 안전교육과 안전검사를 받은 후 사용하여야 한다(제10조 제1항). 경찰장비의 사용은 경찰상 즉시강제의 성질을 가진다[14].

경찰관은 경찰장비를 함부로 개조하거나 경찰장비에 임의의 장비를 부착하여 일반적인 사용법과 달리 사용함으로써 다른 사람의 생명·신체에 위해를 끼쳐서는 아니 된다(법 제10조 제3항).

그리고 위해성 경찰장비는 필요한 최소한도에서 사용하여야 한다(법 제10조 제4항). 위해성 경찰장비의 종류 및 그 사용기준, 안전교육·안전검사의 기준 등은 대통령령으로 정한다(법 제10조 제6항)[15].

나. 경찰장구의 사용

(1) 의의

'경찰장구'란 경찰관이 휴대하여 범인 검거와 범죄 진압 등의 직무 수행에 사용하는 수갑, 포승(捕繩), 경찰봉, 방패 등을 말한다(법 제10조의2 제2항). '경찰장비의 사용기준 등에 관한 규정(대통령령 제0000호)'은 '경찰장구'를 수갑·포승(捕繩)·호송용포승·경찰봉·호신용경봉·전자충격기·방패 및 전자방패로 정의하고 있다(제2조 제1호).

(2) 요건

경찰관은 ⅰ) 현행범이나 사형·무기 또는 장기 3년 이상의 징역이나 금고에 해당하는 죄를 범한 범인의 체포 또는 도주 방지, ⅱ) 자신이나 다른 사람의 생명·신체의 방어 및 보호, ⅲ) 공무집행에 대한 항거(抗拒) 제지 등의 직무를 수행하기 위하여 필요하다고 인정되는 상당한 이유가 있을 때에는 그 사태를 합리적으로 판단하여 필요한 한도에서 경찰장구를 사용할 수 있다(법 제10조의2 제1항).

---

14) 홍정선, 전게서, 458면.

15) 위해성 경찰장비의 사용기준 등에 관한 규정(대통령령 제30328호) 제2조(위해성 경찰장비의 종류) 경찰관 직무집행법 제10조 제1항 단서에 따른 사람의 생명이나 신체에 위해를 끼칠 수 있는 경찰장비(이하 "위해성 경찰장비"라 한다)의 종류는 다음 각 호와 같다.
1. 경찰장구: 수갑·포승(捕繩)·호송용포승·경찰봉·호신용경봉·전자충격기·방패 및 전자방패
2. 무기: 권총·소총·기관총(기관단총을 포함한다. 이하 같다)·산탄총·유탄발사기·박격포·3인치포·함포·크레모아·수류탄·폭약류 및 도검
3. 분사기·최루탄 등 : 근접분사기·가스분사기·가스발사총(고무탄 발사겸용을 포함한다. 이하 같다) 및 최루탄(그 발사장치를 포함한다. 이하 같다)
4. 기타 장비: 가스차·살수차·특수진압차·물포·석궁·다목적발사기 및 도주차량차단장비

(3) 한계

경찰장구를 사용할 때에는 인명 또는 신체에 대한 위해를 최소화하도록 주의하여야 한다. 그 사용기준 및 사용시의 주의사항은 '경찰장비의 사용기준 등에 관한 규정' 제4조 내지 제8조에서 자세히 규율하고 있다.

수사기관에서 구속된 피의자의 도주, 항거 등을 억제하는데 필요한 한도 내에서 포승이나 수갑을 사용하는 것이 무죄추정의 원칙에 위배되는 것인지 여부(소극): 무죄추정을 받는 피의자라고 하더라도 그에게 구속의 사유가 있어 구속영장이 발부, 집행된 이상 신체의 자유가 제한되는 것은 당연한 것이고, 특히 수사기관에서 구속된 피의자의 도주, 항거 등을 억제하는데 필요하다고 인정할 상당한 이유가 있는 경우에는 필요한 한도 내에서 포승이나 수갑을 사용할 수 있는 것이며, 이러한 조치가 무죄추정의 원칙에 위배되는 것이라고 할 수는 없다(대법원 1996. 5. 14. 선고 96도561 판결).

다. 분사기 등의 사용

(1) 의의

'경찰장비의 사용기준 등에 관한 규정'은 '분사기·최루탄 등'을 근접분사기·가스분사기·가스발사총(고무탄 발사겸용을 포함한다) 및 최루탄(그 발사장치를 포함한다)으로 정의하고 있다(제2조 제3호).

(2) 요건

경찰관은 ⅰ) 범인의 체포 또는 범인의 도주 방지, ⅱ) 불법집회·시위로 인한 자신이나 다른 사람의 생명·신체와 재산 및 공공시설 안전에 대한 현저한 위해의 발생 억제 등의 직무를 수행하기 위하여 부득이한 경우에는 현장책임자가 판단하여 필요한 최소한의 범위에서 분사기(「총포·도검·화약류 등의 안전관리에 관한 법률」에 따른 분사기를 말하며, 그에 사용하는 최루 등의 작용제를 포함한다) 또는 최루탄을 사용할 수 있다(법 제10조의3).

(3) 한계

경찰관은 1미터이내의 거리에서 상대방의 얼굴을 향하여 가스발사총을 발사하여서는 아니된다(경찰장비의 사용기준 등에 관한 규정 제12조 제1항).

경찰관은 최루탄발사기로 최루탄을 발사하는 경우 30도이상의 발사각을 유지하여야 하고, 가스차·살수차 또는 특수진압차의 최루탄발사대로 최루탄을 발사하는 경우에는 15도 이상의 발사각을 유지하여야 한다(경찰장비의 사용기준 등에 관한 규정 제12조 제2항).

[1] 경찰관이 범인 검거를 위하여 가스총을 사용할 때의 주의의무: 경찰관은 범인의 체포 또는 도주의 방지, 타인 또는 경찰관의 생명·신체에 대한 방호, 공무집행에 대한 항거의 억제를 위하여 필요한 때에는 최소한의 범위 안에서 가스총을 사용할 수 있으나, 가스총은 통상의 용법대로 사용하는 경우 사람의 생명 또는 신체에 위해를 가할 수 있는 이른바 위해성 장비로서 그 탄환은 고무마개로 막혀 있어 사람에게 근접하여 발사하는 경우에는 고무마개가 가스와 함께 발사되어 인체에 위해를 가할 가능성이 있으므로, 이를 사용하는 경찰관으로서는 인체에 대한 위해를 방지하기 위하여 상대방과 근접한 거리에서 상대방의 얼굴을 향하여 이를 발사하지 않는 등 가스총 사용시 요구되는 최소한의 안전수칙을 준수함으로써 장비 사용으로 인한 사고 발생을 미리 막아야 할 주의의무가 있다.

[2] 경찰관이 난동을 부리던 범인을 검거하면서 가스총을 근접 발사하여 가스와 함께 발사된 고무마개가 범인의 눈에 맞아 실명한 경우 국가배상책임을 인정한 사례(대법원 2003. 3. 14. 선고 2002다57218 판결).

라. 무기의 사용

(1) 의의

'무기'란 사람의 생명이나 신체에 위해를 끼칠 수 있도록 제작된 권총·소총·도검 등을 말한다(법 제10조의4 제2항). '경찰장비의 사용기준 등에 관한 규정'은 '무기'를 권총·소총·기관총(기관단총을 포함한다)·산탄총·유탄발사기·박격포·3인치포·함포·크레모아·수류탄·폭약류 및 도검으로 정의하고 있다(제2조 제2호).

(2) 요건

(가) 일반적 요건: 경찰관은 범인의 체포, 범인의 도주 방지, 자신이나 다른 사람의 생명·신체의 방어 및 보호, 공무집행에 대한 항거의 제지를 위하여 필요하다고 인정되는 상당한 이유가 있을 때에는 그 사태를 합리적으로 판단하여 필요한 한도에서 무기를 사용할 수 있다(법 제10조의4 제1항).

(나) 위해를 수반하는 무기사용의 경우: 무기는 사람에게 위해를 가하지 않는 한도에서만 사용할 수 있는 것이 원칙이다(예; 무기를 겨누기만 하는 경우 또는 위협발사만 하는 경우). 그러나 다음 각 호의 어느 하나에 해당하는 경우에는 그 불가피성이 인정되어 사람에게 위해를 가하는 것이 허용되고 있다(법 제10조의4 제1항).

① 「형법」에 규정된 정당방위와 긴급피난에 해당할 때

② 다음의 어느 하나에 해당하는 때에 그 행위를 방지하거나 그 행위자를 체포하기 위하여 무기를 사용하지 아니하고는 다른 수단이 없다고 인정되는 상당한 이유가 있을

때, i) 사형·무기 또는 장기 3년 이상의 징역이나 금고에 해당하는 죄를 범하거나 범하였다고 의심할 만한 충분한 이유가 있는 사람이 경찰관의 직무집행에 항거하거나 도주하려고 할 때 또는 제3자가 위에 해당하는 사람을 도주시키려고 경찰관에게 항거할 때, ii) 체포·구속영장과 압수·수색영장을 집행할 때에 경찰관의 직무집행에 대하여 항거하거나 도주하려고 할 때 또는 제3자가 위에 해당하는 사람을 도주시키려고 경찰관에게 항거할 때, iii) 범인이나 소요를 일으킨 사람이 무기·흉기 등 위험한 물건을 지니고 경찰관으로부터 3회 이상 물건을 버리라는 명령이나 항복하라는 명령을 받고도 따르지 아니하면서 계속 항거할 때

③ 대간첩 작전 수행 과정에서 무장간첩이 항복하라는 경찰관의 명령을 받고도 따르지 아니할 때

(3) 한계

(가) 경찰비례의 원칙: 무기사용의 경우 비례원칙의 준수가 필요하다. 경찰관직무집행법 제10조의4 제1항은 '…… 필요하다고 인정되는 상당한 이유가 있을 때에는 그 사태를 합리적으로 판단하여 필요한 한도에서 무기를 사용할 수 있다'고 규정하여 비례의 원칙을 명시하고 있다.

(나) 보충성의 원칙: 무기를 사용하지 않고는 다른 수단이 없는 경우에만 무기를 사용할 수 있다. 경찰관직무집행법 제10조의4 제1항은 '…… 무기를 사용하지 아니하고는 다른 수단이 없다고 인정되는 상당한 이유가 있을 때'에 무기를 사용할 수 있다고 규정하여 보충성의 원칙을 명시하고 있다.

[1] 경찰관직무집행법 제11조(*현행법 제10조의4)에서 정하는 '무기 사용'의 요건과 한계: 경찰관직무집행법 제11조의 규정에 비추어 보면 경찰관은 범인의 체포, 도주의 방지, 자기 또는 타인의 생명, 신체에 대한 방호, 공무집행에 대한 항거의 억제를 위하여 상당한 이유가 있을 때에는 필요한 한도 내에서 무기를 사용할 수 있으나, 형법이 정하는 정당방위와 긴급피난에 해당할 때 또는 체포, 도주의 방지나 항거의 억제를 위하여 다른 수단이 없다고 인정되는 상당한 이유가 있는 때에 한하여 필요한 한도 내에서만 무기를 사용하여 사람에게 위해를 가할 수 있음이 명백하다.

[2] 경찰관이 신호위반을 이유로 한 정지명령에 불응하고 도주하던 차량에 탑승한 동승자를 추격하던 중 수차례에 걸쳐 경고하고 공포탄을 발사했음에도 불구하고 계속 도주하자 실탄을 발사하여 사망케 한 경우, 위 총기 사용 행위는 허용 범위를 벗어난 위법행위라고 본 사례: 경찰관이 신호위반을 이유로 한 정지명령에 불응하고 도주하던 차량에 탑승한 동승자를 추격하던 중 몸에 지닌 각종 장비

때문에 거리가 점점 멀어져 추격이 힘들게 되자 수차례에 걸쳐 경고하고 공포탄을 발사했음에도 불구하고 계속 도주하자 실탄을 발사하여 사망케 한 경우, 위 사망자가 아무런 흉기를 휴대하지 아니한 상태에서 경찰관을 공격하거나 위협하는 등 거칠게 항거하지 않고 단지 계속하여 도주하였다면 그러한 상황은 형법에 규정된 정당방위나 긴급피난의 요건에 해당한다고 보기 어렵고, 위 사망자가 경찰관의 정지명령에 응하지 아니하고 계속 도주하였다는 사실만으로 경찰관직무집행법 제11조에서 규정하는 범죄를 범하였거나 범하였다고 의심할 충분한 이유가 있다고 보기도 어려우며, 동료 경찰관이 총기를 사용하지 않고도 함께 도주하던 다른 일행을 계속 추격하여 체포한 점에 비추어 볼 때, 경찰관이 추격에 불필요한 장비를 일단 놓아둔 채 계속 추격을 하거나 공포탄을 다시 발사하는 방법으로 충분히 위 사망자를 제압할 여지가 있었다고 보이므로, 경찰관이 그러한 방법을 택하지 아니하고 실탄을 발사한 행위는 경찰관직무집행법 제11조에 정해진 총기 사용의 허용 범위를 벗어난 위법행위라고 본 사례(대법원 1999. 6. 22. 선고 98다61470 판결).

[1] 경찰관의 무기 사용이 경찰관직무집행법 제10조의4에 정한 요건을 충족하는지 여부의 판단 기준: 경찰관은 범인의 체포, 도주의 방지, 자기 또는 타인의 생명·신체에 대한 방호, 공무집행에 대한 항거의 억제를 위하여 무기를 사용할 수 있으나, 이 경우에도 무기는 목적 달성에 필요하다고 인정되는 상당한 이유가 있을 때 그 사태를 합리적으로 판단하여 필요한 한도 내에서 사용하여야 하는바(경찰관직무집행법 제10조의4), 경찰관의 무기 사용이 이러한 요건을 충족하는지 여부는 범죄의 종류, 죄질, 피해법익의 경중, 위해의 급박성, 저항의 강약, 범인과 경찰관의 수, 무기의 종류, 무기 사용의 태양, 주변의 상황 등을 고려하여 사회통념상 상당하다고 평가되는지 여부에 따라 판단하여야 하고, 특히 사람에게 위해를 가할 위험성이 큰 권총의 사용에 있어서는 그 요건을 더욱 엄격하게 판단하여야 한다.

[2] 형사상 범죄를 구성하지 아니하는 침해행위가 민사상 불법행위를 구성할 수 있는지 여부(적극): 불법행위에 따른 형사책임은 사회의 법질서를 위반한 행위에 대한 책임을 묻는 것으로서 행위자에 대한 공적인 제재(형벌)를 그 내용으로 함에 비하여, 민사책임은 타인의 법익을 침해한 데 대하여 행위자의 개인적 책임을 묻는 것으로서 피해자에게 발생한 손해의 전보를 그 내용으로 하는 것이고, 손해배상제도는 손해의 공평·타당한 부담을 그 지도원리로 하는 것이므로, 형사상 범죄를 구성하지 아니하는 침해행위라고 하더라도 그것이 민사상 불법행위를 구성하는지 여부는 형사책임과 별개의 관점에서 검토하여야 한다.

[3] 경찰관이 범인을 제압하는 과정에서 총기를 사용하여 범인을 사망에 이르게 한 사안에서, 경찰관이 총기사용에 이르게 된 동기나 목적, 경위 등을 고려하여 형사사건에서 무죄판결이 확정되었더라도 당해 경찰관의 과실의 내용과 그로 인하여 발생한 결과의 중대함에 비추어 민사상 불법행위책임을 인정한 사례(대법원 2008. 2. 1. 선고 2006다6713 판결).

8. 손실의 보상(경찰관직무집행법 제11조의2)

가. 손실보상의 요건

국가는 경찰관의 적법한 직무집행으로 인하여 ⅰ) 손실발생의 원인에 대하여 책임이 없는 자가 재산상의 손실을 입은 경우(손실발생의 원인에 대하여 책임이 없는 자가 경찰관의 직무집행에 자발적으로 협조하거나 물건을 제공하여 재산상의 손실을 입은 경우를 포함한다), ⅱ) 손실발생의 원인에 대하여 책임이 있는 자가 자신의 책임에 상응하는 정도를 초과하는 재산상의 손실을 입은 경우의 어느 하나에 해당하는 손실을 입은 자에 대하여 정당한 보상을 하여야 한다(법 제11조의2 제1항).

나. 청구기간

위 손실보상을 청구할 수 있는 권리는 손실이 있음을 안 날부터 3년, 손실이 발생한 날부터 5년간 행사하지 아니하면 시효의 완성으로 소멸한다(법 제11조의2 제2항).

다. 손실보상의 지급절차 및 방법

법 제11조의2에 따라 경찰관의 적법한 직무집행으로 인하여 발생한 손실을 보상받으려는 사람은 별지 제4호서식의 보상금 지급 청구서에 손실내용과 손실금액을 증명할 수 있는 서류를 첨부하여 손실보상청구 사건 발생지를 관할하는 국가경찰관서의 장에게 제출하여야 한다(법 시행령 제10조 제1항).

Ⅲ. 일반경찰법상의 일반적 수권조항(또는 개괄적 수권조항)

1. 의의

경찰행정작용은 그 침익적 성격으로 인하여 개별적이고도 직접적인 수권규정을 필요로 하는 것이 원칙이다. 그러나 복잡 다양한 현대사회에 있어서는 위해발생 상황이 다양하고, 그러한 위해를 모두 예측하여 개별적 근거규정을 상세히 규율하는 것은 현실적으로 어려우므로, 개별적 수권규정에만 의존해서는 국가의 위해방지 업무에 중대한 지장을 초래할 우려가 있게 된다.

그리하여 개별적 수권조항이 없는 경우에 일반적·포괄적으로 규정된 수권조항이 경찰권 발동의 보충적 근거가 될 수 있는지가 문제된다.

2. 일반적 수권조항의 합헌성 여부

가. 위헌설

일반적 수권조항은 현행 헌법상 위헌이라는 견해이다. 그 논거로는 i) 우리 헌법상의 법률유보의 범위와 관련하여 경찰권을 포함한 권력적 행정작용에는 법률의 근거를 요한다는 것에 대하여는 이론이 없는바, 그 경우의 법률은 당연히 개별적인 작용법률을 의미한다는 점, ii) 경찰권은 가장 전형적인 권력적 행정작용에 해당하는바, 일반적 수권조항을 인정하게 되면 경찰권의 남용으로 국민의 기본권이 침해될 우려가 크게 된다는 점, iii) 일반적 수권조항은 '공공의 안녕', '공공의 질서', '위험' 등과 같은 불확정개념을 그 요건으로 하고 있어 법치주의 원리의 한 요소인 명확성의 원칙에 위배된다는 점 등을 들고 있다.

나. 합헌설

법률유보의 원칙에 있어서의 수권이란 원칙상 작용법상의 개별적 수권을 말하지만, 경찰행정 분야에서는 그 특성에 비추어 일반적 수권도 허용되어야 한다는 견해이다. 그 논거로는 i) 경찰권 발동상황의 다양성과 경찰권 발동이 필요한 상황의 예측불가능성에 비추어 경찰분야에서는 일반적 수권조항이 필요하다는 점, ii) 일반적 수권조항도 법률에 의해 규정되는 것이므로 헌법 제37조 제2항(법률유보의 원칙)에 정면으로 위배되는 것은 아니라는 점, iii) 일반적 수권조항에서의 불확정개념은 오랜 세월 학설과 판례를 통하여 그 내용·목적·범위가 충분히 구체화되어 있으므로 법치주의 관점에서 큰 문제가 없다는 점 등을 들고 있다.

3. 현행법상 일반적 수권조항의 존재 여부

현행 경찰법규가 명시적으로 일반적 수권규정을 두고 있지는 않다. 다만 경찰관직무집행법 제2조는 경찰의 직무범위를 규정하면서 제7호에서 '그 밖에 공공의 안녕과 질서유지'를 직무의 하나로 규정하고 있는바, 이 규정을 일반적 수권규정으로 보아 이에 근거하여 경찰권을 발동할 수 있는지에 대하여 견해가 대립하고 있다.

가. 긍정설

경찰권 직무집행법 제2조 제7호를 일반적 수권규정으로 인정하여, 개별법상의 특별한 수권조항이 없는 경우에 보충적으로 이를 적용할 수 있다고 보는 견해이다. 이 견해는 일반적 수권조항에 의한 경찰권의 남용은 비례의 원칙 등 조리상의 한계를 통하여 억제할 수 있다고 본다[16].

나. 부정설

경찰작용은 침해적·권력적 성격을 가지고 있기 때문에 그 근거는 개별적 수권방식으로 이루어져야 하고, 일반적 수권조항과 같은 방식은 명확성의 원칙에 반하므로 허용될 수 없다고 보는 견해이다. 이 견해는 경찰권 직무집행법 제2조 제7호는 단순한 조직법상의 직무규정(임무규정)에 불과하고 수권규정이 아니라고 본다[17].

다. 부분적 인정설

이 견해는 현행법상 일반조항을 인정할 수 있는가의 문제는 ① 침해적인 위험방지의 근거규범으로서 일반조항의 인정가능성의 문제와 ② 비침해적인 위험방지의 근거규범으로서의 일반조항의 인정가능성의 문제를 구분하여 살펴볼 필요가 있다고 본다.

그리하여 첫째 침해작용의 경우에는 권한규정(수권규정)과 직무규정(임무규정)을 엄격히 구분하여야 하고, 침해적 경찰권의 발동을 위해서는 침해의 근거로서 권한규범이 필요하게 되는데, 경찰관 직무집행법 제2조 제7호는 권한규정(수권규정)이 아니라 직무규정(임무규정)에 불과하고 그밖에 현행 법제상 침해적인 위험방지작용의 근거규범으로서의 일반조항을 찾아보기는 어렵다고 본다. 둘째, 비침해적인 경찰작용의 경우도 다른 경찰작용과 마찬가지로 법적 근거를 요하지만, 이러한 경우의 법적 근거는 직무규정(임무규정)만으로 족하다고 본다[18].

라. 유추적용설

이 견해는 경찰관직무집행법 제2조 제7호와 제5조 제1항 제3호의 유추해석에 의해 일반적 수권조항을 인정할 수 있다는 견해이다.

마. 판례

아직 확립된 것이라고 단정하기는 어렵지만, 판례는 다른 적용법규가 없는 경우에 경찰관 직무집행법 제2조의 '그 밖에 공공의 안녕과 질서유지'를 근거로 하여 경찰권이 발동될 수 있다고 보는 것 같다(대법원 1986. 1. 28. 선고 85도2448, 85감도356 판결).

청원경찰법 제3조는 청원경찰은 청원주와 배치된 기관, 시설 또는 사업장등의 구역을 관할하는 경찰서장의 감독을 받아 그 경비구역 내에 한하여 경찰관직무집행법에 의한 직무를

16) 류지태·박종수, 전게서, 976면.

17) 박균성, 전게서, 616면; 박윤흔·정형근, 전게서, 313면.

18) 홍정선, 전게서, 461-463면.

행한다고 정하고 있고 한편 경찰관직무집행법 제2조에 의하면 경찰관은 범죄의 예방, 진압 및 수사, 경비요인, 경호 및 대간첩작전 수행, 치안정보의 수집작성 및 배포, 교통의 단속과 위해의 방지, 기타 공공의 안녕과 질서유지등을 그 직무로 하고 있는 터이므로 경상남도 양산군 도시와 단속계 요원으로 근무하고 있는 청원경찰관인 공소외 김00 및 이00가 피고인의 집에서 피고인의 형 공소 외 박00가 허가 없이 창고를 주택으로 개축하는 것을 단속한 것은 그들의 정당한 공무집행에 속한다고 할 것이므로 이를 폭력으로 방해한 피고인의 판시 소위를 공무집행방해죄로 다스린 원심조치는 정당하고 이에 소론과 같은 위법이 있다고 할 수 없다(대법원 1986. 1. 28. 선고 85도2448, 85감도356 판결).

4. 일반적 수권조항에 의한 경찰권발동의 요건

일반적 수권조항에 의해 경찰권이 발동되기 위하여는 공공의 안녕 또는 질서에 위해 또는 장애가 존재하여 이를 예방하거나 제거할 필요가 있어야 한다.

이러한 일반적 수권조항에 의한 경찰권의 발동은 개별조항에 의한 경찰권 발동이 불가능한 경우에 한하여 보충적으로 인정된다.

이하 일반적 수권조항의 구체적 내용에 대해서 살펴보기로 한다.

가. 공공의 안녕

공공의 안녕이란 국가와 그 기관 및 국가의 법질서(성문의 법규범), 그리고 개인의 생명·신체·재산·자유·명예 등에 대한 어떠한 침해도 없는 상태를 말한다. 즉 공공의 안녕은 공동체 법익의 보호뿐만 아니라, 개인적 법익의 보호까지 포함하는 개념이다.

(1) 공동체 법익의 보호

경찰권은 국가와 그 기관의 존속 및 기능보호, 그리고 객관적인 법질서의 유지를 위하여 행사될 수 있다.

보호의 대상이 되는 기관에는 의회, 정부, 법원, 국가의 행정청, 지방자치단체 및 공공시설(영조물)이 포함된다.

객관적 법질서(성문의 법규범)의 보호도 경찰권의 대상이 될 수 있다는 것이 일반적 견해이다.

(2) 개인적 법익의 보호

개인의 생명·신체·재산·자유·명예 등 개인적 법익도 경찰상 보호의 대상이 된다. 그런데 개인적 법익의 경찰상 보호에는 다음과 같은 제한이 존재한다.

① 개인적 법익이 사법에 의하여 보호될 수 있는 경우에는 먼저 사법적인 해결수단, 즉 민

사법원에 의한 구제가 선행되어야 하고, 경찰에 의한 보호는 보충적으로만 행하여져야 한다.

② 경찰권에 의한 사익의 보호는 공공의 안녕을 위한 것이므로, 개인적 법익의 보호가 공익을 위하여 필요한 경우이어야 한다. 즉 개인적 법익의 보호는 공익과 관련되는 범위 안에서 경찰법상 보호된다. 경찰권은 순수하게 사익의 보호만을 위해서는 행사될 수 없다.

나. 공공의 질서

공공의 질서라 함은 사회의 지배적인 가치관·윤리관에 비추어 이를 준수하는 것이 원만한 공동생활을 위하여 불가결한 것으로 인식되는 불문규범의 총체를 말한다. 따라서 공공의 질서는 사회공동체의 윤리·도덕을 대상으로 할 뿐이고, 성문의 법규범은 공공의 안녕에 포함되기 때문에 공공의 질서에서 제외된다. 그 결과 과거 공공의 질서에 포함되던 많은 영역(예: 성매매, 노상방뇨, 스트리킹 등)이 점차 성문화되어 공공의 질서의 적용범위가 축소되고 있다.

윤리나 도덕은 시대·지역에 따라 다르고, 오늘날과 같이 다원화된 사회에서 개인의 윤리관과 가치관은 최대한 존중되어야 하므로, 공공의 질서는 엄격하게 최소한의 범위에서 인정되어야 한다. 동성애나 이성간의 동거는 공공의 질서에 반하는 것으로 보기 어렵지만, 미성년자와의 동거, 특정종교에 대한 모독행위, 노약자에 대한 조롱행위 등은 공공의 질서에 대한 위해로 볼 수 있을 것이다.

다. 위해 또는 장애의 존재

(1) 위해

(가) 종류

위해는 먼저 구체적 위해와 추상적 위해로 구분할 수 있다.

구체적 위해란 개별적인 경우에 있어서 행정기관이 사전적 입장에서 상황을 합리적으로 평가한 결과, 가까운 장래에 보호이익에 손해가 발생할 가능성이 존재하는 경우를 말한다. 이때의 손해는 경찰법상의 일반조항에 의하여 보호되는 법익(공공의 안녕 개념에 의하여 보호되는 공동체·개인적 법익)이나 가치(공공질서 개념에 의하여 보호되는 가치)가 외부적인 영향에 의해 정상적인 상태로부터 객관적으로 감소하는 것을 의미한다. 추상적 위해는 특정태도나 상황을 일반적 또는 추상적으로 고찰한 결과, 손해발생이 충분한 개연성으로 예상되는 경우를 말한다[19].

경찰상의 개별처분을 위해서는 구체적 위해의 존재가 필요하지만, 경찰상의 법규명령

19) 류지태·박종수, 전게서, 979면; 홍정선, 경찰행정법, 제2판, 2010, 23면.

을 위해서는 추상적인 위해로도 충분하다.

(나) 구체적 위해의 존재여부

1) 법익의 고려: 구체적 위해는 손해발생의 가능성을 전제로 한다. 그런데 이러한 가능성의 판단에 있어서는 구체적으로 위협받고 있는 법익의 중요성이 고려되어야 한다. 따라서 중요하고 가치가 높은 법익이 관련될 때에는(예컨대, 생명이나 신체에 대한 법익) 손해발생의 가능성에 대한 요구는 좀 더 낮은 정도로도 충분하게 된다[20].

2) 법규위반: 법규위반의 경우 당해규범에 의해 보호되는 법익의 침해가 존재하지 않아도 통상 그 자체로서 이미 구체적 위해성의 존재가 인정된다. 예를 들어 야간에 사람이 없는 도로에서 신호등을 준수하지 않고 차량을 운행한 경우나, 주차금지의무를 위반한 경우에는 이로 인하여 교통상의 장애가 오지 않더라도 구체적 위해성이 인정된다[21].

3) 위해의 외관만이 존재하는 경우: 위해의 외관만이 존재하는 경우에도 경찰법상의 일반조항에 의하여 경찰권의 발동이 정당화될 수 있는지가 문제된다. 경우를 나누어 살펴볼 필요가 있다.

먼저 경찰공무원이 어떤 상황을 '주관적으로' 위험하다고 판단하였으나, 그 상황판단이 잘못되었거나 장래의 예측에 하자가 있어 그런 판단에 상응하는 '객관적인' 위험은 실제로 존재하지 않는 경우(오상위해)인데. 이러한 경우 경찰의 개입은 경찰법상의 일반조항에 의해 정당화 될 수 없다[22]. 예를 들어 영화촬영을 위하여 강도장면을 연출하고 있는 현장 주위에 '촬영중'이라는 표지판이 있거나, 영화카메라가 존재하는 것을 충분히 알 수 있는 상황에서 경찰이 이에 개입하는 행위가 이에 해당된다.

다음으로 행정청이 개입하는 시점에서의 합리적인 판단에 의할 때 위험을 인정할 객관적인 근거는 존재하지만, 사후에 위험이 실제로는 존재하지 않았다는 것이 밝혀질 경우에 있어서는 그 위해성을 인정하는 것이 타당하고, 이 경우 경찰의 개입은 경찰법상의 일반조항에 의해 정당화 될 수 있다[23].

4) 잠재적 위해의 경우: 구체적 위해성을 인정하기 위해서는 손해발생의 가능성이 시간적으로 가까운 장래에 존재할 것이 요구된다. 따라서 처음에는 구체적인 위험이 존재하지 않고 장래에 외부적 사정이 부가됨으로써 비로소 경찰상의 보호이익에 대한 구체적인 위험이 발생하는 경우(잠재적 위해)에 대해서는 경찰권이 발동될 수 없다. 예를 들면, 돼

20) 류지태·박종수, 전게서, 981면.
21) 류지태·박종수, 전게서, 980면.
22) 박균성, 전게서, 619면; 류지태·박종수, 전게서, 981면.
23) 박균성, 전게서, 619면; 류지태·박종수, 전게서, 981면.

지 양돈업이나 기타 공해를 배출하는 시설이 현재는 그 주위에 아무런 주거시설이 없어 손해를 야기할 가능성이 없으나, 장래에 그 주위가 주거지로 변경되는 경우에는 주거지역의 주민들에 대한 건강 등의 법익의 감소를 야기하게 될 것이라는 상황은 경찰의 개입을 정당화하는 요건으로서의 위해성 인정과는 무관한 것이다[24].

집회 및 시위에 관한 법률상 집회의 사전 금지 또는 제한이 허용될 수 있는 경우 및 실제 이루어진 집회가 당초 신고 내용과 달리 타인의 법익이나 공공의 안녕질서에 직접적이고 명백한 위험을 초래하지 않은 경우, 사전에 금지통고된 집회라는 이유만으로 해산을 명하고 이에 불응하였다고 하여 처벌할 수 있는지 여부(소극): 집회 및 시위에 관한 법률(이하 '집시법'이라 한다)상 일정한 경우 집회의 자유가 사전 금지 또는 제한된다 하더라도 이는 다른 중요한 법익의 보호를 위하여 반드시 필요한 경우에 한하여 정당화되는 것이며, 특히 집회의 금지와 해산은 원칙적으로 공공의 안녕질서에 대한 직접적인 위협이 명백하게 존재하는 경우에 한하여 허용될 수 있고, 집회의 자유를 보다 적게 제한하는 다른 수단, 예컨대 시위 참가자수의 제한, 시위 대상과의 거리 제한, 시위 방법, 시기, 소요시간의 제한 등 조건을 붙여 집회를 허용하는 가능성을 모두 소진한 후에 비로소 고려될 수 있는 최종적인 수단이다. 따라서 사전 금지 또는 제한된 집회라 하더라도 실제 이루어진 집회가 당초 신고 내용과 달리 평화롭게 개최되거나 집회 규모를 축소하여 이루어지는 등 타인의 법익 침해나 기타 공공의 안녕질서에 대하여 직접적이고 명백한 위험을 초래하지 않은 경우에는 이에 대하여 사전 금지 또는 제한을 위반하여 집회를 한 점을 들어 처벌하는 것 이외에 더 나아가 이에 대한 해산을 명하고 이에 불응하였다 하여 처벌할 수는 없다(대법원 2011. 10. 13. 선고 2009도13846 판결).

(2) 장애

경찰권의 발동은 위해가 존재하는 경우뿐만 아니라, 위해가 구체적으로 실현되어 법익이나 가치가 정상상태로부터 벗어나 직접적이고도 객관적으로 감소한 상태에 놓여있고, 이것이 지속되는 경우에도 인정된다. 후자를 경찰상 장애라고 한다. 위해방지를 위한 행위가 주로 사전적·예방적 성격을 가지는 것임에 반하여, 장애의 제거는 사후적·진압적인 성격을 지닌다.

라. 위해나 장애를 예방하거나 제거할 필요

'위해나 장애를 예방하거나 제거할 필요'의 판단에는 경찰권 발동기관에게 판단여지 내지 재량권이 인정된다고 보아야 한다.

24) 류지태·박종수, 전게서, 981면.

제3장 경찰권 행사의 한계

Ⅰ. 법규상의 한계

1. 경찰작용의 편의주의

경찰작용은 명령과 강제를 위주로 하는 전형적인 권력적 작용에 해당하기 때문에 반드시 법률의 근거에 따라 행하여져야 한다. 경찰법규가 경찰권 발동의 요건·정도·효과 등을 구체적으로 규정하고 있는 경우에는 그 경찰법규가 경찰권의 법규상 한계가 되는 것이다.

그런데 경찰관직무집행법을 비롯하여 대부분의 경찰작용의 수권법률들은 법률요건에 불확정개념을 사용하거나 법률효과를 가능규정으로 하여 경찰행정청에게 판단여지 내지는 재량을 부여하고 있다. 경찰행정기관에게 위와 같이 판단여지와 재량을 부여하는 것을 경찰작용의 편의주의라고 한다. 위와 같은 경찰작용의 편의주의는, 공공의 안녕과 질서에 대한 위해의 경우 그 상황이 너무도 다양하여 입법자가 이를 모두 예견하여 상세하게 규정하는 것이 입법기술상 어려울 뿐만 아니라, 경찰기관에게도 구체적인 경우에 위해방지를 위한 유연하고도 탄력성 있는 조치를 선택할 수 있는 여지를 줄 필요가 있다는 입법정책적 고려에 의해 뒷받침되고 있다[1].

2. 경찰재량의 한계와 경찰개입청구권

경찰작용의 편의주의에 따라, 경찰권을 발동할 수 있는지 여부 또는 발동하는 경우에 어떠한 조치를 취할 것인지는 경찰행정기관의 재량에 속한다. 다만 경찰관의 행사에 위와 같이 재량권이 인정된다고 할지라도 그것이 자의나 임의를 허용하는 것은 아니고, 재량권은 의무에 합당하게 행사되어야만 적법한 것으로 인정된다. 경찰법규가 경찰기관에게 재량권을 부여하고 있는 경우에도 거기에는 후술하는 바와 같은 조리상의 한계가 있고, 조리상의 한계를 넘는 경찰권의 발동은 재량권의 일탈·남용이 되어 위법하게 된다.

뿐만 아니라, 일정한 요건 하에서는 경찰재량권이 영으로 수축하는 경우가 있다. 이 경우에 경찰기관은 경찰권을 발동할 의무를 지게 된다(경찰개입청구권의 구체적 요건은

1) 정하중, 전게서, 1097면.

이미 살펴본 바와 같다).

Ⅱ. 조리상의 한계

1. 경찰비례의 원칙

가. 의의

비례의 원칙은 행정목적과 이를 실현하는 수단 사이에는 합리적인 비례관계가 있어야 한다는 원칙으로서, 이는 행정법의 일반원칙이므로 경찰권의 행사에도 당연히 적용된다. 경찰행정에 관련된 법률규정에서 비례의 원칙을 규정하고 있는 경우도 있지만(경찰관직무집행법 제1조 제2항, 제7조 제1항, 제10조의2 제1항 등), 비례의 원칙은 실정 법률의 규정과 관계없이 경찰권 행사를 구속하는 헌법적 효력을 갖는 법원칙이다.

비례의 원칙은 적합성의 원칙, 필요성의 원칙(최소침해의 원칙) 및 협의의 비례원칙(상당성의 원칙)을 그 내용으로 한다.

나. 적합성의 원칙

경찰권 행사의 목적은 공공의 안녕과 질서에 대한 위해 또는 장애를 예방하고 제거하는 데 있다. 따라서 경찰권 행사의 수단은 공공의 안녕과 질서에 대한 위해 또는 장애를 예방하고 제거하기에 적합하고, 또한 상대방이 이를 이행하는 것이 법적·사실적으로 가능한 것이어야 한다. 적합성의 원칙은 다양한 수단 중에서 가장 최상의 수단을 요구하는 것은 아니며, 단지 목적 달성에 기여할 수 있으면 충분하다.

다. 필요성의 원칙(최소침해의 원칙)

공공의 안녕과 질서에 대한 위해를 예방하고 제거하기에 적합한 수단이 여러 가지인 경우에는 당사자의 권익을 가장 적게 침해하는 수단을 선택하여야 한다. 예를 들면, 붕괴위험이 있는 건물에 대하여 개수명령을 통하여도 붕괴위험을 제거할 수 있음에도 철거명령을 내리는 것은 통상 필요성의 원칙에 반하여 위법하다.

라. 상당성의 원칙(협의의 비례원칙)

경찰이 취한 수단이 위해방지에 적합하고 또한 상대방의 권익을 최소로 침해하는 조치라고 하더라도, 그 조치(경찰권의 발동)로 인하여 달성되는 공익보다 당사자에게 가해지는 불이익이 심히 큰 경우에는 당해 조치는 비례의 원칙 위반으로 위법하다.

2. 소극목적의 원칙

경찰은 공공의 안녕과 질서에 대한 위해를 방지하고 제거하는 것을 목적으로 하는 소극적인 행정작용이다. 따라서, 경찰기관은 법령에 특별한 규정이 없는 한 소극적인 사회질서의 유지를 위해서만 발동될 수 있고, 적극적인 공공복리의 증진을 위하거나 사회경제질서를 유도할 목적으로 경찰권을 행사할 수 없다.

소극적인 경찰목적을 넘는 경찰권의 행사는 경찰권의 한계를 넘는 것으로서 권한남용이 되며 위법하다. 예를 들면, 동업자간의 과당경쟁을 막기 위하여 식품위생법규 위반행위를 단속하는 것은 위법하다.

3. 공공의 원칙

가. 의의

경찰은 공공의 안녕과 질서의 유지를 목적으로 하는 작용이다. 따라서 공익과 직접관계없는 사생활이나 민사상의 법률관계에는 원칙적으로 관여할 수 없는바, 이를 경찰공공의 원칙이라고 한다.

나. 사생활불가침의 원칙

사생활불가침의 원칙은 사회공공의 안녕과 질서에 관계가 없는 개인의 프라이버시에 속하는 사생활영역에는 경찰권이 간섭하여서는 아니된다는 원칙을 말한다.

공공의 안녕 또는 질서와 관계없음에도 경찰이 사생활에 개입하는 것은 헌법상 기본권인 사생활의 비밀과 자유(헌법 제17조)를 침해하고, 아울러 권한남용이 되어 위법하다.

그러나, 개인의 사생활 영역이라고 하더라도 미성년자의 음주·흡연, 공공장소에서의 풍기문란행위, 가정폭력·부부싸움으로 인한 안온방해, 정신착란을 일으키거나 술에 취하여 자신 또는 다른 사람의 생명·신체·재산에 위해를 끼칠 우려가 있는 경우 등과 같이 공공의 안녕 및 질서에 위해를 야기하는 경우에는 예외적으로 경찰권이 발동될 수 있다.

다. 사주소불가침의 원칙

사주소불가침의 원칙이란 경찰기관은 일반사회와 직접적인 접촉이 없는 사주소 내의 행위에 대해서는 간섭할 수 없다는 원칙을 말한다. 따라서 실내에서의 과다노출 같은 행위는 경찰권 발동의 대상이 되지 않는다.

여기서 사주소라 함은 일반사회와 직접적인 접촉이 없는 장소를 말하므로, 주택뿐만 아니라 사무실·교수연구실·회사·공장·창고 등 비거주건축물도 사주소에 포함한다. 반면에 불특정 다수인이 자유로이 출입할 수 있는 공개된 장소(예: 흥행장·여관·음식점·역·버스터미널·다방·극장 등)는 사주소에 해당하지 아니므로 경찰권 발동의 대상이 된다(경찰관직무집행법 제7조 제2항).

공공의 안녕 및 질서와 관계없음에도 경찰이 사주소에 들어가는 것은 헌법상의 주거의 자유(제16조), 사생활의 비밀과 자유(제17조)를 침해하고, 권한남용이 되어 위법하다. 또한, 비례의 원칙(특히 적합성의 원칙)에도 반한다. 그러나 사주소 내의 행위라도 공공의 안녕 및 질서에 위해를 야기하는 경우(예: 외부에서 공공연히 관망할 수 있는 상태에서 나체로 생활하는 행위, 이웃에 불편을 주는 과도한 소음·음향·악취의 발생, 사나운 개의 관리 등)에는 예외적으로 경찰권이 발동될 수 있다.

라. 민사관계불간섭의 원칙

민사관계불간섭이 원칙이란 경찰기관은 공공의 안녕과 질서에 관계없는 민사상의 법률관계에 개입해서는 안 된다는 원칙을 말한다. 즉 개인의 계약관계나 사유재산권의 행사, 친족권의 행사 등에 관한 분쟁은 당사자의 청구에 기초하여 사법기관에 의한 해결을 도모하여야 하고, 경찰권이 개입할 사항은 아닌 것이다.

공공의 안녕 및 질서와 관계없음에도 경찰이 민사문제에 개입하는 것은 권한남용이 되어 위법하고, 비례의 원칙에도 반한다. 그러나, 민사관계라도 공공의 안녕 및 질서에 위해를 야기하는 경우(예: 미성년자에 대한 술·담배의 판매, 총포·도검·화약류의 거래, 암표매매행위 등)에는 예외적으로 경찰권이 발동될 수 있다.

제4장 경찰책임의 원칙

【제54회 행정고시 문제】 A 공연기획사는 연휴를 맞이하여 유명 가수 B를 초청하여 음악회를 열고자 계획하였다. 그런데 가수 B는 갑작스런 질병을 이유로 공연장에 나타나지 않았다. 공연장에 갔던 관람객들은 환불조치를 요구하였고, A사가 환불을 약속했음에도 분을 이기지 못해 거리를 점거하고 소동을 피웠으며 인근 상가의 간판을 떼어내어 도로에 바리케이트를 쳤다. 이 경우 경찰상 책임에 대하여 설명하시오. (25점)

【제57회 행정고시 문제】 A시는 문화예술 진흥을 목적으로 지역주민들을 위한 대규모 무료 콘서트 행사를 시립 운동장에서 개최하였다. 행사 시작 전 이미 참석인원이 시설수용 인원을 과도하게 초과하였음에도 A시에서는 안전요원의 배치 등 적정한 안전조치를 취하지 않은 채 무리하게 행사를 강행하였다. 이에 행사 참석자들의 안전에 대한 위험이 존재한다고 판단한 관할 경찰서장은 A시 시장에 대하여 행사중지명령을 발하고자 한다. A시 시장에 대한 경찰서장의 경찰처분은 적법한가? (20점)

Ⅰ. 개설

1. 경찰책임의 의의

경찰책임의 원칙이란 경찰권은 사회공공의 안녕과 질서에 대한 경찰상의 장해가 발생하거나 발생할 우려가 있는 경우(이것을 경찰위반의 상태라고 부른다)에 그에 대하여 책임이 있는 자에게만 발동될 수 있고, 그에 대하여 직접적으로 관계가 없는 제3자에게는 발동될 수 없다는 원칙을 말한다. 다만 예외적으로 긴급한 필요가 인정되고 특별한 경찰법규상의 근거가 있는 경우(경찰상 긴급상태)에 한해서는 경찰책임자 아닌 제3자에 대해서도 경찰권을 발동할 수 있다(예: 소방기본법 제24조 제1항 등).

2. 실질적 경찰책임과 형식적 경찰책임

국가공동체의 모든 구성원은 자신의 행위와 자신의 물건이 공동체의 평화를 깨뜨리지 않도록 하여야 하고, 이에 반할 경우 자신의 비용으로 위해·장애를 제거하여야 한다. 여기에서 공공의 안녕이나 질서를 침해하지 말아야 하는 의무가 생기고, 아울러 공공의 안녕 또는 질서에 위해·장애가 발생한 경우 그러한 원인과 결과를 제거하여야 할 의무가 생기는데, 이러한 의무의 전체를 실질적 경찰책임이라고 한다.

형식적 경찰책임이란 실질적 경찰책임을 위반한 자가 공공의 안녕 또는 질서의 회복을 위한 경찰기관의 명령에 복종하여야 하는 책임을 말한다[1].

3. 경찰책임과 고의·과실

경찰책임은 책임자의 고의·과실과 무관하다. 경찰책임은 위법행위에 대한 처벌이 아니다. 경찰책임은 오로지 공공의 안녕이나 질서에 대한 위해를 제거하는데 기여하는 것일 뿐이다.

4. 소멸시효

경찰책임은 시효와 무관하다. 경찰상 책임을 야기하는 행위나 상태가 존속하는 한, 그 기간이 어느 정도이냐를 불문하고 그러한 행위나 상태를 야기한 자는 책임을 부담한다.

Ⅱ. 경찰책임의 주체

1. 자연인

자연인은 모두 경찰책임의 주체가 된다. 경찰책임은 책임자의 고의·과실을 요하지 않으므로 행위능력이나 불법행위능력이 없는 자연인도 경찰책임자가 될 수 있다. 다만, 행위능력이 없는 경찰책임자에 대한 경찰권의 발동으로 인한 의무부과처분은 법정대리인에게 송달되어야 한다.

경찰책임은 국적과 무관하다. 외국인이나 무국적자도 경찰책임을 부담한다.

2. 사법인

사법인뿐만 아니라 권리능력 없는 사단도 경찰책임자가 될 수 있다.

3. 공법인 및 행정기관

경찰상의 위해는 공법인 및 행정기관의 행위 또는 공법인의 소유에 속하는 물건이나 공공목적에 제공된 공물에 의해서도 발생할 수 있다. 그에 따라 공법인 및 행정기관이 경찰책임의 주체가 될 수 있는지가 문제된다.

1) 홍정선, 경찰행정법, 제2판, 2010, 294면.

가. 실질적 경찰책임

공법인 등이 경찰관계 법령에 구속되는지 여부가 실질적 경찰책임의 문제이다. 오늘날 공법인이나 그 기관과 같은 고권주체도 경찰법규를 준수하여야 할 의무를 진다고 보는 것이 일반적 견해이다. 행정의 법률적합성이라는 헌법원칙에 비추어 보건대, 모든 국가기관은 헌법과 법에 구속된다는 것, 즉 모든 국가작용은 실질적 경찰법을 포함하여 법질서에 합치되어야 한다는 것이 그 논거이다.

다만 공법인이나 그 기관과 같은 고권주체는 공법상 권능의 수행자이므로 고권주체의 경찰법질서를 준수할 의무에는 수정이 가해질 수도 있다[2].

나. 형식적 경찰책임

공법인(예: 국가나 지방자치단체 등) 및 행정기관이 법령에서 부여된 자신의 임무를 수행하는 과정에서 공공의 안녕과 질서에 대한 위해를 야기한 경우에 경찰기관이 경찰상의 명령이나 금지로 이에 개입할 수 있는지가 문제된다. 이는 형식적 경찰책임(공법인이나 행정기관이 경찰상 위해의 제거를 위한 경찰권 발동의 대상이 될 수 있는가)의 문제이다. 예를 들면, 지방자치단체가 운영하는 폐기물매립장에서 방출되는 오염물질로 인하여 인근 주민들이 피해를 입고 있는 경우에 지방자치단체에게 경찰권을 발동할 수 있는지 여부가 그러한 경우에 해당된다.

(1) 공법작용과 형식적 경찰책임

공법인 및 다른 행정기관이 경찰권 발동의 대상이 될 수 있는가에 대한 견해의 대립은 주로 공행정작용(권력적 작용뿐만 아니라 비권력적 작용 포함)의 영역에서 발생한다.

(가) 부정설 : 공법인 및 다른 행정기관의 활동과 관련한 경찰상의 위해에 대해서는 원칙적으로 경찰행정기관의 경찰권 발동이 인정되지 않는다고 보는 견해이다. 그 이유는 조직법상 이러한 형식적 경찰책임이 인정된다면 이는 국가나 지방자치단체 또는 다른 공법인에 대한 경찰행정관청의 우위를 인정하는 결과가 되기 때문이라고 한다[3].

부정설의 견해에 따르면 공립학교 주위에 사는 주민은 학교운영과 관련하여 발생하는 소음에 대해서, 소방서 주위에 사는 주민은 소방차의 사이렌 소음에 대해서 경찰행정기관의 개입을 요구할 수 없게 된다.

(나) 제한적 긍정설: 이 견해는 경찰기관의 위해방지를 위한 경찰권 발동은 원칙적으로

---

2) 홍정선, 전게서, 297면.
3) 홍정선, 전게서, 472면; 정하중, 전게서, 1106-1107면.

다른 국가기관에 대해서도 인정되어야 한다고 본다. 다만, 다른 국가기관에 의하여 행해지는 적법한 임무수행을 방해하지 않는 범위 안에서만 경찰기관의 경찰권 발동이 허용된다는 입장이다.[4)]

(다) 평가: 위 두 학설은 실질적으로 큰 차이가 없다. 다만 이론상으로는 부정설이 더 설득력이 있다고 보여진다. 조직법상의 권한분배 원칙에 비추어 다른 국가기관의 권한행사가 존중되어야 하고, 경찰기관의 권한이 다른 국가기관의 권한보다 우월하다고 할 수 없으므로 경찰기관의 임무수행과 다른 국가기관의 임무수행이 충돌하는 경우에는 상급기관에 의해 조정되는 것이 행정조직법의 원리에 비추어 타당하기 때문이다.

따라서 다른 국가기관에 경찰권을 발동하기 위하여는 법률의 근거가 있어야 하며, 법률의 근거가 있다고 하더라도 경찰권의 발동으로 달성되는 공익이 다른 국가기관의 업무수행으로 인한 공익보다 훨씬 큰 경우에만 경찰책임을 인정하는 것이 타당하다.

법률의 근거가 없는 경우에는 다른 국가기관 등에 대한 경찰권의 발동을 부정하여야 할 것이다. 예를 들어 시에서 운영하는 쓰레기처리장으로부터 심한 악취가 나서 인근 주민의 생활과 건강에 침해를 가하고 있는 경우에도 법률의 명시적 근거가 없는 한 경찰기관은 시에 대하여 경찰권을 발동할 수 없다. 이 경우에 인근주민은 민사상 방해배제청구, 공법상 결과제거청구 및 국가배상청구를 통하여 권리구제를 받을 수 있을 것이다.

(2) 사법작용과 형식적 경찰책임

(가) 행정사법작용: 행정주체가 사법의 형식으로 행정목적을 수행하는 법률관계를 행정사법관계라고 한다. 전기·수도·가스등의 공급사업, 하수도관리사업, 쓰레기처리사업 등과 같은 것이 그러한 경우의 예이다. 공법인 등의 형식적 경찰책임은 고권작용(공법작용)의 경우뿐만 아니라, 행정사법 활동의 경우에도 부인되어야 한다. 사법수단이라는 형식에도 불구하고 행정사법작용은 특별한 공법상의 목적에 기여하는 것이기 때문이다[5)].

그러나 공법인 등이 아니라, 행정사무의 수행을 위해 행정주체에 의해 설립된 사법상 법인(예: 지방자치단체가 설립한 주식회사)의 경우에는 당연히 형식적 경찰책임을 진다.

(나) 국고작용: 공법인 등이 국고작용을 수행하는 경우에는 당해 공법인 등에 대하여 경찰권이 발동될 수 있다는 데 이견이 없다. 그 이유는 국고작용은 행정목적 달성과 직접 관련이 없는 것이며 다른 국가기관이 국고작용을 함에 있어서는 사인과 같은 지위를 가

---

4) 류지태·박종수, 전게서, 1004면; 박균성, 전게서, 644면.

5) 홍정선, 전게서, 473면.

지기 때문이다.

Ⅲ. 경찰책임의 유형

1. 행위책임

가. 개념

행위책임이라 함은 자기의 행위 또는 자기의 보호·감독하에 있는 사람의 행위로 인하여 공공의 안녕과 질서에 대한 위해가 발생한 경우에 지는 경찰상의 책임을 말한다.

나. 행위

여기서의 행위는 적극적인 작위뿐만 아니라, 공법적으로 위해방지를 위한 작위의무가 있음에도 이를 행하지 않은 부작위도 포함된다. 이러한 부작위의 예로는 건축공사의 시공자가 공사현장의 위해를 방지하기 위하여 필요한 조치를 취하지 않은 경우(예: 건축법 제28조)를 들 수 있다.

다. 타인의 행위에 대한 책임

타인을 보호 또는 감독하는 자(지배자)는 피보호자 또는 피감독자(피지배자)의 행위로 인하여 생긴 질서위반의 상태에 대하여 경찰상 책임을 진다. 그러한 예로는 자녀의 행위에 대하여 보호자가, 피용인의 행위에 대하여 사업주가 책임을 지도록 규정된 경우를 들 수 있다.

타인의 행위에 대한 경찰책임은 타인이 질 책임을 대신하여 지는 것이 아니며, 자신의 지배권 내에서 경찰위반 상태를 발생시킨 것에 대한 자기책임이다.

타인의 행위에 대한 지배자책임이 인정되는 경우에도 행위자(타인)의 경찰책임이 면제되는 것은 아니다. 따라서 실제의 행위자와 감독자가 동시에 병행하여 경찰책임을 지게 되고, 그 결과 양벌규정을 두는 경우가 많다.

라. 인과관계

경찰책임이 인정되기 위하여는 경찰상의 위해와 책임자의 행위(타인의 행위로 인한 책임의 경우에는 피감독자의 행위) 사이에 인과관계가 존재하여야 한다. 어떠한 경우에 경찰책임상의 인과관계가 존재한다고 볼 수 있는지에 대하여는 견해의 대립이 있다.

(1) 조건설

공공의 안녕과 질서에 대한 위해발생의 조건이 된 모든 행위는 그 결과에 대하여 인과성이 있다는 학설이다. 조건설에 의할 경우 경찰책임이 무한히 확대된다는 문제를 갖는다.

(2) 상당인과관계설

상당인과관계설은 일반경험칙에 따라 행위로부터 통상 발생하는 결과에 한정하여 인과관계를 인정한다. 그런데 경찰의 위해방지임무는 예측하기 어려운 예외적인 상황 하에서 발생한 경우에도 대처하여야 하는바, 발생된 위해(경찰위반상태)가 경험칙에 비추어 예측할 수 없었다고 하여 경찰책임을 인정하지 않는다면 경찰행정의 목적을 달성할 수 없게 되므로 상당인과관계설도 적합하지 않다.

(3) 직접원인설

직접원인설이란 공공의 안녕과 질서에 대한 위해 또는 장애(경찰위반상태)의 직접적 원인이 되는 행위를 한 자만이 경찰책임을 지고 간접적인 원인제공자는 경찰책임을 지지 않는다는 견해이다. 직접원인설은 자연과학적 인과관계론인 조건설과 민사법상의 상당인과관계론이 경찰책임에서의 인과관계론으로는 적당하지 않다는 것을 전제로 경찰책임에 특유한 인과관계론을 수립하려는 견해이다. 이 견해가 현재의 통설이다.

직접원인설에 의하면 경찰위반상태에 직접적인 원인을 제공한 자만이 경찰책임이 있고, 간접적인 원인만을 제공한 자는 경찰책임자가 되지 않는다. 즉 일련의 인과관계의 고리 중에서 마지막의 그리고 결정적인 원인을 제공한 사람이 원칙적으로 행위책임자가 된다. 예를 들어 합법적으로 개최된 집해가 방해자들에 의하여 소요로 발전한 경우, 경찰은 집회의 개최자가 아니라 방해자에 대하여 경찰권을 행사하여야 한다.

(4) 직접원인설·목적적원인제공설

직접원인설에 의할 경우 경찰위반상태의 발생원인에 대하여 다시 원인을 제공한 자에 대해서는 행위책임을 귀속시킬 수 없다. 예를 들어 자기 집 정원에서 그림을 그리는 화가를 구경하기 위하여 통행인이 모여들어 교통장애가 야기된 경우에는 화가에게 행위책임을 지울 수 없다.

위와 같이 원칙적으로는 직접원인설의 입장을 취하면서도, 예외적으로 비록 직접적으로 경찰위반상태의 원인을 제공하지는 않았으나, 직접원인자의 행위를 의도적으로 야기한 자는 목적적 원인제공자(Zweckveranlasser)로서 행위책임을 부담한다고 보는 견해이다[6]. 예컨대 자기 집 정원에서 화가가 자기를 선전할 목적으로 미인 모델을 도로로 향하게 하여 그림을 그리고 그것을 구경하기 위하여 통행인이 모여들어 교통장애가 야기된 경우에 운집한 군중은 직접적 원인자로서 행위책임이 귀속되며, 화가는 목적적 원인제공자로서 행위책임이 귀속된다. 유사한 예로 상점주인이 쇼우윈도에 이색적 광고를 하여 사람들이 운집한 경우에 운집한 군중은 직접적인 원인자로서 경찰권 발동의 대상이 되며, 상점 주인은 목적적 원인자로서 경찰권 발동의 대상이 된다.

행위책임자 여부 및 목적적 원인제공자 여부는 종종 다투어 진다. 예컨대 축구장이나 음악회에서 관중의 난동으로 경찰위반상태가 발생한 경우 난동을 일으킨 관중은 직접원인자로서 당연히 책임을 지겠지만, 행사의 개최자가 목적적 원인제공자로서 행위책임을 지게 되는지에 대해서는 다음과 같이 견해가 대립한다.

① 긍정설: 누구든지 자신의 상업적 또는 정치적 목적을 위하여 군중을 원하는 경우, 이를 통하여 발생된 공공의 안녕과 질서에 대한 위해가 그 행사와 직접적인 연관관계가 있을 때에는 그 위해에 대하여 책임을 져야 한다는 입장에서 행사 개최자의 책임을 긍정하는 견해이다[7].

② 예외적 긍정설: 난동이 일어났다고 하여 바로 개최자에게 경찰책임을 지우는 것은 개최자의 영업의 자유를 지나치게 침해하는 결과를 가져올 수 있다고 본다. 그리하여 행사의 개최자가 목적적 원인제공자로서 행위책임을 지기 위해서는 중대한 난동이 일어날 가능성이 농후하였고, 개최자가 난동을 방지하기 위하여 필요한 조치를 소홀히 한 극히 예외적인 경우에 해당되어야 한다는 견해이다[8].

2. 상태책임

가. 의의

상태책임이라 함은 공공의 안녕과 질서에 대한 위해가 어떤 물건(예: 토지·공작물·가스연료 등)이나 동물로부터 발생된 경우에 그 물건이나 동물에 대하여 사실상 지배권을 행사하는 자(예: 점유자·관리자) 또는 소유자가 지게 되는 책임을 말한다.

상태책임은 물건의 상태가 경찰상 위해를 야기하고 있는 경우에 당해 물건에 대하여 지배력이 있는(당해 물건의 위험한 상태에 대하여 영향력을 미칠 수 있는)자에게 그 경찰상 위해를 제거하도록 하는 것이 타당하다는 데 근거한다.

---

6) 김철용, 행정법Ⅱ, 제9판, 2009, 272면; 정하중, 전게서, 1104면.
7) 정하중, 전게서, 1104면.
8) 박균성, 전게서, 648면.

나. 상태책임의 주체

(1) 사실상의 지배권자

1차적 상태책임자는 물건·동물에 대하여 사실상의 지배권을 행사하고 있는 자(점유자·보관자·관리자)인데, 사실상의 지배권에 대한 권원의 정당성 내지 적법성의 유무는 묻지 아니한다. 사실상의 지배권을 행사하는 자는 상태책임의 발생원인에 관계없이 또한 주관적인 고의·과실과는 무관하게 상태책임을 진다. 그리하여 자신이 관리하는 창고에서 화재가 난 경우 고의나 과실과 무관하게, 그리고 타인에 의하여 화재가 난 경우에도 관리자는 책임을 지게 된다.

(2) 소유권자

물건·동물의 소유권자는 2차적으로 상태책임을 진다.

한편 물건이 도난된 경우와 같이 사실상 지배력을 미치고 있는 자가 소유자의 의사와 관계없이 지배력을 행사하고 있는 경우에는 소유권자는 상태책임을 지지 않는다고 보는 견해가 일반적이다[9].

다. 상태책임의 한계

(1) 비정형적인 사건

소유권자 등이 감당할 수 없는 비정형적인 사건에 의하여 당해 물건이 경찰상 위해를 야기하고 있는 경우에 소유권자 등의 상태책임이 인정되는지가 문제된다. 예컨대, 전쟁 중 폭격으로 건물이 붕괴될 우려가 있는 경우의 건물 소유자, 유조차가 전복되어 기름이 토지에 스며들어 지하수 오염의 우려가 존재하는 경우의 토지 소유자가 그러한 예에 해당된다. 그러한 경우에까지 상태책임을 추궁하는 것은 너무 가혹한 결과를 야기할 수 있으므로 위의 경우 토지 소유자는 상태책임을 지지 않는다고 보는 견해[10]와, 효과적인 위해방지의 관점에서 상태책임을 인정하는 견해[11]가 대립하고 있다.

(2) 잠재적 위험의 실현

물건의 소유자나 점유자의 귀책사유 없는 사정변경에 의해 공공의 안녕과 질서에 위해를 가하게 된 경우에 당해 물건의 소유자나 점유자가 상태책임을 지는지가 문제된다.

---

9) 박균성, 전게서, 649면; 정하중, 전게서, 1104면; 류지태·박종수, 전게서, 1008면.
10) 박균성, 전게서, 649면; 류지태·박종수, 전게서, 1008면.
11) 정하중, 전게서, 1105면.

예컨대, 주거지로부터 멀리 떨어진 곳에서 양돈업을 운영하고 있었는데, 인근에 택지가 개발되면서 주택들이 들어서게 되어 인근 주민의 위생에 위해를 가하게 된 경우에 기존 양돈업자에게 조업중단명령을 내릴 수 있는지가 그러한 예에 해당된다. 상태책임은 지배권자의 귀책사유와 관계없이 현재의 물건의 상태로 인하여 경찰상 위해가 발생된 경우에 인정되는 것이기 때문에, 이 경우에도 경찰책임을 인정하는 것이 타당하다[12].

라. 상태책임의 종료

소유권자가 소유권을 양도하거나 포기한 경우에 상태책임이 종료되는지가 문제된다. 예컨대, 자동차사고를 낸 운전자가 그 자동차로 인해 교통장애가 발생하고 있는 때에, 소유권을 양도·포기하는 경우가 그러한 예에 해당된다.

소유권을 양도·포기한 경우 원칙적으로 상태책임이 종료된다고 보면서도, 다만 이미 발생한 경찰책임을 면하기 위한 수단으로 소유권을 양도·포기한 경우에는 상태책임이 면제되지 않는다고 보는 견해[13]와, 경찰책임은 공법상 책임이므로 명문의 근거없이 경찰책임자의 일방적 의사에 의해 그 책임이 면제될 수는 없다고 보아야 하기 때문에, 소유권의 양도·포기 당시 경찰위반상태가 이미 발생하고 있었던 때에는 그것이 경찰책임을 면하기 위한 수단인지 여부를 가리지 않고 소유권자의 경찰책임은 면제되지 않는다고 보는 견해[14]가 대립하고 있다.

3. 복합적 경찰책임

가. 의의

경찰책임자가 다수인 경우에 누구에게 경찰권을 발동할 것인가 하는 문제가 제기된다.

복합적 경찰책임은 경찰위반상태가 다수인의 행위 또는 다수인이 지배하는 물건의 상태에 의해 야기되거나, 행위책임과 상태책임이 경합하는 경우에 발생한다.

나. 경찰권발동 대상자의 결정

복합적 경찰책임이 발생한 경우에는 위해제거의 효율성과 비례의 원칙을 고려하여 경찰권 발동의 대상자를 결정하여야 한다. 일응 다음과 같은 기준이 적용될 수 있다.

① 경찰권 발동을 누구에게 할 것인가는 원칙적으로 경찰기관의 재량에 속한다.

---

12) 박균성, 전게서, 650면.
13) 류지태·박종수, 전게서, 1008면.
14) 박균성, 전게서, 649면.

② 경찰위반상태를 가장 신속하고도 효과적으로 제거할 수 있는 자에게 경찰권이 발동되어야 한다. 예를 들면, 행위책임과 상태책임이 경합하는 경우(예: A가 B소유의 자동차를 국도 위에 방치하고 달아난 경우)에는 통상 행위책임자에게 경찰권이 발동되는 것이 효율적이다. 그러나 행위책임자가 누구인지 식별할 수 없거나, 보다 효율적인 위험방지의 관점에서 오히려 상태책임자에게 위반상태에 대한 부담을 귀속시키는 것이 타당하다고 여겨지는 경우에는 상태책임이 우선된다고 보아야 한다. 따라서 위의 경우에는 B에게 경찰권을 발동하여야 한다.

③ 경찰위반상태에 보다 중요한 원인을 제공한 자에게 우선적으로 경찰권이 행사되어야 한다. 예를 들면, 복합적인 경찰책임을 지는 자(예: 행위책임과 상태책임을 소유권자가 부담하는 경우)는 하나의 경찰책임을 지는 자에 비해 우선적으로 경찰권 발동의 대상이 되어야 한다.

다. 다수책임자 사이의 비용부담

다수의 책임자 중 한 사람에게 경찰권이 발동된 경우, 위해 제거에 소요되는 비용은 위해발생에 기여한 비율에 따라 배분되어야 한다.

4. 제3자의 경찰책임(긴급경찰권)

가. 의의

경찰권은 원칙적으로 경찰책임자에 대해서만 발동될 수 있고, 경찰책임이 없는 자에 대하여는 발동될 수 없다. 그러나 긴급한 필요가 인정되고, 특별한 법규상의 근거가 있는 경우에 한해서는 경찰책임자 이외의 제3자에 대해서도 경찰권을 발동할 수 있다. 교통사고로 중태에 빠진 자를 병원에 긴급후송 하도록 지나가던 자동차 운전자에게 경찰이 명령을 하는 경우가 이러한 긴급상태의 예에 해당된다.

나. 요건

(1) 경찰상 긴급상태

경찰상 긴급상태의 경우에 한하여 제3자의 경찰책임을 인정할 수 있다. 즉 공공의 안녕과 질서에 대한 위해 또는 장애가 이미 존재하거나, 목전에 급박한 경우이어야 한다.

(2) 비례의 원칙

경찰책임자에게는 경찰권을 발동할 수 없거나 발동하여도 경찰상 위해나 장애를 제거하기 어렵고, 경찰기관 스스로 또는 권한의 위임에 의해 해당 경찰상 위해나 장애를 제거할 수 없는 경우이어야 한다.

아울러 경찰상 위해나 장애를 제거할 필요성이 경찰권의 발동으로 제3자가 입게 되는 불이익보다 커야 한다.

(3) 법률의 근거

제3자에 대한 경찰권의 발동에는 법률의 근거가 있어야 한다. 소방기본법 제24조(소방종사명령), 경범죄 처벌법 제3조 제1항 제29호(공무원 원조불응) 등이 이러한 예에 해당된다.

제3자에 대한 경찰권의 발동을 위해서는 원칙상 개별법에 근거가 있어야 하지만, 예외적으로 일반조항에 근거하여서도 그것이 인정될 수 있는지 여부에 대하여는 긍정설과 부정설의 대립이 있다.

다. 손실보상

제3자에 대한 경찰권의 발동으로 제3자가 특별한 손실을 입은 경우에는 그 손실을 보상해 주어야 한다.

Ⅳ. 경찰책임의 승계

1. 개설

가. 의의

경찰책임자가 사망하거나 영업 또는 물건을 양도한 경우에, 경찰상 책임이 상속인이나 양수인에게 이전되는가의 문제를 경찰책임의 승계라고 한다. 경찰책임의 승계는 경찰책임이 상속인 또는 양수인에게 승계되는가의 여부에 관하여 법령이 명시적인 규정을 두지 아니한 경우에 문제된다.

나. 실천적 의미

경찰책임의 승계문제는 경찰책임자에게 발해진 처분의 효력이 그 승계인에게도 미치는가의 여부를 논의의 대상으로 한다. 즉 승계가 인정된다면 승계인에게 새로운 행정처분을 발함이 없이 피승계인에게 발해진 행정행위를 근거로 하여 이를 승계인에 대하여 집행할 수 있는 것이 된다. 반대로 승계가 부정된다면 피승계인에게 발한 행정행위는 승계인에게 효과가 없고, 승계인에게 새로운 명령을 발한 후 이를 집행할 수밖에 없다는 의미이다[15].

2. 행위책임

가. 제한적 승계긍정설

이 학설은 그 논거에 따라 다음과 같이 두 가지로 분류될 수 있다.

① 행위책임은 인적 성질의 책임이고 공법상 책임이므로 원칙상 양수인에게 양도가 인정되지 않는다고 보아야 한다. 그러나 상속은 포괄적인 승계이므로 행위책임도 원칙상 상속인에게는 승계된다고 보아야 한다는 견해이다[16],

② 경찰상 의무의 이행이 대체가능한 성격을 가지는지 여부에 따라 승계여부를 판단하여야 한다는 견해이다. 그리하여 예방접종의 수인의무, 소음발생의 중지의무, 정보제공의 의무 등은 일신전속적인 성격을 가지고 있기 때문에 승계가능성이 부인되나, 도로의 청소의무, 무단폐기된 오염물질의 제거의무 등과 같이 대체적 성질을 갖는 책임은 승계가능성이 인정된다고 본다[17], 이 견해는 위와 같은 대체가능성 이외에 승계를 인정하는 법률의 근거가 있는 경우에야 승계가 된다고 보지만, 승계를 인정하는 규정이 있는 경우에는 승계가능성 여부에 대한 학설의 논의는 불필요하다.

나. 승계부정설

전통적 견해는 경찰상 행위책임을 특정인의 행위에 대한 법적 평가와 관련된 것으로 파악한다. 그리하여 행위책임은 위험을 야기한 자에게만 문제되고, 그 자의 사망으로 책임문제는 종결된다고 본다[18]. 다만 법률이 명시적으로 행위책임의 승계를 인정한다면 그것은 예외적인 경우에 해당된다.

3. 상태책임

가. 승계긍정설

상태책임은 물건의 상태와 관련된 책임이기 때문에 승계가 원칙적으로 허용된다는 것이 지배적 견해이다[19]. 상태책임은 사람의 개성과 무관한 물적 책임의 성질을 가진다는

15) 홍정선, 전게서, 482-483면.
16) 박균성, 전게서, 653면.
17) 정하중, 전게서, 1108면.
18) 홍정선, 전게서, 484면.

점과 절차상의 경제를 꾀할 필요가 있다는 점을 그 논거로 든다.

이 견해에 따르면 양수인에게 새로운 경찰하명을 발할 필요 없이, 양도인에게 발해진 경찰하명을 근거로 하여 이를 양수인에게 집행할 수 있게 된다.

나. 개별적 결정설

포괄승계인가, 특별승계인가, 구체적 책임(경찰책임이 경찰처분에 의해 구체화되어 있는 경우)의 승계인가 추상적 책임(경찰처분에 의해 구체화되지 않은 법령상의 책임)의 승계인가에 따라 개별적으로 승계여부를 판단하여야 한다고 하는 견해이다. 이 견해는 구체적 책임만이 승계되고, 추상적 책임은 승계되지 않는다고 본다[20].

다. 신규책임설

양수인이 양수 후에 상태책임을 지는 것은 양도인의 상태책임을 승계하여 지는 것이 아니라, 양수인 자신이 권리취득으로 상태책임에 관한 요건을 충족하여 새로운 상태책임을 지는 것이라는 견해이다. 즉 양수인은 경찰상 위해가 발생하고 있는 당해 물건을 소유하고 지배하고 있기 때문에 새로이 상태책임을 지는 것이다[21].

이 견해에 따르면 양도인에게 발해진 경찰하명을 근거로 하여 이를 양수인에 대하여집행할 수는 없고, 양수인에게 새로이 경찰하명을 발한 후에야 그 집행을 할 수 있게 된다.

---

19) 박윤흔·정형근, 전게서, 323면; 류지태·박종수, 전게서, 1009면.
20) 김남진·김연태, 전게서, 303면; 홍정선, 전게서, 485면.
21) 박균성, 전게서, 654면.

제5편 공적시설법

제1장 공물법

제1절 공물의 개념과 종류

Ⅰ. 공물의 개념

1. 공물과 사물

국가·지방자치단체 등 행정주체가 행정활동을 함에 있어서는 업무를 담당하는 인적 수단(공무원)과 함께 행정활동에 제공되는 물적 수단을 필요로 한다. 물적 수단에는 단순히 행정주체의 재산권의 대상으로서 그 경제적 가치를 통하여 간접적으로 행정목적에 기여할 뿐 그 자체가 행정목적에 직접 제공되고 있지는 않은 물건도 있고, 그 자체가 사용가치를 통하여 직접적으로 행정목적에 제공되는 물건도 있다. 전자를 사물(私物)이라고 하고, 후자를 공물(公物)이라고 한다.

공물은 직접 행정목적에 제공되고 있기 때문에, 일반 사법 규정의 적용을 받는 사물과는 달리 그 행정목적 달성에 필요한 범위 내에서 사적 거래의 대상에서 제외 되는 등의 특수한 법적 규율을 받고 있다. 공물은 이러한 특수성에 착안하여 성립된 학문상의 개념이다.

> 공유수면은 공공용에 공하는 소위 자연 공물로서 그 자체가 직접 공공의 용에 공하게 되는 것이므로 재산적, 경제적 가치에 의하여 간접적으로 행정목적에 공하는 행정주체의 재산권의 대상인 재정재산(잡종재산)과는 그 성질이 다르다(대법원 1967. 4. 25. 선고 67다131 판결).

2. 공물의 개념적 요소

공물이란 국가·지방자치단체 등의 행정주체에 의해 직접 공적 목적에 제공된 물건을 말한다. 공물의 개념을 나누어 고찰하면 다음과 같다.

① 공물은 '행정주체에 의하여' 제공된 물건이다.

공물은 국가·지방자치단체 등 행정주체에 의하여 공적 목적에 제공된 물건이다. 따라서 사인이 사유지를 도로용·공원용 기타 공적 목적에 제공하더라도 그것은 공물이 아니다.

그러나 사인의 소유에 속하는 물건이라도 행정주체가 정당한 권원(예: 공용사용, 임차 등)에 의해 공적 목적에 제공하면 공물이 된다. 이러한 공물을 사유공물(私有公物)이라 한다. 공물은 그 관리주체에 착안하여 정립된 관념으로서, 그 소유권의 귀속 여부와는 무관한 것이다. 따라서 행정주체에게는 공물의 관리권만 있으면 되고 공물의 소유권까지 있을 필요는 없다.

② 공물은 '직접' 공적 목적에 제공된 물건이다.

'직접' 공적 목적에 제공된다는 것은 물건의 사용가치를 통하여 공적 목적에 제공된다는 것을 의미한다. 직접 공적 목적에 제공되는 공물에는 후술하는 바와 같은 공공용물, 공용물, 보존공물 등이 있다.

행정주체가 재산으로 보유하고 있는 물건인 재정재산(일반재산)은 공물이 아니고 사물이다. 위와 같은 재정재산은 그 자본가치를 통하여 행정주체의 재정적 수익의 수단이 됨으로써 간접적으로 공적 목적에 기여하기는 하지만 직접 공적 목적에 제공되는 것이 아니기 때문이다. 재정재산은 사적 거래의 대상이 되는 경제적 재화(예: 국유의 임야·광산 등)로서, 그것은 일반사물과 마찬가지로 사법의 적용을 받는다.

③ 공물은 직접 '공적 목적'에 제공되는 물건이다.

공물은 공적 목적에 제공되는 결과, 그 목적 달성에 필요한 한도 내에서 사법의 적용이 배제되고 특수한 법적 규율이 가하여지고 있다. 여기서 공적 목적이란 행정주체에 의한 직접적 사용의 경우뿐만 아니라, 일반 공중에 의한 사용까지를 포함한다.

④ 공물은 '물건'이다.

과거 공물을 개개의 유체물로 한정하는 견해도 있었다[1]. 오늘날에는 공물을 개개의 유체물에 한정하지 않고, 관리할 수 있는 무체물이나 집합물도 포함하는 것으로 보는 견해가 유력하다[2]. 과거 무체물이 공물에 포함되지 않은 이유는 종래 동력(에너지)·공간·전파 같은 무체물이 지배관리의 대상이 되지 아니하였다는 점에 기인한 것으로 보인다. 그러나 오늘날에는 다수의 무체물에 대한 지배관리가 점차 가능해지고 있는바, 그것이 공적 목적에 제공되는 경우에는 이들도 공물에 포함시키는 것이 바람직하다. 한편 집합물이란 다수의 물건이 일정한 목적을 위하여 집합되어 독자적 개성을 가지며, 실제상 하나의 일체로서 취급되는 것을 말한다. 도서관의 장서, 공원 같은 것이 이에 해당하는바, 이러한 집합물도 내용적으로는 개개의 공물로 구성되는 것이지만 이들을 개개의 유체물로 따로

1) 김도창, 일반 행정법론(하), 401면 등.
2) 김남진·김연태, 행정법Ⅱ, 제21판, 2017, 391면.

분리하여 고찰하는 것은 사실상 불가능하고 의미도 없다. 이들은 상호 결합하여 물적 종합시설로서 일체적 기능을 수행하고 있으므로 이러한 집합물도 공물로 취급하는 것이 타당하다[3].

3. 타 개념과의 구별

가. 공물과 영조물

영조물은 행정주체에 의해 공적 목적에 제공된 인적·물적 종합시설(예: 국·공립학교, 도서관 등)이다. 공물은 행정주체에 의하여 직접 공적 목적에 제공된 물건이라는 점에서, 인적 수단과 물적 시설이 일체가 되어 특정한 공적 목적에 제공된 영조물과 구별된다. 즉 영조물 중 물적 시설은 공물이라고 할 수 있지만, 물적 시설 이외에도 인적 요소를 포함하는 개념인 영조물은 공물과 구별되어야 한다.

그런데 실정법에서는 영조물이라는 용어를 사용하고 있지만, 그 실질은 이론상의 공물에 해당하는 경우가 있음에 주의할 필요가 있다(예: 국가배상법 제5조, 제6조, 광업법 제44조 제1항 등).

나. 공물과 공공시설

공공시설이란 공공의 이용에 제공되는 공적 시설을 말한다. 그런데, 공공시설의 개념에 관하여는 다음과 같이 몇 가지 입장이 존재한다.

첫째는 공공시설을 공공의 이용에 제공된 인적·물적 종합시설로 보는 견해이다. 이 견해에 의하면 공공시설 중 물적 시설은 공물이라고 할 수 있지만, 인적 시설을 포함하는 공공시설 자체는 공물과 구별된다. 공공시설은 인적·물적 종합시설인 점에서 영조물 개념과 유사하지만, 공공의 이용에 제공되는 시설에 한정된다는 점에서 영조물보다는 좁은 개념이다.

둘째는 공공시설을 물적 시설에 중점을 둔 개념으로서 파악하면서, 공공시설은 유체물의 집합체로서 공물의 일종을 의미하는 것이 보통이라고 본다. 그러면서도 지방자치법 제13조 제1항, 제144조 제1항에서 보는 바와 같이 공공시설이라는 용어가 공물의 일종인 공공용물 이외에 영조물·공기업 등을 포괄하는 의미로 사용되는 경우도 있다고 본다[4].

---

3) 김동희, 행정법Ⅱ, 제24판, 2018, 262면; 박윤흔·정형근, 최신 행정법강의(하), 개정28판, 2009, 414면.

4) 김철용, 행정법Ⅱ, 제9판, 2009, 356-357면; 김동희, 전게서, 264면.

다. 공물과 행정재산

'국유재산법'과 '공유재산 및 물품 관리법(이하 '공유재산법'이라고만 한다)'은 국유재산·공유재산을 그 용도에 따라 행정재산과 일반재산으로 구분하고 있다(국유재산법 제6조, 공유재산법 제5조).

그 중 행정재산은 이론상의 개념인 공물에 해당한다. 그런데 공물은 그 관리주체에 착안하여 정립된 개념이므로 그 물건의 소유권이 누구에게 귀속되는가를 묻지 아니한다. 그 결과 사유물도 공물이 될 수 있으므로, 공물이 반드시 행정재산이라고 말할 수는 없다.

Ⅱ. 공물의 종류

1. 목적에 의한 분류

가. 공공용물

공공용물은 일반 공중의 사용에 제공된 물건을 말한다. 도로·하천·공원·항만·교량·해안 등이 그 예이다. 국유재산법이나 공유재산법에서 말하는 공공용재산은 여기서 말하는 공공용물에 해당된다.

나. 공용물

공용물은 직접 행정주체 자신의 사용에 제공된 물건을 말한다. 관공서의 청사, 교도소, 행정용 집기 등이 그 예이다. 국유재산법이나 공유재산법에서 말하는 공용재산은 여기서 말하는 공용물에 해당된다.

다. 공적 보존물(보존공물)

공적 보존물(보존공물)이란 공적 목적을 위하여 그 물건 자체의 보존이 강제되는 공물을 말한다. 문화재보호법상 문화재, 산림법상의 보안림 등이 이에 해당된다.

공적 보존물은 국유재산법, 공유재산법 상의 보존용재산과 같이 국유 또는 공유인 것도 있으나 사유물인 경우도 많다. 사유물이 공적 보존물로 지정되는 경우에는 그 목적달성에 필요한 한도 내에서 자유로운 처분이 제한된다.

공적 보존물은 일반 공중의 공동사용이나 행정주체 자신의 사용에 제공되는 것이 아니라, 공익상 보존가치 있는 물건 자체의 보존을 위하여 그 소유권에 공법적 제한을 가하는 것을 주된 내용으로 하므로 이를 공물로 보지 않고 공용제한의 하나로 보는 견해도 있다[5].

2. 소유권자에 따른 분류

가. 국유공물

국유공물이란 국가가 소유권자인 공물을 말한다. 국유재산법상의 행정재산이 이에 해당한다.

나. 공유공물

공유공물이란 지방자치단체가 소유권자인 공물을 말한다. 공유재산법상의 행정재산이 이에 해당한다.

다. 사유공물

사유공물은 사인이 소유권자인 공물을 말한다. 사인의 물건에 대하여 공용지정이 이루어진 경우 및 사인이 소유하는 공적 보존물의 경우가 사유공물의 예에 해당된다.

3. 성립과정에 의한 분류

가. 자연공물

자연공물이란 자연의 상태 그대로 공적 목적에 제공될 수 있는 실체를 가지는 물건을 말한다. 하천, 해변 등이 그 예이다. 그런데 오늘날에는 하천에 제방공사나 수로공사 등 일정한 공사가 행해지는 경우가 있다. 위와 같이 하천에 사람의 손이 가해진 한도 내에서는 당해 하천은 인공공물로 보아야 한다[6].

나. 인공공물

인공공물이란 인위적인 가공을 가한 후 공적 목적에 제공되는 공물을 말한다. 도로, 공원 등이 그러한 예이다.

---

5) 박균성, 전게서, 355면.
6) 박균성, 전게서, 356면.

제2절 공물의 성립

Ⅰ. 공공용물의 성립

1. 인공공물의 경우

가. 형체적 요소

인공공물인 공공용물이 성립하기 위하여는 당해 물건이 일반 공중의 사용에 제공될 수 있는 형체적 요소를 갖추어야 한다. 예를 들면 도로·공원의 경우 건설이나 정비 등을 통하여 당해 물건을 설치하고 그것이 일반 공중의 사용에 제공될 수 있는 구조를 갖추어야 한다. 형체적 요소를 갖추지 못한 경우, 그러한 물건을 공물로 지정하여도 그것은 예정공물에 지나지 않는다(대법원 1994. 5. 10. 선고 93다23442 판결).

그런데, 도로 등 인공공물을 설치함에 있어서는 통상 위치결정, 용지취득, 건설공사 등의 일정한 과정을 거치게 된다. 다만 공공용물의 구체적 형성절차는 개별 법률에 따라 다를 수 있다.

(1) 위치결정

도로 등 공공용물의 위치는 국토개발계획 및 주민의 이해관계에 밀접하게 관련되어 있다. 따라서 종합적 계획에 따라 결정되어야 하고, 주민의 의견수렴절차가 보장되어야 함에도 현행 관계 실정 법률은 이에 관한 충분한 규정을 두고 있지 못하다.

(2) 용지취득

공물의 부지 등이 행정주체 자신의 소유인 경우에는 임의로 공용지정행위를 할 수 있다. 공물의 부지가 타인의 소유에 속하는 경우에는 먼저 그 물건에 대하여 매매계약이나 토지수용 등에 의하여 그 소유권을 취득하거나, 지상권·임차권 기타 지배권을 취득하여야 한다. 즉 공물의 관리주체는 위와 같은 방법으로 공공용물로 제공되는 물건의 부지에 대하여 일정한 권원(權原)을 취득하여야 한다.

공물의 부지를 지상권·임차권 등에 의하여 확보한 경우, 그 기간만료·계약해지 등의 사유로 부지소유자가 반환을 청구할 수 있는지가 문제된다. 당해 목적물이 공물에 제공되고 있는 한 해지권을 행사할 수는 없다고 할 것이고, 아울러 계약에 붙여진 기간은 존속기간이 아니라 갱신기간으로 보는 것이 타당하다.

(3) 건설공사

공물의 건설은 행정주체가 직접 행하거나, 도급계약에 의하여 민간기업이 행한다.

공물의 형체적 요소를 갖추기 위한 공사가 일정규모 이상인 경우 환경영향평가의 대상이 될 수도 있다.

나. 의사적 요소

(1) 의의

인공공공용물이 성립하기 위하여는 형체적 요소를 갖춘 것만으로는 부족하고, 그것을 일반 공중의 사용에 제공한다는 내용의 행정주체의 의사적 행위가 필요한데, 이를 공용개시행위[7] 또는 공용지정이라고 한다. 즉 공용개시행위라 함은 행정주체가 공공용물로서의 형체적 요소를 갖춘 물건을 일반 공중의 사용에 제공한다는 의사를 표시하는 행위이다.

인공공물이 공공용물로서 성립하기 위해서는 공용개시행위를 필요로 하므로, 공용개시행위가 있기 전에는 일반인이 그것(예: 도로)을 사용한다고 하더라도 아직 공물인 도로는 아니다. 또 사인이 사실상 자기의 사유지를 도로로서 일반공중의 자유로운 통행에 제공하고 있더라도 그것만으로 공물의 성질을 취득하게 되는 것은 아니다.

(2) 공용개시행위의 법적 성질

공용개시행위의 법적 성질에 관하여 과거에는 이를 사실행위로 보는 견해도 있었다. 그러나 공용개시행위는 특정한 물건에 공물로서의 성질을 부여하여 공법적 제한에 따르게 하고, 위 물건을 일반공중의 사용에 제공하려는 법적 행위이므로 행정행위로 보는 것이 타당하고, 이것이 오늘날의 일반적 견해이다[8].

공용개시행위는 직접 물건의 성질이나 상태를 규율하는 물적 행정행위에 해당한다. 도로구역의 결정(도로법 제25조 제1항)이나 하천구역의 결정(하천법 제10조) 등이 그러한 경우의 예이다.

(3) 고시 또는 공고

공용개시행위는 공공용물을 일반 공중의 사용에 제공하는 것이기 때문에, 고시 또는

7) 공용개시행위 또는 공용지정이란 어떤 물건이 특정한 공적 목적에 제공되며, 그로 인하여 그 물건에 대한 사권의 행사가 제한되는 등 공법상의 특별한 지위를 갖게 된다는 것을 선언하는 법적 행위이다. 그런데 '공용개시'라는 용어를 사용할 경우 준공식에서 테이프를 끊는 행사와 같은 사실행위로 오해될 우려가 있으므로, 공용개시보다는 '공용지정'이란 용어를 사용하는 것이 보다 타당할 것이라고 주장하는 견해도 있다(김남진·김연태, 전게서, 396면).

8) 박윤흔·정형근, 전게서, 423면; 박균성, 행정법론(하), 제15판, 2017, 363면.

공고의 절차를 통해 일반 공중에게 주지시킬 필요가 있다. 법령 중에는 공용개시가 있는 경우 이를 고시하도록 규정한 예가 있는바(도로법 제25조: 도로구역의 결정·고시), 그러한 규정이 없는 경우에도 어떠한 방법에 의하여서든지 일반인이 알 수 있도록 하여야 한다.

(4) 하자있는 공용개시행위

공용개시행위는 행정행위에 해당하므로, 행정행위로서의 적법요건을 갖추어야 한다. 적법요건에 흠결이 있는 공용개시행위는 하자있는 행정행위가 된다. 그와 관련하여 특히 문제가 되는 것은 권원 없이 공용개시행위를 한 경우이다. 즉 아무런 권원 없이 공용개시행위를 한 경우 당해 공용개시행위의 효력은 어떻게 되는지. 그리고 그 경우 토지소유자는 소유권에 기하여 당해 토지의 반환을 청구할 수 있는지의 문제가 제기된다.

(가) 무효설: 권원 없는 공용개시행위는 무효라고 보아야 한다는 견해이다[9]. 이 견해에 의하면 도로는 더 이상 공물이 아니므로 사권의 행사를 제한할 수 없다. 따라서 토지소유권자는 소유권에 근거하여 물건(토지)의 반환을 청구할 수 있게 된다. 다만 위와 같이 무효로 보는 경우에도 물건을 반환하는 것이 심히 공익을 해치는 경우에는 권리남용으로 그 반환을 인정하지 않을 수도 있지만, 공용개시행위가 무효인 경우 당해 물건에 공물의 지위를 인정할 수 없게 되는 문제가 발생한다.

(나) 취소설: 권원 없는 공용개시행위도 행정행위 하자의 일반원칙인 '중대·명백설'에 따라 그 효력을 따져 보아야 한다는 견해이다. 그 결과 하자가 중대하고 명백한 경우에는 무효라고 할 것이지만, 그 이외의 하자인 경우에는 취소할 수 있는 행위에 불과하게 된다. 그런데 도로·공원 등의 공물을 설치하는 경우에는 수많은 필지의 토지·건물 등을 취득하여야 하며, 따라서 권원의 유무는 명백하지 아니한 경우가 많다고 할 것이므로 보통의 경우에는 취소사유에 그친다고 할 것이다[10]. 이 견해에 의하면 공용개시가 취소되기까지 도로는 여전히 공물로서의 지위를 지니고, 따라서 토지소유자는 소유권에 기하여 그 반환을 청구할 수가 없다.

(다) 검토: 권원이 없다는 것은 공용개시행위에 있어서 명백한 하자는 아니라고 할 것이므로 취소설이 타당하다. 이 경우 당해 토지나 물건의 반환을 청구하기 위해서는 먼저 공용개시행위를 취소하여야 한다. 다만, 공용개시행위를 취소함이 심히 공익을 해하는 경우에는 사정재결(행정심판법 제33조) 또는 사정판결(행정소송법 제28조)을 하여야 할 것이고, 토지

9) 김도창, 일반행정법론(하), 411면; 이상규, 신행정법론(하), 438면; 석종현·송동수, 일반행정법(하), 제13판, 2013, 401면.

10) 박윤흔·정형근, 전게서, 424면; 김동희, 전게서, 270면.

나 물건의 반환 대신에 손해배상 또는 부당이득반환만을 인정하여야 할 것이다.

(라) 판례: 판례는 대지소유자가 그 소유권에 기하여 권원없이 그 대지의 지하에 매설한 상수도관의 철거를 구하는 것을 인정하는 등 무효설의 입장을 취하고 있다(대법원 1987. 7. 7. 선고 85다카1383 판결).

가. 도시계획시설결정 및 지적승인고시만으로 시가 그 대지를 사용할 적법한 권원이 있는지 여부: 도시계획시설결정 및 지적승인고시가 있어 대지가 도로부지에 편입되었다 하더라도 시가 아직 그 도로개설에 관한 도시계획사업을 진행하여 대지소유자로부터 대지를 협의매수하거나 수용하는 등 대지의 소유권 기타 사용권을 적법하게 취득하였음을 주장입증하지 아니하고 있다면 시가 그 대지를 사용할 적법한 권원이 있다고 할 수 없다.

나. 공중의 편의를 위한 상수도시설을 대지소유자가 소유권에 기하여 철거를 요구하는 것이 권리남용에 해당하는지 여부: 대지소유자가 그 소유권에 기하여 그 대지의 불법점유자인 시에 대하여 권원없이 그 대지의 지하에 매설한 상수도관의 철거를 구하는 경우에 공익사업으로서 공중의 편의를 위하여 매설한 상수도관을 철거할 수 없다거나 이를 이설할 만한 마땅한 다른 장소가 없다는 이유만으로써는 대지소유자의 위 철거청구가 오로지 타인을 해하기 위한 것으로서 권리남용에 해당한다고 할 수는 없다(대법원 1987. 7. 7. 선고 85다카1383 판결).

(마) 특별규정: 도로법 제4조는 "도로를 구성하는 부지, 옹벽, 그 밖의 시설물에 대해서는 사권(私權)을 행사할 수 없다. 다만, 소유권을 이전하거나 저당권을 설정하는 경우에는 사권을 행사할 수 있다"라고 규정하여 사권의 행사를 제한하고 있다. 따라서 행정주체가 사인 소유의 토지를 권원 없이 도로로 점유하고 있는 경우 도로법 제4조의 규정상 토지소유자는 토지소유권에 기하여 도로부지의 반환을 청구할 수 없다. 이 경우 토지소유자는 공물주체가 그로 인하여 부당이득을 얻고 있는 것이므로 부당이득반환 청구권을 행사하거나(대법원 1989. 1. 24. 선고 88다카6006 판결), 공물주체가 불법점유를 하고 있으므로 손해배상을 청구할 수 있다(대법원 1968. 10. 22. 선고 68다1317 판결).

적법한 사용권을 취득함이 없이 타인의 토지를 도로부지로 편입하여 도로로 사용하는 경우와 토지소유자의 사권행사의 제한: 도로를 구성하는 부지에 대하여는 사권을 행사할 수 없으므로 그 부지의 소유자는 불법행위를 원인으로 하여 손해배상을 청구함은 별론으로 하고 그 부지에 관하여 그 소유권을 행사하여 인도를 청구할 수 없다(대법원 1968. 10. 22. 선고 68다1317 판결【대지인도】).

(5) 도로의 공용개시행위 시점

도로법상 도로의 공용개시행위의 시기를 언제로 볼 것인가에 관하여는 견해의 대립이 있다. 도로가 공공용에 제공되기까지에는 ⅰ) 노선인정 및 고시(도로법 제11조 이하), ⅱ) 도로구역의 결정·고시(도로법 제25조), ⅲ) 도로사용개시공고(도로법 제39조) 등의 절차를 거치게 된다.

다수설[11] 및 판례는 도로구역의 결정·고시를 도로의 공용개시의 시기로 본다(대법원 1997. 8. 22. 선고 96다10737 판결: 대법원 2000. 02. 25. 선고 99다54332 판결 등). 노선인정은 노선명·기점·종점·중요경과지 등만 표시되므로 공물로서의 특정성이 아직 결여된 상태이고, 도로사용개시공고는 공물로서의 성격취득과는 무관하다는 것을 그 근거로 한다. 이에 대하여 소수설은 도로사용개시공고를 공용개시의 시기로 본다. 공용개시행위는 공물의 형체적 요소가 갖추어진 후에 행하여져야 하는데, 도로법 제82조 제2항은 도로구역의 결정 또는 변경과 도로구역의 결정고시 또는 변경고시는 공익사업을 위한 토지 등의 취득 및 보상에 관한 법률에 따른 사업인정 및 사업인정고시로 간주하고 있는 점에 비추어 도로구역의 결정·고시를 공용개시행위로 볼 수는 없다는 점을 논거로 한다[12].

도로가 행정재산이 되기 위한 요건 및 토지의 지목이 도로이고 국유재산대장에 등재되어 있다는 사정만으로 그 토지가 도로로서 행정재산에 해당하는지 여부(소극): 국유재산법상의 행정재산이란 국가가 소유하는 재산으로서 직접 공용, 공공용, 또는 기업용으로 사용하거나 사용하기로 결정한 재산을 말하는 것이고, 그 중 도로와 같은 인공적 공공용 재산은 법령에 의하여 지정되거나 행정처분으로써 공공용으로 사용하기로 결정한 경우, 또는 행정재산으로 실제로 사용하는 경우의 어느 하나에 해당하여야 비로소 행정재산이 되는 것인데, 특히 도로는 도로로서의 형태를 갖추고, 도로법에 따른 노선의 지정 또는 인정의 공고 및 도로구역 결정·고시를 한 때 또는 도시계획법 또는 도시재개발법 소정의 절차를 거쳐 도로를 설치하였을 때에 공공용물로서 공용개시행위가 있다고 할 것이므로, 토지의 지목이 도로이고 국유재산대장에 등재되어 있다는 사정만으로 바로 그 토지가 도로로서 행정재산에 해당한다고 할 수는 없다(대법원 2000. 02. 25. 선고 99다54332 판결).

[1] 도로법 적용을 받는 도로가 되기 위한 요건: 도로는 도로의 형태를 갖추고, 도로법에 따른 노선 지정 또는 인정 공고 및 도로구역 결정·고시를 한 때 또는 도시계획법이나 도시재개발법에서 정한 절차를 거쳐야 비로소 도로법 적용을 받는 도로로 되는 것이고, 도로로 실제 사

11) 김도창, 전게서, 410면; 정하중, 행정법개론, 2007, 1144면; 김철용, 전게서, 361면.
12) 박균성, 전게서, 363면.

용되었다는 사정만으로는 도로법 적용을 받는 도로라고 할 수 없다.

[2] 행정청이 도로 일부를 침범하고 있는 건물 소유자들에게 도로법 제94조에 따라 변상금 부과처분을 한 사안에서, 위 도로는 도로법 적용을 받는 도로라고 할 수 없으므로, 이와 달리 본 원심판결에 위법이 있다고 한 사례: 행정청이 도로 일부를 침범한 건물 소유자들에게 사용·수익허가 없이 해당 도로를 무단 점유하고 있다는 이유로 도로법 제94조에 따라 변상금 부과처분을 한 사안에서, 위 도로가 도로법에 따른 노선 지정 또는 인정 공고 및 도로구역 결정·고시되었다는 점을 인정할 자료가 없고, 일반인의 통행을 위한 도로로 실제 사용되어 온 사정만으로는 도로법 적용을 받는 도로라고 할 수 없으므로, 위 도로가 도로법 적용을 받는 도로에 해당한다고 보아 변상금 부과처분이 적법하다고 본 원심판결에 법리를 오해한 위법이 있다고 한 사례(대법원 2011. 5. 26. 선고 2010두28106 판결).

2. 자연공물의 경우

가. 형체적 요소

자연공물의 경우에도 인공공물과 마찬가지로 일반공중의 사용에 제공될 수 있는 형체를 갖추어야 한다는 점에서는 차이가 없다. 다만 자연공물은 그 자연적 상태에 의하여 그대로 일반공중의 사용에 제공될 수 있는 실체를 갖추고 있으므로, 위 형체적 요소를 갖추기 위한 특별한 행위를 요하지 않는다.

나. 의사적 요소

(1) 공용개시행위불필요설

자연공물은 그 자연적 상태에 의하여 당연히 공물로서의 성질을 가지게 되므로, 그 성립에는 행정주체의 특별한 의사표시(공용개시)을 요하지 않는다는 것이 통설·판례의 입장이다[13].

국유 하천부지는 자연의 상태 그대로 공공용에 제공될 수 있는 실체를 갖추고 있는 이른바 자연공물로서 별도의 공용개시행위가 없더라도 행정재산이 되고 그 후 본래의 용도에 공여되지 않는 상태에 놓여 있더라도 국유재산법령에 의한 용도폐지를 하지 않은 이상 당연히 잡종재산으로 된다고는 할 수 없으며, 농로나 구거와 같은 이른바 인공적 공공용 재산은 법령에 의하여 지정되거나 행정처분으로 공공용으로 사용하기로 결정한 경우, 또는 행정재산으로 실제 사용하는 경우의 어느 하나에 해당하면 행정재산이 된다(대법원 2007. 6. 1. 선고 2005도7523 판결).

---

13) 박균성, 전게서, 363면; 김동희, 전게서, 268면.

현행 하천법은 하천관리청이 하천구역을 결정·변경·폐지하도록 하고 있다(하천법 제10조). 그러나 하천은 하천의 실체를 갖춤으로써 성립되고, 하천의 지정(하천법 제7조)이나 하천구역의 결정으로 비로소 성립되는 것은 아니므로, 하천의 지정이나 하천구역의 결정·고시는 하천의 성립요소가 아니라 공물의 범위를 확정하는 확인행위(행정행위)에 불과하다[14].

신·구 하천법에 있어서 하천구역의 지정: 구 하천법(1971.1.19. 법률 제2292호로 전면개정되기 전의 것)에 의하면 하천이나 준용하천의 하천구역은 동법 제12조에 의하여 관리청이 이를 결정 고시함으로써 비로소 정하여지는 것이고 사실상 토지가 하상화 되었다고 하더라도 이러한 특별한 절차가 없이 당연히 하천구역으로 될 수는 없지만, 현행 하천법에 의하면 하천구역은 이를 관리청이 특별히 결정 고시하는 것이 아니라 하천법이 스스로 그 제2조 제1항 제2호에서 하천구간내의 토지 중에서 일정한 구역을 하천구역으로 인정하고 있으므로 위 법조에 해당하는 구역은 당연히 하천구역이 된다(대법원 1988. 12. 20. 선고 87다카3029 판결).

(2) 공용개시행위필요설

이에 대하여 자연공물의 경우에도 명시적 또는 묵시적 공용지정이 필요하며, 이 경우 법규 및 관습법에 의한 공용지정도 가능하다고 보는 견해도 있다. 이 견해는 하천법에 의한 하천구역의 지정을 법규에 의한 공용지정으로 보고, 해변의 공공사용을 관습법에 의한 공용지정으로 본다[15].

Ⅱ. 공용물의 성립

공용물은 일정한 물건이 공용(행정주체 자신의 사용)에 제공될 수 있는 실체를 갖추고 사실상 사용됨으로써 성립되고 그 성립에 공용개시행위가 필요하지 않다고 보는 것이 통설이다[16].

이에 대하여 공물은 일정한 공법상의 제한을 받는다는 점을 특징으로 하는데, 이러한 법적인 구속(공법상의 제약)은 논리상 단순히 사실적인 것(예: 단순한 사실상의 제공)으로부터 생겨날 수는 없는 것이고, 법적 작용을 근거로 하여 생겨날 수 있다고 보아야 할

14) 박균성, 전게서, 364면; 박윤흔·정형근, 전게서, 426면; 석종현·송동수, 일반행정법(하), 제13판, 2013, 400면.

15) 홍정선, 행정법원론(하), 제25판, 2017, 528면.

16) 박균성, 전게서, 365면; 김동희, 전게서, 270면.

것이므로(존재로서의 사실과 당위로서의 규범의 구별) 공용물의 경우에도 명시적이거나 묵시적인 공용지정이 필요하다고 보는 견해도 있다[17].

한편 공용물의 성립의 경우에도 그 전제로서 행정주체는 당해 물건에 대하여 정당한 권원을 취득하여야 한다는 점에서는 공공용물과 차이가 없다.

Ⅲ. 보존공물의 성립

보존공물의 성립에는 형체적 요소를 갖추는 외에 공용개시행위가 필요하다.

보존공물은 주로 문화적 목적으로 당해 물건을 보존하고자 하는 것이고, 그에 대한 권리의 본질을 해지는 것은 아니므로, 공물로 지정함에 있어 반드시 그 물건에 대하여 일정한 권원을 가지거나 소유자의 동의를 받을 필요는 없다. 그러나 보존공물로 지정되면 일정한 공법적 제한을 받게 되므로 관련 법률은 그 지정의 취지를 관보에 고시하고, 지체 없이 소유자 등에게 이를 통지하도록 하고 있다(문화재보호법 제28조 등)[18]

제3절 공물의 소멸

공물의 소멸이라 함은 공물이 물리적으로 사라졌다는 것을 말하는 것이 아니고, 해당 물건이 공물로서의 성질을 상실하였다는 것을 의미한다. 따라서 공물이 소멸한 경우 당해 공물은 행정재산에서 일반재산으로 성질이 바뀌게 된다.

공물의 소멸원인은 공물의 종류에 따라 다르다.

---

17) 홍정선, 전게서, 528면.

18) 문화재보호법 제28조(지정의 고시 및 통지)
① 문화재청장이 제23조, 제25조부터 제27조까지의 규정에 따라 국가지정문화재(보호물과 보호구역을 포함한다)를 지정하면 그 취지를 관보에 고시하고, 지체 없이 해당 문화재의 소유자에게 알려야 한다.
② 제1항의 경우 그 문화재의 소유자가 없거나 분명하지 아니하면 그 점유자 또는 관리자에게 이를 알려야 한다.

Ⅰ. 공공용물의 소멸

1. 인공공물의 경우

가. 형체적 요소의 소멸

자연력 또는 인공에 의해 인공공물의 형체적 요소가 파괴되었어도 그 회복이 가능하고, 일시적으로 공물로서의 목적을 달성하기 어려운 것에 불과한 경우에는 공물이 소멸되지 않는다. 산사태로 도로가 일시적으로 유실된 경우가 그러한 예에 해당된다.

형체적 요소가 소멸되어 사회통념상 회복하기 불가능한 경우에, 공용폐지행위 없이도 그러한 형체적 요소의 소멸만으로 공물로서의 성질을 상실하게 되는가에 대하여는 다음과 같이 견해의 대립이 있다.

① 긍정설: 공물의 형체적 요소는 공물의 성립요소 중의 하나이므로, 공물의 형체적 요소가 소멸되어 사회통념상 회복이 불가능한 경우에는 공용폐지 없이도 당해 공물은 소멸되었다고 보는 견해이다[19].

② 부정설: 공물의 구조가 영구확정적으로 멸실하여 그 회복이 사회관념상 불가능하게 된 경우 그것은 공용폐지사유가 될 수는 있지만, 그러한 형체적 요소의 소멸만으로 공물이 소멸되지는 않는다고 보는 견해이다. 공공용물은 일반 공중의 이용에 제공되고 있는 것이므로, 그 법률관계를 명확히 할 필요가 있고, 따라서 형체적 요소가 소멸된 경우에도 공용폐지행위가 필요하다는 것을 그 논거로 든다[20].

③ 판례: 판례는 "행정재산이 기능을 상실하여 본래의 용도에 제공되지 않는 상태에 있다 하더라도 관계 법령에 의하여 용도폐지가 되지 아니한 이상 당연히 일반재산이 되는 것은 아니다(대법원 1998. 11. 10. 선고 98다42974 판결; 대법원 2010.11.25. 선고 2010다58957 판결 등)"라고 하여, 부정설의 입장을 취하고 있다.

나. 공용폐지행위

인공공물은 그 형체적 요소가 멸실되지 않아도 공물주체의 공용폐지행위가 있으면 소멸한다. 공용폐지행위라 함은 공공용물을 일반 공중의 이용에 제공하는 것을 폐지하고자 하는 취지의 의사적 행위를 말한다.

인공공물은 일반 공중의 사용에 제공되는 것이기 때문에 공물로서의 지위를 명확히

---

19) 박균성, 전게서, 367면; 홍정선, 전게서, 534면.
20) 김동희, 전게서, 272면.

할 필요가 있으므로, 공용폐지행위는 명시적 의사표시에 의하는 것이 원칙이다. 다만 주위 사정에 비추어, 공물주체의 공용폐지의사가 객관적으로 명확히 추론되는 경우에는 묵시적 공용폐지도 인정된다고 보아야 한다[21].

판례도 묵시적 방법에 의한 공용폐지의 의사표시가 가능하다고 보고 있으나, 실제로 그러한 묵시적 공용폐지를 인정한 사례는 거의 존재하지 않는다(대법원 1994. 9. 13. 선고 94다12579 판결; 대법원 1998. 11. 10. 선고 98다42974 판결 등).

[1] 행정재산이 기능을 상실하여 본래의 용도에 제공되지 않는 상태에 있다 하더라도 관계 법령에 의하여 용도폐지가 되지 아니한 이상 당연히 취득시효의 대상이 되는 잡종재산이 되는 것은 아니다.

[2] 관재당국이 착오로 행정재산을 다른 재산과 교환하였다는 사정만으로 적법한 공용폐지의 의사표시가 있다고 볼 수 있는지 여부(소극): 공용폐지의 의사표시는 묵시적인 방법으로도 가능하나 행정재산이 본래의 용도에 제공되지 않는 상태에 있다는 사정만으로는 묵시적인 공용폐지의 의사표시가 있다고 볼 수 없으며, 또한 공용폐지의 의사표시는 적법한 것이어야 하는바, 행정재산은 공용폐지가 되지 아니한 상태에서는 사법상 거래의 대상이 될 수 없으므로 관재당국이 착오로 행정재산을 다른 재산과 교환하였다 하여 그러한 사정만으로 적법한 공용폐지의 의사표시가 있다고 볼 수도 없다(대법원 1998. 11. 10. 선고 98다42974 판결).

다. 행정재산이 본래의 용도에 사용되지 않고 있으면 공용폐지의 의사표시가 있는 것으로 볼 수 있는지 여부: 공용폐지의 의사표시는 명시적이든 묵시적이든 상관없으나 적법한 의사표시가 있어야 하고, 행정재산이 사실상 본래의 용도에 사용되지 않고 있다는 사실만으로 용도폐지의 의사표시가 있었다고 볼 수는 없다.

라. 도로로 오랫동안 사용되지 않고 사실상 대지화되었더라도 공용 폐지된 것으로 볼 수 없다고 한 사례: 오랫동안 도로로서 사용되지 않는 토지가 일부에 건물이 세워져 있으며 그 주위에 담이 둘러져 있어 사실상 대지화되어 있다고 하더라도 관리청의 적법한 의사표시에 의한 것이 아니라 그 인접토지의 소유자들이 임의로 토지를 봉쇄하고 독점적으로 사용해 왔기 때문이라면, 관리청이 묵시적으로 토지의 도로로서의 용도를 폐지하였다고 볼 수는 없다(대법원 1994. 9. 13. 선고 94다12579 판결).

2. 자연공물의 경우

자연공물의 경우 자연적 상태의 영구확정적 멸실로 당연히 공물로서의 성질을 상실하며, 공물주체에 의한 특별한 의사표시를 요건으로 하지 않는다는 것이 지배적인 견해이

21) 박균성, 전게서, 366면; 김동희, 전게서, 272면.

다[22]. 하천이 공사 또는 홍수 등으로 그 흐름이 변경되어 하천으로서의 실체를 잃은 경우 구 하천부지는 공물로서의 성질을 상실하는 것이 그러한 경우의 예이다. 자연공물은 행정주체의 별도의 의사적 행위없이 당연히 공물로서의 성질을 취득하므로, 자연적 상태의 영구적 멸실은 당연히 공물로서의 성질의 상실을 가져온다고 보는 것이 논리적으로 타당하다.

그러나 판례는 자연공물이라고 할지라도 형체적 요소의 멸실만으로 공물로서의 성질이 상실되는 것은 아니고, 그 밖에 의사적 요소인 공용폐지가 있어야만 공물로서의 성질이 소멸된다는 입장이다(대법원 1997. 8. 22. 선고 96다10737 판결; 대법원 1999. 4. 9. 선고 98다34003 판결 등). 위 공용폐지의 의사표시는 묵시적으로도 가능하다고 보지만, 실제로 이러한 묵시적 공용폐지의 의사표시를 인정한 경우는 사실상 거의 존재하지 않는다(대법원 2009. 12. 10. 선고 2006다87538 판결 참조).

한편 자연공물의 성립에도 형태적 요소 외에 의사적 요소인 공용지정이 필요하다고 보는 소수설을 취할 경우, 그 중에서 하나만 소멸해도 당연히 공물로서의 성질이 상실된다고 보는 것이 논리적으로 타당하게 된다[23].

국유 하천부지는 공공용 재산이므로 그 일부가 사실상 대지화되어 그 본래의 용도에 공여되지 않는 상태에 놓여 있더라도 국유재산법령에 의한 용도폐지를 하지 않은 이상 당연히 잡종재산으로 된다고는 할 수 없다(대법원 1997. 8. 22. 선고 96다10737 판결).

빈지는 만조수위선으로부터 지적공부에 등록된 지역까지의 사이를 말하는 것으로서 자연의 상태 그대로 공공용에 제공될 수 있는 실체를 갖추고 있는 이른바 자연공물이고, 성토 등을 통하여 사실상 빈지로서의 성질을 상실하였더라도 국유재산법령에 의한 용도폐지를 하지 않은 이상 당연히 시효취득의 대상인 잡종재산으로 된다고 할 수 없다(대법원 1999. 4. 9. 선고 98다34003 판결).

[1] 공공용재산인 갯벌이 간척에 의하여 사실상 갯벌로서의 성질을 상실한 경우, 당연히 잡종재산이 되는지 여부: 공유수면인 갯벌은 자연의 상태 그대로 공공용에 제공될 수 있는 실체를 갖추고 있는 이른바 자연공물로서 간척에 의하여 사실상 갯벌로서의 성질을 상실하였더라도 당시 시행되던 국유재산법령에 의한 용도폐지를 하지 않은 이상 당연히 잡종재산으로 된다고는 할 수 없다

[2] 공용폐지의 의사표시는 명시적이든 묵시적이든 상관없으나 적법한 의사표시가 있어야 하고, 행정재산이 사실상 본래의 용도에 사용되고 있지 않다는 사실만으로 공용폐지의 의사표

22) 김동희, 전게서, 271면; 박균성, 전게서, 367면; 박윤흔·정형근, 전게서, 428면.
23) 홍정선, 전게서, 533-534면.

시가 있었다고 볼 수는 없으며, 원래의 행정재산이 공용폐지되어 취득시효의 대상이 된다는 입증책임은 시효취득을 주장하는 자에게 있다(대법원 1995. 11. 14. 선고 94다42877 판결).

[1] 자연공물인 바다의 일부가 매립에 의해 토지로 변경된 경우 공용폐지가 가능한지 여부(적극) 및 그 의사표시를 묵시적으로 할 수 있는지 여부(적극): 공유수면으로서 자연공물인 바다의 일부가 매립에 의하여 토지로 변경된 경우에 다른 공물과 마찬가지로 공용폐지가 가능하다고 할 것이며, 이 경우 공용폐지의 의사표시는 명시적 의사표시뿐만 아니라 묵시적 의사표시도 무방하다.

[2] 공물의 공용폐지에 관하여 국가의 묵시적 의사표시가 있는지 여부의 판단 기준: 공물의 공용폐지에 관하여 국가의 묵시적인 의사표시가 있다고 인정되려면 공물이 사실상 본래의 용도에 사용되고 있지 않다거나 행정주체가 점유를 상실하였다는 정도의 사정만으로는 부족하고, 주위의 사정을 종합하여 객관적으로 공용폐지 의사의 존재가 추단될 수 있어야 한다.

[3] 토지가 해면에 포락됨으로써 사권이 소멸하여 해면 아래의 지반이 되었다가 매립면허를 초과한 매립으로 새로 생성된 사안에서, 국가가 그 토지에 대하여 자연공물임을 전제로 한 아무런 조치를 취하지 않았다거나 새로 형성된 지형이 기재된 지적도에 그 토지를 포함시켜 지목을 답 또는 잡종지로 기재하고 토지대장상 지목을 답으로 변경하였다 하더라도, 그러한 사정만으로는 공용폐지에 관한 국가의 의사가 객관적으로 추단된다고 보기에 부족하다고 한 사례(대법원 2009. 12. 10. 선고 2006다87538 판결): 【해설】 자연공물에 대한 관리상의 어려움을 감안하더라도, 위의 경우까지 묵시적 공용폐지를 인정하지 않는 판례의 태도는 수긍하기 어렵다고 생각된다.

Ⅱ. 공용물의 소멸

공용물은 그 성립에 있어서 공용개시행위를 필요로 하지 않으므로 그 소멸에 있어서도 별도의 공용폐지행위를 필요로 하지 않는다는 것이 다수설이다[24]. 공용물은 행정주체가 사실상 그 사용을 폐지함으로써 공물로서의 성질을 상실한다.

그러나 판례는 공용물의 경우도 명시적 또는 묵시적 공용폐지가 있어야 공물로서의 성질을 상실한다고 본다.

행정재산에 대한 공용폐지의 의사표시는 명시적이든 묵시적이든 상관이 없으나 적법한 의사표시가 있어야 하고, 행정재산이 사실상 본래의 용도에 사용되지 않고 있다는 사실만으로 용도폐지의 의사표시가 있었다고 볼 수는 없으므로 행정청이 행정재산에 속하는 1필지 토지(교육청사 부지) 중 일부를 그 필지에 속하는 토지인줄 모르고 본래의 용도에 사용하지 않는다는 사실만으로 묵시적으로나마 그 부분에 대한 용도폐지의 의사표시가 있었다고 할 수 없다(대법원 1997. 3. 14. 선고 96다43508 판결).

24) 김동희, 전게서, 272면; 박균성, 전게서, 368면; 석종현·송동수, 전게서, 406면.

Ⅲ. 보존공물의 소멸

보존공물은 그 지정해제의 의사표시로 소멸된다. 문화재보호법 제31조[25]에 의한 국보 또는 중요문화재의 지정해제, 구 산림기본법 제57조에 의한 보안림의 해제 등이 그러한 경우의 예이다.

형체적 요소의 영구확정적 멸실이 보존공물의 소멸사유가 되는지에 대하여는, ⅰ) 형체적 요소의 멸실은 보존공물의 지정해제 사유가 될 뿐이라는 견해와[26], ⅱ) 형체적 요소의 멸실만으로도 보존공물은 공물로서의 성질을 상실한다고 보는 견해가 대립한다[27]. 후자의 견해를 취할 경우 보존공물의 지정해제는 보존공물 소멸의 확인행위에 불과하다고 보게 된다.

제4절 공물의 법적 특수성

Ⅰ. 의의

공물은 직접 공적 목적에 제공된 물건이므로 그 목적달성에 필요한 한도 내에서 여러 가지 공법적 규율을 받게 된다. 그런데 공물에 관하여 어느 정도로 사법이 적용되고, 어느 정도로 특수한 공법적 규율이 가해질 수 있는지가 문제된다. 이는 어디까지나 입법정책에 따라 결정될 문제이고, 따라서 그러한 내용은 공물에 대한 개별법에 근거하여 구체적으로 검토할 수밖에 없다.

Ⅱ. 공물법제의 유형

1. 무주물제

로마법에서는 공공용물, 특히 하천같은 것은 무주물로 간주되는 동시에, 누구도 그 소

25) 문화재보호법 제31조(지정의 해제) ① 문화재청장은 제23조·제25조 또는 제26조에 따라 지정된 문화재가 국가지정문화재로서의 가치를 상실하거나 가치평가를 통하여 지정을 해제할 필요가 있을 때에는 문화재위원회의 심의를 거쳐 그 지정을 해제할 수 있다.

26) 박균성, 전게서, 369면.

27) 홍정선, 전게서, 535면; 석종현·송동수, 전게서, 406면.

유권을 취득할 수 없게 되어 있었다고 한다.

2. 공소유권제

공소유권제란 도로·하천 등의 공물이 사소유권의 대상이 되는 것을 부정하고, 그것은 오로지 국가에 의한 공소유권의 대상으로만 될 수 있다고 보는 견해이다. 여기서 공소유권이 무엇인지가 항상 분명한 것은 아니지만 통상 공물에 대한 물권적 지배권으로 보고, 공물관리권을 의미하는 것으로 본다.

이 견해를 취할 경우 공물에 대하여는 사법의 적용이 전적으로 배제되고, 공법적 규율만이 행하여지게 된다.

3. 사소유권제

사소유권제란 공물에 대한 행정주체나 사인의 사법상의 소유권을 일단 인정하면서, 그 공물이 이른바 공용지정을 통하여 공적 목적에 제공되는 한도에서 사소유권의 행사가 제한받게 된다고 보는 법제를 말한다.

학자에 따라서는 이러한 법제를 공물에 관한 이원적 구조라고 부르기도 한다. 우리의 공물 법제도 이러한 이원제를 그 기본으로 하고 있는 것으로 보여진다. 즉 우리 실정법 중에서 구 하천법(2007. 4. 6. 법률 제8338호로 전부개정되기 전의 것)은 종래 공소유권제에 입각하고 있었으나[28] 최근에는 사소유권제의 입장으로 개정되었고(하천법 제4조 제2항[29]), 도로법은 종래부터 사소유권제에 입각하고 있다(도로법 제4조[30]).

---

28) 하천법 제3조 (하천의 귀속) 하천은 이를 국유로 한다.

29) 하천법 제4조(하천관리의 원칙) ② 하천을 구성하는 토지와 그 밖의 하천시설에 대하여는 사권(私權)을 행사할 수 없다. 다만, 다음 각 호의 어느 하나에 해당하는 경우에는 그러하지 아니하다.
  1. 소유권을 이전하는 경우
  2. 저당권을 설정하는 경우
  3. 제33조에 따른 하천점용허가(소유권자 외의 자는 소유권자의 동의를 얻은 경우에 한정한다)를 받아 그 허가받은 목적대로 사용하는 경우

30) 도로법 제4조(사권의 제한) 도로를 구성하는 부지, 옹벽, 그 밖의 시설물에 대해서는 사권(私權)을 행사할 수 없다. 다만, 소유권을 이전하거나 저당권을 설정하는 경우에는 사권을 행사할 수 있다.

Ⅲ. 공물의 실정법상의 특색

1. 융통성의 제한

공물은 통상 법률에 의해 사적 거래가 전적으로 금지되거나 일부 제한된다. 이를 공물의 불융통성이라고 한다.

공물은 공적 목적에 제공되는 한도에서 사권의 설정 등 융통성이 제한되는 것이 불가피하며 그것은 또한 당연하다고도 할 수 있다. 다만 그 제한의 정도는 공물의 종류에 따라 상당한 차이가 있다. 그러한 내용을 구체적으로 살펴보면, ① 사권의 설정이 절대적으로 금지되는 것(구 하천법 제3조[31]). ② 원칙적으로 사권의 설정을 금지하되(국유재산법 제11조, 공유재산법 제19조), 다만 그 용도나 목적에 장애가 되지 않는 범위에서 사용 또는 수익을 허가할 수 있도록 하는 것(국유재산법 제30조, 공유재산법 제20조). ③ 도로, 하천과 같이 사권설정은 인정하되, 당해 공물의 목적달성에 지장을 줄 우려가 있는 사권의 설정이나 행사를 제한하는 것(도로법 제4조, 하천법 제4조 제2항). 지정문화재와 같이 사권의 설정이나 이전을 당연시하면서 소유권의 이전에 대한 신고의무 등을 부과하고 있는 것(문화재보호법 제40조) 등으로 구분할 수 있다.

2. 강제집행의 제한

가. 이론상 논의

(1) 부정설

이 학설은 공물이 공적 목적에 제공되고 있는 한 이를 압류하여 경매에 붙이는 것은 그 공물의 공적 목적을 저해하게 되므로 인정할 수 없다고 보는 견해이다.

(2) 긍정설

공물에 대한 강제집행의 가능 여부는 당해 공물의 융통성과 관련이 있다고 보며, 그 융통성이 인정되는 한도 내에서는 강제집행의 대상이 될 수 있다고 본다. 다만, 강제집행에 의해 소유권을 취득한 후에 있어서도 당해 물건의 공물로서의 성질은 유지되고 당해

---

31) 구 하천법(2007. 4. 6. 법률 제8338호로 전부개정되기 전의 것) 제3조는 하천(국가하천, 지방1급하천)은 이를 국유로 한다고 규정하면서, 하천에 대한 사인의 소유권을 일체 부인하고 있었다. 사권의 설정을 금지하는 규정은 없지만, 하천을 국유로 하면서 그 밖에 도로법에서와 같은 사권에 관한 규정이 없는 점에 비추어, 하천에 대하여는 일체의 사권의 설정이 부정된다고 보여진다는 점이 그 근거이다.

공물에 대한 실정법상의 사권 제한은 계속 유지된다는 견해이다.

나. 실정법상의 강제집행 규정

(1) 국·공유의 공물

먼저 국유공물의 경우 민사집행법 제192조가 '국가에 대한 강제집행은 국고금을 압류함으로써 한다'고 규정함으로써 국고금을 제외하고, 국가소유에 속하는 물건에 대한 강제집행을 금지하고 있다. 따라서 국유공물에 대해서는 강제집행이 허용되지 않는다.

다음으로 공유공물에 대해서는 실정법에 제한이 없으므로 융통성이 인정되는 한 강제집행의 대상이 된다는 견해가 있다[32]. 다만 그 경우에도 공유공물의 융통성은 극히 제한되어 있으므로(공유재산법 제19조) 그 범위 내에서 강제집행도 극히 제한될 것임은 부인할 수 없다. 한편 민사집행법 제192조의 유추적용을 통하여 지방자치단체에 대한 강제집행도 공고금(公庫金)의 압류에 의해서만 행하여질 수 있는 것으로 보는 것이 타당하다는 견해도 있다[33].

(2) 사유공물

사유공물인 경우에는 융통성이 인정되는 범위에서 강제집행이 가능하다. 다만 강제집행에 의해 새로이 소유권을 취득하는 자는 당해 물건에 대한 공법상의 제한을 여전히 부담하게 된다.

3. 시효취득의 제한

가. 민법상의 시효취득 규정

20년간 소유의 의사로 평온, 공연하게 부동산을 점유하는 자는 등기함으로써 그 소유권을 취득한다(민법 제245조 제1항). 부동산의 소유자로 등기한 자가 10년간 소유의 의사로 평온, 공연하게 선의이며 과실없이 그 부동산을 점유한 때에는 소유권을 취득한다(민법 제245조 제2항).

10년간(점유가 선의이며 과실 없이 개시된 경우에는 5년간) 소유의 의사로 평온, 공연하게 동산을 점유한 자는 그 소유권을 취득한다(민법 제246조).

---

32) 김철용, 전게서, 370면.
33) 정하중, 행정법개론, 1140면.

나. 공물과 시효취득

공물에도 민법의 시효취득에 관한 규정이 적용되는지에 대하여는 다음과 같이 견해가 대립하고 있다.

(1) 부정설

공물은 직접 공적 목적에 제공되는 것을 그 본질로 하기 때문에 공물로 제공되고 있는 한 시효취득의 대상이 되지 않는다고 보는 견해이다[34]. 공물을 민법이 정하는 기간 동안 소유의 의사로 평온·공연하게 점유한다는 것은 이론적·실제적으로 공물의 존재목적이나 그를 위한 관리와 양립할 수 없다는 것을 그 논거로 든다.

다만 공용폐지가 있는 경우에는 공물의 지위를 상실하므로 그 때부터는 시효취득의 대상이 된다. 그리고 그러한 공용폐지는 명시적 공용폐지 외에 묵시적 공용폐지도 포함된다.

(2) 제한적 긍정설

공물은 융통성이 인정되고 있는 한도 내에서 시효취득의 대상이 될 수 있으나, 그러한 경우에도 공적 목적에 계속 제공되어야 하는 공법상의 제한을 받는다고 보는 견해이다[35].

(3) 긍정설(완전시효취득설)

이 학설은 공물에 대하여 법정의 기간동안 장기간에 걸쳐 평온·공연한 점유가 계속되고 관리자도 그대로 방치한 때에는 공물에 대한 묵시적 공용폐지가 있었던 것으로 보고, 그 경우 이미 사물(私物)에 해당하는 대상물에 대하여 공법상 제한 없는 완전시효취득을 인정하여야 한다고 보는 견해이다[36].

이 견해는 공물이 공물로서는 시효취득의 대상이 될 수 없다는 점에서는 부정설과 유사하다. 다만 시효취득의 요건이 충족되고 관리자도 그대로 방치한 경우 통상 묵시적 공용폐지가 있었던 것으로 보고 시효취득을 인정하는 점에서 부정설과 다르다.

(4) 판례

다음과 같은 점에서 판례는 부정설을 취하고 있다고 보여진다.

먼저 행정재산은 공용폐지가 되지 않는 한 사법상 거래의 대상이 될 수 없으므로 취득시효의 대상이 될 수 없다고 보는 것이 판례의 입장이다(대법원 1983. 6. 14. 선고 83다

34) 정하중, 전게서, 1154면; 홍정선, 전게서, 538면.
35) 김도창, 전게서, 436면.
36) 박윤흔·정형근, 전게서, 439면.

카181 판결 등). 다음으로 판례는 묵시적 공용폐지에 의한 시효취득을 인정하고는 있다. 하지만 시효취득의 요건을 충족한 것만으로는 묵시적 공용폐지가 있었던 것으로 보지 않으며, 묵시적 공용폐지는 아주 엄격한 요건 하에서 예외적·제한적으로만 인정하고 있기 때문이다.

[1] 공유수면의 일부가 사실상 매립되었으나 공용폐지되지 않은 경우, 법률상 공유수면으로서의 성질을 보유하는지 여부(적극): 공유수면은 소위 자연공물로서 그 자체가 직접 공공의 사용에 제공되는 것이고, 공유수면의 일부가 사실상 매립되었다 하더라도 국가가 공유수면으로서의 공용폐지를 하지 아니하는 이상 법률상으로는 여전히 공유수면으로서의 성질을 보유하고 있다.

[2] 행정재산이 취득시효의 대상이 되기 위한 요건 및 행정재산에 대한 국가의 매각처분의 효력(무효): 행정재산은 공용폐지가 되지 아니하는 한 사법상 거래의 대상이 될 수 없으므로 시효취득의 대상이 되지 아니하고, 관재당국이 이를 모르고 행정재산을 매각하였다 하더라도 그 매매는 당연무효이다.

[3] 행정재산에 대한 국가의 매매계약 체결을 적법한 공용폐지의 의사표시로 볼 수 있는지 여부(소극): 공용폐지의 의사표시는 명시적 의사표시뿐 아니라 묵시적 의사표시이어도 무방하나 적법한 의사표시이어야 하고, 행정재산이 본래의 용도에 제공되지 않는 상태에 놓여 있다는 사실만으로 관리청의 이에 대한 공용폐지의 의사표시가 있었다고 볼 수 없으며, 행정재산에 관하여 체결된 것이기 때문에 무효인 매매계약을 가지고 적법한 공용폐지의 의사표시가 있었다고 볼 수도 없다.

[4] 국가가 착오에 의하여 공유수면 매립지를 귀속재산으로 매각하여 그 대금까지 완납받았으며 그 불하계약 체결 후 약 40년이 경과한 후 그 토지가 공용폐지에 의하여 잡종재산으로 되었다 하더라도, 국가가 그 토지가 취득시효의 대상이 되지 아니하는 국유 행정재산이라고 주장하는 것이 신의칙에 반한다고 볼 수 없다는 이유로, 취득시효를 인정한 원심판결을 파기한 사례(대법원 1996. 5. 28. 선고 95다52383 판결【토지소유권이전등기】).

(5) 실정법의 규정

국유재산법 및 공유재산법은 "행정재산은 민법 제245조에도 불구하고 시효취득의 대상이 되지 아니한다(국유재산법 제7조 제2항, 공유재산법 제6조 제2항)"라고 규정하여, 행정재산의 시효취득을 명문으로 부정하고 있다.

위와 같은 현행 실정법의 규정에 비추어 볼 때, 국·공유 행정재산은 시효취득의 대상이 될 수 없다.

4. 공용수용의 제한

가. 학설

공물이 수용의 대상이 될 수 있는가에 관하여 다음과 같은 견해의 대립이 있다.

(1) 부정설

이 학설은 공물은 행정목적에 제공되어 있는 것으로서, 공물을 수용에 의하여 다른 행정목적에 제공하는 것은 공물 본래의 행정목적에 배치되는 것이므로, 공물을 다른 행정목적에 제공하기 위해서는 공용폐지 행위가 선행되어야 한다고 보는 견해이다[37].

(2) 긍정설

현재 공공목적에 제공되고 있는 토지는 가능한 한 현재의 용도를 유지하기 위하여 수용의 목적물로 할 수 없는 것이 원칙이나, 보다 더 중요한 공익사업에 제공할 필요가 있는 경우에는 공물로서의 토지도 예외적으로 수용의 목적물로 할 수 있다고 보는 견해이다[38].

긍정설의 관점에서는 공물이라고 할지라도 일정한 경우에는 그 공용폐지가 선행되지 않고도 공용수용의 목적물이 될 수 있는 것으로 보게 된다.

나. 관련 규정

토지보상법 제19조 제2항은 "공익사업에 수용되거나 사용되고 있는 토지 등은 특별히 필요한 경우가 아니면 다른 공익사업을 위하여 수용하거나 사용할 수 없다"고 규정하고 있다.

위 규정의 해석에 관하여도 다음과 같이 견해가 대립하고 있다. ①설의 경우 위 규정은 공물에 대한 공용수용은 원칙적으로 허용되지 아니한다는 것이고, 보다 큰 공익을 위하여 특정한 공물의 수용이 필요한 경우에는 먼저 당해 공물에 대한 공용폐지를 행한 연후에 공용수용을 하여야 한다는 뜻으로 새기는 견해이다. ②설의 경우 공물에 대한 공용수용은 원칙적으로 허용되지 아니하나, 특별한 필요 즉 현재의 용도보다 공익상 한층 중요한 용도를 위하여는 예외로 이를 허용할 수 있다고 보는 견해이다.

생각건대, ①설에 의할 경우 공물의 주체와 수용의 주체가 달라 공용폐지의 의사합치를 이룰 수 없는 경우에는 공물에 대한 공용수용이 불가능하게 된다는 문제점이 있다는

---

37) 홍정선, 전게서, 539면; 김남진김연태, 전게서, 413면; 박균성, 전게서, 381면; 류지태박종수, 행정법신론, 제15판, 2011, 1043면.

38) 정하중, 전게서, 1156면; 김철용, 전게서, 373면; 박윤흔·정형근, 전게서, 441면.

점에서 ②설이 타당해 보인다[39].

다. 판례

판례는 긍정설의 입장을 취하고 있다(대법원 1996. 4. 26. 선고 95누13241 판결). 다만 위 판례는 공적 보존물의 수용을 인정한 것이며 공익사업에 수용 또는 사용되고 있는 토지의 수용에 관한 판례는 아니라는 점, 아울러 공적 보존물은 공물이라기보다는 공용제한의 일종으로 보아야 하므로 위 판례가 공물의 수용을 인정한 것으로 해석할 수는 없다는 견해도 존재한다[40].

구 문화재보호법 제54조의2 제1항에 의하여 지방문화재로 지정된 토지가 수용대상이 되는지 여부(적극): 토지수용법은 제5조의 규정에 의한 제한 이외에는 수용의 대상이 되는 토지에 관하여 아무런 제한을 하지 아니하고 있을 뿐만 아니라, 토지수용법 제5조, 문화재보호법 제20조 제4호, 제58조 제1항, 부칙 제3조 제2항 등의 규정을 종합하면 구 문화재보호법(1982. 12. 31. 법률 제3644호로 전문 개정되기 전의 것) 제54조의2 제1항에 의하여 지방문화재로 지정된 토지가 수용의 대상이 될 수 없다고 볼 수는 없다(대법원 1996. 4. 26. 선고 95누13241 판결).

5. 공물의 범위결정과 경계확정

사유토지의 경계확정은 소유권의 범위와 한계를 확인하는 행위로서 민사소송의 절차에 의하여 확정된다. 반면에 공물을 규율하는 개별 법률은 대부분 공물의 관리자인 행정청(관리청)에게 공물의 범위를 결정할 수 있는 권한을 부여하고 있다. 도로구역의 결정 및 고시(도로법 제25조), 하천구역의 결정 및 고시(제2조 제2호, 하천법 제10조 제1항), 공원구역의 지정 및 고시(자연공원법 제6조) 등이 그러한 경우의 예이다.

공물의 범위결정이나 경계확정은 공물의 소유권의 범위를 결정하는 것이 아니라, 공공목적에 제공될 공물의 범위를 구체적으로 확정하는 행위로서, 공물관리권의 발동인 확인적 행정행위이다. 따라서 이에 대하여 불복하는 자는 행정심판이나 행정소송을 통하여 다투어야 한다. 한편 공물의 범위결정이나 경계확정으로 손실을 받은 자는 법률이 정하는 바에 의하여 손실보상을 청구할 수 있다(예: 하천법 제76조 제1항).

---

39) 김철용, 전게서, 373면.
40) 박균성, 전게서, 381면.

제5절 공물의 관리와 공물경찰

Ⅰ. 공물의 관리

1. 개설

공물의 관리라 함은 공물의 목적을 달성하도록 하기 위하여 공물관리주체가 행하는 일체의 작용을 말한다. 예컨대 하천의 관리주체가 제방을 축조하거나 하상을 준설하는 사실행위 뿐만 아니라, 하천점용허가와 같은 행정행위도 공물의 관리에 해당된다.

공물관리의 내용은 각 공물법에 의해 규정된다. 공물의 관리는 공물재산의 관리와 무관할 수는 없지만 공물관리의 핵심은 공물의 재산적 관리에 있지 않고, 공물의 기능을 제대로 발휘시키는 데에 있다. 따라서, 공물관리는 공물의 순수한 재산적 관리와는 구별되어야 한다.

2. 공물관리권

가. 의의 및 성질

공물을 관리할 수 있는 공물관리주체의 권한을 공물관리권이라고 한다.

이러한 공물관리권의 성질과 관련해서는 다음과 같이 학설이 대립한다.

① 공소유권설: 공물관리권은 공소유권 그 자체의 작용에 불과하다는 견해이다. 그런데 공소유권설은 타유공물에 대한 공물관리권의 근거를 설명해 주지 못하는 문제점이 있다.

② 공법상 물권적 지배권설: 공물관리권은 공물에 대한 소유권과 독립하여 인정되는 공물에 대한 공법상의 물권적 지배권이라고 보는 견해이다. 이 견해에 의하면 공물관리권은 공물에 대한 소유권으로부터 나오는 것이 아니라 실정 법률에 의해 인정된 것으로 본다. 공법상 물권적 지배권설의 문제는 법정외 공물에 있어서의 공물관리권의 근거를 설명해 주지 못한다는 데에 있다.

③ 판례: 도로의 관리청이 도로부지에 대한 소유권을 취득하였는지 여부와는 관계없이 도로를 무단점용하는 자에 대하여 변상금을 부과할 수 있다고 보는 점(대법원 2005. 11. 25. 선고 2003두7194 판결)에 비추어 보건대, 판례는 공법상의 물권적 지배권설을 취하고 있는 것으로 보여진다.

나. 발동형식

공물관리권은 여러 행위형식으로 발동된다. 일반적·추상적 규칙의 형식(공물관리규칙, 공물이용규칙), 행정행위의 형식(공물의 사용허가, 점용료부과처분), 공법상 사실행위(도로공사·하천공사) 등의 형식으로 행사된다. 뿐만 아니라 사법상 계약의 형식으로 행하여지는 경우도 있다.

다. 내용

공물관리권의 구체적 내용은 법령(자치법규 포함)에 의해 정해지는 것이 원칙이다. 그 구체적인 내용은 개별 공물마다 다르지만, 그 공통되는 것을 살펴보면 다음과 같다.

(1) 공물의 범위결정

도로구역의 결정 및 고시(도로법 제25조), 하천구역의 결정 및 고시(제2조 제2호, 하천법 제10조 제1항) 등이 이에 속한다. 공물의 범위결정은 공물법의 적용대상이 되는 공물의 범위를 확정하는 행정행위이다.

(2) 공물의 유지·수선·보존

공물의 유지·수선·보존은 주로 사실행위를 통하여 행하여진다. 도로의 유지·관리(도로법 제31조 이하), 하천의 유지·보수(도로법 제27조 이하) 등이 그러한 예에 해당된다.

(3) 공용부담의 부과

공물관리자에게는 공물의 유지·관리를 위하여 공용부담특권이 부여되는 경우가 있다. 도로의 유지·관리를 위한 타인 토지의 출입·일시사용, 장애물의 변경·제거(도로법 제81조) 등이 이러한 예에 해당된다.

(4) 장해의 방지·제거

공물법은 공물의 목적에 대한 장해의 방지·제거를 위하여 공물관리자에게 여러 가지 권한과 의무를 부여하고 있다. 도로구조의 보전을 위한 차량의 운행제한(도로법 제77조), 하천의 보전 등을 위한 하천사용의 금지제한(하천법 제46조, 제47조) 등이 이에 해당한다.

(5) 공적 목적에의 제공

공물은 본래 공적 목적에 제공된 것이므로, 공물을 공적 목적에 제공하는 작용은 공물관리의 주된 내용이다. 도로의 일반 공중에의 사용제공, 도로점용허가(도로법 제61조) 등이 이에 해당한다.

[1] 도로관리청이 도로의 기능 발휘에 장애가 되는 시설물을 정당한 사유 없이 설치하는 것을 제지할 수 있는지 여부(적극): 구 도로법(2012. 6. 1. 법률 제11471호로 개정되기 전의 것. 이하 같다) 제20조 제1항 제3호 및 제13조에 따르면 시도는 해당 노선을 인정한 행정청이 도로관리청이 되고, 구 도로법 제37조 제1항의 위임에 따라 마련된 '도로의 구조·시설 기준에 관한 규칙' 제16조 제1항에 따르면 도로에 설치된 보도는 도로의 구성 부분에 해당한다. 그리고 구 도로법 제45조에 따르면 누구든지 정당한 사유 없이 도로에 장애물을 쌓거나 교통에 지장을 끼치는 행위를 하여서는 안 되며, 그러한 행위를 하는 사람에 대하여는 구 도로법 제83조에 따라 도로관리청이 필요한 처분을 하거나 조치를 명할 수 있다. 따라서 도로를 설치하고 그 존립을 유지하여 이를 일반 교통에 제공함으로써 도로의 본래 목적을 발휘하도록 하기 위한 포괄적 관리권을 가지는 도로관리청으로서는 도로의 기능 발휘에 장애가 되는 시설물을 정당한 사유 없이 설치하는 것을 제지할 수 있다.

[2] 피고인들이 갑 시(市)에서 관리하는 도로의 보도에서 농성용 천막을 설치하던 중 이를 제지하려는 갑 시청 소속 공무원들에게 상해 또는 폭행을 가한 사안에서, 도로관리청인 갑 시청 소속 공무원들이 보도에서 피고인들의 천막 설치를 제지하거나 설치 중인 천막을 철거하려고 한 행위는 구 도로법(2012. 6. 1. 법률 제11471호로 개정되기 전의 것. 이하 같다) 제83조에 따라 구 도로법 제45조에 규정된 도로에 관한 금지행위를 제지하기 위한 합리적 상당성이 있는 조치로서 보도의 본래 목적을 달성하도록 하기 위한 관리권 범위 내의 행위에 해당하므로, 이러한 도로관리권에 근거하여 적법하게 공무집행을 하는 공무원들에게 폭행 등을 가한 피고인들의 행위는 공무집행방해죄를 구성한다고 한 사례(대법원 2014.02.27. 선고 2013도5356 판결 [특수공무집행방해치상·공무집행방해])

[1] 도로 관리청이 갖는 도로관리권의 범위 및 구 도로법 제45조에 규정된 금지행위를 하고 있는 위반자에 대하여 도로관리권에 기하여 제지하는 행위가 정당한 직무집행에 속하는지 여부(원칙적 적극): 도로관리청은 도로를 설치하고 존립을 유지하여 이를 일반교통에 제공함으로써 도로로서 본래의 기능이 발휘될 수 있도록 하기 위한 포괄적 관리권을 가지고, 이러한 도로관리권에는 도로 시설물 등을 기능에 적합하도록 유지·관리하는 것뿐 아니라, 도로 관리를 위한 직무집행 행위로서 합리적 상당성이 인정되는 범위 내에서 도로의 기능 발휘에 장애가 되는 행위를 금지하거나 제지하는 등의 사실행위를 할 권한도 포함된다. 그런데 구 도로법(2010. 3. 22. 법률 제10156호로 개정되기 전의 것)에 의하면, 누구든지 정당한 사유 없이 도로를 손궤하는 행위, 도로에 장애물을 쌓아놓는 행위, 그 밖에 도로의 구조나 교통에 지장을 끼치는 행위를 하여서는 아니 되므로(제45조), 위와 같은 금지행위를 하고 있는 위반자에 대하여 도로관리권에 기하여 이를 제지하는 것은 특별한 사정이 없는 한 정당한 직무집행 행위에 속한다고 보아야 한다.

[2] 피고인이 갑 시청 옆 일반국도인 도로의 보도에서 철야농성을 위해 천막을 설치하던 중 이를 제지하는 갑 시청 소속 공무원들에게 폭행을 가한 사안에서, 정당한 사유 없이 보도

에 천막을 설치하여 교통에 지장을 끼치는 등 도로법 제45조에 규정된 금지행위를 하는 데 대하여 도로 관리청 소속 공무원이 도로 관리의 목적으로 이를 제지하고 시설물의 설치를 완성하지 못하도록 막는 등의 행위는 도로의 본래 목적을 달성하도록 하기 위한 합리적 상당성이 있는 조치로서 포괄적인 도로관리권의 행사 범주에 속하므로, 도로관리권에 근거한 공무집행을 하는 공무원에 대하여 폭행 등을 가한 피고인의 행위는 공무집행방해죄를 구성한다고 한 사례(대법원 2014. 2. 13. 선고 2011도10625 판결 【일반교통방해·공무집행방해·집회및시위에관한법률위반】).

3. 공물관리자

가. 공물관리주체와 공물관리청

공물관리주체는 공물관리의 효과가 귀속되는 행정주체를 말한다. 한편 공물관리청은 권한과 의무를 가지고 실제로 공물을 관리하는 기관을 말한다. 예컨대 국유공물에 있어서 공물관리주체는 국가이지만 관리청은 법상의 관리청, 수임받은 기관 등이다. 공유공물에 있어서 공물관리주체는 지방자치단체이지만 관리청은 원칙상 지방자치단체의 장이다.

나. 공물의 관리유형

공물의 관리는 당해 공물관리주체가 소속기관을 통하여 스스로 행하는 것(직접관리)이 원칙이다. 하지만 예외적으로 위임·위탁·대리 등을 통하여 타인으로 하여금 공물을 관리하도록 하는 경우도 있다.

예를 들면, ① 법정위임: 특별시·광역시·특별자치시·특별자치도 또는 시의 관할구역에 있는 일반국도의 경우 해당 시·도지사 또는 시장이 도로관리청이 된다(도로법 제23조 제2항). ② 위임: 공물의 관리는 법령의 근거에 따라 위임(예: 도로법 제110조 제1항) 또는 재위임(예: 도로법 제110조 제2항) 될 수 있다. ③ 위탁: 공물의 관리는 법령의 근거에 따라 위탁(예: 도로법 제110조 제3항)될 수 있다.

4. 공물관리와 비용부담

가. 비용부담의 주체

(1) 원칙

공물관리에 소요되는 비용은 공물의 관리주체가 부담하는 것이 원칙이다(도로법 제85조 제1항, 하천법 제59조 참조). 이러한 원칙은 관리권을 다른 행정기관에게 위임한 경우에도 동일하게 적용된다.

(2) 예외

다만 도로법, 하천법과 같은 개별 공물법에서는 공물의 관리주체가 아닌 자에게 비용을 부담시키는 경우도 적지 않다.

예건태, 국가가 관리하는 공물에 대한 관리비용의 전부 또는 일부를 지방자치단체(예: 도로법 제86조, 하천법 제61조) 또는 일정한 사인에게 부담시킨다거나(예: 하천법 제60조 제3항), 지방자치단체가 관리하는 공물에 대한 관리비용의 전부 또는 일부를 다른 지방자치단체 또는 사인에게 부담시키는 경우(예: 도로법 제91조) 등이 그러한 예이다.

나. 공물관리상의 손해배상 및 손실보상

도로·하천, 그 밖의 공물의 설치나 관리에 하자가 있기 때문에 타인에게 손해를 발생하게 하였을 때에는, 그 공물주체인 국가나 지방자치단체는 그 손해를 배상하여야 한다(국가배상법 제5조 제1항).

한편 도로·하천, 그 밖의 공물의 유지·관리를 위하여 타인의 재산을 적법하게 침해(수용·사용·제한)한 경우에는, 법률이 정하는 기준과 방법에 따라 손실보상을 하여야 한다(도로법 제99조, 하천법 제76조).

Ⅱ. 공물경찰

1. 공물경찰의 의의

공물경찰이란 공물과 관련하여 발생하는 공공의 안녕과 질서에 대한 위해를 예방·제거하기 위하여 경찰주체가 행하는 일반경찰권의 작용을 말한다. 이는 공물의 안전을 유지하고 공물 사용관계의 질서를 유지하기 위한 행정작용이다.

공물경찰은 도로나 하천과 같이 공공용물로서 자유사용이 인정되는 경우에 특히 의미가 크다.

2. 공물관리와 공물경찰의 구별

공물관리와 공물경찰은 다 같이 공물에 대하여 행하여지지만 상호 구별되는 별개의 작용으로서 독립적인 효력을 갖는다. 예컨대 도로공사를 위한 도로통행의 제한(도로법 제76조)은 공물관리에 속하고, 교통사고의 예방을 위한 도로통행의 제한(도로교통법 제6조)은 공물경찰에 속한다.

양자의 차이점을 구체적으로 살펴보면 다음과 같다.

(1) 목적

공물관리는 적극적으로 공물 본래의 목적을 달성시키는 것을 목적으로 한다. 즉 공물이 공물로서의 본래적 기능을 발휘할 수 있도록 행하는 작용을 말한다. 이에 반하여 공물경찰은 소극적으로 공물의 안전을 유지하고 공물의 사용과 관련하여 발생하는 사회공공의 안녕과 질서에 대한 위해를 예방·제거하기 위하여 행하여지는 작용이다.

(2) 권력적 기초

공물관리는 공물관리주체가 공물관리권에 기초하여 공물에 대하여 가지는 지배권의 작용이라는 성질을 가진다. 이에 반하여 공물경찰은 일반 경찰권에 기초하여 행하여진다.

(3) 행정기관

공물관리는 공물관리자가 행하지만 공물경찰은 경찰행정기관이 행한다. 다만, 공물에 대한 행정의 효율성을 위하여 공물관리권과 공물경찰권을 한 기관이 통합적으로 행사할 필요가 있는 경우가 있다. 이 경우에는 공물관리자에게 공물경찰권이 위탁되기도 하고 공물경찰기관에게 공물관리권이 위탁되는 경우(예: 지방경찰청장에 대한 시·도의 신호등관리의 위탁)도 있다.

(4) 발동범위

공물관리권에 근거해서는 공물을 계속적으로 사용할 특별한 권리를 설정할 수 있지만, 공물경찰권에 있어서는 그와 같은 공물의 계속적인 특별한 사용권을 설정하는 것이 인정되지 않고, 공물의 일시적인 사용을 허가하거나 공공의 질서유지라는 차원에서 공물상에서의 일정한 행위(예: 교통에 방해가 될 물건을 도로에 방치하는 행위 등)를 금지할 수 있을 뿐이다.

(5) 위반행위에 대한 제재 및 강제방법

공물관리관계에 있어서는 의무위반자가 있는 경우 그 위반자를 사용관계로부터 배제하는 것에 그치고, 법률에 특별한 규정이 없는 한 제재를 과하거나 행정상 강제집행을 할 수 없다.

이에 반하여 공물경찰에 있어서는 의무 위반자에 대하여 통상 행정벌을 부과하거나 경찰상 강제집행을 할 수 있다.

3. 공물관리와 공물경찰의 관계

공물관리와 공물경찰은 원칙상 상호 독립적으로 행하여진다. 다만 동일한 공물에 대하여 행하여지기 때문에 서로 경합적으로 행하여지기도 하여 그 구별이 분명하지 않은 경우도 있다.

예컨대, 도로관리청이 '도로에 관련된 공사로 인하여 통행을 금지 또는 제한(도로법 제76조 제1항)' 및 '도로의 구조를 보전하고 차량 운행으로 인한 위험을 방지하기 위하여 차량운행을 제한(도로법 제77조 제1항)'하는 공물관리작용과, 경찰서장이 '도로에서의 위험을 방지하고 교통의 안전과 원활한 소통을 확보하기 위하여 도로의 통행을 금지하거나 제한(도로교통법 제6조 제2항)'하는 공물경찰작용이 경합하는 경우가 그것이다.

이러한 경우 이들 작용은 각각 별개의 작용으로 서로 독립된 효력을 가지는 것이므로 상호의 권한은 존중되어야 한다. 그러나 이들 작용은 경우에 따라서는 국민에게 불필요한 이중적 부담을 줄 수도 있는 것이므로 내부적인 협의·조정을 통하여 국민에 대하여 단일의 작용으로 행사되도록 하는 것이 바람직하다.

한편 도로에서의 시위, 고수부지에서의 정치집회와 같이 공공의 질서에 장애를 야기할 우려가 있는 공물의 사용관계에 있어서는, 공물관리자의 허가 외에 경찰허가도 아울러 얻어야 할 것이다.

제6절 공물의 사용관계

Ⅰ. 개설

공물의 사용관계라 함은 공물의 사용과 관련하여 공물관리자와 사용자 사이에 형성되는 법률관계(권리의무관계)를 말한다.

공용물은 행정주체 자신의 사용에 직접 제공되는 것을 목적으로 하기 때문에, 일반공중(일반인)과의 사이에 사용관계가 발생하지 않는 것이 원칙이다. 하지만 공용물은 그 본래의 목적에 방해가 되지 않는 한도 내에서 외부의 이용에 제공될 수 있는데, 국유재산법이나 공유재산법에서 인정되고 있는 행정재산의 목적외 사용·수익허가가 이러한 경우에 해당된다.

공공용물은 본래 일반 공중의 사용에 제공되는 것을 목적으로 하기 때문에 여러 가지형태의 사용관계가 성립한다. 이하에서는 공공용물을 중심으로 그 사용관계를 고찰하기로 한다.

Ⅱ. 일반사용(자유사용)

1. 의의

일반사용이라 함은 특별한 요건을 충족할 필요 없이(공물관리자의 특별한 의사표시 없이) 공물을 자유로이 그 본래의 용법에 따라 사용하는 것을 말한다. 일반사용은 특별한 요건을 충족함이 없이 자유로이 사용한다는 점에서 자유사용이라고도 한다.

공공용물과 공용물로 나누어 일반사용의 내용을 살펴보기로 한다.

2. 공공용물의 일반사용

가. 의의

도로·공원·하천 등의 공공용물은 본래 타인의 공동사용을 방해하지 않는 한도 내에서는, 그 공물의 본래의 용법에 따라 자유롭게 사용할 수 있다. 도로에서의 통행, 공원에서의 산책, 하천에서의 수영 등이 일반사용의 예이다.

나. 내용

(1) 공물의 용법에 따른 사용

일반사용은 공물의 본래의 용법에 따른 사용을 내용으로 한다. '공물의 용법에 따른 사용'이 무엇인지는 공물마다 다르다. 예를 들면, 차도에서의 자동차의 통행과 보도에서의 보행자의 통행 등이 도로의 용법에 따른 사용이다. 하천에서의 세탁 등과 같이 공물의 용법에 따른 사용인지 아닌지가 애매한 경우도 있다.

(2) 타인의 공동사용을 방해하지 않을 것

공물의 일반사용은 타인의 공동사용을 방해하지 않아야 한다.

다. 법적 성질

(1) 공권

자유사용의 법적 성질에 관하여 반사적 이익설과 공권설이 대립한다.

(가) 반사적 이익설: 이 학설은 공물의 일반사용에 의해 사용자가 향수하는 이익은 행

정주체가 당해 공물을 일반 공중의 자유로운 사용에 제공하는 결과로 얻은 반사적 이익에 불과하고, 따라서 이는 엄밀한 의미에서의 공권은 아니라고 보는 견해이다.

이 학설에 의하면 공공용물의 설치, 변경 또는 폐지로 인하여 일반사용이 불가능하게 되거나 제한되었다고 하여도, 일반사용을 침해받았거나 침해받을 우려가 있는 자는 당해 공공용물의 설치, 변경 또는 폐지행위의 위법을 이유로 당해 행위를 재판상 다툴 원고적격이 없다고 본다.

(나) 공법상 권리설: 이 설은 공물의 일반사용으로 사용자가 향수하는 이익은 단순한 반사적 이익이 아니고 공법상의 권리 또는 법률상 보호되는 이익이라고 보는 견해이다. 이 견해가 오늘날의 통설이다.

(다) 평가: 공법상 권리설이 타당하다. 왜냐하면, 공공용물은 일반 공중의 사용에 제공되는 것을 본래의 목적으로 하는 것이므로, 공공용물을 규제하는 법은 공익뿐만 아니라 당연히 일반사용자의 개인적 이익도 보호하는 것을 그 목적의 하나로 하고 있다고 보아야 하기 때문이다.

위와 같이 일반사용을 개인적 공권으로 보는 경우, 그 범위가 어디까지 인정될 수 있는지에 대하여는 학설상 논란이 있다.

먼저 기존 공물에 대한 공용폐지에 있어 그것이 적법한 절차에 따라 행하여질 것을 요구할 수 있는 권리는 인정되고 있다.

다음으로 공물주체의 공용폐지에 대하여 일반사용자에게 위 공용폐지를 다툴 원고적격이 있는지가 문제된다. 판례는 공용폐지에 의해 단순히 종래의 일반사용이 제약을 받는다는 것만으로는 그 취소를 구할 법률상의 이익을 인정하지 않는다. 다만, 공공용물의 공용폐지로 특정개인의 생활에 있어서의 개별성이 강한 직접적이고도 구체적인 이익이 침해되었거나 그 침해가 예상되는 예외적인 경우에 한하여 그 원고적격을 인정한다(대법원 1992. 9. 22. 선고 91누13212 판결).

가. 도로용도폐지처분의 취소를 구할 법률상 이익이 있는 자: 일반적으로 도로는 국가나 지방자치단체가 직접 공중의 통행에 제공하는 것으로서 일반국민은 이를 자유로이 이용할 수 있는 것이기는 하나, 그렇다고 하여 그 이용관계로부터 당연히 그 도로에 관하여 특정한 권리나 법령에 의하여 보호되는 이익이 개인에게 부여되는 것이라고까지는 말할 수 없으므로, 일반적인 시민생활에 있어 도로를 이용만 하는 사람은 그 용도폐지를 다툴 법률상의 이익이 있다고 말할 수 없지만, 공공용재산이라고 하여도 당해 공공용재산의 성질상 특정개인의 생활에 개별성이 강한 직접적이고 구체적인 이익을 부여하고 있어서 그에게 그로 인한 이익을 가지

게 하는 것이 법률적인 관점으로도 이유가 있다고 인정되는 특별한 사정이 있는 경우에는 그와 같은 이익은 법률상 보호되어야 할 것이고, 따라서 도로의 용도폐지처분에 관하여 이러한 직접적인 이해관계를 가지는 사람이 그와 같은 이익을 현실적으로 침해당한 경우에는 그 취소를 구할 법률상의 이익이 있다: 【해설】 원고가 거주하는 금강빌라의 주민들에 대하여는 그 빌라의 준공 당시부터 30m 대로에 연결되는 폭 6m의 진입로가 별도로 설치되어 있어 통행에 아무런 불편이 없고, 이 사건 도로는 빌라 뒤쪽 사유지 사이에 위치한 매우 좁은 도로로서 거의 일반통행에는 제공이 되지 않고 위 주민들의 산책로 등으로 가끔 이용될 뿐이어서, 원고가 이 사건 도로를 산책로 등으로 가끔 이용하였던 정도의 이해관계만으로는 이 사건 도로의 용도폐지처분을 다툴 법률상의 이익이 있다고 할 수 없다고 본 사례이다.

나. 일반국민 또는 주민이 문화재를 향유할 이익이 구체적이고 법률적인 이익인지 여부(소극): 문화재는 문화재의 지정이나 그 보호구역으로 지정이 있음으로써 유적의 보존 관리 등이 법적으로 확보되어 지역주민이나 국민일반 또는 학술연구자가 이를 활용하고 그로 인한 이익을 얻는 것이지만, 그 지정은 문화재를 보존하여 이를 활용함으로써 국민의 문화적 향상을 도모함과 아울러 인류문화의 발전에 기여한다고 하는 목적을 위하여 행해지는 것이지, 그 이익이 일반 국민이나 인근주민의 문화재를 향유할 구체적이고도 법률적인 이익이라고 할 수는 없다(대법원 1992. 9. 22. 선고 91누13212 판결).

(2) 자유권

공물의 일반사용권은 공물의 존재를 전제로 하여 당해 공물을 그 공용목적에 따라 자유로이 사용할 수 있는 것을 내용으로 하는 '자유권'으로 보아야 할 것이다. 따라서 공물의 신설이나 구조변경을 요구하는 적극적 권리를 내용으로 하지 않는다. 그러나 공공용물의 존재를 전제로 하여 일반사용권을 침해하는 행정주체의 공권력행사에 대하여는 공법상 방해배제청구권이나 국가배상청구권이 행사될 수 있을 것이다.

한편 일반사용자의 공물이용이 행정기관이 아닌 사인에 의해 방해받는 경우 사법상 방해배제청구권이나 손해배상청구권이 인정되는가하는 것이 문제된다. 일반사용권은 본래 행정주체와의 관계에서 인정되는 공법상 권리이지만, 그것은 일반사용자의 일상생활에 필요한 것이므로 민법상으로도 보호되어야 할 것이다. 따라서 도로의 일반사용이 제3자에 의하여 방해된 경우에는 일반사용권을 근거로 하여 민법상의 방해배제청구나 손해배상청구가 가능하다고 보아야 할 것이다(대법원 2006. 12. 22. 선고 2004다68311,68328 판결).

라. 범위 및 한계

공공용물의 일반사용의 범위와 한계는 공물의 공용목적과 관계법규(법령 및 자치법규) 등에 의하여 정하여진다. 그밖에 공물주체는 관리규칙(예: 공원관리규칙, 해수욕장관리규칙) 등에 의하여 일반사용의 범위와 한계를 정할 수 있으나, 이용자의 사용의 자유를 본질적으로 침해하여서는 아니된다. 위와 같은 명백한 정함이 없는 경우에 그 사용의 범위와 한계는 사회통념과 지방적 관습에 의하여 정하여 진다고 보아야 할 것이다.

공물의 일반사용은 공물에 대한 관리의 필요상 또는 경찰 목적상 법령에 근거하여 일정한 금지 또는 제한이 가해질 수 있다. 위와 같은 법령에 의한 제한 이외에 공공용물의 일반사용은 조리상 타인의 일반사용을 심히 방해하지 않는 범위 내에서 또한 그러한 방법으로만 가능하다는 한계를 가진다.

[1] 공공용물에 대한 일반사용이 적법한 개발행위로 제한됨으로 인한 불이익이 손실보상의 대상이 되는 특별한 손실인지 여부(소극): 일반 공중의 이용에 제공되는 공공용물에 대하여 특허 또는 허가를 받지 않고 하는 일반사용은 다른 개인의 자유이용과 국가 또는 지방자치단체 등의 공공목적을 위한 개발 또는 관리·보존행위를 방해하지 않는 범위 내에서만 허용된다 할 것이므로, 공공용물에 관하여 적법한 개발행위 등이 이루어짐으로 말미암아 이에 대한 일정범위의 사람들의 일반사용이 종전에 비하여 제한받게 되었다 하더라도 특별한 사정이 없는 한 그로 인한 불이익은 손실보상의 대상이 되는 특별한 손실에 해당한다고 할 수 없다: 【해설】 대천해수욕장의 백사장을 통과하는 해안도로 등의 개설로 인하여 어선어업자들이 대천해수욕장의 백사장 등에서 어선을 양육·정박시키거나 어구의 수리·보관 등을 하는 것이 쉽지 않게 되었다 하더라도 이러한 불편은 결국 공공용물인 대천해수욕장의 백사장 등에 대한 일반사용이 적법한 개발사업의 시행으로 제한됨에 따른 것에 불과하므로 이러한 불이익은 손실보상의 대상이 될 수 없다고 본 사례이다.

[2] 어선어업자들의 백사장 등에 대한 사용이 관행어업권에 기한 것으로 볼 수 있는지 여부(소극): 관행어업권은 일정한 공유수면에 대한 공동어업권 설정 이전부터 어업의 면허 없이 그 공유수면에서 오랫동안 계속 수산동식물을 포획 또는 채취하여 옴으로써 그것이 대다수 사람들에게 일반적으로 시인될 정도에 이른 경우에 인정되는 권리로서 이는 어디까지나 수산동식물이 서식하는 공유수면에 대하여 성립하고, 허가어업에 필요한 어선의 정박 또는 어구의 수리·보관을 위한 육상의 장소에는 성립할 여지가 없으므로, 어선어업자들의 백사장 등에 대한 사용은 공공용물의 일반사용에 의한 것일 뿐 관행어업권에 기한 것으로 볼 수 없다(대법원 2002. 2. 26. 선고 99다35300 판결).

마. 사용료의 징수

공물의 일반사용은 원칙상 무료이지만, 일정한 경우 법률·조례 등에 근거하여 사용료를 징수할 수도 있다(예: 고속도로 통행료, 문화재 관람료). 사용료의 징수는 일반사용을 제약하는 것이기 때문에 반드시 법령이나 조례의 근거를 요한다(예: 지방자치법 제136조, 지방재정법 제31조).

사용료의 징수는 공물을 설치할 일반재정이 부족한 경우 또는 일반사용을 유료로 하는 것이 수익자부담의 원칙상 요청되는 경우에 인정된다. 아울러 사용료는 유료공물의 건설 및 운영비용을 충당하는 한도 내에서만 징수되어야 하고 보통사용권을 본질적으로 침해하는 정도로 고액이 되어서는 안된다.

바. 인접주민의 고양된 일반사용

(1) 의의

도로과 같은 공물에 인접하여 거주하는 인접주민은 단순히 그 도로를 통행하는 사람들의 이용관계보다는 더 강화된 이용권을 갖는다. 예컨대 도로변 건물의 점포주가 보도상에서 물건을 차량에 싣거나 내리는 행위, 건물의 신축·수리를 위하여 보도에 일시적으로 건축자재를 쌓아두는 행위, 일시적으로 이사짐을 쌓아두는 행위, 수거용 쓰레기통을 설치하는 행위 등이 그러한 예에 해당된다. 반면에 인접주민은 공물의 일반사용에 따른 소음·먼지 등 일정한 고통과 불이익을 수인해야 하는 부담도 지고 있다.

이와 같이 일반인의 일반사용 관계를 넘어서는, 인접주민의 공물사용 관계를 인접주민의 고양된 일반사용이라고 한다.

(2) 내용

양적으로 일반사용자에 비하여 더욱 강화된 사용이 가능하다. 예컨대 일반사용자도 법상 금지되어 있지 않는 한 도로에서 일시 주차할 수 있지만, 도로변에서 상점을 운영하는 자는 단순 주차가 아니라 상품을 싣거나 내리기 위하여 차량을 일시 주차시키는 것이 가능하다.

질적으로 일반사용에서는 인정되지 않는 사용도 인접주민의 일반사용으로는 인정될 수 있다. 예를 들면 도로를 점용하는 것은 일반사용의 범위에 들어가지 않지만, 도로의 인접주민은 건물공사를 위하여 불가피한 경우 일정기간 건축자재를 쌓아 두거나 이사를 위하여 이삿짐을 일시 쌓아둘 수 있고, 인접상점주는 일시 물품을 쌓아둘 수 있다.

(3) 범위와 한계

(가) 범위: 인접주민에게 어느 범위에서 고양된 일반사용권으로서의 권리가 인정될 수 있는지의 여부는 당해 공물의 목적과 효용, 일반사용관계, 고양된 일반사용권을 주장하는 사람의 법률상의 지위와 당해 공물의 사용관계의 인접성, 특수성 등을 종합적으로 고려하여 판단하여야 한다(대법원 2006. 12. 22. 선고 2004다68311,68328 판결).

(나) 한계: 인접주민의 고양된 일반사용에는 다음과 같이 일정한 한계가 있다. ① 인접

주민의 고양된 사용은 일상생활이나 경제활동에 필요한 최소한의 범위 내에서만 인정된다. ② 인접주민의 고양된 일반사용이 일반인의 일반사용을 심히 방해·제한하여서는 안 된다. 따라서 보도를 자신의 주차장으로 사용하거나, 영업을 위하여 상품을 진열하는 것, 보도에 탁자나 의자를 설치하여 영업행위를 하는 것은 허용되지 않는다. 이러한 행위를 위한 사용은 특별사용에 해당하므로 관할 행정청의 점용허가를 받아야 한다. ③ 당해 공물을 사용하고 있어야 한다. 구체적으로 공물을 사용하지 않고 있는 이상 그 공물의 인접주민이라는 사정만으로는 공물에 대한 고양된 일반사용권이 인정될 수 없다(대법원 2006. 12. 22. 선고 2004다68311,68328 판결).

[1] 공물의 인접주민이 공물에 대한 고양된 일반사용권을 가지는지 여부의 판단 방법: 공물의 인접주민은 다른 일반인보다 인접공물의 일반사용에 있어 특별한 이해관계를 가지는 경우가 있고, 그러한 의미에서 다른 사람에게 인정되지 아니하는 이른바 고양된 일반사용권이 보장될 수 있으며, 이러한 고양된 일반사용권이 침해된 경우 다른 개인과의 관계에서 민법상으로도 보호될 수 있으나, 그 권리도 공물의 일반사용의 범위 안에서 인정되는 것이므로, 특정인에게 어느 범위에서 이른바 고양된 일반사용권으로서의 권리가 인정될 수 있는지의 여부는 당해 공물의 목적과 효용, 일반사용관계, 고양된 일반사용권을 주장하는 사람의 법률상의 지위와 당해 공물의 사용관계의 인접성, 특수성 등을 종합적으로 고려하여 판단하여야 한다. 따라서 구체적으로 공물을 사용하지 않고 있는 이상 그 공물의 인접주민이라는 사정만으로는 공물에 대한 고양된 일반사용권이 인정될 수 없다.

[2] 재래시장 내 점포의 소유자에게 점포 앞의 도로에 좌판을 설치·이용할 수 있는 권리가 없다고 본 사례: 재래시장 내 점포의 소유자가 점포 앞의 도로에 대하여 일반사용을 넘어 특별한 이해관계를 인정할 만한 사용을 하고 있었다는 사정을 인정할 수 없다는 이유로 위 소유자는 도로에 좌판을 설치·이용할 수 있는 권리가 없다고 본 사례(대법원 2006. 12. 22. 선고 2004다68311,68328 판결).

(4) 권리구제

인접주민의 고양된 일반사용은 헌법상의 재산권조항(헌법 제23조 제1항)으로부터 도출되며, 일반인의 일반사용과 마찬가지로 개인적 공권의 성격을 갖는다.

인접주민은 행정권의 행사에 의하여 자신의 고양된 일반사용권이 침해된 경우 행정쟁송이나 방해배제청구권을 행사할 수 있고, 그로 인하여 발생한 손해에 대하여는 국가배상청구권을 행사할 수 있다. 한편 공물의 인접주민은 해당공물의 공용폐지를 다툴 원고적격이 인정될 가능성이 높다고 할 수 있다.

3. 공용물의 일반사용

공용물의 경우에도 예외적으로 그 본래의 목적에 반하지 않는 한도에서 일정한 조건하에 일반사용이 허용된다고 보는 것이 다수의 견해이다. 그 예로는 국공립학교 구내의 자유통행, 국공립학교 운동장의 자유사용 등을 들 수 있다.

이에 대하여 공용물은 직접 행정주체 자신의 사용에 제공함을 목적으로 하기 때문에 일반사용의 대상이 되지 않는다고 보는 견해도 있다. 이러한 입장에서는 국공립학교 교내의 자유통행 등의 경우는 공물주체의 묵시적 허가에 의한 사용에 지나지 않는다고 보게 된다[41].

Ⅲ. 허가사용

1. 의의

허가사용이라 함은 공물관리목적상 또는 경찰목적상 일정한 공물의 사용을 일반적으로 금지하고, 특정한 경우에 이를 해제하여 그 사용을 일시적으로 허용하는 행위(사용허가)에 의해 공물을 사용하는 것을 말한다.

공물은 원칙적으로 사인이 자유로이 사용할 수 있어야 한다. 그러한 자유로운 사용이 공물의 목적달성이나 공물의 유지보존에 문제를 야기할 수 있는 경우도 생겨날 수 있다. 이러한 경우에는 공물의 자유사용을 일단 금지하고 나서 사후에 사인으로 하여금 선별적으로 허가를 얻어 사용하게 하는 것이 합리적일 수도 있다. 허가사용은 위와 같이 자유사용이 가지는 문제를 시정·보완하기 위한 것이라고 할 수 있다[42].

허가사용은 계속적인 사용을 포함할 수 없고 일시적 사용에 국한된다는 점에서 후술하는 특허사용과 구별된다. 다만 일시적 사용이라는 개념과 계속적 사용이라는 개념은 상대적인 것이며 실제에 있어서 일시적 사용인지 계속적 사용인지 애매한 경우도 적지 않다.

2. 법적 성질

허가사용은 본래 자유로운 사용에 속하는 행위를 공익목적상(경찰목적상 또는 공물관리목적상) 금지하고 일정한 요건을 갖춘 경우에 그 금지를 해제하여 주는 것이며, 새로운 권리를 창설하여 주는 것이 아니다. 일반적인 제한금지를 지속할 필요가 없는 이상은

41) 정하중, 행정법개론, 2007, 1166면.
42) 홍정선, 행정법원론(하), 제25판, 2017, 546면.

공물의 목적에 따라 그 사용을 허가하여야 할 것이므로, 공물의 사용허가는 그 허가요건을 충족하는 신청이 있으면 허가를 하여야 하는 기속행위이다.

허가사용에 의하여 당사자가 가지게 되는 이해관계는 단순한 반사적 이익이 아니라, 공권으로서의 성질을 가진다. 즉 허가요건을 갖추었음에도 불구하고 합리적인 사유없이 허가를 거부하는 것은 평등원칙 위배로서 사인이 다툴 수 있으므로, 경우에 따라서는 사인도 허가사용과 관련하여 개인적 공권을 갖는다고 보아야 한다[43].

3. 허가사용의 종류

가. 공물관리권에 근거한 허가사용

일반사용이 타인의 공동사용이나 공물의 관리에 장해를 초래할 우려가 있는 경우에 그 공물의 사용을 금지한 후, 개별적인 경우에 사인의 신청을 전제로 공물관리청이 금지를 해제하여 사인에게 공물을 사용하게 하는 것이다. 관리청의 허가를 받아 공유수면으로부터 물을 끌어 쓰는 행위(공유수면 관리 및 매립에 관한 법률 제8조 제1항 제5호), 건축공사 중에 도로의 일부구간을 일시적으로 점용하는 행위(도로법 제61조 제1항), 국립도서관의 대출허가에 의한 도서이용, 친목단체가 시(市)의 승인을 얻어 하루 동안 시립운동장에서 체육대회를 개최하는 경우 등이 이러한 경우에 해당된다.

허가사용은 일시적 사용에 한정되고, 지속적 사용을 내용을 하는 경우에는 특허사용으로 보아야 할 것이다.

나. 공물경찰권에 근거한 허가사용

공공용물의 일반사용이 사회공공의 안녕과 질서에 위해를 가할 우려가 있는 경우에 공물경찰권에 근거하여 그 공물사용을 일반적으로 제한·금지한 후 특정한 경우에 그러한 제한·금지를 해제하여 그 공공용물을 사용할 수 있게 하여 주는 행위를 말한다. 그런데 현행 실정법상 공물경찰권에 근거한 허가사용의 예는 거의 없다.

【제50회 사법시험 문제】 주유소를 경영하는 甲은 도로에서 자신의 주유소로 들어가는 진입로를 확보하기 위하여 도로관리청인 A시의 시장 乙에게 도로점용허가를 신청하였으나 반려되자 이 진입로에 해당하는 도로를 무단으로 사용하였다.

---

43) 홍정선, 전게서, 547면.

1. 도로점용허가의 법적 성질을 설명하시오. (10점)

2. 위 사례에서 A시가 도로부지의 소유권자가 아닌 경우, 乙이 甲에게 도로법상의 변상금을 부과할 수 있는지의 여부를 설명하시오. (10점)

Ⅳ. 특허사용

1. 의의

공물주체가 특정인에게 일반사용의 범위를 넘어서 특별한 내용의 공물사용권을 설정하여 주는 것을 공물사용권의 특허라고 한다.

그런데 실정법에 있어서는 공물사용권의 특허에도 허가라는 용어를 사용하는 경우가 적지 않다. 예컨대 도로법에 의한 도로점용허가(제61조), 하천법에 의한 하천점용허가(제33조)는 도로점용권 또는 하천점용권을 설정하여 주는 행위로서 비록 허가라는 용어를 사용하지만 그 실질은 공물사용권의 특허에 해당된다. 아울러 위 특허에 의거하여 도로에 전주·전선을 설치하거나 수도·가스관 등을 매설하는 행위(도로법 시행령 제55조), 하천에 다목적 댐 등을 건설하는 행위는 도로·하천의 특허사용에 해당된다.

2. 특허사용의 대상: 특별사용

특허사용은 일반사용의 범위를 넘어서 특별한 내용의 사용권을 설정하여 준다는 점에서 일반사용과 구별된다. 그러나 공물의 본래의 목적에 따른 일반사용인지 아니면 일반사용의 범위를 넘어선 특별사용인지의 구별이 쉬운 것은 아니다.

예를 들면 건물 앞 차도와 인도 사이의 경계턱을 없애고 인도 부분에 차량 진출입통로를 개설하여 사용하는 경우에 그 사용이 일반사용인지 특별사용인지가 문제된다. 판례는 도로의 경우 일반사용과 특별사용의 구별은 그 도로점용의 주된 용도와 기능이 무엇인지에 따라 가려야 한다는 입장이고(대법원 1995. 2. 14. 선고 94누5830 판결 등), 인도 부분에 개설한 차량 진출입통로가 도로법 제61조 제1항 소정의 '공작물, 물건, 기타 시설'에 해당함이 명백하다고 보아(대법원 1999. 5. 14. 선고 98두17906 판결), 이를 특별사용으로 보고 있다.

도로의 점용을 특별사용으로 볼 것인지 여부의 판단기준: 도로법 제40조, 제43조, 제80조의2에 규정된 도로의 점용이라 함은, 일반공중의 교통에 공용되는 도로에 대하여 이러한 일반사용과는 별도로 도로의 특정부분을 유형적, 고정적으로 사용하는 이른바 특별사용을 뜻하는 것이고, 그와 같은 도로의 특별사용은 반드시 독점적, 배타적인 것이 아니라 그 사용목적에 따라서는 도로의 일반사용과 병존이 가능한 경우도 있고, 이러한 경우에는 도로점용부분이 동시에 일반공중의 교통에 공용되고 있다고 하여 도로점용이 아니라고 말할 수 없는 것이며, 한편 당해 도로의 점용을 위와 같은 특별사용으로 볼 것인지 아니면 일반사용으로 볼 것인지는 그 도로점용의 주된 용도와 기능이 무엇인지에 따라 가려져야 한다(대법원 1995. 2. 14. 선고 94누5830 판결).

[1] 도로법 제80조의2의 규정에 의한 도로점용료 상당의 부당이득금 징수요건으로서의 도로점용의 의미(=특별사용): 도로법 제40조에 규정된 도로의 점용이라 함은 일반공중의 교통에 공용되는 도로에 대하여 이러한 일반사용과는 별도로 도로의 지표뿐만 아니라 그 지하나 지상 공간의 특정 부분을 유형적, 고정적으로 특정한 목적을 위하여 사용하는 이른바 특별사용을 뜻하는 것이므로, 허가없이 도로를 점용하는 행위의 내용이 위와 같은 특별사용에 해당할 경우에 한하여 도로법 제80조의2의 규정에 따라 도로점용료 상당의 부당이득금을 징수할 수 있다.

[2] 도로의 특별사용 여부에 관한 판단 기준: 도로의 특별사용은 반드시 독점적, 배타적인 것이 아니라 그 사용목적에 따라서는 도로의 일반사용과 병존이 가능한 경우도 있고, 이러한 경우에는 도로점용 부분이 동시에 일반공중의 교통에 공용되고 있다고 하여 도로점용이 아니라고 말할 수 없다.

[3] 도로 상하의 공간에 설치된 상가아파트 건물의 소유자가 지상 1층 공간에 일정 간격으로 배열된 지주 사이로 난 터널형 도로를 특별사용하고 있다고 인정한 사례: 지하 1층, 지상 17층의 상가아파트 건물이 도로 상하의 공간에 설치되어 있고, 지상 1층 공간에는 일정 간격으로 지주가 배열되어 있으며, 그 사이로 형성된 터널형 공간 부분의 중앙으로 차도가 설치되어 있고, 양쪽에 주차장 및 옥외출입계단이 설치되어 있는 경우, 위 도로는 주로 위 건물의 사용을 위한 사람과 차량의 통행 및 주차 등을 위하여 사용되고 있고 지방자치단체장은 단지 건물 소유자의 독점적, 배타적 지배를 방해하지 않는 범위 내에서 일반의 차량통행, 보행 및 주차 등을 위하여 이를 사용하고 있음에 불과하다는 이유로, 건물 소유자가 도로를 특별사용하고 있다고 인정한 사례(대법원 1998. 9. 22. 선고 96누7342 판결).

[1] 도로법 제40조, 제43조, 제80조의2에 규정된 도로의 점용이라 함은, 일반공중의 교통에 공용되는 도로에 대하여 이러한 일반사용과는 별도로 도로의 특정 부분을 유형적, 고정적으로 사용하는 이른바 특별사용을 뜻하는 것이고, 그와 같은 병존이 가능한 경우도 있고, 이러한 경우에는 도로점용 부분이 동시에 일반공중의 교통에 공용되고 있다고 하여 도로점용이 아니라고 말할 수는 없는 것이다.

[2] 차도와 인도 사이의 경계턱을 없애고 인도 부분을 차도에서부터 완만한 오르막 경사를 이루도록 시공하는 방법으로 건물 앞 인도 부분에 차량 진출입통로를 개설하여 건물에

드나드는 차량들의 편익에 제공함으로써, 일반의 보행자들이 인도 부분을 불편을 감수하면서 통행하고 있는 경우, 인도 부분이 일반공중의 통행에 공용되고 있다고 하여도 도로의 특별사용에 해당한다고 한 사례.

[3] 도로법 제40조는 "도로의 구역 안에서 공작물·물건 기타의 시설을 신설·개축·변경 또는 제거하거나 기타의 목적으로 도로를 점용하고자 하는 자는 관리청의 허가를 받아야 한다."(제1항), "제1항의 규정에 의하여 허가를 받을 수 있는 공작물·물건 기타의 시설의 종류와 점용허가에 관하여 필요한 사항은 대통령령으로 정한다."(제2항)고 규정하고 있고, 같은 법시행령 제24조 제5항 제6호는 같은 법 제40조 제2항의 규정에 의하여 도로의 점용허가를 받을 수 있는 공작물·물건 기타의 시설의 하나로 "지하상가·지하실·통로·육교 기타 이와 유사한 것"을 들고 있는바, 차도와 인도 사이의 경계턱을 없애고, 인도 부분을 차도에서부터 완만한 오르막 경사를 이루도록 시공하는 방법으로 인도 부분에 개설한 차량 진출입통로는 같은법시행령 제24조 제5항 제6호 소정의 '통로 기타 이와 유사한 것'으로서, 같은 법 제40조 제1항 소정의 '공작물, 물건, 기타 시설'에 해당함이 명백하다(대법원 1999. 5. 14. 선고 98두17906 판결).

도로의 특별사용 여부에 관한 판단기준과 심리방법: 도로의 특별사용은 반드시 독점적, 배타적인 것이 아니라 그 사용목적에 따라서는 도로의 일반사용과 병존이 가능한 경우도 있고 이러한 경우에는 도로점용부분이 동시에 일반공중의 교통에 공용되고 있다고 하여 도로점용이 아니라고 말할 수 없는 것인바, 지하철역과 원고의 사옥 사이의 지하연결통로의 용도와 기능이 주로 일반시민의 교통편익을 위한 것이고 이에 곁들여 위 건물에 출입하는 사람들의 통행로로도 이용되고 있는 정도라면 위 지하연결통로는 도로의 일반사용을 위한 것이고, 만일 이와 반대로 위 지하연결통로의 주된 용도와 기능이 원고 소유 건물에 출입하는 사람들의 통행로로 사용하기 위한 것이고 다만 이에 곁들여 일반인이 통행함을 제한하지 않은 것에 불과하다면 위 지하연결통로는 특별사용에 제공된 것이므로 이를 설치사용하는 행위는 도로의 점용이라고 보아야 할 것이며, 위 지하연결통로의 설치 사용이 위의 경우 중 어느 경우에 해당하는지는 위 지하연결통로의 위치와 구조, 원고 소유 건물 및 일반 도로와의 연결관계 및 일반인의 이용상황 등 제반사정을 구체적으로 심리하여 판단하여야 한다(대법원 1991. 4. 9. 선고 90누8855 판결).

3. 법적 성질

가. 쌍방적 행정행위

공물사용권의 특허는 상대방의 신청이나 동의를 전제로 하는 쌍방적 행정행위로 보는 것이 통설이다.

나. 형성적 행위

공물사용권의 특허는 공물을 독점적인 지위에서 사용할 수 있는 권리를 특정인에게 새로이 창설하여 주는 행위인 점에서 형성적 행위이다.

다. 재량행위

어떠한 행정행위가 기속행위인가 재량행위인가는 실정법규의 규정이 일차적 기준이 된다. 따라서 공물의 사용특허라는 행정행위가 기속행위인가 재량행위인가의 문제도 그에 관한 법령의 규정을 바탕으로 개별적·구체적으로 판단하여야 한다.

실정법규 중에는 공물사용권의 특허를 명시적으로 기속행위로 규정하고 있는 경우도 있다. 예를 들면, 도로법 제64조[44]는 공익사업(상하수도매설, 전봇대설치 등)을 위한 도로의 점용허가는 단서에서 정한 특별한 사유가 있는 경우를 제외하고는 이를 거절할 수 없는 기속행위로 규정하고 있다.

그런데 실정법규가 위와 같은 명시적 규정을 두고 있지 않은 경우에 공물사용권의 특허는 그 성질상 재량행위인지 아니면 기속행위인지 여부가 문제된다. 행위의 성질에 따라서만 재량행위와 기속행위를 구별할 수는 없는 것이지만[45], 공물사용권의 특허는 다음과 같은 점에 비추어 실정법규에서 달리 규정하지 않는 한 원칙상 재량행위로 보는 것이 타당하다. i) 공물사용권의 특허는 특별한 사용권을 새로이 창설하여 주는 형성적 행위이다. ii) 공물사용권의 특허는 공물에 대하여 어느 정도 독점적이고 배타적인 사용권을 설정하고 따라서 어느 정도 공물의 목적을 저해할 가능성이 있으므로 특허사용의 사익 또는 공익(공익사업을 위한 특허사용의 경우)과 공물관리상의 공익을 이익형량할 필요가 있다. iii) 특허사용은 공물의 본래의 목적에 속하는 것은 아니고 공물의 목적을 저해할 가능성이 있으므로, 특허사용은 원칙적으로는 금지되고 예외적으로 허용되는 것으로 보아야 한다[46].

---

44) 도로법 제64조(공익사업을 위한 도로의 점용) 도로관리청은 다른 법률의 규정에 따라 토지를 수용하거나 사용할 수 있는 공익사업을 위한 도로점용허가를 거부할 수 없다. 다만, 다음 각 호의 어느 하나에 해당하는 경우에는 그러하지 아니하다.

1. 교통량이 현저히 증가하는 경우
2. 특별히 너비가 좁은 도로로서 교통을 위하여 부득이한 경우
3. 그 밖에 정당한 사유가 있는 경우

45) 박윤흔·정형근, 최신행정법강의(하), 개정28판, 2009, 457면.

46) 박균성, 전게서, 410면.

[1] 도로법 제38조에 의한 도로점용 허가 및 도로점용 허가 취소가 재량행위인지 여부(적극): 도로법 제38조에 의한 도로점용 허가는 특정인에게 일정한 내용의 공물사용권을 설정하는 설권행위로서 공물관리자가 신청인의 적격성, 사용목적 및 공익상의 영향 등을 참작하여 허가를 할 것인지의 여부를 결정하는 재량행위라고 할 것이고(대법원 2002. 10. 25. 선고 2002두5795 판결 등 참조), 공물관리자가 도로점용의 허가조건 내지 취소 사유로 명시한 사항에 관하여 도로 점용자의 위반이 있다는 이유로 도로점용 허가를 취소하는 처분도, 도로 점용자의 위반사항이 도로점용 허가를 취소할 정도에 이른다고 볼 것인지 여부에 관하여 공물관리자가 제반 사정을 고려하여 판단할 재량을 가진다는 점에서 재량행위에 해당한다 할 것이다.

[2] 재량행위에 대한 사법심사 판단 대상: 한편 재량행위에 대한 사법심사의 경우, 행정청의 재량에 기한 공익판단의 여지를 감안하여 법원은 독자의 결론을 도출함이 없이 당해 행위에 재량권의 일탈·남용이 있는지 여부만을 심사하게 되고, 이러한 재량권의 일탈·남용 여부에 대한 심사는 사실오인, 비례·평등의 원칙 위배 등을 그 판단 대상으로 한다(대법원 2010. 12. 23. 선고 2010두21204 판결).

공유수면의 점용·사용은 공유수면에 대하여 일반사용과는 별도로 특정부분을 유형적, 고정적으로 사용하는 이른바 특별사용을 뜻하는 것으로(대법원 2010. 11. 25. 선고 2010도12529 판결 참조), 공유수면에 대한 점용·사용허가는 그러한 특별사용권을 설정해 주는 행정행위로서 강학상 특허이며, 재량행위로 볼 수 있다(헌법재판소 2013. 9. 26. 선고 2012헌바16 전원재판부).

4. 특허사용관계의 내용

가. 공물사용권

(1) 공물사용권의 성질

(가) 공권: 공물사용권은 공물관리자에 대한 공권의 성질을 갖는다고 보는 것이 타당하다. 그 논거는 다음과 같다. ⅰ) 공물사용권은 특허라는 공법적 원인에 의해 성립하는 권리이다. ⅱ) 공물사용권은 사권과 같이 절대적·배타적인 것이 아니라 공익을 위하여 어느 정도 제약을 받아야 하는 권리이다.

따라서 그에 관한 다툼은 행정쟁송의 방법에 의하여야 한다.

(나) 채권: 공물사용권은 공물주체에 대하여 일정한 특별사용을 청구할 수 있는 채권에 지나지 않는다. 즉 공물사용권은 공물이라는 물건을 배타적으로 지배한다거나, 제3자에 대하여 대항할 수 있는 권리(물권)가 아니다. 위와 같이 공물사용권을 채권으로 보면

공물사용권을 이유로 공용폐지를 배제할 수 없고, 아울러 제3의 공물사용권 취득자에게 대항할 수도 없다.

다만 법률이 특별히 물권으로 규율하고 있는 경우(수산업법 제16조 제2항[47]의 어업면허에 의한 어업권, 광업법 제10조 제1항[48]의 광업허가에 의한 광업권, 댐건설및주변지역지원등에관한법률 제29조[49]의 댐사용권 등)에는 물권적 효력이 인정될 수 있다.

하천의 점용허가권은 특허에 의한 공물사용권의 일종으로서 하천의 관리주체에 대하여 일정한 특별사용을 청구할 수 있는 채권에 지나지 아니하고 대세적 효력이 있는 물권이라 할 수 없다(대법원 1990. 02. 13. 선고 89다카23022 판결 등)

(다) 재산권성: 공물사용권은 공권이라고 하여도 그 실질은 그 물건을 사용하고 점용하는 것을 내용으로 하므로 재산권적 성질을 가진다. 공물사용권은 이 점에서 사권과 유사한 성질을 가지며 이 한도 내에서는 민법 기타 사법의 적용을 받는다. 그리하여 공물사용권은 일신전속적인 것이 아니면 사권에 준하여 양도·이전이 가능하고, 제3자가 이 사용권을 침해한 경우에는 민사상 방해배제나 손해배상청구가 가능하다.

하천점용허가에 따라 해당 하천을 점용할 수 있는 권리(이하 '하천점용허가권'이라 한다)는 특허에 의한 공물사용권의 일종으로서 하천의 관리주체에 대하여 일정한 특별사용을 청구할 수 있는 채권에 해당하고(대법원 1990. 2. 13.자 89다카23022 결정 등 참조), 독립된 재산적 가치가 있다. 하천법 제33조 제1항, 제5조 등 관련 법령에 의하면, 하천의 점용허가를 받은 자는 관할관청의 허가 없이 그 하천점용허가권을 자유로이 양도할 수 있고 하천점용허가권에 대하여 법률상 압류가 금지되어 있지도 아니하다. 이와 같은 하천점용허가권의 내용 및 법적 성격 등에 비추어 보면, 하천점용허가권에 대하여는 민사집행법 제251조에 정한 '그 밖의 재산권'에 대한 집행방법에 의하여 강제집행을 할 수 있다고 할 것이다(대법원 2014. 10. 10. 자 2014마1404 결정)

---

47) 수산업법 제16조(어업권의 취득과 성질) ② 어업권은 물권(物權)으로 하며, 이 법에서 정한 것 외에는 민법 중 토지에 관한 규정을 준용한다.

48) 광업법 제10조(광업권의 성질) ① 광업권은 물권으로 하고, 이 법에서 따로 정한 경우 외에는 부동산에 관하여 민법과 그 밖의 법령에서 정하는 사항을 준용한다.

49) 댐건설 및 주변지역지원 등에 관한 법률 제29조(댐사용권의 성질) 댐사용권은 물권(物權)으로 보며, 이 법에 특별한 규정이 있는 경우를 제외하고는 부동산에 관한 규정을 준용한다.

공유수면관리법 제11조 제1항, 제2항, 같은 법 시행령 제19조 제1항의 각 규정에 의하면, 공유수면점용허가권은 공법상의 권리라고 하더라도 허가를 받은 자가 관할 관청의 허가 없이 그 점용허가권을 자유로이 양도할 수 있으므로 독립한 재산적 가치를 가지고 있고, 법률상 압류가 금지된 권리도 아니어서 민사집행법 제251조 소정의 '그 밖의 재산권'에 대한 집행방법에 의하여 강제집행을 할 수 있고, 사해행위로서 이를 양도한 경우에는 채권자취소권의 대상이 된다(대법원 2005. 11. 10. 선고 2004다7873 판결)

(2) 공물사용권의 내용과 한계

공물의 특허사용은 공물의 특정부분을 특정한 목적을 위하여 계속적으로 사용하는 것을 말한다.

다만 공물사용권은 그 사용목적 달성에 필요한 최소한도 내에서 인정되며, 타인의 일반사용과 조화를 이루어야 한다. 따라서 특허에 의한 공물사용권은 절대적으로 배타적인 권리는 아니며 일반사용과 병존이 가능하다.

나. 공물사용권자의 의무

공물사용권의 특허를 받은 자는 법령 및 사용특허의 조건(특허명령서)에 따라 일정한 의무를 부담한다.

(가) 사용료납부의무: 공물사용권의 특허는 특정인의 이익을 위하여 일정한 특권을 부여하는 것이므로 그 특허사용의 대가로 사용료를 징수할 수 있다.

특허사용의 사용료에 관한 일반법은 없고 개별 법률에서 사용료의 징수에 관한 규정을 두고 있다(도로법 제66조, 하천법 제37조 등).

한편 다수설은 사용료 징수에 관한 개별 법률의 근거 없이도 사용료를 징수할 수 있는 것으로 보고 있다[50]. 그 논거로는 i) 특허사용의 사용료는 특별한 사용으로부터 받는 이익에 대한 대가라는 점, ii) 특허사용관계는 상대방의 신청 또는 동의를 전제로 하여 성립한다는 점 등을 논거로 든다. 반면에 소수설은 이익의 대가라는 점과 신청을 전제로 특허사용관계가 성립된다는 이유만으로 법률의 근거없이도 사용료를 징수할 수 있다는 논거는 설득력이 없다고 본다[51].

(나) 제해시설의 설치 및 손실보상의무: 특허에 의한 공물사용이 동일한 공물에 존재하는 타인의 권익을 침해하거나 공물의 자유사용자 및 인근주민에 대하여 위해를 야기할

50) 박균성, 전게서, 413면; 박윤흔·정형근, 전게서, 459면 등.
51) 김철용, 전게서, 393면.

수 있다. 그러한 경우에는 이 경우에는 공물의 특허사용자에게 장해의 예방 또는 제거에 필요한 시설을 설치할 의무를 부과하는 것이 보통이다. 제해시설의 설치가 곤란한 경우에는 공물의 특허사용자에게 손실보상의무를 부과하는 것이 보통이다(예: 하천법 제34조, 제35조).

(다) 수축비용부담의무: 공물에 공작물을 시설하기 위하여 공물사용권을 특허하는 경우 그 특허를 받은 자에게 시설하려는 공작물과 관계있는 범위 내에서 공물의 유지·수선에 관한 공사를 하게 하거나 그 비용을 부담할 의무를 부과할 수 있다(도로법 제29조, 하천법 제30조)

5. 특허사용관계의 소멸

공물의 특허사용관계는 공물의 소멸, 특허사용권의 포기, 종기의 도래 또는 해제조건의 성취, 특허의 취소 또는 철회에 의해 종료된다.

6. 사용특허 없는 특별사용에 대한 변상금 부과

사용특허 없는 특별사용에 대해 변상금 등의 부과에 관한 특별규정이 있는 경우에는 변상금을 부과한다. 예컨대 도로법은 도로점용허가를 받지 아니하고 도로를 점용한 자에게 변상금을 부과할 수 있다고 규정하고 있다(도로법 제72조)[52]. 그리고 도로의 관리청은 도로부지에 대한 소유권을 취득하였는지 여부와는 관계없이 도로를 무단점용하는 자에 대하여 변상금을 부과할 수 있다(대법원 2005. 11. 25. 선고 2003두7194 판결).

사용특허 없는 특별사용에 대하여 변상금 등의 부과에 관한 특별규정이 없는 경우에는 부당이득반환의 법리에 따라 점용료 상당액을 부당이득금으로 징수할 수 있다. 그런데 국유재산법과 공유재산법은 무단점유사용의 대상이 된 국·공유재산에 대하여는 대부료 또는 사용료의 100분의 120에 상당하는 변상금을 징수하도록 특별규정을 두고 있으므로 (국유재산법 제72조 제1항, 공유재산 및 물품관리법 제81조 제1항), 사실상 부당이득반환을 청구할 필요는 거의 없을 것이다.

한편 공물의 관리청이 변상금 부과처분을 할 것을 사용료 부과처분을 하거나 반대로 사용료 부과처분을 할 것을 변상금 부과처분을 한 경우, 그 부과처분의 하자를 중대한 하

52) 도로법 제72조(변상금의 징수) ① 도로관리청은 도로점용허가를 받지 아니하고 도로를 점용하였거나 도로점용허가의 내용을 초과하여 도로를 점용(이하 이 조에서 "초과점용 등"이라 한다)한 자에 대하여는 초과점용 등을 한 기간에 대하여 점용료의 100분의 120에 상당하는 금액을 변상금으로 징수할 수 있다.

자로 볼 수는 없다는 것이 판례의 태도이다(대법원 2013. 4. 26. 선고 2012두20663 판결).

도로의 관리청이 도로부지에 대한 소유권을 취득하였는지 여부와는 관계없이 도로를 무단점용하는 자에 대하여 변상금을 부과할 수 있는지 여부(적극): 도로법의 제반 규정에 비추어 보면, 같은 법 제80조의2의 규정에 의한 변상금 부과권한은 적정한 도로관리를 위하여 도로의 관리청에게 부여된 권한이라 할 것이지 도로부지의 소유권에 기한 권한이라고 할 수 없으므로, 도로의 관리청은 도로부지에 대한 소유권을 취득하였는지 여부와는 관계없이 도로를 무단점용하는 자에 대하여 변상금을 부과할 수 있다(대법원 2005. 11. 25. 선고 2003두7194 판결).

공유수면에 대한 적법한 사용인지 무단 사용인지의 여부에 관한 판단을 그르쳐 변상금 부과처분을 할 것을 사용료 부과처분을 하거나 반대로 사용료 부과처분을 할 것을 변상금 부과처분을 한 경우, 그 부과처분의 하자가 중대한 하자인지 여부(소극): 공유수면 점·사용 허가 등을 받아 적법하게 사용하는 경우에는 사용료 부과처분을, 허가를 받지 않고 무단으로 사용하는 경우에는 변상금 부과처분을 하는 것이 적법하다. 그러나 적법한 사용이든 무단 사용이든 그 공유수면 점·사용으로 인한 대가를 부과할 수 있다는 점은 공통된 것이고, 적법한 사용인지 무단 사용인지의 여부에 관한 판단은 사용관계에 관한 사실 인정과 법적 판단을 수반하는 것으로 반드시 명료하다고 할 수 없으므로, 그러한 판단을 그르쳐 변상금 부과처분을 할 것을 사용료 부과처분을 하거나 반대로 사용료 부과처분을 할 것을 변상금 부과처분을 하였다고 하여 그와 같은 부과처분의 하자를 중대한 하자라고 할 수는 없다(대법원 2013. 4. 26. 선고 2012두20663 판결).

Ⅴ. 관습법에 의한 특별사용

1. 의의

공물사용권이 관습법에 의하여 성립하는 경우도 있다. 그러한 예로는 관습상의 입어권(관행어업권권), 관개용수권 등이 있다.

2. 성립요건

관습상 특별사용권이 성립하기 위해서는 ① 그 이용이 다년간의 관습에 의하여 특정인이나 특정한 주민 또는 단체 등 한정된 범위의 사람 사이에 특별한 이익으로서 인정되고, ② 그 이용이 일시적이 아니라 계속적이며, 평온·공연하게 행하여져 일반적으로 정당한 사용으로서 사회적으로 승인되기에 이를 것을 요한다[53].

---

53) 김철용, 전게서, 395면; 김동희, 전게서, 294면.

위와 같은 요건이 필요한 이유는 공공용물은 직접 일반 공중의 이용에 제공함을 목적으로 하기 때문에, 사회 일반에 개방되어 누구든지 자유롭게 향유할 수 있는 이익에 그치는 경우에는 관습법에 의한 특별사용이 아니라 공물의 일반사용에 그치기 때문이다.

어선어업자들의 백사장 등에 대한 사용이 관행어업권에 기한 것으로 볼 수 있는지 여부(소극): 관행어업권은 일정한 공유수면에 대한 공동어업권 설정 이전부터 어업의 면허 없이 그 공유수면에서 오랫동안 계속 수산동식물을 포획 또는 채취하여 옴으로써 그것이 대다수 사람들에게 일반적으로 시인될 정도에 이른 경우에 인정되는 권리로서 이는 어디까지나 수산동식물이 서식하는 공유수면에 대하여 성립하고, 허가어업에 필요한 어선의 정박 또는 어구의 수리·보관을 위한 육상의 장소에는 성립할 여지가 없으므로, 어선어업자들의 백사장 등에 대한 사용은 공공용물의 일반사용에 의한 것일 뿐 관행어업권에 기한 것으로 볼 수 없다(대법원 2002. 2. 26. 선고 99다35300 판결).

3. 성질과 효력

관습상 공물사용권은 일반사용의 범위를 넘는 특별사용을 내용으로 하는 등 특허사용권과 유사한 성질과 효력을 갖는다.

그러므로 타인에 의해 관습상 공물사용권이 침해된 경우에는 그 침해의 배제를 청구할 수 있고, 손실보상 또는 손해배상을 청구할 수 있다.

Ⅵ. 행정재산의 목적 외 사용

1. 의의

국·공유재산으로서의 일반재산은 직접 행정목적에 제공된 재산이 아니고 그 경제적 가치에 의하여 행정목적에 기여하는 것이므로 사법의 적용을 받고, 또한 사법상 계약에 의하여 대부·매각·교환·양여 또는 신탁을 할 수 있다(국유재상법 제41조 이하, 공유재산법 제28조).

행정재산은 직접 행정목적(공용 또는 공공용)에 제공된 재산이므로, 그것을 대부·매각·교환·양여 또는 신탁할 수 없는 것이 원칙이다(국유재산법 제11조 제2항, 공유재산법 제19조 제1항). 그러나 행정재산도 그 목적 또는 용도에 장해가 되지 않는 범위 내에서는 관리청이 예외적으로 그 사용 또는 수익을 허가할 수 있는바(국유재산법 제30조, 공유재산법 제19조 제1항), 이러한 행정재산의 사용관계를 행정재산의 목적외 사용이라고 한다. 관공서 청사의 일부에서 사인이 식당이나 매점을 경영하도록 사용허가하는 것 등이 그러한 예이다.

행정재산의 목적외 사용은 동시에 공물의 특허사용으로서의 성질을 가진다.

2. 근거

국유의 행정재산에 대하여는 국유재산법 제30조[54]이하에서, 공유의 행정재산에 대하여는 공유재산법 제20조[55]이하에서, 행정재산의 목적외 사용에 관한 일반적인 규정을 두고 있다.

한편 공공용물인 행정재산의 목적외 사용에 대하여는 하천법, 도로법, 도시공원법, 공유수면관리 및 매립에 관한 법률 등과 같은 개별 법률에서 특별한 규정을 두고 있다. 따라서 국유재산법이나 공유재산 및 물품 관리법은 개별법에 특별한 규정이 없는 행정재산(공용물)의 목적외 사용의 경우에만 적용된다고 볼 수 있다.

3. 목적외 사용허가의 성질

가. 사법관계설(사법상 계약설)

이 견해는 ⅰ) 행정재산의 목적외 사용·수익의 내용은 오로지 사용·수익자의 사적 이익을 도모하는 데 있다는 점, ⅱ) 관리청과 사인 사이에 우열관계 내지 상하관계가 존재한다고 보기 어렵다는 점, ⅲ) 조세체납절차에 의한 강제징수가 가능하다고 해서 반드시 법관계를 공법관계로 보아야 하는 것은 아니라는 점, ⅳ) 국유재산법상 사용허가는 승낙으로, 사용허가의 취소·철회는 계약의 해제 등으로 볼 수 있다는 점 등을 논거로 행정재산의 목적외 사용허가의 내용을 사법상의 계약으로 파악한다.

나. 공법관계설(행정처분설)

이 견해는 ⅰ) 현행 법령상 행정재산의 사용·수익 관계의 발생은 관리청의 허가에 의하도록 되어 있고(국유재산법 제30조 제1항, 공유재산법 제20조 제1항), 관리청은 상대방의 귀책사유나 공공목적과의 관련에서는 그 허가를 일방적으로 취소·철회할 수 있도록 규정하고 있어(국유재산법 제36조, 공유재산법 제25조) 공법적 규율이 강화되고 있는 점,

---

54) 국유재산법 제30조(사용허가)
① 중앙관서의 장은 다음 각 호의 범위에서만 행정재산의 사용허가를 할 수 있다.
1. 공용·공공용·기업용 재산: 그 용도나 목적에 장애가 되지 아니하는 범위
2. 보존용재산: 보존목적의 수행에 필요한 범위

55) 공유재산 및 물품 관리법 제20조(사용·수익허가)
① 지방자치단체의 장은 행정재산에 대하여 그 목적 또는 용도에 장애가 되지 아니하는 범위에서 사용 또는 수익을 허가할 수 있다.

ii) 현행법은 사용료의 징수를 조세체납처분절차에 의하도록 정하고 있는 점(국유재산법 제73조 제2항, 공유재산법 제22조 제4항) 등의 사정을 종합하여 행정재산의 목적외 사용허가를 행정처분으로 보며 그 사용관계를 공법관계로 본다.[56]

다. 이원적 법률관계설

이 견해는 국유재산법의 개정취지가 행정재산의 사용·수익관계의 발생·소멸과 사용료의 징수관계는 그것을 공법적으로 규율하려는 의도가 분명하므로 그 범위안에서는 공법관계라고 본다. 그러나 행정재산의 사용·수익관계는 그 실질에 있어서는 사법상의 임대차관계와 같다고 할 것이며, 따라서 특수한 공법적 규율이 있는 사항을 제외하고는 행정재산의 목적 외사용의 법률관계는 사법관계라고 본다[57].

라. 판례

판례는 행정재산의 목적외 사용허가의 법적 성질을 강학상의 특허로 보고 있으며, 그 사용허가의 거부 및 사용허가의 취소에 대하여도 항고소송의 대상이 되는 행정처분으로 보고 있는바(대법원 1998. 2. 27. 선고 97누1105 판결), 이는 공법관계설의 입장을 채택한 것으로 이해될 수 있다.

[1] 공유재산의 관리청이 행정재산의 사용·수익에 대한 허가는 순전히 사경제주체로서 행하는 사법상의 행위가 아니라 관리청이 공권력을 가진 우월적 지위에서 행하는 행정처분으로서 특정인에게 행정재산을 사용할 수 있는 권리를 설정하여 주는 강학상 특허에 해당한다.

[2] 행정재산의 사용·수익허가처분의 성질에 비추어 국민에게는 행정재산의 사용·수익허가를 신청할 법규상 또는 조리상의 권리가 있다고 할 것이므로 공유재산의 관리청이 행정재산의 사용·수익에 대한 허가 신청을 거부한 행위 역시 행정처분에 해당한다(대법원 1998. 2. 27. 선고 97누1105 판결).

국유재산의 관리청의 사용료 부과의 성질: 국유재산의 관리청이 행정재산의 사용·수익을 허가한 다음 그 사용·수익하는 자에 대하여 하는 사용료 부과는 순전히 사경제주체로서 행하는 사법상의 이행청구라 할 수 없고, 이는 관리청이 공권력을 가진 우월적 지위에서 행한 것으로서 항고소송의 대상이 되는 행정처분이라 할 것이다(대법원 1996. 2. 13. 선고 95누11023 판결).

---

56) 홍정선, 전게서, 551면; 김동희, 전게서, 296면; 박균성, 전게서, 419면.

57) 박윤흔·정형근, 전게서, 464면.

이에 반하여 일반재산(국유임야)의 대부행위는 국가가 사경제주체로서 상대방과 대등한 지위에서 행하는 사법상 임대차계약이다. 따라서 국유 일반재산(잡종재산)에 관한 대부료의 납부고지 역시 사법상의 이행청구에 해당하고, 이를 행정처분이라고 할 수는 없다(대법원 2000. 2. 11. 선고 99다61675 판결).

4. 사용·수익자의 권리와 의무

가. 사용·수익자의 권리

사용자는 사용허가에 의해 결정된 바에 따라 행정재산을 사용·수익할 수 있다. 행정재산의 목적외 사용은 주로 사적인 목적을 위한 것이지만, 공물에 대한 사용권으로 공익관련성이 크므로 그 사용권은 공권이라고 보는 것이 타당하다.

그러나 사용허가를 받은 행정재산을 전대하는 행위는 그 행정재산의 관리청으로부터 국유재산관리사무의 위임을 받거나 국유재산관리의 위탁을 받지 않은 이상, 통상의 사인간의 임대차와 다를 바가 없다는 것이 판례의 태도이다(대법원 2004. 1. 15. 선고 2001다12638 판결 등).

[1] 한국공항공단이 정부로부터 무상사용허가를 받은 행정재산을 구 한국공항공단법(2002. 1. 4. 법률 제6607호로 폐지) 제17조에서 정한 바에 따라 전대하는 경우에 미리 그 계획을 작성하여 건설교통부장관에게 제출하고 승인을 얻어야 하는 등 일부 공법적 규율을 받고 있다고 하더라도, 한국공항공단이 그 행정재산의 관리청으로부터 국유재산관리사무의 위임을 받거나 국유재산관리의 위탁을 받지 않은 이상, 한국공항공단이 무상사용허가를 받은 행정재산에 대하여 하는 전대행위는 통상의 사인간의 임대차와 다를 바가 없고, 그 임대차계약이 임차인의 사용승인신청과 임대인의 사용승인의 형식으로 이루어졌다고 하여 달리 볼 것은 아니다.

[2] 한국공항공단이 정부로부터 무상사용허가를 받은 행정재산을 전대하는 법률관계에 차임증감청구권에 관한 민법 제628조가 적용되나 그 사용료 약정이 경제사정 등의 변경으로 인하여 현저히 부당하게 된 것은 아니라고 한 사례(대법원 2004. 1. 15. 선고 2001다12638 판결).

나. 사용·수익자의 의무

사용·수익자는 사용허가된 행정재산의 본래의 목적에의 제공에 장애가 되는 행위를 해서는 안 된다. 이를 위하여 국유재산법은 다음과 같은 규정을 두고 있다.

① 사용허가를 받은 자는 원칙적으로 그 허가받은 재산상에 건물, 교량 등 구조물과 그 밖의 영구시설물을 축조하지 못한다(국유재산법 제18조 제1항).

② 사용허가를 받은 자는 원칙적으로 당해 재산을 다른 사람으로 하여금 사용·수익하게 하여서는 아니된다(국유재산법 제30조 제2항).

③ 사용·수익자는 사용료를 납부하여야 한다. 즉, 행정재산을 사용허가한 때에는 대통령령으로 정하는 요율(料率)과 산출방법에 따라 매년 사용료를 징수한다(국유재산법 제32조 제1항).

5. 사용·수익허가기간

행정재산의 사용허가기간은 5년 이내로 한다(국유재산법 제35조 제1항, 공유재산법 제21조 제1항). 제1항의 허가기간이 끝난 재산에 대하여 대통령령으로 정하는 경우를 제외하고는 5년을 초과하지 아니하는 범위에서 종전의 사용허가를 갱신할 수 있다(국유재산법 제35조 제2항, 공유재산법 제21조 제2항). 제2항에 따라 갱신받으려는 자는 허가기간이 끝나기 1개월 전에 중앙관서의 장에게 신청하여야 한다(국유재산법 제35조 제3항, 공유재산법 제21조 제5항).

6. 사용·수익허가의 철회와 손실보상

중앙관서의 장은 사용허가한 행정재산을 국가나 지방자치단체가 직접 공용이나 공공용으로 사용하기 위하여 필요하게 된 경우에는 그 허 가를 철회할 수 있다(국유재산법 제36조 제2항). 제2항의 경우에 그 철회로 인하여 해당 사용허가를 받은 자에게 손실이 발생하면 그 재산을 사용할 기관은 대통령령으로 정하는 바에 따라 보상한다(국유재산법 제36조 제3항).

7. 허가철회와 원상회복

가. 반환의무

국유재산법 제38조는 "사용허가를 받은 자는 허가기간이 끝나거나 제36조에 따라 사용허가가 취소 또는 철회된 경우에는 그 재산을 원래 상태대로 반환하여야 한다. 다만, 중앙관서의 장이 미리 상태의 변경을 승인한 경우에는 변경된 상태로 반환할 수 있다"라고 반환의무를 규정하고 있다.

나. 대집행

사용허가를 철회하였음에도 불구하고 상대방이 행정재산을 반환하지 않는 경우에 행정대집행법상의 행정대집행이 가능한가하는 문제가 제기된다.

(1) 대집행의 인정근거

국유재산법 제74조는 "정당한 사유 없이 국유재산을 점유하거나 이에 시설물을 설치한 때에는 행정대집행법을 준용하여 철거 기타 필요한 조치를 할 수 있다"라고 규정하고 있고, 공유재산법 제83조 제1항은 '지방자치단체의 장은 정당한 사유 없이 공유재산을 점유하거나 공유재산에 시설물을 설치한 경우에는 원상복구 또는 시설물의 철거 등을 명하거나 이에 필요한 조치를 할 수 있다"라고 규정하며, 이어 제2항은 "제1항에 따른 명령을 받은 자가 그 명령을 이행하지 아니할 때에는 「행정대집행법」에 따라 원상복구 또는 시설물의 철거 등을 하고 그 비용을 징수할 수 있다"고 규정하고 있다.

(2) 대집행의 인정범위

국유재산법 제74조 및 공유재산법 제83조는 시설물의 강제철거 등 대체적 작위의무에 해당하는 것은 대집행이 가능하다는 것이며 대체적 작위의무가 아닌 것도 이들 규정에 의해 대집행이 가능하다고 규정하고 있는 것은 아니다(대판 1998. 10. 23, 97누157; 도시공원시설 점유자의 퇴거 및 명도가 대집행의 대상이 되는지가 다투어진 사례).

(3) 정당한 사유없는 점유의 의미

국유재산법 제74조 및 공유재산 및 물품관리법 제83조의 '정당한 이유(사유) 없는 점유'는 애초부터 불법으로 점유한 경우를 말하며 대부계약의 해지(사용수익허가의 철회)와 같이 처음에는 권원이 있었으나 권원이 없게 된 경우는 여기에 해당하지 않는다는 해석을 하는 견해가 있다.

그러나 국유재산법 제74조 및 공유재산법 제83조의 '정당한 사유없는 점유'는 애초부터 불법으로 점유한 경우뿐만 아니라, 사용수익허가의 철회와 같이 처음에는 점유의 권원이 있었으나 나중에 권원이 없게 된 경우를 포함한다고 보아야 한다. 판례도 국·공유재산의 사용수익허가가 철회된 경우 사용수익자의 국·공유재산에 대한 점유는 '정당한 이유(사유) 없는 점유'가 된다고 본다(대법원 2001. 10. 12. 선고 2001두4078 판결 등).

공유재산 대부계약의 해지에 따른 원상회복으로 행정대집행의 방법에 의하여 그 지상물을 철거시킬 수 있는지 여부(적극): 지방재정법 제85조 제1항은, 공유재산을 정당한 이유 없이 점유하거나 그에 시설을 한 때에는 이를 강제로 철거하게 할 수 있다고 규정하고, 그 제2항은, 지방자치단체의 장이 제1항의 규정에 의한 강제철거를 하게 하고자 할 때에는 행정대집행법 제3조 내지 제6조의 규정을 준용한다고 규정하고 있는바, 공유재산의 점유자가 그 공유재산에 관하여 대부계약 외 달리 정당한 권원이 있다는 자료가 없는 경우 그 대부계약이 적법하게 해지된 이상 그 점유자의 공유재산에 대한 점유는 정당한 이유 없는 점유라 할 것이고, 따라서 지방자치단체의 장은 지방재정법 제85조에 의하여 행정대집행의 방법으로 그 지상물을 철거시킬 수 있다(대법원 2001. 10. 12. 선고 2001두4078 판결).

(4) 철거의 대집행

철거의무는 대체적 작위의무이다. 따라서 시설물의 철거에 대하여는 대집행이 가능하다고 할 수 있다.

현행 국유재산법과 공유재산법은 모든 국·공유재산(일반재산포함)에 대하여 행정대집행법을 준용할 수 있도록 규정하고 있으므로 행정청은 당해 재산이 행정재산 등 공용재산인지 여부나 그 철거의무가 공법상의 의무인지 여부와 관계없이 대집행을 할 수 있다.

국유재산에 대하여 행정대집행법을 준용할 수 있는지 여부에 관한 법의 변천과정 및 국유재산법 제52조의 법의: 구 국유재산법(1976.12.31. 법률 제2950호로 전문 개정되기 전의 것) 제37조는 제5조의 규정에 위반한 자가 당해 재산상에 시설을 가진 경우에 정부의 철거요구가 있을 때에는 지체 없이 이를 철거하여야 한다고 규정하면서도 행정대집행법을 준용할 수 있는 규정을 두지 않았으므로, 위 제37조를 사경제주체로서 국가가 소유하는 재산에 관한 사법상의 권리관계를 규정한 것일 뿐 공법상의 행위의무를 규정한 것이 아니라고 보는 이상 행정대집행법에 의하여 대집행을 할 수 있는 근거가 없었으며 그 후 개정된 구 국유재산법(1981.12.31. 법률 제3482호로 개정되기 전의 것) 제52조는 정당한 사유 없이 행정재산 또는 보존재산을 점유하거나 이에 시설물을 설치한 때에는 행정대집행법을 준용하여 철거 기타 필요한 조치를 할 수 있다고 규정함으로써 행정대집행법을 준용할 수 있는 근거를 마련하면서도 그 대상을 행정재산과 보존재산으로 제한하였으므로, 행정재산 또는 보존재산이 아닌 국유재산에 대하여는 행정대집행을 할 여지가 없었으나 현행 국유재산법은 위와 같은 제한 없이 모든 국유재산에 대하여 행정대집행법을 준용할 수 있도록 규정하였으므로, 행정청은 당해 재산이 행정재산 등 공용재산인 여부나 그 철거의무가 공법상의 의무인 여부에 관계없이 대집행을 할 수 있으며, 이는 같은 법 제25조 및 제38조가사법상 권리관계인 국유재산의 사용료 또는 대부료 체납에 관하여도 국세징수법 중 체납처분에 관한 규정을 준용하여 징수할 수 있도록 규정한 것과도 그 궤를 같이하는 것이다(대법원 1992. 9. 8. 선고 91누13090 판결).

공유재산 대부계약의 해지에 따른 원상회복으로 행정대집행의 방법에 의하여 그 지상물을 철거시킬 수 있는지 여부(적극): 지방재정법 제85조 제1항은, 공유재산을 정당한 이유 없이 점유하거나 그에 시설을 한 때에는 이를 강제로 철거하게 할 수 있다고 규정하고, 그 제2항은, 지방자치단체의 장이 제1항의 규정에 의한 강제철거를 하게 하고자 할 때에는 행정대집행법 제3조 내지 제6조의 규정을 준용한다고 규정하고 있는바, 공유재산의 점유자가 그 공유재산에 관하여 대부계약 외 달리 정당한 권원이 있다는 자료가 없는 경우 그 대부계약이 적법하게 해지된 이상 그 점유자의 공유재산에 대한 점유는 정당한 이유 없는 점유라 할 것이고, 따라서 지방자치단체의 장은 지방재정법 제85조에 의하여 행정대집행의 방법으로 그 지상물을 철거시킬 수 있다(대법원 2001. 10. 12. 선고 2001두4078 판결).

이에 대하여 일반재산(잡종재산)은 국가 또는 자치단체가 소유하는 사물(私物)이고, 그 대부계약은 사법상 계약에 해당하기 때문에, 일반재산(잡종재산)을 자력강제수단인 행정대집행의 대상으로 보는 것은 타당하지 않고, 일반재산(잡종재산)에 대해서까지 대집행을 인정하고 있는 국유재산법 제74조 및 공유재산법 제83조의 규정은 위헌의 소지가 있다는 견해가 있다.

(5) 점유이전의 대집행

행정재산의 점유이전은 대체성이 없으므로 행정대집행법상의 대집행의 대상이 될 수 없고, 특별한 규정이 있는 경우 직접강제의 대상이 되고, 명문의 규정이 없는 경우에는 민사상 강제집행의 대상이 된다.

[1] 도시공원시설 점유자의 퇴거 및 명도의무가 행정대집행법에 의한 대집행의 대상인지 여부(소극): 도시공원시설인 매점의 관리청이 그 공동점유자 중의 1인에 대하여 소정의 기간 내에 위 매점으로부터 퇴거하고 이에 부수하여 그 판매 시설물 및 상품을 반출하지 아니할 때에는 이를 대집행하겠다는 내용의 계고처분은 그 주된 목적이 매점의 원형을 보존하기 위하여 점유자가 설치한 불법 시설물을 철거하고자 하는 것이 아니라, 매점에 대한 점유자의 점유를 배제하고 그 점유이전을 받는 데 있다고 할 것인데, 이러한 의무는 그것을 강제적으로 실현함에 있어 직접적인 실력행사가 필요한 것이지 대체적 작위의무에 해당하는 것은 아니어서 직접강제의 방법에 의하는 것은 별론으로 하고 행정대집행법에 의한 대집행의 대상이 되는 것은 아니다.

[2] 구 지방재정법 제85조가 대체적 작위의무가 아닌 의무에 대하여도 대집행을 허용하는 취지인지 여부(소극): 구 지방재정법 제85조는 철거 대집행에 관한 개별적인 근거 규정을 마련함과 동시에 행정대집행법상의 대집행 요건 및 절차에 관한 일부 규정만을 준용한다는 취지에 그치는 것이고, 그것이 대체적 작위의무에 속하지 아니하여 원칙적으로 대집행의 대상이 될 수 없는 다른 종류의 의무에 대하여서까지 강제집행을 허용하는 취지는 아니다(대법원 1998. 10. 23. 선고 97누157 판결).

Ⅶ. 변상금부과처분

1. 변상금의 의의

변상금이란 사용허가나 대부계약 없이 국유재산 또는 공유재산을 사용·수익하거나 점유한 자(사용허가나 대부계약 기간이 끝난 후 다시 사용허가나 대부계약 없이 국유재산또는 공유재산을 계속 사용·수익하거나 점유한 자를 포함한다. 이하 '무단점유자'라 한다)에게 부과하는 금액을 말한다(국유재산법 제2조 제9호, 공유재산법 제81조 제1항).

2. 부과대상: 무단점유자

변상금은 무단점유자에게 부과된다. 여기서 무단점유자란 사용허가나 대부계약 없이 국유재산 또는 공유재산을 사용·수익하거나 점유한 자(사용허가나 대부계약 기간이 끝난 후 다시 사용허가나 대부계약 없이 국유재산을 계속 사용·수익하거나 점유한 자를 포함한다)를 말한다.

다만, 다음 각 호의 어느 하나에 해당하는 경우에는 변상금을 징수하지 아니한다.① 등기사항증명서나 그 밖의 공부(公簿)상의 명의인을 정당한 소유자로 믿고 적절한 대가를 지급하고 권리를 취득한 자(취득자의 상속인이나 승계인을 포함한다)의 재산이 취득 후에 국유재산으로 판명되어 국가에 귀속된 경우, ② 국가나 지방자치단체가 재해대책 등 불가피한 사유로 일정 기간 국유재산을 점유하게 하거나 사용·수익하게 한 경우(국유재산법 제72조 제1항, 공유재산법 제81조 제1항)

1994. 1. 5. 이전의 구 국유재산법하에서 판례는 변상금부과에 관한 구 국유재산법 제51조 제1항은 국유재산에 대한 점유개시가 법률상 권원 없이 이루어진 경우에 한하여 적용되고 당초 국유재산에 대한 대부 등을 받아 점유·사용하다가 계약기간 만료 후 새로운 계약을 체결하지 아니한 채 계속 점유·사용한 경우에는 적용되지 않는다고 판시하였다(대법원 2007. 11. 29. 선고 2005두8375 판결). 그러나 1994. 1. 5. 법률 제4698호로 개정된 구 국유재산법은 "국유재산법 또는 다른 법률에 의하여 국유재산의 대부 또는 사용·수익허가등을 받지 아니하고 국유재산을 점유하거나 이를 사용·수익한 자"의 범위속에 "대부 또는 사용·수익허가기간이 만료된 후 다시 대부 또는 사용·수익허가 등을 받지 아니하고 국유재산을 계속 점유하거나 이를 사용·수익한 자"를 포함한다고 명시적으로 규정하였다. 그리하여 국유재산의 대부 또는 사용허가를 받아 점유사용하다가 대부계약기간 또는 사용허가기간 만료후 새로운 계약을 체결하지 아니하거나 사용허가기간을 갱신하지 아니

한 채 계속 점유사용한 경우에도 원칙상 당해재산에 대한 대부료 또는 사용료의 100분의 120에 상당하는 변상금을 징수하게 되었다.

적법한 대부사용자로부터 국유 행정재산인 철도용지의 점유를 양수한 자에 대한 변상금부과처분의 적부(적극): 적법한 대부사용자로부터 국유 행정재산인 철도용지의 점유를 양수한 자는 그 토지의 사용허가를 받은 자가 아니라 관리청의 승인 없이 그 사용수익권자로부터 그 점유를 양수하였음에 불과한 이른바 무단점유사용자이므로 그 점유사용은 구 국유재산법(1994. 1. 5. 법률 제4698호로 개정되기 전의 것) 제51조 제1항의 변상금 부과대상이 된다(대법원 2000. 3. 10. 선고 98두7831 판결).

[1] 대부계약 등을 맺지 않고 국유 잡종재산을 무단 점유한 사람에게 통상 대부료의 20%를 할증한 변상금을 부과하도록 정한 국유재산법 제51조 제1항이 헌법상의 평등권과 재산권을 침해하는지 여부(소극): 이 사건 법률조항인 법 제51조 제1항이 대부계약 등을 맺지 아니하고 국유 잡종재산을 무단 점유한 자에 대하여 통상의 대부료에 20%를 할증한 변상금을 부과·징수하도록 하고 있는 데에는 국유재산의 효율적인 보존·관리라는 합리적인 이유가 있다고 할 것이므로 헌법 제11조 제1항의 평등원칙에 반한다고 볼 수 없고, 이 사건 법률조항으로 인하여 잃게 되는 무단 점유자의 재산권이라는 사익보다 그로 인하여 얻게 되는 국유재산의 효율적인 관리·보존이라는 공익이 크다고 할 것이므로 헌법 제23조 제1항 및 제37조 제2항에 위반하여 재산권을 과도하게 침해하였다고 볼 수도 없다.

[2] 임대인이 임대차 목적물을 상속세로 국가에 물납한 후에도 임차인이 계속 점유·사용하고 있는 경우 국유재산법 제51조 제1항에 정한 변상금부과대상자가 되는지 여부(적극): 임대인이 임대차 목적물을 상속세로 국가에 물납하였음에도 임차인이 국가와 새로이 대부계약을 체결하거나 사용·수익허가를 받지 아니한 채 계속 점유·사용하고 있다면, 목적물이 국가의 소유로 된 때로부터 그 임차인은 국유재산법 제51조 제1항 소정의 변상금부과대상자가 된다고 할 것이다.

[3] 국가나 국가로부터 국유재산의 관리·처분에 관한 사무를 위탁받은 자가 국유재산의 무단 점유·사용을 장기간 방치한 후에 한 변상금 부과처분이 신뢰보호의 원칙에 반하는지 여부(소극): 국유재산을 무단 점유·사용하는 자에 대하여 국가나 국가로부터 국유재산의 관리·처분에 관한 사무를 위탁받은 자가 국유재산의 점유·사용을 장기간 방치한 후에 변상금을 부과하더라도 변상금 부과처분이 절차적 정의와 신뢰의 원칙에 반하게 된다거나 점유자의 사용·수익 권원이 인정될 수는 없다(대법원 2008. 05. 15. 선고 2005두11463 판결).

[1] 건물이나 공작물의 소유자가 아닌 이가 실제로 건물 등을 점유·사용하고 있는 경우, 건물 등 부지의 점용자(=건물등 소유자) 및 이러한 법리는 지방자치단체 소유의 공유재산인 토지 위에 설치된 공작물의 소유자와 점유·사용자가 다른 경우에도 마찬가지인지 여부(적극): 타인 소유의 토지 위에 권한

없이 건물을 소유하고 있는 이는 그 자체로 특별한 사정이 없는 한 법률상 원인 없이 타인의 재산으로 토지의 차임에 상당하는 이익을 얻고 그로 인하여 타인에게 동액 상당의 손해를 주고 있다고 보아야 하고, 이는 타인 소유의 토지 위에 권한 없이 건물 이외의 공작물을 소유하고 있는 경우에도 마찬가지이다. 한편 건물이나 공작물의 소유자가 아닌 이로서는 실제로 건물 등을 점유·사용하고 있다고 하더라도 건물 등의 부지를 점용하는 것으로 볼 수 없고, 건물 등의 부지는 건물 등의 소유자가 이를 점용하고 있다고 보아야 한다. 그리고 이러한 법리는 지방자치단체 소유의 공유재산인 토지 위에 공작물이 설치된 경우에 있어 공작물의 소유자와 점유·사용자가 다른 경우에도 마찬가지이다.

[2] 지방자치단체 소유의 공유재산인 토지 위에 궤도구축물을 설치하여 부지를 점용하고 있다는 이유로 관할 구청장이 궤도구축물을 점유·관리하고 있는 한국철도시설공단에 변상금을 부과·고지한 사안에서, 궤도구축물은 철도시설로서 원래 국가에 속하고, 궤도구축물의 부지는 지상에 설치된 궤도구축물의 소유자가 이를 점유·사용하고 있다고 보아야 하므로, 궤도구축물의 소유자가 아닌 한국철도시설공단에 한 변상금부과처분은 위법하다고 한 사례(대법원 2014. 7. 24. 선고 2011두10348 판결 【변상금부과처분취소】).

[1] 변상금의 징수에 관한 구 지방재정법 제87조 제1항의 규정 취지 및 이 규정이 공유재산의 점유나 사용·수익을 정당화할 법적 지위에 있는 자에 대하여도 적용되는지 여부(소극): 구 지방재정법(2005. 8. 4. 법률 제7663조로 전문 개정되기 전의 것) 제87조 제1항이 이 법 또는 다른 법률에 의하여 공유재산의 대부 또는 사용·수익허가 등을 받지 아니하고 공유재산을 점유하거나 이를 사용·수익한 자에 대하여 당해 재산에 대한 대부료 또는 사용료의 100분의 120에 상당하는 변상금을 징수하도록 규정하고 있는 것은, 공유재산에 대한 점유나 사용·수익 그 자체가 법률상 아무런 권원 없이 이루어진 경우에는 정상적인 대부료나 사용료를 징수할 수 없기 때문에 그 대부료나 사용료 대신에 변상금을 징수한다는 취지라고 풀이되므로, 위 규정은 점유나 사용·수익을 정당화할 법적 지위에 있는 자에 대하여는 적용되지 않는다고 보아야 하고, 그러한 자에 대한 변상금 부과처분은 당연 무효이다.

[2] 아파트 재건축 사업을 추진하면서 구 지방재정법(2005. 8. 4. 법률 제7663조로 전문 개정되기 전의 것)상 공유재산인 도로부지를 사업부지에 포함시켜 구 주택건설촉진법(2003. 5. 29. 법률 제6916호 주택법으로 전문 개정되기 전의 것) 제33조 제1항에 의한 사업계획승인을 받은 경우, 그 도로부지에 대한 점유는 같은 조 제4항 제3호에 따라 점용허가를 얻은 것으로 간주되고, 위 도로부지가 용도폐지되어 지목이 대지로 변경되더라도 그 점유권원은 실효 또는 상실되지 않고 토지 취득시까지 유지되므로, 용도폐지 후의 점유에 대한 변상금 부과처분은 그 하자가 명백하여 당연무효라고 한 사례(대법원 2007. 12. 13. 선고 2007다51536 판결【부당이득금반환】).

3. 부과권자

변상금은 국·공유재산의 소유자가 아니라 관리청 등이 부과한다. 구체적으로 말하자면 국유재산의 경우 중앙관서의 장 등이(국유재산법 제72조 제1항), 공유재산의 경우 지방자치단체의 장이 변상금을 부과한다(공유재산법 제81조 제1항).

도로의 관리청이 도로부지에 대한 소유권을 취득하였는지 여부와는 관계없이 도로를 무단점용하는 자에 대하여 변상금을 부과할 수 있는지 여부(적극): 도로법의 제반 규정에 비추어 보면, 같은 법 제80조의2의 규정에 의한 변상금 부과권한은 적정한 도로관리를 위하여 도로의 관리청에게 부여된 권한이라 할 것이지 도로부지의 소유권에 기한 권한이라고 할 수 없으므로, 도로의 관리청은 도로부지에 대한 소유권을 취득하였는지 여부와는 관계없이 도로를 무단점용하는 자에 대하여 변상금을 부과할 수 있다(대법원 2005. 11. 25. 선고 2003두7194 판결).

4. 변상금부과처분

무단점유사용의 대상이 된 재산에 대하여는 대부료 또는 사용료의 100분의 120에 상당하는 변상금을 징수한다(국유재산법 제72조 제1항, 공유재산법 제81조 제1항).

국유재산 또는 공유재산 무단점유자에 대한 변상금부과처분은 행정소송의 대상이 되는 행정처분이다. 무단점유의 대상이 된 재산이 행정재산인지 또는 일반재산인지 여부를 불문하고 그 변상금부과처분은 행정소송의 대상이 된다.

국유재산법 제51조 소정의 국유재산 무단점유자에 대한 변상금부과처분이 행정소송의 대상이 되는 행정처분인지 여부: 국유재산법 제51조 제1항은 국유재산의 무단점유자에 대하여는 대부 또는 사용, 수익허가 등을 받은 경우에 납부하여야 할 대부료 또는 사용료 상당액 외에도 그 징벌적 의미에서 국가측이 일방적으로 그 2할 상당액을 추가하여 변상금을 징수토록 하고 있으며 동조 제2항은 변상금의 체납시 국세징수법에 의하여 강제징수토록 하고 있는 점 등에 비추어 보면 국유재산의 관리청이 그 무단점유자에 대하여 하는 변상금부과처분은 순전히 사경제 주체로서 행하는 사법상의 법률행위라 할 수 없고 이는 관리청이 공권력을 가진 우월적 지위에서 행한 것으로서 행정소송의 대상이 되는 행정처분이라고 보아야 한다(대법원 1988. 2. 23. 선고 87누1046, 1047 판결).

국유재산의 무단점유 등에 대한 변상금 징수의 요건은 국유재산법 제72조 제1항(공유재산 및 물품관리법 제81조 제1항)에 명백히 규정되어 있으므로 변상금을 징수할 것인가 여부는 처분청의 재량을 허용하지 않는 기속행위이다.

국유재산의 무단점유 등에 대한 변상금의 징수가 기속행위인지 여부(적극): 국유재산의 무단점유 등에 대한 변상금 징수의 요건은 국유재산법(1994. 1. 5. 법률 제4968호로 개정된 것) 제51조 제1항에 명백히 규정되어 있으므로 변상금을 징수할 것인가는 처분청의 재량을 허용하지 않는 기속행위이고, 여기에 재량권 일탈·남용의 문제는 생길 여지가 없다(대법원 1998. 9. 22. 선고 98두7602 판결).

변상금은 무단점유를 하게 된 경위(經緯), 무단점유지의 용도 및 해당 무단점유자의 경제적 사정 등을 고려하여 대통령령으로 정하는 바에 따라 5년의 범위에서 징수를 미루거나 나누어 내게 할 수 있다(국유재산법 제72조 제2항, 공유재산법 제81조 제2항).

변상금 및 연체료 부과권은 모두 국가재정법 제96조 제1항[58]에 따라 5년이 경과하면 소멸시효가 완성된다.

5. 민사상 부당이득반환청구권과의 관계

국유재산의 무단점유자에 대하여 변상금의 부과·징수 외에 민사소송으로 부당이득반환청구소송이 가능한지 여부가 문제된다.

대법원은 변상금의 부과·징수권은 민사상 부당이득반환청구권과 법적 성질을 달리하므로, 국가는 무단점유자를 상대로 변상금 부과·징수권의 행사와 별도로 국유재산의 소유자로서 민사상 부당이득반환청구의 소를 제기할 수 있다고 본다(대법원 2014. 07. 16. 선고 2011다76402 전원합의체 판결). 하지만 위 판례에 대하여는 다음과 같은 비판이 제기된다. 즉 동일한 사안에 대하여 적용될 법으로서 일반법과 특별법이 경합할 경우에는 특별법이 우선 적용되어야 하고, 특별법에 규정이 없는 경우에 한하여 일반법이 적용되는 것이다. 그런데 국유재산을 무단으로 점유·사용해 이익을 얻은 경우 국가가 부당이득반환청구권을 할 수 있도록 한 민법의 규정은 일반법이고, 국가가 변상금을 부과·징수하도록 한 국유재산법의 규정은 특별법이다. 그렇다면 위 판례는 '특별법 우선의 원칙'이라는 법리에 맞지 않는다고 보아야 한다는 것이다[59].

위와 같이 변상금 부과·징수권이 민사상 부당이득반환청구권과 법적 성질을 달리하는 별개의 권리인 이상 부과권자가 변상금 부과·징수권을 행사하였다 하더라도 이로써

58) 국가재정법 제96조(금전채권·채무의 소멸시효)
① 금전의 급부를 목적으로 하는 국가의 권리로서 시효에 관하여 다른 법률에 규정이 없는 것은 5년 동안 행사하지 아니하면 시효로 인하여 소멸한다.
② 국가에 대한 권리로서 금전의 급부를 목적으로 하는 것도 또한 제1항과 같다.

59) 강해룡, "특별법 우선의 원칙", 법률신문 2015. 10. 8. 11면.

민사상 부당이득반환청구권의 소멸시효가 중단된다고 할 수 없다(대법원 2014. 09. 04. 선고 2013다3576 판결)

한편 판례의 태도에 의하면, 변상금 부과·징수권과 민사상 부당이득반환청구권은 동일한 금액 범위 내에서 경합하여 병존하게 되고, 민사상 부당이득반환청구권이 만족을 얻어 소멸하면 그 범위 내에서 변상금 부과·징수권도 소멸하는 관계에 있게 된다(대법원 2014. 09. 04. 선고 2012두5688 판결).

국유재산의 무단점유자에 대하여 구 국유재산법 제51조 제1항, 제4항, 제5항에 의한 변상금 부과·징수권의 행사와 별도로 민사상 부당이득반환청구의 소를 제기할 수 있는지 여부(적극): 국유재산의 무단점유자에 대한 변상금 부과는 공권력을 가진 우월적 지위에서 행하는 행정처분이고, 그 부과처분에 의한 변상금 징수권은 공법상의 권리인 반면, 민사상 부당이득반환청구권은 국유재산의 소유자로서 가지는 사법상의 채권이다. 또한 변상금은 부당이득 산정의 기초가 되는 대부료나 사용료의 120%에 상당하는 금액으로서 부당이득금과 액수가 다르고, 이와 같이 할증된 금액의 변상금을 부과·징수하는 목적은 국유재산의 사용·수익으로 인한 이익의 환수를 넘어 국유재산의 효율적인 보존·관리라는 공익을 실현하는 데 있다. 그리고 대부 또는 사용·수익허가 없이 국유재산을 점유하거나 사용·수익하였지만 변상금 부과처분은 할 수 없는 때에도 민사상 부당이득반환청구권은 성립하는 경우가 있으므로, 변상금 부과·징수의 요건과 민사상 부당이득반환청구권의 성립 요건이 일치하는 것도 아니다.

이처럼 구 국유재산법(2009. 1. 30. 법률 제9401호로 전부 개정되기 전의 것, 이하 같다) 제51조 제1항, 제4항, 제5항에 의한 변상금 부과·징수권은 민사상 부당이득반환청구권과 법적 성질을 달리하므로, 국가는 무단점유자를 상대로 변상금 부과·징수권의 행사와 별도로 국유재산의 소유자로서 민사상 부당이득반환청구의 소를 제기할 수 있다. 그리고 이러한 법리는 구 국유재산법 제32조 제3항, 구 국유재산법 시행령(2009. 7. 27. 대통령령 제21641호로 전부 개정되기 전의 것) 제33조 제2항에 의하여 국유재산 중 잡종재산(현행 국유재산법상의 일반재산에 해당한다)의 관리·처분에 관한 사무를 위탁받은 한국자산관리공사의 경우에도 마찬가지로 적용된다(대법원 2014. 07. 16. 선고 2011다76402 전원합의체 판결).

제2장 영조물법

Ⅰ. 영조물의 개념

영조물은 국가 등 행정주체가 행정목적을 달성하기 위하여 제공한 인적·물적 종합시설을 말한다.

Ⅱ. 영조물의 종류

영조물은 그 관리주체에 따라, 국영영조물(예: 국립대학·국립병원·교도소 등), 공영영조물(예: 시립대학·시립병원 등), 특수법인영조물(예: 서울대학교병원·적십자병원 등)로 구분된다.

영조물은 그 이용이 강제되는가의 여부에 따라, 임의사용 영조물(예: 국립도서관·국립병원 등)과 강제사용 영조물(예: 국·공립 초등학교)로 구분된다.

영조물의 그것을 이용할 수 있는 인적 범위를 기준으로, 공무원만이 이용가능 한 공용영조물(예: 국군통합병원), 일반사인도 이용가능한 공공용영조물(예: 국립의료원)으로 구분할 수 있다.

영조물이 법인격을 가지고 있는가의 여부에 따라, 독립된 법인격을 갖는 법인영조물(예: 서울대학교법인, 한국은행 등)과 독립된 법인격을 갖지 못하는 비법인영조물로 구분된다. 법인인 영조물은 영조물법인이라고 부른다. 영조물법인은 행정주체의 하나이다.

Ⅲ. 영조물의 이용관계

1. 의의

영조물 이용관계란 영조물주체와 그 이용자 사이에 발생하는 법률관계를 말한다. 영조물 이용의 내용이 단순히 영조물을 구성하는 물적 시설의 사용에 그칠 경우에는 공물의 사용에 불과하다.

여기서 말하는 영조물의 이용은 단순히 물적 시설의 사용에 그치는 것이 아니라, 인적 수단·물적 시설의 종합체로서의 영조물로부터 일정한 역무의 공급을 받는 경우를 의미한다.

2. 법적 성질

가. 특별권력관계성

과거에는 영조물이용관계를 특별권력관계의 한 종류로 인식하여, 그 이용관계는 법률유보의 원칙이 적용되지 않고 아울러 사법심사의 대상도 되지 아니한다고 보았다. 하지만 오늘날은 특별권력관계라는 관념은 인정되지 않고 거기에도 법치주의 원칙이 적용된다고 보는 것이 일반적이다. 아울러 영조물 이용관계는 개별적·구체적으로 검토되어야 하는 것이지, 특별권력관계와 같은 개괄적·추상적 개념에 의하여 이해되어야 할 것은 아니다[1].

나. 이용관계의 법적 규율

영조물의 이용관계는 공법적인 경우뿐만 아니라 사법적인 경우도 있고, 공·사법의 혼합적인 경우도 있다. 이용관계가 공법관계인 경우에 공법적 규율이 가해지는 것은 당연하다. 이용관계가 사법관계로 형성되는 경우에도 영조물은 공적 목적을 위한 것이므로 여러 방향에서 공법적 규율을 받는다.

3. 이용자의 권리

가. 영조물이용권

영조물의 이용자가 영조물주체에 대하여 영조물의 이용을 청구할 수 있는 권리를 영조물이용권이라고 한다. 영조물이용권의 구체적인 내용은 영조물이용규칙에서 정하는 바에 따른다. 영조물이용권의 성질은 이용관계의 근거법령의 형식이 공법적인가 사법적인가에 따라 공권인지 사권인지 여부가 결정된다. 근거법령이 공법이라면 그 이용권은 개인적 공권이 된다. 다만 공권의 성립요건을 갖추지 못하는 이용자의 권리는 반사적 이익에 불과하게 된다.

영조물이용권은 각 영조물의 본질에 따라 합리적 범위에서 제한될 수 있다(예; 피부병환자의 수용장출입금지, 수용인원초과로 인한 수용장 입장거부)

나. 부수적인 권리

영조물이용자는 영조물의 설치관리상의 하자로 인하여 손해를 입은 경우에 국가배상법에 따라 손해배상을 청구할 수 있고, 영조물주체의 위법한 처분에 대하여는 행정쟁송을

1) 김철용, 행정법Ⅱ, 제9판, 2009, 349면.

제기하여 다툴 수 있다.

4. 영조물주체의 권리

가. 이용조건 설정·변경권

영조물 이용조건은 법규의 형식으로 설정되는 경우도 있고, 법규의 범위 내에서 영조물주체에 의하여 이용규칙, 즉 영조물규칙의 형식으로 설정되는 경우도 있다. 영조물 이용관계의 계속 중에도 영조물주체는 법규의 개정이나 영조물규칙의 변경에 의하여 이용조건을 변경할 수 있다(대법원 1989.7.11. 선고 87누1123 판결).

영조물규칙의 성질에 관하여는 종래 이를 행정규칙의 일종으로 보아 왔고, 지금도 행정규칙의 일종으로 보는 것이 지배적 견해이다. 이에 의하면 영조물규칙은 영조물의 내부 또는 영조물의 이용자만을 구속하며, 영조물주체는 특별한 법률의 수권이 없어도 법령에 위반되지 않는 범위 안에서라면, 공적인 목적수행을 위해 필요한 한도 내에서 자유롭게 이용조건 등을 정할 수 있게 된다[2]. 한편 영조물규칙 중 조직규칙과 영조물 이용기준 등 영조물주체 내부에서의 사무처리기준을 정하는 부분은 행정규칙으로서의 성질을 갖지만, 이용자의 권리·의무에 관한 사항은 법률의 근거 하에 제정되어야 하며 법규로서의 성질을 갖는다고 보아야 한다는 견해도 있다[3].

나. 이용대가징수권

영조물주체는 영조물의 이용에 대한 대가로서 이용자로부터 이용료(예: 국·공립학교의 수업료, 수영장 입장료 등)의 징수 및 청구권을 갖는다.

다. 명령·징계권

영조물주체는 영조물의 목적수행을 위하여 필요한 범위 내에서 필요한 영조물규칙을 제정할 수 있고, 이에 근거하여 필요한 명령을 발할 수 있다. 또한 영조물이용의 질서를 유지하기 위하여 영조물이용자의 의무위반에 대하여 징계벌을 과할 수 있다.

[1] 국립대학이 총장 후보자 선정방식을 학칙으로 정할 수 있는지 여부(적극) 및 학칙에 규정되어 있는 기존의 총장 후보자 선정방식을 학칙 개정을 통하여 변경할 수 있는지 여부(적극): 국립대학의 장(이하 '총장'이라 한다) 후보자 선정 및 학교규칙(이하 '학칙'이라 한다)에 관한 ……의 체계 및 내용에 더하여, 총장 후보자 선정방식은 국립대학의 조직에 관한 기본적 사항의 하나로서

2) 김철용, 행정법Ⅱ, 제9판, 2009, 351면.
3) 박균성, 행정법론(하), 제15판, 2017, 435면.

학칙으로 정할 수 있는 대상인 점, 해당 대학이 법령과 학칙이 정하는 절차에 따라 법령의 범위 내에서 제정 또는 개정한 학칙은 대학의 자치규범으로서 당연히 구속력을 갖는 점 등을 종합하여 보면, 총장 후보자 선정방식을 총장임용추천위원회에서의 선정(간선제)과 해당 대학 교원의 합의된 방식과 절차에 따른 선정(직선제) 중 어느 방법으로 할 것인지는 구 교육공무원법 제24조 제3항에 따라 해당 대학의 자율적 선택에 맡겨져 있어, 해당 대학은 총장 후보자 선정방식을 학칙으로 정할 수 있고, 나아가 학칙에 규정되어 있는 기존의 총장 후보자 선정방식을 학칙의 개정을 통하여 변경할 수 있다.

[2] 국립대학의 학칙에 규정되어 있는 총장 후보자 선정방식인 직선제를 학칙 개정을 통하여 간선제로 변경하는 것이 교육의 본질이나 대학의 자율성을 침해하거나 교육 관계 법령을 위반하는 것인지 여부(소극): 구 교육공무원법(2013. 3. 23. 법률 제11690호로 개정되기 전의 것) 제24조가 해당 대학 교원의 합의된 방식과 절차에 따른 선정(이하 '직선제'라 한다)과 함께 총장임용추천위원회(이하 '추천위원회'라 한다)에서의 선정(이하 '간선제'라 한다)도 국립대학의 장(이하 '총장'이라 한다) 후보자 선정방식으로 규정하고 있는 것 역시 입법권자의 형성의 자유에 속할 뿐만 아니라, 교육공무원 임용령 제12조의3 제1항이 대학의 교원에게 직원, 학생 등과 함께 추천위원회 구성·운영에 참여할 권리를 실질적으로 보장하고 있는 점을 고려하면, 대학이 총장 후보자를 간선제 방법에 따라 선정한다고 하여 그것이 대학의 자치를 보장하는 헌법 정신을 훼손하는 것은 아니다. 따라서 국립대학의 학교규칙(이하 '학칙'이라 한다)에 규정되어 있는 총장 후보자 선정방식인 직선제를 학칙 개정을 통하여 간선제로 변경한다고 하여 그것이 교육의 본질이나 대학의 자율성을 침해하거나 교육 관계 법령을 위반하는 것은 아니다.

[3] 교원 또는 교수회의 동의 없이는 총장 후보자 선출을 위한 기존의 직선제 학칙을 간선제로 바꾸는 것이 허용되지 않는지 여부(소극): 대학자치에서 직원, 학생이 차지하는 지위에 더하여, 국립대학의 장(이하 '총장'이라 한다) 임명제도에 관한 입법 연혁 및 고등교육법이 교수회에 관한 직접적인 규정을 두지 않고 구 고등교육법 시행령(2014. 12. 16. 대통령령 제25850호로 개정되기 전의 것) 제4조 제1항 제16호에서 '교수회가 있는 경우에는 그에 관한 사항'을 학교규칙(이하 '학칙'이라 한다)에 기재하도록 하고 있을 뿐인 점 등을 종합적으로 고려하여 볼 때, 대학자치의 주체를 오로지 교원으로 한정함으로써 총장 후보자를 선정할 때 직원과 학생의 의사는 배제한 채 교원 또는 법률상 임의단체에 불과한 교수회의 의사를 우선시하여 그 동의가 없는 한 총장 후보자 선출을 위한 기존의 해당 대학 교원의 합의된 방식과 절차에 따른 선정(직선제) 학칙을 총장임용추천위원회에서의 선정(간선제)으로 바꾸는 것이 허용되지 않는다고 할 수는 없다(대법원 2015. 6. 24. 선고 2013두26408 판결【학칙개정처분무효확인】).

국립대학의 기성회가 기성회비를 납부받은 것이 '법률상 원인 없이' 타인의 재산으로 이익을 얻은 경우에 해당한다고 볼 수 있는지 여부(소극): [다수의견] (가) 고등교육법 제11조 제1항, 대학 등록금에 관한 규칙(2007. 3. 23. 교육인적자원부령 제903호로 제정될 당시에는 '대학 수업료 및 입학금에 관한 규칙'이었다가 2010. 12. 2. 교육과학기술부령 제83호로 개정되면서 명칭이 변경되었다) 등에서 국립대학이 학생으로부터 받을 수 있는 수업료와 그 밖의 납부금(이하 '등록금'이라 한다)은 국립대학이 학생에게 강의, 실습, 실험 등 교육활동을 실시하는 방법으로 대학의 목적에 부합하는 교육역무를 제공하고 이러한 교육역무에 필요한 교육시설 등을 이용하게 하는 것에 대한 대가, 즉 영조물인 국립대학의 이용에 대한 사용료를 의미하는 것이다.

따라서 국립대학이 납부받은 돈이 등록금에 해당하는지는 납부금의 명칭이나 납부방식 등 형식적 기준에 의하여만 정할 것이 아니고, 국립대학이 납부금을 받게 된 경위, 필요성, 사용처, 납부금액, 납부방식, 학생들이 동일한 수준의 금액을 획일적으로 납부하고 있는지 여부, 납부자인 학생이나 학부모의 의사 등을 종합적으로 고려하여 납부금의 실질이 국립대학의 교육역무 제공과 교육시설 이용 등에 대하여 대가관계에 있는지, 다시 말하면 영조물인 국립대학의 사용료의 의미를 갖는지에 따라 판단하여야 한다.

그리고 이와 같은 교육 관련 법령의 취지 및 법적 성격 등에 비추어 보면, 국립대학이 영조물인 국립대학의 사용료로서의 실질을 가지는 비용을 직접 납부받지 아니하고 영조물 이용자인 학생이나 학부모로 구성된 단체로부터 자금을 지원받아 대학의 목적에 부합하는 교육역무와 교육시설의 제공에 사용하더라도 교육 관련 법령의 취지에 위배된다고 할 수 없다.

(나) 국가유공자 등 예우 및 지원에 관한 법률 제25조 제1항, 5·18 민주유공자예우에 관한 법률 제13조, 북한이탈주민의 보호 및 정착지원에 관한 법률 시행령 제46조 제3항, 특수임무유공자 예우 및 단체설립에 관한 법률 제12조 등은 교육지원의 내용으로 '수업료·입학금·기성회비'를 면제 또는 지원한다고 규정하고 있고, 사립학교법 제28조 제3항은 "고등교육법 제11조의 규정에 의한 수업료 기타 납부금(입학금·학교운영지원비 또는 기성회비를 말한다)을 받을 권리는 이를 압류하지 못한다."고 규정하고 있는데, 이러한 규정들은 기성회비가 수업료와 유사한 실질을 가지고 있음을 고려하여 수업료와 마찬가지로 취급하도록 한 것으로서, 고등교육법 제11조 제1항에서 국립대학이 받을 수 있도록 정한 '그 밖의 납부금'에 기성회비가 포함됨을 전제로 한 것이다.

(다) 국립대학의 기성회비는 기성회에 가입한 회원들로부터 기성회 규약에 따라 받는 회비라는 법률적인 성격을 가짐과 아울러, 실질에서 국립대학이 기성회를 통하여 영조물 이용관계에서의 사용료를 학생이나 학부모로부터 납부받은 것으로서 고등교육법 제11조 제1항에 의하여 국립대학의 설립자·경영자가 받을 수 있는 '그 밖의 납부금'을 납부받은 것과 마찬가지로 볼 수 있다. 그리고 1997. 12. 13. 고등교육법이 제정된 이래 고등교육법 제11조 제1항에 수업료 외에 그 밖의 납부금을 받을 수 있는 근거가 규정되어 있으므로, 고등교육법 제정 이후에 기성회장 명의로 기성회비 납부고지를 하면서 실질적으로는 국립대학이 수업료와 함께 기성회비를 납부받은 것을 가지고 국립대학 기성회가 '법률상 원인 없이' 타인의 재산으로 인하여 이익을 얻은 경우에 해당한다고 볼 수는 없다(대법원 2015. 6. 25. 선고 2014다5531 전원합의체 판결【부당이득금등】).

제6편 공용부담법

제1장 총설

제2장 인적 공용부담

제3장 물적 공용부담

제1장 총설

Ⅰ. 공용부담의 개념

공용부담이라 함은 공공복리를 증진하기 위하여 특정의 개인에게 강제적으로 부과되는 공법상의 경제적 부담을 말한다. 이는 실정법상의 용어가 아니고, 학문상의 용어이다.

도로·철도·항만·공공주택의 건설 등 특정한 공익사업이나 그 밖의 공공복리의 실현을 위하여 개인의 토지나 물건을 필요로 하는 경우에는 매매계약·임대차 등 사법상의 수단으로 이를 획득하여 충당하는 것이 원칙이다. 그러나 때로는 권리자의 동의를 얻을 수 없거나 긴급을 요하여 사법상의 수단에 의할 수 없는 경우도 발생한다. 이러한 경우에는 공익사업 목적을 달성하기 위해, 상대방의 의사에 반하여 강제적으로 부담을 과할 필요가 있게 된다.

1. 목적

공용부담은 공공복리의 적극적 실현을 목적으로 한다. 따라서 재정목적을 위한 조세의 부담, 공공의 안녕과 질서유지라는 경찰목적을 위하여 부과되는 부담은 공용부담이 아니다.

2. 주체

원칙적으로 행정주체(국가·지방자치단체)가 공공복리를 위한 사업수행의 주체가 된다. 예외적으로 사인(私人: 공기업이나 특허기업)이 법률에 근거하여 행정주체로부터 공용부담을 명할 수 있는 권한을 부여받기도 한다. 사인이 도시재개발사업의 시행자가 되는 것이 그러한 경우의 예이다. 사인이 갖는 이러한 권한을 공용부담특권이라고 한다.

3. 객체

공용부담은 개인에게 부과되는 부담이다. 따라서 국가나 지방자치단체 상호간의 부담(유지·유지비부담)은 공용부담이 아니다. 개인이 지는 부담이라도 일반 개인의 지위에서가 아니라 국가 또는 공공단체의 기관의 지위에서 지는 부담(예: 공무원의 의무)이나, 공익사업의 경영자로서 지는 부담(예: 특허기업의 경영의무) 또는 공기업이나 공물의 이용자로서 지는 부담(예: 수수료·사용료 등의 납부의무) 등과 같이 일반 개인의 지위와는 다른 지위에서 지는 부담은 공용부담이 아니다.

4. 내용

공용부담은 강제적인 수단에 의해 경제적인 부담을 부과하는 것을 내용으로 한다. 즉 공용부담은 당사자의 의사에 관계없이 법률의 규정이나 법률에 근거한 행정행위에 의하여 일방적으로 부과된다. 아울러 경제적 부담이란 금전적 가치를 내용으로 하는 부담을 말한다. 따라서 개인의 노력 제공도 금전적 가치를 갖는 범위에서는 공용부담이 되지만, 비경제적 내용인 윤리의무는 공용부담에서 제외된다.

Ⅱ. 공용부담의 법적 근거

공용부담은 개인의 신체·재산권에 대하여 의무를 부과하는 것이므로 법률유보의 원칙이 적용된다.

헌법은 "공공필요에 의한 재산권의 수용·사용 또는 제한 및 그에 대한 보상은 법률로써 하되, 정당한 보상을 지급하여야 한다(제23조)"고 규정하여, 법률유보 원칙을 명시하고 있다.

공용부담에 관한 일반적 법률로는 '공익사업을 위한 토지 등의 취득 및 보상에 관한 법률(이하 '공익사업법'이라 한다)' 및 지방자치법이 있고, 그 외에도 '국토의 계획 및 이용에 관한 법률', '도시 및 주거환경정비법', 도시개발법, 도로법, 하천법, 철도법 등이 공용부담에 관하여 규정하고 있다.

Ⅲ. 공용부담의 유형

1. 인적 공용부담

인적 공용부담이란 특정인에게 일정한 의무(작위·부작위·급부 의무)를 부과하는 것을 말한다. 인적 공용부담은 대인적인 성질을 가지므로 원칙상 타인에게 이전되지 않는다.

인적 공용부담으로는 부담금, 노역·물품부담, 부역·현품부담, 시설부담, 부작위부담 등이 있다.

2. 물적 공용부담

물적 공용부담이란 특정한 권리(재산권)에 대하여 일정한 제한 또는 침해를 가하는 부담을 말한다. 물적 공용부담은 특정 권리(재산권)에 대하여 부과되는 것으로서 대물적 성질이 강하므로 권리(재산권)의 이전와 함께 타인에게 이전된다.

공용제한, 공용수용, 공용환지·공용환권 등이 물적 공용부담에 해당된다.

제2장 인적 공용부담

Ⅰ. 의의

인적 공용부담은 일정한 공공복리를 증진하기 위하여 특정한 사람에게 일정한 의무(작위·부작위·급부 의무)를 부과하는 부담을 말한다.

인적 공용부담은 직접 법률에 의해 부과되는 경우도 있으나 보통은 법률에 근거한 행정처분에 의해 부과된다. 그 의무는 공법상의 의무이므로 그 불이행에는 행정상의 강제집행이, 그 위반에 대하여는 행정벌이 과하여지는 것이 보통이다.

Ⅱ. 인적 공용부담의 종류

1. 부담근거에 의한 분류

가. 일반부담

일정 범위의 개인 일반(국민·지방자치단체의 주민)에 대하여 그 능력에 따라 부과되는 부담을 말한다.

일반부담은 그 대상의 일반성이라는 측면에서 국방의무나 납세의무와 유사하지만, 일반부담은 특정 공익사업의 수요에 응하기 위하여 부과되는 것이라는 점에서 병력의 취득·유지를 위한 국방의무나 국가·지방자치단체의 재원의 취득·관리를 위한 납세의무와는 다르다. 국방의무나 납세의무는 일정한 공익사업과 연결되지 않는다.

일반부담은 금전급부 이외의 것에 한정되는 것이 원칙이다. 구 지방자치법(1988. 4. 6. 법률 제4004호로 전부개정되기 전의 것)에서 지방자치단체가 비상재해 등의 복구를 위하여 주민에게 과하는 부역·현품(제129조)이 일반부담의 예에 해당된다. 하지만 오늘날 일반부담의 예는 거의 찾아보기 어렵다.

나. 특별부담

특별부담이라 함은 특정한 공익사업과 특별한 관계에 있는 자에 대하여 부과되는 부담을 말한다. 특별부담은 공익사업과의 관계가 어떠한 것인지에 따라 수익자부담, 원인자부담, 손상자부담으로 나누어진다.

특별부담을 부과할 수 있는 자는 국가 또는 공공단체이고, 특별부담의 내용은 통상 금전급부의무인 경우가 보통이다.

다. 우발부담

우발부담이라 함은 우연히 공익사업의 수요를 충족시킬 수 있는 지위에 있는 자에 대하여 부과되는 부담을 말한다.

우발부담은 그 성질상 금전급부 이외의 것을 그 내용으로 한다. 우발부담의 경우 부담의무자는 공익을 위하여 특별한 희생을 하는 것이므로 원칙상 보상이 주어져야 한다.

2. 부담내용에 의한 분류

인적 공용부담은 그 내용에 따라 금전급부의무인 부담금, 노역 또는 물품과 금전의 선택적 급부의무인 부역·현품부담, 노역 또는 물품의 급부의무인 노역·물품부담, 일정한 공사·시설을 완성할 의무인 시설부담, 부작위의무인 부작위부담이 있다.

이하 이들에 관하여 살펴보기로 한다.

Ⅲ. 인적 공용부담의 내용

1. 부담금

가. 의의

(1) 협의의 부담금(전통적 부담금)

부담금이란 특정 공익사업에 필요한 경비의 전부 또는 일부를 충당하기 위하여 해당 공익사업과 특별한 관련이 있는 자에 대하여 부과하는 공법상의 금전급부의무를 말한다. 부과금, 분담금이라고 부르기도 한다.

(2) 광의의 부담금(오늘날의 부담금)

오늘날 부담금은 특정 공익사업을 위해서만 부과되는 것이 아니라, 일정한 행정목적을 달성하기 위하여 폭넓게 부과되는 경향이 있다. 그러한 행정목적에 따라 부담금은 ⅰ) 특정 공익사업에 대한 재원조달을 목적으로 하는 전통적 부담금 이외에도, ⅱ) 부과대상자의 행위를 일정한 방향으로 유도하기 위해 부과되는 유도적 부담금, ⅲ) 특정한 공법상 의무를 이행한 자와 이행하지 아니한 자 사이의 형평성을 보장하기 위해 부과하는 조정적 부담금, ⅳ) 의무이행을 확보하기 위한 수단으로서의 부담금 등으로 분류될 수도 있다[1].

하나의 부담금에는 위에서 거론한 하나 또는 여러 개의 목적이 포함될 수 있다.

(3) 실정법상의 개념

부담금관리 기본법은 부담금을 "중앙행정기관의 장, 지방자치단체의 장, 행정권한을 위탁받은 공공단체 또는 법인의 장 등 법률에 따라 금전적 부담의 부과권한을 부여받은 자가 분담금, 부과금, 기여금, 그 밖의 명칭에도 불구하고 재화 또는 용역의 제공과 관계없이 특정 공익사업과 관련하여 법률에서 정하는 바에 따라 부과하는 조세 외의 금전지급의무(특정한 의무이행을 담보하기 위한 예치금 또는 보증금의 성격을 가진 것은 제외한다)"라고 정의하고 있다.

이러한 부담금 개념은 전통적 부담금 개념보다는 넓다. 즉 위 개념은 강학상의 전통적 부담금 이외에도, 유도적 부담금, 조정적 부담금, 의무이행확보 수단으로서의 부담금 등을 포함한다고 볼 수 있다.

나. 구별개념

부담금은 공법상의 금전급부의무인 점에서 조세 및 수수료·사용료와 동일하지만 다음과 같은 점에서 차이가 있다.

(1) 조세와의 구별

(가) 목적: 부담금은 특정 공익사업에 충당하기 위하여 부과되는 것이지만, 조세는 국가 또는 지방자치단체의 일반수입을 목적으로 부과된다. 한편 조세 중 목적세는 특정한 사업의 경비에 충당하기 위하여 부과된다는 점에서는 부담금과 유사하나, 일단 국가나 지방자치단체의 일반수입으로 된 후에 사용되는 점에서 부담금과 구별된다.

(나) 대상자: 부담금은 특정 공익사업과 특별한 관계에 있는 자에 대하여 부과되는데 반하여, 조세는 일반국민 또는 주민에게 부과된다.

(다) 부과기준: 부담금은 부담자의 특별한 공익사업과의 관계에 부응하여 부과되는데 반하여 조세는 원칙상 납세자의 능력에 따라 부과된다.

(라) 구별의 상대화: 부담금과 조세는 개인에게 반대급부 없이 금전지급의무를 부담하도록 하고, 그 부과와 징수를 위해서는 법령의 근거가 있어야 하며, 체납의 경우에는 가산금을 징수할 수 있는 등 유사한 점이 적지 않다. 이러한 점에서 부담금은 실질적 인 조세로 보아야 한다는 것이 헌법재판소의 입장이다.

---

1) 박균성, 행정법론(하), 제15판, 2017, 462면.

강학상으로, 개발부담금은 특정한 공익사업을 위한 경비 충당을 목적으로 하지 않는다는 의미에서 원래 의미의 부담금이라고 보기는 어렵다고 하거나, 재정수입을 목적으로 하는 것이 아니므로 이를 조세의 일종이라고 할 수도 없으며, 투기방지를 위한 법령상의 부작위의무의 이행을 확보하기 위한 것으로 새로운 형태의 의무이행확보수단의 성질을 가진다고 보기도 한다.

그러나 비록 그 명칭이 "부담금"이고, 국세기본법에서 나열하고 있는 "국세"의 종류에도 빠져 있다고 하더라도, "국가가 재정수요를 충족시키기 위하여 반대급부 없이 법률에 규정된 요건에 해당하는 모든 자에 대하여 일반적 기준에 의하여 부과하는 금전급부"라는 조세로서의 특징을 지니고 있다는 점에서(법 제5조 내지 제21조 참조) 실질적인 조세로 보아야 할 것이므로, 개발부담금에도 세법의 기본원리 및 이론이 유추적용된다고 할 것이다(헌법재판소 2001.4.26. 선고 99헌바39 전원재판부【구개발이익환수에관한법률제22조제2항위헌소원】).

(2) 수수료·사용료와의 구별

부담금은 특정 공익사업의 경비에 충당하기 위하여 당해 사업의 이용과 관계없이 부과되는데, 수수료·사용료는 사업의 이용행위에 대한 대가·반대급부로서 징수된다.

부담금은 공익사업 자체와 특별한 관계에 있는 자에 대하여 그 사업의 이용 여부와 관계없이 부과되는데, 수수료·사용료는 이용자에 대하여 부과된다.

다. 종류

부담금은 ① 사업의 종류에 따라 개발부담금(개발이익 환수에 관한 법률 제3조)·도로부담금(도로법 제91조, 제95조 등)·하천부담금(하천법 제65조, 제67조 등)·농지보전부담금(농지법 제38조) 등이 있고, ② 부담자의 공익사업과의 관계에 따라 수익자부담금·원인자부담금· 손상자부담금 등이 있다.

(1) 수익자부담금

수익자부담금은 당해 공익사업으로 인하여 특별한 이익을 받는 자에 대하여 그 수익의 한도 내에서 당해 사업경비의 일부를 부담시키기 위하여 부과하는 금전급부의무를 말한다(지방자치법 제138조[2]).

(2) 원인자부담금

특정 공익사업을 필요하게 만든 원인을 제공한 자에 대하여 당해 사업경비의 일부를

2) 지방자치법 제138조(분담금) 지방자치단체는 그 재산 또는 공공시설의 설치로 주민의 일부가 특히 이익을 받으면 이익을 받는 자로부터 그 이익의 범위에서 분담금을 징수할 수 있다.

부담시키기 위하여 부과하는 금전급부의무를 말한다(도로법 제91조[3], 수도법 제71조[4], 하수도법 제61조[5]). 원인자부담금은 원인자의 행위로 인해 필요하게 된 공사의 비용을 초과할 수는 없다.

구 하수도법(2013. 7. 16. 법률 제11915호로 개정되기 전의 것)은 하수와 분뇨를 적정하게 처리하여 지역사회의 건전한 발전과 공중위생의 향상에 기여하고 공공수역의 수질을 보전하는 것을 입법 목적으로 하고, 원인자부담금은 공공하수도 자체의 설치·관리를 위한 공사 외에 공공하수도 공사의 원인이 되거나 결과적으로 공공하수도 공사를 필요하게 하는 원인 제공자에 대하여 비용을 부담시키고자 하는 데 취지가 있다(대법원 2015. 10. 29. 선고 2015두40712 판결【하수도원인자부담금처분취소】)

(3) 손상자부담금(손괴자부담금)

특정 공익시설을 손상하는 행위를 한 자에 대하여 그 시설의 유지·수선비 등의 전부 또는 일부를 부담시키기 위하여 부과하는 금전급부의무를 말한다. 손상자부담금은 원인자부담금의 한 유형에 속한다.

(4) 특별부담금

(가) 의의

특별부담금이란 특별한 과제를 위한 재정에 충당하기 위하여 그 과제와 밀접한 관련

---

3) 도로법 제91조(원인자의 비용 부담 등) ① 도로관리청은 타공사나 타행위로 인하여 도로공사를 시행하게 된 경우 타공사나 타행위의 비용을 부담하여야 할 자에게 그 도로공사의 비용의 전부 또는 일부를 부담시킬 수 있다.

4) 수도법 제71조(원인자부담금) ① 수도사업자는 수도공사를 하는 데에 비용 발생의 원인을 제공한 자(주택단지·산업시설 등 수돗물을 많이 쓰는 시설을 설치하여 수도시설의 신설이나 증설 등의 원인을 제공한 자를 포함한다) 또는 수도시설을 손괴하는 사업이나 행위를 한 자에게 그 수도공사·수도시설의 유지나 손괴 예방을 위하여 필요한 비용의 전부 또는 일부를 부담하게 할 수 있다.

5) 하수도법 제61조(원인자부담금 등)

① 공공하수도관리청은 건축물 등을 신축·증축하거나 용도변경하여 오수가 대통령령으로 정하는 양 이상 증가되는 경우 해당 건축물 등의 소유자(건축 또는 건설 중인 경우에는 건축주 또는 건설주체를 말한다)에게 공공하수도 개축비용의 전부 또는 일부를 부담시킬 수 있다.

② 공공하수도관리청은 대통령령이 정하는 타공사 또는 공공하수도의 신설·증설 등을 수반하는 개발행위(이하 "타행위"라 한다)로 인하여 필요하게 된 공공하수도에 관한 공사에 소요되는 비용의 전부 또는 일부를 타공사 또는 타행위의 비용을 부담하여야 할 자에게 부담시키거나 필요한 공사를 시행하게 할 수 있다.

이 있는 특정집단에게 과업과의 관계 등을 기준으로 부과되는 금전급부의무를 말한다. 예를 들면 수질환경보전법상의 배출부과금, 영화상영관 입장권에 대한 영화발전기금 부과금 등이 이에 해당한다.

특별부담금은 그 특정과제의 수행을 위하여 별도로 지출·관리되어야 하며 국가의 일반적 재정수입에 포함시켜 일반적 국가과제를 수행하는 데 사용하여서는 아니된다.

따라서 특별부담금은 일반적인 국가재정수요의 충당을 위하여 일반국민으로부터 그 담세능력에 따라 징수되는 조세와는 다르다.

(나) 종류

헌법재판소는 특별부담금을 그 부과목적과 기능에 따라 ① 순수하게 재정조달의 목적만 가지는 재정조달목적 부담금과, ② 재정조달 목적뿐만 아니라 부담금의 부과 자체로써 국민의 행위를 특정한 방향으로 유도하거나 특정한 공법적 의무의 이행 또는 공공출연으로부터의 특별한 이익과 관련된 집단 간의 형평성 문제를 조정하여 특정한 사회·경제정책을 실현하기 위한 정책실현목적 부담금으로 구분하면서, 전자의 경우에는 공적 과제가 부담금 수입의 지출 단계에서 비로소 실현되나, 후자의 경우에는 공적 과제의 전부 혹은 일부가 부담금의 부과 단계에서 이미 실현된다고 본다(헌법재판소 2008. 11. 27. 선고 2007헌마860 전원재판부).

판례는 영화 및 비디오물의 진흥에 관한 법률 제25조의2 제1항, 제2항 등에 근거하여 영화관람객에게 부과되는 부과금은 재정조달목적 부담금이라고 보고 있고(헌법재판소 2008. 11. 27. 선고 2007헌마860 전원재판부), 구 장애인고용촉진 등에 관한 법률상의 장애인고용부담금은 재정적인 목적보다는 고용에 어려움을 겪는 장애인의 고용촉진을 주된 목적으로 하는 '유도적·조정적 (특별)부담금'의 성격이 강하다고 보고 있다(헌법재판소 2003. 7. 24. 선고 2001헌바96 전원재판부).

이 사건 부과금은 문화체육관광부 산하에 있는 법인인 영화진흥위원회가(이 사건 법률 제4조, 제5조) 영화예술의 질적 향상과 한국영화 및 영화·비디오물산업의 진흥·발전이라는 특정 공적 과제의 수행을 위하여(제23조 제1항) 영화상영관을 이용하는 관람객이라는 특정 부류의 사람들에게만 그 시설 이용의 대가가 아닌 금전을 강제적·일률적으로 부과하며, 이렇게 재원이 마련된 영화발전기금은(제24조 제3호) 영화 및 비디오 산업의 진흥이라는 제한된 용도로만 지출되고(제25조) 영화진흥위원회가 독립된 회계로 관리 운용한다는 점에서(제23조 제2항) 그 이념과 기능이 조세와는 구별되므로 부담금에 해당한다.

부담금은 그 부과목적과 기능에 따라 ① 순수하게 재정조달의 목적만 가지는 재정조달목적 부담금과 ② 재정조달 목적뿐만 아니라 부담금의 부과 자체로써 국민의 행위를 특정한 방향으로 유도하거나 특정한 공법적 의무의 이행 또는 공공출연으로부터의 특별한 이익과 관련된 집단 간의 형평성 문제를 조정하여 특정한 사회·경제정책을 실현하기 위한 정책실현목적 부담금으로 구분될 수 있다. 전자의 경우에는 공적 과제가 부담금 수입의 지출 단계에서 비로소 실현되나, 후자의 경우에는 공적 과제의 전부 혹은 일부가 부담금의 부과 단계에서 이미 실현된다(헌재 2004. 7. 15. 2002헌바42 ; 헌재 2005. 3. 31. 2003헌가20 참조).

이 사건 부과금은 그 부과의 목적이 한국영화산업의 진흥 발전을 위한 각종 사업의 용도로 쓰일 영화발전기금의 재원을 마련하는 것으로서, 그 부과 자체로써 부과금의 부담 주체인 영화상영관 관람객의 행위를 특정한 방향으로 유도하거나 관람객 이외의 다른 사람들과의 형평성 문제를 조정하고자 하는 등의 목적은 없으며, 또한 추구하는 공적 과제가 부과금으로 재원이 마련된 영화발전기금의 집행 단계에서 실현되므로 순수한 재정조달목적 부담금에 해당한다(헌법재판소 2008. 11. 27. 선고 2007헌마860 전원재판부【영화및비디오물의진흥에관한법률제25조의2등위헌확인】).

구 장애인고용촉진등에관한법률상의 장애인고용부담금은 사회연대책임의 이념을 반영하여 장애인의 고용에 따르는 경제적 부담을 장애인을 고용하는 사업주와 고용하지 아니하는 사업주간에 평등하게 조정하고, 실업중인 장애인의 고용촉진을 위해 장애인을 새로이 고용하는 사업주가 작업설비 등의 개선을 위하여 지는 부담을 줄이기 위한 사업주의 공동갹출금이라고 할 수 있다. 이 부담금제도는 고용률을 하회하는 사업체의 사업주로부터 기금을 납부받아 고용률을 초과해서 장애인을 고용한 사업주에게 고용지원금(구법 제37조)을 지급함으로써 사업주 간의 장애인고용에 수반되는 경제적 부담을 평등화하자는 것이다. 그러므로 이상적으로는 장애인 고용의무가 완벽하게 지켜져서 부담금을 징수하지 않아도 되는 상태가 바람직하다는 점에서 볼 때, 장애인고용부담금은 재정적인 목적보다는 고용에 어려움을 겪는 장애인의 고용촉진을 주된 목적으로 하는 '유도적·조정적 (특별)부담금'의 성격이 강하다고 할 수 있을 것이다(헌법재판소 2003. 7. 24. 선고 2001헌바96 전원재판부【위헌소원】).

(다) 한계

특별부담금은 개인의 재산에 대하여 침해를 가하는 것이므로 그 부과를 위해서는 반드시 법률의 근거를 요한다(침해유보).

특별부담금은 국민의 재산권을 제한하는 성격을 가지고 있으므로 이러한 부담금을 부과함에 있어서도 평등원칙이나 비례성원칙과 같은 기본권제한입법의 한계는 준수되어야 한다.

헌법은 제37조 제2항에서 일반적 법률유보 조항을 두고 있으므로, 그 형식을 법률로 규정하고 입법목적이 정당한 경우, 재정충당 및 유도적 성격을 지닌 특별부담금제도의 도입자체는 허용된다. 다만, 그 구체적 내용이 과잉금지원칙이나 평등원칙과 같은 헌법상의 원칙들을 준수해야 한다(헌법재판소 2003. 01. 30. 선고 2002헌바5 전원재판부【관광진흥개발기금법제2조제3항위헌소원】)

라. 부과·징수

(1) 부과권자

부담금의 부과권은 사업주체에게 있는 것이 원칙이다. 다만 사업주체와 비용부담자가 다른 경우(예: 국영공비사업)에는, 비용의 부담주체인 공공단체가 부과권을 가진다고 보는 것이 타당하다[6].

(2) 부과근거

부담금의 부과는 재산상의 침해를 가하는 것이므로 법률의 근거를 필요로 한다. 부담금관리 기본법은 "부담금은 별표에 규정된 법률에 따르지 아니하고는 설치할 수 없다(제3조)"고 규정하여 부담금의 설치에 법률의 근거가 필요함을 명시하고 있다. 아울러 부담금 부과의 근거가 되는 법률에는 부담금의 부과 및 징수주체, 설치목적, 부과요건, 산정기준, 산정방법, 부과요율 등(이하 "부과요건 등"이라 한다)이 구체적이고 명확하게 규정되어야 한다. 다만, 부과요건 등의 세부적인 내용은 해당 법률에서 구체적으로 범위를 정하여 위임한 바에 따라 대통령령·총리령·부령 또는 조례·규칙으로 정할 수 있다.(부담금관리 기본법 제4조).

(3) 징수

부담금은 공법상의 금전급부이므로 의무불이행의 경우 행정상 강제징수 절차에 의하여 징수할 수 있는 것으로 규정하는 것이 보통이다(도로법 제94조, 지방자치법 제140조). 강제징수를 위해서도 법률의 근거를 필요로 하므로, 부담금 부과의 근거법률은 동시에 강제징수의 근거를 규정하여야 한다.

마. 불복

부담금부과처분은 행정처분이므로 이의가 있는 자는 행정쟁송절차에 의해 다툴 수 있다.

---

6) 김동희, 행정법Ⅱ, 제24판, 2018, 373면.

수신료 부과행위의 법적 성질(=공권력 행사) 및 수신료 징수권한 여부를 다투는 소송의 성격(=공법상 당사자소송): 텔레비전방송수신료(이하 '수신료'라 한다)는 공영방송사업이라는 특정한 공익사업의 경비조달에 충당하기 위하여 텔레비전수상기를 소지한 특정 집단에 대하여 부과되는 특별부담금에 해당한다(헌법재판소 1999. 5. 27. 선고 98헌바70 결정, 헌법재판소 2008. 2. 28. 선고 2006헌바70 결정 등 참조) ……수신료의 법적 성격, 피고 보조참가인의 수신료 강제징수권의 내용[구 방송법(2008. 2. 29. 법률 제8867호로 개정되기 전의 것) 제66조 제3항] 등에 비추어 보면 수신료 부과행위는 공권력의 행사에 해당하므로, 피고가 피고 보조참가인으로부터 수신료의 징수업무를 위탁받아 자신의 고유업무와 관련된 고지행위와 결합하여 수신료를 징수할 권한이 있는지 여부를 다투는 이 사건 쟁송은 민사소송이 아니라 공법상의 법률관계를 대상으로 하는 것으로서 행정소송법 제3조 제2호에 규정된 당사자소송에 의하여야 한다고 봄이 상당하다(대법원 2008. 7. 24. 선고 2007다25261 판결 【방송수신료통합징수권한부존재확인】): 【해설】 원고들은, 피고(한국전력공사)가 원고들에 대하여 전기요금고지서에 수신료를 통합하여 고지·징수할 권한이 없음의 확인을 민사소송절차를 통하여 구하였는바, 원심은 이 사건 소가 사법상 법률관계에 관한 민사소송에 해당한다는 이유로 본안에 들어가 판단한 제1심판결을 그대로 유지하였다. 대법원은 원심의 판단에는 행정소송에 관한 법리를 오해하여 전속관할에 관한 규정을 위반한 위법이 있다고 보아 원심을 파기하고, 직권으로 제1심 판결을 취소한 다음 이 사건을 관할 법원인 행정법원으로 이송하는 판결을 내렸다.

한편 수신료 부과행위의 법적 성질은 공권력의 행사에 해당하므로 그 처분성을 인정할 수밖에 없다. 따라서 원고가 수신료징수권한부존재의 확인을 구하는 소송(공법상 당사자소송)이 아니라 수신료 부과처분의 취소소송(항고소송)을 구하는 것도 가능하다고 보여지고, 오히려 위 취소소송(항고소송)의 형태로 다투는 것이 보다 적합하였다고 보여진다.

2. 부역·현품 부담

가. 의의

부역·현품 부담이란 특정 공익사업의 수요를 충족시키기 위하여 노역 또는 물품과 그에 상당하는 금전급부와의 선택적 지급의무를 부과하는 인적 공용부담을 말한다.

부역은 노역과 금전의 선택적 급부의무를 말하고, 현품은 물품과 금전의 선택적 급부의무를 말한다.

부역·현품은 사인의 신체·재산에 대한 침해를 가져오는 것이므로 법률의 근거를 요한다(침해유보).

나 구별개념

부역·현품은 노역 또는 물품과 금전과의 선택적 지급의무라는 점에서 공법상의 금전급부의무만을 내용으로 하는 부담금과 다르고, 또한 노역 또는 물품 그 자체의 지급의무인 노역·물품부담과 다르다.

다. 부역·현품의 성질

부역·현품은 원래 그 성질에 있어서는 조세나 부담금과 같이 재산상의 수입을 목적으로 하는 것이며, 노역이나 물품의 취득 그 자체를 목적으로 하는 것이 아니라 부담의무자의 편의를 위하여 금전을 지급하는 데 갈음하여 일정한 노역 또는 물품을 제공하는 것을 허용하는 것이라고 볼 수 있다. 그러므로 부역·현품은 ① 반드시 금전으로 환산하여 부과하여야 하며, ② 부역의 내용이 되는 노역은 특별한 지식이나 기술을 요하지 않고 일반인이면 누구나 제공할 수 있는 단순노무이어야 하며, ③ 현품의 내용이 되는 물품은 특수한 주관적 가치나 예술적 가치가 있는 것이 아닌 대체성을 갖는 것이어야 하며, ④부역은 긴급한 경우 이외에는 대리인에 의한 대행으로도 족하다[7].

부역·현품은 화폐경제의 발달이 뒤진 농촌에서 금전급부보다는 이에 상당한 노역이나 물품을 제공하게 하는 것이 공용부담의무자에게 편리하기 때문에 의무자의 편의를 도모하기 위하여 인정된 것이지만, 오늘날 그 의의는 거의 상실되었다. 구 지방자치법(1988. 4. 6. 법률 제4004호로 전부개정되기 전의 것)에서 일반부담으로 부역·현품(제129조)을 규정하고 있었으나 이후 폐지되었고, 현재 부역·현품을 인정하고 있는 법률은 없다[8].

3. 노역·물품 부담

가. 의의

노역·물품의 부담이란 특정한 공익사업을 위하여 필요한 노역 또는 물품 그 자체를 급부할 공법상 의무를 부담시키는 인적 공용부담을 말한다.

이때 노동력의 급부의무를 노역부담이라고 하고, 물품의 급부의무를 물품부담이라고 한다. 노역·물품 부담은 부역·현품과 달리 금전에 의한 대납이 허용되지 않는다.

나. 내용

노역부담은 천재지변 등의 긴급한 사정이 발생한 경우에 법률에 근거하여 사인에게 노동력의 제공을 명하는 인적 공용부담이다(도로법 제83조 제1항 제3호[9], 소방기본법 제

7) 박윤흔·정형근, 최신 행정법강의(하), 개정28판, 2009, 517면; 석종현·송동수, 일반행정법(하), 제13판, 2013, 604면.

8) 박균성, 행정법론(하), 제15판, 2017, 465면; 석종현·송동수, 전게서, 604면.

9) 도로법 제83조(재해 발생 시 토지 등의 일시 사용 등)

24조 제1항[10]). 물품부담은 긴급한 필요가 있는 경우에 법률에 근거하여 물품의 제공을 명하거나, 타인에 의한 물품사용을 수인하게 하는 부담이다(수도법 제41조 제1항[11]), 도로법 제83조 제1항 제1호 내지 제2호).

노역·물품 부담도 역시 사인의 신체·재산에 대하여 침해를 가하는 것이므로 법률의 근거를 요한다(침해유보). 뿐만 아니라 노역·물품 부담은 금전에 의한 대납이 가능하지 않기 때문에, 불가피한 경우가 아니면 인정될 수 없다고 보아야 한다[12]). 즉 노역·물품 부담은 천재지변 등의 재난이나 불가피한 사정이 존재하는 경우에 한하여 예외적으로 부과된다. 노역·물품 부담에 관한 일반법은 존재하지 않고 도로법 제83조 등에 일부 존재하고 있다.

노역·물품 부담은 우발부담에 해당하므로 그로 인한 손실에 대하여는 보상을 필요로 한다.

4. 시설부담

가. 의의

특정한 공익사업의 수요를 충족시키기 위하여 또는 공물의 효용증대를 위하여, 해당 사업과 특별한 관계가 있는 자에게 일정한 공사·시설을 완성할 공법상 의무를 부과하는 인적 공용부담을 말한다.

---

① 도로관리청은 재해로 인한 도로구조나 교통에 대한 위험을 방지하기 위하여 특히 필요하다고 인정하면 다음 각 호의 행위를 할 수 있다.
  1. 재해 현장에서 구호, 복구 활동을 위하여 필요한 토지, 가옥, 그 밖의 공작물을 일시 사용하는 행위
  2. 장애물을 변경 또는 제거하거나 토석·입목·죽·운반기구, 그 밖의 물건(공작물은 제외한다)을 사용하거나 수용하는 행위
  3. 도로 인근에 거주하는 사람에게 노무(勞務)의 제공을 요청하는 행위

② 제1항에 따른 도로관리청의 행위로 인하여 발생하는 손실의 보상에 관하여는 제99조를 준용한다.

10) 소방기본법 제24조(소방활동 종사 명령) ① 소방본부장, 소방서장 또는 소방대장은 화재, 재난·재해, 그 밖의 위급한 상황이 발생한 현장에서 소방활동을 위하여 필요할 때에는 그 관할구역에 사는 사람 또는 그 현장에 있는 사람으로 하여금 사람을 구출하는 일 또는 불을 끄거나 불이 번지지 아니하도록 하는 일을 하게 할 수 있다. 이 경우 소방본부장, 소방서장 또는 소방대장은 소방활동에 필요한 보호장구를 지급하는 등 안전을 위한 조치를 하여야 한다.

11) 수도법 제41조(긴급 급수 지원) ① 시·도지사는 천재지변이나 그 밖의 비상시에 긴급히 수돗물을 공급할 필요가 있다고 인정하면 수도사업자에게 기간·수량 및 방법을 정하여 수돗물을 다른 수도사업자에게 공급하게 할 수 있다.

12) 홍정선, 행정법원론(하), 제25판, 2017, 607면.

나. 법률유보

시설부담 역시 관련 사인의 자유와 재산을 침해하는 국가작용이므로, 법률의 근거를 요한다(침해유보). 시설부담에 관한 일반법은 없고 몇몇 단행 법률에서 이에 관한 조항을 발견할 수 있다(도로법 제33조, 제35조, 하천법 제39조[13])

5. 부작위부담

가. 의의

특정한 공익사업을 위하여 일정한 부작위의무를 부과하는 인적 공용부담을 말한다. 부작위 부담은 특별한 공익사업을 위한 것이라는 점에서, 경찰상 금지와 그 목적이 구별된다.

나. 종류

국가가 특정한 사업의 독점권 확보를 위하여 사인에게 동종의 사업을 금지시키는 것(우편법 제2조)과 특정 공익사업에 대한 장해를 방지하기 위한 것(우편법 제7조) 등이 있다.

---

13) 하천법 제39조(댐 등 설치자 또는 관리자의 재해방지시설의 설치 등) ① 다음 각 호의 어느 하나에 해당하는 댐 또는 하구둑 등(이하 "댐등"이라 한다)의 설치자 또는 관리자는 대통령령으로 정하는 바에 따라 그 댐 등으로 인한 재해발생을 방지하거나 줄이는 데 필요한 시설을 설치하고 그 밖에 필요한 조치를 하여야 한다.

제3장 물적 공용부담

제1절 공용제한

Ⅰ. 의의

공용제한이라 함은 공공필요를 위하여 개인의 재산권에 대하여 가해지는 공법상의 제한을 말한다.

공용제한은 개인의 재산권에 가해지는 공법상의 제한인 점에서 물적 공용부담에 해당된다. 따라서 공용제한에 있어서 그 의무는 해당 재산권과 함께 이전되는 성질을 갖는다.

Ⅱ. 공용제한의 근거

공용제한은 개인의 재산권에 대한 침해를 가져오므로 반드시 법률의 근거가 있어야 한다. 당해 제한이 보상을 요하지 않는 재산권에 내재하는 사회적 제약에 그치는 경우에도 그러하다.

공용제한에 관한 일반법은 없으며, 개개의 단행 법률에서 공용제한에 관한 규정이 존재하고 있다.

공용제한을 규정하고 있는 법률들은 동시에 보상규정을 두고 있는 것이 보통이나(도로법 제99조[1]), 보상규정을 두지 않는 경우도 적지 않다.

Ⅲ. 공용제한의 종류

1. 계획제한

국토의 합리적 이용이나 도시의 건전한 발전을 위하여 일정한 행정계획(도시·군관리계획, 수도권정비계획 등)이 수립된 경우에, 당해 행정계획의 목적 달성을 위하여 재산권

1) 도로법 제99조(공용부담으로 인한 손실보상) ① 이 법에 따른 처분이나 제한으로 손실을 입은 자가 있으면 국토교통부장관이 행한 처분이나 제한으로 인한 손실은 국가가 보상하고, 행정청이 한 처분이나 제한으로 인한 손실은 그 행정청이 속해 있는 지방자치단체가 보상하여야 한다.

에 가해지는 제한을 말한다. 용도 지역·지구·구역 내에서 당해 지역·지구·구역의 지정목적을 달성하기 위하여 재산권 행사에 가해지는 제한(예: 주거지역에서의 일정한 건축의 제한, 개발제한구역 내에서의 건축 등 토지이용의 제한 등)이 그러한 예이다.

2. 사업제한

공익사업의 원활한 수행을 위하여 그 사업과 관계있는 타인의 재산권에 가해지는 제한을 말한다.

즉 당해 공익사업의 사업지(예: 산업단지 등), 사업인접지(예: 접도구역 등) 또는 사업예정지(예: 도로예정지 등) 등에 가하여지는 제한으로서, 이러한 사업제한은 그 내용에 따라 작위의무, 부작위의무 및 수인의무로 나누어진다.

가. 작위의무

공익사업을 위하여 타인에게 적극적으로 어떠한 행위를 할 것을 명하는 행위를 말한다. 도로안전을 위하여 접도구역내의 토지나 물건의 소유자·점유자로 하여금 장애물 제거, 재해방지시설의 설치 의무를 부과하는 것 등이 이에 해당된다(도로법 제40조 제4항).

나. 부작위의무

사업시행에 장해가 되는 일정한 행위를 제한·금지하는 행위를 말한다. 예건대, 접도구역·홍수관리구역 등에 있어서 건축·토지형질변경·식수 등 행위를 제한하거나 금지하는 것이 이에 해당된다(도로법 제40조 제3항, 하천법 제38조).

다. 수인의무

공익사업을 위하여 사업자가 타인의 토지출입 및 장애물의 변경·제거 등 재산권 침해행위를 하는 것을 수인하여야 하는 의무를 말한다(도로법 제81조).

3. 보전제한

환경, 문화재, 자원, 농지 등의 보전을 위하여 재산권에 가해지는 제한을 말한다. 공원내에서의 토지 등의 사용제한(자연공원법 제23조), 문화재 등 공적 보존물에 대한 제한(문화재보호법 제37조) 등이 이에 해당한다.

4. 공물제한

사적 소유인 물건이 공물로 제공되고 있는 경우에, 공물의 목적달성에 필요한 한도 내에서 가해지는 공법상의 제한을 말한다. 공물제한은 사유공물(私有公物)에서 주로 문제된다.

그 유형으로는 ⅰ) 사유재산이 공용이나 공공용에 제공되고 있기 때문에 소유권행사에 대하여 가해지는 공법상의 제한(예: 도로법 제4조[2])과, ⅱ) 사유재산의 보존 그 자체가 공적 목적을 수행하는 경우(보존공물의 경우)에 가해지는 공법상의 제한(문화재보호법 제39조[3]) 등이 있다.

Ⅳ. 공용제한과 손실보상

공용제한이 재산권에 내재하는 사회적 제약에 불과한 경우에는 재산권자가 이를 감수하여야 하지만 특별희생에 해당하는 경우 그에 대한 보상이 주어져야 한다.

그런데, 공용제한이 특별희생에 해당하는 경우에도 공용제한의 근거법률에서 보상에 관한 규정을 두지 않는 경우가 적지 않다. 그와 같은 보상규정 흠결시의 보상 및 보상액의 산정에 관하여는 이미 '행정구제법'에서 자세히 고찰한 바와 같다.

제2절 공용사용

Ⅰ. 의의

공용사용이라 함은 공공필요를 위하여 특정인의 토지 등 재산을 강제로 사용하는 것을 말한다. 공용사용에는 일시적 사용과 계속적 사용이 있다.

공용사용을 공용제한의 하나(사용제한)로 보는 견해가 일반적이다[4]. 하지만 ⅰ) 헌법 제23조 제3항은 공용사용과 공용제한을 구분하고 있다는 점, ⅱ) 공용사용의 경우에는 행

2) 도로법 제4조(사권의 제한) 도로를 구성하는 부지, 옹벽, 그 밖의 시설물에 대해서는 사권(私權)을 행사할 수 없다. 다만, 소유권을 이전하거나 저당권을 설정하는 경우에는 사권을 행사할 수 있다.

3) 문화재보호법 제39조(수출 등의 금지) ① 국보, 보물, 천연기념물 또는 국가민속문화재는 국외로 수출하거나 반출할 수 없다. 다만, 문화재의 국외 전시 등 국제적 문화교류를 목적으로 반출하되, 그 반출한 날부터 2년 이내에 다시 반입할 것을 조건으로 문화재청장의 허가를 받으면 그러하지 아니하다

4) 홍정선, 행정법원론(하), 제25판, 2017, 617면; 김동희, 행정법Ⅱ, 제24판, 2018, 380면.

정주체 또는 공익사업의 주체가 타인의 재산권을 사용하는 데 반하여 공용제한은 그러하지 아니하다는 점, iii) 그리하여 공용사용의 경우에는 통상 보상이 주어지는 것으로 규정되어 있는 경우가 보통이며 그 결과 보상 여부가 크게 다투어지지 않으나, 공용제한의 경우에는 보상규정이 없는 경우가 많고 그 결과 당해 제한이 '재산권에 내재하는 사회적 제약'인지 아니면 보상이 주어져야 하는 '특별희생'인지가 다투어 지고 있다는 점 등을 이유로 공용사용과 공용제한은 구분하는 것이 타당하다고 보는 견해도 있다[5].

Ⅱ. 공용사용의 근거

공용사용도 사인의 재산권에 대한 침해를 가져오므로 법률의 근거를 요한다. 공익사업을 위한 토지 등의 취득 및 보상에 관한 법률은 공익사업을 위한 공용사용의 일반적 근거규정을 두고 있고(제19조, 제38조), 기타 개별법에서 공용사용을 규정하는 경우가 있다(도로법 제81조[6], 하천법 제75조 등).

Ⅲ. 공용사용의 종류

1. 일시적 사용

공용사용이 일시적으로 이루어지는 경우를 말한다. 공익사업을 위해 타인의 토지에 일시적으로 출입하는 경우가 이에 해당된다(도로법 제81조, 하천법 제75조 등). 의무자에게 손실이 발생하는 경우에는 이 경우에도 보상이 주어져야 한다.

2. 계속적 사용

장기간에 걸쳐 공용사용이 이루어지는 경우를 말한다. 계속적 사용은 사인의 재산권에 대한 중대한 침해를 가져오므로, 공용수용에 준하는 절차에 따라 그 사용권이 설정된다.

---

5) 박균성, 행정법론(하), 제15판, 2017, 467-468면.

6) 도로법 제81조(토지의 출입과 사용 등) ① 도로관리청 또는 도로관리청으로부터 명령이나 위임을 받은 자는 도로공사, 도로에 대한 조사·측량 또는 도로의 유지·관리를 위하여 필요하면 타인의 토지에 출입하거나 타인의 토지를 재료적치장, 통로 또는 임시도로로 일시 사용할 수 있고, 특히 필요하면 입목·죽이나 그 밖의 장애물을 변경 또는 제거할 수 있다.

Ⅳ. 공용사용의 절차 및 손실보상

공용사용의 절차는 관련 법률이 정하는 바에 따른다. 공용사용이 특별한 희생에 해당하는 경우 보상이 주어져야 한다. 공용사용은 토지 등에 대한 강제적 사용을 그 내용으로 하므로 경미한 일시적 사용을 제외하고는 통상 특별한 희생에 해당한다.

제3절 공용수용

제1항 개설

Ⅰ. 공용수용의 의의

공용수용이라 함은 공익사업을 시행하기 위하여 공익사업의 주체가 타인의 재산권을 법령에 근거하여 강제적으로 취득하는 것을 말한다. 이를 공용징수라고도 한다(민법 제187조 참조).

공익사업의 시행을 위하여 타인의 토지 등이 필요한 경우에 공익사업의 주체는 매매 등 사법적 수단에 의해 필요한 토지 등을 취득하는 것이 원칙이다. 그러나 그와 같은 사법적 수단에 의한 토지취득은 재산권의 소유자가 매도를 원하지 않는 경우에는 그 실현을 보장할 수 없게 된다. 이러한 경우 당해 공익사업의 실현을 위해서는 필요한 토지를 강제적으로 취득할 수밖에 없게 되는데, 이에 따라 인정된 수단이 공용수용이다.

Ⅱ. 공용수용의 법적 근거

공용수용은 개인의 재산권을 침해하는 행위이므로 법률의 근거가 있어야 한다. 공용수용에 관한 일반법으로 '공익사업을 위한 토지 등의 취득 및 보상에 관한 법률(이하 '토지보상법'이라고만 한다)이 있다. 그밖에 도로법, 하천법 등 개별 법령에도 공용수용의 근거규정이 산재한다.

제2항 공용수용의 당사자

Ⅰ. 공용수용의 주체(사업시행자)

1. 의의

토지보상법은 사업시행자를 동법 제4조에 해당하는 사업인 공익사업을 수행하는 자로 정의하고 있다(법 제2조 제3호). 국가·공법인·사법인 모두 사업시행자가 될 수 있다. 사업시행자는 공익사업의 주체로서 수용의 목적물을 취득할 권리와 이에 부수된 권리(타인이 점유하는 토지에 출입하여 측량·조사를 할 권리 등)를 가지는 동시에 일정한 의무(손실보상의무 등)를 부담한다.

2. 수용권의 주체에 관한 학설

사업시행자(공익사업을 시행하는 자)가 국가인 경우에는 국가가 공용수용의 주체(수용권자)라는 것에 대하여 이견이 없다. 그러나 사업시행자가 공공단체 또는 사인인 경우에는 수용권자가 국가인가 아니면 사업시행자인가에 관하여 견해가 대립하고 있다.

이는 국가 이외의 사인도 공익사업을 위해 수용을 할 수 있으나, '토지보상법' 상 그 수용절차는 국가에 의하여 주도되고 있는 데에서 기인한다.

가. 국가수용권설

공용수용의 주체(수용권자)는 국가이고, 사인인 사업시행자는 국가에 대하여 수용청구권을 가지고 있음에 불과하다고 보는 견해이다.

이 견해는 수용권의 본질을 수용의 효과를 발생시킬 수 있는 능력으로 보면서 이러한 수용권은 국가밖에 가질 수 없고, 사인인 사업시행자는 국가의 수용권 발동에 따른 수용의 효과를 향수하는 권리만을 가진다고 본다.

나. 사업시행자수용권설

공용수용의 주체는 사업시행자라고 보는 견해이다. 이 학설은 수용권을 수용의 효과를 향수할 수 있는 능력으로 보고 따라서 사업시행자를 수용권자로 본다. 이 견해가 통설이다.

다. 평가

수용의 관념에는 재산권을 획득하기 위한 행위와 그에 따른 재산권 취득이라는 두 가지 요소가 모두 포함되어 있다. 그러나 전자는 후자를 위한 원인행위에 불과한 것이고 수용의 본질은 그 효과의 향수로서의 재산권 취득에 있다고 할 것이므로, 사업시행자수용권설이 타당하다고 보여진다[7].

Ⅱ. 공용수용의 상대방(피수용자)

피수용자란 수용의 대상인 토지 등 물건의 소유자와 관계인을 말한다.

토지보상법상의 '토지소유자'라 함은 공익사업에 필요한 토지의 소유자를 말한다(법 제2조 제4호). 토지소유자는 진실한 토지소유자여야 하지만, 사업시행자가 과실 없이 진정한 토지소유자를 알지 못하여 형식상의 권리자인 등기부상 소유명의자를 그 피수용자로 확정하더라도 적법하다고 본다(대법원 1995. 12. 22. 선고 94다40765 판결 등)

'관계인'이란 사업시행자가 취득하거나 사용할 토지에 관하여 지상권·지역권·전세권·저당권·사용대차 또는 임대차에 따른 권리 또는 그 밖에 토지에 관한 소유권 외의 권리를 가진 자나 그 토지에 있는 물건에 관하여 소유권이나 그 밖의 권리를 가진 자를 말한다. 다만, 제22조에 따른 사업인정의 고시가 된 후에 권리를 취득한 자는 기존의 권리를 승계한 자를 제외하고는 관계인에 포함되지 아니한다(법 제2조 제5호).

피수용자가 될 수 있는 자격에는 제한이 없으며, 공법인·사법인 뿐만 아니라 국가도 피수용자가 될 수 있다. 지방자치단체가 국가의 일반재산을 수용하여 공익사업을 경영하고자는 하는 경우가 그러한 예에 해당된다.

[1] 수용 대상 부동산에 강제경매 신청이 등재되어 있는 것만 가지고는 부동산에 대한 처분이 제한된 것이 아니므로 기업자에게 경매절차까지 알아보아 경락자를 파악하고 그를 상대로 수용절차를 밟아야 할 의무가 있다고 보여지지 아니하므로, 그러한 확인절차를 거치지 아니하였다 하여 기업자에게 어떠한 과실이 있다고 할 수 없다고 한 원심판결을 수긍한 사례.

[2] 기업자가 과실 없이 진정한 토지소유자를 알지 못하여 형식상의 권리자인 등기부상 소유명의자를 그 피수용자로 확정하더라도 적법하고, 그 수용의 효과로서 수용 목적물의 소유자가 누구임을 막론하고 이미 가졌던 소유권이 소멸함과 동시에 기업자는 완전하고 확실하게 그 권리를 원시취득한다(대법원 1995. 12. 22. 선고 94다40765 판결【손해배상(기)】).

---

7) 김동희, 전게서, 389면; 홍정선, 전게서, 624면; 박균성, 전게서, 475면; 김철용, 행정법Ⅱ, 제9판, 2009, 540면 등.

제3항 공용수용의 목적물

Ⅰ. 목적물의 종류

공용수용의 목적물은 '토지보상법'과 개별법에서 정하고 있다.

'토지보상법'이 정한 수용의 주된 목적물을 토지 소유권이다[8].

개별법이 정한 수용의 목적물은 특허권(특허법 제106조), 실용신안권(실용신안법 제28조) 등과 같은 무체재산권이 있다.

Ⅱ. 목적물의 제한

1. 필요 최소한의 수용

공용수용은 공익사업을 위하여 타인의 특정한 재산권을 법률의 힘에 의하여 강제적으로 취득하는 것이므로, 수용할 목적물의 범위는 비례의 원칙상 사업을 위하여 필요한 최소한도에 그쳐야 한다(대법원 1987.9.8. 선고 87누395 판결5). 그 필요가 있는지에 대하여는 수용에 따른 상대방의 재산권침해를 정당화할 만한 공익의 존재가 쌍방의 이익의 비교형량의 결과로 입증되어야 하며, 그 입증책임은 사업시행자에게 있다(대법원 2005. 11. 10. 선고 2003두7507 판결 등).

따라서 공익사업에 필요하지 않은 토지 등을 수용하는 것은 원칙상 허용되지 않는다.

2. 성질상의 제한

물건 자체의 성질상 수용이 불가능하거나 제한되는 경우가 있다. ⅰ) 국가의 행정재산[9], ⅱ) 공익사업에 수용되거나 사용되고 있는 토지(토지보상법 제19조 제2항[10]), ⅲ) 치

8) 토지보상법 제3조(적용 대상) 사업시행자가 다음 각 호에 해당하는 토지·물건 및 권리를 취득하거나 사용하는 경우에는 이 법을 적용한다.
1. 토지 및 이에 관한 소유권 외의 권리
2. 토지와 함께 공익사업을 위하여 필요한 입목(立木), 건물, 그 밖에 토지에 정착된 물건 및 이에 관한 소유권 외의 권리
3. 광업권·어업권 또는 물의 사용에 관한 권리
4. 토지에 속한 흙·돌·모래 또는 자갈에 관한 권리

9) 공물이 수용의 대상이 될 수 있는지에 대하여는 학설의 대립이 있다. 자세한 내용은 공물편을 참조하기 바람.

10) 토지보상법 제19조(토지 등의 수용 또는 사용) ② 공익사업에 수용되거나 사용되고 있는 토지등

외법권이 인정되는 외국 대사관의 부지나 건물 등이 이에 해당된다.

Ⅲ. 목적물의 확장

수용할 목적물의 범위는 공익사업에 필요한 최소한도의 범위에 그쳐야 함이 원칙이지만, 예외적으로 피수용자의 권익보호나 사업의 효과적인 목적달성을 위하여 수용의 범위가 그 필요한 토지 이외의 토지까지 확장되는 경우가 있다. 이러한 제도를 확장수용이라고 한다.

1. 전부수용

동일한 소유자에게 속하는 일단의 토지의 일부가 협의에 의하여 매수되거나 수용됨으로 인하여 잔여지를 종래의 목적에 사용하는 것이 현저히 곤란할 때에는 해당 토지소유자는 사업시행자에게 잔여지를 매수하여 줄 것을 청구할 수 있으며, 사업인정 이후에는 관할 토지수용위원회에 수용을 청구할 수 있다(법 제74조 제1항 제1문) 이를 전부수용 또는 잔지수용이라고 한다. 이 경우 수용의 청구는 매수에 관한 협의가 성립되지 아니한 경우에만 할 수 있으며, 그 사업의 공사완료일까지 하여야 한다(법 제74조 제1항 제2문). 토지 외의 건축물의 경우에도 그 건축물의 소유자는 잔여 건축물의 매수 또는 수용을 청구할 수 있다(법 제75조의2 제2항).

잔여지 등의 매수 또는 수용청구권은 그 토지 또는 건축물의 소유자만이 가지는 것이며, 사업시행자나 관계인은 매수 또는 수용청구권이 없다.

2. 완전수용

사업인정 고시가 된 후 다음 각 호(i) 토지를 사용하는 기간이 3년 이상인 경우, ii) 토지의 사용으로 인하여 토지의 형질이 변경되는 경우, iii) 사용하려는 토지에 그 토지소유자의 건축물이 있는 경우)의 어느 하나에 해당할 때에는 해당 토지소유자는 사업시행자에게 해당 토지의 매수를 청구하거나 관할 토지수용위원회에 그 토지의 수용을 청구할 수 있다(법 제72조). 이를 완전수용이라고 한다.

3. 이전수용

건축물·입목·공작물과 그 밖에 토지에 정착한 물건(이하 "건축물 등"이라 한다)에 대

은 특별히 필요한 경우가 아니면 다른 공익사업을 위하여 수용하거나 사용할 수 없다.

하여는 이전에 필요한 비용으로 보상하여야 한다. 다만, 다음 각 호(i) 건축물 등을 이전하기 어렵거나 그 이전으로 인하여 건축물 등을 종래의 목적대로 사용할 수 없게 된 경우, ii) 건축물 등의 이전비가 그 물건의 가격을 넘는 경우, iii) 사업시행자가 공익사업에 직접 사용할 목적으로 취득하는 경우)의 어느 하나에 해당하는 경우에는 해당 물건의 가격으로 보상하여야 한다(법 제75조 제1항). 이를 이전 수용이라고 한다.

제4항 사전절차

Ⅰ. 사업의 준비

토지보상법은 제2장에서 공익사업을 위한 준비행위로서 측량·조사·장애물제거 등에 관한 일련의 행위를 규정하고 있다.

사업시행자는 공익사업을 준비하기 위하여 타인이 점유하고 있는 토지에 출입하여 측량 또는 조사를 할 수 있고(법 제9조 내지 제11조), 측량 또는 조사를 할 때 부득이한 사유가 있을 때에는 일정한 절차를 거쳐 장애물을 제거하거나 토지의 시굴을 할 수 있다. 다만 사업시행자는 측량·조사, 장애물 제거 등을 함으로써 발생하는 손실을 보상하여야 한다(법 제9조 제4항, 제12조 제4항)

Ⅱ. 사전협의에 의한 취득

1. 의의

공익사업을 위한 토지가 필요한 경우에 그 토지를 취득하는 방법은 사법적인 절차(협의취득)와 공법적인 절차(공용수용)로 구분할 수 있다.

토지보상법은 공용수용의 절차에 앞서 공익사업에 필요한 토지 등을 협의취득하는 절차를 제3장에서 규정하고 있다. 이는 의무적인 절차가 아니므로 공익사업의 주체가 이 절차를 거칠 것인지 여부를 임의로 결정한다.

실무현장에서는 공익사업에 필요한 토지 등의 재산권은 대부분 협의에 의한 매매(협의취득)의 방식에 의하여 취득되고 있다. 협의취득 방식이 강제수용 방식보다 바람직함은 두말할 필요가 없다.

위와 같은 사전 협의절차를 거친 경우에는 공용수용 절차에서의 의무적 절차인 협의

절차를 거치지 않아도 된다(법 제26조 제2항).

2. 사전협의 절차

가. 토지조서 및 물건조서의 작성

사업시행자는 공익사업의 수행을 위하여 제20조에 따른 사업인정 전에 협의에 의한 토지 등의 취득 또는 사용이 필요할 때에는 토지조서와 물건조서를 작성하여 서명 또는 날인을 하고 토지소유자와 관계인의 서명 또는 날인을 받아야 한다(법 제14조 제1항 본문).

나. 보상계획의 열람 등

사업시행자는 제14조에 따라 토지조서와 물건조서를 작성하였을 때에는 공익사업의 개요, 토지조서 및 물건조서의 내용과 보상의 시기·방법 및 절차 등이 포함된 보상계획을 전국을 보급지역으로 하는 일간신문에 공고하고, 토지소유자 및 관계인에게 각각 통지하여야 한다. 다만, 토지소유자 및 관계인이 20인 이하인 경우에는 공고를 생략할 수 있다(법 제15조 제1항).

제1항에 따라 공고되거나 통지된 토지조서 및 물건조서의 내용에 대하여 이의(異議)가 있는 토지소유자 또는 관계인은 제2항에 따른 열람기간 이내에 사업시행자에게 서면으로 이의를 제기할 수 있다(법 제15조 제3항).

다. 협의

사업시행자는 토지 등에 대한 보상에 관하여 토지소유자 및 관계인과 성실하게 협의하여야 하며, 협의의 절차 및 방법 등 협의에 필요한 사항은 대통령령으로 정한다(법 제16조).

라. 계약의 체결

사업시행자는 제16조에 따른 협의가 성립되었을 때에는 토지소유자 및 관계인과 계약을 체결하여야 한다(법 제17조).

판례는 이 계약의 성질을 사법상 계약으로 보고 있다(대법원 1981. 5. 26. 선고 80다2109 판결9).

제5항 공용수용의 절차

Ⅰ. 개설

현행법상 공용수용절차는 다음의 두 가지로 크게 나눌 수 있다.

첫째는 공용수용권이 직접 법률에 의하여 설정되는 경우이다. 이것은 국가나 공공단체가 수용권자인 경우에 한하며, 또한 긴급한 필요가 있을 때에만 예외적으로 인정되고 있다(예: 도로법 제83조). 이 경우에는 아무런 절차가 필요 없고 수용권자인 행정청의 일정조치(수용 통지)에 의하여, 무조건 또는 보상을 조건으로 즉시 수용의 효과가 발생한다.

둘째는 공용수용권이 법률에 정한 일련의 절차를 거쳐, 특별한 행정행위에 의하여 설정되는 경우이다. 위와 같은 공용수용의 일반절차는 다시 소정의 절차를 모두 거치는 보통절차와 그 중 일부절차를 생략하는 약식절차로 나누어 진다. 공용수용의 일반절차는 토지보상법에 규정되어 있으나, 각 개별법에서 그에 대한 특칙을 두고 있는 경우도 적지 않다(예: 국토의 계획 및 이용에 관한 법률 제96조).

Ⅱ. 공용수용의 보통절차

이하에서는 토지보상법에 규정된 공용수용의 보통절차에 대하여 살펴보기로 한다.

공용수용의 보통절차는 [사업인정] - [토지조서·물건조서의 작성] - [협의] - [재결·화해]의 단계를 거쳐 진행된다.

1. 사업인정

가. 의의

사업시행자가 토지 등을 수용하거나 사용하려면 대통령령으로 정하는 바에 따라 국토교통부장관의 사업인정을 받아야 한다(법 제20조 제1항).

사업인정이라 함은 특정사업이 토지보상법 제4조에 규정된 공익사업에의 해당 및 그 사업의 공공필요성을 인정하여, 이후 일정한 절차를 거칠 것을 조건으로 사업시행자에게 그 사업에 필요한 토지를 수용 또는 사용하는 권리를 설정하여 주는 행위를 말한다.

한편 토지보상법 이외의 개별법에 의해 토지보상법 제20조의 사업인정이 의제되는 경우가 적지 않다. 예를 들면, 택지개발촉진법 제12조 제2항[11]에 의한 택지개발지구로 지정·고시되면 사업인정이 의제되므로, 이러한 경우에는 별도로 사업인정을 받지 않아도 된다.

사업인정은 토지수용절차를 개시하는 제1차적 단계이므로, 사업인정을 받기 전에는 협의수용이나 재결수용이 인정될 수 없다(대법원 1983. 9. 27. 선고 83누324 판결).

주택건설촉진법 제33조에 의한 사업계획 승인이 있기 전에 당해 토지에 대한 매매계약을 체결하여 계약금을 지급하고 위 승인이후에 잔금을 지급하였거나 승인을 조건부로 매매하였더라도 위 매매는 토지수용절차 개시 전에 이루어진 것으로서 이를 토지수용법에 의한 협의수용이라 볼 수 없다(대법원 1983. 9. 27. 선고 83누324 판결).

나. 법적 성격

(1) 처분성(행정행위)

사업인정에 의하여 사업시행자와 토지소유자 사이에 구체적인 권리의무관계가 발생하므로, 사업인정은 행정행위로서의 성질을 갖는다. 즉 사업인정을 통하여 사업시행자에게는 토지수용 등을 위한 절차를 개시할 권리 및 이들 절차의 이행을 조건으로 토지 등을 수용 또는 사용할 권리가 발생된다. 토지소유자 등에게는 사업인정의 고시가 있은 후에는 고시된 토지에 대하여 사업에 지장이 될 우려가 있는 형질의 변경이나 법에 규정된 물건의 손괴 또는 수거를 하지 못하는 등(법 제25조 제1항) 일정한 의무가 부과되고, 손실보상청구권이 주어진다. 따라서 사업인정은 행정행위로서의 성질을 가지고, 항고소송의 대상이 된다.

(2) 형성행위

사업인정이 형성행위인지 아니면 확인행위인지에 대하여 학설이 대립하고 있다.

형성행위설은 사업인정 후 일정한 절차를 거칠 것을 조건으로 사업시행자에게 수용권을 설정하여 주는 형성행위라고 보는 견해이다.

확인행위설은 사업인정은 특정한 사업이 공용수용을 할 수 있는 공익사업에 해당하는지의 여부를 확인·선언하는 행위이며, 사업시행자에게 수용권이 주어지는 것은 사업인정의 결과 법규정에 따른 것이라고 본다.

형성소송설이 통설이며 판례의 입장이다(대법원 1994. 11. 11. 선고 93누19375 판결 등).

---

11) 택지개발촉진법 제12조 ② 제3조에 따른 택지개발지구의 지정·고시가 있은 때에는 「공익사업을 위한 토지 등의 취득 및 보상에 관한 법률」 제20조제1항 및 제22조에 따른 사업인정 및 사업인정의 고시가 있은 것으로 보며, 재결(裁決)의 신청은 같은 법 제23조제1항 및 제28조제1항에도 불구하고 실시계획에서 정하는 사업시행기간에 하여야 한다.

토지수용법 제14조 소정의 사업인정의 법적 성격과 효력: 토지수용법 제14조의 규정에 의한 사업인정은 그후 일정한 절차를 거칠 것을 조건으로 하여 일정한 내용의 수용권을 설정해 주는 행정처분의 성격을 띠는 것으로서 그 사업인정을 받음으로써 수용할 목적물의 범위가 확정되고 수용권으로 하여금 목적물에 관한 현재 및 장래의 권리자에게 대항할 수 있는 일종의 공법상의 권리로서의 효력을 발생시킨다(대법원 1994. 11. 11. 선고 93누19375 판결).

구 토지수용법에 의한 사업인정의 고시 후 수용재결 이전 단계에 있는 피수용자의 기업자에 대한 손실보상금채권의 피전부적격 유무(적극): 토지수용으로 인한 피수용자의 손실보상금채권은 관할 토지수용위원회의 수용재결로 인하여 비로소 발생하는 것이지만, 구 토지수용법 제14조, 제16조 소정의 사업인정의 고시가 있음으로써 고시된 수용대상 토지에 대하여 피수용자와의 협의 등 일정한 절차를 거칠 것을 조건으로 한 기업자의 수용권이 발생하고, 같은 법 제18조 소정의 사업의 폐지, 같은 법 제17조 소정의 사업인정의 고시가 있은 날로부터 1년 이내 혹은 같은 법을 준용하는 개개 법률 소정의 사업시행기간 내의 재결의 미신청 등의 특별한 사정이 없는 한 사업인정은 실효되지 아니하여 수용권이 소멸하지 아니하므로, 사업인정의 고시가 있으면 수용대상 토지에 대한 손실보상금의 지급이 확실시된다 할 것이니, 사업인정 고시 후 수용재결 이전 단계에 있는 피수용자의 기업자에 대한 손실보상금채권은 피전부채권의 적격이 있다(대법원 2004. 08. 20. 선고 2004다24168 판결 등).

(3) 재량행위

사업시행자가 사업시행에 필요한 요건을 충족하고 있는 한, 행정청은 사업인정을 하여야 하므로 사업인정은 기속행위의 성질을 가진다는 견해도 있을 수 있다.

그러나 당해 사업이 비록 토지보상법 제4조에 규정된 공익사업에 해당된다고 할지라도, 과연 그러한 사업이 공용수용을 할 만한 공공필요성이 있는지에 대하여는 관련 이익의 형량을 포함하는 전문기술적이고 정책적인 판단이 행해지므로 행정청에게 재량권이 인정된다고 보아야 한다. 이것이 통설이며 판례의 입장이기도 하다[12].

광업법 및 토지수용법상의 토지수용을 위한 사업인정이 행정청의 재량행위인지 여부(적극): 광업법 제87조 내지 제89조, 토지수용법 제14조에 의한 토지수용을 위한 사업인정은 단순한 확인행위가 아니라 형성행위이고 당해 사업이 비록 토지를 수용할 수 있는 사업에 해당된다 하더라도 행정청으로서는 그 사업이 공용수용을 할 만한 공익성이 있는지의 여부를 모든 사정을 참작하여 구체적으로 판단하여야 하는 것이므로 사업인정의 여부는 행정청의 재량에 속한다(대법원 1992. 11. 13. 선고 92누596 판결).

12) 홍정선, 전게서, 632면; 박균성, 전게서, 479면; 박윤흔·정형근, 최신 행정법강의(하), 개정28판, 2009, 549면 등.

다. 사업인정의 요건

사업인정처분이 행하여지기 위하여는 i) 법 제4조 각 호의 1에 해당하는 공익사업이어야 하고(법 제4조), ii) 공공필요성이 인정되어야 하며(헌법 제23조 제3항), iii) 사업시행자에게 해당 공익사업을 수행할 의사와 능력이 있어야 한다(대법원 2011. 1. 27. 선고 2009두1051 판결).

(1) 사업인정의 대상이 되는 공익사업

공용수용을 할 수 있는 사업은 토지보상법 제4조의 각 호의 어느 하나에 해당하는 공익사업이어야 한다.

공익사업에 해당하는지 여부는 단순한 불확정개념의 판단문제이므로 법에 기속되고, 재량권이 인정되지 않는다[13].

한편 공용수용을 할 수 있는 공익사업은 토지보상법 이외에 개별법에서 규정되는 경우도 있다.

(2) 공공(公共)의 필요성

헌법 제23조 제3항에서 규정하고 있는 '공공필요'는 "국민의 재산권을 그 의사에 반하여 강제적으로라도 취득해야 할 공익적 필요성"으로서, '공공필요'의 개념은 '공익성'과 '필요성'이라는 요소로 구성되어 있다. 여기에서 필요성은 비례의 원칙에 해당하는 개념이다.

(가) 공공성(공익성)

토지보상법 제4조 각 호에 해당하는 사업이라고 하여 당연히 공공성(공익성)이 인정되는 것은 아니다(대법원 1992. 11. 13. 선고 92누596 판결). 사업의 공공성의 정도는 공용수용을 허용하고 있는 개별법의 입법목적, 사업내용, 사업이 입법목적에 이바지 하는 정도 등을 개별적·구체적으로 고찰하여 판단하여야 한다.

한편 재산권의 존속보장을 위하여 사업의 공공성은 행정권 행사의 근거가 되는 공익보다 엄격한 개념으로 보아야 한다는 견해도 있으나, 공익사업의 실현 및 토지자원의 유한성을 고려하여 사업의 공공성은 행정권 행사의 근거가 되는 공익보다는 넓게 인정하여야 한다는 견해가 유력하다[14].

이는 '사인(私人)을 위한 수용'의 인정과 무관하지 않다. '사인을 위한 수용' 이라 함은 사업시행자가 사인인 경우를 말하는데, 사인을 위한 수용의 경우에도 사익을 위하여 수용

13) 박균성, 전게서, 479면.
14) 박균성, 전게서, 482면.

권을 인정하는 것이 아니라 사인이 수행하는 사업이 공익상 필요하기 때문에 인정되는 것이다. 다만, 사인을 위한 수용의 경우에는 그 공공성을 보장하고 사인에 의한 일방적인 수용을 제어하기 위한 보장책이 마련되어야 하고, 아울러 사업인정의 요건은 엄격하게 해석되어야 한다(대법원 2017. 7. 11. 선고 2016두35120 판결 참조).

헌법 제23조 제3항은 정당한 보상을 전제로 하여 재산권의 수용 등에 관한 가능성을 규정하고 있지만, 재산권 수용의 주체를 한정하지 않고 있다. 위 헌법조항의 핵심은 당해 수용이 공공필요에 부합하는가, 정당한 보상이 지급되고 있는가 여부 등에 있는 것이지, 그 수용의 주체가 국가인지 민간기업인지 여부에 달려 있다고 볼 수 없다. 또한 국가 등의 공적 기관이 직접 수용의 주체가 되는 것이든 그러한 공적 기관의 최종적인 허부판단과 승인결정하에 민간기업이 수용의 주체가 되는 것이든, 양자 사이에 공공필요에 대한 판단과 수용의 범위에 있어서 본질적인 차이를 가져올 것으로 보이지 않는다. 따라서 위 수용 등의 주체를 국가 등의 공적 기관에 한정하여 해석할 이유가 없다(헌법재판소 2009. 9. 24. 선고 2007헌바114 전원재판부).

헌법 제23조 제3항에서 규정하고 있는 '공공필요'는 "국민의 재산권을 그 의사에 반하여 강제적으로라도 취득해야 할 공익적 필요성"으로서, '공공필요'의 개념은 '공익성'과 '필요성'이라는 요소로 구성되어 있는바, '공익성'의 정도를 판단함에 있어서는 공용수용을 허용하고 있는 개별법의 입법목적, 사업내용, 사업이 입법목적에 이바지 하는 정도는 물론, 특히 그 사업이 대중을 상대로 하는 영업인 경우에는 그 사업 시설에 대한 대중의 이용·접근가능성도 아울러 고려하여야 한다. 그리고 '필요성'이 인정되기 위해서는 공용수용을 통하여 달성하려는 공익과 그로 인하여 재산권을 침해당하는 사인의 이익 사이의 형량에서 사인의 재산권침해를 정당화할 정도의 공익의 우월성이 인정되어야 하며, 사업시행자가 사인인 경우에는 그 사업 시행으로 획득할 수 있는 공익이 현저히 해태되지 않도록 보장하는 제도적 규율도 갖추어져 있어야 한다.

그런데 이 사건에서 문제된 지구개발사업의 하나인 '관광휴양지 조성사업' 중에는 고급골프장, 고급리조트 등(이하 '고급골프장 등'이라 한다)의 사업과 같이 입법목적에 대한 기여도가 낮을 뿐만 아니라, 대중의 이용·접근가능성이 작아 공익성이 낮은 사업도 있다. 또한 고급골프장 등 사업은 그 특성상 사업 운영 과정에서 발생하는 지방세수 확보와 지역경제 활성화는 부수적인 공익일 뿐이고, 이 정도의 공익이 그 사업으로 인하여 강제수용 당하는 주민들의 기본권침해를 정당화할 정도로 우월하다고 볼 수는 없다.

따라서 이 사건 법률조항은 공익적 필요성이 인정되기 어려운 민간개발자의 지구개발사업을 위해서까지 공공수용이 허용될 수 있는 가능성을 열어두고 있어 헌법 제23조 제3항에 위반된다(헌법재판소 2014. 10. 30. 선고 2011헌바129,172(병합) 전원재판부).

(나) 필요성의 판단(비례의 원칙)

(공공) 필요성의 판단은 전문기술적이고도 정책적인 판단을 내용으로 하므로 행정청의 재량에 속한다. 그러나, 재량행위라고 할지라도 그 일탈·남용이 있는 경우에는 위법하게 되므로 그 심사가 필요하다. 그에 대한 판단기준으로는 주로 비례의 원칙이 적용되는바, 사업인정에 있어서 적합성의 원칙은 별다른 문제가 되지 않고, 주로 필요성의 원칙(최소침해의 원칙)과 상당성의 원칙(협의의 비례원칙)이 문제된다.

1) 필요성의 원칙(최소침해의 원칙)

공익사업을 위한 방안이 여러 개인 경우에는 국민의 권익과 공익을 가장 적게 침해하는 방안을 선택하여야 한다.

[1] 공용수용에 있어서 공익사업을 위한 필요에 대한 증명책임의 소재(=사업시행자): 공용수용은 공익사업을 위하여 특정의 재산권을 법률에 의하여 강제적으로 취득하는 것을 내용으로 하므로 그 공익사업을 위한 필요가 있어야 하고, 그 필요가 있는지에 대하여는 수용에 따른 상대방의 재산권침해를 정당화할 만한 공익의 존재가 쌍방의 이익의 비교형량의 결과로 입증되어야 하며, 그 입증책임은 사업시행자에게 있다.

[2] 공용수용의 목적물의 범위: 이 사건 의정부북부정거장의 교통량과 교통환경 등에 비추어 의정부북부역사 앞에 보행광장과 택시베이(Taxi-bay)를 설치할 필요성이 있는 점, 그런데 이 사건 건설사업은 기존 경원선과 교외선 부지를 모두 선로의 부지로 사용하는 것을 내용으로 하는 점, 기존 출입구가 있는 역사 동쪽 부분은 기존 도로가 좁을 뿐 아니라 상가가 밀집하여 있는 반면 역사 서쪽 부분의 이 사건 토지는 밭으로 경작되고 있고 주택가의 이면도로에 접해 있으므로 수용에 따른 사회적 비용이 적게 소요될 뿐 아니라, 이 사건 토지 부분에 보행광장과 택시베이를 별도로 설치하게 되면 역사에 진출입하는 교통량을 분산시킴으로써 교통환경을 개선할 수 있는 점 등을 알 수 있는바, 사정이 이와 같다면, 의정부북부역사 동쪽에 주출입문을 설치하는 것보다는 서쪽에 주출입문을 설치하고 그 앞에 위치한 이 사건 토지에 보행광장과 택시베이를 설치하는 것이 이 사건 건설사업의 목적을 달성하기 위한 유효·적절하고 또한 가능한 한 최소침해를 가져오는 방법이라고 할 것이다(대법원 2005. 11. 10. 선고 2003두7507 판결).

2) 상당성의 원칙(협의의 비례원칙)

상당성의 원칙이란 행정목적(공익)의 실현과 그로 인한 국민의 기본권 침해·제한사이에는 합리적인 비례성 또는 균형성이 요구된다는 원칙을 말한다.

공용수용에 있어서의 (공공) 필요성을 판단하기 위하여는 '사업으로 인하여 달성되는 공익'과 '당해 사업으로 인하여 침해되는 이익(공익 및 사익)'을 정당하게 비교·형량하여야 한다. 즉 관련된 자들의 이익을 공익과 사익 간에서는 물론, 공익 상호 간 및 사익 상호 간에도 정당하게 비교·교량하여야 한다(대법원 2005. 4. 29. 선고 2004두14670 판결 등).

공익사업을위한토지등의취득및보상에관한법률의 규정에 의한 사업인정처분이라 함은 공익사업을 토지 등을 수용 또는 사용할 사업으로 결정하는 것으로서(같은 법 제2조 제7호) 단순한 확인행위가 아니라 형성행위이므로, 당해 사업이 외형상 토지 등을 수용 또는 사용할 수 있는 사업에 해당된다 하더라도 행정주체로서는 그 사업이 공용수용을 할 만한 공익성이 있는지의 여부와 공익성이 있는 경우에도 그 사업의 내용과 방법에 대하여 사업인정처분에 관련된 자들의 이익을 공익과 사익 간에서는 물론, 공익 상호간 및 사익 상호간에도 정당하게 비교·교량하여야 하고, 그 비교·교량은 비례의 원칙에 적합하도록 하여야 한다(대법원 2005. 4. 29. 선고 2004두14670 판결).

(3) 공익사업을 수행할 의사와 능력

사업시행자에게 해당 공익사업을 수행할 의사와 능력이 있어야 하고, 사업시행자가 해당 공익사업을 수행할 의사나 능력을 상실하였음에도 여전히 그 사업인정에 기하여 수용권을 행사하는 것은 수용권의 남용에 해당하므로 허용될 수 없다.

사업인정기관이 공익사업을 위한 토지 등의 취득 및 보상에 관한 법률상의 사업인정을 하기 위한 요건: 사업인정이란 공익사업을 토지 등을 수용 또는 사용할 사업으로 결정하는 것으로서 공익사업의 시행자에게 그 후 일정한 절차를 거칠 것을 조건으로 일정한 내용의 수용권을 설정하여 주는 형성행위이므로, 해당 사업이 외형상 토지 등을 수용 또는 사용할 수 있는 사업에 해당한다고 하더라도 사업인정기관으로서는 그 사업이 공용수용을 할 만한 공익성이 있는지의 여부와 공익성이 있는 경우에도 그 사업의 내용과 방법에 관하여 사업인정에 관련된 자들의 이익을 공익과 사익 사이에서는 물론, 공익 상호간 및 사익 상호간에도 정당하게 비교·교량하여야 하고, 그 비교·교량은 비례의 원칙에 적합하도록 하여야 한다. 그뿐만 아니라 해당 공익사업을 수행하여 공익을 실현할 의사나 능력이 없는 자에게 타인의 재산권을 공권력적·강제적으로 박탈할 수 있는 수용권을 설정하여 줄 수는 없으므로, 사업시행자에게 해당 공익사업을 수행할 의사와 능력이 있어야 한다는 것도 사업인정의 한 요건이라고 보아야 한다(대법원 2011. 1. 27. 선고 2009두1051 판결).

라. 사업인정의 절차

(1) 사업인정의 신청

사업시행자가 토지 등을 수용하거나 사용하려면 국토교통부장관에게 사업인정을 신청하여야 한다(법 제20조 제1항).

(2) 협의 및 의견청취

국토교통부장관은 사업인정을 하려면 관계 중앙행정기관의 장 및 특별시장·광역시장·도지사·특별자치도지사(이하 "시·도지사"라 한다) 및 제49조에 따른 중앙토지수용위원회와 협의하여야 하며, 대통령령으로 정하는 바에 따라 미리 사업인정에 이해관계가 있는 자의 의견을 들어야 한다(법 제21조 제1항).

(3) 사업인정의 통지 및 고시

국토교통부장관은 제20조에 따른 사업인정을 하였을 때에는 지체 없이 그 뜻을 사업시행자, 토지소유자 및 관계인, 관계 시·도지사에게 통지하고 사업시행자의 성명이나 명칭, 사업의 종류, 사업지역 및 수용하거나 사용할 토지의 세목을 관보에 고시하여야 한다(법 제22조 제1항). 이를 사업인정의 고시라 한다.

사업인정의 사실을 통지받은 시·도지사는 관계 시장·군수 및 구청장에게 이를 통지하여야 한다(법 제22조 제2항).

사업인정은 제1항에 따라 고시한 날부터 그 효력이 발생한다(법 제22조 제3항). 고시는 사업인정의 효력발생 요건이다. 판례는 이러한 통지와 고시의 절차를 누락한 사업인정의 효력을 무효사유가 아닌 취소사유로 보고 있다(대법원 2000. 10. 13. 선고 2000두5142 판결 등).

토지수용법상 사업인정의 고시 절차를 누락한 것을 이유로 수용재결처분의 취소를 구하거나 무효확인을 구할 수 있는지 여부(소극): 구 토지수용법(1990. 4. 7. 법률 제4231호로 개정되기 전의 것) 제16조 제1항에서는 건설부장관이 사업인정을 하는 때에는 지체 없이 그 뜻을 기업자·토지소유자·관계인 및 관계도지사에게 통보하고 기업자의 성명 또는 명칭, 사업의 종류, 기업지 및 수용 또는 사용할 토지의 세목을 관보에 공시하여야 한다고 규정하고 있는바, 가령 건설부장관이 위와 같은 절차를 누락한 경우 이는 절차상의 위법으로서 수용재결 단계 전의 사업인정 단계에서 다툴 수 있는 취소사유에 해당하기는 하나, 더 나아가 그 사업인정 자체를 무효로 할 중대하고 명백한 하자라고 보기는 어렵고, 따라서 이러한 위법을 들어 수용재결처분의 취소를 구하거나 무효확인을 구할 수는 없다(대법원 2000. 10. 13. 선고 2000두5142 판결【토지수용재결무효확인】): 【해설】 사업인정을 함에 있어서 관계자에 대한 통지 및 관련 고시 절차를 누락한 경우 이는 절차상 위법한 행위에 해당하나 취소사유에 불과할 뿐 무효사유는 아니다. 아울러 이러한 사업인정의 위법(취소사유)은 수용재결에 승계되지 않는다고 본 사례이다.

마. 사업인정의 효과

사업인정을 고시하게 되면 수용할 목적물의 범위가 확정되고, 수용의 목적달성을 원활하게 하기 위하여 수용권자에게는 목적물에 관한 현재 및 장래의 권리자에게 대항할 수 있는 일종의 공법상의 물권을 발생시킨다(대법원 1987. 9. 8. 선고 87누395 판결).[15] 이하 그 구체적인 내용을 살펴보면 다음과 같다.

① 사업인정의 고시 후 토지 등에 관하여 새로운 권리를 취득한 사람에 대하여는, 기존의 권리를 승계한 자를 제외하고는 피수용자(관계인)로서의 권리가 인정되지 않는다(법 제2조 제5호).

② 고시된 토지에 대하여는 피수용자를 포함하여 누구도 사업에 지장을 초래할 우려가 있는 형질변경 등의 행위가 금지되고, 고시된 토지에서 건축물의 건축·대수선, 공작물의 설치 등을 하고자 하는 때는 시장·군수 또는 구청장의 허가를 받아야 한다(법 제25조 제1항, 제2항). 허가없이 이러한 행위를 하였을 때에는 보상하지 않는다(법 제 25조 제3항).

③ 수용에 따른 보상액은 사업인정 당시의 공시지가를 기준으로 하여, 거기에 재결시까지의 통상적인 지가상승분을 더하여 산정하게 되어 있으므로, 사업인정의 고시는 보상액을 고정하는 효과를 가진다.

바. 사업인정의 실효

(1) 재결신청기간의 경과로 인한 실효

사업시행자가 사업인정의 고시가 된 날부터 1년 이내에 재결신청을 하지 아니한 경우에는 사업인정고시가 된 날부터 1년이 되는 날의 다음 날에 사업인정은 그 효력을 상실한다(법 제23조 제1항). 재결을 거쳤다 하더라도 사업행자가 수용(또는 사용)의 시기까지 재결한 보상금을 지급 또는 공탁하지 아니하거나 그러한 공탁이 무효인 경우 재결은 효력을 상실하게 되므로(법 제42조 제1항), 그 경우에도 재결을 신청하지 아니한 것과 동일한 상태가 된다(대법원 1996. 9. 20. 선고 95다17373 판결).

(2) 사업의 폐지·변경으로 인한 실효

사업인정고시가 된 후 사업의 전부 또는 일부를 폐지하거나 변경함으로 인하여 토지 등의 전부 또는 일부를 수용(또는 사용)할 필요가 없게 되었을 때에는 사업시행자는 지체 없이 사업지역을 관할하는 시·도지사에게 신고하고, 토지소유자 및 관계인에게 이를 통

15) 김동희, 행정법Ⅱ, 제24판, 2018, 395면

지하여야 한다(법 제24조 제1항).

시·도지사는 제1항에 따른 신고를 받으면 사업의 전부 또는 일부가 폐지되거나 변경된 내용을 관보에 고시하여야 하고(법 제24조 제2항), 위와 같은 고시가 된 날부터 그 고시된 내용에 따라 사업인정의 전부 또는 일부는 그 효력을 상실한다(법 제24조 제5항).

(3) 실효로 인한 손실보상

사업인정이 실효된 경우 사업시행자는 실효로 인하여 토지소유자 또는 관계인이 입은 손실을 보상하여야 한다(법 제23조 제2항, 제24조 제6항). 이때의 손실보상은 손실이 있음을 안 날부터 1년이 지났거나 손실이 발생한 날부터 3년이 지난 후에는 청구할 수 없다(법 제23조 제3항, 제24조 제7항, 제9조 제5항).

2. 토지조서·물건조서의 작성

가. 의의

토지조서와 물건조서는 공익사업을 위해 수용 또는 사용할 필요가 있는 토지 및 그 토지 위에 있는 물건의 내용을 사업시행자가 법정절차를 거쳐 작성하는 문서이다.

조서를 작성하는 이유는 재결절차가 개시되기 전에 수용할 토지·물건의 내용을 확정함으로써 당사자 사이의 분쟁의 소지를 미리 예방하고, 이후 토지수용위원회의 심리와 재결 등의 절차를 신속·원활하게 하려는 데에 있다.

나. 조서의 작성

사업인정을 받은 사업시행자는 토지조서와 물건조서를 작성하여 서명 또는 날인을 하고, 토지소유자와 관계인의 서명 또는 날인을 받아야 한다(법 제26조 제1항, 제14조 제1항). 다만 사업인정 이전에 협의절차를 거쳤으나 협의가 성립되지 아니하고 토지조서 및 물건조서의 내용에 변동이 없을 때에는 토지조서 및 물건조서를 다시 작성하지 않아도 된다(법 제26조 제2항).

조서의 작성에는 원칙적으로 토지소유자 및 관계인의 서명 또는 날인을 받아야 한다. 다만 ⅰ) 토지소유자 및 관계인이 정당한 사유 없이 서명 또는 날인을 거부하는 경우, ⅱ) 토지소유자 및 관계인을 알 수 없거나 그 주소·거소를 알 수 없는 등의 사유로 서명 또는 날인을 받을 수 없는 경우 중의 어느 하나에 해당할 때에는 그러하지 아니하되, 이 경우 사업시행자는 해당 토지조서와 물건조서에 그 사유를 적어야 한다(법 제26조 제1항, 제14조 제1항).

사업인정의 고시가 있은 후에는 사업시행자는 사업의 준비나 토지조서 및 물건조서를 작성하기 위하여 필요한 경우 해당 토지나 물건에 출입하여 측량하거나 조사할 수 있다(법 제27조 제1항).

다. 조서의 효력

사업인정고시가 된 후에는 토지소유자나 관계인이 토지조서 및 물건조서의 내용에 대하여 열람기간 내에 이의를 제기하는 경우를 제외하고는 토지조서 및 물건조서의 내용에 대하여 이의를 제기할 수 없다. 다만, 토지조서 및 물건조서의 내용이 진실과 다르다는 것을 입증할 때에는 그러하지 아니하다(법 제27조 제2항).

따라서 사업시행자·토지소유자 및 관계인이 서명날인 한 조서는 이의가 부기된 사항을 제외하고는 거기에 기재된 사항이 진실에 합치되는 것으로 추정된다. 이의를 부기하지 않은 사항에 대하여 후일 이의를 제기하기 위해서는 조서의 기재가 진실이 아니라는 것을 입증하여야 한다[16].

작성절차상 하자가 있는 조서에 근거하여 내려진 재결의 위법성 여부가 문제된다. 판례는 토지조서의 작성에 하자가 있다하여 그것이 곧 수용재결의 취소사유가 되지는 않는다고 보고 있다(대법원 1993. 9. 10. 선고 93누5543 판결).

토지조서 작성상의 하자가 재결의 효력에 미치는 영향: 토지수용을 함에 있어 토지소유자 등에게 입회를 요구하지 아니하고 작성한 토지조서는 절차상의 하자를 지니게 되는 것으로서 토지조서로서의 효력이 부인되어 조서의 기재에 대한 증명력에 관하여 추정력이 인정되지 아니하는 것일 뿐, 토지조서의 작성에 하자가 있다 하여 그것이 곧 수용재결이나 그에 대한 이의재결의 효력에 영향을 미치는 것은 아니라 할 것이므로 토지조서에 실제 현황에 관한 기재가 되어 있지 아니하다거나 실측평면도가 첨부되어 있지 아니하다거나 토지소유자의 입회나 서명날인이 없었다든지 하는 사유만으로는 이의재결이 위법하다 하여 그 취소를 구할 사유로 삼을 수 없다(대법원 1993. 9. 10. 선고 93누5543 판결【토지수용재결처분취소등】).

3. 협의

가. 의의

토지보상법상의 협의(協議)란 수용할 토지의 범위·수용시기·손실보상 등에 관하여 사업시행자와 피수용자와의 사이에 행하여지는 교섭행위이다. 협의에는 사업인정 전의

16) 박균성, 전게서, 491면; 김동희, 전게서, 396면.

협의(법 제16조)와 사업인정 후의 협의(법 제26조)가 있다. 수용절차로서의 협의는 통상 사업인정 후의 협의를 의미한다.

사업인정을 받은 사업시행자는 토지의 수용 또는 사용의 재결을 신청하기 전에 보상에 관하여 토지소유자 및 관계인과 협의하여야 한다(법 제26조 제1항). 이러한 협의는 재결의 신청 전에 반드시 거치게 되어 있으므로, 협의를 거치지 않고 재결을 신청하는 것은 위법하다. 그러나 사업인정 이전에 토지소유자 등과 협의절차를 거쳤으나 협의가 성립되지 아니하고 제20조에 따른 사업인정을 받은 사업으로서 토지조서 및 물건조서의 내용에 변동이 없을 때에는 협의절차를 거치지 아니할 수 있다(법 제26조 제2항).

나. 협의에 의한 합의의 성립

협의가 성립하는 경우 사업시행자는 토지소유자 및 관계인과 계약을 체결하여야 한다(법 제17조).

위 계약의 법적 성질에 대하여는 견해의 대립이 있다. ① 사법상의 계약설은 협의의 결과 성립하는 합의는 사업시행자와 토지소유자 및 관계인 사이의 대등한 관계에서의 협의의 결과 맺어진 임의적인 것이므로 이는 사법상 매매계약에 해당된다고 본다. ② 공법상의 계약설은 협의는 사업시행자가 국가적 공권의 주체로서 토지소유자 및 관계인에 대하여 기득의 수용권을 실행하는 방법에 불과하며, 합의가 성립되지 않으면 재결에 의하여 수용을 하게 되므로 협의의 결과 성립하는 합의는 수용계약이라고도 할 수 있는 공법상 계약으로 보아야 한다는 견해이다[17]. 생각건대 사업인정 전의 협의에 의한 합의는 사법상의 계약이나, 사업인정 후의 협의에 의한 합의는 사업시행자가 수용권의 주체의 지위에서 맺는 계약이므로 공법상 계약으로 보는 것이 타당하다.

그런데 판례는 사업인정 전후를 불문하고 협의에 의한 합의를 사법상의 계약으로 보는 입장을 취하고 있다(대법원 2004. 9. 24. 선고 2002다68713 판결 등). 사법상 계약설을 취하는 판례에 의하면, 협의성립 후에 사업시행자가 보상금을 지급하지 아니할 경우 그 보상금 지급청구는 민사소송의 방법에 의하게 되고(대법원 1969. 5. 19. 선고 67다2038 판결), 사업시행자가 토지·물건을 협의에 의해 취득하는 것의 법적 성질은 재결에 의한 수용의 경우와는 달리 원시취득이 아니라 승계취득이 된다(대법원 1994. 6. 28. 선고 94누2732 판결).

다만 뒤에서 살펴보는 바와 같이, 협의성립에 대하여 관할 토지수용위원회의 확인이 있으면 그 확인은 토지보상법상의 재결로 간주되므로, 협의에 의한 합의의 법적 성질에 대한 논의는 토지수용위원회의 확인을 받지 아니한 경우에만 의미가 있다[18].

17) 박균성, 전게서, 493면; 박윤흔·정형근, 전게서, 554면.

구 공공용지의취득및손실보상에관한특례법에 의한 협의취득 또는 보상합의의 법적 성질: 구 공공용지의취득및손실보상에관한특례법(2002. 2. 4. 법률 제6656호로 폐지되기 전의 것)은 사업시행자가 토지 등의 소유자로부터 토지 등의 협의취득 및 그 손실보상의 기준과 방법을 정한 법으로서, 이에 의한 협의취득 또는 보상합의는 공공기관이 사경제주체로서 행하는 사법상 매매 내지 사법상 계약의 실질을 가진다(대법원 2004. 9. 24. 선고 2002다68713 판결).

구 공공용지의 취득 및 손실보상에 관한 특례법에 의한 협의취득시 건물소유자가 매매대상 건물에 대한 철거의무를 부담하겠다는 취지의 약정을 한 경우, 그 철거의무가 행정대집행법에 의한 대집행의 대상이 되는지 여부(소극): 행정대집행법상 대집행의 대상이 되는 대체적 작위의무는 공법상 의무이어야 할 것인데, 구 공공용지의 취득 및 손실보상에 관한 특례법(2002. 2. 4. 법률 제6656호 공익사업을 위한 토지 등의 취득 및 보상에 관한 법률 부칙 제2조로 폐지)에 따른 토지 등의 협의취득은 공공사업에 필요한 토지 등을 그 소유자와의 협의에 의하여 취득하는 것으로서 공공기관이 사경제주체로서 행하는 사법상 매매 내지 사법상 계약의 실질을 가지는 것이므로, 그 협의취득시 건물소유자가 매매대상 건물에 대한 철거의무를 부담하겠다는 취지의 약정을 하였다고 하더라도 이러한 철거의무는 공법상의 의무가 될 수 없고, 이 경우에도 행정대집행법을 준용하여 대집행을 허용하는 별도의 규정이 없는 한 위와 같은 철거의무는 행정대집행법에 의한 대집행의 대상이 되지 않는다(대법원 2006. 10. 13. 선고 2006두7096 판결).

토지수용법 제25조 제1항에 의한 협의가 성립되어 기업자 앞으로 소유권이전등기를 경료하였으나 그 협의에 대하여 같은 법 제25조의2 제1항에 의한 토지수용위원회의 확인을 거치지 않은 경우 기업자의 소유권 취득의 법적 성질: 토지수용법 제25조 제1항에 의한 협의단계에서 기업자와 토지소유자 사이에 협의가 성립되어 그를 원인으로 기업자 앞으로 소유권이전등기가 경료되었다 하더라도 그 협의에 대하여 같은 법 제25조의2 제1항에 의한 토지수용위원회의 확인을 받지 아니한 이상, 재결에 의한 수용의 경우와는 달리 그 토지를 원시취득한 것으로 볼 수 없고, 원래의 소유자로부터 승계취득한 것이라고 볼 수밖에 없다(대법원 1994. 6. 28. 선고 94누2732 판결).

공익사업을 위한 토지 등의 취득 및 보상에 관한 법률에 의한 보상을 하면서 손실보상금에 관한 당사자 간의 합의가 성립한 경우, 그 합의 내용이 같은 법에서 정하는 손실보상 기준에 맞지 않는다는 이유로 그 기준에 따른 손실보상금 청구를 추가로 할 수 있는지 여부(원칙적 소극): 공익사업을 위한 토지 등의 취득 및 보상에 관한 법률(이하 '공익사업법'이라고 한다)에 의한 보상합의는 공공기관이 사경제주체로서 행하는 사법상 계약의 실질을 가지는 것으로서, 당사자 간의 합의로 같은 법 소정의 손실보상의 기준에 의하지 아니한 손실보상금을 정할 수 있으며, 이와 같이 같

18) 박윤흔·정형근, 전게서, 554면.

은 법이 정하는 기준에 따르지 아니하고 손실보상액에 관한 합의를 하였다고 하더라도 그 합의가 착오 등을 이유로 적법하게 취소되지 않는 한 유효하다. 따라서 공익사업법에 의한 보상을 하면서 손실보상금에 관한 당사자 간의 합의가 성립하면 그 합의 내용대로 구속력이 있고, 손실보상금에 관한 합의 내용이 공익사업법에서 정하는 손실보상 기준에 맞지 않는다고 하더라도 합의가 적법하게 취소되는 등의 특별한 사정이 없는 한 추가로 공익사업법상 기준에 따른 손실보상금 청구를 할 수는 없다(대법원 2013. 8. 22. 선고 2012다3517 판결).

다. 협의성립의 확인

사업시행자와 토지소유자 및 관계인 간에 협의가 성립되었을 때에는 사업시행자는 재결 신청기간(사업인정고시가 된 날부터 1년) 이내에 해당 토지소유자 및 관계인의 동의를 받아 대통령령으로 정하는 바에 따라 관할 토지수용위원회에 협의 성립의 확인을 신청할 수 있다(법 제29조 제1항). 이 경우의 확인은 재결로 보며, 사업시행자, 토지소유자 및 관계인은 그 확인된 협의의 성립이나 내용을 다툴 수 없다(법 제29조 제4항).

위 규정의 취지는 협의에 의한 당사자 간의 합의만으로는 토지보상법에 의한 권리취득으로 볼 수 없다(대법원 1992. 9. 14. 선고 92다21319 판결 등)는 전제하에, 관계 당사자 간의 합의에 수용재결과 같은 효과를 부여함으로써 수용재결절차에 의하지 아니하고도 수용의 목적을 달성하게 하려는 데에 있다.

토지수용에 있어서의 협의 그 자체는 사법상의 법률행위임은 소론과 같다고 할 것이나, 토지수용법 제25조의2에 의하면 협의가 성립되었을 때에는 기업자는 관할 토지 수용위원회에 협의 성립의 확인을 신청할 수 있게 되어 있는 바, 그 확인은 토지수용법에 의한 재결로 본다고 규정되어 있고, 같은 법 제67조 제1항에 의하면, 기업자는 토지 또는 물건을 수용한 날에 그 소유권을 취득하고, 그 토지나 물건에 관한 다른 권리는 소멸한다고 규정되어 있으며, 같은 법 제69조에 의하면, 담보물권의 목적물이 수용 또는 사용되었을 경우에는 당해 담보물권은 그 목적물의 수용 또는 사용으로 인하여 채무자가 받을 보상금에 대하여 행사할 수 있으되 다만 그 지불전에 이를 압류하여야 하도록 규정되어 있으니, 기업자는 수용목적물에 제한물권이 설정되어 있으면, 협의 성립후에 토지수용법상의 재결의 효과를 발생시키므로써 제한물권을 소멸시키기 위하여 협의성립의 확인을 신청할 것임이 명백하다 할 것인 바, 같은 취지에서 가압류의 요건이 갖추어졌다 하여 채권자의 이 사건 가압류신청을 받아들인 원심판결은 정당하다(대법원 1979. 7. 24. 선고 79다655 판결【가압류결정에대한이의】).

4. 재결·화해

가. 재결의 의의 및 법적 성질

토지수용위원회의 재결(수용재결)은 사업시행자로 하여금 토지의 소유권 또는 토지의 사용권을 취득하도록 하고 사업시행자가 지급하여야 하는 손실보상액을 정하는 결정을 말한다.

재결은 사업시행자에게 부여된 수용권의 구체적 내용을 결정하고, 그 실행을 완성시키는 형성적 행정행위의 성질을 갖는다[19]. 비록 재결이라는 명칭을 사용하고 있지만, 수용재결은 행정심판의 재결과는 구별되며 원행정행위에 해당한다. 수용재결은 일정한 쟁송절차를 거쳐 행해지는 준사법적인 행정행위이므로 불가변력이 인정된다.

나. 재결의 신청

(1) 재결신청권자

당사자 사이에 협의가 성립되지 아니하거나 협의를 할 수 없을 때에는 사업시행자는 사업인정 고시가 된 날부터 1년 이내에 관할 토지수용위원회에 재결을 신청할 수 있다(법 제28조 제1항). 사업시행자가 사업인정의 고시가 된 날부터 1년 이내에 재결신청을 하지 아니한 경우에는 사업인정고시가 된 날부터 1년이 되는 날의 다음 날에 사업인정은 그 효력을 상실한다(법 제23조 제1항). 일부 특별법에서는 위 재결신청의 기간을 토지보상법보다 장기로 정하거나, 연장이 가능하도록 규정하고 있는 경우도 적지 않다[20].

재결을 신청하는 동기는 사업시행자 자신의 독자적인 판단이나 토지소유자 또는 관계인의 청구에 의할 수도 있지만, 수용목적물의 취득을 위하여 관할 토지수용위원회에 재결을 신청할 수 있는 권한을 가진 자는 원칙적으로 사업시행자 뿐이다. 토지소유자나 관계인은 사업시행자에게 조속히 재결을 신청할 것을 요구하는 청구는 할 수 있지만, 토지수용위원회에 직접 재결을 신청할 수는 없다. 이와 같이 재결의 신청권자를 사업시행자로만 한정하는 이유에 관하여는 종래 ⅰ) 피수용자인 토지소유자 등에게 직접 재결신청권을 인정할 경우 당해 공익사업의 계획 또는 추진에 지장을 초래할 우려가 있다는 점, ⅱ) 사업인정고시 후 사정변경 등으로 토지 등을 취득할 필요가 없게 되는 경우도 있다는 점,

19) 김철용, 전게서, 563면.

20) 기업도시개발 특별법 제14조(토지 등의 수용·사용) ④ 재결의 신청은 「공익사업을 위한 토지 등의 취득 및 보상에 관한 법률」 제23조제1항 및 제28조제1항에도 불구하고 제11조제4항 본문에 따른 개발계획의 고시일부터 4년 이내에 할 수 있다. 다만, 대통령령으로 정하는 부득이한 사유가 있는 경우에는 국토교통부장관의 승인을 받아 그 기간을 2년 연장할 수 있다.

iii) 재결의 효과로서 발생하는 목적물 취득권과 보상의무는 사업시행자에게 있는데, 피수용자에게 재결신청권을 인정하게 되면 사업시행자에게 권리의 행사 또는 의무의 이행을 강요하는 결과가 되는 점 등이 제시되고 있다[21]. 이에 대하여, 다분히 쟁송적 성격을 가진 재결절차의 본질을 고려한다면 그 절차의 개시권한을 사업시행자에게만 부여할 합리적인 근거를 상정하기 어렵다고 보면서, 입법론적으로 재결의 신청권을 사업시행자와 토지소유자 및 관계인에게 모두 인정하는 것이 타당하다고 보는 견해도 유력하다[22].

위와 같이 현재 재결의 신청은 원칙적으로 사업시행자만이 할 수 있으나, 다만 법률이 특별히 규정하는 예외적인 경우에는 사업시행자 이외의 자(토지소유자 및 관계인)도 관할 토지수용위원회에 재결을 신청할 수 있다. 사업 준비를 위한 출입의 허가와 관련한 손실을 입은 경우(법 제9조 제7항), 사업인정이 실효된 경우(법 제23조 제1항), 공용사용토지의 소유자가 수용청구를 하는 경우(법 제72조), 잔여지 또는 잔여 건축물의 소유자가 수용청구를 하는 경우(법 제74조 제1항, 제75조의2 제2항, 제3항), 잔여지 또는 잔여 건축물의 소유자가 감가등보상을 청구하는 경우(법 제73조 제4항, 제75조의2 제3항, 제9조 제6항 및 제7항), 간접손실을 입은 자(법령이 보상규정을 두고 있는 경우에 한한다)가 보상을 청구하는 경우(법 제80조 제1항 및 제2항, 제79조 제1항 및 제2항) 등이 그러한 경우의 예이다.

(2) 재결신청의 청구

사업인정고시가 된 후 협의가 성립되지 아니하였을 때에는 토지소유자와 관계인은 대통령령으로 정하는 바에 따라 서면으로 사업시행자에게 재결을 신청할 것을 청구할 수 있다(법 제30조 제1항). 토지소유자 및 관계인이 재결신청을 청구하려는 경우에는 i) 사업시행자의 성명 또는 명칭, ii) 공익사업의 종류 및 명칭, iii) 토지소유자 및 관계인의 성명 또는 명칭 및 주소, iv) 대상 토지의 소재지·지번·지목 및 면적과 토지에 있는 물건의 종류·구조 및 수량, v) 협의가 성립되지 아니한 사유를 적은 재결신청청구서를 사업시행자에게 제출하여야 한다(법 시행령 제14조 제1항).

재결의 신청은 원칙적으로 사업시행자만이 할 수 있는데, 수용을 둘러싼 법률관계의 조속한 종결은 피수용자에게도 커다란 이해관계가 있으므로 토지소유자 등을 보호하기 위하여 이 제도를 인정하고 있는 것이다.

여기서 '협의가 성립되지 아니하였을 때'라 함은 사업시행자가 토지소유자 등과 공익사업법 제26조 소정의 협의절차는 거쳤으나 그 보상액 등에 관하여 협의가 성립하지 아

---

21) 김경렬, 토지공법, 1993, 111-112면.

22) 정기상, "수용절차상 재결신청청구제도에 관한 연구", 인권과 정의 제428호, 2012. 9, 43면.

니한 경우는 물론 토지소유자 등이 손실보상대상에 해당한다고 주장하며 보상을 요구하는데도 사업시행자가 손실보상대상에 해당하지 아니한다며 보상대상에서 이를 제외한 채 협의를 하지 않아 결국 협의가 성립하지 않은 경우도 포함된다(대법원 2011. 7. 14. 선고 2011두2309 판결)[23].

따라서 사업시행자는 토지소유자 등과의 사이에 손실보상대상에 해당하는지 여부에 관하여 다툼이 있어 손실보상대상에서 제외한 경우에도 토지소유자 등이 재결신청의 청구를 한 경우에는 관할 토지수용위원회에 재결신청을 하여 그 재결 결과에 따라 보상여부에 관한 업무를 처리하여야 할 것이고, 사업시행자가 보상대상이 되지 않는다고 스스로 판단하여 재결신청 자체를 거부할 수는 없다. 토지소유자 등의 재결신청의 청구에 대하여, 사업시행자가 ⅰ) 재결신청을 거부한 경우에는 거부처분취소소송의 대상이 되고, ⅱ) 상당한 시일이 경과하도록 아무런 조치를 취하지 않은 경우에는 부작위위법확인소송의 대상이 된다.

[1] 공익사업을 위한 토지 등의 취득 및 보상에 관한 법률 제30조 제1항에서 정한 '협의가 성립되지 아니한 때'에, 토지소유자 등이 손실보상대상에 해당한다고 주장하며 보상을 요구하는데도 사업시행자가 손실보상대상에 해당하지 않는다며 보상대상에서 이를 제외한 채 협의를 하지 않아 결국 협의가 성립하지 않은 경우도 포함되는지 여부(적극): 공익사업을 위한 토지 등의 취득 및 보상에 관한 법률(이하 '공익사업법'이라 한다) 제30조 제1항은 재결신청을 청구할 수 있는 경우를 사업시행자와 토지소유자 및 관계인 사이에 '협의가 성립하지 아니한 때'로 정하고 있을 뿐 손실보상대상에 관한 이견으로 협의가 성립하지 아니한 경우를 제외하는 등 그 사유를 제한하고 있지 않은 점, 위 조항이 토지소유자 등에게 재결신청청구권을 부여한 취지는 공익사업에 필요한 토지 등을 수용에 의하여 취득하거나 사용할 때 손실보상에 관한 법률관계를 조속히 확정함으로써 공익사업을 효율적으로 수행하고 토지소유자 등의 재산권을 적정하게 보호하기 위한 것인데, 손실보상대상에 관한 이견으로 손실보상협의가 성립하지 아니한 경우에도 재결을 통해 손실보상에 관한 법률관계를 조속히 확정할 필요가 있는 점 등에 비추어 볼 때, '협의가 성립되지 아니한 때'에는 사업시행자가 토지소유자 등과 공익사업법 제26조에서 정한 협의 절차를 거쳤으나 보상액 등에 관하여 협의가 성립하지 아니한 경우는 물론 토지소유자 등이 손실보상대상에 해당한다고 주장하며 보상을 요구하는데도 사업시행자가 손실보상대상에 해당하지 아니한다며 보상대상에서 이를 제외한 채 협의를 하지 않아 결국 협의가 성립하지 않은 경우도 포함된다고 보아야 한다.

[2] 도로건설 사업구역에 포함된 토지의 소유자가 토지상의 지장물에 대하여 재결신청을 청구하였으나, 그 중 일부에 대해서는 사업시행자가 손실보상대상에 해당하지 않아 재결신청대상이 아니라는 이유

23) 주로 지장물에 대한 보상과 관련하여 이러한 경우가 자주 발생한다.

로 수용재결 신청을 거부하면서 보상협의를 하지 않은 사안에서, 위 처분이 위법하다고 본 원심판단을 수긍한 사례: 아산~천안 간 도로건설 사업구역에 포함된 토지의 소유자가 토지상의 지장물에 대하여 재결신청을 청구하였으나, 그 중 일부에 대해서는 사업시행자가 손실보상대상에 해당하지 않아 재결신청대상이 아니라는 이유로 수용재결 신청을 거부하면서 보상협의를 하지 않은 사안에서, 사업시행자가 수용재결 신청을 거부하거나 보상협의를 하지 않으면서도 아무런 조치를 취하지 않은 것은 공익사업을 위한 토지 등의 취득 및 보상에 관한 법률에서 정한 재결신청청구 제도의 취지에 반하여 위법하다고 본 원심판단을 수긍한 사례(대법원 2011. 7. 14. 선고 2011두2309 판결【보상제외처분취소등】).

위와 같이 재결신청의 청구가 있는 경우 사업시행자는 그 청구를 받은 날부터 60일 이내에 관할 토지수용위원회에 재결을 신청하여야 하는바(법 제30조 제2항). 사업시행자가 위 기간을 넘겨서 재결을 신청하였을 때에는 그 지연된 기간에 대하여 '소송촉진 등에 관한 특례법' 제3조에 따른 법정이율[24]을 적용하여 산정한 금액을 관할 토지수용위원회에서 재결한 보상금에 가산(加算)하여 지급하여야 한다(법 제30조 제3항). 이는 사업시행자로 하여금 법률이 규정하고 있는 기간 이내에 재결신청을 하도록 간접강제함과 동시에 재결신청이 지연된 데에 따른 토지소유자 및 관계인의 손해를 보전하는 성격을 갖는 금원이라고 할 수 있다(대법원 2012. 12. 27. 선고 2010두9457 판결). 위 지연가산금은 수용보상금에 대한 법정 지연손해금의 성격을 갖는 것이므로 이에 대한 불복은 수용보상금에 대한 불복절차에 의함이 상당하고 그밖에 관련 규정을 고려할 때, 그에 대한 불복은 수용보상금의 증액에 관한 소(보상금증감소송)에 의하여야 한다(대법원 1997. 10. 24. 선고 97다31175 판결).

[1] 토지소유자 등이 구 공익사업을 위한 토지 등의 취득 및 보상에 관한 법률 제85조에서 정한 제소기간 내에 관할 토지수용위원회에서 재결한 보상금의 증감에 대한 소송을 제기한 경우, 같은 법 제30조 제3항에서 정한 지연가산금은 위 제85조에서 정한 제소기간에 구애받지 않고 그 소송절차에서 청구취지 변경 등을 통해 청구할 수 있는지 여부(적극): 구 공익사업을 위한 토지 등의 취득 및 보상에 관한 법률(2011. 8. 4. 법률 제11017호로 개정되기 전의 것, 이하 '구 공익사업법'이라고 한다) 제84조 제1항, 제85조, 제30조 등 관계 법령의 내용, 형식 및 취지를 종합하면, 구 공익사업법 제30조 제3항에서 정한 지연가산금은, 사업시행자가 재결신청의 청구를 받은 때로부터 60일을 경과하여 재결신청을 한 경우 관할 토지수용위원회에서 재결한 보상금(이하 '재결 보상금'이라고 한다)에 가산하여 토지소유자 및 관계인에게 지급하도록 함으로써, 사업시행자로 하

24) 소송촉진 등에 관한 특례법 제3조 제1항 본문의 법정이율에 관한 규정(대통령령 제26553호) : 「소송촉진 등에 관한 특례법」 제3조 제1항 본문에 따른 법정이율은 연 100분의 15로 한다.

여금 구 공익사업법이 규정하고 있는 기간 이내에 재결신청을 하도록 간접강제함과 동시에 재결신청이 지연된 데에 따른 토지소유자 및 관계인의 손해를 보전하는 성격을 갖는 금원으로, 재결 보상금에 부수하여 구 공익사업법상 인정되는 공법상 청구권이다. 그러므로 제소기간 내에 재결 보상금의 증감에 대한 소송을 제기한 이상, 지연가산금은 구 공익사업법 제85조에서 정한 제소기간에 구애받지 않고 그 소송절차에서 청구취지 변경 등을 통해 청구할 수 있다고 보는 것이 타당하다.

[2] 사업시행자가 보상협의요청서에 기재한 협의기간이 종료하기 전에 토지소유자 및 관계인이 재결신청의 청구를 하였으나 사업시행자가 협의기간이 종료하기 전에 협의기간을 연장한 경우, 구 공익사업을 위한 토지 등의 취득 및 보상에 관한 법률 제30조 제2항에서 정한 60일 기간의 기산 시기(=당초의 협의기간 만료일): 공익사업을 위한 토지 등의 취득 및 보상에 관한 법률 시행령 제8조 제1항, 제14조 제1항의 내용, 형식 및 취지를 비롯하여, 토지소유자 및 관계인이 협의기간 종료 전에 사업시행자에게 재결신청의 청구를 한 경우 구 공익사업법 제30조 제2항에서 정한 60일의 기간은 협의기간 만료일로부터 기산하여야 하는 점, 사업인정고시가 있게 되면 토지소유자 및 관계인에 대하여 구 공익사업법 제25조에서 정한 토지 등의 보전의무가 발생하고, 사업시행자에게는 구 공익사업법 제27조에서 정한 토지 및 물건에 관한 조사권이 주어지게 되는 이상, 협의기간 연장을 허용하게 되면 토지소유자 및 관계인에게 위와 같은 실질적인 불이익도 연장될 우려가 있는 점, 협의기간 내에 협의가 성립되지 아니하여 토지소유자 및 관계인이 재결신청의 청구까지 한 마당에 사업시행자의 협의기간 연장을 허용하는 것은 사업시행자가 일방적으로 재결신청을 지연할 수 있도록 하는 부당한 결과를 가져올 수 있는 점 등을 종합해 보면, 사업시행자가 보상협의요청서에 기재한 협의기간을 토지소유자 및 관계인에게 통지하고, 토지소유자 및 관계인이 그 협의기간이 종료하기 전에 재결신청의 청구를 한 경우에는 사업시행자가 협의기간이 종료하기 전에 협의기간을 연장하였다고 하더라도 구 공익사업법 제30조 제2항에서 정한 60일의 기간은 당초의 협의기간 만료일로부터 기산하여야 한다고 보는 것이 타당하다(대법원 2012. 12. 27. 선고 2010두9457 판결).

다. 재결기관(토지수용위원회)

수용재결은 국민의 재산권을 강제로 박탈하는 효과를 가져 오므로 보다 전문적이고 공정한 기관에 의해 행해지도록 할 필요가 있다. 그리하여 토지보상법은 토지수용의 재결을 일반 행정기관이 아니라 독립성과 전문성이 보장된 토지수용위원회에 의해 행하도록 하고 있다.

토지 등의 수용과 사용에 관한 재결을 하기 위하여 국토교통부에 중앙토지수용위원회를 두고, 특별시·광역시·도·특별자치도에 지방토지수용위원회를 둔다(법 제49조). 국가 또는 시·도가 사업시행자인 사업 및 수용하거나 사용할 토지가 둘 이상의 시·도에 걸쳐 있는 사업에 관한 재결은 중앙토지수용위원회의 관할에 속하고, 그 외의 사업에 관한 재결은 지방토지수용위원회의 관할에 속한다(법 제51조).

수용재결을 행하는 관할 토지수용위원회는 합의제 행정청에 해당된다.

라. 재결의 절차

(1) 공고·열람 및 의견제시

토지수용위원회가 재결신청서를 접수하였을 때에는 지체 없이 이를 공고하고, 공고한 날부터 14일 이상 관계 서류의 사본을 일반인이 열람할 수 있도록 하여야 한다(법 제31조 제1항).

토지수용위원회가 위의 공고를 하였을 때에는 관계 서류의 열람기간 중에 토지소유자 또는 관계인은 의견을 제시할 수 있다(법 제31조 제2항).

(2) 심리

토지수용위원회는 제31조제1항에 따른 열람기간이 지났을 때에는 지체 없이 해당 신청에 대한 조사 및 심리를 하여야 한다(법 제32조 제1항).

토지수용위원회는 심리를 할 때 필요하다고 인정하면 사업시행자, 토지소유자 및 관계인을 출석시켜 그 의견을 진술하게 할 수 있다(법 제32조 제2항).

토지수용위원회는 제2항에 따라 사업시행자, 토지소유자 및 관계인을 출석하게 하는 경우에는 사업시행자, 토지소유자 및 관계인에게 미리 그 심리의 일시 및 장소를 통지하여야 한다(법 제32조 제3항).

(3) 재결기간

토지수용위원회는 제32조에 따른 심리를 시작한 날부터 14일 이내에 재결을 하여야 한다. 다만, 특별한 사유가 있을 때에는 14일의 범위에서 한 차례만 연장할 수 있다(법 제35조).

마. 재결의 내용

사업시행자가 재결을 신청한 경우에, 관할 토지수용위원회는 ⅰ) 수용하거나 사용할 토지의 구역 및 사용방법, ⅱ) 손실보상, ⅲ) 수용 또는 사용의 개시일과 기간, ⅳ) 그 밖에 이 법 및 다른 법률에서 규정한 사항 등을 재결의 형식으로 결정한다(법 제50조 제1항). 위와 같이 토지수용위원회의 재결에는 수용 등의 대상인 토지의 구역 및 보상금액과 함께 수용의 개시일이 정하여 지는바[25], 사업시행자는 위 수용의 개시일(토지수용위원회

25) 참고로 (수용)재결서의 주문 기재례를 하나 적시하면 다음과 같다.

가 재결로서 결정한 수용을 개시하는 날)에 토지 또는 물건의 소유권을 취득하고(법 제45조 제1항), 아울러 위 수용의 개시일까지 보상금을 지급하여야 할 의무를 지게 된다(법 제40조 제1항).

사업시행자가 수용 또는 사용의 개시일까지 관할 토지수용위원회가 재결한 보상금을 지급하거나 공탁하지 아니하였을 때에는 해당 토지수용위원회의 재결은 효력을 상실한다(법 제42조 제1항).

바. 기타 재결관련 사항

(1) 재결의 범위

토지수용위원회는 사업시행자·토지소유자 또는 관계인이 신청한 범위 안에서 재결하여야 한다. 다만, 손실의 보상에 있어서는 증액재결을 할 수 있다(법 제50조 제2항).

토지보상법은 재결의 범위를 사업시행자·토지소유자 또는 관계인이 신청한 범위 내로 제한함으로써 처분권주의를 취하면서도, 손실의 보상에 관해서만은 당사자가 신청한 액수이상으로 재결을 할 수 있게 함으로써 직권주의를 가미하고 있다.

(2) 재결의 형식

토지수용위원회의 재결은 서면으로 한다(법 제34조 제1항). 제1항에 따른 재결서에는 주문 및 그 이유와 재결일을 적고, 위원장 및 회의에 참석한 위원이 기명날인한 후 그 정본(正本)을 사업시행자, 토지소유자 및 관계인에게 송달하여야 한다(법 제34조 제2항).

(3) 재결의 경정

재결에 계산상 또는 기재상의 잘못이나 그 밖에 이와 비슷한 잘못이 있는 것이 명백할 때에는 토지수용위원회는 직권으로 또는 당사자의 신청에 의하여 경정재결(更正裁決)을 할 수 있다(법 제36조 제1항).

경정재결은 원재결서(原裁決書)의 원본과 정본에 부기하여야 한다. 다만, 정본에 부기할 수 없을 때에는 경정재결의 정본을 작성하여 당사자에게 송달하여야 한다.

(4) 재결의 유탈

토지수용위원회가 신청의 일부에 대한 재결을 빠뜨린 경우에 그 빠뜨린 부분의 신청

---

1. 사업시행자(예: 전라남도지사)는 고금-마량간 연륙교 가설공사 사업을 위하여 별지기재 토지를 수용하고, 그 손실보상금은 60,000,000원으로 정한다.
2. 수용개시일은 2017. 7. 8.로 한다.

은 계속하여 그 토지수용위원회에 계속(係屬)된다(법 제37조).

사. 수용권의 남용과 재결의 효력

사업시행자의 수용권의 행사가 수용권의 남용에 해당되는 경우, 그에 기한 수용재결은 위법한 재결로서 취소 또는 무효확인의 대상이 될 수 있다. 수용권의 남용에 해당하는 예로는 사업시행자가 사업인정을 받은 후 그 사업이 공용수용을 할 만한 공익성을 상실하거나 사업인정에 관련된 자들의 이익이 현저히 비례의 원칙에 어긋나게 된 경우 또는 사업시행자가 해당 공익사업을 수행할 의사나 능력을 상실한 경우 등을 들 수 있다(대법원 2011. 1. 27. 선고 2009두1051 판결).

사업시행자가 사업인정을 받은 후 그 사업이 공용수용을 할 만한 공익성을 상실하거나 사업인정에 관련된 자들의 이익이 현저히 비례의 원칙에 어긋나게 된 경우 또는 사업시행자가 해당 공익사업을 수행할 의사나 능력을 상실한 경우, 그 사업인정에 터잡아 수용권을 행사할 수 있는지 여부(소극): 공용수용은 헌법상의 재산권 보장의 요청상 불가피한 최소한에 그쳐야 한다는 헌법 제23조의 근본취지에 비추어 볼 때, 사업시행자가 사업인정을 받은 후 그 사업이 공용수용을 할 만한 공익성을 상실하거나 사업인정에 관련된 자들의 이익이 현저히 비례의 원칙에 어긋나게 된 경우 또는 사업시행자가 해당 공익사업을 수행할 의사나 능력을 상실하였음에도 여전히 그 사업인정에 기하여 수용권을 행사하는 것은 수용권의 공익 목적에 반하는 수용권의 남용에 해당하여 허용되지 않는다(대법원 2011. 1. 27. 선고 2009두1051 판결【토지수용재결처분취소】).

아. 사업인정과 수용재결의 관계

사업인정과 수용재결은 상호 독립된 별개의 행위이지만, 다른 한편으로는 공익사업에 필요한 토지를 취득하는 것을 목적으로 하는 일련의 수용절차를 이룬다. 그리하여 사업인정과 수용재결 사이에는 다음과 같은 관계가 있다.

(1) 사업인정의 구속력

사업인정의 판단, 즉 사업의 공공필요성에 대한 판단은 토지수용위원회를 구속한다. 따라서, 토지수용위원회는 사업인정에 반하는 재결을 할 수 없다.

토지보상법은 수용·사용의 일차 단계인 사업인정에 속하는 부분은 사업의 공익성 판단으로 사업인정기관에 일임하고 그 이후의 구체적인 수용·사용의 결정은 토지수용위원회에 맡기고 있으므로, 토지수용위원회는 행정쟁송에 의하여 사업인정이 취소되지 않는 한 그 기능상 사업인정 자체를 무의미하게 하는, 즉 사업의 시행이 불가능하게 되는 것과 같은 재결을 행할 수는 없다(대법원 2007. 1. 11. 선고 2004두8538 판결). 다만 사업시행자의 수용권의 행사가 수용권의 남용에 해당되는 경우, 그에 기한 수용재결은 위법한 재결로서 취소 또는 무효확인의 대상이 될 수 있다는 점은 이미 살펴본 바와 같다.

토지수용위원회가 그 사업인정이 취소되지 아니한 사업의 시행을 불가능하게 하는 내용의 재결을 행할 수 있는지 여부(소극): 구 토지수용법(2002. 2. 4. 법률 제6656호 공익사업을 위한 토지 등의 취득 및 보상에 관한 법률 부칙 제2조로 폐지)은 수용·사용의 일차 단계인 사업인정에 속하는 부분은 사업의 공익성 판단으로 사업인정기관에 일임하고 그 이후의 구체적인 수용·사용의 결정은 토지수용위원회에 맡기고 있는바, 이와 같은 토지수용절차의 2분화 및 사업인정의 성격과 토지수용위원회의 재결사항을 열거하고 있는 같은 법 제29조 제2항의 규정 내용에 비추어 볼 때, 토지수용위원회는 행정쟁송에 의하여 사업인정이 취소되지 않는 한 그 기능상 사업인정 자체를 무의미하게 하는, 즉 사업의 시행이 불가능하게 되는 것과 같은 재결을 행할 수는 없다(대법원 2007. 1. 11. 선고 2004두8538 판결).

(2) 사업인정 및 수용재결에 대한 행정쟁송의 제기와 소의 이익

사업인정과 수용재결은 상호 별개의 독립된 행위이다.

사업인정과 수용재결은 행위의 요건과 효과가 다르므로 각 소송에서 주장되는 위법사유가 다를 것이므로 수용재결에 대한 취소소송이 제기되었다고 하더라도 사업인정의 취소를 구할 소의 이익이 소멸하지는 않는다.

사업인정이 취소되면 그것을 전제로 하는 수용재결도 취소되어야 할 것이다. 그러나, 수용재결이 취소되었다고 하여 사업인정이 취소되어야 하는 것은 아니다.

수용재결은 토지수용절차에 있어서 사업인정을 전제로 하여 행해지므로 양자에 대한 취소소송은 행정소송법 제10조에 정한 관련청구소송에 해당되고, 따라서 이송 및 병합의 대상이 될 수 있다(행정소송법 제10조).

(3) 하자의 승계

사업인정의 하자가 수용재결에 승계되는지가 문제된다. 이는 수용재결에 대한 취소소송에서 이미 불가쟁력이 발생한 사업인정의 하자를 위법사유로 주장할 수 있는가의 문제이다.

① 부정설은 사업인정과 수용재결은 처분의 주체·요건이 다를 뿐 아니라, 별개의 법적 효과를 가져오는 별개의 행위이므로 사업인정의 위법은 수용재결에 승계되지 않는다고 본다. 부정설이 다수설 및 판례의 입장이다(대법원 1988. 12. 27. 선고 87누1141 판결;

대법원 2000. 10. 13. 선고 2000두5142 판결 등). ② 한편 긍정설에 의하면 수용재결은 사업인정이 있음을 전제로 하고 이와 결합하여 공익사업에 필요한 토지취득이라는 구체적인 법적 효과를 완성시키므로 사업인정의 위법을 이유로 수용재결의 취소를 구할 수 있다고 본다.

생각건대, 실무상으로 사업인정 단계에서는 이해관계인의 적극적 참여절차가 결여되어 있을 뿐만 아니라, 현실적으로 이해관계인이 사업인정 단계에서 특별한 관심을 가지기도 어렵다는 점을 고려한다면 권리구제의 원활을 기한다는 측면에서 하자의 승계를 긍정하는 것이 타당하다.

구 토지수용법(1990. 4. 7. 법률 제4231호로 개정되기 전의 것) 제16조 제1항에서는 건설부장관이 사업인정을 하는 때에는 지체 없이 그 뜻을 기업자·토지소유자·관계인 및 관계도지사에게 통보하고 기업자의 성명 또는 명칭, 사업의 종류, 기업지 및 수용 또는 사용할 토지의 세목을 관보에 공시하여야 한다고 규정하고 있는바, 가령 건설부장관이 위와 같은 절차를 누락한 경우 이는 절차상의 위법으로서 수용재결 단계 전의 사업인정 단계에서 다툴 수 있는 취소사유에 해당하기는 하나, 더 나아가 그 사업인정 자체를 무효로 할 중대하고 명백한 하자라고 보기는 어렵고, 따라서 이러한 위법을 들어 수용재결처분의 취소를 구하거나 무효확인을 구할 수는 없다(대법원 2000. 10. 13. 선고 2000두5142 판결).

Ⅲ. 공용수용의 약식절차

공용수용은 앞서 살펴본 보통절차에 의하는 것이 원칙이나, 예외적으로 약식절차에 의할 수도 있다. 토지보상법은 공용사용에 대해서만 다음과 같은 약식절차를 규정하고 있다.

1. 천재지변시의 토지사용

천재지변이나 그 밖의 사변(事變)으로 인하여 공공의 안전을 유지하기 위한 공익사업을 긴급히 시행할 필요가 있을 때에는 사업시행자는 대통령령으로 정하는 바에 따라 특별자치도지사, 시장·군수 또는 구청장의 허가를 받아 즉시 타인의 토지를 사용할 수 있다. 다만, 사업시행자가 국가일 때에는 그 사업을 시행할 관계 중앙행정기관의 장이 특별자치도지사, 시장·군수 또는 구청장에게, 사업시행자가 특별시·광역시 또는 도일 때에는 특별시장·광역시장 또는 도지사가 시장·군수 또는 구청장에게 각각 통지하고 사용할 수 있으며, 사업시행자가 특별자치도, 시·군 또는 구일 때에는 특별자치도지사, 시장·군수 또는 구청장이 허가나 통지 없이 사용할 수 있다(법 제38조 제1항). 이 경우 사용기간은 6개월을 넘지 못한다(법 제38조 제3항).

이러한 토지사용으로 인한 손실의 보상은 사업시행자와 손실을 입은 자가 협의하여 결정하며, 협의가 성립되지 아니하면 사업시행자나 손실을 입은 자는 대통령령으로 정하는 바에 따라 관할 토지수용위원회에 재결을 신청할 수 있다(법 제38조제5항, 제9조 제6항, 제7항).

2. 시급을 요하는 토지사용

재결신청을 받은 토지수용위원회는 그 재결을 기다려서는 재해를 방지하기 곤란하거나 그 밖에 공공의 이익에 현저한 지장을 줄 우려가 있다고 인정할 때에는 사업시행자의 신청을 받아 대통령령으로 정하는 바에 따라 담보를 제공하게 한 후 즉시 해당 토지의 사용을 허가할 수 있다. 다만, 국가나 지방자치단체가 사업시행자인 경우에는 담보를 제공하지 아니할 수 있다(법 제39조 제1항). 이 경우 토지의 사용기간은 6개월을 넘지 못한다(법 제39조 제2항).

시급을 요하는 토지사용의 경우 토지수용위원회의 재결이 있기 전에 토지소유자나 관계인이 청구할 때에는 사업시행자는 자기가 산정한 보상금을 토지소유자나 관계인에게 지급하여야 한다. 사업시행자가 토지수용위원회의 재결에 따른 보상금의 지급시기까지 보상금을 지급하지 아니하면 토지소유자나 관계인은 제공된 담보의 전부 또는 일부를 취득한다(법 제41조 제1항, 제2항).

제6항 공용수용의 효과

Ⅰ. 사업시행자의 권리취득

1. 권리취득의 시기

사업시행자는 수용의 개시일에 토지나 물건의 소유권을 취득한다(법 제45조 제1항). 여기서 수용의 개시일이라 함은 토지수용위원회가 재결로 정한 수용의 효과가 발생하는 날이다. 수용절차는 협의의 성립이나 재결로 완료되는 것이나, 권리득실의 효과는 그 즉시 발생하는 것이 아니라 따로 정하여진 수용의 개시일에 발생한다. 이것은 재결한 날로부터 수용의 개시일까지 사이에 사업시행자에 의한 보상금의 지급·공탁과 피수용자에 의한 목적물의 인도·이전을 완료하게 하려는 데에 있다[26].

사업시행자가 수용 또는 사용의 개시일까지 관할 토지수용위원회가 재결한 보상금을 지급하거나 공탁하지 아니하였을 때에는 해당 토지수용위원회의 재결은 효력을 상실한다(법 제42조 제1항). 그러나 사업시행자가 보상금을 지급·공탁하기만 하면 비록 피수용자가 목적물을 인도·이전하지 아니하더라도 수용의 시기에 권리취득의 효과가 발생한다.

2. 권리의 원시취득

수용에 의하여 사업시행자는 수용목적물에 대한 소유권을 취득하며, 그 토지나 물건에 관한 다른 권리는 이와 동시에 소멸한다(법 제45조 제1항). 즉 수용에 의한 사업시행자의 권리취득은 원권리자의 권리의 승계취득이 아니라, 법률의 규정에 의한 원시취득이다. 사업시행자의 권리취득은 원소유자의 소유권이 사업시행자에게 이전한다거나 또는 종래의 소유권과 기타의 권리가 모두 사업시행자에게 이전함으로써 소유권 이외의 권리가 혼동(민법 제191조)에 의하여 소멸하고 소유권만이 사업시행자에게 남는 것이 아니라, 수용의 개시일이 도래함으로써 소유권 등 종래부터 그 토지상에 존재하던 권리(그것이 사법상의 권리이든 공법상의 권리이든)가 모두 소멸하고(이를 수용의 대물적 효과라 부른다) 그것에 대신하여 새로운 소유권이 사업시행자에게 발생하는 것이다[27]. 따라서 사업시행자가 취득하는 소유권은 아무런 부담이나 하자가 없는 완전한 소유권이며, 따라서 민법상 매매에 있어서와 같은 담보책임 등의 문제는 발생하지 않는다.

그러나 예외적으로 토지수용위원회가 재결로써 인정한 권리는 토지수용에 의하여 소멸되거나 그 행사가 정지되지 아니한다(법 제45조 제3항).

기업자가 과실 없이 등기부상 소유명의자를 피수용자로 하여 한 토지수용의 효력: 기업자가 과실 없이 진정한 토지소유자를 알지 못하여 형식상의 권리자인 등기부상 소유명의자를 그 피수용자로 확정하더라도 적법하고, 그 수용의 효과로서 수용 목적물의 소유자가 누구임을 막론하고 이미 가졌던 소유권이 소멸함과 동시에 기업자는 완전하고 확실하게 그 권리를 원시취득한다(대법원 1995. 12. 22. 선고 94다40765 판결).

3. 등기

수용에 의한 사업시행자의 권리취득에는 등기를 요하지 않는다(민법 187 본문). 그러나, 취득한 소유권을 타인에게 처분하기 위하여는 등기하여야 한다(민법 187 단서). 수용

26) 김동희, 전게서, 405면; 박윤흔·정형근, 전게서, 577면; 김철용, 전게서, 567면.
27) 김철용, 전게서, 568면.

으로 인한 소유권이전등기는 등기권리자가 단독으로 신청할 수 있다(부동산등기법 제99조 제1항).

Ⅱ. 수용목적물의 인도·이전의무

1. 인도·이전의무

토지소유자 및 관계인과 그 밖에 토지소유자나 관계인에 포함되지 아니하는 자로서 수용하거나 사용할 토지나 그 토지에 있는 물건에 관한 권리를 가진 자는 수용 또는 사용의 개시일까지 그 토지나 물건을 사업시행자에게 인도하거나 이전하여야 한다(법 제43조). 인도란 토지나 물건의 점유를 풀어서 다른 사람에게 옮기는 것을 말하며, 이전이란 물건이 있는 장소를 다른 곳으로 옮기는 것을 말한다.

인도·이전의무는 권리취득소멸(수용)의 효과발생의 조건이 아니다. 목적물의 인도·이전이 없는 경우에도 보상금이 지급되고 수용의 개시일이 도래하면 사업시행자는 목적물에 대한 권리를 취득하는 등 수용의 효과가 발생한다.

목적물의 인도·이전의무와 사업시행자의 보상금지급의무는 동시이행관계에 있지 않다. 그러므로 피수용자가 인도이전의무를 이행하지 않는 경우에도, 사업시행자는 수용의 개시일까지 보상금을 지급하여야 하며, 만일 지급하지 아니하면 재결의 효력이 상실된다.

사업시행자가 당해 토지나 물건의 소유권을 취득하게 되는 시기는 수용의 개시일이므로 사업시행자가 토지나 물건을 인도·이전받을 권리는 소유권에 기한 권리라고 볼 수 없고 재결의 효과로서 법률이 직접 부여한 권리라고 보아야 한다.

토지수용법 제63조에 의한 토지소유자의 토지 등 인도의무에 목적물에 대한 하자담보책임이 포함되는지 여부(소극): 토지수용법에 의한 수용재결의 효과로서 수용에 의한 기업자의 토지소유권 취득은 토지소유자와 수용자와의 법률행위에 의하여 승계취득하는 것이 아니라, 법률의 규정에 의하여 원시취득하는 것이므로, 토지소유자가 토지수용법 제63조의 규정에 의하여 부담하는 토지의 인도의무에는 수용목적물에 숨은 하자가 있는 경우에도 하자담보책임이 포함되지 아니하여 토지소유자는 수용시기까지 수용 대상 토지를 현존 상태 그대로 기업자에게 인도할 의무가 있을 뿐이다.

[2] 생략

[3] 제3자가 무단으로 폐기물을 매립하여 놓은 상태의 토지를 수용한 경우, 위 폐기물은 토지의 토사와 물리적으로 분리할 수 없을 정도로 혼합되어 있어 독립된 물건이 아니며 토지수용법 제49조 제1항의 이전료를 지급하고 이전시켜야 되는 물건도 아니어서 토지소유자는

폐기물의 이전의무가 있다고 볼 수 없다고 한 원심의 판단을 수긍한 사례.

[4] 수용재결이 있은 후에 수용 대상 토지에 숨은 하자가 발견되는 때에는 불복기간이 경과되지 아니한 경우라면 공평의 견지에서 기업자는 그 하자를 이유로 재결에 대한 이의를 거쳐 손실보상금의 감액을 내세워 행정소송을 제기할 수 있다고 보는 것이 상당하나, 이러한 불복절차를 취하지 않음으로써 그 재결에 대하여 더 이상 다툴 수 없게 된 경우에는 기업자는 그 재결이 당연무효이거나 취소되지 않는 한 재결에서 정한 손실보상금의 산정에 있어서 위 하자가 반영되지 않았다는 이유로 민사소송절차로 토지소유자에게 부당이득의 반환을 구할 수는 없다(대법원 2001. 1. 16. 선고 98다58511 판결).

2. 인도·이전의 대행 및 대집행

사업시행자가 보상금을 지급·공탁하였음에도 불구하고 피수용자인 토지소유자 및 관계인이 토지나 물건의 인도·이전의무를 이행하지 않는 경우가 문제된다. 토지보상법은 그 이행을 확보하기 위하여 대행 및 대집행제도를 두고 있다.

가. 인도·이전의 대행

특별자치도지사, 시장·군수 또는 구청장은 다음 각 호(i) 토지나 물건을 인도하거나 이전하여야 할 자가 고의나 과실 없이 그 의무를 이행할 수 없을 때, ii) 사업시행자가 과실 없이 토지나 물건을 인도하거나 이전하여야 할 의무가 있는 자를 알 수 없을 때)의 어느 하나에 해당할 때에는 사업시행자의 청구에 의하여 토지나 물건의 인도 또는 이전을 대행하여야 한다(법 제44조 제1항).

제1항에 따라 특별자치도지사, 시장·군수 또는 구청장이 토지나 물건의 인도 또는 이전을 대행하는 경우 그로 인한 비용은 그 의무자가 부담한다(법 제44조 제2항).

나. 대집행

(1) 법률의 규정

토지보상법 또는 토지보상법에 따른 처분으로 인한 의무를 이행하여야 할 자가 그 정하여진 기간 이내에 의무를 이행하지 아니하거나 완료하기 어려운 경우 또는 그로 하여금 그 의무를 이행하게 하는 것이 현저히 공익을 해친다고 인정되는 사유가 있는 경우에는 사업시행자는 시·도지사나 시장·군수 또는 구청장에게 「행정대집행법」에서 정하는 바에 따라 대집행을 신청할 수 있다. 이 경우 신청을 받은 시·도지사나 시장·군수 또는 구청장은 정당한 사유가 없으면 이에 따라야 한다(법 제89조 제1항).

사업시행자가 국가나 지방자치단체인 경우에는 제1항에도 불구하고 「행정대집행법」

에서 정하는 바에 따라 직접 대집행을 할 수 있다(법 제89조 제2항).

(2) 대집행권자

사업시행자가 국가나 지방자치단체인 경우에는 시·도지사나 시장·군수 또는 구청장에게 대집행을 신청하거나 직접 대집행할 수 있고, 사업시행자가 국가나 지방자치단체가 아닌 경우에는 직접 대집행할 수는 없고 시·도지사나 시장·군수 또는 구청장에게 대집행을 신청하여야 한다.

(3) 토지나 물건의 인도·이전의무 불이행에 대한 대집행

토지보상법 제89조는 수용목적물의 인도·이전에 관한 대집행을 규정하고 있는데, 이 규정을 토지나 물건의 인도·이전의 경우에도 적용할 수 있는가에 관하여는 견해가 대립하고 있다.

① 부정설: 이 견해는 토지나 물건의 인도·이전의무는 원칙상 비대체적 작위의무이므로 행정대집행법 상의 대집행의 대상이 되지 않고, 따라서 토지나 물건의 인도·이전의무의 이행에 있어서 토지보상법 제89조에 의한 대집행은 불가능하다고 보는 견해이다.

② 긍정설: 토지나 물건의 인도·이전의무는 비대체적 작위의무이므로 원칙적으로 대집행의 대상이 되지 않으나, 토지보상법 제89조가 수용목적물인 토지나 물건의 인도·이전에 대한 대집행을 명문으로 인정하고 있으므로 예외적으로 대집행이 가능한 것으로 보아야 한다는 견해이다. 다만 이 경우의 대집행은 실질적으로는 직접강제라고 보는 것이 타당하다고 본다.

③ 판례: 판례는 수용대상 토지나 물건의 인도의무가 대집행의 대상이 될 수는 없다고 보아 부정설의 입장이다. 다만 이 경우 수용대상 토지의 인도의무를 피보전권리로 하는 민사상의 명도단행가처분은 허용된다고 보고 있다.

[1] 구 토지수용법상 피수용자 등이 기업자에 대하여 부담하는 수용대상 토지의 인도의무가 행정대집행법에 의한 대집행의 대상이 될 수 있는지 여부(소극): 피수용자 등이 기업자에 대하여 부담하는 수용대상 토지의 인도의무에 관한 구 토지수용법(2002. 2. 4. 법률 제6656호 공익사업을 위한 토지 등의 취득 및 보상에 관한 법률 부칙 제2조로 폐지) 제63조, 제64조, 제77조 규정에서의 '인도'에는 명도도 포함되는 것으로 보아야 하고, 이러한 명도의무는 그것을 강제적으로 실현하면서 직접적인 실력행사가 필요한 것이지 대체적 작위의무라고 볼 수 없으므로 특별한 사정이 없는 한 행정대집행법에 의한 대집행의 대상이 될 수 있는 것이 아니다.

[2] 구 토지수용법상 피수용자 등이 기업자에 대하여 부담하는 수용대상 토지의 인도 또는 그 지장물의 명도의무를 피보전권리로 하는 명도단행가처분의 허용 여부(적극): 구 토지수용법(2002. 2. 4. 법률 제

6656호 공익사업을 위한 토지 등의 취득 및 보상에 관한 법률 부칙 제2조로 폐지) 제63조의 규정에 따라 피수용자 등이 기업자에 대하여 부담하는 수용대상 토지의 인도 또는 그 지장물의 명도의무 등이 비록 공법상의 법률관계라고 하더라도, 그 권리를 피보전권리로 하는 명도단행가처분은 그 권리에 끼칠 현저한 손해를 피하거나 급박한 위험을 방지하기 위하여 또는 그 밖의 필요한 이유가 있을 경우에는 허용될 수 있다(대법원 2005. 08. 19. 선고 2004다2809 판결).

Ⅲ. 위험부담의 이전

사법상의 매매에 있어서는 당사자 일방의 채무가 당사자쌍방의 책임없는 사유로 이행할 수 없게 된 경우 채무자는 상대방의 이행을 청구하지 못한다(민법 제537조). 이를 채무자위험부담주의라고 한다.

그러나, 토지수용위원회의 재결이 있은 후 수용하거나 사용할 토지나 물건이 토지소유자 또는 관계인의 고의나 과실 없이 멸실되거나 훼손된 경우 그로 인한 손실은 사업시행자가 부담한다(법 제46조). 위험부담의 이전 시점이 수용이나 사용의 시기가 아니라 재결시라는 점에 주의할 필요가 있다. 이것은 보상금을 지급받을 토지소유자 등의 권리를 멸실·훼손의 위험부담으로부터 보호하려는 취지이다.

Ⅳ. 손실보상

공용수용은 공익사업을 위하여 타인의 재산권을 강제적으로 취득하는 것이고, 그로 인한 피수용자의 손실은 특별한 희생에 해당하므로 그에 대하여는 정당한 보상을 지급하여야 한다. 토지보상법은 제6장에서 토지 등의 수용 또는 사용으로 인한 손실보상에 관하여 근거규정을 두고 있다.

1. 보상금의 지급시한과 공탁

가. 보상금의 지급시한

사업시행자는 제38조(천재지변 시의 토지의 사용) 또는 제39(시급을 요하는 토지사용)조에 따른 사용의 경우를 제외하고는 수용 또는 사용의 개시일(토지수용위원회가 재결로써 결정한 수용 또는 사용을 시작하는 날을 말한다)까지 관할 토지수용위원회가 재결한 보상금을 지급하여야 한다(법 제40조 제1항).

사업인정고시가 된 후 권리의 변동이 있을 때에는 그 권리를 승계한 자가 제1항에 따른 보상금 또는 제2항에 따른 공탁금을 받는다(법 제40조 제3항).

사업시행자가 수용 또는 사용의 개시일까지 관할 토지수용위원회가 재결한 보상금을 지급하거나 공탁하지 아니하였을 때에는 해당 토지수용위원회의 재결은 효력을 상실한다(법 제42조 제1항).

나. 공탁

사업시행자는 다음 각 호의 어느 하나에 해당할 때에는 수용 또는 사용의 개시일까지 수용하거나 사용하려는 토지등의 소재지의 공탁소에 보상금을 공탁할 수 있다(법 제40조 제2항).

① 보상금을 받을 자가 그 수령을 거부하거나 보상금을 수령할 수 없을 때
② 사업시행자의 과실 없이 보상금을 받을 자를 알 수 없을 때
③ 관할 토지수용위원회가 재결한 보상금에 대하여 사업시행자가 불복할 때
④ 압류나 가압류에 의하여 보상금의 지급이 금지되었을 때

가. 이의신청 및 소송의 계속 중에 이의를 보류하지 아니하고 한 토지수용보상금 공탁금의 수령의 효과: 기업자가 토지수용법 제61조 제2항 제1호에 의하여 토지수용위원회가 재결한 토지수용보상금을 공탁한 경우에 그 공탁은 기업자가 토지소유자에 대하여 부담하는 토지수용에 따른 보상금 지급의무의 이행을 위한 것으로서 민법상 변제공탁과 다를 바 없으므로 토지소유자가 아무런 이의를 유보함이 없이 공탁금을 수령하였다면 토지소유자는 토지수용위원회의 재결에 승복하여 그 공탁의 취지에 따라 보상금을 수령한 것이라고 봄이 상당하므로 이로써 기업자의 보상금 지급의무가 확정적으로 소멸하는 것이고, 토지소유자가 위 재결에 대하여 이의신청을 제기하거나 소송을 제기하고 있는 중이라고 할지라도 그 쟁송중에 보상금 일부의 수령이라는 등 유보의 의사표시를 함이 없이 공탁금을 수령한 이상, 이는 종전의 수령거절 의사를 철회하고 재결에 승복하여 공탁한 취지대로 보상금 전액을 수령한 것이라고 볼 수밖에 없음은 마찬가지이며, 공탁금 수령당시 이의신청이나 소송이 계속 중이라는 사실만으로 공탁금 수령에 관한 이의유보의 의사표시가 있는 것과 같이 볼 수는 없다.

나. 공탁된 토지수용보상금의 수령에 관한 이의유보 의사표시의 상대방: 공탁된 토지수용보상금의 수령에 관한 이의유보의 의사표시는 그 공탁원인에 승복하여 공탁금을 수령하는 것임이 아님을 분명히 함으로써 공탁한 취지대로 채권소멸의 효과가 발생함을 방지하고자 하는 것이므로, 그 의사표시의 상대방은 반드시 공탁공무원에 국한할 필요가 없고 보상금 지급의무자인 기업자에 대하여 이의유보의 의사표시를 하는 것도 가하다고 할 것이나, 이 사건에서 국립원호병원의 토지수용담당 주무과장이 기업자인 원호처장을 위하여 공탁금 수령에 관한 의사표시를 수령할 권한 있는 자라고 인정할 만한 자료가 없으니 원고가 공탁금 수령전에 위 주무과장에게 보상금의 일부 수령이라는 뜻을 밝힌 사실만으로는 기업자에 대한 이의유보의

의사표시가 있었던 것이라고 단정하기는 어렵다고 할 것이다(대법원 1982. 11. 9. 선고 82누197 전원합의체 판결【토지수용재결처분취소】).

2. 손실보상의 원칙

가. 사업시행자보상의 원칙

공익사업에 필요한 토지 등의 취득 또는 사용으로 인하여 토지소유자나 관계인이 입은 손실은 사업시행자가 보상하여야 한다(법 제61조).

나. 사전보상의 원칙

사업시행자는 해당 공익사업을 위한 '공사에 착수하기 이전에' 토지소유자와 관계인에게 보상액 전액을 지급하여야 한다. 다만, 제38조에 따른 천재지변 시의 토지 사용과 제39조에 따른 시급한 토지 사용의 경우 또는 토지소유자 및 관계인의 승낙이 있는 경우에는 그러하지 아니하다(법 제62조).

토지보상법이 사전보상의 원칙을 명시한 것은 피수용자에 대한 손실보상을 철저히 하려는 취지이다.

다. 전액보상의 원칙

사업시행자는 해당 공익사업을 위한 공사에 착수하기 이전에 토지소유자와 관계인에게 보상액 '전액을' 지급하여야 한다(법 제62조). 여기서 말하는 전액지급은 통상 일시금으로 이루어질 것이다. 분할급이 행하여진다고 할지라도 공사착수 이전에 전액이 지급되면 문제가 되지 않는다고 보아야 할 것이다[28].

라. 개인별보상의 원칙

손실보상은 토지소유자나 관계인에게 개인별로 하여야 한다. 다만, 개인별로 보상액을 산정할 수 없을 때에는 그러하지 아니하다.(법 제64조).

판례도 보상은 수용 또는 사용의 대상이 되는 물건별로 하는 것이 아니라 피보상자 개인별로 행하여지는 것이라고 판시하고 있다(대법원 2000. 1. 28. 선고 97누11720 판결).

마. 사업시행 이익과의 상계금지의 원칙

사업시행자는 동일한 소유자에게 속하는 일단(一團)의 토지의 일부를 취득하거나 사용하는 경우 해당 공익사업의 시행으로 인하여 잔여지의 가격이 증가하거나 그 밖의 이

28) 홍정선, 행정법원론(상), 제19판, 2011, 747면.

익이 발생한 경우에도 그 이익을 그 취득 또는 사용으로 인한 손실과 상계할 수 없다(법 제66조).

바. 현금보상의 원칙

(1) 원칙

손실보상은 다른 법률에 특별한 규정이 있는 경우를 제외하고는 현금으로 지급하여야 한다(법 제63조 제1항).

(2) 현물보상

손실보상은 현물보상의 형태로도 이루어 질 수 있다. 토지보상법상의 대토보상(제63조 제1항 단서, 제2항 내지 제5항), 도시 및 주거환경정비법상의 재개발사업에 의한 주택 기타 시설물의 분양(제48조, 제50조 등), 농어촌정비법(제43조, 제44조)이나 도시개발법상(제39조, 제40조)의 환지처분 등을 그 예로 들 수 있다.

(3) 채권보상

(가) 의의

토지보상법은 금전보상을 원칙으로 하면서도, 예외적으로 일정한 경우에는 채권보상을 할 수 있거나, 반드시 채권보상을 하도록 하고 있다(법 제63조 제7항, 제8항). 그 이유는 보상을 위한 재정부족 문제를 완화하여 공익사업의 원할한 수행을 도모하기 위함이다. 다른 한편으로는 대규모 보상에 따른 토지투기를 막기 위하여 채권보상이 활용되기도 한다.

(나) 채권보상의 요건

1) 임의적 채권보상: 임의적 채권보상이 인정되기 위해서는 ① 사업시행자가 국가, 지방자치단체, 그 밖에 대통령령으로 정하는 '공공기관의 운영에 관한 법률'에 따라 지정·고시된 공공기관 및 공공단체이어야 한다. ② 다음 각 호의 어느 하나에 해당되어야 한다. ⅰ) 토지소유자나 관계인이 원하는 경우, ⅱ) 사업인정을 받은 사업의 경우에는 대통령령으로 정하는 부재부동산 소유자의 토지에 대한 보상금이 대통령령으로 정하는 일정 금액을 초과하는 경우로서 그 초과하는 금액에 대하여 보상하는 경우(법 제63조 제7항).

2) 의무적 채권보상: 토지투기가 우려되는 지역으로서 대통령령으로 정하는 지역에서 ⅰ) '택지개발촉진법'에 따른 택지개발사업, ⅱ) '산업입지 및 개발에 관한 법률'에 따른 산업단지개발사업, ⅲ) 그 밖에 대규모 개발사업으로서 대통령령으로 정하는 사업의 어느 하나에 해당하는 공익사업을 시행하는 자 중 대통령령으로 정하는 '공공기관의 운영에 관

한 법률'에 따라 지정·고시된 공공기관 및 공공단체는 제7항에도 불구하고 제7항 제2호에 따른 부재부동산 소유자의 토지에 대한 보상금 중 대통령령으로 정하는 1억원 이상의 일정 금액을 초과하는 부분에 대하여는 해당 사업시행자가 발행하는 채권으로 지급하여야 한다(법 제63조 제8항).

(다) 채권보상의 위헌성 여부

위헌설의 논거는 다음과 같다. ⅰ) 채권보상은 보상금을 수용과 동시에 지급하지 않고 사실상 후급한다는 점에서 위헌의 소지가 있다. ⅱ) 부재부동산 소유자의 토지도 헌법 제23조 제1항에 의하여 보장된 재산권에 속하는데, 그에 대한 보상금만을 채권으로 지급하는 것은 헌법 제11조의 평등원칙에 반할 여지가 있으며, 아울러 채권보상제에 기하여 장기간에 걸처 일정수준 이하의 금리만을 지급하는 것은 정당한 보상을 정하고 있는 헌법 제23조 제3항과의 관계에서도 위헌의 여지가 있다.

합헌설의 논거는 다음과 같다. ⅰ) 우리 헌법 제23조 제3항은 '보상은 법률로서 하되' 라고 규정하고 있으므로 통상적인 수익만 보장된다면 법률로서 보상의 방법을 후급으로 정할 수 있다. ⅱ) 부재부동산 소유자는 당해 토지를 직접 자기의 생활에 제공하고 있는 거주자와는 달리 토지를 자산증식수단으로 소유하고 있으므로 토지보유목적인 통상적인 수익만 보장된다면 양자를 달리 취급할 합리적인 있다고 보아야 한다.

합헌설이 타당하다. 다만 국민의 재산권을 보장한다는 차원에서 강제적인 채권보상은 필요한 최소한도의 범위로 제한되어야 하며 남용되어서는 안 될 것이다.

3. 손실보상의 산정기준

보상액의 산정은 협의에 의한 경우에는 협의 성립 당시의 가격을, 재결에 의한 경우에는 수용 또는 사용의 재결 당시의 가격을 기준으로 한다(법 제67조 제1항). 토지보상법은 제67조 제1항에 따른 보상액 산정의 기준이 되는 시점을 '가격시점'이라고 부른다(법 제2조 제6호).

한편 보상액을 산정할 경우에 해당 공익사업으로 인하여 토지 등의 가격이 변동되었을 때에는 이를 고려하지 아니한다(법 제67조 제2항). 이는 공익사업으로 개발이익이 생기는 경우에 그 이익은 보상액에서 배제한다는 의미이다.

기타 자세한 내용은 행정구제법의 해당 부분을 참조하기 바람.

4. 손실보상의 내용

손실보상의 주요 내용은 다음과 같다.

① 취득하는 토지의 보상(법 제70조).
② 사용하는 토지의 보상 및 매수(법 제71조, 제72조).
③ 잔여지 등 보상: 잔여지의 손실과 공사비보상(법 제73조), 잔여지의 매수 및 수용청구(법 제74조).
④ 건축물 등 물건에 대한 보상(법 제75조).
⑤ 잔여 건축물의 손실에 대한 보상 등(법 제75조의2).
⑥ 권리의 보상(법 제76조).
⑦ 영업의 손실 등에 대한 보상(법 제77조).
⑧ 이주대책의 수립 등(법 제78조).
⑨ 그 밖의 토지에 관한 비용보상 등(법 제79조).
그에 관한 자세한 내용은 행정구제법의 해당 부분을 참조하기 바람.

제7항 (수용)재결에 대한 불복

토지수용위원회의 재결도 행정처분에 해당하므로, 재결에 대하여 불복이 있는 경우에는 행정상 쟁송절차에 따라 그 취소 등을 구할 수 있다. 토지보상법은 재결에 대한 불복절차로 이의신청(제83조)과 행정소송(제85조)을 제기할 수 있도록 규정하고 있다. 여기서 이의신청은 임의적 절차이므로 이의신청을 거치지 않고 바로 행정소송을 제기할 수도 있다.

그에 대한 자세한 내용은 행정구제법의 관련 내용을 참고하기 바람.

제8항 환매권

【2017년도 시행 제59회 사법시험 문제】 A시는 도로사업 부지를 취득하기 위하여 「공익사업을 위한 토지 등의 취득 및 보상에 관한 법률」(이하 '토지보상법'이라 한다)에 따라 2013. 11. 15. 甲으로부터 토지를 협의취득하여 2013. 11. 22. A시 앞으로 소유권이전등기를 마쳤다. 그 후 A시의 시장은 甲의 토지를 포함한 이 사건 도로사업 부지를 택지개발사업에 이용하기 위해 2016. 4. 25. 도로사업을 토지보상법상 사업인정이 의제되는 택지개발사업으로 변경·고시하였다. 甲은 자신의 토지가 도로사업에 필요 없게 되었다고 판단하여 보상금에 상당하는 금액을 공탁한 후, 2017. 3. 24. A시에게 환매의사표시를 하고 소유권이전등기청구소송을 제기하였다. 이 청구는 인용될 수 있겠는가? (20점)

Ⅰ. 의의

1. 개념

환매권이라 함은 공익사업을 위해 취득(협의취득 또는 수용)된 토지 등이 당해 사업에 필요없게 되거나 일정기간 동안 당해 사업에 이용되지 않는 경우에, 원소유자 등이 일정한 요건하에 당해 토지 등을 다시 매수하여 소유권을 회복할 수 있는 권리를 말한다.

2. 법적 성질

환매권이 공권인지, 아니면 사권인지가 문제된다. 이는 환매에 관하여 다툼이 있는 경우에 행정소송(공법상 당사자소송)을 제기하여야 하는지, 아니면 민사소송을 제기하여야 하는지의 문제와 관련된다.

가. 공권설

환매권은 공법적 원인에 기하여 야기된 법적 상태를 원상으로 회복하는 수단이므로 공권으로 보아야 한다고 보는 견해 등이 이에 속한다[29].

나. 사권설

환매권은 개인이 행정청에 대하여 청구를 하고 이에 따라 행정청이 수용을 해제하는 것이 아니고, 개인이 전적으로 그의 이익을 위하여 일방적으로 수용의 목적물을 다시 취득할 수 있는 권리이므로 사권이라고 보는 견해이다[30].

다. 판례

재판실무상 환매에 관한 사건은 민사사건으로 다루어지고 있다.

과거 판례는 사업시행자가 환매권자를 상대로 하는 환매가격의 증감에 관한 소송을 공법상 당사자소송이라고 보고 있었으나(대법원 2000. 11. 28. 선고 99두3416 판결), 이후 태도를 변경하여 환매권의 존부에 관한 확인을 구하는 소송 및 구 토지보상법 제91조 제4항에 따라 환매금액의 증감을 구하는 소송 역시 민사소송에 해당한다고 보고 있다(대법원 2013. 2. 28. 선고 2010두22368 판결).

---

29) 홍정선, 행정법원론(하), 제25판, 2017, 666면.
30) 박윤흔·정형근, 최신 행정법강의(하), 개정28판, 2009, 579면.

징발재산환매권의 법적 성질 및 그 존속기간: 징발재산정리에관한특별조치법 제20조 소정의 환매권은 일종의 형성권으로서 그 존속기간은 제척기간으로 보아야 할 것이며, 위 환매권은 재판상이든 재판외이든 그 기간 내에 행사하면 이로써 매매의 효력이 생기고, 위 매매는 같은 조 제1항에 적힌 환매권자와 국가 간의 사법상의 매매라 할 것이다(대법원 1992. 4. 24. 선고 92다4673 판결).

구 토지수용법 제75조의2 제2항에 의하여 사업시행자가 환매권자를 상대로 하는 환매가격의 증감에 관한 소송의 종류(=공법상 당사자소송): 공공용지의취득및손실보상에관한특례법 제9조 제3항, 같은법시행령 제7조 제1항, 제3항 및 토지수용법 제73조 내지 제75조의2의 각 규정에 의하면 토지수용법 제75조의2 제2항에 의하여 사업시행자가 환매권자를 상대로 하는 소송은 공법상의 당사자소송으로 사업시행자로서는 환매가격이 환매대상토지의 취득 당시 지급한 보상금 상당액보다 증액 변경될 것을 전제로 하여 환매권자에게 그 환매가격과 위 보상금 상당액의 차액의 지급을 구할 수 있다(대법원 2000. 11. 28. 선고 99두3416 판결).

구 공익사업을 위한 토지 등의 취득 및 보상에 관한 법률(2010. 4. 5. 법률 제10239호로 일부 개정되기 전의 것, 이하 '구 공익사업법'이라 한다) 제91조에 규정된 환매권은 상대방에 대한 의사표시를 요하는 형성권의 일종으로서 재판상이든 재판 외이든 위 규정에 따른 기간 내에 행사하면 매매의 효력이 생기는 바(대법원 2008. 6. 26. 선고 2007다24893 판결 참조), 이러한 환매권의 존부에 관한 확인을 구하는 소송 및 구 공익사업법 제91조 제4항에 따라 환매금액의 증감을 구하는 소송 역시 민사소송에 해당한다(대법원 2013. 2. 28. 선고 2010두22368 판결).

Ⅱ. 환매권의 근거

1. 이론적 근거

종래 환매권의 근거를 피수용자의 감정의 존중이나 공평의 원칙에서 찾는 것이 일반적이었다[31]. 하지만 오늘날에는 환매권의 이론적 근거를 재산권보장, 보다 정확히 말하면 재산권의 존속보장에서 찾는 것이 유력하다[32]. 재산권자는 공공필요를 위하여 재산권의 존속보장이 희생되고 재산권의 가치만이 보장되는 것을 용인하여야 하지만, 이후에 공공필요가 없어지게 된 경우에는 재산권보장을 위하여 존속보장을 회복시켜 주는 환매를 인정하는 것이 타당하다는 것이다.

31) 박윤흔·정형근, 전게서, 580면.
32) 박균성, 전게서, 508면.

2. 실정법상 근거

가. 헌법적 근거

환매권은 헌법상의 재산권 보장에 근거하고 있다. 헌법재판소도 "수용된 토지 등이 공공사업에 필요없게 되었을 경우에 피수용자가 그 토지 등의 소유권을 회복할 수 있는 권리 즉 환매권은 헌법상의 재산권 보장으로부터 도출되는 것으로서 헌법이 보장하는 재산권의 내용에 포함되는 권리라고 보고 있다(헌법재판소 1995. 10. 26. 선고 95헌바22 전원재판부).

나. 법률상 근거

환매권이 헌법상의 재산권보장규정에 근거하고 있다고 할지라도 위 재산권보장규정만으로 환매권을 바로 행사할 수 있는 것인지, 아니면 개별 법령상의 근거가 있어야만 하는지에 대하여는 논란이 있다 .

대법원의 경우 환매권은 헌법상 재산권 보장규정을 근거로 하여 바로 행사할 수 있는 것은 아니며, 법률의 규정에 의하여서만 인정되는 권리라고 보고 있다(대법원 1993. 6. 29. 선고 91다43480 판결; 대법원 1998. 4. 10. 선고 96다52359 판결). 환매의 행사요건, 기간, 방법 등이 법률에 의해 구체화 되지 않은 상태에서 추상적인 헌법규정만으로 는 실효적인 환매권의 행사를 기대하기 어렵다는 점에서 판례의 태도는 타당하다.

현행 실정법 상으로는 공익사업을 위한 토지 등의 취득 및 보상에 관한 법률(제91조, 제92조), 택지개발촉진법(제13조) 등에서 환매권의 근거규정을 찾아 볼 수 있다.

이하에서는 '공익사업을 위한 토지 등의 취득 및 보상에 관한 법률(이하 '토지보상법' 이라고만 한다)'이 규정하고 있는 환매권을 중심으로 그 내용을 살펴보기로 한다.

> 토지수용법이나 공공용지의취득및손실보상에관한특례법 등에서 규정하고 있는 바와 같은 환매권은 공공의 목적을 위하여 수용 또는 협의취득된 토지의 원소유자 또는 그 포괄승계인에게 재산권보장과 관련하여 공평의 원칙상 인정하고 있는 권리로서 민법상의 환매권과는 달리 법률의 규정에 의하여서만 인정되고 있으며, 그 행사요건, 기간 및 방법 등이 세밀하게 규정되어 있는 점에 비추어 다른 경우에까지 이를 유추적용할 수 없고, 환지처분에 의하여 공공용지로서 지방자치단체에 귀속되게 된 토지에 관하여는 토지구획정리사업법상 환매권을 인정하고 있는 규정이 없고, 이를 공공용지의취득및손실보상에관한특례법상의 협의취득이라고도 볼 수 없으므로 같은 특례법상의 환매권에 관한 규정을 적용할 수 없다(대법원 1993. 6. 29. 선고 91다43480 판결).

피수용자가 법령에 의하지 아니하고 헌법 제23조를 근거로 하여 곧바로 수용토지의 소유권 회복에 관한 권리를 행사할 수 있는지 여부(소극): 재산권 보장규정인 헌법 제23조 제1항, 제3항의 근본취지에 비추어 볼 때, 어느 토지에 관하여 공공필요에 의한 수용절차가 종료되었다고 하더라도 그 후에 수용의 목적인 공공사업이 수행되지 아니하거나 또는 수용된 토지를 당해 공공사업에 이용할 필요가 없게 된 경우에는 특별한 사정이 없는 한 피수용자에게 그의 의사에 따라 수용토지의 소유권을 회복할 수 있는 권리를 인정하여야 할 것이다. 그러나 한편, 국가가 공공필요에 의하여 보상금을 지급하고 토지 소유권을 수용함으로써 이를 취득한 마당에 사후적으로 그 토지에 대한 수용목적이 소멸하였다고 하여 피수용자가 오랜 세월이 지난 후에도 언제든지 일방적으로 수용토지의 소유권을 회복할 수 있다고 한다면 수용토지를 둘러싼 권리관계를 심히 불안정하게 하고 이로 인하여 그 토지의 효율적인 이용이나 개발을 저해하는 등의 불합리한 결과를 초래할 수 있다고 할 것인바, 이러한 결과는 헌법이 기본원리로 하고 있는 법치주의의 요소인 법적 안정성 등에는 반하는 것이라고 할 것이다. 뿐만 아니라 수용된 토지에 국가나 기업자가 투자하여 개발한 이익이 있는 경우 그 이익이 공평하게 분배될 수 있도록 하는 조치도 필요하다. 그러므로 입법자는 수용토지에 대한 수용목적이 소멸한 경우에 피수용자가 그 토지의 소유권을 회복할 수 있는 권리의 내용, 성립요건, 행사기간·방법 및 소유권 회복시 국가나 기업자에게 지급하여야 할 대금 등을 규정함으로써 그 권리를 구체적으로 형성하여 보장함과 동시에 이를 법적 안정성, 형평성 등 다른 헌법적 요청과 조화시키는 내용의 법령을 제정하여야 할 것이고, 피수용자로서는 입법자가 제정한 법령에 의하여 수용토지 소유권의 회복에 관한 권리를 행사할 수 있는 것이라고 해석함이 상당하다. 따라서 입법자가 법령을 제정하지 않고 있거나 이미 제정된 법령이 소멸하였다고 하여 피수용자가 곧바로 헌법상 재산권 보장규정을 근거로 하여 국가나 기업자를 상대로 수용목적이 소멸한 토지의 소유권 이전을 청구할 수 있는 것은 아니라고 보아야 할 것이며, 피수용자의 토지가 위헌인 법률에 의하여 수용되었다고 하여 달리 볼 것도 아니다(대법원 1998. 4. 10. 선고 96다52359 판결).

Ⅲ. 환매의 요건

1. 환매권자

토지보상법 상의 환매권자는 '협의취득일 또는 수용의 개시일 당시의 토지소유자 또는 그 포괄승계인'이다. 따라서 지상권자 기타 토지소유권자가 아닌 권리자는 환매권이 없다. 또한 환매권은 양도의 대상이 될 수 없으므로, 환매권을 양도하여 그 양수인이 사업시행자로부터 환매의 목적물을 환매받을 수는 없다(대법원 2001. 5. 29. 선고 2001다11567 판결).

공공용지의취득및손실보상에관한특례법이 환매권을 인정하는 입법 취지 및 제3자에 대한 환매권의 양도 가부(소극): 공공용지의취득및손실보상에관한특례법이 환매권을 인정하고 있는 입법 취지는 토지 등의 원소유자가 사업시행자로부터 토지 등의 대가로 정당한 손실보상을 받았다고 하더라도 원래 자신의 자발적인 의사에 따라서 그 토지 등의 소유권을 상실하는 것이 아니어서 그 토지 등을 더 이상 당해 공공사업에 이용할 필요가 없게 된 때에는 원소유자의 의사에 따라 그 토지 등의 소유권을 회복시켜 주는 것이 원소유자의 감정을 충족시키고 동시에 공평의 원칙에 부합한다는 데에 있는 것이며, 이러한 입법 취지에 비추어 볼 때 특례법상의 환매권은 제3자에게 양도할 수 없고, 따라서 환매권의 양수인은 사업시행자로부터 직접 환매의 목적물을 환매할 수 없으며, 다만 환매권자가 사업시행자로부터 환매한 토지를 양도받을 수 있을 뿐이라고 할 것이다(대법원 2001. 5. 29. 선고 2001다11567 판결).

2. 환매의 목적물

토지보상법상 환매의 목적물은 '취득한 토지의 전부 또는 일부'에 대한 토지소유권이다(법 제91조 제1항). 따라서 토지 이외의 물건(예컨대 건물·입목·토석 등)이나 토지소유권 이외의 권리(예컨대 용익물권 등)는 환매의 대상이 되지 않는다.

헌법재판소는 협의취득 내지 수용 후 당해사업의 폐지나 변경이 있은 경우 환매권을 인정하는 대상으로 토지만을 규정하고 있는 토지보상법 제91조 제1항이 구 건물소유자의 재산권을 침해하는 것은 아니라고 보고 있다(헌법재판소 2005. 5. 26. 선고 2004헌가10 전원재판부).

환매권의 행사는 환매의 요건에 해당하는 토지의 전부에 대하여 행하는 것이지 그 중의 일부에 대해서만 선택적으로 행사할 수 있는 것은 아니다. 즉 토지보상법 제91조 제1항의 '토지의 전부 또는 일부'라는 표현은 수용된 토지의 일부만이 환매의 요건을 갖춘 경우에는 그 일부의 토지 전체에 대하여 환매권을 행사할 수 있는 것이고, 수용된 토지의 전부가 환매의 요건에 해당하는 경우에는 그 전부에 대하여 환매권을 행사할 수 있다는 취지이지, 환매요건에 해당하는 토지의 일부에 대해서만 환매권을 행사할 수도 있다는 것으로 볼 수는 없다[33].

3. 환매권의 통지·공고

사업시행자는 환매할 토지가 생겼을 때에는 지체 없이 그 사실을 환매권자에게 통지하여야 한다. 다만, 사업시행자가 과실 없이 환매권자를 알 수 없을 때에는 이를 공고하여

33) 김남진·김연태, 행정법Ⅱ 제21판, 2017, 622면; 박윤흔·정형근, 전게서, 582면.

야 한다(법 제92조 제1항).

환매할 토지가 생겼을 때에는 사업시행자가 지체없이 이를 원소유자 등에게 통지하거나 공고하도록 규정한 취지는 공익목적에 필요없게 된 토지가 있을 때에는 먼저 원소유권자에게 그 사실을 알려주어 환매할 것인지의 여부를 최고하도록 하고 그러한 기회를 부여한 후에도 환매의 의사가 없을 때에 비로소 원소유자 아닌 제3자에게 전매할 가능성을 가지도록 한다는 것으로서 이는 법률상 당연히 인정되는 환매권 행사의 실효성을 보장하기 위한 것이라고 할 것이다(대법원 1993. 5. 27. 선고 92다34667 판결).

사업시행자의 통지는 환매의 청약도 아니고 환매권 행사의 요건도 아니며 단순한 최고에 불과하다. 따라서 환매할 토지가 생긴 경우에는 통지가 없더라도 환매권자는 자발적으로 환매를 할 수 있다.

환매권의 통지·공고의무는 법적 의무이다. 따라서 사업시행자가 환매통지를 하지 않아 환매권자로 하여금 환매권을 상실하는 손해를 입게 한 경우에는 불법행위가 성립하게 된다(대법원 2006. 11. 23. 선고 2006다35124 판결 등).

국방부장관이 징발재산 정리에 관한 특별조치법 부칙(1993. 12. 27.) 제2조에 정한 환매의 통지나 공고를 하지 않거나 부적법하게 함으로써 환매권자로 하여금 환매권 행사기간을 넘기게 하여 환매권을 상실하는 손해를 입게 한 경우, 불법행위의 성립 여부: 징발재산 정리에 관한 특별조치법 부칙(1993. 12. 27.) 제2조 제3항 및 같은 법 제20조 제2항이 환매권 행사의 실효성을 보장하기 위하여 국방부장관의 통지 또는 공고의무를 규정한 이상 국방부장관이 위 규정에 따라 환매권자에게 통지나 공고를 하여야 할 의무는 법적인 의무이므로, 국방부장관이 이러한 의무를 위반한 채 통지 또는 공고를 하지 아니하거나 통지 또는 공고를 하더라도 그 통지 또는 공고가 부적법하여 환매권자로 하여금 환매권 행사기간을 넘기게 하여 환매권을 상실하는 손해를 입게 하였다면 환매권자에 대하여 불법행위가 성립할 수 있다(대법원 2006. 11. 23. 선고 2006다35124 판결).

환매할 토지가 생겼을 경우 기업자로 하여금 원소유자 등에게 지체 없이 통지하거나 공고하도록 규정한 토지수용법 규정의 성질 및 기업자가 그 통지나 공고의무에 위배하여 환매의 목적이 될 토지를 제3자에게 처분한 행위가 원소유자에 대하여 불법행위를 구성하는지 여부(적극): 토지수용법 제72조의 규정이 환매할 토지가 생겼을 때에는 기업자(특례법상의 사업시행자)가 지체 없이 이를 원소유자 등에게 통지하거나 공고하도록 규정한 취지는 공익목적에 필요 없게 된 토지가 있을 때에는 먼저 원소유자에게 그 사실을 알려주어 환매할 것인지의 여부를 최고하도록 하고 그러한 기회를 부여한 후에도 환매의 의사가 없을 때에 비로소 원소유자 아닌 제3자에게 전매할 가능성을 가지도록 한다는 것으로서 이는 법률상 당연히 인정되는 환매권 행사의 실효성을 보장하기 위한 것이라고 할 것이므로 위 규정은 단순한 선언적인 것이 아니라 기업자(사업시행자)의 법적인 의무를 정한 것이라고 보아야 할 것이고, 기업자(사업시행자)가 원소유자의 환매가능성이 존속하고 있는데도 이러한 의무에 위배한 채 환매의 목적이 될 토지를 제3자에게 처분한 경우 처분행위 자체는 유효하다 하더라도 적어도 원소유자에 대한 관계에서는 법률에 의하여 인정되는 환매권 자체를 행사함이 불가능하도록 함으로써 환매권 자체를 상실시킨 것으로 되어 불법행위를 구성한다(대법원 1993. 5. 27. 선고 92다34667 판결).

환매권 상실로 인한 손해배상액의 산정 방법: 환매권의 상실로 인한 손해배상액은 환매 의무자가 환매 목적물을 제3자에게 매도하여 소유권이전등기를 경료함으로써 환매권자의 환매권을 박탈할 당시의 환매 목적물의 시가에서 환매권자가 환매권을 행사할 경우 반환하여야 할 보상금 상당액을 공제한 금원으로 정함이 상당하다(대법원 1995. 6. 30. 선고 94다13435 판결).

Ⅳ. 환매권의 행사

1. 행사요건

환매권자는 다음 둘 중 하나에 해당할 때 환매권을 행사할 수 있다.

① 토지의 협의취득일 또는 수용의 개시일(이하 "취득일"이라 한다)부터 10년 이내에 해당 사업의 폐지·변경 그 밖의 사유로 취득한 토지의 전부 또는 일부가 필요 없게 된 경우(법 제91조 제1항).

위 규정상의 '해당 사업'이란 토지의 협의취득 또는 수용의 목적이 된 구체적인 특정의 공익사업으로서 토지보상법 제20조 제1항에 의한 사업인정을 받을 때 구체적으로 특정된 공익사업을 말한다. 또한 위 규정에서 정한 해당 사업의 '폐지·변경'이란 당해 사업을 아예 그만두거나 다른 사업으로 바꾸는 것을 말하고, 취득한 토지의 전부 또는 일부가 '필요 없게 된 때'란 사업시행자가 취득한 토지의 전부 또는 일부가 그 취득 목적 사업을 위하여 사용할 필요 자체가 없어진 경우를 말하며, 협의취득 또는 수용된 토지가 필요 없게 되었는지 여부는 사업시행자의 주관적인 의사를 표준으로 할 것이 아니라 해당 사업의 목적과 내용, 협의취득 또는 수용의 경위와 범위, 해당 토지와 사업의 관계, 용도 등 제반 사정에 비추어 객관적·합리적으로 판단하여야 한다(대법원 2010. 9. 30. 선고 2010다30782 판결).

환매권에 관하여 규정한 '공익사업을 위한 토지 등의 취득 및 보상에 관한 법률' 제91조 제1항에 정한 '당해 사업'의 의미 및 협의취득 또는 수용된 토지가 필요 없게 되었는지 여부의 판단 기준: 환매권에 관하여 규정한 '공익사업을 위한 토지 등의 취득 및 보상에 관한 법률'(이하 '공익사업법'이라고 한다) 제91조 제1항에서 말하는 '당해 사업'이란 토지의 협의취득 또는 수용의 목적이 된 구체적인 특정의 공익사업으로서 공익사업법 제20조 제1항에 의한 사업인정을 받을 때 구체적으로 특정된 공익사업을 말하고, '국토의 계획 및 이용에 관한 법률' 제88조, 제96조 제2항에 의해 도시계획시설사업에 관한 실시계획의 인가를 공익사업법 제20조 제1항의 사업인정으로 보게 되는 경우에는 그 실시계획의 인가를 받을 때 구체적으로 특정된 공익사업이 바로 공익사업법 제91조 제1항에 정한 협의취득 또는 수용의 목적이 된 당해 사업에 해당한다. 또 위 규정에 정한 당해 사업의 '폐지·변경'이란 당해 사업을 아예 그만두거나 다른 사업으로 바꾸는 것을 말하고, 취득한 토지의 전부 또는 일부가 '필요 없게 된 때'란 사업시행자가 취득한 토지의 전부 또는 일부가 그 취득 목적 사업을 위하여 사용할 필요 자체가 없어진 경우를 말하며, 협의취득 또는 수용된 토지가 필요 없게 되었는지 여부는 사업시행자의 주관적인 의사를 표준으로 할 것이 아니라 당해 사업의 목적과 내용, 협의취득의 경위와 범위, 당해 토지와 사업의 관계, 용도 등 제반 사정에 비추어 객관적·합리적으로 판단하여야 한다(대법원 2010. 9. 30. 선고 2010다30782 판결).

[1] 토지수용법 제71조 제1항 소정의 환매권 행사의 요건 및 그 판단 기준: 수용된 토지의 환매권에 관하여 규정한 토지수용법 제71조 제1항 소정의 '사업의 폐지·변경 기타의 사유로 인하여 수용한 토지의 전부 또는 일부가 필요 없게 된 때'라 함은 기업자의 주관적인 의사와는 관계없이 수용의 목적이 된 구체적인 특정의 공익사업이 폐지되거나 변경되는 등의 사유로 인하여 당해 토지가 더 이상 그 공익사업에 이용될 필요가 없어졌다고 볼 만한 객관적인 사정이 발생한 경우를 말하는 것인바, 수용된 토지가 필요 없게 되었는지 여부는 당해 사업의 목적과 내용, 수용의 경위와 범위, 당해 토지와 사업과의 관계, 용도 등 제반 사정에 비추어 합리적으로 판단하여야 한다.

[2] 도시공원 외부와는 울타리로 차단되어 그 내부에 위치하면서 녹화를 통하여 공원으로 이용되고 있는 피수용 토지를 도시공원법상 도시공원과 구별되는 녹지로 보지 아니하고 도시공원 내의 녹화된 공원 부지로 보아, 그 토지가 수용목적사업에 이용되는 것에 해당하여 환매권을 행사할 수 없다고 한 사례(대법원 1998. 3. 27. 선고 97다39766 판결).

수도권신공항건설 촉진법에 따른 신공항건설사업의 시행자가 인천국제공항 2단계 건설사업의 공항시설공사 선행작업인 부지조성공사를 시행하면서, 그 부대공사로서 항공기 안전운항에 장애가 되는 구릉을 제거하는 공사를 하기 위해 그 구릉 일대에 위치한 토지를 협의취득한 후 절토작업을 완료한 사안에서, 절토작업이 완료된 토지의 현황을 그대로 유지하는 것은 인천국제공항에 입·출항하는 항공기의 안전운행을 위해 반드시 필요한 것이므로 당해 사업의 목적은 장애구릉의 제거에 그치지 않고 그 현상을 유지하는 것까지 포함하는 것이라고 봄이 상당하고, 그 토지는 당해 사업에 계속 이용되는 것이거나 필요한 것으로서 공익상 필요가 소멸하지 않았다고 볼 수 있다는 점 등 여러 사정을 고려하면, 절토작업이 완료되었다는 사정만으로 그 토지가 당해 사업에 필요 없게 되었다고 보기 어려워 그 토지에 관한 환매권이 발생하지 않았다고 한 사례(대법원 2010. 5. 13. 선고 2010다12043,12050 판결).

② 토지의 협의취득일 또는 수용의 개시일부터 5년 이내에 취득한 토지의 전부를 해당 사업에 이용하지 아니하였을 때(법 제91조 제2항).

여기에서 '이용'이란 당해 공익사업의 시행을 위하여 토지 자체를 현실적으로 사용하는 경우를 의미하는 것으로 봄이 상당하고, 단순히 공익사업의 시행을 위하여 공사시행 업체와 양해각서를 체결한다거나 같은 사업지구 내 토지매입을 위하여 예산을 책정하고 토지 주인과 접촉하는 등의 사정만으로는 위 조항에서 정한 '이용'에 해당한다고 보기 어렵다(대법원 2010. 1. 14. 선고 2009다76270 판결). 다만 '토지의 전부'가 사업에 제공되지 아니한 경우에 한하므로, 취득한 토지의 일부라도 공익사업을 위하여 사용한 경우에는 위 규정상의 환매권을 행사할 수 없다.

[1] 환매권 행사의 요건을 규정한 공익사업을 위한 토지 등의 취득 및 보상에 관한 법률 제91조 제2항의 입법취지: 공익사업을 위한 토지 등의 취득 및 보상에 관한 법률(이하 '공익사업법'이라고 한다) 제91조는 토지의 협의취득일로부터 10년 이내에 당해 사업의 폐지·변경 그 밖의 사유로 취득한 토지의 전부 또는 일부가 필요 없게 된 경우(제1항) 뿐만 아니라, 취득일로부터 5년 이내에 취득한 토지의 전부를 당해 사업에 이용하지 아니한 때(제2항)에도 취득일 당시의 토지소유자 등이 그 토지를 매수할 수 있는 환매권을 행사할 수 있도록 규정하고 있는바, 사업시행자가 공익사업에 필요하여 취득한 토지가 그 공익사업의 폐지·변경 등의 사유로 공익사업에 이용할 필요가 없게 된 것은 아니라고 하더라도, 사실상 그 전부를 공익사업에 이용하지도 아니할 토지를 미리 취득하여 두도록 허용하는 것은 공익사업법에 의하여 토지를 취득할 것을 인정한 원래의 취지에 어긋날 뿐 아니라 토지가 이용되지 아니한 채 방치되는 결과가 되어 사회경제적으로도 바람직한 일이 아니기 때문에, 취득한 토지가 공익사업에 이용할 필요가 없게 되었을 때와 마찬가지로 보아 환매권의 행사를 허용하려는 것이 공익사업법 제91조 제2항의 입법취지라고 할 수 있다

[2] 공익사업을 위한 토지 등의 취득 및 보상에 관한 법률 제91조 제2항에서 정한 '이용'의 의미: 공익사업법 제91조 제2항에서 정한 '이용'이라 함은 당해 공익사업의 시행을 위하여 토지 자체를 현실적으로 사용하는 경우를 의미하는 것으로 봄이 상당하고, 이에 이르지 않고 단순히 공익사업의 시행을 위하여 공사시행 업체와 양해각서를 체결한다거나 같은 사업지구내 토지매입을 위하여 예산을 책정하고 토지 주인과 접촉하는 등의 사정만으로는 위 조항에서 정한 '이용'에 해당한다고 보기 어렵다는 이유로, 위 조항의 환매권을 행사하여 이 사건 각 부동산에 관한 소유권이전등기절차의 이행을 구하는 원고의 청구를 인용한 원심의 판결을 수긍한 사례(대법원 2010. 1. 14. 선고 2009다76270 판결).

공공용지의취득및손실보상에관한특례법 제9조 제2항은 제1항과는 달리 "취득한 토지 전부"가 공공사업에 이용되지 아니한 경우에 한하여 환매권을 행사할 수 있고 그중 일부라도 공공사업에 이용되고 있으면 나머지 부분에 대하여도 장차 공공사업이 시행될 가능성이 있는 것으로 보아 환매권의 행사를 허용하지 않는다는 취지이므로, 이용하지 아니하였는지 여부도 그 취득한 토지 전부를 기준으로 판단할 것이고, 필지별로 판단할 것은 아니라 할 것이다(대법원 1995. 2. 10. 선고 94다31310 판결).

2. 행사기간

가. 환매권 발생의 통지·공고가 없는 경우

토지의 협의취득일 또는 수용의 개시일(이하 "취득일"이라 한다)부터 10년 이내에 해당 사업의 폐지·변경 또는 그 밖의 사유로 취득한 토지의 전부 또는 일부가 필요 없게 된 경우에는 그 토지의 전부 또는 일부가 필요 없게 된 때부터 1년 또는 그 취득일부터 10년 이내에 그 토지에 대하여 받은 보상금에 상당하는 금액을 사업시행자에게 지급하고 그 토지를 환매할 수 있다(법 제91조 제1항). 토지가 공익사업을 위하여 필요없게 된 때부터 1년과 취득일부터 10년이 서로 다른 경우에는 환매권이 환매권자의 이익을 위하여 인정된 제도라는 점에 비추어, 그 중에서 장기의 것에 따라야 할 것이다[34]. 판례도 같은 입장이다(대법원 2010. 9. 30. 선고 2010다30782 판결).

'공익사업을 위한 토지 등의 취득 및 보상에 관한 법률' 제91조 제1항에 정한 환매권 행사기간의 의미: '공익사업을 위한 토지 등의 취득 및 보상에 관한 법률' 제91조 제1항에서 환매권의 행사요건으로 정한 "당해 토지의 전부 또는 일부가 필요 없게 된 때로부터 1년 또는 그 취득일로부터 10년 이내에 그 토지를 환매할 수 있다"라는 규정의 의미는 취득일로부터 10년 이내에 그 토지가 필요 없게 된 경우에는 그때로부터 1년 이내에 환매권을 행사할 수 있으며, 또 필요 없게 된 때로부터 1년이 지났더라도 취득일로부터 10년이 지나지 않았다면 환매권자는 적법하게 환매권을 행사할 수 있다는 의미로 해석함이 옳다(대법원 2010. 9. 30. 선고 2010다30782 판결).

토지의 협의취득일 또는 수용의 개시일(이하 "취득일"이라 한다)부터 5년 이내에 취득한 토지의 전부를 해당 사업에 이용하지 아니하였을 때에는 취득일부터 6년 이내에 환매권을 행사하여야 한다(법 제91조 제2항).

---

34) 박윤흔·정형근, 전게서, 584면.

나. 환매권 발생의 통지·공고가 있는 경우

환매권자는 사업시행자로부터 환매할 토지가 생겼다는 사실의 통지를 받은 날 또는 공고를 한 날부터 6월이 지난 후에는 환매권을 행사하지 못한다(법 제92조 제2항).

3. 환매권 행사의 방법

환매기간 내에 환매의 요건이 발생하는 경우, 환매권자는 수령한 보상금에 상당하는 금액을 사업시행자에게 미리 지급하고 일방적으로 매수의 의사표시를 행하고, 이로써 사업시행자의 의사와 관계없이 환매가 성립된다. 환매대상토지의 가격이 취득 당시에 비하여 현저히 변경되었다고 하더라도 당사자 간에 금액에 관하여 협의가 성립되거나 법원에서 소송으로 다투어 그 금액이 결정되지 않는 한, 환매권을 행사하기 위해서는 수령한 보상금에 상당하는 금액을 미리 지급함으로써 족하다(대법원 2006. 12. 21. 선고 2006다49277 판결).

공공용지의취득및손실보상에관한특례법 제9조 소정의 환매권 행사 방법: 공공용지의취득및손실보상에관한특례법 제9조 제1항에 의하면 환매기간 내에 환매의 요건이 발생하는 경우, 환매대상토지의 가격이 취득 당시에 비하여 현저히 하락하거나 상승하였다고 하더라도, 환매권자는 수령한 보상금 상당액만을 사업시행자에게 미리 지급하고 일방적으로 매수의 의사표시를 함으로써 사업시행자의 의사와 관계없이 환매가 성립된다(대법원 2000. 11. 28. 선고 99두3416 판결).

공익사업을 위한 토지 등의 취득 및 보상에 관한 법률 제91조에서 정한 환매권의 행사 방법 및 그 환매권 행사로 인한 소유권이전등기 청구소송에서 사업시행자가 환매대금 증액청구권을 내세워 선이행 또는 동시이행의 항변을 할 수 있는지 여부(소극): 공익사업을 위한 토지 등의 취득 및 보상에 관한 법률 제91조에 의한 환매는 환매기간 내에 환매의 요건이 발생하면 환매권자가 지급받은 보상금에 상당한 금액을 사업시행자에게 미리 지급하고 일방적으로 의사표시를 함으로써 사업시행자의 의사와 관계없이 환매가 성립하고, 토지 등의 가격이 취득 당시에 비하여 현저히 변경되었더라도 같은 법 제91조 제4항에 의하여 당사자 간에 금액에 관하여 협의가 성립하거나 사업시행자 또는 환매권자가 그 금액의 증감을 법원에 청구하여 법원에서 그 금액이 확정되지 않는 한, 그 가격이 현저히 등귀한 경우이거나 하락한 경우이거나를 묻지 않고 환매권을 행사하기 위하여는 지급받은 보상금 상당액을 미리 지급하여야 하고 또한 이로써 족한 것이며, 사업시행자는 소로써 법원에 환매대금의 증액을 청구할 수 있을 뿐 환매권 행사로 인한 소유권이전등기 청구소송에서 환매대금 증액청구권을 내세워 증액된 환매대금과 보상금 상당액의 차액을 지급할 것을 선이행 또는 동시이행의 항변으로 주장할 수 없다(대법원 2006. 12. 21. 선고 2006다49277 판결).

4. 환매대금

환매대금은 지급받은 보상금에 상당하는 금액으로 한다(법 제91조 제1항).

'보상금에 상당하는 금액'이라 함은 토지 등의 소유자가 사업시행자로부터 지급받은 보상금을 의미하여, 여기에 환매권 행사 당시까지의 법정이자를 가산한 금액을 말하는 것은 아니다(대법원 1994. 5. 24. 선고 93누17225 판결).

다만 토지의 가격이 취득일 당시에 비하여 현저히 변동된 경우 사업시행자와 환매권자는 환매금액에 대하여 서로 협의하되, 협의가 성립되지 아니하면 그 금액의 증감을 법원에 청구할 수 있다(법 제91조 제4항). 판례는 토지보상법 상의 환매가격의 증감을 구하는 소송은 민사소송에 해당한다고 보고 있다(대법원 2013. 2. 28. 선고 2010두22368 판결).

[5] 환매대상토지의 가격이 취득 당시에 비하여 현저히 변경된 경우, 환매가격 결정을 위한 협의 및 재결신청을 환매권의 행사기간 내에 하여야 하는지 여부(소극) 및 환매대상토지가 수용된 경우, 환매가격 결정을 위한 협의 및 재결절차에 나아갈 수 있는지 여부(적극): 공공용지의취득및손실보상에관한특례법과 같은법시행령 및 그에 의하여 준용되는 토지수용법의 규정을 살펴보아도 환매대상토지의 가격이 취득 당시에 비하여 현저히 변경된 경우 환매가격을 결정하기 위하여 사업시행자 또는 환매권자가 협의 및 재결신청을 할 수 있는 기간을 특별히 제한하지 않고 있는바, 환매권의 행사와 환매가격 결정을 위한 절차는 그 성질을 달리하는 것이므로 공공용지의취득및손실보상에관한특례법 제9조 제5항에 의하여 준용되는 토지수용법 제72조 제2항에 의하여 환매권의 행사기간이 통지를 받은 날로부터 6개월로 정하여져 있다고 하여 환매가격 결정을 위한 협의 및 재결 신청도 그 기간 내에 하여야 한다고 볼 것은 아니고, 또 환매대상토지가 수용되었다고 하더라도 환매대상토지 또는 환매권이 소멸하는 것이 아니라 단지 소유권이전등기의무만이 이행불능으로 되는 것이고 환매권자로서는 환매가 성립되었음을 전제로 사업시행자에 대하여 대상청구를 할 수 있으므로 여전히 환매가격 결정을 위한 협의 및 재결절차에 나아갈 수 있다.

[6] 공공용지의취득및손실보상에관한특례법상의 환매에 있어서 환매대상토지의 가격이 취득 당시에 비하여 현저히 변경된 경우, 환매가격의 결정 방법: 공공용지의취득및손실보상에관한특례법 및 같은법시행령에는 환매대상토지의 가격이 취득 당시에 비하여 현저히 변경된 경우 어떠한 방법으로 정당한 환매가격을 결정할 것인지에 관하여 명시적으로 정하고 있는 규정은 없으나, 같은 법 제9조 제1항, 제3항, 같은법시행령 제7조 제1항, 제3항의 규정을 종합하여 보면, 환매권 행사 당시의 환매대상토지의 가격, 즉 환매권 행사 당시를 기준으로 한 감정평가금액이 협의취득 당시 사업시행자가 토지소유자에게 지급한 보상금에 환매 당시까지의 당해 사업과 관계 없는 인근 유사토지의 지가변동률을 곱한 금액보다 적거나 같을 때에는 사업시행자가 취득할 때 지급한 보상금의 상당금액이 그 환매가격이 되는 것이 그 규정에 비추어 명백하므

로, 환매권 행사 당시의 환매대상토지의 가격이 현저히 상승하여 위 보상금에 인근 유사토지의 지가변동률을 곱한 금액을 초과할 때에도 마찬가지로 인근 유사토지의 지가상승분에 해당하는 부분은 환매가격에 포함되어서는 아니 되는 것인 만큼, 그 경우의 환매가격은 인근 유사토지의 지가변동률을 기준으로 하려면 위 보상금에다 환매대상토지의 환매 당시의 감정평가금액에서 위 보상금에 인근 유사토지의 지가변동률을 곱한 금액을 공제한 금액을 더한 금액, 즉 '보상금+{환매당시의 감정평가금액－(보상금×지가변동률)}'로, 지가상승률을 기준으로 하려면 환매대상토지의 환매 당시의 감정평가금액에서 위 보상금에 인근 유사토지의 지가상승률을 곱한 금액을 뺀 금액, 즉 '환매당시의 감정평가금액－(보상금×지가상승률)'로 산정하여야 한다.

[7] 공공용지의취득및손실보상에관한특례법시행령 제7조 제1항 소정의 '인근 유사토지의 지가변동률'의 의미 및 그 지가변동률을 산정하기 위한 인근 유사토지의 선정 방법: 공공용지의취득및손실보상에관한특례법시행령 제7조 제1항의 인근 유사토지의 지가변동률이라 함은 환매대상토지와 지리적으로 인접하고 그 공부상 지목과 토지의 이용상황 등이 유사한 인근 유사토지의 지가변동률을 가리키는 것이지 그 토지가 속해 있는 시·군·구 단위의 지목별 평균지가변동률을 인근 유사토지의 지가변동률이라 할 수 없는 것인바, 지가변동률을 산정하기 위한 인근 유사토지는 협의취득시부터 환매권 행사 당시 사이에 공부상 지목과 토지의 이용상황 등에 변화가 없고 또 계속하여 기준지가 및 공시지가가 고시되어 온 표준지 중에서 합리적인 지가변동률을 산출할 수 있을 정도의 토지를 선정하면 족하고 반드시 동일한 행정구역 내에 있을 것을 요하지 아니하며 또 반드시 다수의 토지를 선정하여야 하는 것은 아니다(대법원 2000. 11. 28. 선고 99두3416 판결).

5. 환매권 행사의 효과

가. 소유권이전등기청구권의 발생

환매권의 행사는 환매권자의 사업시행자에 대한 일방적인 의사표시에 의하고, 사업시행자의 의사와 관계없이 환매가 성립한다. 즉, 환매권은 청구권이 아니라 형성권이다. 판례는 환매권 행사의 결과 사법상 매매계약의 효력이 발생한다고 본다(대법원 1992. 4. 24. 선고 92다4673 판결 등).

위와 같이 환매권의 행사에 의해 사법상 매매계약의 효력이 발생하지만, 그것만으로 소유권의 변동이 일어나는 것은 아니며 단지 소유권이전등기청구권만이 발생한다. 환매권의 행사로 발생한 소유권이전등기청구권은 위 제척기간과는 별도로 환매권을 행사한 때로부터 일반채권과 같이 민법 제162조 소정의 10년의 소멸시효의 기간이 진행된다(대법원 1992. 4. 24. 선고 92다4673 판결 등).

가. 징발재산환매권의 법적 성질 및 그 존속기간: 징발재산정리에관한특별조치법 제20조 소정의 환매권은 일종의 형성권으로서 그 존속기간은 제척기간으로 보아야 할 것이며, 위 환매권은 재판상이든 재판외이든 그 기간 내에 행사하면 이로써 매매의 효력이 생기고, 위 매매는 같은 조 제1항에 적힌 환매권자와 국가 간의 사법상의 매매라 할 것이다.

나. 위 "가"항의 환매권의 행사로 발생한 소유권이전등기청구권의 소멸시효기간: 위 "가"항의 환매권의 행사로 발생한 소유권이전등기청구권은 위 제척기간과는 별도로 환매권을 행사한 때로부터 일반채권과 같이 민법 제162조 소정의 10년의 소멸시효의 기간이 진행된다(대법원 1992. 4. 24. 선고 92다4673 판결).

나. 보상액의 선이행의무

토지보상법 제91조 제1항은 환매대금의 선이행을 명문으로 규정하고 있으므로, 환매대금 상당을 지급하거나 공탁하지 아니한 경우는 환매로 인한 소유권이전등기청구를 구할 수 없으며, 아울러 환매대금의 지급과 상환으로 소유권이전등기를 구할 수도 없다(대법원 1993. 9. 14. 선고 92다56810,56827(병합),56834(병합) 판결 등).

Ⅴ. 제3자에 대한 대항력

제1항부터 제3항까지의 규정에 따른 환매권은 「부동산등기법」에서 정하는 바에 따라 공익사업에 필요한 토지의 협의취득 또는 수용의 등기가 되었을 때에는 제3자에게 대항할 수 있다(법 제91조 제5항).

제9항 공익사업의 변환

Ⅰ. 의의

공익사업의 변환이라 함은 공익사업을 위하여 토지를 협의취득 또는 수용한 후에 위 공익사업이 다른 공익사업으로 변경된 경우 별도의 새로운 절차(협의취득 또는 수용)없이 당해 토지를 변경된 다른 공익사업에 이용하도록 하는 제도를 말한다.

협의취득 또는 수용한 토지의 전부나 일부가 당초 예정된 공익사업에 필요 없게 된 경우에는 원칙적으로는 환매의 대상이 된다고 할 것이다. 그런데 당초의 공익사업이 다른 공익사업으로 변경된 경우에도 해당 토지를 일단 환매권자에게 되돌려주었다가, 다시 협의취득 또는 수용하도록 하는 것은 무용한 절차의 반복이 되어 비경제적이다. 공익사업의 변환은 이러한 무용한 절차의 반복을 피하기 위하여 인정된 제도이다.

원래 국민의 재산권을 제한하는 토지수용권 등의 발동은 공공복리의 증진을 위하여 긴요하고도 불가피한 특정의 공익사업의 시행에 필요한 최소한도에 그쳐야 하는 것이므로, 사정의 변경 등에 따라 그 특정된 공익사업의 전부 또는 일부가 폐지·변경됨으로써 그 공익사업을 위하여 취득한 토지의 전부 또는 일부가 필요 없게 되었다면, 설사 그 토지가 새로운 다른 공익사업을 위하여 필요하다고 하더라도 환매권을 행사하는 환매권자(원소유자나 그 포괄승계인)에게 일단 되돌려 주었다가 다시 협의취득하거나 수용하는 절차를 밟아야 되는 것이 원칙이라고 할 것이나, 당초의 공익사업이 공익성의 정도가 높은 다른 공익사업으로 변경되고 그 다른 공익사업을 위하여 토지를 계속 이용할 필요가 있을 경우에는, 환매권의 행사를 인정한 다음 다시 협의취득이나 수용 등의 방법으로 그 토지를 취득하는 번거로운 절차를 되풀이하지 않게 하기 위하여 이른바 '공익사업의 변환'을 인정함으로써 환매권의 행사를 제한하려는것이 토지수용법 제71조 제7항의 취지이다(대법원 1992. 4. 28. 선고 91다29927 판결).

Ⅱ. 법적 근거

토지보상법 제91조 제6항은 일정한 요건 하에 공익사업의 변환을 인정하고 있다.

Ⅲ. 요건

1. 주체

원래의 수용주체가 국가·지방자치단체 또는 「공공기관의 운영에 관한 법률」 제4조에 따른 공공기관 중 대통령령으로 정하는 공공기관인 경우에 한한다. 그렇지만 변경된 공익사업의 시행자까지 국가·지방자치단체 또는 일정한 공공기관일 필요까지는 없다. 변경된 공익사업의 시행자가 민간기업인 경우에도 공익사업의 변환은 허용된다(대법원 2015. 8. 19. 선고 2014다201391 판결).

공익사업을 위한 토지 등의 취득 및 보상에 관한 법률 제91조 제6항에서 정한 '공익사업의 변환'은 변경된 공익사업의 시행자가 '국가·지방자치단체 또는 공공기관의 운영에 관한 법률 제4조에 따른 공공기관 중 대통령령으로 정하는 공공기관'이어야 인정되는지 여부(소극): 공익사업을 위한 토지 등의 취득 및 보상에 관한 법률(이하 '토지보상법'이라고 한다) 제91조 제6항 전문은 당초의 공익사업이 공익성의 정도가 높은 다른 공익사업으로 변경되고 그 다른 공익사업을 위하여 토지를 계속 이용할 필요가 있을 경우에는, 환매권의 행사를 인정한 다음 다시 협의취득이나 수용 등의 방법으로 그 토지를 취득하는 번거로운 절차를 되풀이하지 않게 하기 위하여 이른바 '공익사업의 변환'을 인정함으로써 환매권의 행사를 제한하려는 것이다. 토지보상법 제91조 제6항 전문 중 '해당 공익사업이 제4조 제1호부터 제5호까지에 규정된 다른 공익사업으로 변경된 경우' 부분에는 별도의 사업주체에 관한 규정이 없음에도 그 앞부분의 사업시행 주체에 관한 규정이 뒷부분에도 그대로 적용된다고 해석하는 것은 문리해석에 부합하지 않는다.

토지보상법 제91조 제6항의 입법 취지와 문언, 1981. 12. 31. 구 토지수용법(2002. 2. 4. 법률 제6656호로 제정된 토지보상법 부칙 제2조에 의하여 폐지)의 개정을 통해 처음 마련된 공익사업 변환 제도는 기존에 공익사업을 위해 수용된 토지를 그 후의 사정변경으로 다른 공익사업을 위해 전용할 필요가 있는 경우에는 환매권을 제한함으로써 무용한 수용절차의 반복을 피하자는 데 주안점을 두었을 뿐 변경된 공익사업의 사업주체에 관하여는 큰 의미를 두지 않았던 점, 민간기업이 관계 법률에 따라 허가·인가·승인·지정 등을 받아 시행하는 도로, 철도, 항만, 공항 등의 건설사업의 경우 공익성이 매우 높은 사업임에도 사업시행자가 민간기업이라는 이유만으로 공익사업의 변환을 인정하지 않는다면 공익사업 변환 제도를 마련한 취지가 무색해지는 점, 공익사업의 변환이 일단 토지보상법 제91조 제6항에 정한 '국가·지방자치단체 또는 공공기관의 운영에 관한 법률 제4조에 따른 공공기관 중 대통령령으로 정하는 공공기관'(이하 '국가·지방자치단체 또는 일정한 공공기관'이라고 한다)이 협의취득 또는 수용한 토지를 대상으로 하고, 변경된 공익사업이 공익성이 높은 토지보상법 제4조 제1~5호에 규정된 사업인 경우에 한하여 허용되므로 공익사업 변환 제도의 남용을 막을 수 있는 점을 종합해 보면, 변경된 공익사업이 토지보상법 제4조 제1~5호에 정한 공익사업에 해당하면 공익사업의 변환이 인정되는 것이지, 변경된 공익사업의 시행자가 국가·지방자치단체 또는 일정한 공공기관일 필요까지는 없다(대법원 2015. 8. 19. 선고 2014다201391 판결).

한편 변경 전·후의 사업주체가 서로 다른 경우에도 공익사업의 변환을 허용할 것인지가 문제된다. 이에 대하여는 i) 공익사업의 변환에 따라 사업시행자가 바뀌는 경우에는 원토지소유자가 아니라 폐지된 공익사업의 시행자가 아무런 이유 없이 토지가액의 변동으로 인한 차익을 얻게 되는 불합리가 있게 되는바, 변경 전 사업주체보다는 원토지소유자에게 시세차익을 귀속시키는 것이 정당하므로 이를 부정하여야 한다는 견해가 있다. ii) 하지만 판례는 변경 전·후의 사업주체가 동일하지 아니한 경우에도 공익사업의 변환을 인정하고 있다(대법원 1994. 1. 25. 선고 93다11760,11777,11784 판결)

같은 법 제71조 제7항 소정의 공익사업의 변환은 사업주체가 동일한 경우에만 인정되는지 여부: 이른바 "공익사업의 변환"이 국가·지방자치단체 또는 정부투자기관이 사업인정을 받아 토지를 협의취득 또는 수용한 경우에 한하여, 그것도 사업인정을 받은 공익사업이 공익성의 정도가 높은 토지수용법 제3조 제1호 내지 제4호에 규정된 다른 공익사업으로 변경된 경우에만 허용되도록 규정하고 있는 토지수용법 제71조 제7항 등 관계법령의 규정내용이나 그 입법이유 등으로 미루어 볼 때, 같은 법 제71조 제7항 소정의 "공익사업의 변환"이 국가·지방자치단체 또는 정부투자기관 등 기업자(또는 사업시행자)가 동일한 경우에만 허용되는 것으로 해석되지는 않는다(대법원 1994. 1. 25. 선고 93다11760,11777,11784 판결).

2. 대상사업

사업인정을 받아 공익사업에 필요한 토지를 협의취득하거나 수용한 후 해당 공익사업이 토지보상법 제4조 제1호부터 제5호까지에 규정된 다른 공익사업으로 변경된 경우에 한한다. 그 내용을 구체적으로 살펴보면 다음과 같다.

토지보상법은 사업인정을 받아 공익사업에 필요한 토지를 협의취득 또는 수용한 경우에 한하여 공익사업의 변환에 관한 규정을 두고 있고, 사업인정 전의 협의취득의 경우에 대하여는 공익사업의 변환에 관한 규정을 두고 있지 않다.

새로운 사업은 그 공익성의 정도가 높은 제4조 제1호부터 제5호까지에 규정된 공익사업에 해당되어야 한다(대법원 1992. 4. 28. 선고 91다29927 판결). 아울러 위 새로운 공익사업에 대하여도 사업인정을 받거나 사업인정을 받은 것으로 의제되어야 한다(대법원 2010. 09. 30. 선고 2010다30782 판결)

나. ……사업인정을 받은 당해 공익사업의 폐지·변경으로 인하여 수용한 토지가 필요 없게 된 때에는, 같은 법 조항에 의하여 공익사업의 변환이 허용되는 같은 법 제3조 제1호 내지 제4호에 규정된 다른 공익사업으로 변경되는 경우가 아닌 이상, 환매권자가 그 토지를 환매할 수 있는 것이라고 보지 않을 수 없다.

다. 계쟁토지의 취득목적인 공원조성사업이 완료되어 공중에 제공되었다가, 그 후 위 토지와 그 일대의 토지들에 대한 택지개발계획이 승인되어 공원시설을 철거하고 그 지상에 아파트건축공사를 시행하고 있다면, 토지의 원소유자가 공공용지의취득및손실보상에관한특례법에 따라 위 토지를 환매할 수 있다고 한 사례(대법원 1992. 4. 28. 선고 91다29927 판결)

'공익사업을 위한 토지 등의 취득 및 보상에 관한 법률' 제91조 제6항에 정한 공익사업의 변환은 새로운 공익사업에 관해서도 같은 법 제20조 제1항의 규정에 의해 사업인정을 받거나 위 규정에 따른 사업인정을 받은 것으로 의제되는 경우에만 인정할 수 있는지 여부(적극): '공익사업을 위한 토지 등의 취득 및 보상에 관한 법률' 제91조 제6항에 정한 공익사업의 변환은 같은 법 제20조 제1항의 규정에 의한 사업인정을 받은 공익사업이 일정한 범위 내의 공익성이 높은 다른 공익사업으로 변경된 경우에 한하여 환매권의 행사를 제한하는 것이므로, 적어도 새로운 공익사업에 관해서도 같은 법 제20조 제1항의 규정에 의해 사업인정을 받거나 또는 위 규정에 따른 사업인정을 받은 것으로 의제하는 다른 법률의 규정에 의해 사업인정을 받은 것으로 볼 수 있는 경우에만 공익사업의 변환에 의한 환매권 행사의 제한을 인정할 수 있다(대법원 2010. 09. 30. 선고 2010다30782 판결).

3. 토지의 소유

공익사업의 변환을 인정하기 위해서는 적어도 변경된 사업의 사업시행자가 당해 토지를 소유하고 있어야 한다. 만약 원래의 사업시행자가 협의취득하거나 수용한 당해 토지를 변경된 사업의 사업시행자 아닌 제3자에게 처분해 버린 경우에는 공익사업의 변환을 인정할 필요성도 없게 된다.

[5] 공익사업을 위해 협의취득하거나 수용한 토지가 변경된 사업의 사업시행자 아닌 제3자에게 처분된 경우에도 '공익사업의 변환'을 인정할 수 있는지 여부(소극): 공익사업의 원활한 시행을 위한 무익한 절차의 반복 방지라는 '공익사업의 변환'을 인정한 입법 취지에 비추어 볼 때, 만약 사업시행자가 협의취득하거나 수용한 당해 토지를 제3자에게 처분해 버린 경우에는 어차피 변경된 사업시행자는 그 사업의 시행을 위하여 제3자로부터 토지를 재취득해야 하는 절차를 새로 거쳐야 하는 관계로 위와 같은 공익사업의 변환을 인정할 필요성도 없게 되므로, 공익사업의 변환을 인정하기 위해서는 적어도 변경된 사업의 사업시행자가 당해 토지를 소유하고 있어야 한다. 나아가 공익사업을 위해 협의취득하거나 수용한 토지가 제3자에게 처분된 경우에는 특별한 사정이 없는 한 그 토지는 당해 공익사업에는 필요 없게 된 것이라고 보아야 하고, 변경된 공익사업에 관해서도 마찬가지이므로, 그 토지가 변경된 사업의 사업시행자 아닌 제3자에게 처분된 경우에는 공익사업의 변환을 인정할 여지도 없다.

[6] 지방자치단체가 도시관리계획상 초등학교 건립사업을 위하여 학교용지를 협의취득하였으나 위 학교용지 인근에서 아파트 건설사업을 하던 주택건설사업 시행자와 그 아파트 단지 내에 들어설 새 초등학교 부지와 위 학교용지를 교환하고 위 학교용지에 중학교를 건립하는 것으로 도시관리계획을 변경한 사안에서, 위 학교용지에 대한 협의취득의 목적이 된 당해 사업인 '초등학교 건립사업'의 폐지·변경으로 위 토지는 당해 사업에 필요 없게 되었고, 나아가 '중학교 건립사업'에 관하여 사업인정을 받지 않았을 뿐만 아니라 위 학교용지가 중학교 건립사업의 시행자 아닌 제3자에게 처분되었으므로 공익사업의 변환도 인정할 수 없다는 이유로 위 학교용지에 관한 환매권 행사를 인정한 사례(대법원 2010. 09. 30. 선고 2010다30782 판결).

Ⅳ. 절차

공익사업의 변환이 있는 경우 원래의 사업시행자(국가·지방자치단체 또는 「공공기관의 운영에 관한 법률」 제4조에 따른 공공기관 중 대통령령으로 정하는 공공기관)는 공익사업이 변경된 사실을 대통령령으로 정하는 바에 따라 환매권자에게 통지하여야 한다(법 제91조 제6항).

Ⅴ. 변환의 효과

공익사업의 변환이 인정되는 경우에는, 원래의 공익사업이 폐지·변경되어 협의취득 또는 수용한 토지가 원래의 공익사업에 필요 없게 된 때에 해당되지만, 환매권을 행사할 수 없게 된다.

당해 토지에 대한 환매권 행사기간은 관보에 해당 공익사업의 변경을 고시한 날부터 기산한다. 이 경우 국가, 지방자치단체 또는 공공기관은 공익사업이 변경된 사실을 대통령령으로 정하는 바에 따라 환매권자에게 통지하여야 한다(법 제91조 제6항).

'공익사업을 위한 토지 등의 취득 및 보상에 관한 법률' 제91조 제6항에 정한 공익사업의 변환이 인정되는 경우, 환매권 행사가 제한되는지 여부(적극): 공익사업의 변환을 인정한 입법 취지 등에 비추어 볼 때, '공익사업을 위한 토지 등의 취득 및 보상에 관한 법률' 제91조 제6항은 사업인정을 받은 당해 공익사업의 폐지·변경으로 인하여 협의취득하거나 수용한 토지가 필요 없게 된 때라도 위 규정에 의하여 공익사업의 변환이 허용되는 다른 공익사업으로 변경되는 경우에는 당해 토지의 원소유자 또는 그 포괄승계인에게 환매권이 발생하지 않는다는 취지를 규정한 것이라고 보아야 하고, 위 조항에서 정한 "제1항 및 제2항의 규정에 의한 환매권 행사기간은 관보에 당해 공익사업의 변경을 고시한 날로부터 기산한다."는 의미는 새로 변경된 공익사업을 기준으로 다시 환매권 행사의 요건을 갖추지 못하는 한 환매권을 행사할 수 없고 환매권 행사 요건을 갖추어 제1항 및 제2항에 정한 환매권을 행사할 수 있는 경우에 그 환매권 행사기간은 당해 공익사업의 변경을 관보에 고시한 날로부터 기산한다는 의미로 해석해야 한다(대법원 2010. 9. 30. 선고 2010다30782 판결).

Ⅵ. 공익사업 변환제도의 위헌성 여부

공익사업의 변환제도는 환매제도를 실효시키는 효과를 가져오므로 헌법상 보장된 재산권행사의 침해문제를 야기하고, 또한 기존 공익사업이 제4조 제1호부터 제5호에 해당하는 사업으로 변환된 경우와 제4조 제5호 이하로 변환되는 경우 사이의 형평의 문제도 평등권 침해 문제를 야기하므로 위헌의 소지가 있다는 견해가 있다[35]. 하지만 헌법재판소는 공익사업 변환제도를 합헌이라고 보고 있다(헌법재판소 1997. 6. 26. 선고 96헌바94).

제4절 도시개발사업

Ⅰ. 공용환지의 의의

공용환지라 함은 토지의 이용가치를 증진시키기 위하여 일정구역 내에 있는 토지의 구획 또는 형질을 변경한 후 토지의 소유권 및 기타의 권리(지상권, 지역권, 임차권 등)를 권리자의 의사와 관계없이 강제적으로 교환·분합하는 것을 말한다.

현행법 상으로는 도시개발법에 의한 도시개발사업과 농어촌정비법에 의한 농업기반 등 정비사업에서 공용환지가 행하여 질 수 있다. 이하 도시개발법에 의한 도시개발사업을 중심으로 공용환지에 관하여 살펴본다.

Ⅱ. 도시개발사업의 의의

1. 개념

"도시개발사업"이란 도시개발구역에서 주거, 상업, 산업, 유통, 정보통신, 생태, 문화, 보건 및 복지 등의 기능이 있는 단지 또는 시가지를 조성하기 위하여 시행하는 사업을 말한다(도시개발법 제2조 제1항 제2호).

2. 도시개발사업의 방식

도시개발사업은 ① 토지 등을 수용 또는 사용하는 방식, ② 환지방식, ③ 양자를 혼용하는 방식으로 시행될 수 있다(도시개발법 제21조 제1항).

그런데 도시개발에 있어 환지방식은 수용방식에 비하여 다음과 같은 장점이 있다. ⅰ) 수용방식의 경우 종전의 토지소유자가 당해 지역을 떠나게 되는데 반하여, 환지방식의 경우에는 종전의 토지소유자가 그 주변지역에서 토지의 일부를 환지받아 머물게 됨으

35) 류지태·박종수, 행정법신론, 제15판, 2011, 1120면

로써 도시개발의 혜택을 누리게 된다. ii) 수용방식의 경우 피수용자가 충분한 보상을 받지 못하는 반면에 인근의 토지소유자 등이 개발이익을 향유하게 되는데, 환지방식은 이러한 폐단을 시정할 수 있다. iii) 수용방식에 있어서는 수용된 지역의 공공시설 등을 정비하는 데 그치지만, 환지방식은 시행지구 내의 전체토지가 정비될 수 있다.

한편 환지방식은 수용방식에 비하여 절차가 복잡하고 이해조정이 쉽지 않으며, 장기간의 시간을 소요한다는 단점이 있다[36].

Ⅲ. 도시개발사업의 절차

1. 도시개발구역의 지정 등

가. 지정권자

계획적인 도시개발이 필요하다고 인정되는 때에는 특별시장·광역시장·도지사·특별자치도지사 및 서울특별시와 광역시를 제외한 인구 50만 이상의 대도시의 시장은 도시개발구역을 지정할 수 있다(도시개발법 제3조 제1항).

도시개발사업이 필요하다고 인정되는 지역이 둘 이상의 특별시·광역시·도·특별자치도 또는 서울특별시와 광역시를 제외한 인구 50만 이상의 대도시의 행정구역에 걸치는 경우에는 관계 시·도지사 또는 대도시 시장이 협의하여 도시개발구역을 지정할 자를 정한다(도시개발법 제3조 제2항).

국토교통부장관은 다음 각 호의 어느 하나(1. 국가가 도시개발사업을 실시할 필요가 있는 경우, 2. 관계 중앙행정기관의 장이 요청하는 경우, 3. 제11조제1항제2호에 따른 공공기관의 장 또는 같은 항 제3호에 따른 정부출연기관의 장이 대통령령으로 정하는 규모 이상으로서 국가계획과 밀접한 관련이 있는 도시개발구역의 지정을 제안하는 경우, 4. 제2항에 따른 협의가 성립되지 아니하는 경우, 5. 그 밖에 대통령령으로 정하는 경우)에 해당하면 제1항과 제2항에도 불구하고 도시개발구역을 지정할 수 있다(도시개발법 제3조 제3항).

시장(대도시 시장을 제외한다)·군수 또는 구청장(자치구의 구청장을 말한다)은 대통령령으로 정하는 바에 따라 시·도지사에게 도시개발구역의 지정을 요청할 수 있다(도시개발법 제3조제4항).

36) 김남진·김연태, 행정법Ⅱ, 제21판, 2017, 633-634면

나. 개발계획의 수립

도시개발구역을 지정하는 자(지정권자)는 도시개발구역을 지정하려면 해당 도시개발구역에 대한 도시개발사업의 계획(이하 "개발계획"이라 한다)을 수립하여야 한다. 다만, 제2항에 따라 개발계획을 공모하거나 대통령령으로 정하는 지역에 도시개발구역을 지정할 때에는 도시개발구역을 지정한 후에 개발계획을 수립할 수 있다(도시개발법 제4조 제1항),

지정권자는 환지방식의 도시개발사업에 대한 개발계획을 수립하려면 환지방식이 적용되는 지역의 토지면적의 3분의 2 이상에 해당하는 토지 소유자와 그 지역의 토지소유자 총수의 2분의 1 이상의 동의를 받아야 한다(도시개발법 제4조 제4항).

다. 도시개발구역의 지정절차

(1) 기초조사

도시개발사업의 시행자나 시행자가 되려는 자는 도시개발구역을 지정하거나 도시개발구역의 지정을 요청 또는 제안하려고 할 때에는 도시개발구역으로 지정될 구역의 토지, 건축물, 공작물, 주거 및 생활실태, 주택수요, 그 밖에 필요한 사항에 관하여 대통령령으로 정하는 바에 따라 조사하거나 측량할 수 있다(도시개발법 제6조 제1항).

(2) 주민 등의 의견청취

도시개발구역을 지정(대도시 시장이 아닌 시장·군수 또는 구청장의 요청에 의하여 지정하는 경우를 제외한다)하고자 하거나 대도시 시장이 아닌 시장·군수 또는 구청장이 도시개발구역의 지정을 요청하려고 하는 경우에는 공람이나 공청회를 통하여 주민이나 관계 전문가 등으로부터 의견을 들어야 하며, 공람이나 공청회에서 제시된 의견이 타당하다고 인정되면 이를 반영하여야 한다(도시개발법 제7조 제1항).

(3) 도시계획위원회의 심의

지정권자는 도시개발구역을 지정하거나 제4조 제1항 단서에 따라 개발계획을 수립하려면 관계 행정기관의 장과 협의한 후 중앙도시계획위원회 또는 시·도의 도시계획위원회나 대도시에 두는 대도시도시계획위원회의 심의를 거쳐야 한다(도시개발법 제8조 제1항).

(4) 도시개발구역지정의 고시 등

지정권자는 도시개발구역을 지정하거나 제4조 제1항 단서에 따라 개발계획을 수립한 경우에는 대통령령으로 정하는 바에 따라 이를 관보나 공보에 고시하고, 대도시 시장인 지정권자는 관계 서류를 일반에게 공람시켜야 하며, 대도시 시장이 아닌 지정권자는 해당 도시개발구역을 관할하는 시장(대도시 시장을 제외한다)·군수 또는 구청장에게 관계 서류의 사본을 보내야 하며, 지정권자인 특별자치도지사와 관계 서류를 송부받은 시장(대도시 시장을 제외한다)·군수 또는 구청장은 해당 관계 서류를 일반인에게 공람시켜야 한다(도시개발법 제9조 제1항).

라. 도시개발구역의 지정·고시의 효력(도시계획의제 등)

도시개발구역이 지정·고시된 경우 해당 도시개발구역은 「국토의 계획 및 이용에 관한 법률」에 따른 도시지역과 대통령령으로 정하는 지구단위계획구역으로 결정되어 고시된 것으로 본다. 다만, 「국토의 계획 및 이용에 관한 법률」 제51조제3항에 따른 지구단위계획구역 및 같은 법 제37조제1항제6호에 따른 취락지구로 지정된 지역인 경우에는 그러하지 아니하다(도시개발법 제9조 제2항).

마. 도시개발구역 지정의 해제

도시개발구역의 지정은 다음 각 호의 어느 하나에 규정된 날의 다음 날에 해제된 것으로 본다(도시개발법 제10조 제1항).

1. 도시개발구역이 지정·고시된 날부터 3년이 되는 날까지 제17조에 따른 실시계획의 인가를 신청하지 아니하는 경우에는 그 3년이 되는 날

2. 도시개발사업의 공사 완료(환지 방식에 따른 사업인 경우에는 그 환지처분)의 공고일

도시개발법 제10조 제1항 제1호의 입법 취지 및 도시개발구역이 지정·고시된 날부터 3년이 되는 날까지 실시계획의 인가 신청이 없는 경우, 그 사이에 도시개발사업 시행자가 지정되지 아니하였더라도 위 조항에 따라 도시개발구역 지정이 해제된 것으로 간주되는지 여부(적극): 도시개발구역으로 지정되면 법 제9조 제5항 등에 의하여 토지소유자의 건축 등 일정한 행위가 제한되는 점, 법 시행령 제15조 제1항에서 시행자가 지정되지 아니한 상태에서 도시개발구역이 지정·고시되는 경우를 예정하고 있음에도 이 사건 조항에서 도시개발구역의 지정해제를 의제하면서 그러한 경우의 예외를 규정하지 아니한 점 등을 종합하여 보면, 이 사건 조항은 도시개발사업이 초기부터 지연되어 토지소유자 등의 재산권 행사가 지나치게 장기간 제약되는 것을 방지하려는 데에 그 입법 취지가 있다고 할 것이므로 도시개발구역이 지정·고시된 날부터 3년이 되는 날까지 법 제17조에 따른 실시계획의 인가 신청이 없으면 이 사건 조항에 따라 도시개발구역의 지정이 해제된 것으로 간주된다고 보아야 하고, 그 사이에 도시개발사업 시행자가 지정되지 아니하였다고 하여 달리 볼 것은 아니다(대법원 2016. 2. 18. 선고 2015두3362 판결).

2. 시행자

도시개발사업의 시행자(이하 "시행자"라 한다)는 다음 각 호의 자 중에서 지정권자가 지정한다. 다만, 도시개발구역의 전부를 환지 방식으로 시행하는 경우에는 제5호의 토지 소유자나 제6호의 조합을 시행자로 지정한다(도시개발법 제11조 제1항).

3. 실시계획의 작성 및 인가 등

가. 실시계획의 작성 및 인가

시행자는 대통령령으로 정하는 바에 따라 도시개발사업에 관한 실시계획(이하 "실시계획"이라 한다)을 작성하여야 한다. 이 경우 실시계획에는 지구단위계획이 포함되어야 한다(도시개발법 제17조 제1항).

시행자(지정권자가 시행자인 경우는 제외한다)는 제1항에 따라 작성된 실시계획에 관하여 지정권자의 인가를 받아야 한다(도시개발법 제17조 제2항).

지정권자가 실시계획을 작성하거나 인가하는 경우 국토교통부장관이 지정권자이면 시·도지사 또는 대도시 시장의 의견을, 시·도지사가 지정권자이면 시장(대도시 시장을 제외한다)·군수 또는 구청장의 의견을 미리 들어야 한다(도시개발법 제17조 제3항).

나. 실시계획의 고시

지정권자가 실시계획을 작성하거나 인가한 경우에는 대통령령으로 정하는 바에 따라 이를 관보나 공보에 고시하고 시행자에게 관계 서류의 사본을 송부하며, 대도시 시장인 지정권자는 일반에게 관계 서류를 공람시켜야 하고, 대도시 시장이 아닌 지정권자는 해당 도시개발구역을 관할하는 시장(대도시 시장을 제외한다)·군수 또는 구청장에게 관계 서류의 사본을 보내야 한다. 이 경우 지정권자인 특별자치도지사와 본문에 따라 관계 서류를 받은 시장(대도시 시장을 제외한다)·군수 또는 구청장은 이를 일반인에게 공람시켜야 한다(도시개발법 제18조 제1항).

제1항에 따라 실시계획을 고시한 경우 그 고시된 내용 중 「국토의 계획 및 이용에 관한 법률」에 따라 도시·군관리계획(지구단위계획을 포함한다. 이하 같다)으로 결정하여야 하는 사항은 같은 법에 따른 도시·군관리계획이 결정되어 고시된 것으로 본다. 이 경우 종전에 도시·군관리계획으로 결정된 사항 중 고시 내용에 저촉되는 사항은 고시된 내용으로 변경된 것으로 본다(도시개발법 제18조 제2항).

다. 실시계획의 작성 및 인가의 효과

제17조에 따라 실시계획을 작성하거나 인가할 때 지정권자가 해당 실시계획에 대한 다음 각 호의 허가·승인·심사·인가·신고·면허·등록·협의·지정·해제 또는 처분 등(이하 "인·허가 등"이라 한다)에 관하여 제3항에 따라 관계 행정기관의 장과 협의한 사항에 대하여는 해당 인·허가등을 받은 것으로 보며, 제18조 제1항에 따라 실시계획을 고시한 경우에는 관계 법률에 따른 인·허가등의 고시나 공고를 한 것으로 본다(도시개발법 제19조 제1항). 제1호 내지 제31호 (생략).

제1항에 따른 인·허가등의 의제를 받으려는 자는 실시계획의 인가를 신청하는 때에 해당 법률로 정하는 관계 서류를 함께 제출하여야 한다(도시개발법 제19조 제2항).

지정권자는 실시계획을 작성하거나 인가할 때 그 내용에 제1항 각 호의 어느 하나에 해당하는 사항이 있으면 미리 관계 행정기관의 장과 협의하여야 한다. 이 경우 관계 행정기관의 장은 협의 요청을 받은 날부터 대통령령으로 정하는 기간에 의견을 제출하여야 하며, 그 기간 내에 의견을 제출하지 아니하면 협의한 것으로 본다(도시개발법 제19조 제3항).

Ⅳ. 수용 또는 사용의 방식에 의한 사업시행

시행자는 도시개발사업에 필요한 토지등을 수용하거나 사용할 수 있다. 다만, 제11조 제1항제5호 및 제7호부터 제11호까지의 규정(같은 항 제1호부터 제4호까지의 규정에 해당하는 자가 100분의 50 비율을 초과하여 출자한 경우는 제외한다)에 해당하는 시행자는 사업대상 토지면적의 3분의 2 이상에 해당하는 토지를 소유하고 토지 소유자 총수의 2분의 1 이상에 해당하는 자의 동의를 받아야 한다. 이 경우 토지 소유자의 동의요건 산정기준일은 도시개발구역지정 고시일을 기준으로 하며, 그 기준일 이후 시행자가 취득한 토지에 대하여는 동의 요건에 필요한 토지 소유자의 총수에 포함하고 이를 동의한 자의 수로 산정한다(도시개발법 제22조 제1항).

제1항에 따른 토지등의 수용 또는 사용에 관하여 이 법에 특별한 규정이 있는 경우 외에는 「공익사업을 위한 토지 등의 취득 및 보상에 관한 법률」을 준용한다(도시개발법 제22조 제2항).

V. 환지방식에 의한 사업시행(공용환지)

1. 환지계획

가. 의의

환지계획이라 함은 도시개발사업이 완료된 후에 행할 환지처분에 관한 계획을 말한다.

도시개발사업의 시행자는 도시개발사업의 전부 또는 일부를 환지방식에 의하여 시행하고자 하는 경우에는 환지계획을 작성하여야 한다(도시개발법 제28조).

나. 법적 성질

판례는 환지계획은 환지예정지 지정이나 환지처분의 근거가 될 뿐 그 자체가 직접 토지소유자 등의 법률상의 지위를 변동시키거나 또는 환지예정지 지정이나 환지처분과는 다른 고유한 법률효과를 수반하는 것이 아니어서 이를 항고소송의 대상이 되는 처분에 해당한다고 할 수가 없다(대법원 1999. 08. 20. 선고 97누6889 판결)라고 판시하여 환지계획의 처분성을 부정하고 있다.

이에 대하여 환지계획의 처분성을 인정하여야 한다는 비판적인 견해가 있다. 그 논거로는 i) 환지예정지 지정처분이나 환지처분의 내용은 환지계획에 의하여 확정되고, 환지처분 등은 환지계획의 단순한 집행에 불과하다는 점, ii) 환지계획에 따라 환지처분이 완료되면 판례가 환지처분에 대한 취소소송의 소익을 거의 인정하지 않는 점에 비추어, 환지계획에 대하여 처분성을 인정하지 않으면 도시개발사업과 관련된 쟁송을 봉쇄하는 결과가 된다는 점, iii) 공용환권에 대한 관리처분계획을 처분으로 보는 판례의 입장과 균형이 맞지 않는다는 점 등을 들고 있다[37].

환지계획이 항고소송의 대상이 되는 행정처분인지 여부(소극): 토지구획정리사업법 제57조, 제62조 등의 규정상 환지예정지 지정이나 환지처분은 그에 의하여 직접 토지소유자 등의 권리의무가 변동되므로 이를 항고소송의 대상이 되는 처분이라고 볼 수 있으나, 환지계획은 위와 같은 환지예정지 지정이나 환지처분의 근거가 될 뿐 그 자체가 직접 토지소유자 등의 법률상의 지위를 변동시키거나 또는 환지예정지 지정이나 환지처분과는 다른 고유한 법률효과를 수반하는 것이 아니어서 이를 항고소송의 대상이 되는 처분에 해당한다고 할 수가 없다(대법원 1999. 08. 20. 선고 97누6889 판결【환지계획등무효확인및취소】)

37) 김종보, "환지계획의 처분성", 공법연구 제23집 제3호, 2000.3, 281면.

다. 환지계획의 작성

시행자는 도시개발사업의 전부 또는 일부를 환지 방식으로 시행하려면 다음 각 호의 사항이 포함된 환지 계획을 작성하여야 한다(도시개발법 제28조 제1항). ① 환지설계, ② 필지별로 된 환지명세, ③ 필지별과 권리별로 된 청산대상 토지명세, ④ 제34조에 따른 체비지 또는 보류지의 명세, ⑤ 제32조에 따른 입체 환지를 계획하는 경우에는 입체 환지용 건축물의 명세와 제32조의3에 따른 공급 방법·규모에 관한 사항, ⑥ 그 밖에 국토교통부령으로 정하는 사항

환지처분은 환지계획의 내용에 따라 행하여진다. 환지계획에 의하지 아니하거나 환지계획에도 없는 사항을 내용으로 하는 환지처분은 당연무효로서 그 효력이 발생할 수 없다(대법원 2000. 2. 25. 선고 97누5534 판결).

라. 환지계획의 기준

환지계획은 종전의 토지와 환지의 위치·지목·면적·토질·수리·이용상황·환경, 그 밖의 사항을 종합적으로 고려하여 합리적으로 정하여야 한다(도시개발법 제28조 제2항). 도시개발법이 환지계획의 기준에 관하여 특별히 두고 있는 규정은 다음과 같다.

(1) 동의 등에 의한 환지의 제외

토지 소유자가 신청하거나 동의하면 해당 토지의 전부 또는 일부에 대하여 환지를 정하지 아니할 수 있다. 다만, 해당 토지에 관하여 임차권자등이 있는 경우에는 그 동의를 받아야 한다(도시개발법 제30조 제1항).

(2) 토지면적을 고려한 환지

시행자는 토지 면적의 규모를 조정할 특별한 필요가 있으면 면적이 작은 토지는 과소토지가 되지 아니하도록 면적을 늘려 환지를 정하거나 환지 대상에서 제외할 수 있고, 면적이 넓은 토지는 그 면적을 줄여서 환지를 정할 수 있다(도시개발법 제31조 제1항).

(3) 입체환지

시행자는 도시개발사업을 원활히 시행하기 위하여 특히 필요한 경우에는 토지 또는 건축물 소유자의 신청을 받아 건축물의 일부와 그 건축물이 있는 토지의 공유지분을 부여할 수 있다. 다만, 토지 또는 건축물이 대통령령으로 정하는 기준 이하인 경우에는 시행자가 규약·정관 또는 시행규정으로 신청대상에서 제외할 수 있다(도시개발법 제32조 제1항).

(4) 공공시설의 용지 등에 관한 조치

공익사업을 위한 토지 등의 취득 및 보상에 관한 법률 제4조 각 호의 어느 하나에 해당하는 공공시설의 용지에 대하여는 환지 계획을 정할 때 그 위치·면적 등에 관하여 제28조 제2항에 따른 기준을 적용하지 아니할 수 있다(도시개발법 제33조 제1항).

(5) 체비지·보류지

시행자는 도시개발사업에 필요한 경비에 충당하거나 규약·정관·시행규정 또는 실시계획으로 정하는 목적을 위하여 일정한 토지를 환지로 정하지 아니하고 보류지로 정할 수 있으며, 그 중 일부를 체비지로 정하여 도시개발사업에 필요한 경비에 충당할 수 있다(도시개발법 제34조 제1항).

체비지(替費地)라 함은 사업시행에 필요한 경비에 충당하는 등의 목적을 위하여 환지계획에서 환지로 정하지 아니한 토지를 말하고, 보류지(保留地)라 함은 사업시행경비, 공공용지 확보 등의 목적을 위하여 환지로 정하지 아니하고 보류해 두는 토지를 말한다. 보류지는 공공시설용지와 체비지를 포함한다.

라. 환지계획의 인가 등

행정청이 아닌 시행자가 환지계획을 작성한 경우에는 특별자치도지사·시장·군수 또는 구청장의 인가를 받아야 한다(도시개발법 제29조 제1항).

행정청이 아닌 시행자가 제1항에 따라 환지계획의 인가를 신청하려고 하거나 행정청인 시행자가 환지계획을 정하려고 하는 경우에는 토지 소유자와 해당 토지에 대하여 임차권, 지상권, 그 밖에 사용하거나 수익할 권리(이하 "임차권등"이라 한다)를 가진 자(이하 "임차권자등"이라 한다)에게 환지계획의 기준 및 내용 등을 알리고 대통령령으로 정하는 바에 따라 관계 서류의 사본을 일반인에게 공람시켜야 한다(도시개발법 제29조 제3항). 토지 소유자나 임차권자등은 제3항의 공람 기간에 시행자에게 의견서를 제출할 수 있으며, 시행자는 그 의견이 타당하다고 인정하면 환지 계획에 이를 반영하여야 한다(도시개발법 제29조 제4항).

[1] 구 토지구획정리사업법상 최초의 공람과정에서 제시된 이해관계인의 의견에 따라 환지계획을 수정하여 인가신청하는 경우, 그 전에 수정된 내용에 대한 재공람절차를 거쳐야 하는지 여부(적극)와 그 재공람절차를 거치지 않고 인가받은 환지계획 및 그 환지계획에 따라 이루어진 환지예정지지정 처분의 적법 여부(소극): 구 토지구획정리사업법(2000. 1. 28. 법률 제6252호 토지구획정리사업법폐지법률로 폐지) 제47조, 제33조 등의 규정에서 환지계획의 인가신청에 앞서 관계 서류를 공람

시켜 토지소유자 등의 이해관계인으로 하여금 의견서를 제출할 기회를 주도록 규정하고 있는 것은 환지계획의 입안에 토지구획정리사업에 대한 다수의 이해관계인의 의사를 반영하고 그들 상호간의 이익을 합리적으로 조정하는 데 그 취지가 있다고 할 것이므로, 최초의 공람과정에서 이해관계인으로부터 의견이 제시되어 그에 따라 환지계획을 수정하여 인가신청을 하고자 할 경우에는 그 전에 다시 수정된 내용에 대한 공람절차를 거쳐야 한다고 봄이 위와 같은 제도의 취지에 부합하는 것이라고 할 것이고, 위와 같은 재공람절차를 거치지 않고 인가받은 환지계획 및 이러한 환지계획에 따라 이루어진 환지예정지지정 처분은 위법하다.

[2] 토지구획정리 사업시행자가 수정된 환지계획을 공람시키는 절차를 취하지 아니한 채 관할 시장에게 사업계획변경 및 환지계획 인가신청을 접수한 후 관할 시장이 공람절차를 거쳤으나, 관할 시장이 한 공람절차는 사업계획변경 인가시에 요구되는 공람절차에 관한 규정에 의한 것으로 그것만으로는 사업시행자 자신이 실시하여야 할 수정된 환지계획에 관한 공람절차를 거친 것으로 인정할 수 없다고 한 사례(대법원 2001. 10. 30. 선고 99두11110 판결【환지예정지지정처분등취소】).

2. 환지예정지의 지정

가. 의의

시행자는 도시개발사업의 시행을 위하여 필요하면 도시개발구역의 토지에 대하여 환지예정지를 지정할 수 있다(도시개발법 제35조 제1항). 여기서 환지예정지라 함은 환지처분이 행해지기 전에 종전의 토지 대신에 사용하거나 수익하도록 지정된 토지를 말한다.

환지처분은 도시개발사업이 완료된 후에 비로소 관계 토지의 전부에 대하여 행하여지는 것이 원칙이다. 그러나 도시개발사업의 시행에는 상당히 오랜 시일이 걸리므로 도시개발사업의 시행중에도 도시개발사업에 지장이 없는 한도 내에서 종전의 토지에 갈음하여 환지로 예정된 토지를 사용 또는 수익하게 해 줄 필요가 있다. 이것이 환지예정지지정제도의 취지이다.

나. 환지예정지 지정의 법적 성질

환지예정지의 지정이 있게 되면 토지에 대한 사용 또는 수익권에 변동이 일어나므로 환지예정지 지정행위는 항고소송의 대상이 되는 행정처분이다(대법원 1965. 6. 22. 선고 64누106 판결; 대법원 1999. 8. 20. 선고 97누6889 판결).

다. 환지예정지 지정의 효과

환지예정지가 지정되면 종전의 토지의 소유자와 임차권자 등은 환지예정지 지정의 효력발생일부터 환지처분이 공고되는 날까지 환지예정지나 해당 부분에 대하여 종전과 같은 내용의 권리를 행사할 수 있으며 종전의 토지는 사용하거나 수익할 수 없다(도시개발법 제36조 제1항). 즉 환지 예정지가 지정된 경우 종전의 토지소유자는 종전의 토지에 대한 사용수익을 할 수 없는 대신에, 환지 예정지에 대한 사용·수익을 할 수 있게 된다.

어떤 토지가 다른 토지의 환지예정지로 지정되었다 하더라도 그 토지의 소유자는 환지의 인가와 고시가 있을 때까지는 그 소유권을 상실하는 것이 아니므로 이를 처분할 수 있다(대법원 1963.5.15. 선고 63누21 판결).

라. 환지예정지 지정처분에 대한 불복

환지예정지 지정처분은 처분으로서 항고소송의 대상이 되나 환지처분이 일단 공고되어 효력을 발생하게 되면 환지예정지 지정처분은 그 효력이 소멸되는 것이므로, 환지처분이 공고된 후에는 환지예정지 지정처분에 대하여 그 취소를 구할 법률상 이익은 없다(대법원 1999. 10. 8. 선고 99두6873 판결).

환지처분 공고 후에 환지예정지지정처분의 취소를 구할 법률상 이익의 유무(소극): 토지구획정리사업법에 의한 토지구획정리는 환지처분을 기본적 요소로 하는 것으로서 환지예정지지정처분은 사업시행자가 사업시행지구 내의 종전 토지 소유자로 하여금 환지예정지지정처분의 효력발생일로부터 환지처분의 공고가 있는 날까지 당해 환지예정지를 사용수익할 수 있게 하는 한편 종전의 토지에 대하여는 사용수익을 할 수 없게 하는 처분에 불과하고 환지처분이 일단 공고되어 효력을 발생하게 되면 환지예정지지정처분은 그 효력이 소멸되는 것이므로, 환지처분이 공고된 후에는 환지예정지지정처분에 대하여 그 취소를 구할 법률상 이익은 없다(대법원 1999. 10. 8. 선고 99두6873 판결【환지예정지등지정처분취소】).

3. 환지처분

가. 의의

환지처분은 사업시행자가 환지계획구역의 전부 또는 그 구역 내의 일부 공구에 대하여 공사를 완료한 후 환지계획에 따라 환지교부 등을 하는 처분이다. 환지처분은 환지계획구역에 대한 공사가 완료되기를 기다려서 환지계획에 정하여져 있는 바를 토지소유자에게 통지하고 그 뜻을 공고함으로써 효력이 발생된다.

나. 환지처분의 절차

시행자는 지정권자에 의한 준공검사를 받은 경우(지정권자가 시행자인 경우에는 제

51조에 따른 공사 완료 공고가 있는 때)에는 대통령령으로 정하는 기간에 환지처분을 하여야 한다(도시개발법 제40조 제4항).

시행자는 환지처분을 하려는 경우에는 환지계획에서 정한 사항을 토지소유자에게 알리고 대통령령으로 정하는 바에 따라 이를 공고하여야 한다(도시개발법 제40조 제5항).

다. 환지처분의 효과

(1) 소유권 등의 변동

환지계획에서 정하여진 환지는 그 환지처분이 공고된 날의 다음 날부터 종전의 토지로 보며, 환지계획에서 환지를 정하지 아니한 종전의 토지에 있던 권리는 그 환지처분이 공고된 날이 끝나는 때에 소멸한다(도시개발법 제42조 제1항).

(2) 청산금

환지를 정하거나 그 대상에서 제외한 경우 그 과부족분은 종전의 토지(제32조에 따라 입체환지 방식으로 사업을 시행하는 경우에는 환지대상 건축물을 포함한다) 및 환지의 위치·지목·면적·토질·수리·이용상황·환경, 그 밖의 사항을 종합적으로 고려하여 금전으로 청산하여야 한다(도시개발법 제41조 제1항). 환지의 가격이 종전의 토지가격보다 큰 경우에는 토지소유자로부터 청산금을 징수하고, 반대의 경우에는 토지소유자에게 청산금을 교부한다.

제1항에 따른 청산금은 환지처분을 하는 때에 결정하여야 한다. 다만, 제30조나 제31조에 따라 환지 대상에서 제외한 토지등에 대하여는 청산금을 교부하는 때에 청산금을 결정할 수 있다(도시개발법 제41조 제2항).

라. 환지처분에 대한 불복

환지처분은 그에 의하여 직접 토지소유자 등의 권리의무가 변동되므로 이를 항고소송의 대상이 되는 처분이라고 볼 수 있다(대법원 1999. 8. 20. 선고 97누6889 판결).

환지처분은 환지계획에 따라 행해져야 하므로 환지계획과는 별도의 내용을 가진 환지처분은 있을 수 없다. 따라서 환지계획에 의하지 아니하거나 환지계획에도 없는 사항을 내용으로 하는 환지처분은 당연무효로서 그 효력을 발생할 수 없다(대법원 1993. 05. 27. 선고 92다14878 판결; 대법원 2000. 2. 25. 선고 97누5534 판결).

환지처분이 일단 공고되어 그 효력을 발생하게 된 이후에는 환지 전체의 절차를 처음부터 다시 밟지 않은 한 그 일부만을 따로 떼어 환지처분을 변경할 수는 없다(대법원 1985. 4. 23. 선고 84누446 판결). 그러한 절차를 밟지 아니하고 한 환지변경처분은 무효이다(대법원 1998. 2. 13. 선고 97다49459 판결). 즉 판례는 환지처분을 불가분의 처분으로 보고 환지확정처분의 일부취소를 구하는 소송에 대하여는 소의 이익을 인정하지 않는다.

당연무효인 당초의 환지처분이 있은 뒤에 적법한 절차를 거쳐 새로운 환지처분이 유효하게 이루어진 경우, 당초의 환지처분에 대한 무효확인을 구할 법률상 이익은 더 이상 존재하지 않는다(대법원 2002. 4. 23. 선고 2000두2495 판결).

환지확정처분의 일부에 대한 취소를 구할 법률상 이익의 유무: 토지구획정리사업법에 의한 환지처분이 일단 공고되어 그 효력을 발생한 이상 환지전체의 절차를 처음부터 다시 밟지 않는 한 그 일부만을 따로 떼어 환지처분을 변경할 길이 없으므로 그 환지처분 중 일부 토지에 관하여 환지도 지정하지 아니하고 또 정산금도 지급하지 아니한 위법이 있다 하여도 이를 이유로 민법상의 불법행위로 인한 손해배상을 구할 수 있으므로 그 환지확정처분의 일부에 대하여 취소를 구할 법률상 이익은 없다(대법원 1985. 4. 23. 선고 84누446 판결).

환지계획에 의하지 아니하고 환지계획에도 없는 사항을 내용으로 하는 환지처분의 효력(=당연무효): 환지처분의 내용은 모두 환지계획에 의하여 미리 결정되는 것이며 환지처분은 다만 환지계획구역에 대한 공사가 완료되기를 기다려서 환지계획에 정하여져 있는 바를 토지소유자에게 통지하고 그 뜻을 공고함으로써 효력이 발생되는 것이고, 따라서 환지계획과는 별도의 내용을 가진 환지처분은 있을 수 없는 것이므로 환지계획에 의하지 아니하고 환지계획에도 없는 사항을 내용으로 하는 환지처분은 효력을 발생할 수 없다(대법원 1993. 05. 27. 선고 92다14878 판결).

환지처분이 확정되어 효력을 발생한 후 환지절차를 새로이 밟지 아니하고 한 환지변경처분의 효력(무효): 환지처분이 일단 확정되어 효력을 발생한 후에는 이를 소급하여 시정하는 뜻의 환지변경처분은 이를 할 수 없고, 그러한 환지변경의 절차가 필요할 때에는 그를 위하여 환지 전체의 절차를 처음부터 다시 밟아야 하며 그 일부만을 따로 떼어 환지처분을 변경할 수 없음은 물론, 그러한 절차를 밟지 아니하고 한 환지변경처분은 무효이다(대법원 1998. 2. 13. 선고 97다49459 판결).

제5절 도시 및 주거환경정비사업(공용환권)

제1항 개설

Ⅰ. 공용환권의 의의

공용환권이라 함은 일정한 지구 내의 토지와 건축물의 평면적·입체적 이용가치를 증대시키기 위하여, 종전의 토지 및 건축물에 대한 권리를 사업시행 후의 새로운 토지 및 건축물에 대한 권리로 강제적으로 교환·분합하는 것을 말한다.

공용환권은 공익사업을 토지의 수용에 의하지 않고 권리의 교환·분합에 의해 행하는 점에서는 공용환지와 동일하나, 공용환지가 원칙상 토지에 대한 권리의 교환·분합에 한정되는 데 반하여 공용환권은 토지뿐만 아니라 건축물에 대한 권리도 포함하여 교환·분합하는 점에서 공용환지와 구별된다.

도시 및 주거환경정비법은 주택재개발사업, 주택재건축사업 및 주거환경정비사업(이하 '주택재개발사업 등' 이라 한다)에서 공용환권의 방식을 도입하고 있다.

Ⅱ. 정비사업의 의의와 구분

도시 및 주거환경정비법에 있어서의 "정비구역"이란 정비사업을 계획적으로 시행하기 위하여 제16조에 따라 지정·고시된 구역을 말한다(제2조 제1호). 그리고 "정비사업"이란 도시 및 주거환경정비법에서 정한 절차에 따라 도시기능을 회복하기 위하여 정비구역에서 정비기반시설을 정비하거나 주택 등 건축물을 개량 또는 건설하는 사업으로서 다음과 같이 구분된다(제2조 제2호).

(1) 주거환경개선사업

도시저소득 주민이 집단거주하는 지역으로서 정비기반시설이 극히 열악하고 노후·불량건축물이 과도하게 밀집한 지역의 주거환경을 개선하거나 단독주택 및 다세대주택이 밀집한 지역에서 정비기반시설과 공동이용시설 확충을 통하여 주거환경을 보전·정비·개량하기 위한 사업

(2) 재개발사업

정비기반시설이 열악하고 노후·불량건축물이 밀집한 지역에서 주거환경을 개선하거나 상업지역·공업지역 등에서 도시기능의 회복 및 상권활성화 등을 위하여 도시환경을 개선하기 위한 사업

(3) 재건축사업

정비기반시설은 양호하나 노후·불량건축물에 해당하는 공동주택이 밀집한 지역에서 주거환경을 개선하기 위한 사업.

여기서 "정비기반시설"이란 도로·상하수도·공원·공용주차장·공동구(「국토의 계획 및 이용에 관한 법률」 제2조제9호에 따른 공동구를 말한다), 그 밖에 주민의 생활에 필요한 열·가스 등의 공급시설로서 대통령령으로 정하는 시설을 말한다(제2조 제4호). "공동이용시설"이란 주민이 공동으로 사용하는 놀이터·마을회관·공동작업장, 그 밖에 대통령령으로 정하는 시설을 말한다(제2조 제5호).

제2항 기본계획의 수립 및 정비구역의 지정

Ⅰ. 도시·주거환경정비기본계획의 수립

특별시장·광역시장·특별자치시장·특별자치도지사 또는 시장은 관할 구역에 대하여 도시·주거환경정비기본계획(이하 "기본계획"이라 한다)을 10년 단위로 수립하여야 한다. 다만, 도지사가 대도시가 아닌 시로서 기본계획을 수립할 필요가 없다고 인정하는 시에 대하여는 기본계획을 수립하지 아니할 수 있다(법 제4조 제1항).

기본계획은 도시 및 주거환경정비에 관한 기본방침을 정하는 행정계획으로서 대외적으로는 구속력이 없고, 대내적으로만 구속력이 인정되는 것이므로 항고소송의 대상이 되는 처분이라고 할 수 없다.

구 도시계획법 제10조의2 소정의 도시기본계획이 직접적 구속력이 있는지 여부(소극): 도시기본계획은 도시의 기본적인 공간구조와 장기발전방향을 제시하는 종합계획으로서 그 계획에는 토지이용계획, 환경계획, 공원녹지계획 등 장래의 도시개발의 일반적인 방향이 제시되지만, 그 계획은 도시계획입안의 지침이 되는 것에 불과하여 일반 국민에 대한 직접적인 구속력은 없는 것이다(대법원 2002. 10. 11. 선고 2000두8226 판결).

Ⅱ. 정비구역의 지정

1. 지정권자

특별시장·광역시장·특별자치시장·특별자치도지사·시장 또는 군수(광역시의 군수는 제외하며, 이하 "정비구역의 지정권자"라 한다)는 기본계획에 적합한 범위에서 노후·불량건축물이 밀집하는 등 대통령령으로 정하는 요건에 해당하는 구역에 대하여 제16조에 따라 정비계획을 결정하여 정비구역을 지정(변경지정을 포함한다)할 수 있다(법 제8조 제1항).

2. 지정절차

정비구역의 지정권자는 정비구역을 지정하거나 변경지정하려면 지방도시계획위원회의 심의를 거쳐야 한다. 다만, 제15조 제3항에 따른 경미한 사항을 변경하는 경우에는 지방도시계획위원회의 심의를 거치지 아니할 수 있다(법 제16조 제1항).

정비구역의 지정권자는 정비구역을 지정(변경지정을 포함한다. 이하 같다)하거나 정비계획을 결정(변경결정을 포함한다. 이하 같다)한 때에는 정비계획을 포함한 정비구역 지정의 내용을 해당 지방자치단체의 공보에 고시하여야 한다. 이 경우 지형도면 고시 등에 있어서는 「토지이용규제 기본법」 제8조에 따른다(법 제16조 제2항).

정비구역의 지정권자는 제2항에 따라 정비계획을 포함한 정비구역을 지정·고시한 때에는 국토교통부령으로 정하는 방법 및 절차에 따라 국토교통부장관에게 그 지정의 내용을 보고하여야 하며, 관계 서류를 일반인이 열람할 수 있도록 하여야 한다(법 제16조 제3항).

3. 정비구역 지정·고시의 효력

제16조 제2항 전단에 따라 정비구역의 지정·고시가 있는 경우 해당 정비구역 및 정비계획 중 「국토의 계획 및 이용에 관한 법률」 제52조제1항 각 호의 어느 하나에 해당하는 사항은 같은 법 제50조에 따라 지구단위계획구역 및 지구단위계획으로 결정·고시된 것으로 본다(법 제17조 제1항).

정비구역의 지정 및 변경행위는 실질적으로 정비계획의 수립 및 변경행위이고, 대외적으로 일정한 법적 구속력을 가지므로 구속적 행정계획에 해당하며 항고소송의 대상이 된다.

또한, 정비구역을 지정하지 아니하는 경우에는 재개발정비사업이나 재건축정비사업이 불가능하므로 정비구역지정청구권을 인정하고, 정비구역지정의 거부를 처분으로 보는 것이 타당하다[38].

도시 저소득주민이 집단으로 거주하는 지역으로서 정비기반시설이 극히 열악하고 노후·불량건축물이 과도하게 밀집한 지역의 주거환경을 개선하기 위하여 시행하는 것이라고 하더라도 수용이라는 강제적인 절차를 예정하고 이루어지는 주거환경개선사업의 경우 그 의사에 반하여 자신의 토지 또는 건축물을 수용당하는 토지 등 소유자의 의사도 충분히 존중되어야 하는바, 주거환경개선사업이 타당성을 얻고 주거환경개선사업의 시행으로 인한 사업지구 내 토지 등 소유자들의 이해관계를 합리적으로 조정하기 위해서는 무엇보다 관계법령이 정하는 정비계획 수립대상구역 지정요건 및 절차가 엄격하게 준수되어야 하고, 뿐만 아니라 도시정비구역 지정권자는 도시정비구역으로 지정될 예정인 지역에 있는 건축물이 노후·불량건축물이라는 점에 대하여는 별도의 조사과정을 거쳐 객관적인 자료를 확보한 다음 판단하여야 할 것이다. …… 피고가 이 사건 처분을 하면서 이 사건 정비구역 내에 있는 건축물이 노후·불량건축물인지 여부에 대하여 별도의 조사과정을 거쳐 객관적인 자료를 확보한 다음 그 자료를 토대로 노후·불량건축물이 3분의 2 이상 존재한다고 판단한 후 이 사건 처분을 하였다고 인정하기에는 부족하고, 달리 이를 인정할만한 증거가 없다(대전지방법원 2009. 12. 30. 선고 2009구합1879 판결): 【해설】 노후·불량건축물 비율을 충족하지 못하였다는 이유로 정비구역지정처분이 취소된 사례이다.

준공된 후 20년 등 일정기간이 경과하기만 하면 그로써 곧 도시 및 주거환경정비법 제2조 제3호 (다)목에서 정한 '노후화로 인하여 철거가 불가피한 건축물'에 해당하게 되는지 여부(소극): 도시 및 주거환경정비법(이하 '도시정비법'이라 한다)과 그 시행령이 '준공된 후 20년(시·도 조례가 그 이상의 연수로 정하는 경우에는 그 연수로 한다, 이하 '20년 등'이라 한다)이 지난 건축물'을 '노후화로 인한 구조적 결함 등으로 인하여 철거가 불가피한 건축물'의 하나로 규정하고 있는 취지는 준공된 후 일정기간이 경과하면 건축물이 그에 비례하여 노후화하고 그에 따라 구조적 결함 등이 발생할 가능성도 크다는 데 있으므로, 구 도시 및 주거환경정비법 시행령(2009. 8. 11. 대통령령 제21679호로 개정되기 전의 것, 이하 '구 도시정비법 시행령'이라 한다) 제2조 제2항 제1호가 규정하고 있는 '준공된 후 20년 등'과 같은 일정기간의 경과는 도시정비법 제2조 제3호 (다)목이 정한 철거가 불가피한 노후·불량건축물에 해당하는지를 판단할 때 노후·불량화의 징표가 되는 여러 기준의 하나로서 제시된 것이라고 보아야 하고, 이와 달리 준공된 후 20년 등의 기간이 경과하기만 하면 그로써 곧 도시정비법과 그 시행령이 정한 '노후화로 인하여 철거가 불가피한 건축물'에 해당하게 되는 것은 아니다. 또한 도시정비법 제12조가 일정한 경우 필수적으로 주택단지 내의 건축물을 대상으로 안전진단을 실시한 다음 그 결과 등을 종합적으로 검토하여 정비계획 수립 또는 주택재건축사업 시행 여부를 결정하도록 규정하고 있는 점에 비추어 보더라도, 준공된 후 20년 등의 기간이 경과하였다는

38) 박균성, 행정법론(하), 제15판, 2017, 540면.

것이 노후·불량건축물에 해당하는지를 판단하는 유일한 기준이 된다고 할 수 없다. 나아가 정비사업에는 토지 또는 건축물 수용이나 매도청구 등과 같이 재산권 제한에 관한 절차가 필수적으로 수반되는 것을 고려할 때, 토지 또는 건축물 소유자 등의 이해관계도 충분히 고려되어야 한다. 이러한 점과 규정의 형식 및 취지 등을 종합해 보면, 도시정비법 제2조 제3호 (다)목 및 구 도시정비법 시행령 제2조 제2항 제1호가 규정한 '건축물의 노후화로 인한 구조적 결함 등으로 인하여 철거가 불가피한 건축물로서 대통령령으로 정하는 바에 따라 시·도 조례로 정하는 건축물'이란, 준공된 후 20년 등이 지난 건축물로서 그로 인하여 건축물이 노후화되고 구조적 결함 등이 발생하여 철거가 불가피한 건축물을 말한다고 해석하는 것이 타당하다(대법원 2012. 6. 18. 선고 2010두16592 전원합의체 판결【주택재건축사업정비구역지정처분취소】).

Ⅲ. 정비구역 등의 해제

정비구역의 지정권자는 다음 각 호의 어느 하나에 해당하는 경우에는 정비구역 등을 해제하여야 한다(법 제20조 제1항).

1. 정비예정구역에 대하여 기본계획에서 정한 정비구역 지정 예정일부터 3년이 되는 날까지 특별자치시장, 특별자치도지사, 시장 또는 군수가 정비구역을 지정하지 아니하거나 구청장등이 정비구역의 지정을 신청하지 아니하는 경우

2. 재개발사업·재건축사업[제35조에 따른 조합(이하 "조합"이라 한다)이 시행하는 경우로 한정한다]이 다음 각 목의 어느 하나에 해당하는 경우

가. 토지등소유자가 정비구역으로 지정·고시된 날부터 2년이 되는 날까지 제31조에 따른 조합설립추진위원회(이하 "추진위원회"라 한다)의 승인을 신청하지 아니하는 경우

나. 토지등소유자가 정비구역으로 지정·고시된 날부터 3년이 되는 날까지 제35조에 따른 조합설립인가(이하 "조합설립인가"라 한다)를 신청하지 아니하는 경우(제31조제4항에 따라 추진위원회를 구성하지 아니하는 경우로 한정한다)

다. 추진위원회가 추진위원회 승인일부터 2년이 되는 날까지 조합설립인가를 신청하지 아니하는 경우

라. 조합이 조합설립인가를 받은 날부터 3년이 되는 날까지 제50조에 따른 사업시행계획인가(이하 "사업시행계획인가"라 한다)를 신청하지 아니하는 경우

3. 토지등소유자가 시행하는 재개발사업으로서 토지등소유자가 정비구역으로 지정·고시된 날부터 5년이 되는 날까지 사업시행계획인가를 신청하지 아니하는 경우

제3항 정비사업의 시행

Ⅰ. 서론: 정비사업의 시행방법 등

1. 시행방법

주거환경개선사업은 ① 주거환경개선사업의 시행자가 정비구역에서 정비기반시설 및 공동이용시설을 새로 설치하거나 확대하고 토지등소유자가 스스로 주택을 보전·정비하거나 개량하는 방법, ②주거환경개선사업의 시행자가 제63조에 따라 정비구역의 전부 또는 일부를 수용하여 주택을 건설한 후 토지등소유자에게 우선 공급하거나 대지를 토지등소유자 또는 토지등소유자 외의 자에게 공급하는 방법, ③ 주거환경개선사업의 시행자가 제69조 제2항에 따라 환지로 공급하는 방법, ④ 주거환경개선사업의 시행자가 정비구역에서 제74조에 따라 인가받은 관리처분계획에 따라 주택 및 부대시설·복리시설을 건설하여 공급하는 방법 중의 어느 하나에 해당하는 방법 또는 이를 혼용하는 방법으로 한다(법 제23조 제1항).

재개발사업은 정비구역에서 제74조에 따라 인가받은 관리처분계획에 따라 건축물을 건설하여 공급하거나 제69조제2항에 따라 환지로 공급하는 방법으로 한다(법 제23조 제2항).

재건축사업은 정비구역에서 제74조에 따라 인가받은 관리처분계획에 따라 주택, 부대시설·복리시설 및 오피스텔(「건축법」 제2조제2항에 따른 오피스텔을 말한다. 이하 같다)을 건설하여 공급하는 방법으로 한다. 다만, 주택단지에 있지 아니하는 건축물의 경우에는 지형여건·주변의 환경으로 보아 사업 시행상 불가피한 경우로서 정비구역으로 보는 사업에 한정한다(법 제23조 제3항).

2. 시행자

제23조 제1항 제1호에 따른 방법으로 시행하는 주거환경개선사업은 시장·군수 등이 직접 시행하되, 토지주택공사등을 사업시행자로 지정하여 시행하게 하려는 경우에는 제15조 제1항에 따른 공람공고일 현재 토지등소유자의 과반수의 동의를 받아야 한다(법 제24조 제1항). 제23조 제1항 제2호부터 제4호까지의 규정에 따른 방법으로 시행하는 주거환경개선사업은 시장·군수등이 직접 시행하거나 다음 각 호에서 정한 자에게 시행하게 할 수 있다(법 제24조 제2항).

재개발사업은 ① 조합이 시행하거나 조합이 조합원의 과반수의 동의를 받아 시장·군수 등, 토지주택공사 등, 건설업자, 등록사업자 또는 대통령령으로 정하는 요건을 갖춘 자와 공동으로 시행하는 방법, ② 토지등소유자가 20인 미만인 경우에는 토지등소유자가 시행하거나 토지등소유자가 토지등소유자의 과반수의 동의를 받아 시장·군수등, 토지주택공사등, 건설업자, 등록사업자 또는 대통령령으로 정하는 요건을 갖춘 자와 공동으로 시행하는 방법 중의 어느 하나에 해당하는 방법으로 시행할 수 있다(법 제25조 제1항).

재건축사업은 조합이 시행하거나 조합이 조합원의 과반수의 동의를 받아 시장·군수등, 토지주택공사 등, 건설업자 또는 등록사업자와 공동으로 시행할 수 있다(법 제25조 제2항).

3. 사업대행자의 지정

시장·군수 등은 ① 장기간 정비사업이 지연되거나 권리관계에 관한 분쟁 등으로 해당 조합 또는 토지등소유자가 시행하는 정비사업을 계속 추진하기 어렵다고 인정하는 경우, ② 토지등소유자(조합을 설립한 경우에는 조합원을 말한다)의 과반수 동의로 요청하는 경우 중의 어느 하나에 해당하는 경우에는 해당 조합 또는 토지등소유자를 대신하여 직접 정비사업을 시행하거나 토지주택공사등 또는 지정개발자에게 해당 조합 또는 토지등소유자를 대신하여 정비사업을 시행하게 할 수 있다(법 제28조 제1항).

4. 시공자 선정

가. 계약의 방식

추진위원장 또는 사업시행자(청산인을 포함한다)는 이 법 또는 다른 법령에 특별한 규정이 있는 경우를 제외하고는 계약(공사, 용역, 물품구매 및 제조 등을 포함한다)을 체결하려면 일반경쟁에 부쳐야 한다. 다만, 계약규모, 재난의 발생 등 대통령령으로 정하는 경우에는 입찰 참가자를 지명(指名)하여 경쟁에 부치거나 수의계약(隨意契約)으로 할 수 있다(법 제29조 제1항).

나. 시공자의 선정시기 및 방법

조합은 조합설립인가를 받은 후 조합총회에서 제1항에 따라 경쟁입찰 또는 수의계약(2회 이상 경쟁입찰이 유찰된 경우로 한정한다)의 방법으로 건설업자 또는 등록사업자를 시공자로 선정하여야 한다. 다만, 대통령령으로 정하는 규모 이하의 정비사업은 조합총회에서 정관으로 정하는 바에 따라 선정할 수 있다(법 제29조 제4항).

토지등소유자가 제25조제1항제2호에 따라 재개발사업을 시행하는 경우에는 제1항에도 불구하고 사업시행계획인가를 받은 후 제2조제11호나목에 따른 규약에 따라 건설업자 또는 등록사업자를 시공자로 선정하여야 한다(법 제29조 제5항).

따라서 조합설립추진위원회 단계에서 개최한 토지 등 소유자 총회에서 시공사를 선정하기로 한 결의는 무효이다(대법원 2008. 6. 12. 선고 2008다6298 판결【시공사선정결의 무효확인】)

5. 조합의 설립 등

시장·군수 등, 토지주택공사 등 또는 지정개발자가 아닌 자가 정비사업을 시행하려는 경우에는 토지등소유자로 구성된 조합을 설립하여야 한다. 다만, 제25조 제1항 제2호에 따라 토지등소유자가 재개발사업을 시행하려는 경우에는 그러하지 아니하다(법 제35조 제1항).

이하 조합의 설립 등과 관련한 쟁점을 자세히 살펴보기로 한다.

【제56회 사법시험 문제】 A시의 X구(자치구 아닌 구) 주민들은 노후 주택재개발을 위하여 추진위원회를 구성하여 조합설립 준비를 하였다. 추진위원회는 토지소유자 4분의 3 이상의 동의를 받아 조합설립결의를 거쳐 설립인가를 신청하였다. 한편, A시 시장 乙은 법령상 위임규정이 없으나, X구 구청장 丙에게 조합설립인가에 관한 권한을 내부위임하고 이에 따라 丙이 자신의 이름으로 조합설립인가를 하였다. (20점)

1. X구의 주민 甲 등은 추진위원회가 주민들의 동의를 받는 과정에 하자가 있음을 이유로 조합설립결의에 대해 다투고자 한다. 이 경우 조합설립인가 전에 제기할 소의 종류는 무엇이고, 조합설립인가 후에 제기할 소의 종류는 무엇인가? (10점)
2. 甲 등이 丙이 한 조합설립인가처분의 효력을 다투고자 행정소송을 제기하는 경우에, 피고적격과 승소가능성을 검토하시오. (10점)

Ⅱ. 조합설립추진위원회

1. 의의

조합설립추진위원회란 정비조합의 전 단계로서 토지등소유자 과반수의 동의를 전제로 토지등소유자 5명 이상의 위원으로 구성되는 모임이다. 추진위원회는 정비사업의 준비행위와 창립총회를 개최하며, 그 행위의 결과는 조합에게 포괄승계된다.

2. 조합설립추진위원회 구성

조합을 설립하려는 경우에는 제16조에 따른 정비구역 지정·고시 후 다음 각 호의 사항(추진위원회 위원장을 포함한 5명 이상의 추진위원회 위원 및 제34조 제1항에 따른 운영규정)에 대하여 토지등소유자 과반수의 동의를 받아 조합설립을 위한 추진위원회를 구성하여야 한다(법 제31조 제1항).

추진위원회를 구성하기 위해서는 먼저 정비구역의 지정 및 고시가 선행되어야 한다. 정비구역의 지정 및 고시 없이 행하여지는 시장·군수의 추진위원회 설립승인은 도시 및 주거환경정비법의 규정 및 조합설립추진위원회제도의 취지에 반하여 허용될 수 없고, 그와 같은 하자는 중대할 뿐만 아니라 객관적으로 명백하여 무효사유에 해당된다(대법원 2009. 10. 29. 선고 2009두12297 판결).

추진위원회는 토지등소유자 과반수의 동의를 받아 구성하여야 한다. 그 결과 추진위원회는 1개만이 설립가능 한바, 이는 추진위원회의 난립에 따른 분쟁격화 및 주민피해를 막고 아울러 원활한 사업추진을 도모하기 위함이다.

추진위원회 구성이 중요한 의미를 가지는 이유는 다음 단계인 조합설립인가의 신청권이 추진위원회에 있기 때문이다.

[1] 주택재개발사업 등 도시 및 주거환경정비법상의 각종 정비사업에 관하여 그 조합설립추진위원회가 구성되기 위한 전제: 주택재개발사업 등 도시 및 주거환경정비법상의 각종 정비사업에 관하여 그 조합설립추진위원회가 구성되려면 그 전제로 '토지 등 소유자'의 범위가 확정될 필요가 있고, 또 '토지 등 소유자'의 범위를 확정하기 위하여는 특별시장·광역시장 또는 도지사에 의한 정비구역의 지정 및 고시가 선행되어야 한다.

[2] 정비구역의 지정 및 고시 없이 행하여지는 시장·군수의 재개발조합설립추진위원회 설립승인의 효력(무효): 정비구역이 지정되지 아니한 상태에서 일부 주민이 임의로 획정한 구역을 기준으로 구성된 조합설립추진위원회가 시장·군수의 승인을 얻어 설립될 수 있다고 한다면, 정비사업에 관한 제반 법률관계가 불명확·불안정하게 되어 정비사업의 추진이 전반적으로 혼란에 빠지고 그 구역 안에 토지 등을 소유하는 사람의 법적 지위가 부당한 영향을 받을 현저한 우려가 있다. 따라서 그와 같이 정비구역의 지정 및 고시 없이 행하여지는 시장·군수의 재개발조합설립추진위원회 설립승인은 도시 및 주거환경정비법의 규정 및 조합설립추진위원회 제도의 취지에 반하여 허용될 수 없고, 그와 같은 하자는 중대할 뿐만 아니라 객관적으로 명백하다고 할 것이다(대법원 2009. 10. 29. 선고 2009두12297 판결).

3. 조합설립추진위원회의 구성승인

추진위원회는 국토교통부령으로 정하는 방법과 절차에 따라 시장·군수 등의 승인을 받아야 한다(법 제31조 제1항). 여기서 추진위원회 구성에 대한 승인의 법적 성질이 문제된다.

가. 부분허가(부분승인)

원자력발전소건설 등에서 보는 바와 같이, 그 완결까지 장기간의 시간을 요하는 다단계적 행위에 있어서 우선 그 일부 단계에 대해서만 부여되는 허가를 부분허가라고 한다.

부분허가는 일정한 행위를 가능하게 하는 행위이므로 최종적 결정이 내려진 후에도 최종적 결정에 흡수되지 않고 효력이 유지되는 것으로 보아야 한다는 견해도 있으나[39], 판례는 최종처분이 있게 되면 부분허가는 최종처분에 흡수되어 독립된 존재가치를 상실하므로 그에 대한 쟁송은 소의 이익을 결한다고 보고 있다(대법원 1998. 9. 4. 선고 97누19588 판결). 조합설립추진위원회 구성에 대한 승인의 법적 성질은 이러한 부분허가에 해당된다. 따라서 추진위원회 구성승인처분을 다투는 소송 계속 중에 조합설립인가처분이 이루어진 경우에는, 더 이상 추진위원회 구성승인처분에 대하여 취소 또는 무효확인을 구할 법률상의 이익이 없다고 하는 것이 판례의 입장이다(대법원 2013. 1. 31. 선고 2011두11112, 2011두11129 판결).

구 도시 및 주거환경정비법상 조합설립추진위원회 구성승인처분을 다투는 소송 계속 중 조합설립인가처분이 이루어진 경우 조합설립추진위원회 구성승인처분에 대하여 취소 또는 무효확인을 구할 법률상 이익이 있는지 여부(소극): 구 도시 및 주거환경정비법(2009. 2. 6. 법률 제9444호로 개정되기 전의 것, 이하 '구 도시정비법'이라고 한다) 제13조 제1항, 제2항, 제14조 제1항, 제15조 제4항, 제5항 등 관계 법령의 내용, 형식, 체제 등에 비추어 보면, 조합설립추진위원회(이하 '추진위원회'라고 한다) 구성승인처분은 조합의 설립을 위한 주체인 추진위원회의 구성행위를 보충하여 그 효력을 부여하는 처분으로서 조합설립이라는 종국적 목적을 달성하기 위한 중간단계의 처분에 해당하지만, 그 법률요건이나 효과가 조합설립인가처분의 그것과는 다른 독립적인 처분이기 때문에, 추진위원회 구성승인처분에 대한 취소 또는 무효확인 판결의 확정만으로는 이미 조합설립인가를 받은 조합에 의한 정비사업의 진행을 저지할 수 없다. 따라서 추진위원회 구성승인처분을 다투는 소송 계속 중에 조합설립인가처분이 이루어진 경우에는, 추진위원회 구성승인처분에 위법이 존재하여 조합설립인가 신청행위가 무효라는 점 등을 들어 직접 조합설립인가처분을 다툼으로써 정비사업의 진행을 저지하여야 하고, 이와는 별도

39) 박균성, 행정법론(상), 제17판, 2018, 495면.

로 추진위원회 구성승인처분에 대하여 취소 또는 무효확인을 구할 법률상의 이익은 없다고 보아야 한다(대법원 2013. 1. 31. 선고 2011두11112, 2011두11129 판결).

나. 강학상의 인가

타인의 법률적 행위를 보충하여 그 법률적 효력을 완성시켜주는 행정행위를 인가라고 한다. 인가는 학문상의 개념이다. 실무상 인가 외에 승인·허가 등의 표현으로 사용되기도 한다.

추진위원회 구성에 대한 승인의 법적 성질에 관하여는 ⅰ) 추진위원회 설립행위를 보충하여 그 법률상 효력을 완성시켜 주는 강학상의 인가로 보는 견해와[40] ⅱ) 허가 또는 특허로 보는 견해가 대립하고 있다[41]. 판례는 강학상 인가의 취지로 판시하고 있다(대법원 2013. 12. 26. 선고 2011두8291 판결).

다. 기속행위성 여부

다음으로 위 승인이 기속행위인지 아니면 재량행위인지가 문제된다. 행정행위의 재량행위성 여부는 법률의 규정방식 그 취지·목적, 행정행위의 성질, 기본권과의 관련성 등을 종합적으로 고려하여 개별적으로 판단하여야 한다. 종래 인가를 재량행위로 입법하는 경우가 적지 않았고, 판례도 인가를 재량행위로 해석하는 경향이 있었다(대법원 2000. 1. 28. 선고 98두16996 판결; 대법원 2015. 5. 29. 선고 2013두635 판결 등). 과거 민간의 자율적 운영능력이 부족한 시절에는 그 후견적 감독을 위하여 인가가 다소 넓게 인정되었고, 아울러 그것을 재량행위로 입법할 필요성도 있었다.

하지만 민간영역의 자율적 운영능력이 점차 제고되고 있는 오늘날의 경우 그 자율성을 보장할 필요성이 있으므로, 공익·구체적 타당성 등을 위해 어쩔 수 없는 경우를 제외하고는 원칙상 기속행위로 입법하고 해석하는 것이 타당하다는 견해도 유력하다[42]. 그리하여 판례는 정비사업조합설립추진위원회의 구성에 대한 승인을 강학상의 인가로 보면서도, 법령상의 일정한 요건을 갖춘 경우 그 설립을 승인하여야 한다고 보아 이를 기속행위로 파악하고 있다(대법원 2008. 7. 24. 선고 2007두12996 판결).

40) 홍정선, 전게서, 679면.
41) 김종보, 건설법의 이해, 제6판, 2018, 459면.
42) 박균성, 행정법론(상), 제17판, 2018, 358면.

정비사업조합설립추진위원회의 설립승인신청서를 통하여 토지등소유자의 2분의 1 이상의 동의가 있고 위원장을 포함한 5인 이상의 위원으로 구성되어 있음을 확인한 경우, 시장·군수는 그 추진위원회의 설립을 승인하여야 하는지 여부(적극): 구 법(2005. 3. 18. 법률 제7392호로 개정되기 전의 것, 이하 '구 법'이라 한다) 제13조 제2항에 의하면 정비사업을 시행하기 위하여 토지등소유자로 구성된 조합을 설립하고자 하는 경우에는 토지등소유자의 2분의 1 이상의 동의를 얻어 위원장을 포함한 5인 이상의 위원으로 추진위원회를 구성하여 시장·군수의 승인을 얻어야 하고, 법 시행규칙 제6조 각 호에 의하면, 추진위원회의 설립승인을 얻고자 하는 자는 별지 제2호 서식의 승인신청서에 토지등소유자의 동의서, 위원선정을 증명하는 서류 등을 첨부하여 시장·군수에게 제출하여야 한다고 규정하고 있고, 달리 토지등소유자의 동의서 형식이나 추진위원회 위원장 및 위원의 자격이나 선정방식 등에 관하여 특별히 제한을 두고 있지는 않으므로, 추진위원회의 설립승인신청을 받은 시장·군수로서는 승인신청서에 첨부된 첨부서류에 의하여 당해 추진위원회의 구성에 대하여 토지등소유자의 2분의 1 이상의 동의가 있고, 추진위원회가 위원장을 포함한 5인 이상의 위원으로 구성되어 있음을 확인할 수 있다면 그 추진위원회의 설립을 승인하여야 한다(대법원 2008. 7. 24. 선고 2007두12996 판결): 【해설】 판례는 조합설립추진위원회 구성에 대한 승인의 법적 성질을 강학상의 인가로 보면서도, 아울러 그것을 기속행위로 파악하고 있다.

구 도시 및 주거환경정비법상 주택재개발사업의 조합설립추진위원회 구성승인처분의 하자를 들어 조합설립인가처분을 위법하다고 할 수 있는지 여부(원칙적 소극) 및 예외적으로 조합설립추진위원회의 구성이나 인가처분의 위법사유를 이유로 조합설립인가처분의 효력을 다툴 수 있는 경우: 조합설립추진위원회(이하 '추진위원회'라고 한다)의 구성을 승인하는 처분은 조합의 설립을 위한 주체에 해당하는 비법인 사단인 추진위원회를 구성하는 행위를 보충하여 그 효력을 부여하는 처분인데 반하여, 조합설립인가처분은 법령상 요건을 갖출 경우 도시정비법상 주택재개발사업을 시행할 수 있는 권한을 가지는 행정주체(공법인)로서의 지위를 부여하는 일종의 설권적 처분이므로, 양자는 그 목적과 성격을 달리한다. 추진위원회의 권한은 조합 설립을 추진하기 위한 업무를 수행하는 데 그치므로 일단 조합설립인가처분을 받아 추진위원회의 업무와 관련된 권리와 의무가 조합에 포괄적으로 승계되면, 추진위원회는 그 목적을 달성하여 소멸한다. 조합설립인가처분은 추진위원회 구성의 동의요건보다 더 엄격한 동의요건을 갖추어야 할 뿐만 아니라 창립총회의 결의를 통하여 정관을 확정하고 임원을 선출하는 등의 단체결성행위를 거쳐 성립하는 조합에 관하여 하는 것이므로, 추진위원회 구성의 동의요건 흠결 등 추진위원회구성승인처분상의 위법만을 들어 조합설립인가처분의 위법을 인정하는 것은 조합설립의 요건이나 절차, 그 인가처분의 성격, 추진위원회 구성의 요건이나 절차, 그 구성승인처분의 성격 등에 비추어 타당하다고 할 수 없다. 따라서 조합설립인가처분은 추진위원회 구성승인처분이 적법·유효할 것을 전제로 한다고 볼 것은 아니므로, 구 도시정비법령이 정한 동의요건을 갖추고 창립총회를 거쳐 주택재개발조합이 성립한 이상, 이미 소멸한 추진위원회구성승인처분의 하자를 들어 조합설립인가처분이 위법하다고 볼 수 없다. 다만 추진위원회구성승인처분의 위법으로 그 추진위원회의 조합설립인가 신청행위가 무효라고 평가될 수 있는 특별한 사정이 있는 경우라면, 그 신청행위에 기초한 조합설립인가처분이 위법하다고 볼 수 있다. 그런데 조합설립인가 신청행위는 앞서 보았듯이 법령이 정한 동의 요건을 갖추고 창립총회를 거쳐 조합의 실체가 형성된 이후에 이를 바탕으로 이루어지는 것이므로, 추진위원회 구성이나 그 인가처분의 위법사유를 이유로 그 추진위원회가 하는 조합설립인가 신청행위가 위법·무효로 된다고 볼 것은 아니고, 그 위법사유가 도시정비법상 하나의 정비구역 내에 하나의 추진위원회로 하여금 조합설립의 추진을 위한 업무를 수행하도록 한 추진위원회 제도의 입법취지를 형해화할 정도에 이르는 경우에 한하여 그 추진위원회의 조합설립인가 신청행위가 위법·무효이고, 나아가 이에 기초한 조합설립인가처분의 효력을 다툴 수 있게 된다(대법원 2013. 12. 26. 선고 2011두8291 판결).

도시 및 주거환경정비법상 조합설립추진위원회의 구성에 동의하지 아니한 정비구역 내의 토지 등 소유자가 조합설립추진위원회 설립승인처분의 취소를 구할 원고적격이 인정되는지 여부(적극): 도시 및 주거환경정비법 제13조 제1항 및 제2항의 입법 경위와 취지에 비추어 하나의 정비구역 안에서 복수의 조합설립추진위원회에 대한 승인은 허용되지 않는 점, 조합설립추진위원회가 조합을 설립할 경우 같은 법 제15조 제4항에 의하여 조합설립추진위원회가 행한 업무와 관련된 권리와 의무는 조합이 포괄승계하며, 주택재개발사업의 경우 정비구역 내의 토지 등 소유자는 같은 법 제19조 제1항에 의하여 당연히 그 조합원으로 되는 점 등에 비추어 보면, 조합설립추진위원회의 구성에 동의하지 아니한 정비구역 내의 토지 등 소유자도 조합설립추진위원회 설립승인처분에 대하여 같은 법에 의하여 보호되는 직접적이고 구체적인 이익을 향유하므로 그 설립승인처분의 취소소송을 제기할 원고적격이 있다(대법원 2007. 1. 25. 선고 2006두12289 판결).

4. 조합설립추진위원회의 법률관계

가. 법적 지위

도시 및 주거환경정비법은 추진위원회의 구성·기능·조직·운영 등에 대하여 명문의 규정을 두고 있고, 아울러 그 설립에 관할 행정청의 승인을 받도록 하고 있는바, 이러한 점 등을 종합하면 추진위원회는 조합의 설립을 목적으로 하는 비법인사단으로서 성질을 가진다고 보는 것이 타당하다. 위와 같이 추진위원회는 비법인사단으로서 성질을 가지므로, 민법 제275조 제1항의 규정에 따라 그 재산귀속 형태는 총유이다.

한편 조합설립인가 전의 조합설립추진위원회는 행정주체가 아니고, 공익사업을 수행할 권한도 없다. 따라서 토지 등 소유자와 조합설립추진위원회 사이의 분쟁은 사법상의 법률관계에 불과하다.

나. 창립총회

추진위원회는 제35조제2항, 제3항 및 제5항에 따른 조합설립인가를 신청하기 전에 대통령령으로 정하는 방법 및 절차에 따라 조합설립을 위한 창립총회를 개최하여야 한다(법 제32조 제3항).

판례는 조합설립인가를 강학상의 특허로 보고 있는바, 이 견해를 취할 경우 창립총회에서의 조합설립결의는 조합설립인가라는 행정처분을 하는 데 필요한 요건 중의 하나에 해당한다고 볼 수밖에 없다.

만약 조합설립인가를 강학상의 인가로 보는 경우, 창립총회에서의 조합설립결의는 조합설립인가처분(보충행위)을 위한 기본행위라고 보게 될 것이다

다. 조합의 설립이 좌절된 경우

설립추진위원회의 진행단계는 '발기인 조합 → 비법인사단 → 법인으로서의 조합'으로 발전하게 되는데, 조합의 설립이 좌절된 경우의 법률문제는 위 단계에 따라 달라질 수밖에 없다.

따라서 추진위원회가 실질적으로 발기인 조합에 불과한 경우에는 추진위원회 및 추진위원들의 재산으로 책임을 져야 할 것이고, 비법인사단에 해당할 경우에는 제3자와의 거래과정에서 연대보증인이 되어 있는 경우가 아니라면 추진위원 개인에게 책임을 묻기는 어려울 것이다[43].

5. 조합설립추진위원회의 존속시기

원칙적으로 조합설립인가처분을 받은 조합이 설립등기를 마쳐 법인으로 성립하게 되면 추진위원회는 목적을 달성하여 소멸한다. 추진위원회가 행한 업무와 관련된 권리·의무는 조합설립인가처분을 받아 법인으로 설립된 조합에 모두 포괄승계된다[44].

추진위원회의 존속시기는 특별한 사정이 없는 한 '조합설립인가를 받을 때까지'이다. 그러나 그 후 조합설립인가처분이 법원의 판결에 의하여 취소된 경우에는 추진위원회가 지위를 회복하여 다시 조합설립인가신청을 하는 등 조합설립추진 업무를 계속 수행할 수 있다(대법원 2016. 12. 15. 선고 2013두17473 판결).

43) 송현진·유동규, 재개발·재건축 이론과 실무, 2013, 330-331면.

44) 도시 및 주거환경정비법 제34조(추진위원회의 운영) ③ 추진위원회는 수행한 업무를 제44조에 따른 총회에 보고하여야 하며, 그 업무와 관련된 권리·의무는 조합이 포괄승계한다.

구 도시 및 주거환경정비법(2012. 2. 1. 법률 제11293호로 개정되기 전의 것, 이하 '구 도시정비법'이라 한다) 제13조 제1항 본문, 제14조, 제15조 제4항, 제5항, 제16조, 제18조, 제19조 제1항, 제85조 제4호, 제27조, 민법 제77조 제1항, 제81조 등 관련 규정의 내용, 형식 및 취지에 비추어 보면, 주택재개발정비사업을 위한 추진위원회는 조합의 설립을 목적으로 하는 비법인사단으로서 추진위원회가 행한 업무와 관련된 권리와 의무는 구 도시정비법 제16조에 의한 조합설립인가처분을 받아 법인으로 설립된 조합에 모두 포괄승계되므로, 원칙적으로 조합설립인가처분을 받은 조합이 설립등기를 마쳐 법인으로 성립하게 되면 추진위원회는 목적을 달성하여 소멸한다. 그러나 그 후 조합설립인가처분이 법원의 판결에 의하여 취소된 경우에는 추진위원회가 지위를 회복하여 다시 조합설립인가신청을 하는 등 조합설립추진 업무를 계속 수행할 수 있다(대법원 2016. 12. 15. 선고 2013두17473 판결)

Ⅲ. 정비사업조합

1. 의의

정비사업조합이란 정비사업의 시행을 목적으로 추진위원회가 설립한 토지등소유자들로 구성된 단체를 말한다. 주거환경개선사업, 재개발사업 및 재건축사업을 위하여 설립된 정비사업조합은 공법상의 사단법인에 해당되고(법 제38조 제1항), 재개발, 재건축, 주거환경개선사업의 원칙적 시행자로서 정비사업과 관련된 일체의 권리·의무에 대하여 그 주체가 된다(다만 현행법상 주거환경개선사업의 경우 '시장·군수 또는 토지주택공사 등'이 이를 직접 시행하므로 조합이 결성되지 않는다).

정비사업조합은 정비사업이라는 공행정목적을 수행함에 있어서 행정주체의 지위에 서며, 재개발사업이나 재건축사업이라는 공행정목적을 직접적으로 달성하기 위하여 행하는 정비사업조합의 행위는 원칙상 공법행위라고 보아야 한다.

2. 조합설립인가의 요건

가. 재개발사업의 경우

재개발사업의 추진위원회(제31조제4항에 따라 추진위원회를 구성하지 아니하는 경우에는 토지등소유자를 말한다)가 조합을 설립하려면 토지등소유자의 4분의 3 이상 및 토지면적의 2분의 1 이상의 토지소유자의 동의를 받아 다음 각 호의 사항(i) 정관, ii) 정비사업비와 관련된 자료 등 국토교통부령으로 정하는 서류, iii) 그 밖에 시·도조례로 정하는 서류)을 첨부하여 시장·군수등의 인가를 받아야 한다(법 제35조 제2항).

나. 재건축사업의 경우

재건축사업의 추진위원회(제31조제4항에 따라 추진위원회를 구성하지 아니하는 경우에는 토지등소유자를 말한다)가 조합을 설립하려는 때에는 주택단지의 공동주택의 각 동(복리시설의 경우에는 주택단지의 복리시설 전체를 하나의 동으로 본다)별 구분소유자의 과반수 동의(공동주택의 각 동별 구분소유자가 5 이하인 경우는 제외한다)와 주택단지의 전체 구분소유자의 4분의 3 이상 및 토지면적의 4분의 3 이상의 토지소유자의 동의를 받아 제2항 각 호의 사항을 첨부하여 시장·군수등의 인가를 받아야 한다(법 제35조 제3항). 제3항에도 불구하고 주택단지가 아닌 지역이 정비구역에 포함된 때에는 주택단지가 아닌 지역의 토지 또는 건축물 소유자의 4분의 3 이상 및 토지면적의 3분의 2 이상의 토지소유자의 동의를 받아야 한다. 이 경우 인가받은 사항을 변경하려는 때에도 또한 같다(법 제35조 제4항)

다. 조합설립동의

(1) 동의의 대상

조합설립동의서에는 ⅰ) 건설되는 건축물의 설계의 개요, ⅱ) 공사비 등 정비사업비용에 드는 비용(이하 "정비사업비"라 한다), ⅲ) 정비사업비의 분담기준, ⅳ) 사업 완료 후 소유권의 귀속에 관한 사항, ⅴ) 조합 정관이 포함되어야 한다(법 시행령 제30조 제2항).

(2) 동의의 방법

조합 설립에 대한 동의(동의한 사항의 철회 또는 반대의 의사표시를 포함한다)는 서면동의서에 토지등소유자가 성명을 적고 지장(指章)을 날인하는 방법으로 하며, 주민등록증, 여권 등 신원을 확인할 수 있는 신분증명서의 사본을 첨부하여야 한다(법 제36조 제1항).

제1항에도 불구하고 토지등소유자가 해외에 장기체류하거나 법인인 경우 등 불가피한 사유가 있다고 시장·군수등이 인정하는 경우에는 토지등소유자의 인감도장을 찍은 서면동의서에 해당 인감증명서를 첨부하는 방법으로 할 수 있다(법 제36조 제2항).

제1항 및 제2항에 따라 서면동의서를 작성하는 경우 제31조제1항 및 제35조제2항부터 제4항까지의 규정에 해당하는 때에는 시장·군수등이 대통령령으로 정하는 방법에 따라 검인(檢印)한 서면동의서를 사용하여야 하며, 검인을 받지 아니한 서면동의서는 그 효력이 발생하지 아니한다(법 제36조 제3항).

(3) 동의의 유효성 판단기준

동의 여부를 심사함에 있어서 동의의 내용에 관하여는 동의서에 도시 및 주거환경정비법 시행령 제30조 제2항 각 호의 법정사항이 모두 포함되어 있는지를 기준으로(대법원 2010. 1. 28. 선고 2009두4845 판결), 동의의 진정성에 관하여는 특별한 사정이 없는 이상 토지등소유자가 기재한 성명과 그 날인한 지장(指章), 주민등록증, 여권 등 신원을 확인할 수 있는 신분증명서의 사본, 검인(檢印)된 서면동의서를 사용하였는지 여부 등을 기준으로 심사할 수밖에 없다(법 제36조 제1항 내지 제3항).

(4) 동의 정족수를 판단하는 기준 시기

정비조합설립에 요구되는 토지등소유자의 서면에 의한 동의는 조합설립인가의 요건인데, 재개발조합설립인가를 위한 동의 정족수를 판단하는 기준 시기는 '재개발조합설립인가신청 시'이지 '재개발조합설립인가일'이 아니다(대법원 2014. 4. 24. 선고 2012두21437 판결).

(5) 동의의 철회[45)]

(가) 시기: 조합설립에 대한 동의는 최초로 동의한 날부터 30일까지는 철회할 수 있다. 다만 최초로 동의한 날부터 30일이 지나지 아니한 경우에도 조합설립을 위한 창립총회 후에는 동의를 철회할 수 없다(법 시행령 제33조 제2항 제2호).

(나) 방법: 제2항에 따라 동의를 철회하려는 토지등소유자는 철회서에 토지등소유자가

---

45) 도시 및 주거환경정비법 시행령 제33조 ② 법 제12조제2항 및 제36조제1항 각 호 외의 부분에 따른 동의(법 제26조제1항제8호, 제31조제2항 및 제47조제4항에 따라 의제된 동의를 포함한다)의 철회 또는 반대의사 표시의 시기는 다음 각 호의 기준에 따른다.
1. 동의의 철회 또는 반대의사의 표시는 해당 동의에 따른 인·허가 등을 신청하기 전까지 할 수 있다.
2. 제1호에도 불구하고 다음 각 목의 동의는 최초로 동의한 날부터 30일까지만 철회할 수 있다. 다만, 나목의 동의는 최초로 동의한 날부터 30일이 지나지 아니한 경우에도 법 제32조제3항에 따른 조합설립을 위한 창립총회 후에는 철회할 수 없다.
가. 법 제21조제1항제4호에 따른 정비구역의 해제에 대한 동의
나. 법 제35조에 따른 조합설립에 대한 동의(동의 후 제30조제2항 각 호의 사항이 변경되지 아니한 경우로 한정한다)

③ 제2항에 따라 동의를 철회하거나 반대의 의사표시를 하려는 토지등소유자는 철회서에 토지등소유자가 성명을 적고 지장(指章)을 날인한 후 주민등록증 및 여권 등 신원을 확인할 수 있는 신분증명서 사본을 첨부하여 동의의 상대방 및 시장·군수등에게 내용증명의 방법으로 발송하여야 한다. 이 경우 시장·군수등이 철회서를 받은 때에는 지체 없이 동의의 상대방에게 철회서가 접수된 사실을 통지하여야 한다.

성명을 적고 지장(指章)을 날인한 후 주민등록증 및 여권 등 신원을 확인할 수 있는 신분증명서 사본을 첨부하여 동의의 상대방 및 시장·군수등에게 내용증명의 방법으로 발송하여야 한다. 이 경우 시장·군수등이 철회서를 받은 때에는 지체 없이 동의의 상대방에게 철회서가 접수된 사실을 통지하여야 한다(법 시행령 제33조 제3항).

(6) 동의 하자의 효과

토지등소유자의 서면에 의한 동의요건이 결여된 하자는 중대·명백한 하자이므로 이는 조합설립인가처분의 무효사유이다. 다만 조합설립 동의에 흠이 있다고 할지라도 그 흠이 중대·명백하지 않다면 조합설립인가처분이 당연무효라고 할 수 없다(대법원 2010. 12. 23. 선고 2010두16578 판결).

1인이 다수 필지의 토지나 다수의 건축물 및 그 부속토지를 소유하고 있는 경우, 주택재건축사업의 조합설립에 관한 구 도시 및 주거환경정비법 제16조 제3항의 동의자 수 산정 방법: 구 도시 및 주거환경정비법(2007. 12. 21. 법률 제8785호로 개정되기 전의 것, 이하 '구 도시정비법'이라 한다)이 '구분 소유자', '토지 또는 건축물 소유자'의 동의율 외에 전체 토지 면적을 기준으로 한 일정 비율 이상의 구분소유자 또는 토지소유자의 동의를 별도로 요구함으로써 재건축조합 설립의 동의 요건에 관하여 인적 측면과 더불어 재산적 측면을 함께 고려하고 있고, 구 도시정비법 제16조 제3항은 주택재건축사업의 조합설립 동의 요건으로 토지 또는 건축물의 '소유권'이 아니라, 토지 또는 건축물의 '소유자'를 기준으로 그 5분의 4 이상을 규정하고 있음에 비추어 보면, 주택재건축사업의 조합설립에 관한 구 도시정비법 제16조 제3항의 동의자 수를 산정할 때에 1인이 다수 필지의 토지나 다수의 건축물 및 그 부속토지를 소유하고 있다 하더라도 필지나 건축물의 수에 관계없이 토지 또는 건축물의 소유자를 1인으로 산정하는 것이 타당하다. 비록 구 도시 및 주거환경정비법 시행령(2008. 12. 17. 대통령령 제21171호로 개정되기 전의 것)이 주택재개발사업 또는 도시환경정비사업의 조합설립 동의에 관하여 '1인이 다수 필지의 토지 또는 다수의 건축물을 소유하고 있는 경우에는 필지나 건축물의 수에 관계없이 토지등소유자를 1인으로 산정'하도록 규정하고 있는 것[제28조 제1항 제1호 (다)목]과 달리 주택재건축사업의 경우에는 이와 같은 규정을 두지 않았다고 하여 이를 달리 볼 것은 아니다(대법원 2013. 11. 14. 선고 2011두5759 판결).

주택재개발사업에서 토지의 필지별 또는 토지·건물의 소유자, 공유자가 서로 다를 경우와 동일한 공유자가 서로 다른 필지의 토지 또는 토지·건물을 공동소유하고 있을 경우 '토지등소유자'의 산정 방법: 구 도시정비법 제2조 제9호 (가)목의 규정에 의하면, '토지등소유자'라 함은 정비구역안에 소재한 토지 또는 건축물의 소유자 또는 그 지상권자이고, 위 법 제17조, 구 도시정비법 시행령 제28조 제1항 제1호의 각 규정에 의하면, 주택재개발사업에 있어서의 토지등소유자의 동의는 1필지의 토지 또는 하나의 건축물이 수인의 공유에 속하는 때에는 그 수인을 대표하는 1인을 토지등소유자로 산정하고, 토지에 지상권이 설정되어 있는 경우에는 토지의 소유자와 해당 토지의 지상권자를 대표하는 1인을 토지등소유자로 산정하며, 1인이 다수 필지의 토지 또는 다수의 건축물을 소유하고 있는 경우에는 필지나 건축물의 수에 관계없이 토지등소유자를 1인으로 산정하는바, 관계 법령의 내용과 체제 등에 비추어 볼 때 토지의 필지별 또는 토지·건물의 소유자, 공유자가 서로 다를 경우에는 각 부동산별로 1인이 토지등소유자로 산정되어야 하고, 동일한 공유자가 서로 다른 필지의 토지 또는 토지·건물을 공동소유하고 있을 때에는 부동산의 수와 관계없이 그 공유자들 중 1인만이 토지등소유자로 산정된다고 해석된다(대법원 2014. 05. 29. 선고 2012두18677 판결).

[2] 구 도시 및 주거환경정비법상의 재개발조합 설립에 토지 등 소유자의 서면에 의한 동의를 요구하고 그 동의서를 재개발조합설립인가신청시 행정청에 제출하도록 하는 취지 및 재개발조합설립인가신청을 받은 행정청이 재개발조합설립인가의 요건인 토지 등 소유자의 동의 여부를 심사할 때 동의의 내용과 진정성에 관한 심사의 기준: 구 도시 및 주거환경정비법(2007. 12. 21. 법률 제8785호로 개정되기 전의 것)상의 재개발조합 설립에 토지 등 소유자의 서면에 의한 동의를 요구하고 그 동의서를 재개발조합설립인가신청시 행정청에 제출하도록 하는 취지는 서면에 의하여 토지 등 소유자의 동의 여부를 명확하게 함으로써 동의 여부에 관하여 발생할 수 있는 관련자들 사이의 분쟁을 미연에 방지하고 나아가 행정청으로 하여금 재개발조합설립인가신청시에 제출된 동의서에 의하여서만 동의요건의 충족 여부를 심사하도록 함으로써 동의 여부의 확인에 불필요하게 행정력이 소모되는 것을 막기 위한 데 있다. 따라서 재개발조합설립인가신청을 받은 행정청은 재개발조합설립인가의 요건인 토지 등 소유자의 동의 여부를 심사함에 있어서 무엇보다도 동의의 내용에 관하여는 동의서에 구 도시 및 주거환경정비법 시행령(2008. 12. 17. 대통령령 제21171호로 개정되기 전의 것) 제26조 제1항 각 호의 법정사항이 모두 포함되어 있는지를 기준으로, 동의의 진정성에 관하여는 그 동의서에 날인된 인영과 인감증명서의 인영이 동일한 것인지를 기준으로 각 심사하여야 한다. 그리고 위 기준 중 어느 하나라도 충족하지 못하는 동의서에 대하여는 이를 무효로 처리하여야 하고, 임의로 이를 유효한 동의로 처리할 수는 없다: 【해설】 구 도시 및 주거환경정비법 시행령(2007. 12. 21. 법률 제8785호로 개정되기 전의 것) 제26조 제4항은 "법 제13조 내지 제16조의 규정에 의한 토지등소유자의 동의(동의의 철회를 포함한다)는 인감도장을 사용한 서면동의의 방법에 의하며, 이 경우 인감증명서를 첨부하여야 한다"라고 규정하여, 동의의 진정성에 관하여는 동의서에 날인된 인영과 인감증명서의 인영이 동일한 것인지를 기준으로 심사하도록 하고 있었다. 하지만 현재의 도시 및 주거환경정비법은 특별한 사정이 없는 이상 토지등소유자가 적은 성명과 그 날인한 지장(指章), 주민등록증, 여권 등 신원을 확인할 수 있는 신분증명서의 사본, 검인(檢印)된 서면동의서를 사용하였는지 여부 등을 기준으로 그 동의의 진정성을 심사하도록 하고 있다(제36조 제1항 내지 3항).

[3] 재개발조합의 설립추진위원회가 토지 등 소유자로부터 받아 행정청에 제출한 동의서에 구 도시 및 주거환경정비법 시행령 제26조 제1항 제1호와 제2호에 정한 '건설되는 건축물

의 설계의 개요'와 '건축물의 철거 및 신축에 소요되는 비용의 개략적인 금액'에 관하여 그 내용의 기재가 누락되어 있음에도 이를 유효한 동의로 처리하여 재개발조합의 설립인가를 한 처분은 위법하고 그 하자가 중대하고 명백하여 무효라고 한 사례(대법원 2010. 1. 28. 선고 2009두4845 판결).

갑 주택재개발정비사업조합설립 추진위원회가 토지등소유자로부터 '신축건물의 설계 개요'와 '건축물철거 및 신축비용 개산액'에 관한 사항이 공란이고 공란 아래 및 동의서 말미에 조합설립 창립총회에서 확정되는 사항을 공란에 일괄 기재하는 데 동의한다는 문구가 기재된 조합설립동의서를 제출받은 다음 공란에 조합설립총회에서 가결된 내용을 보충한 후 이를 첨부하여 조합설립인가신청을 하고 관할 관청이 조합설립인가처분을 한 사안에서, 구 도시 및 주거환경정비법(2009. 1. 30. 법률 제9401호로 개정되기 전의 것)과 구 도시 및 주거환경정비법 시행령(2008. 12. 17. 대통령령 제21171호로 개정되기 전의 것) 등은 주택재개발정비구역 내 토지등소유자가 주택재개발사업의 시행을 위한 주택재개발정비사업조합의 설립에 동의한다는 의사표시를 반드시 토지등소유자 본인이 하도록 요구하고 있지 않은 점, 갑 추진위원회는 위 동의서의 공란을 자의적으로 보충한 것이 아니라 토지등소유자들의 개별 동의하에 창립총회 결의사항을 공란에 보충한 점, 토지등소유자들은 창립총회 결의사항이 그의 의사에 반하는 경우 갑 추진위원회를 상대로 개별 동의를 철회한다는 의사표시를 하여 동의서의 완성을 저지할 수 있는 점 등 여러 사정을 종합적으로 고려해 보면, 관할 관청이 위 동의서를 적법한 것으로 보고 조합설립을 인가한 처분에 하자가 있다거나 그 하자가 중대하고 명백하다고 할 수 없다는 이유로, 이와 달리 본 원심판결에 법리를 오해한 위법이 있다고 한 사례(대법원 2013. 1. 10. 선고 2010두16394 판결).

관할 행정청이 구 도시 및 주거환경정비법(2007. 12. 21. 법률 제8785호로 개정되기 전의 것, 이하 '개정 전 도시정비법'이라고 한다) 제16조 제3항에서 정한 동의요건 중 '토지 또는 건축물 소유자의 5분의 4 이상'을 '토지 소유자의 5분의 4 이상' 또는 '건축물 소유자의 5분의 4 이상' 중 어느 하나의 요건만 충족하면 된다고 잘못 해석하여 요건을 충족하지 못한 주택재건축사업 추진위원회의 조합설립인가신청에 대하여 조합설립인가처분을 한 사안에서, 위 처분은 개정 전 도시정비법 제16조 제3항에서 정한 동의요건을 충족하지 못하여 위법할 뿐만 아니라 하자가 중대하다고 볼 수 있으나, '토지 또는 건축물 소유자의 5분의 4 이상'의 문언적 의미가 명확한 것은 아니고 다의적으로 해석될 여지가 충분히 있는 점 등을 종합하면, 조합설립인가처분 당시 주택단지가 전혀 포함되어 있지 않은 정비구역에 대한 재건축사업조합의 설립인가처분을 하기 위해서는 '토지 및 건축물 소유자, 토지 소유자, 건축물 소유자' 모두의 5분의 4 이상의 동의를 얻어야 한다는 점이 객관적으로 명백하였다고 할 수 없어 위 조합설립인가처분이 당연무효라고 볼 수는 없다는 이유로, 이와 달리 본 원심판결에 법리오해의 위법이 있다고 한 사례(대법원 2012. 10. 25. 선고 2010두25107 판결 【조합설립인가처분무효확인】).

라. 인가사항의 변경요건

제2항 및 제3항에 따라 설립된 조합이 인가받은 사항을 변경하고자 하는 때에는 총회에서 조합원의 3분의 2 이상의 찬성으로 의결하고, 제2항 각 호의 사항을 첨부하여 시장·군수등의 인가를 받아야 한다. 다만, 대통령령으로 정하는 경미한 사항을 변경하려는 때에는 총회의 의결 없이 시장·군수등에게 신고하고 변경할 수 있다(법 제35조 제5항).

3. 조합설립인가의 법적 성질

가. 강학상의 인가 또는 특허

조합설립인가의 법적 성질에 관하여는 다음과 같은 2가지 견해가 대립하고 있다.

① 강학성의 인가: 토지등소유자가 정비사업을 위하여 행한 정비사업조합설립행위를 보충하여 그 법률상 효력을 완성시키는 보충행위로서 강학상의 인가에 해당한다는 견해이다[46].

② 강학상의 특허: 조합설립인가는 단순히 사인(私人)들의 조합설립행위에 대한 보충행위로서의 성질을 가지는 것이 아니라, 정비사업을 시행할 수 있는 권한을 가지는 행정주체(공법인)로서의 지위를 정비사업조합에게 부여하는 일종의 설권적 처분의 성질을 가진다고 보는 견해이다[47]. 판례는 강학상의 특허라는 입장을 취하고 있다(대법원 2010. 1. 28. 선고 2009두4845 판결).

나. 기속행위인가 재량행위인가

조합설립인가가 기속행위인지 아니면 재량행위인지가 문제된다.

먼저 조합설립인가를 강학상의 특허로 보는 경우에는 이를 원칙상 재량행위로 볼 수밖에 없을 것이다.

다음으로 조합설립인가를 강학상의 인가로 보는 경우에는, 앞서 살펴 본 바와 같이 그 재량행위성 여부를 일률적으로 말할 수 없다. 인가의 재량행위성 여부는 법률의 규정방식 그 취지·목적, 행정행위의 성질, 기본권과의 관련성 등을 종합적으로 고려하여 개별적으로 판단하여야 한다.

조합설립인가를 재량행위로 보는 경우에는 부관을 붙일 수 있지만, 기속행위로 보는 경우에는 원칙상 부관을 붙일 수 없다[48].

46) 송현진·유동규, 전게서, 387면.

47) 김종보, 건설법의 이해, 제6판, 2018, 474면.

48) 기속행위의 경우 원칙상 부관을 붙일 수 없다. 다만 기속행위에 해당할지라도 법률에 부관을 붙

구 도시 및 주거환경정비법상 재개발조합설립인가신청에 대하여 행정청의 재개발조합설립인가처분이 있은 후 조합설립동의에 하자가 있음을 이유로 재개발조합 설립의 효력을 다투기 위한 소송(=항고소송): 재개발조합설립인가신청에 대한 행정청의 조합설립인가처분은 단순히 사인(사인)들의 조합설립행위에 대한 보충행위로서의 성질을 가지는 것이 아니라 법령상 일정한 요건을 갖추는 경우 행정주체(공법인)의 지위를 부여하는 일종의 설권적 처분의 성질을 가진다고 보아야 한다. 그러므로 구 도시 및 주거환경정비법(2007. 12. 21. 법률 제8785호로 개정되기 전의 것)상 재개발조합설립인가신청에 대하여 행정청의 조합설립인가처분이 있은 이후에는, 조합설립동의에 하자가 있음을 이유로 재개발조합 설립의 효력을 부정하려면 항고소송으로 조합설립인가처분의 효력을 다투어야 한다(대법원 2010. 1. 28. 선고 2009두4845 판결): 【해설】 조합설립인가처분은 강학상의 특허에 해당된다. 이 경우 조합설립동의는 특허를 받기 위한 요건으로서의 의미를 지닌다. 따라서 조합설립인가처분이 있은 이후에는, 조합설립동의에 하자가 있음을 이유로 재개발조합 설립의 효력을 부정하려면 조합설립인가처분의 무효 또는 취소를 구하는 항고소송을 제기하여야 한다. 한편 항고소송은 처분을 행한 행정청을 피고로 하므로, 이 경우 재개발조합이 아니라 조합설립인가처분을 행한 행정청을 상대로 소를 제기하여야 한다.

주택재개발정비사업조합의 임원이었던 피고인들이 공모하여, 총회의 결의 없이 철거감리업체를 선정하거나 정비사업 시행과 관련한 자료 등을 공개하지 아니하였다고 하여 구 도시 및 주거환경정비법 위반으로 기소된 사안에서, 위 조합에 대한 조합설립인가처분이 무효여서 처음부터 조합이 성립되었다 할 수 없으므로, 피고인들은 같은 법 제85조 제5호, 제24조 제3항 제5호 및 제86조 제6호, 제81조 제1항의 각 위반행위에 대한 주체가 될 수 없다고 한 사례: 구 도시정비법 제18조에 의하면 토지등소유자로 구성되어 정비사업을 시행하려는 조합은 제13조 내지 제17조를 비롯한 관계 법령에서 정한 요건과 절차를 갖추어 조합설립인가처분을 받은 후에 등기함으로써 성립하며, 그때 비로소 관할 행정청의 감독 아래 정비구역 안에서 정비사업을 시행하는 행정주체로서의 지위가 인정된다. 여기서 행정청의 조합설립인가처분은 조합에 정비사업을 시행할 수 있는 권한을 갖는 행정주체(공법인)로서의 지위를 부여하는 일종의 설권적 처분의 성격을 가진다. 따라서 토지등소유자로 구성되는 조합이 그 설립과정에서 조합설립인가처분을 받지 아니하였거나 설령 이를 받았다 하더라도 처음부터 조합설립인가처분으로서 효력이 없는 경우에는, 구 도시정비법 제13조에 의하여 정비사업을 시행할 수 있는 권한을 가지는 행정주체인 공법인으로서의 조합이 성립되었다 할 수 없고, 또한 이러한 조합의 조합장, 이사, 감사로 선임된 자 역시 구 도시정비법에서 정한 조합의 임원이라 할 수 없다.

이러한 법률 규정과 법리에 비추어 보면, 정비사업을 시행하려는 어떤 조합이 조합설립인가처분을 받았다 하더라도 그 조합설립인가처분이 무효여서 처음부터 구 도시정비법 제13조에서 정한 조합이 성립되었다고 할 수 없는 경우에, 그 성립되지 아니한 조합의 조합장, 이사

일 수 있다는 명시적 규정을 두고 있거나, 법률요건을 충족하는 것을 정지조건으로 하는 부관은 붙일 수 있다.

또는 감사로 선임된 자는 구 도시정비법 제85조 제5호 위반죄 또는 제86조 제6호 위반죄의 주체인 '조합의 임원' 또는 '조합임원'에 해당하지 아니한다고 해석함이 타당하며, 따라서 그러한 자의 행위에 대하여는 구 도시정비법 제85조 제5호 위반죄 또는 제86조 제6호 위반죄로 처벌할 수 없다(대법원 2014. 5. 22. 선고 2012도7190 전원합의체 판결).

4. 조합설립결의의 법적 성질

가. 조합설립인가 이전의 경우

조합설립인가처분을 받아 설립등기를 마치기 전에 개최된 창립총회에서 이루어진 결의는 조합이 아직 공법인으로서 성립하지 아니한 상태에서의 결의이므로, 주택재개발사업조합의 결의가 아니라 주민총회 또는 토지 등 소유자 총회의 결의에 불과하다(대법원 2012. 4. 12. 선고 2010다10986 판결).

따라서 이 경우 조합설립결의의 하자에 대하여 다투는 소송은 (조합설립추진위원회를 피고로 하여) 총회결의무효확인을 구하는 민사소송의 방식을 취하여야 한다.

[1] 구 도시 및 주거환경정비법상 조합설립추진위원회가 조합설립인가처분을 받아 설립등기를 마치기 전에 창립총회에서 한 결의의 법적 성격(=주민총회 또는 토지 등 소유자 총회의 결의): 구 도시 및 주거환경정비법(2007. 12. 21. 법률 제8785호로 개정되기 전의 것, 이하 '구 도시정비법'이라 한다) 제16조 제1항, 제18조 제2항에 의하면, 주택재개발사업조합은 정비구역 내 토지 등 소유자 5분의 4 이상의 동의를 얻어 정관 및 건설교통부령이 정하는 서류를 첨부하여 시장·군수의 인가를 받아야 하고, 조합설립인가처분을 받은 후 30일 이내에 주된 사무소의 소재지에서 대통령령이 정하는 사항을 등기함으로써 법인으로 성립하며, 이러한 절차를 거쳐 설립된 주택재개발사업조합은 관할 행정청의 감독 아래 정비구역 안에서 구 도시정비법상 주택재개발사업을 시행하는 목적 범위 내에서 법령이 정하는 바에 따라 일정한 행정작용을 행하는 행정주체의 지위를 갖는다. 따라서 조합설립인가처분은 단순히 사인들의 조합설립행위에 대한 보충행위의 성질을 갖는 것이 아니라, 구 도시정비법상 정비사업을 시행할 수 있는 권한을 갖는 행정주체(공법인)의 지위를 부여하는 일종의 설권적 처분의 성격을 갖는다. 이러한 여러 사정을 종합하여 보면, 조합설립인가처분을 받아 설립등기를 마치기 전에 개최된 창립총회에서 이루어진 결의는 주택재개발사업조합의 결의가 아니라 주민총회 또는 토지 등 소유자 총회의 결의에 불과하다고 봄이 타당하다: 【해설】 구 도시 및 주거환경정비법(2007. 12. 21. 법률 제8785호로 개정되기 전의 것) 제16조 제1항은 "주택재개발사업 및 도시환경정비사업의 추진위원회가 조합을 설립하고자 하는 때에는 토지등소유자의 5분의 4 이상의 동의를 얻어 정관 및 건설교통부령이 정하는 서류를 첨부하여 시장·군수의 인가를 받아야 한다"라고 규정하고 있었다. 하지만 현재의 도시 및 주거환경정비법 제35조 제2항은 "재개발사업의 추진위원회가 조합을 설립하려면

토지등소유자의 4분의 3 이상 및 토지면적의 2분의 1 이상의 토지소유자의 동의를 받아 다음 각 호의 사항을 첨부하여 시장·군수 등의 인가를 받아야 한다"라고 규정하고 있다.

[2] 구 도시 및 주거환경정비법상 조합설립인가처분을 받아 법인으로 설립된 조합이 조합총회를 열어 조합설립추진위원회가 그 이전에 주민총회 또는 토지 등 소유자 총회에서 한 시공자 선정결의를 그대로 인준 또는 추인하는 결의를 한 경우, 종전 시공자 선정결의의 무효확인을 구할 이익이 있는지 여부(원칙적 소극): 조합설립인가처분을 받아 법인으로 설립된 조합이 조합총회를 열어 조합설립추진위원회(이하 '추진위원회'라 한다)가 개최한 주민총회 또는 토지 등 소유자 총회에서 한 시공자 선정결의를 그대로 인준 또는 추인하는 내용의 결의를 한 경우에는, 설령 추진위원회가 개최한 주민총회 또는 토지 등 소유자 총회에서 한 시공자 선정결의가 무효라고 할지라도 조합총회의 새로운 결의가 하자로 인하여 부존재 또는 무효임이 인정되거나 결의가 취소되는 등 특별한 사정이 없는 한 종전에 추진위원회가 개최한 주민총회 또는 토지 등 소유자 총회에서 한 시공자 선정결의의 무효확인을 구하는 것은 과거의 법률관계 내지 권리관계의 확인을 구하는 것에 불과하여 권리보호의 요건을 결여하였다고 보아야 한다(대법원 2012. 4. 12. 선고 2010다10986 판결【총회결의무효확인】).

나. 조합설립인가 이후의 경우

(1) 인가설을 따를 경우

조합설립인가처분을 강학상의 인가로 보는 경우, 조합설립결의는 조합설립인가처분(보충행위)을 위한 기본행위에 해당하고, 조합설립인가처분 자체에 하자가 없다면 기본행위(조합설립결의)의 하자를 이유로 인가처분의 취소 또는 무효확인을 구하는 것은 소의 이익이 없다(대법원 1994. 10. 14. 선고 93누22753 판결 등).

따라서 이 경우 조합설립결의의 하자는 조합설립추진위원회를 피고로 하여 그 무효확인을 구하는 민사소송의 형식을 취하여야 할 것이다.

한편 조합설립인가처분을 받은 조합이 설립등기를 마쳐 법인으로 성립하게 되면 추진위원회는 목적을 달성하여 소멸하고, 추진위원회가 행한 업무와 관련된 권리·의무는 정비사업조합이 모두 포괄적으로 승계한다[49]. 그리고 정비사업조합은 공법인이이다. 따라서 위의 경우 조합설립결의의 하자를 다투는 소송은 조합설립추진위원회가 아닌 정비사업조합을 피고로 하여 그 무효확인을 구하는 공법상 당사자소송의 형식을 취하여야 한다고 보는 견해도 있을 수 있다.

---

49) 도시 및 주거환경정비법 제34조(추진위원회의 운영) ③ 추진위원회는 수행한 업무를 제44조에 따른 총회에 보고하여야 하며, 그 업무와 관련된 권리·의무는 조합이 포괄승계한다.

(2) 특허설을 따를 경우

조합설립인가처분을 강학상의 특허로 보는 경우, 조합설립결의는 조합설립인가처분이라는 행정처분을 하는 데 필요한 요건 중 하나에 불과한 것이어서, 조합설립결의에 하자가 있다면 그 하자를 이유로 직접 항고소송의 방법으로 조합설립인가처분의 취소 또는 무효확인을 구하여야 한다.

따라서 이와는 별도로 조합설립결의 부분만을 따로 떼어내어 그 효력 유무를 다투는 확인의 소를 제기하는 것은 원고의 권리 또는 법률상의 지위에 현존하는 불안·위험을 제거하는 데 가장 유효·적절한 수단이라 할 수 없어 특별한 사정이 없는 한 확인의 이익이 없게 된다(대법원 2009. 9. 24. 선고 2008다60568 판결).

[1] 행정청이 도시 및 주거환경정비법 등 관련 법령에 의하여 행하는 조합설립인가처분의 법적 성격 및 조합설립인가처분이 있은 후에 조합설립결의의 하자를 이유로 그 결의 부분만을 따로 떼어내어 무효 등 확인의 소를 제기하는 것이 허용되는지 여부(소극): 행정청이 도시 및 주거환경정비법 등 관련 법령에 근거하여 행하는 조합설립인가처분은 단순히 사인들의 조합설립행위에 대한 보충행위로서의 성질을 갖는 것에 그치는 것이 아니라 법령상 요건을 갖출 경우 도시 및 주거환경정비법상 주택재건축사업을 시행할 수 있는 권한을 갖는 행정주체(공법인)로서의 지위를 부여하는 일종의 설권적 처분의 성격을 갖는다고 보아야 한다. 그리고 그와 같이 보는 이상 조합설립결의는 조합설립인가처분이라는 행정처분을 하는 데 필요한 요건 중 하나에 불과한 것이어서, 조합설립결의에 하자가 있다면 그 하자를 이유로 직접 항고소송의 방법으로 조합설립인가처분의 취소 또는 무효확인을 구하여야 하고, 이와는 별도로 조합설립결의 부분만을 따로 떼어내어 그 효력 유무를 다투는 확인의 소를 제기하는 것은 원고의 권리 또는 법률상의 지위에 현존하는 불안·위험을 제거하는 데 가장 유효·적절한 수단이라 할 수 없어 특별한 사정이 없는 한 확인의 이익은 인정되지 아니한다: 【해설】 이 판례의 경우 조합설립인가처분에 대하여 강학상 특허의 성질뿐만 아니라 강학상 인가의 성질도 함께 가지는 것으로 파악하고 있다. 하지만 이후의 판례는 조합설립인가처분에 대하여 강학상 인가로서의 성질을 부인하고, 일관하여 강학상 특허로서의 법적 성질을 가진다고 판시하고 있다.

[2] 도시 및 주거환경정비법상 주택재건축정비사업조합에 대한 행정청의 조합설립인가처분이 있은 후에 조합설립결의의 하자를 이유로 민사소송으로 그 결의의 무효 등 확인을 구한 사안에서, 그 소는 행정소송의 일종인 당사자소송으로 제기된 것으로 봄이 상당하고, 이송 후 관할법원의 허가를 얻어 조합설립인가처분에 대한 항고소송으로 변경될 수 있어 관할법원인 행정법원으로 이송함이 마땅하다고 한 사례: 도시 및 주거환경정비법상 주택재건축정비사업조합에 대한 행정청의 조합설립인가처분이 있은 후에 조합설립결의의 하자를 이유로 민사소송으로 그 결의의 무효 등 확인을 구한 사안에서, 그 소가 확인의 이익이 없는 부적법한 소에 해당하다고 볼 여지가 있으나, 재건축조합에 관한 설립인가처분을 보충행위로 보았던 종래의 실무관행 등에 비추어 그 소의 실질

이 조합설립인가처분의 효력을 다투는 취지라고 못 볼 바 아니고, 여기에 소의 상대방이 행정주체로서의 지위를 갖는 재건축조합이라는 점을 고려하면, 그 소가 공법상 법률행위에 관한 것으로서 행정소송의 일종인 당사자소송으로 제기된 것으로 봄이 상당하고, 그 소는 이송 후 관할법원의 허가를 얻어 조합설립인가처분에 대한 항고소송으로 변경될 수 있어 관할법원인 행정법원으로 이송함이 마땅하다고 한 사례(대법원 2009. 9. 24. 선고 2008다60568 판결).

5. 조합의 기관

가. 조합의 임원

조합은 ① 정비구역에서 거주하고 있는 자로서 선임일 직전 3년 동안 정비구역 내 거주 기간이 1년 이상일 것, ② 정비구역에 위치한 건축물 또는 토지(재건축사업의 경우에는 건축물과 그 부속토지를 말한다)를 5년 이상 소유하고 있을 것 중의 어느 하나의 요건을 갖춘 조합장 1명과 이사, 감사를 임원으로 둔다. 이 경우 조합장은 선임일부터 제74조 제1항에 따른 관리처분계획인가를 받을 때까지는 해당 정비구역에서 거주(영업을 하는 자의 경우 영업을 말한다)하여야 한다(법 제41조 제1항).

조합의 이사와 감사의 수는 대통령령으로 정하는 범위에서 정관으로 정한다(법 제41조 제2항). 조합장 또는 이사가 자기를 위하여 조합과 계약이나 소송을 할 때에는 감사가 조합을 대표한다(법 제42조 제3항)

조합임원의 임기는 3년 이하의 범위에서 정관으로 정하되, 연임할 수 있다(법 제41조 제4항). 조합임원의 선출방법 등은 정관으로 정한다(법 제41조 제5항).

조합임원은 제44조 제2항에도 불구하고 조합원 10분의 1 이상의 요구로 소집된 총회에서 조합원 과반수의 출석과 출석 조합원 과반수의 동의를 받아 해임할 수 있다. 이 경우 요구자 대표로 선출된 자가 해임 총회의 소집 및 진행을 할 때에는 조합장의 권한을 대행한다(법 제43조 제4항).

나. 조합총회

조합에는 조합원으로 구성되는 총회를 둔다(법 제44조 제1항). 제25조에 따른 정비사업의 조합원(사업시행자가 신탁업자인 경우에는 위탁자를 말한다)은 토지등소유자(재건축사업의 경우에는 재건축사업에 동의한 자만 해당한다)로 하되, ① 토지 또는 건축물의 소유권과 지상권이 여러 명의 공유에 속하는 때, ② 여러 명의 토지등소유자가 1세대에 속하는 때(이 경우 동일한 세대별 주민등록표 상에 등재되어 있지 아니한 배우자 및 미혼인 19세 미만의 직계비속은 1세대로 보며, 1세대로 구성된 여러 명의 토지등소유자가 조합설립인가 후 세대를 분리하여 동일한 세대에 속하지 아니하는 때에도 이혼 및 19세 이상 자녀의 분가를 제외하고는 1세대로 본다), ③ 조합설립인가 후 1명의 토지등소유자로부터 토지 또는 건축물의 소유권이나 지상권을 양수하여 여러 명이 소유하게 된 때 중의 어느 하나에 해당하는 때에는 그 여러 명을 대표하는 1명을 조합원으로 본다(법 제39조 제1항).

다음 각 호의 사항은 조합원으로 구성되는 총회의 의결을 거쳐야 한다(법 제41조 제1항). 총회의 의결은 이 법 또는 정관에 다른 규정이 없으면 조합원 과반수의 출석과 출석 조합원의 과반수 찬성으로 한다(법 제45조 제3항).

6. 조합과 조합원의 관계

조합과 조합원의 관계는 도시 및 주거환경정비법에서 공법관계로 규정한 경우 또는 성질상 공법관계로 인정되는 경우에는 공법관계에 속한다. 이 경우에 조합이 한 조치가 행정쟁송법상 처분에 해당하는 경우에는 항고소송으로 다툴 수 있고, 조합과 조합원 사이의 공법상 법률관계에 관한 분쟁은 공법상 당사자소송의 대상이 된다. 판례도 이러한 견해를 취하고 있다(대법원 1996. 2. 15. 선고 94다31235 전원합의체 판결).

구 도시재개발법(1995. 12. 29. 법률 제5116호로 전문 개정되기 전의 것)에 의한 재개발조합은 조합원에 대한 법률관계에서 적어도 특수한 존립목적을 부여받은 특수한 행정주체로서 국가의 감독하에 그 존립 목적인 특정한 공공사무를 행하고 있다고 볼 수 있는 범위 내에서는 공법상의 권리의무 관계에 서 있다. 따라서 조합을 상대로 한 쟁송에 있어서 강제가입제를 특색으로 한 조합원의 자격 인정 여부에 관하여 다툼이 있는 경우에는 그 단계에서는 아직 조합의 어떠한 처분 등이 개입될 여지는 없으므로 공법상의 당사자소송에 의하여 그 조합원 자격의 확인을 구할 수 있고, 한편 분양신청 후에 정하여진 관리처분계획의 내용에 관하여 다툼이 있는 경우에는 그 관리처분계획은 토지 등의 소유자에게 구체적이고 결정적인 영향을 미치는 것으로서 조합이 행한 처분에 해당하므로 항고소송에 의하여 관리처분계획 또는 그 내용인 분양거부처분 등의 취소를 구할 수 있다(대법원 1996. 2. 15. 선고 94다31235 전원합의체 판결).

그러나, 조합과 조합원의 관계가 일반 사단법인에서의 법인과 그 구성원 사이의 관계와 동일한 성질을 가지는 경우에는 그 관계는 민법상 사단과 사원의 관계가 된다. 이 경우 조합과 조합원 사이의 분쟁은 민사소송의 대상이 된다[50].

50) 박균성, 행정법론(하), 제15판, 2017, 559면.

7. 조합설립인가처분 취소판결의 효력

조합설립인가처분이 판결에 의하여 취소되거나 무효로 확인된 경우에는 조합설립인가처분은 처분 당시로 소급하여 효력을 상실하고, 이에 따라 당해 정비사업조합 역시 조합설립인가처분 당시로 소급하여 도시 및 주거환경정비법상 주택재건축사업을 시행할 수 있는 행정주체인 공법인으로서의 지위를 상실한다(대법원 2012. 11. 29. 선고 2011두518 판결). 따라서 주택재개발사업조합이 조합설립인가처분 취소 전에 도시 및 주거환경정비법상 적법한 행정주체 또는 사업시행자로서 한 결의 등 처분도 원칙상 소급하여 효력을 상실한다(대법원 2012. 3. 29. 선고 2008다95885 판결).

다만 그 효력 상실로 인한 잔존사무의 처리와 같은 업무는 여전히 수행되어야 하므로 주택재건축사업조합은 청산사무가 종료될 때까지 청산의 목적범위 내에서 권리·의무의 주체가 되고, 조합원 역시 청산의 목적범위 내에서 종전 지위를 유지하며, 정관 등도 그 범위 내에서 효력을 가진다(대법원 2012. 11. 29. 선고 2011두518 판결).

도시 및 주거환경정비법상 주택재건축사업조합 설립인가처분이 판결에 의하여 취소되거나 무효로 확인된 경우 주택재건축사업조합과 조합원의 지위 및 정관 등의 효력이 유지되는 범위: 도시 및 주거환경정비법(이하 '도시정비법'이라고 한다)상 주택재건축사업조합 설립인가처분이 판결에 의하여 취소되거나 무효로 확인된 경우에는 조합설립인가처분은 처분 당시로 소급하여 효력을 상실하고, 이에 따라 당해 주택재건축사업조합 역시 조합설립인가처분 당시로 소급하여 도시정비법상 주택재건축사업을 시행할 수 있는 행정주체인 공법인으로서의 지위를 상실한다. 다만 그 효력 상실로 인한 잔존사무의 처리와 같은 업무는 여전히 수행되어야 하므로 주택재건축사업조합은 청산사무가 종료될 때까지 청산의 목적범위 내에서 권리·의무의 주체가 되고, 조합원 역시 청산의 목적범위 내에서 종전 지위를 유지하며, 정관 등도 그 범위 내에서 효력을 가진다(대법원 2012. 11. 29. 선고 2011두518 판결).

Ⅳ. 사업시행계획 및 그에 대한 인가

1. 사업시행계획

가. 의의

사업 시행을 위하여 필요한 일체의 사업계획을 포괄하고 있는 마스터플랜을 말한다. 따라서 사업시행계획은 토지이용계획, 정비기반시설 및 공동이용시설의 설치계획, 주민 및 세입자의 이주대책 등 포괄적이고도 구체적인 계획들을 필요로 하게 되고(법 제 52조), 이러한 사업시행계획은 행정청의 인가를 통해 최종적으로 확정되고 아울러 그 효력을 발생하게 된다.

나. 사업시행계획의 성립과 효력발생

(1) 시행자가 조합인 경우

(가) 조합총회의 의결

시행자가 조합인 경우 제52조에 따른 사업시행계획서의 작성 및 변경을 위해서는 조합총회의 의결을 거쳐야 한다(법 제45조 제1항 제9호, 제50조 제3항).

조합 총회의 의결은 처분이 아니므로 항고소송의 대상이 되지 않는다. 다만 정비조합은 공법인이고, 사업시행계획안에 대한 조합총회 의결은 비권력적 공법행위(공법상 합동행위)이므로 조합원은 조합총회의 의결에 대하여 다툼이 있는 경우 민사소송이 아니라 공법상 당사자소송으로 무효확인을 구하여야 한다.

사업시행계획이 인가·고시를 통해 확정되면 독립된 행정처분으로서의 효력을 발생하고, 사업시행계획안에 대한 조합 총회결의는 그 행정처분(사업시행계획)에 이르는 절차적 요건 중 하나에 불과하게 된다. 따라서 그 계획이 확정된 후에는 항고소송의 방법으로 계획의 취소 또는 무효확인을 구할 수 있을 뿐, 절차적 요건에 불과한 총회결의 부분만을 대상으로 그 효력 유무를 다투는 확인의 소를 제기하는 것은 허용되지 아니한다(대법원 2009. 11. 2. 자 2009마596 결정).

구 도시 및 주거환경정비법에 따른 주택재건축정비사업조합이 수립한 사업시행계획이 인가·고시를 통해 확정된 후의 쟁송 방법(=인가된 사업시행계획에 대한 항고소송) 및 이러한 항고소송의 대상이 되는 행정처분의 효력이나 집행 혹은 절차속행 등의 정지를 구하는 방법(=행정소송법상 집행정지신청): 구 도시 및 주거환경정비법(2007. 12. 21. 법률 제8785호로 개정되기 전의 것)에 따른 주택재건축정비사업조합은 관할 행정청의 감독 아래 위 법상 주택재건축사업을 시행하는 공법인으로서, 그 목적 범위 내에서 법령이 정하는 바에 따라 일정한 행정작용을 행하는 행정주체의 지위를 가진다 할 것인데, 재건축정비사업조합이 이러한 행정주체의 지위에서 위 법에 기초하여 수립한 사업시행계획은 인가·고시를 통해 확정되면 이해관계인에 대한 구속적 행정계획으로서 독립된 행정처분에 해당하고, 이와 같은 사업시행계획안에 대한 조합 총회결의는 그 행정처분에 이르는 절차적 요건 중 하나에 불과한 것으로서, 그 계획이 확정된 후에는 항고소송의 방법으로 계획의 취소 또는 무효확인을 구할 수 있을 뿐, 절차적 요건에 불과한 총회결의 부분만을 대상으로 그 효력 유무를 다투는 확인의 소를 제기하는 것은 허용되지 아니하고, 한편 이러한 항고소송의 대상이 되는 행정처분의 효력이나 집행 혹은 절차속행 등의 정지를 구하는 신청은 행정소송법상 집행정지신청의 방법으로서만 가능할 뿐 민사소송법상 가처분의 방법으로는 허용될 수 없다(대법원 2009. 11. 2. 자 2009마596 결정).

(나) 시장·군수의 인가

사업시행자는 정비사업을 시행하려는 경우에는 제52조에 따른 사업시행계획서에 정관등과 그 밖에 국토교통부령으로 정하는 서류를 첨부하여 시장·군수 등에게 제출하고 사업시행계획인가를 받아야 하고, 인가받은 사항을 변경하거나 정비사업을 중지 또는 폐지하려는 경우에도 또한 같다. 다만, 대통령령으로 정하는 경미한 사항을 변경하려는 때에는 시장·군수등에게 신고하여야 한다(법 제50조 제1항).

법 제50조 제1항에 의한 인가는 사업시행자의 사업시행계획의 효력을 완성시키는 보충행위로서 강학상 인가에 해당하고, 인가의 대상은 정비사업조합의 사업시행계획이다. 따라서 기본행위(사업시행계획)의 하자를 내세워 바로 그에 대한 행정청의 인가처분의 취소 또는 무효확인을 청구할 법률상의 이익이 있다고 할 수 없다(대법원 2001. 12. 11. 선고 2001두7541 판결).

(2) 시행자가 토지 등 소유자인 경우

토지등소유자가 제25조 제1항 제2호에 따라 재개발사업을 시행하려는 경우에는 사업시행계획인가를 신청하기 전에 사업시행계획서에 대하여 토지등소유자의 4분의 3 이상 및 토지면적의 2분의 1 이상의 토지소유자의 동의를 받아야 한다. 다만, 인가받은 사항을 변경하려는 경우에는 규약으로 정하는 바에 따라 토지등소유자의 과반수의 동의를 받아야 하며, 제1항 단서에 따른 경미한 사항의 변경인 경우에는 토지등소유자의 동의를 필요로 하지 아니한다(법 제50조 제4항).

이 경우에는 그 성질상 조합총회의 결의가 아니라 토지등소유자의 동의를 그 요건으로 하지만, 시장·군수의 인가를 받아야 한다는 점은 조합이 정비사업을 시행하는 경우와 동일하다.

(3) 시행자가 시장·군수인 경우

시행자가 시장·군수인 경우에는 시장·군수가 사업시행계획을 작성하여 이를 고시함으로써 효력을 발생한다. 그 성질상 조합총회의 의결이나 시장·군수의 인가를 필요로 하지 않는다.

다. 사업시행계획의 내용

사업시행계획에는 다음의 사항을 포함하여야 한다(법 제52조 제1항).

1. 토지이용계획(건축물배치계획을 포함한다)
2. 정비기반시설 및 공동이용시설의 설치계획
3. 임시거주시설을 포함한 주민이주대책
4. 세입자의 주거 및 이주 대책
5. 사업시행기간 동안 정비구역 내 가로등 설치, 폐쇄회로 텔레비전 설치 등 범죄예방 대책
6. 제10조에 따른 임대주택의 건설계획(재건축사업의 경우는 제외한다)
7. 제54조제4항에 따른 소형주택의 건설계획(주거환경개선사업의 경우는 제외한다)
8. 기업형임대주택 또는 임대관리 위탁주택의 건설계획(필요한 경우로 한정한다)
9. 건축물의 높이 및 용적률 등에 관한 건축계획

라. 사업시행계획의 성질과 효력

(1) 구속적 행정계획

정비사업조합이 행정주체의 지위에서 수립한 사업시행계획은 인가·고시를 통해 확정되면 이해관계인에 대한 구속적 행정계획으로서의 효력을 발생하게 된다.

(2) 처분성

정비사업조합이 수립한 사업시행계획은 인가·고시를 통해 확정되면 독립된 행정처분으로서의 효력을 발생한다.

2. 사업시행계획의 인가

가. 법적 성질

(1) 처분성

시장·군수 또는 구청장의 사업시행인가가 있게 되면 관계 법률에 따른 인·허가가 의제되고, 시행자는 재개발구역 안에서 그 사업을 위하여 필요한 토지·건축물 기타의 권리를 수용할 권리를 갖게 되는 등 직접적이고 구체적인 법적 효과를 가져오므로 사업시행계획의 인가는 항고소송의 대상이 되는 처분이라고 보아야 한다.

(2) 강학상의 인가 또는 특허

사업시행계획 인가의 법적 성질에 관하여는 i) 강학상 인가로 보는 견해, ii) 강학상 특허로 보는 견해, iii) 사업시행계획 인가의 경우 사업시행계획의 효력을 완성시켜 사업시행계획이 조합원에 대하여 구속력을 가지도록 하는 점에서는 강학상 인가이나, 사업시행을 할 수 있는 법적 지위를 창설하는 점에서는 강학상 특허라고 보는 양면성설[51] 등이 대립하고 있다.

판례는 정비사업조합이 수립한 사업시행계획에 대한 인가는 강학상의 인가로 본다(대법원 2010. 12. 9. 선고 2010두1248 판결). 반면에 토지등소유자가 조합을 따로 설립하지 않고 재개발사업을 직접 시행하는 경우의 사업시행계획에 대한 인가는 토지등소유자에게 정비사업을 시행할 수 있는 권한을 가지는 행정주체로서의 지위를 부여하는 일종의 설권적 처분(특허)의 성격을 가진다고 보고 있다(대법원 2013. 6. 13. 선고 2011두19994 판결).

[1] 도시환경정비사업조합이 수립한 사업시행계획을 인가하는 행정청의 행위의 법적 성질(=보충행위) 및 인가처분에 흠이 없는 경우 기본행위의 무효를 내세워 인가처분의 취소 또는 무효확인을 구할 수 있는지 여부(소극): 구 「도시 및 주거환경정비법」(2007. 12. 21. 법률 제8785호로 개정되기 전의 것, 이하 '도정법'이라 한다)에 기초하여 도시환경정비사업조합이 수립한 사업시행계획은 그것이 인가·고시를 통해 확정되면 이해관계인에 대한 구속적 행정계획으로서 독립된 행정처분에 해당하므로(대법원 2009. 11. 2.자 2009마596 결정 참조), 사업시행계획을 인가하는 행정청의 행위는 도시환경정비사업조합의 사업시행계획에 대한 법률상의 효력을 완성시키는 보충행위에 해당한다(대법원 2008. 1. 10. 선고 2007두16691 판결 참조).

따라서 기본행위가 적법·유효하고 보충행위인 인가처분 자체에만 하자가 있다면 그 인가처분의 무효나 취소를 주장할 수 있다고 할 것이지만, 인가처분에 하자가 없다면 기본행위에 하자가 있다 하더라도 따로 그 기본행위의 하자를 다투는 것은 별론으로 하고 기본행위의 무효를 내세워 바로 그에 대한 인가처분의 취소 또는 무효확인을 구할 수 없다(대법원 2001. 12. 11. 선고 2001두7541 판결 등 참조).

[2] 도시환경정비사업조합이 사업시행계획을 변경하면서 도시 및 주거환경정비법상의 동의요건을 갖추지 않았다는 흠을 이유로 사업시행인가처분의 취소를 구하는 경우, 법원이 위 정비사업조합을 새로운 피고로 하여 사업시행계획 자체의 취소를 구하는 소송으로의 경정 여부에 대한 석명권을 행사하여 적법한 소송형태를 갖추도록 했어야 함에도, 위 사업시행인가처분이 위법하다고 판단한 원심판결에 법리를 오해한 위법이 있다고 한 사례(대법원 2010. 12. 9. 선고 2010두1248 판결 **【사업시행인가처분취소】**): **【해설】** 사업시행계획(기본행위)의 주체는

51) 박균성, 행정법론(하), 제15판, 2017, 565면.

정비사업조합이다. 한편 사업시행계획에 대한 인가(보충행위)의 주체는 행정청(시장·군수·구청장)이다. 사안의 경우 정비사업조합이 사업시행계획을 변경하면서 동의요건을 갖추지 못하였으므로 이는 기본행위에 하자가 있는 경우에 해당된다. 사업시행계획에 대한 인가처분에 하자가 없는 이상 사업시행계획(기본행위)의 하자를 이유로 인가처분의 취소를 구할 수는 없다. 따라서 원고로서는 정비사업조합을 피고로 하여 사업시행계획 자체에 대한 취소소송을 구했어야 할 것이다.

[1] 토지 등 소유자들이 조합을 따로 설립하지 않고 직접 시행하는 도시환경정비사업에서 사업시행인가처분의 법적 성격: 구 도시 및 주거환경정비법(2012. 2. 1. 법률 제11293호로 개정되기 전의 것, 이하 '구 도시정비법'이라 한다) 제8조 제3항, 제28조 제1항에 의하면, 토지 등 소유자들이 그 사업을 위한 조합을 따로 설립하지 아니하고 직접 도시환경정비사업을 시행하고자 하는 경우에는 사업시행계획서에 정관 등과 그 밖에 국토해양부령이 정하는 서류를 첨부하여 시장·군수에게 제출하고 사업시행인가를 받아야 하고, 이러한 절차를 거쳐 사업시행인가를 받은 토지 등 소유자들은 관할 행정청의 감독 아래 정비구역 안에서 구 도시정비법상의 도시환경정비사업을 시행하는 목적 범위 내에서 법령이 정하는 바에 따라 일정한 행정작용을 행하는 행정주체로서의 지위를 가진다. 그렇다면 토지 등 소유자들이 직접 시행하는 도시환경정비사업에서 토지 등 소유자에 대한 사업시행인가처분은 단순히 사업시행계획에 대한 보충행위로서의 성질을 가지는 것이 아니라 구 도시정비법상 정비사업을 시행할 수 있는 권한을 가지는 행정주체로서의 지위를 부여하는 일종의 설권적 처분의 성격을 가진다.

[2] 도시환경정비사업을 직접 시행하려는 토지 등 소유자들이 사업시행인가를 받기 전에 작성한 사업시행계획이 항고소송의 대상이 되는 독립된 행정처분에 해당하는지 여부(소극): 도시환경정비사업을 직접 시행하려는 토지 등 소유자들은 시장·군수로부터 사업시행인가를 받기 전에는 행정주체로서의 지위를 가지지 못한다. 따라서 그가 작성한 사업시행계획은 인가처분의 요건 중 하나에 불과하고 항고소송의 대상이 되는 독립된 행정처분에 해당하지 아니한다고 할 것이다(대법원 2013. 6. 13. 선고 2011두19994 판결).

(3) 재량행위

주택재건축사업시행의 인가는 상대방에게 권리나 이익을 부여하는 효과를 가진 이른바 수익적 행정처분으로서 행정청의 재량행위에 속한다는 것이 판례의 태도이다(대법원 2007. 7. 12. 선고 2007두6663 판결). 현실적으로 사업시행계획의 인가와 함께 부관을 붙일 사회적 필요성이 큰 만큼 이를 재량행위로 파악하는 것이 타당해 보인다. 따라서 처분청으로서는 사업시행계획인가에 부가하여 공익상 필요 등에 의하여 필요한 범위 내에서 여러 조건(부담)을 부과할 수 있다.

주택재건축사업시행 인가의 법적 성질(=재량행위) 및 이에 대하여 법령상의 제한에 근거하지 않은 조건(부담)을 부과할 수 있는지 여부(적극): 주택재건축사업시행의 인가는 상대방에게 권리나 이익을 부여하는 효과를 가진 이른바 수익적 행정처분으로서 법령에 행정처분의 요건에 관하여 일의적으로 규정되어 있지 아니한 이상 행정청의 재량행위에 속하므로, 처분청으로서는 법령상의 제한에 근거한 것이 아니라 하더라도 공익상 필요 등에 의하여 필요한 범위 내에서 여러 조건(부담)을 부과할 수 있다(대법원 2007. 7. 12. 선고 2007두6663 판결【사업시행인가처분일부취소】).

나. 사업시행계획인가의 효력

사업시행자가 사업시행계획인가를 받은 때(시장·군수등이 직접 정비사업을 시행하는 경우에는 사업시행계획서를 작성한 때를 말한다. 이하 이 조에서 같다)에는 다음 각 호의 인가·허가·승인·신고·등록·협의·동의·심사·지정 또는 해제(이하 "인·허가등"이라 한다)가 있은 것으로 보며, 제50조제7항에 따른 사업시행계획인가의 고시가 있은 때에는 다음 각 호의 관계 법률에 따른 인·허가등의 고시·공고 등이 있은 것으로 본다(법 제57조 제1항).

V. 정비사업 시행을 위한 조치

1. 임시거주시설의 설치 및 손실보상

사업시행자는 주거환경개선사업 및 재개발사업의 시행으로 철거되는 주택의 소유자 또는 세입자에게 해당 정비구역 안과 밖에 위치한 임대주택 등의 시설에 임시로 거주하게 하거나 주택자금의 융자를 알선하는 등 임시거주에 상응하는 조치를 하여야 한다(법 제61조 제1항). 사업시행자는 제1항에 따라 임시거주시설의 설치 등을 위하여 필요한 때에는 국가·지방자치단체, 그 밖의 공공단체 또는 개인의 시설이나 토지를 일시 사용할 수 있다(법 제61조 제2항).

사업시행자는 제61조에 따라 공공단체(지방자치단체는 제외한다) 또는 개인의 시설이나 토지를 일시 사용함으로써 손실을 입은 자가 있는 경우에는 손실을 보상하여야 하며, 손실을 보상하는 경우에는 손실을 입은 자와 협의하여야 한다(법 제62조 제1항).

2. 토지 등의 수용 또는 사용

사업시행자는 정비구역에서 정비사업(재건축사업의 경우에는 제26조제1항제1호 및

제27조제1항제1호에 해당하는 사업으로 한정한다)을 시행하기 위하여「공익사업을 위한 토지 등의 취득 및 보상에 관한 법률」제3조에 따른 토지·물건 또는 그 밖의 권리를 취득하거나 사용할 수 있다(법 제63조).

3. 매도청구

가. 의의

매도청구권이란 재건축사업을 시행함에 있어 일정한 절차를 거쳐, 조합설립에 동의하지 아니한 자 등의 건축물 또는 토지의 소유권과 그 밖의 권리에 대하여 매도할 것을 청구할 수 있는 권리를 말한다.

이러한 매도청구권은 형성권으로서의 성질을 가지는데, 매도청구권의 행사로 매도청구권을 행사한 자와 건축물 또는 토지 소유자 사이에 매매계약이 성립한 것으로 의제된다.

나. 매도청구권의 행사

(1) 매도청구권자

도시 및 주거환경정비법은 재건축사업의 사업시행자가 매도할 것을 청구할 수 있다고 규정하고 있다(법 제64조 제4항). 재건축사업에 있어서 사업시행자는 원칙적으로 조합이므로(법 제25조 제2항), 조합이 매도청구권자가 된다.

아울러 조합원 과반수의 동의를 받아 공동사업시행자로서의 지위를 취득한 시장·군수등, 토지주택공사등, 건설업자 또는 등록사업자도 매도청구권자가 될 수 있음은 물론이다(법 제25조 제2항).

(2) 매도청구의 상대방

(가) 조합설립 또는 사업시행자 지정에 동의하지 아니한 자: ⅰ) 제35조제3항부터 제5항까지에 따른 조합설립에 동의하지 아니하거나, ⅱ) 제26조제1항 및 제27조제1항에 따라 시장·군수등, 토지주택공사등 또는 신탁업자의 사업시행자 지정에 동의하지 아니한 토지등소유자로서 최고기간 내에 조합설립 또는 사업시행자의 지정에 동의하지 아니하겠다는 뜻을 회답하였거나 아무런 회답을 하지 아니한 자 및 그 승계인(건축물 또는 토지만 소유한 자를 포함)이 매도청구의 상대방이 된다(법 제 64조 제1항 내지 제3항).

(나) 분양신청을 하지 아니한 자 등: ⅰ) 분양신청을 하지 아니한 자, ⅱ) 분양신청기간 종료 이전에 분양신청을 철회한 자, ⅲ) 제72조제6항 본문에 따라 분양신청을 할 수 없는 자, ⅳ) 제74조에 따라 인가된 관리처분계획에 따라 분양대상에서 제외된 자 등도 매도청

구의 상대방이 된다(법 제73조 제1항).

(3) 절차

(가) 조합설립 또는 사업시행자 지정에 동의하지 아니한 자: 매도청구권자는 매도청구의 상대방에게 조합설립 또는 사업시행자의 지정에 관한 동의 여부를 회답할 것을 서면으로 촉구하여야 한다(법 제 64조 제1항). 제1항의 촉구를 받은 토지등소유자는 촉구를 받은 날부터 2개월 이내에 회답하여야 한다(법 제 64조 제2항). 제2항의 기간 내에 회답하지 아니한 경우 그 토지등소유자는 조합설립 또는 사업시행자의 지정에 동의하지 아니하겠다는 뜻을 회답한 것으로 본다(법 제 64조 제3항).

재건축사업지구 내에 건축물 또는 토지만을 소유하고 있는 자는 도시 및 주거환경정비법상의 조합원 자격이 없으므로 조합 설립 동의의 상대방이 될 수 없고, 이러한 자에 대하여는 최고 절차 없이도 매도청구권을 행사할 수 있다(대법원 2008. 02. 29. 선고 2006다56572 판결)

(나) 분양신청을 하지 아니한 자: 사업시행자는 관리처분계획이 인가·고시된 다음 날부터 90일 이내에 분양신청을 하지 아니한 자 등과 토지, 건축물 또는 그 밖의 권리의 손실보상에 관한 협의를 하여야 한다(법 제73조 제1항). 사업시행자는 제1항에 따른 협의가 성립되지 아니하면 매도청구소송을 제기하여야 한다.

(4) 행사기간

조합설립 또는 사업시행자 지정에 동의하지 아니한 자에 대한 매도청구권은 그 회답기간이 만료된 때부터 2개월 이내에 행사되어야 한다(법 제64조 제4항)

분양신청을 하지 아니한 자 등에 대한 매도청구권은 협의기간의 만료일 다음 날부터 60일 이내에 행사되어야 한다(법 제73조 제2항)

재건축을 둘러싼 법률관계를 조속히 확정할 필요가 있다는 점에서 위 매도청구권의 행사기간은 제척기간으로 해석된다. 판례도 동일한 입장을 취하고 있다(대법원 2013. 03. 14. 선고 2012다111531 판결 등).

「도시 및 주거환경정비법」(이하 '도시정비법'이라 한다) 제39조에 의하여 준용되는 「집합건물의 소유 및 관리에 관한 법률」(이하 '집합건물법'이라 한다) 제48조 제4항에서 매도청구권의 행사기간을 규정한 취지는, 매도청구권이 형성권으로서 재건축참가자 다수의 의사에 의하여 매매계약의 성립을 강제하는 것이므로, 만일 위와 같이 행사기간을 제한하지 아니하면 매도청구의 상대방은 매도청구권자가 언제 매도청구를 할지 모르게 되어 그 법적 지위가 불안전하게 될 뿐만 아니라 매도청구권자가 매수대상인 구분소유권 등의 시가가 가장 낮아지는 시기를 임의로 정하여 매도청구를 할 수 있게 되어 매도청구 상대방의 권익을 부당하게 침해할 우려가 있는 점에 비추어 매도청구 상대방의 정당한 법적 이익을 보호하고 아울러 재건축을 둘러싼 법률관계를 조속히 확정하기 위한 것이라고 봄이 상당하므로 매도청구권은 그 행사기간 내에 이를 행사하지 아니하면 그 효력을 상실하지만(대법원 2008. 2. 29. 선고 2006다56572 판결 참조), 제척기간이 도과하였다고 하여 매도청구권이 종국적으로 소멸하는 것은 아니고, 재건축 참가자 등은 다시 조합설립변경동의 및 조합설립변경인가 등의 절차를 밟아 새로운 매도청구권을 행사할 수 있다고 봄이 상당하다(대법원 2013.03.14. 선고 2012다111531 판결 등)

다. 매도청구 소송의 법적 성질

현재 판례는 주택재건축정비사업조합과 조합 설립에 동의하지 않은 자 사이의 매도청구를 둘러싼 법률관계를 사법상의 법률관계로 본다. 그리하여 매도청구권 행사에 따른 소유권이전등기의무의 존부를 다투는 소송은 민사소송의 방법에 의하도록 하고 있다.

그러나 다음과 같은 점에 비추어 매도청구소송은 민사소송이 아니라, 행정소송으로 변경될 필요가 있다. i) 도시 및 주거환경정비법은 공법에 해당된다. 아울러 현재의 도시 및 주거환경정비법은 구 도시 및 주거환경정비법(2017. 2. 8. 법률 제14567호로 전부개정되기 전의 것)과는 달리 사법인「집합건물의 소유 및 관리에 관한 법률」 제48조의 규정을 준용하지 않고 직접 매도청구의 절차 등을 규정하고 있다(법 제64조). ii) 사업시행자가 매도청구를 할 때에 상대방은 통상 조합설립인가의 취소 또는 무효확인의 소, 사업시행계획인가의 취소 또는 무효확인의 소라는 행정소송을 제기하는데, 이 경우 소송의 병합을 위해서는 매도청구소송을 행정법원이 담당하는 것이 보다 효율적이다. iii) 사업시행자가 매도청구를 하여야 함에도 불구하고 매도청구를 하지 아니할 경우 그 상대방이 소유권이전을 전제로 청산금청구소송을 제기하는 경우가 있는데, 재개발사업의 경우 청산금청구소송은 행정소송에 해당된다.

[1] 주택재건축정비사업조합의 매도청구권 행사에 따른 소유권이전등기의무의 존부를 다투는 소송의 법적 성질(=민사소송): 구 도시 및 주거환경정비법(2007. 12. 21. 법률 제8785호로 개정되기 전의 것, 이하 '구 도시정비법'이라 한다)상 주택재건축정비사업조합이 공법인이라는 사정만으로 조합 설립에 동의하지 않은 자의 토지 및 건축물에 대한 주택재건축정비사업조합의 매도청구권을 둘러싼 법률관계가 공법상의 법률관계에 해당한다거나 그 매도청구권 행사에 따른 소유권이전등기절차 이행을 구하는 소송이 당연히 공법상 당사자소송에 해당한다고 볼

수는 없고, 위 법률의 규정들이 주택재건축정비사업조합과 조합 설립에 동의하지 않은 자와의 사이에 매도청구를 둘러싼 법률관계를 특별히 공법상의 법률관계로 설정하고 있다고 볼 수도 없으므로, 주택재건축정비사업조합과 조합 설립에 동의하지 않은 자 사이의 매도청구를 둘러싼 법률관계는 사법상의 법률관계로서 그 매도청구권 행사에 따른 소유권이전등기의무의 존부를 다투는 소송은 민사소송에 의하여야 할 것이다.

[2] 주택재건축사업 시행자인 정비사업조합의 유효성이 매도청구권의 행사요건인지 여부: 주택재건축사업에서의 사업시행자인 정비사업조합은 관할 행정청의 조합설립인가와 등기에 의해 설립되고, 조합 설립에 대한 토지 등 소유자의 동의(이하 '조합설립결의'라 한다)는 조합설립인가처분이라는 행정처분을 하는 데 필요한 절차적 요건 중 하나에 불과한 것이므로, 조합설립결의에 하자가 있다 하더라도 그로 인해 조합설립인가처분이 취소되거나 당연무효로 되지 않는 한 정비사업조합은 여전히 사업시행자로서의 지위를 갖는다(대법원 2009. 9. 24. 선고 2008다60568 판결 참조). 따라서 재건축정비사업조합이 조합 설립에 동의하지 않은 자 등에 대해 매도청구권을 행사하여 그에 따른 소유권이전등기절차 이행 등을 구하는 소송을 제기한 경우 그 소송절차에서 조합 설립에 동의하지 않은 자 등이 조합설립결의에서 정한 비용분담에 관한 사항 등이 구체성을 결여하여 위법하다는 점을 근거로 매도청구권 행사의 적법성을 다툴 수 있기 위해서는, 그와 같은 사정으로 조합설립결의가 효력이 없다는 것만으로는 부족하고, 나아가 그로 인해 조합설립인가처분이 적법하게 취소되었거나 그 하자가 중대·명백하여 당연무효임을 주장·입증하여야 한다(대법원 2010. 4. 8. 선고 2009다93923 판결).

라. 매도청구의 효과

매도청구권은 형성권으로서, 매도청구권을 행사하면 매도청구권자와 그 상대방 사이에 매매계약이 성립된 것으로 의제된다.

매매계약의 성립시점은 통상 매도청구의 의사표시가 조합설립 미동의자 등에게 도달한 날이고, 재판을 통하여 매도청구권을 행사한 경우에는 매도청구의 취지를 기재한 소장이 상대방에게 송달된 날이다[52].

매도청구의 효과는 매매계약의 체결만을 의제하는 것에 불과하므로, 나머지 이행관련 문제는 일반 매매계약의 방식에 따른다. 따라서 매도청구의 상대방이 부담하는 소유권이

---

52) 이 경우 소장의 청구취지를 적시하면 다음과 같다.
"1. 피고는 원고에게 별지 목록 기재 부동산에 관하여 이 사건 소장부본 송달일자 매매를 원인으로 한 소유권이전등기절차를 이행하고, 위 부동산을 명도하라. 2. 제1항 중 명도부분은 가집행할 수 있다"
한편 소송진행 중 부동산에 관하여 시가감정이 행하여진 경우에는 청구취지를 "1. 피고는 원고로부터 000원을 지급받음과 동시에 원고에게 별지 목록 기재 부동산에 관하여 이 사건 소장부본 송달일자 매매를 원인으로 한 소유권이전등기절차를 이행하고, 위 부동산을 명도하라. 2. 제1항 중 명도부분은 가집행할 수 있다"로 변경할 필요가 있다.

전등기 및 명도의무와 매도청구권자가 부담하는 시가 상당 금원지급의무는 동시이행관계에 있게 된다.

4. 지상권 등 계약의 해지

정비사업의 시행으로 지상권·전세권 또는 임차권의 설정 목적을 달성할 수 없는 때에는 그 권리자는 계약을 해지할 수 있다(법 제70조 제1항). 제1항에 따라 계약을 해지할 수 있는 자가 가지는 전세금·보증금, 그 밖의 계약상의 금전의 반환청구권은 사업시행자에게 행사할 수 있다(법 제70조 제2항). 제2항에 따른 금전의 반환청구권의 행사로 해당 금전을 지급한 사업시행자는 해당 토지등소유자에게 구상할 수 있다(법 제70조 제3항). 사업시행자는 제3항에 따른 구상이 되지 아니하는 때에는 해당 토지등소유자에게 귀속될 대지 또는 건축물을 압류할 수 있다. 이 경우 압류한 권리는 저당권과 동일한 효력을 가진다(법 제70조 제4항).

Ⅵ. 관리처분계획(공용환권계획) 등

1. 사전절차

가. 분양공고 및 분양신청

(1) 분양공고

사업시행자는 제50조제7항에 따른 사업시행계획인가의 고시가 있은 날(사업시행계획인가 이후 시공자를 선정한 경우에는 시공자와 계약을 체결한 날)부터 120일 이내에 다음 각 호의 사항을 토지등소유자에게 통지하고, 분양의 대상이 되는 대지 또는 건축물의 내역 등 대통령령으로 정하는 사항을 해당 지역에서 발간되는 일간신문에 공고하여야 한다. 다만, 토지등소유자 1인이 시행하는 재개발사업의 경우에는 그러하지 아니하다(법 제72조제1항).

1. 분양대상자별 종전의 토지 또는 건축물의 명세 및 사업시행계획인가의 고시가 있은 날을 기준으로 한 가격(사업시행계획인가 전에 제81조제3항에 따라 철거된 건축물은 시장·군수등에게 허가를 받은 날을 기준으로 한 가격)
2. 분양대상자별 분담금의 추산액
3. 분양신청기간
4. 그 밖에 대통령령으로 정하는 사항

구 도시 및 주거환경정비법(2017. 2. 8. 법률 제14567호로 전부개정되기 전의 것)에서는 분양신청단계에서 '개략적인 부담금내역 및 분양신청기간 그 밖에 대통령령이 정하는 사항'을 토지등소유자에게 통지하고, 종전자산(토지등소유자가 소유하는 해당 정비구역 안의 종전 토지 또는 건축물을 말한다) 및 종후자산(토지등소유자가 종전자산에 대응하여 새로이 분양받을 예정인 대지 또는 건축물을 말한다. 분양예정자산이라고 표현하기도 한다)에 대한 평가금액은 관리처분계획안의 의결을 위한 조합 총회 개최일부터 1개월 전까지 통지하도록 하고 있었다.

이에 따라 토지등소유자는 분양신청을 할 당시 자신의 종전자산 및 종후자산에 대한 정확한 금액을 알지 못하고, 사업시행자가 일방적으로 통보한 개략적인 부담금내역만을 근거로 분양신청을 하여야 한다. 그리고 분양신청을 하지 않으면 조합원의 지위를 잃고 매도청구 또는 수용재결을 통하여 소유권을 박탈당할 지위에 놓인다. 따라서 토지등소유자로서는 개략적인 부담금내역만 보고 일단 분양신청을 해 놓아야 한다. 그런데 관리처분계획안의 의결을 위한 총회 개최 1개월 전에야 종전자산·종후자신의 평가액, 분담금내역을 통보받게 되면, 분양신청을 한 토지등소유자가 이에 대한 불만이 있더라도 분양신청을 철회할 수가 없게 된다(물론 판례에 따르면, 조합원이 분양계약을 체결하지 아니한 경우에도 분양신청을 하지 않은 경우와 동일한 법적 효과를 인정하는 규정을 정관에 두고 있는 경우에는 철회가 가능하다). 이렇게 되면 해당 조합원은 조합에 항의를 하게 되고, 조합과 조합원 간의 불신이 증폭되어 사실상 관리처분계획안 의결을 위한 총회를 개최하지 못하고 상당기간 정비사업이 중단되는 경우가 많다. 이에 현행 도시 및 주거환경정비법은 종전자산의 가격을 감정평가를 통하여 우선 확정하고, 이를 기초로 분양대상자별 분담금의 추산액을 산정한 후 이를 토지등소유자에게 통지하고, 분양공고 절차를 진행하도록 하였다.

(2) 분양신청

대지 또는 건축물에 대한 분양을 받으려는 토지등소유자는 제2항에 따른 분양신청기간에 대통령령으로 정하는 방법 및 절차에 따라 사업시행자에게 대지 또는 건축물에 대한 분양신청을 하여야 한다(법 제72조제3항).

나. 분양신청을 하지 아니한 자 등에 대한 조치

사업시행자는 관리처분계획이 인가·고시된 다음 날부터 90일 이내에 다음 각 호에서 정하는 자와 토지, 건축물 또는 그 밖의 권리의 손실보상에 관한 협의를 하여야 한다. 다만, 사업시행자는 분양신청기간 종료일의 다음 날부터 협의를 시작할 수 있다(법 제73조 제1항).

1. 분양신청을 하지 아니한 자
2. 분양신청기간 종료 이전에 분양신청을 철회한 자
3. 제72조제6항 본문에 따라 분양신청을 할 수 없는 자
4. 제74조에 따라 인가된 관리처분계획에 따라 분양대상에서 제외된 자

사업시행자는 제1항에 따른 협의가 성립되지 아니하면 그 기간의 만료일 다음 날부터 60일 이내에 수용재결을 신청하거나 매도청구소송을 제기하여야 한다(법 제73조 제2항).

사업시행자는 제2항에 따른 기간을 넘겨서 수용재결을 신청하거나 매도청구소송을 제기한 경우에는 해당 토지등소유자에게 지연일수(遲延日數)에 따른 이자를 지급하여야 한다. 이 경우 이자는 100분의 15 이하의 범위에서 대통령령으로 정하는 이율을 적용하여 산정한다(법 제73조 제3항).

[1] 도시 및 주거환경정비법상의 사업시행자인 재건축조합이 같은 법 제47조에 근거하여 곧바로 현금청산 대상자를 상대로 정비구역 내 부동산에 관한 소유권이전등기를 청구할 수 있는지 여부(소극): 도시 및 주거환경정비법(이하 '도시정비법'이라고만 한다) 제47조는 사업시행자인 재건축조합이 분양신청을 하지 아니한 토지등소유자 등에 대하여 부담하는 현금청산 의무를 규정하는 것에 불과하므로(이하 위 토지등소유자 등을 '현금청산 대상자'라고 한다), 재건축조합이 위 조항을 근거로 하여 곧바로 현금청산 대상자를 상대로 정비구역 내 부동산에 관한 소유권이전등기를 청구할 수는 없다.

[2] 도시 및 주거환경정비법상의 사업시행자인 재건축조합이 현금청산 대상자를 상대로 같은 법 제39조에 정한 매도청구권을 행사할 수 있는지 여부(적극) 및 매도청구권의 행사로 매매계약의 성립이 의제되는 날(=분양신청기간의 종료일 다음날): 한편 사업시행자인 재건축조합에게는 원칙적으로 정비구역 내 부동산에 관한 수용권한도 인정되지 않는 것이고(도시정비법 제38조 참조), 도시정비법 제39조에서 규정하는 사업시행자의 매도청구권도 원칙적으로 조합원이 아닌 자를 상대로 하는 것으로서 조합설립에 동의한 조합원이었던 현금청산 대상자에 대하여 바로 적용할 수는 없는 것이나, 현금청산 대상자는 분양신청을 하지 않는 등의 사유로 인하여 분양대상자의 지위를 상실함에 따라 조합원 지위도 상실하게 되어(대법원 2010. 8. 19. 선고 2009다81203 판결 참조) 조합탈퇴자에 준하는 신분을 가지는 것이므로, 매도청구에 관한 도시정비법 제39조를 준용하여 재건축조합은 현금청산 대상자를 상대로 정비구역 내 부동산에 관한 소유권이전등기를 청구할 수 있다고 봄이 상당하다.

다만, 현금청산 대상자에 대한 청산금 지급의무가 발생하는 시기는 도시정비법 제46조의 규정에 따라 사업시행자가 정한 '분양신청기간의 종료일 다음날'이라고 하여야 하고 (대법원

2008. 10. 9. 선고 2008다37780 판결 참조), 현금청산의 목적물인 토지·건축물 또는 그 밖의 권리의 가액을 평가하는 기준시점도 같은 날이므로(대법원 2009. 9. 10. 선고 2009다32850, 32867 판결 참조), 현금청산 대상자에 대한 매도청구권의 행사로 매매계약의 성립이 의제되는 날도 같은 날로 보아야 하며, 그와 같이 보는 이상 위 매도청구권의 행사에 관하여는 그 최고절차 및 행사기간에 대하여 도시정비법 제39조에서 준용하는 집합건물의 소유 및 관리에 관한 법률 제48조의 규율이 없다고 보아야 한다(대법원 2010. 12. 23. 선고 2010다73215 판결).

2. 관리처분계획의 의의

사업시행자는 제72조에 따른 분양신청기간이 종료된 때에는 분양신청의 현황을 기초로 관리처분계획을 수립하여 시장·군수 등의 인가를 받아야 한다(법 제74조 제1항).

관리처분계획이라 함은 재개발사업 등의 공사가 완료된 후 행할 분양처분 및 청산 등에 관한 계획을 말한다. 분양처분 및 청산은 관리처분계획에서 정한 바에 따라 행하여지게 되므로, 관리처분계획은 재개발사업의 조합원에게는 매우 중요한 의미를 갖는다.

3. 관리처분계획의 성립과 효력발생

시행자가 시장·군수 외의 자인 경우에는 분양신청기간이 종료된 때에는 분양신청의 현황을 기초로 관리처분계획을 수립하여 시장·군수등의 인가를 받아야 하고(법 제74조 제1항), 그 중 조합이 시행자인 경우에는 관리처분계획은 조합 총회의 의결을 먼저 거쳐야 한다(법 제45조 제1항 제10호).

시행자가 시장·군수인 경우에는 시장·군수가 관리처분계획을 작성하여 이를 고시함으로써 효력을 발생한다. 그 성질상 조합총회의 의결이나 시장·군수의 인가를 따로 거칠 필요가 없다.

가. 시행자가 시장·군수 외의 자인 경우

(1) 조합총회의 의결

시행자가 조합인 경우 관리처분계획은 조합 총회의 의결을 거쳐야 한다(제45조 제1항 제10호). 조합 총회의 결의에 의해 관리처분계획안이 성립한다.

[1] 도시 및 주거환경정비법 제24조에 따라 조합원 총회에서 관리처분계획의 수립을 의결하는 경우 의결정족수를 정하는 기준이 되는 출석조합원의 의미: 도시 및 주거환경정비법 제24조에 따라 조합원 총회에서 관리처분계획의 수립을 의결하는 경우의 의결정족수를 정하는 기준이 되는

출석조합원은 당초 총회에 참석한 모든 조합원을 의미하는 것이 아니라 문제가 된 결의 당시 회의장에 남아 있던 조합원만을 의미하고, 회의 도중 스스로 회의장에서 퇴장한 조합원은 이에 포함되지 않는다.

[2] 법인의 총회 또는 이사회 의사록의 증명력: 법인의 총회 또는 이사회 등의 의사에는 의사록을 작성하여야 하고 의사록에는 의사의 경과, 요령 및 결과 등을 기재하고 이와 같은 의사의 경과요령 및 결과 등은 의사록을 작성하지 못하였다든가 또는 이를 분실하였다는 등의 특단의 사정이 없는 한 이 의사록에 의하여서만 증명된다.

[3] 구청장이 관리처분계획(안)에 대한 결의가 조합규약에서 정한 의결정족수인 '출석조합원 2/3 이상의 찬성' 요건을 충족하지 못하였다는 이유로 주택재건축정비사업조합의 관리처분계획 인가신청을 반려한 사안에서, 총회의사록의 기재에 의하면 위 결의의 의결정족수를 정하는 출석조합원은 2차 성원보고시 출석조합원이 아니라 결의 당시 회의장에 남아 있던 조합원만을 의미하고, 투표에 불참한 조합원 19명은 총회에 참석하였다가 결의 당시 회의장을 퇴장한 것으로 보이는 점 등에 비추어, 이들을 출석조합원에서 제외하면 의결정족수를 충족하는 이상 위 반려처분은 위법하다고 한 사례(대법원 2010. 4. 29. 선고 2008두5568 판결).

조합 총회의 의결은 처분이 아니므로 항고소송의 대상이 되지 않는다. 관리처분계획안에 대한 조합총회결의는 비권력적 공법행위(공법상 합동행위)이므로 조합원은 조합총회의 의결에 대하여 민사소송이 아니라 공법상 당사자소송으로 다투어야 한다. 정비조합은 공법인이고 관리처분계획에 관한 정비조합의 의결은 공법상 행위이기 때문이다. 즉, 조합원은 관리처분계획을 확정하는 조합 총회의 결의의 무효확인을 공법상 당사자소송으로 제기할 수 있다[53].

도시 및 주거환경정비법상의 주택재건축정비사업조합을 상대로 관리처분계획안에 대한 조합 총회결의의 효력을 다투는 소송의 법적 성질(=행정소송법상 당사자소송): 도시 및 주거환경정비법상 행정주체인 주택재건축정비사업조합을 상대로 관리처분계획안에 대한 조합 총회결의의 효력 등을 다투는 소송은 행정처분에 이르는 절차적 요건의 존부나 효력 유무에 관한 소송으로서 그 소송결과에 따라 행정처분의 위법 여부에 직접 영향을 미치는 공법상 법률관계에 관한 것이므로, 이는 행정소송법상의 당사자소송에 해당한다(대법원 2009. 9. 17. 선고 2007다2428 전원합의체 판결).

관리처분계획에 대한 인가·고시 이후 관리처분계획 결의의 하자를 다투고자 하는 경

53) 박균성, 전게서, 575면.

우에는 관리처분계획이 처분이고, 조합총회의 결의는 관리처분계획이라는 처분의 절차적 요건에 불과하므로 관리처분계획을 다투어야 하며 조합총회 결의의 하자를 다툴 수 없다(대법원 2009. 9. 17. 선고 2007다2428 전원합의체 판결).

도시 및 주거환경정비법상의 주택재건축정비사업조합이 같은 법 제48조에 따라 수립한 관리처분계획에 대하여 관할 행정청의 인가·고시가 있은 후에, 그 관리처분계획안에 대한 총회결의의 무효확인을 구할 수 있는지 여부(소극): 이러한 소송은, 관리처분계획이 인가·고시되기 전이라면 위법한 총회결의에 대해 무효확인 판결을 받아 이를 관할 행정청에 자료로 제출하거나 재건축조합으로 하여금 새로이 적법한 관리처분계획안을 마련하여 다시 총회결의를 거치도록 함으로써 하자 있는 관리처분계획이 인가·고시되어 행정처분으로서 효력이 발생하는 단계에까지 나아가지 못하도록 저지할 수 있고, 또 총회결의에 대한 무효확인판결에도 불구하고 관리처분계획이 인가·고시되는 경우에도 관리처분계획의 효력을 다투는 항고소송에서 총회결의 무효확인소송의 판결과 증거들을 소송자료로 활용함으로써 신속하게 분쟁을 해결할 수 있으므로, 관리처분계획에 대한 인가·고시가 있기 전에는 허용할 필요가 있다.

그러나 나아가 관리처분계획에 대한 관할 행정청의 인가·고시까지 있게 되면 관리처분계획은 행정처분으로서 효력이 발생하게 되므로, 총회결의의 하자를 이유로 하여 행정처분의 효력을 다투는 항고소송의 방법으로 관리처분계획의 취소 또는 무효확인을 구하여야 하고, 그와 별도로 행정처분에 이르는 절차적 요건 중 하나에 불과한 총회결의 부분만을 따로 떼어내어 효력 유무를 다투는 확인의 소를 제기하는 것은 특별한 사정이 없는 한 허용되지 않는다고 보아야 한다(대법원 2009. 9. 17. 선고 2007다2428 전원합의체 판결【총회결의무효확인】).

(2) 시장·군수의 인가

사업시행자는 제72조에 따른 분양신청기간이 종료된 때에는 분양신청의 현황을 기초로 다음 각 호의 사항이 포함된 관리처분계획을 수립하여 시장·군수 등의 인가를 받아야 하며, 관리처분계획을 변경·중지 또는 폐지하려는 경우에도 또한 같다. 다만, 대통령령으로 정하는 경미한 사항을 변경하려는 경우에는 시장·군수 등에게 신고하여야 한다(법 제74조 제1항).

법 제74조에 의한 인가는 사업시행자의 관리처분계획의 효력을 완성시키는 보충행위로서 강학상 인가에 해당한다. 따라서 기본행위(관리처분계획)의 하자를 내세워 바로 그에 대한 행정청의 인가처분의 취소 또는 무효확인을 청구할 법률상의 이익이 있다고 할 수 없다(대법원 2001. 12. 11. 선고 2001두7541 판결). 인가의 대상은 정비사업조합의 관리처분계획이다. 정비사업조합은 시장·군수의 인가의 거부에 대하여는 항고소송을 제기할 수 있다.

시장·군수등이 제2항에 따라 관리처분계획을 인가하는 때에는 그 내용을 해당 지방자치단체의 공보에 고시하여야 한다(법 제78조 제4항). 사업시행자는 제1항에 따라 공람을 실시하려거나 제4항에 따른 시장·군수 등의 고시가 있은 때에는 대통령령으로 정하는 방법과 절차에 따라 토지등소유자에게는 공람계획을 통지하고, 분양신청을 한 자에게는 관리처분계획인가의 내용 등을 통지하여야 한다(법 제78조 제5항).

나. 시행자가 시장·군수인 경우

시행자가 시장·군수인 경우에는 시장·군수가 관리처분계획을 작성하여 이를 고시함으로써 효력을 발생한다. 그 성질상 조합총회의 의결이나 시장·군수의 인가를 따로 거칠 필요가 없다.

4. 관리처분계획의 내용

관리처분계획에는 다음의 사항이 포함되어 있어야 한다(법 제74조 제1항).

1. 분양설계
2. 분양대상자의 주소 및 성명
3. 분양대상자별 분양예정인 대지 또는 건축시설의 추산액
4. 일반 분양분, 공공지원민간임대주택, 임대주택, 그 밖에 부대시설·복리시설 등에 해당하는 보류지 등의 명세와 추산액 및 처분방법
5. 분양대상자별 종전의 토지 또는 건축물 명세 및 사업시행계획인가 고시가 있은 날을 기준으로 한 가격
6. 정비사업비의 추산액 및 그에 따른 조합원 분담규모 및 분담시기
7. 분양대상자의 종전 토지 또는 건축물에 관한 소유권 외의 권리명세
8. 세입자별 손실보상을 위한 권리명세 및 그 평가액
9. 그 밖에 정비사업과 관련한 권리 등에 관하여 대통령령으로 정하는 사항

5. 관리처분계획의 성질과 효력

가. 구속적 행정계획

관리처분계획은 환권처분의 기준을 제시하고 환권처분은 관리처분계획에 구속되어 행해진다. 따라서 관리처분계획은 구속적 행정계획으로 볼 수 있다(대법원 2009. 09. 17. 선고 2007다2428 전원합의체 판결).

도시 및 주거환경정비법(이하 '도시정비법'이라고 한다)에 따른 주택재건축정비사업조합(이하 '재건축조합'이라고 한다)은 관할 행정청의 감독 아래 도시정비법상의 주택재건축사업을 시행하는 공법인(도시정비법 제18조)으로서, 그 목적 범위 내에서 법령이 정하는 바에 따라 일정한 행정작용을 행하는 행정주체의 지위를 갖는다. 그리고 재건축조합이 행정주체의 지위에서 도시정비법 제48조에 따라 수립하는 관리처분계획은 정비사업의 시행 결과 조성되는 대지 또는 건축물의 권리귀속에 관한 사항과 조합원의 비용 분담에 관한 사항 등을 정함으로써 조합원의 재산상 권리·의무 등에 구체적이고 직접적인 영향을 미치게 되므로, 이는 구속적 행정계획으로서 재건축조합이 행하는 독립된 행정처분에 해당한다(대법원 2009. 09. 17. 선고 2007다2428 전원합의체 판결).

나. 처분

관리처분계획의 고시가 있는 때에는 아래에서 보는 바와 같이 소유권자 등의 종전의 토지에 대한 재산권 행사가 제한되고, 환권처분을 구속하는 효력을 가지므로 관리처분계획은 항고소송의 대상이 되는 처분이라고 보아야 한다. 판례는 관리처분계획을 정비사업조합이 행한 처분으로 보고 있다(대법원 1996. 2. 15. 선고 94다31235 전원합의체 판결). 따라서 관리처분계획을 다투고자 하는 자는 조합을 피고로 하여야 한다.

구 도시재개발법에 의한 재개발조합에 대하여 조합원 자격 확인을 구하는 소송의 성질 및 조합의 분양거부처분 등에 대한 수분양권확인 소송의 가부: 구 도시재개발법(1995. 12. 29. 법률 제5116호로 전문 개정되기 전의 것)에 의한 재개발조합은 조합원에 대한 법률관계에서 적어도 특수한 존립목적을 부여받은 특수한 행정주체로서 국가의 감독하에 그 존립 목적인 특정한 공공사무를 행하고 있다고 볼 수 있는 범위 내에서는 공법상의 권리의무 관계에 서 있다. 따라서 조합을 상대로 한 쟁송에 있어서 강제가입제를 특색으로 한 조합원의 자격 인정 여부에 관하여 다툼이 있는 경우에는 그 단계에서는 아직 조합의 어떠한 처분 등이 개입될 여지는 없으므로 공법상의 당사자소송에 의하여 그 조합원 자격의 확인을 구할 수 있고, 한편 분양신청 후에 정하여진 관리처분계획의 내용에 관하여 다툼이 있는 경우에는 그 관리처분계획은 토지 등의 소유자에게 구체적이고 결정적인 영향을 미치는 것으로서 조합이 행한 처분에 해당하므로 항고소송에 의하여 관리처분계획 또는 그 내용인 분양거부처분 등의 취소를 구할 수 있으나, 설령 조합원의 자격이 인정된다 하더라도 분양신청을 하지 아니하거나 분양을 희망하지 아니할 때에는 금전으로 청산하게 되므로(같은 법 제44조), 대지 또는 건축시설에 대한 수분양권의 취득을 희망하는 토지 등의 소유자가 한 분양신청에 대하여 조합이 분양대상자가 아니라고 하여 관리처분계획에 의하여 이를 제외시키거나 원하는 내용의 분양대상자로 결정하지 아니한 경우, 토지 등의 소유자에게 원하는 내용의 구체적인 수분양권이 직접 발생한 것이라고는 볼 수 없어서 곧바로 조합을 상대로 하여 민사소송이나 공법상 당사자소송으로 수분양권의 확인을 구하는 것은 허용될 수 없다(대법원 1996. 2. 15. 선고 94다31235 전원합의체 판결).

다. 효력

종전의 토지 또는 건축물의 소유자·지상권자·전세권자·임차권자 등 권리자는 제78조제4항에 따른 관리처분계획인가의 고시가 있은 때에는 제86조에 따른 이전고시가 있는 날까지 종전의 토지 또는 건축물을 사용하거나 수익할 수 없다. 다만, ① 사업시행자의 동의를 받은 경우, ②「공익사업을 위한 토지 등의 취득 및 보상에 관한 법률」에 따른 손실보상이 완료되지 아니한 경우 중의 어느 하나에 해당하는 경우에는 그러하지 아니하다(법 제81조 제1항).

사업시행자는 제74조제1항에 따른 관리처분계획인가를 받은 후 기존의 건축물을 철거하여야 한다(법 제81조 제2항).

[1] [다수의견] 이전고시의 효력 발생으로 이미 대다수 조합원 등에 대하여 획일적·일률적으로 처리된 권리귀속 관계를 모두 무효화하고 다시 처음부터 관리처분계획을 수립하여 이전고시 절차를 거치도록 하는 것은 정비사업의 공익적·단체법적 성격에 배치되므로, 이전고시가 효력을 발생하게 된 이후에는 조합원 등이 관리처분계획의 취소 또는 무효확인을 구할 법률상 이익이 없다고 봄이 타당하다.

[2] 도시 및 주거환경정비법 관련 규정의 내용, 형식 및 취지 등에 비추어 보면, 당초 관리처분계획의 경미한 사항을 변경하는 경우와 달리 관리처분계획의 주요 부분을 실질적으로 변경하는 내용으로 새로운 관리처분계획을 수립하여 시장·군수의 인가를 받은 경우에는, 당초 관리처분계획은 달리 특별한 사정이 없는 한 효력을 상실한다(대법원 2012. 3. 22. 선고 2011두6400 전원합의체 판결【관리처분계획무효확인】).

Ⅶ. 관리처분(환권처분)

1. 의의

관리처분이란 사업시행자가 사업완료 후에 관리처분계획에 따라 분양처분 등을 하는 것을 말한다. 관리처분은 권리의 변환을 가져오는 형성적 행정행위으로서, 환권처분의 일종이다.

2. 관리처분의 절차

가. 준공인가 등

시장·군수 등이 아닌 사업시행자가 정비사업 공사를 완료한 때에는 대통령령으로 정하는 방법 및 절차에 따라 시장·군수 등의 준공인가를 받아야 한다(법 제83조 제1항). 준공인가신청을 받은 시장·군수 등은 지체 없이 준공검사를 실시하여야 하는데, 이 경우 시장·군수등은 효율적인 준공검사를 위하여 필요한 때에는 관계 행정기관·공공기관·연구기관, 그 밖의 전문기관 또는 단체에게 준공검사의 실시를 의뢰할 수 있다(법 제83조 제2항). 시장·군수 등은 준공검사를 실시한 결과 정비사업이 인가받은 사업시행계획대로 완료되었다고 인정되는 때에는 준공인가를 하고 공사의 완료를 해당 지방자치단체의 공보에 고시하여야 한다((법 제83조 제3항).

시장·군수 등은 직접 시행하는 정비사업에 관한 공사가 완료된 때에는 그 완료를 해당 지방자치단체의 공보에 고시하여야 한다(법 제83조 제4항).

나. 이전고시(분양처분)

(1) 이전고시의 의의

이전고시란 준공인가의 고시 또는 공사완료의 고시로 정비사업의 시행이 완료된 이후에 관리처분계획에서 이미 정한 바에 따라 정비사업으로 조성된 대지 및 건축물 등의 소유권을 분양받을 자에게 귀속시키는 행정처분을 말한다. 도시 및 주거환경정비법상 이전고시는 구 도시재개발법 상의 분양처분에 해당된다.

(2) 절차

사업시행자는 제83조 제3항 및 제4항에 따른 고시가 있은 때에는 지체 없이 대지확정측량을 하고 토지의 분할절차를 거쳐 관리처분계획에서 정한 사항을 분양받을 자에게 통지하고 대지 또는 건축물의 소유권을 이전하여야 한다. 다만, 정비사업의 효율적인 추진을 위하여 필요한 경우에는 해당 정비사업에 관한 공사가 전부 완료되기 전이라도 완공된 부분은 준공인가를 받아 대지 또는 건축물별로 분양받을 자에게 소유권을 이전할 수 있다(법 제86조 제1항).

사업시행자는 제1항에 따라 대지 및 건축물의 소유권을 이전하려는 때에는 그 내용을 해당 지방자치단체의 공보에 고시한 후 시장·군수 등에게 보고하여야 한다. 이 경우 대지 또는 건축물을 분양받을 자는 고시가 있은 날의 다음 날에 그 대지 또는 건축물의 소유권을 취득한다(법 제86조 제2항).

사업시행자는 제86조제2항에 따른 이전고시가 있은 때에는 지체 없이 대지 및 건축물에 관한 등기를 지방법원지원 또는 등기소에 촉탁 또는 신청하여야 한다(법 제88조 제1항).

(3) 이전고시의 효과

대지 또는 건축물을 분양받을 자는 대지 및 건축물의 소유권 이전의 내용이 사업시행자에 의해 해당 지방자치단체의 공보에 고시된 날의 다음 날에 종전의 소유권을 상실하고, 그 대지 또는 건축물에 대한 소유권을 취득한다(제86조 제2항). 전소유권과 후소유권 사이에는 동일성이 유지된다.

관리처분계획 인가와 이에 따른 분양처분고시 또는 이전고시 등의 절차 없이 조합원에게 분양된 '신 주택이나 대지'와 '구 주택이나 대지' 간에 동일성이 유지되는지 여부(소극): 재건축조합이 구 주택건설촉진법(2002. 12. 30. 법률 제6852호로 개정되기 전의 것) 제44조의3 제5항에 의하여 준용되는 구 도시재개발법(2002. 12. 30. 법률 제6852호 도시 및 주거환경정비법 부칙 제2조로 폐지) 제33조 내지 제45조에 정한 관리처분계획 인가 및 이에 따른 분양처분의 고시 등의 절차를 거치거나 도시 및 주거환경정비법상의 관리처분계획 인가 및 이에 따른 이전고시 등의 절차를 거쳐 신 주택이나 대지를 조합원에게 분양한 경우에는, 구 주택이나 대지에 관한 권리가 권리자의 의사에 관계없이 신 주택이나 대지에 관한 권리로 강제적으로 교환·변경되어 공용환권된 것으로 볼 수 있다. 그렇지만 이러한 관리처분계획 인가 및 이에 따른 분양처분의 고시 내지 이전고시 등의 절차를 거치지 아니한 채 조합원에게 신 주택이나 대지가 분양된 경우에는, 당해 조합원은 조합규약 내지 분양계약에 의하여 구 주택이나 대지와는 다른 신 주택이나 대지에 관한 소유권을 취득한 것에 불과할 뿐 이를 가리켜 구 주택이나 대지에 관한 소유권이 신 주택이나 대지에 관한 소유권으로 강제적으로 교환·변경되어 공용환권된 것으로 볼 수는 없으므로 양자 간에 그 동일성이 유지된다고 할 수 없다(대법원 2009. 6. 23. 선고 2008다1132 판결).

구 도시재개발법에 의한 재개발사업의 시행에 있어서 관리처분계획의 수립 및 분양처분의 고시 없이 재개발사업이 종료된 경우, 재개발구역 안의 토지 등의 소유자가 새로 조성된 대지에 관한 소유권을 취득하는지 여부(소극): 구 도시재개발법(1981. 3. 31. 법률 제3409호로 개정되기 전의 것) 제47조는 "대지 및 건축시설은 관리처분계획에 의하여 이를 처분 또는 관리하여야 한다."고 규정하고 있고, 제49조 제1항은 "제41조 제5항의 규정에 의하여 고시된 관리처분계획에 따라 대지 또는 건축시설을 분양받을 자는 제48조 제5항의 규정에 의한 분양처분의 고시가 있은 다음날에 그 분양받을 대지 또는 건축시설에 대한 소유권을 취득한다."고 규정하고 있어, 재개발구역 안의 토지 등의 소유자가 재개발사업의 시행 결과 조성된 대지에 관한 소유권을 취득하는지 여부는 관리처분계획에 따른 분양처분에 의하여 정하여지는 것이므로, 비록 구 도시재개발법 제48조 제3항의 규정에 의한 재개발공사완료 공고가 있었다고 하더라도 재개발사업 시행자의 관리처분계획의 수립 및 분양처분이 없었다면 재개발구역 안의 토지 등의 소유자가 재개발사업의 시행 결과 새로 조성된 대지에 관한 소유권을 취득하지 못한다(대법원 2006. 4. 27. 선고 2004다38150,38167,38174,38181 판결).

대지 또는 건축물을 분양받을 자에게 제86조 제2항에 따라 소유권을 이전한 경우 종전의 토지 또는 건축물에 설정된 지상권·전세권·저당권·임차권·가등기담보권·가압류 등 등기된 권리 및 「주택임대차보호법」 제3조제1항의 요건을 갖춘 임차권은 소유권을 이전받은 대지 또는 건축물에 설정된 것으로 본다(법 제87조 제1항).

제1항에 따라 취득하는 대지 또는 건축물 중 토지등소유자에게 분양하는 대지 또는 건축물은 「도시개발법」 제40조에 따라 행하여진 환지로 보며(법 제87조 제2항), 제79조제4항에 따른 보류지와 일반에게 분양하는 대지 또는 건축물은 「도시개발법」 제34조에 따른 보류지 또는 체비지로 본다(법 제87조 제3항).

(4) 이전고시에 대한 불복

(가) 이전고시의 처분성: 이전고시는 행정처분에 해당하므로, 이전고시에 대해서는 항고소송의 제기가 가능하다.

(나) 일부취소의 가능성: 이전고시(분양처분)가 행하여진 후 그 일부취소가 가능한지 여부가 문제된다. 이전고시가 가분적인 경우에는 일부취소가 인정될 수 있다고 보아야 하고, 이전고시의 일부취소가 나머지 분양처분의 변경을 가져오게 되는 경우와 같이 불가분적인 경우에는 전부취소 또는 사정판결을 하는 것이 타당하다는 견해도 있다[54]. 하지만 판례는 이전고시(분양처분)의 일부에 대하여는 취소 또는 무효확인을 구할 법률상의 이익(소의 이익)이 없다고 보고 있다(대법원 1991. 10. 8. 선고 90누10032 판결 등).

도시재개발법에 따른 분양처분의 일부에 대하여 취소나 무효확인을 구할 법률상의 이익이 있는지 여부(소극): 도시재개발법에 의한 도시재개발사업에 있어서의 분양처분은 일단 공고되어 효력을 발생하게 된 이후에는 그 전체의 절차를 처음부터 다시 밟지 않는 한 그 일부만을 따로 떼어 분양처분을 변경할 길이 없으며 다만 그 위법을 이유로 하여 민사상의 절차에 따라 권리관계의 존부를 확정하거나 손해의 배상을 구하는 길이 있을 뿐이므로 그 분양처분의 일부에 대하여 취소 또는 무효확인을 구할 법률상의 이익이 없다(대법원 1991. 10. 8. 선고 90누10032 판결).

54) 박균성, 전게서, 585면.

도시 및 주거환경정비법상 대지나 건축물의 소유권 이전에 관한 고시의 효력이 발생한 후 일부 내용만을 분리하여 변경하거나 전체 이전고시를 모두 무효화시킬 수 있는지 여부(소극) / 조합설립인가처분의 취소·무효확인 판결이 확정되기 전에 이전고시의 효력이 발생한 경우 조합설립인가처분의 취소·무효확인을 구할 법률상 이익이 있는지 여부(원칙적 소극): 도시 및 주거환경정비법 제54조 제1항, 제2항, 제55조 제1항과 같이 대지 또는 건축물의 소유권 이전에 관한 고시의 효력이 발생하면 조합원 등이 관리처분계획에 따라 분양받을 대지 또는 건축물에 관한 권리의 귀속이 확정되고 조합원 등은 이를 토대로 다시 새로운 법률관계를 형성하게 되는데, 이전고시의 효력 발생으로 대다수 조합원 등에 대하여 권리귀속 관계가 획일적·일률적으로 처리되는 이상 그 후 일부 내용만을 분리하여 변경할 수 없고, 그렇다고 하여 전체 이전고시를 모두 무효화시켜 처음부터 다시 관리처분계획을 수립하여 이전고시 절차를 거치도록 하는 것도 정비사업의 공익적·단체법적 성격에 배치되어 허용될 수 없다.

위와 같은 정비사업의 공익적·단체법적 성격과 이전고시에 따라 이미 형성된 법률관계를 유지하여 법적 안정성을 보호할 필요성이 현저한 점 등을 고려할 때, 조합설립인가처분의 취소나 무효확인 판결이 확정되기 전에 이전고시의 효력이 발생하였다면 더 이상 정비사업 결과를 원상으로 되돌리는 것은 허용될 수 없으므로 이전고시의 효력이 발생한 후에는 원칙적으로 조합설립인가처분의 취소 또는 무효확인을 구할 법률상 이익이 없다고 해석함이 타당하다. 한편 청산금 부과처분은 확정된 관리처분계획의 일부 내용에 대한 집행이라는 성격을 가지는 것이므로, 이전고시의 효력이 발생한 후 정비사업조합이 청산금 부과처분을 할 수 있다고 하여 달리 해석하기 어렵다(대법원 2014.9.25. 선고 2011두20680 판결【대흥1구역주택재개발사업조합설립인가처분취소등】).

(다) 소유권의 귀속에 관한 다툼: 이전고시(분양처분)는 대인적 처분이 아닌 대물적 처분이라 할 것이므로, 재개발사업 시행자가 소유자를 오인하여 종전의 토지 또는 건축물의 소유자가 아닌 다른 사람에게 분양처분을 한 경우 그러한 분양처분이 있었다고 하여 그 다른 사람이 권리를 취득하게 되는 것은 아니며, 종전의 토지 또는 건축물의 진정한 소유자가 분양된 대지 또는 건축시설의 소유권을 취득하고 이를 행사할 수 있다(대법원 1995. 6. 30. 선고 95다10570 판결). 따라서 소유권 등의 귀속을 다투는 경우에는 분양처분을 다툴 것이 아니라, 오인된 소유자 개인을 상대로 등기말소나 이전등기를 구하는 민사소송을 제기하여야 한다[55].

도시재개발법에 의한 재개발사업에 있어 분양처분의 법적 성질 및 효력: 도시재개발법에 의한 재개발사업에 있어서의 분양처분은 재개발구역 안의 종전의 토지 또는 건축물에 대하여 재개

55) 박균성, 전게서, 586면.

발사업에 의하여 조성되거나 축조되는 대지 또는 건축 시설의 위치 및 범위 등을 정하고 그 가격의 차액에 상당하는 금액을 청산하거나, 대지 또는 건축 시설을 정하지 않고 금전으로 청산하는 공법상 처분으로서, 그 처분으로 종전의 토지 또는 건축물에 관한 소유권 등의 권리를 강제적으로 변환시키는 이른바 공용환권에 해당하나, 분양처분 그 자체로는 권리의 귀속에 관하여 아무런 득상·변동을 생기게 하는 것이 아니고, 한편 종전의 토지 또는 건축물에 대신하여 대지 또는 건축 시설이 정하여진 경우에는 분양처분의 고시가 있은 다음날에 종전의 토지 또는 건축물에 관하여 존재하던 권리관계는 분양받는 대지 또는 건축 시설에 그 동일성을 유지하면서 이행되는바, 이와 같은 경우의 분양처분은 대인적 처분이 아닌 대물적 처분이라 할 것이므로, 재개발사업 시행자가 소유자를 오인하여 종전의 토지 또는 건축물의 소유자가 아닌 다른 사람에게 분양처분을 한 경우 그러한 분양처분이 있었다고 하여 그 다른 사람이 권리를 취득하게 되는 것은 아니며, 종전의 토지 또는 건축물의 진정한 소유자가 분양된 대지 또는 건축시설의 소유권을 취득하고 이를 행사할 수 있다(대법원 1995. 6. 30. 선고 95다10570 판결).

다. 청산

대지 또는 건축물을 분양받은 자가 종전에 소유하고 있던 토지 또는 건축물의 가격과 분양받은 대지 또는 건축물의 가격 사이에 차이가 있는 경우 사업시행자는 제86조 제2항에 따른 이전고시가 있은 후에 그 차액에 상당하는 금액(이하 “청산금”이라 한다)을 분양받은 자로부터 징수하거나 분양받은 자에게 지급하여야 한다(법 제89조 제1항). 제1항에도 불구하고 사업시행자는 정관 등에서 분할징수 및 분할지급을 정하고 있거나 총회의 의결을 거쳐 따로 정한 경우에는 관리처분계획인가 후부터 제86조 제2항에 따른 이전고시가 있은 날까지 일정 기간별로 분할징수하거나 분할지급 할 수 있다(법 제89조 제2항).

시장·군수 등인 사업시행자는 청산금을 납부할 자가 이를 납부하지 아니하는 경우 지방세 체납처분의 예에 따라 징수(분할징수를 포함한다. 이하 이 조에서 같다)할 수 있으며, 시장·군수 등이 아닌 사업시행자는 시장·군수 등에게 청산금의 징수를 위탁할 수 있다(법 제90조 제1항). 제89조제1항에 따른 청산금을 지급받을 자가 받을 수 없거나 받기를 거부한 때에는 사업시행자는 그 청산금을 공탁할 수 있다(법 제90조 제2항). 청산금을 지급(분할지급을 포함한다)받을 권리 또는 이를 징수할 권리는 제86조제2항에 따른 이전고시일의 다음 날부터 5년간 행사하지 아니하면 소멸한다(법 제90조 제3항).

청산금을 확정하는 처분은 행정처분이므로, 이를 대상으로 항고소송을 제기할 수 있다고 보아야 한다[56].

56) 박균성, 전게서, 586면.

제4항 비용의 부담 등

Ⅰ. 비용부담의 원칙

정비사업비는 이 법 또는 다른 법령에 특별한 규정이 있는 경우를 제외하고는 사업시행자가 부담한다(법 제92조 제1항).

시장·군수 등은 시장·군수등이 아닌 사업시행자가 시행하는 정비사업의 정비계획에 따라 설치되는 ⅰ) 도시·군계획시설 중 대통령령으로 정하는 주요 정비기반시설 및 공동이용시설, ⅱ) 법 제61조의 규정에 의한 임시거주시설에 대하여는 그 건설에 드는 비용의 전부 또는 일부를 부담할 수 있다(법 제92조 제2항).

Ⅱ. 비용의 조달

사업시행자는 토지등소유자로부터 제92조 제1항에 따른 비용과 정비사업의 시행과정에서 발생한 수입의 차액을 부과금으로 부과·징수할 수 있다(법 제93조 제1항). 사업시행자는 토지등소유자가 제1항에 따른 부과금의 납부를 태만히 한 때에는 연체료를 부과·징수할 수 있다(법 제93조 제2항). 제1항 및 제2항에 따른 부과금 및 연체료의 부과·징수에 필요한 사항은 정관 등으로 정한다(법 제93조 제3항).

구 도시 및 주거환경정비법(2012. 2. 1. 법률 제11293호로 개정되기 전의 것, 이하 '구 도시정비법'이라고 한다) 제19조 제1항, 제60조 제1항, 제61조 제1항, 제3항, 제47조와 같은 법 시행령 제48조의 내용, 형식 및 체계 등에 의하면, 주택재개발사업에서 사업시행자인 조합은 토지등소유자인 조합원에게 구 도시정비법 제61조 제1항에 따라 정비사업비와 정비사업의 시행과정에서 발생한 수입과의 차액을 부과금으로 부과·징수할 수 있으나, 조합원이 구 도시정비법 제47조나 조합 정관이 정한 요건을 충족하여 현금청산대상자가 된 경우에는 조합원의 지위를 상실하여 더 이상 조합원의 지위에 있지 아니하므로 조합은 현금청산대상자에게 구 도시정비법 제61조 제1항에 따른 부과금을 부과·징수할 수 없고, 현금청산대상자가 조합원의 지위를 상실하기 전까지 발생한 조합의 정비사업비 중 일정 부분을 분담하여야 한다는 취지를 조합 정관이나 조합원총회의 결의 또는 조합과 조합원 사이의 약정 등으로 미리 정한 경우 등에 한하여, 조합은 구 도시정비법 제47조에 규정된 청산절차 등에서 이를 청산하거나 별도로 반환을 구할 수 있다고 보는 것이 타당하다(대법원 2014. 12. 24. 선고 2013두19486 판결).

Ⅲ. 정비기반시설 및 토지 등의 귀속

시장·군수 등 또는 토지주택공사 등이 정비사업의 시행으로 새로 정비기반시설을 설치하거나 기존의 정비기반시설을 대체하는 정비기반시설을 설치한 경우에는 「국유재산법」 및 「공유재산 및 물품 관리법」에도 불구하고 종래의 정비기반시설은 사업시행자에게 무상으로 귀속되고, 새로 설치된 정비기반시설은 그 시설을 관리할 국가 또는 지방자치단체에 무상으로 귀속된다(법 제97조 제1항).

시장·군수 등 또는 토지주택공사 등이 아닌 사업시행자가 정비사업의 시행으로 새로 설치한 정비기반시설은 그 시설을 관리할 국가 또는 지방자치단체에 무상으로 귀속되고, 정비사업의 시행으로 용도가 폐지되는 국가 또는 지방자치단체 소유의 정비기반시설은 사업시행자가 새로 설치한 정비기반시설의 설치비용에 상당하는 범위에서 그에게 무상으로 양도된다(법 제97조 제2항).

[1] 도시 및 주거환경정비법 제65조 제2항(＊현행법 제97조 제2항에 해당)의 입법 취지 및 법적 성질(=강행규정): 도시 및 주거환경정비법 제65조 제2항의 전단 규정은 사업시행자의 재산권을 박탈·제한함에 그 본질이 있는 것이 아니라, 사업지구 안의 공공시설 등의 소유관계를 정함으로써 사업시행자의 지위를 장래를 향하여 획일적으로 확정하고자 하는 강행규정인 점, 후단 규정의 입법 취지는, 민간 사업시행자에 의하여 새로 설치된 정비기반시설이 전단 규정에 따라 관리청에 무상으로 귀속됨으로 인하여 야기되는 사업시행자의 재산상 손실을 고려하여, 그 사업시행자가 새로 설치한 정비기반시설의 설치비용에 상당하는 범위 안에서 정비사업의 시행으로 용도가 폐지되는 국가 또는 지방자치단체 소유의 정비기반시설을 그 사업시행자에게 무상으로 양도되도록 하여 위와 같은 재산상의 손실을 합리적인 범위 안에서 보전해 주고자 하는 데 있는 점 등에 비추어 보면, 후단 규정은 민간 사업시행자에 의하여 새로 설치될 정비기반시설의 설치비용에 상당하는 범위 안에서 용도폐지될 정비기반시설의 무상양도를 강제하는 강행규정이다.

[2] 도시 및 주거환경정비법 제65조 제2항 후단 규정에 따라 무상양도되는 범위를, 용도폐지되는 정비기반시설과 '같은 용도'로 대체되어 새로이 설치하는 정비기반시설의 설치비용 범위 내로 한정할 수는 있는지 여부(소극): 도시 및 주거환경정비법 제65조 제2항의 후단 규정은 '용도가 폐지되는 정비기반시설은 새로이 설치한 정비기반시설의 설치비용에 상당하는 범위 내에서' 사업시행자에게 무상양도하도록 규정하고 있어 반드시 용도폐지되는 정비기반시설에 대체되는, 즉 같은 종류의 정비기반시설의 설치비용 범위 내에서 무상양도하라고 한정하고 있지 아니하고, 달리 위 조항의 정비기반시설을 '같은 종류'의 정비기반시설이라고 한정하여 해석할 근거가 없으므로, '용도폐지되는 정비기반시설'로서 무상양도되는 범위는 같은 용도로 대체되어 새로 설치되는 정비기반시설의 설치비용으로 한정할 수 없다(대법원 2007. 7. 12. 선고 2007두6663 판결).

[1] 사업시행자가 정비사업 시행으로 '정비구역 밖'에 새로이 설치한 정비기반시설이 구 도시 및 주거환경정비법 제65조 제2항에 따라 당연히 국가나 지방자치단체에 무상으로 귀속되는지 여부(소극): 구 도시 및 주거환경정비법(2012. 2. 1. 법률 제11293호로 개정되기 전의 것, 이하 '도시정비법'이라 한다) 제65조 제2항에서 말하는 정비사업의 시행으로 용도가 폐지되어 사업시행자에게 무상으로 '양도'되는 정비기반시설은 '정비구역 안'에 있는 정비기반시설만을 의미하는 것으로 해석하여야 하고, 사업시행자가 정비사업의 시행으로 새로이 설치한 정비기반시설로서 국가 또는 지방자치단체에 무상으로 '귀속'되는 정비기반시설도 이와 마찬가지로 새겨야 한다. 따라서 사업시행자가 정비사업의 시행으로 새로이 설치한 정비기반시설이지만 정비구역 밖에 위치한 것은 도시정비법 제65조 제2항에 의하여 당연히 국가나 지방자치단체에 무상으로 귀속된다고 할 수 없다.

[2] 사업시행자가 정비사업 시행으로 '정비구역 밖'에 설치한 정비기반시설이 사업시행인가처분 당시 인가조건으로 부과된 부담의 이행으로써 설치된 경우, 인가조건의 내용에 따라 무상으로 또는 정산을 거쳐 국가 또는 지방자치단체에 귀속될 수 있는지 여부(원칙적 적극): 정비사업의 시행으로 정비구역 밖에 설치하는 정비기반시설이라 하더라도 사업시행 인가관청이 사업시행인가처분을 하면서 인가조건으로 시설을 설치하도록 하는 부담을 부과하고 사업시행자가 부담의 이행으로써 이를 설치한 때에는, 부관이 다른 법률의 규정에 위반되거나 부당결부금지의 원칙이나 비례의 원칙에 반하여 위법하다고 볼 특별한 사정이 없는 한, 인가조건의 내용에 따라 당해 정비기반시설은 무상으로 또는 정산을 거쳐 시설을 관리할 국가 또는 지방자치단체에 귀속될 수 있다(대법원 2014. 2. 21. 선고 2012다78818 판결【부당이득반환】).

찾 아 보 기

이영무

서울대학교 법과대학 졸업
서울대학교 행정대학원 졸업
광주지방법원 판사
변호사
현) 전남대학교 법학전문대학원 교수

행정법각론 강의

인 쇄 2020년 10월 15일
발 행 2020년 10월 20일

저 자 이영무
발행인 정병석
발행처 전남대학교출판문화원

등 록 1981년 5월 21일 제53호
주 소 61186 광주광역시 북구 용봉로 77
전 화 062-530-0571~2
마케팅 062-530-0573
팩 스 062-530-0579
홈페이지 http://www.cnup.co.kr

가 격 35,000원

ISBN 978-89-6849-742-1 (93360)

이 도서의 국립중앙도서관 출판예정도서목록(CIP)은 서지정보유통지원시스템 홈페이지(http://seoji.nl.go.kr)와 국가자료종합목록 구축시스템(http://kolis-net.nl.go.kr)에서 이용하실 수 있습니다.
(CIP제어번호: CIP2020043380)